70,00

ACCESO GRATIS *a la Lectura en la Nube*

Para visualizar el libro electrónico en la nube de lectura envíe junto a su nombre y apellidos una fotografía del código de barras situado en la contraportada del libro y otra del ticket de compra a la dirección:

ebooktirant@tirant.com

En un máximo de 72 horas laborales le enviaremos el código de acceso con sus instrucciones.

NUEVAS DIMENSIONES DEL DERECHO DE HUELGA:
Cultura, globalización y cambio tecnológico

NUEVAS DIMENSIONES DEL DERECHO DE HUELGA:
Cultura, globalización y cambio tecnológico

VÍCTOR MANEIRO HERVELLA

tirant lo blanch
Valencia, 2025

En caso de erratas y actualizaciones, la Editorial Tirant lo Blanch publicará la pertinente corrección en la página web www.tirant.com.

La aceptación de la presente obra ha tenido en consideración la evaluación y calificación otorgada por los expertos componentes del tribunal calificador de la tesis doctoral en la que se basa, cumpliendo con el criterio correspondiente de los revisores externos y ofreciendo la calidad debida a la presente edición.

© TIRANT LO BLANCH
EDITA: TIRANT LO BLANCH
C/ Artes Gráficas, 14 - 46010 - Valencia
TELFS.: 96/361 00 48 - 50
FAX: 96/369 41 51
Email: tlb@tirant.com
www.tirant.com
Librería virtual: www.tirant.es
DEPÓSITO LEGAL: V-1474-2025
ISBN: 978-84-1095-709-1

Si tiene alguna queja o sugerencia, envíenos un mail a: *atencioncliente@tirant.com*. En caso de no ser atendida su sugerencia, por favor, lea en *www.tirant.net/index.php/empresa/politicas-de-empresa* nuestro procedimiento de quejas.

Responsabilidad Social Corporativa: http://www.tirant.net/Docs/RSCTirant.pdf

Paso corto, mirada larga, diente de lobo y cara de bobo.

Teófilo Caamaño (Carnota, 1912 - A Coruña, 1997)
Maqui, gallego hasta la médula, marinero,
idealista, rojo, rebelde y noble

AGRADECEMENTOS

Lembro con moito agarimo a miña época no instituto. Aqueles foron anos de moitas folgas de estudantes posteriores á crise económica de 2008 e ao movemento 15M. Recordo unha conversa coa miña profesora de Historia no contexto das folgas xerais de 2012: "No departamento de Historia fixemos folga todos. Secundar unha folga xeral é unha cuestión de principios".

Seguramente, os profesores e profesoras de Historia foron o xerme que me impulsou á docencia. O meu interese pola historia e a importancia dos principios ideolóxicos constitúen o punto de partida de este traballo.

Facer folga é unha cuestión de principios, investigar sobre as folgas tamén. Estudar as folgas, a principal ferramenta ao servizo da clase traballadora, tamén busca, dalgunha forma, artellar unha ferramenta intelectual, a investigación científica, ao servizo desa mesma clase.

Plantexar unha investigación socioxurídica bebe da miña formación social, en Ciencia Política, que me permite politizar, aínda que sexa un termo que os xuristas desprezan, todas as vertentes da realidade social. Nada tan político como o que é aparentemente obxectivo ou neutral. A loita contra a hexemonía dos valores liberais e neoliberais vertebra este traballo.

Esta investigación está ao servizo do meu barrio, Coia, en Vigo, da miña clase, da miña familia e do meu país. Galiza como medida de todas as cousas.

Esta obra é o resultado de catro anos de traballo nunha tese doutoral que non sería posible sen unha conquista histórica da clase traballadora: a liberdade de acceder á Universidade. Aínda que a res publica aportou gran parte da financiación desde proxecto, a través de máis dunha década de becas e axudas de varias administracións, xunto co contrato FPU, porén a inestimable axuda da miña familia fixo o resto. Obrigado sempre.

Especialmente para a familia elixida, a todos os que levamos un mundo novo nos nosos corazóns: Marta, Leire, Jaime, David, Vera...

Arnau, t'estimo tant com la distància entre Roma i Atenas.

Co optimismo da vontade de que esta obra sexa, como dicía Manuel Antonio, unha peregrinación sen chegada, porque en cada relanzo do camiño agárdanos unha voz que nos berra: Máis alá!

Índice

Capítulo II
LA EXPANSIÓN TERRITORIAL DEL CONFLICTO COLECTIVO: LA HUELGA TRANSNACIONAL

Capítulo III
LA MUTACIÓN DEL MODELO CLÁSICO DE HUELGA: LAS HUELGAS DEL FUTURO

Capítulo IV
LA REACCIÓN EMPRESARIAL FRENTE A LA HUELGA

Índice de tablas

Índice de gráficos

Índice de imágenes

LISTA DE ABREVIATURAS

AMG	Acuerdo Marco Global
AMI	Acuerdo Marco Internacional
AN	Audiencia Nacional
AP	Audiencia Provincial
ASAC	VI Acuerdo sobre Solución Autónoma de Conflictos Laborales
ATC	Auto del Tribunal Constitucional
ATS	Auto del Tribunal Supremo
BOCG	Boletín Oficial de las Cortes Generales
BOE	Boletín Oficial del Estado
CC	Código Civil
CDFUE	Carta de los Derechos Fundamentales de la Unión Europea
CE	Constitución Española
CEDH	Convenio Europeo para la Protección de los Derechos Humanos y Libertades Fundamentales
CEDS	Comité Europeo de Derechos Sociales
CP	Código Penal
CSE	Carta Social Europea (1961)
CSE(r)	Carta Social Europea (revisada en 1996)
EMN	Empresas Multinacionales
ET	Estatuto de los Trabajadores
ETT	Empresa de Trabajo Temporal
FD	Fundamento de Derecho
JS	Juzgado de lo Social
LCD	Ley 3/1991, de 10 de enero, de Competencia Desleal
LETA	Ley 20/2007, de 11 de julio, del Estatuto del Trabajo Autónomo
LETT	Ley 14/1994, de 1 de junio, por la que se regulan las Empresas de Trabajo Temporal
LGSS	Ley General de la Seguridad Social
LISOS	Ley sobre Infracciones y Sanciones en el Orden Social

LOLS	Ley Orgánica 11/1985, de 2 de agosto, de Libertad Sindical
LOPJ	Ley Orgánica 6/1985, de 1 de julio, del Poder Judicial
LOSU	Ley Orgánica 2/2023, de 22 de marzo, del Sistema Universitario
LOTC	Ley Orgánica 2/1979, de 3 de octubre, del Tribunal Constitucional
LRJS	Ley 36/2011, de 10 de octubre, reguladora de la Jurisdicción Social
OIT	Organización Internacional del Trabajo
PIDESC	Pacto Internacional de Derechos Económicos, Sociales y Culturales
RDLRT	Real Decreto-ley 17/1977, de 4 de marzo, sobre Relaciones de Trabajo
RIA	Reglamento (UE) 2024/1689 del Parlamento Europeo y del Consejo, de 13 de junio de 2024, por el que se establecen normas armonizadas en materia de inteligencia artificial (Reglamento de Inteligencia Artificial)
RSE	Responsabilidad Social Empresarial
SAN	Sentencia Audiencia Nacional
SAP	Sentencia de la Audiencia Provincial
SJI	Sentencia Juzgado de Instrucción
SJS	Sentencia Juzgado de lo Social
STC	Sentencia del Tribunal Constitucional
STEDH	Sentencia del Tribunal Europeo de Derechos Humanos
STS	Sentencia del Tribunal Supremo
STSJ	Sentencia del Tribunal Superior de Justicia
STJUE	Sentencia del Tribunal de Justicia de la Unión Europea
TC	Tribunal Constitucional
TEDH	Tribunal Europeo de Derechos Humanos
TFUE	Tratado de Funcionamiento de la Unión Europea
TJUE	Tribunal de Justicia de la Unión Europea
TS	Tribunal Supremo
TSJ	Tribunal Superior de Justicia
TUE	Tratado de la Unión Europea

PRÓLOGO

Pudiera sorprender en estos días un libro que se ocupa de reflexionar sobre el ser actual del derecho de huelga. En un tiempo en el que los sindicatos deben buscar espacios reivindicativos propios frente a la avanzada legislación laboral que se guía desde el ejecutivo (¿dónde quedan las huelgas generales?); cuando el fenómeno huelguístico solo aparece esporádicamente y, en muchas ocasiones, más como amenaza que como realidad; en un momento en el que las reestructuraciones se resuelven en una mesa de negociación cuando tiempo atrás eran motivo de feroces luchas reivindicativas; en unos días en los que lo individual parece que gana espacios frente a cualquier actitud colectiva, preguntarse por los espacios del derecho de huelga pudiera parecer un emotivo brindis al sol.

Pero lo cierto es que la obra que nos presenta Víctor Maneiro Hervella y que tengo el placer de prologar es una seria, rigurosa y profunda reflexión que, trascendiendo el plano jurídico del derecho de huelga, se destina a buscar el fundamento último del conflicto laboral en nuestra era y los nuevos espacios en los que el mismo se desarrolla. Como el autor señala en su obra, la idea de huelga evoca en muchas personas "tiempos pasados, idealizados, romantizados y, por tanto, falsos, en los que el movimiento obrero era más combativo y arrancaba conquistas sociales a la burguesía con sangre y fuego". Esa realidad parece haberse transformado y la necesidad de conflicto borrado. En la "cultura de la conversación", las negociaciones siempre convergen en un último punto de encuentro: la extinción del fuego social.

Las estadísticas parecen confirmar que el nivel de conflictividad laboral experimentado en España durante las últimas décadas se debe principalmente a la disminución de la frecuencia de celebración de las huelgas y al descenso del seguimiento de las mismas por los trabajadores convocados. La otra medida clásica de conflicto colectivo, el cierre patronal o *lock-out*, ha desaparecido. Como se expone en esta obra, en los últimos 23 años, apenas se han realizado 70 cierres patronales, frente a las casi 18.000 huelgas. De hecho, no consta ninguno desde 2013. Declive de la huelga, desaparición del cierre patronal o, como expresara Sanguineti, mutación hacia la defensa de la producción. ¿Significa esto la muerte del conflicto o es todo un espejismo?

Aunque enmascarada, ahogada, disimulada e incluso negada, la lucha, el conflicto, sigue constituyendo hoy instrumento de insumisión, de resistencia, pero lo hace desde una nueva morfología y en unos escenarios también nuevos. Un modo de pensar que escenifica lo que ha calificado Onfray como la política del rebelde. Una nueva política que ensalza el conflicto y subraya su subsistencia. No puede ser de otra forma: la dialéctica social, la dialéctica de la vida llevan inexorablemente a la confrontación, por mucho que esta sociedad del vacío se resista a ello o trate de buscar soluciones almibaradas a la confrontación en el seno de la sociedad.

La intemporal construcción constitucional sirve de marco a esta reflexión. En ella se asigna al conflicto de intereses, cuya legitimidad general ampara, un papel funcional esencial dentro del sistema institucional. La STC 11/1981 enfatizó "la declaración de Estado social y el principio de igualdad sustancial como fundamentos del derecho de huelga". Se parte, de este modo, de la noción de que los trabajadores asalariados y los empresarios son portadores de intereses diferenciados que se encuentran en contraposición o conflicto estructural y que justamente el ordenamiento jurídico laboral se propone canalizar. Estas circunstancias ofrecen un marco de oportunidad para la reflexión adaptada a los actuales tiempos. En suma, desde hace años la huelga está cambiando su fisonomía tradicional, como decía Sun Tzu: "El arte de la guerra no tiene una forma constante, lo mismo que el agua no tiene contornos".

De manera sugerente y original, el autor pone sobre la mesa el concepto de "huelga pop" como idea que nos ayuda a definir los nuevos contornos de esta transformación. Este concepto sirve para representar, a su juicio, "un concepto plástico, dúctil, con capacidad de deformarse sin llegar a romperse. Es flexible para incluir nuevos sectores productivos, nuevas realidades tecnológicas y nuevas demandas sociales. Está conectada no sólo con la identidad obrera, sino con la protesta y la reivindicación colectiva de lo que se considera justo". Supone, en suma, una expansión del concepto tradicional de huelga que abarca "tanto la acción colectiva como la acción cultural y simbólica". Muchas son sus manifestaciones: huelga feminista, huelga de cuidados, huelga de consumo, huelga de estudiantes, huelga de alquileres, huelga climática, huelga de hambre, huelga de género, *aturada de país* (paro de país), etc....

"La huelga pop", dice nuestro autor, "es un fenómeno poliédrico, con un enorme potencial gracias a la capilaridad que sólo los movimientos sociales y las reivindicaciones postmaterialistas pueden aportar. El feminismo firma la mayor transformación social e intelectual de nuestro tiempo: politizar los cuidados. La huelga pop es lo que permite combinar las reivindicaciones laborales de la conciliación con la visibilidad del cuidado y la empatía en todas las esferas de la vida. La huelga pop promueve la relación entre el arte y la protesta, es un mecanismo que inspira la acción colectiva, que remueve conciencias. La huelga pop "no sólo es la resistencia ante al capitalismo, sino que es un agente comunicador que interpela directamente a la identidad y a las emociones de los trabajadores".

Este componente emocional se extiende y, por ende, sus espacios comienzan a abarcar a otros colectivos distintos de los trabajadores por cuenta ajena. Una manifestación de este cambio lo encontramos en el paro profesional reivindicativo de los trabajadores autónomos en contextos de huelgas de transportistas autónomos o de abogados; en la huelga de estudiantes; o, en fin, en las huelgas transnacionales. La huelga ha dejado de ser lo que fue, aunque, probablemente, nunca fue lo que fue.

Un Título IV del Estatuto de los Trabajadores que regulase el derecho de huelga no fue posible en su día. ¿Lo sería hoy en un Estatuto de los Trabajadores del siglo XXI? Probablemente, tampoco. La pregunta sobre la necesidad de una Ley de Huelga tiene un cierto carácter guadianesco: aparece y desaparece, se abre y se cierra, en función de lo elevado del termómetro de la conflictividad social. A falta de desarrollo mediante Ley Orgánica, la normativa vigente reguladora del derecho de huelga está contenida en el Real Decreto Ley 17/1977, sobre relaciones de trabajo, una norma preconstitucional pero que ha alcanzado un grado de consenso e integración social que hace irreal su cambio.

En todo caso, sea cual sea la configuración normativa que se adopte y sea cual sea el modo en que el devenir social vaya conformando la realidad del conflicto, lo cierto es que los retos que trae consigo el cambio tecnológico que vivimos con la inteligencia artificial como mascarón de proa hacen necesarias profundas reflexiones, como las que contiene este libro, para valorar los riesgos que todo ello trae consigo. Brillantes son las páginas dedicadas a pensar en los efectos del esquirolaje organizativo y del esquirolaje tecnológico, como bañadas de gran sentido común las dedicadas a los riesgos de la IA para la huelga. En ellas se dedican interesantes reflexiones a la IA predictiva (Minority Report y virus sindical); la discriminación algorítmica indirecta o, en fin, a la gestión automatizada de los servicios de seguridad y mantenimiento.

Muchas fueron las palabras de elogio que recibió por su trabajo de los miembros del Tribunal que lo juzgó. En efecto, el Tribunal presidido por la Profesora Casas Baamonde e integrado por los Profesores Baylos Grau y García-Perrote Escartín, valoraron muy positivamente la calidad y excelencia de este estudio. Sirvan aquellas y las que recorren este prólogo como reconocimiento del riguroso trabajo desarrollado por el autor a lo largo de los años.

Decía Dalí que "la inteligencia sin ambiciones es un pájaro sin alas". Víctor Maneiro es una persona inteligente que ambiciona una sociedad más justa. Pero no solo se limita a ambicionarla, aporta ideas nuevas y reflexiones profundas para alcanzarla. La obra que tiene el lector en sus manos es, sin lugar a dudas, un trabajo excelente y plenamente representativo del buen hacer y del rigor profesional del Profesor Maneiro Hervella. Ser testigo de esta culminación personal y profesional es motivo de felicidad y orgullo para quienes hemos tenido la fortuna de ver crecer intelectualmente a Víctor a lo largo de estos años. Cuando el futuro de la investigación universitaria camina entre tinieblas, es bueno encontrar luces brillantes que puedan iluminar su porvenir.

Jesús R. Mercader Uguina
Madrid, 12 de marzo de 2025

INTRODUCCIÓN

1. LOS RETOS DE LA HUELGA ANTE EL CAMBIO SOCIAL Y TECNOLÓGICO

El derecho de huelga se consigue haciendo huelgas, decía hace más de cuarenta años Marcelino Camacho[1].

La libertad sindical y la huelga son derechos fundamentales reconocidos en la Constitución Española de 1978 después de décadas de lucha de las personas trabajadoras. Los sujetos colectivos laborales atravesaron tres etapas fundamentales: una fase de prohibición, otra de tolerancia y otra, por fin, de reconocimiento jurídico. Las tres acaecen ordenadamente en la mayor parte de los países europeos, aunque con discrepancias cronológicas entre unos y otros, y sus correspondientes saltos y retrocesos, tanto en el siglo XIX como en el XX, coincidiendo estos últimos con las dictaduras[2].

Las primeras regulaciones de la huelga en España tuvieron un marcado carácter represivo y la tipifican como delito. Los códigos penales de 1848, 1850 y 1870 incluían la huelga entre los delitos constituidos por las "maquinaciones para alterar el precio de las cosas"[3]. Este precepto parte de una concepción del trabajo como mercancía que tiene su precio fijado conforme a las condiciones naturales del mercado de trabajo[4]. No obstante, a partir de ese momento se abre en nuestro país un período de tolerancia del conflicto colectivo de trabajo, donde tienen un papel destacado las circulares de la fiscalía

---

1 CAMACHO, M., *Charlas en la prisión. El movimiento obrero sindical*, Barcelona, ed. Laia, 1976, p. 39.

2 OJEDA AVILÉS, A., *Derecho sindical*, Madrid, ed. Tecnos, 2003, pp. 37-38.

3 Art. 461 del CP de 1848 y 1850 y art. 556 del CP de 1870: "Los que se coligaren con el fin de encarecer o abaratar abusivamente el precio del trabajo o regular sus condiciones serán castigados, siempre que la coligación hubiere comenzado a ejecutarse con la pena de…".

4 ALMANSA PASTOR, J. M., "La huelga laboral en España tras la modificación del artículo 222 del Código penal español", *Revista de Política Social*, nº 72, 1966, p. 53.

del Tribunal Supremo[5], y que culmina con la legalización de la huelga y el paro patronal en la Ley de 27 de abril de 1909, relativa a coligaciones, huelgas y paros, que constituye el primer reconocimiento de la huelga como acto lícito[6] y deroga el delito del art. 556 CP de 1870.

Durante la dictadura de Primo de Rivera, se mantiene la vigencia de la ley de huelgas, aunque resulta sistemáticamente incumplida en la práctica[7], y el Código Penal de 1928 tipifica como sedición las huelgas que no sean económico-laborales[8]. En la II República, la Ley de Contrato de Trabajo de 1931 establecía en su artículo 91 que la huelga o el cierre empresarial no constituían motivo suficiente para la rescisión de los contratos de trabajo. Además, la huelga desaparece del Código Penal de 1932, pero ello no quiere decir que el ordenamiento jurídico admitiera la licitud de todo tipo de huelgas, sino que determinadas leyes especiales establecían sanciones penales para ciertas huelgas que se consideraban prohibidas[9].

---

5 GARCÍA MURCIA, J., "La protección del Estado y de los intereses de la comunidad frente al conflicto colectivo de trabajo: Del Código Penal de 1848 al de 1928", *Revista de Política Social*, nº 147, 1985, pp. 34-38.

6 Art. 1: "Tanto los patronos corno los obreros, pueden coligarse, declararse en huelga y acordar el paro para los efectos de sus respectivos intereses, sin perjuicio de los derechos que dimanen de los contratos que hayan celebrado".

7 MONTOYA MELGAR, A., "La Ley de Huelgas de 1909, cien años después", *Civitas. Revista Española de Derecho del Trabajo*, nº 145, 2010, p. 12.

8 Art. 290 del Código Penal de 1928: "Se considerarán asimismo delitos de sedición las coligaciones de patronos que tengan por objeto paralizar el trabajo, y las huelgas de obreros cuando unas y otras, por su extensión y finalidad, no puedan ser calificadas de paros o huelgas encaminados a obtener ventajas puramente económicas en la industria o en el trabajo respectivos, sino que tiendan a combatir los poderes públicos o a realizar cualesquiera clase de actos comprendidos en los delitos de rebelión o en el artículo anterior".

9 La Ley de Defensa de la República de 21 de octubre de 1931 y la Ley de Orden Público de 28 de junio de 1933 calificaban como actos contrarios a la seguridad del Estado, y los sancionaban con penas, a las huelgas y los paros patronales no permitidos por el ordenamiento.

Con el golpe de Estado fascista, la huelga vuelve a considerarse un delito, primero como rebelión[10], luego como delito de lesa Patria[11] y, con el Código Penal de 1944, como sedición[12]. En 1958, la Ley de Orden Público sólo declara contrarias al orden público las huelgas ilegales y en 1965, la reforma del art. 222 del Código Penal[13] acaba con la prohibición indiscriminada de la huelga, admitiendo, si bien limitadamente por la conexión con otros preceptos, la licitud de la huelga laboral[14].

Cuando Marcelino Camacho escribe desde la cárcel de Carabanchel que los derechos de huelga, de reunión o de asociación se consiguen ejerciéndolos, defiende que todos los atributos de la libertad se imponen por la acción de masas. La huelga de masas es, a la vez, un arma y un símbolo histórico del movimiento obrero.

En su libro *La situación de la clase obrera en Inglaterra,* Engels considera las huelgas el "primer intento de los obreros para abolir la competencia"[15] y una escuela de guerra social[16], esto es, un instrumento indispensable en la lucha por la emancipación de la clase

---

10 El bando de declaración del estado de guerra de 28 de julio de 1936 considera como rebeldes, a los efectos del Código de Justicia Militar, a "los que coarten la libertad de contratación o de trabajo o abandonen éste, ya se trate de empleados, patronos u obreros" (art. 6.f). La Ley de 2 de marzo de 1943 por la que se equiparan al delito de rebelión militar las transgresiones de orden jurídico que tengan una manifiesta repercusión en la vida pública establece que pueden tener carácter de rebelión militar "los plantes, huelgas, sabotajes, uniones de productores y demás actos análogos cuando persigan un fin político y causen graves trastornos al orden público" (art. 1.4).

11 El Fuero del Trabajo, en su Declaración XI-2.a, establece que "los actos individuales o colectivos que de algún modo turben la normalidad de la producción o atenten contra ella serán considerados como delitos de lesa Patria".

12 Art. 222 Código Penal de 1944: "Serán castigados como reos de sedición: [...] 3) las huelgas de obreros".

13 Ley 104/1965, de 21 de diciembre, sobre modificación del artículo 222 del Código Penal: "222. Serán considerados como reos de sedición: [...] 2.º Los patronos y obreros que, con el fin de atentar contra la seguridad del Estado, perjudicar su autoridad, perturbar su normal actividad o, de manera grave, la producción nacional, suspendieren o alteraren la regularidad del trabajo". El Código Penal de 1973 mantiene esta redacción.

14 ALMANSA PASTOR, J. M., "La huelga laboral en España...", *op. cit.*, p. 93.

15 ENGELS, F., *La situación de la clase obrera en Inglaterra,* Madrid, Akal, 2020, p. 252.

16 *Ibidem,* p. 257.

obrera. Así, Sorel entendía la huelga como un "fenómeno bélico" donde "el proletariado afirma su existencia"[17]. Por otro lado, Bakunin defiende que "las huelgas despiertan en las masas todos los instintos sociales y revolucionarios que laten profundamente en el corazón de cada trabajador y que constituyen, por así decirlo, su existencia sociofisiológica". Por tanto, "las huelgas tienen un valor enorme; crean, organizan y forman el ejército de los trabajadores, ejército que está destinado a romper el poder de la burguesía y del Estado y a dar el fundamento de un mundo nuevo"[18].

Por su parte, Rosa Luxemburgo advierte que "la huelga de masas no se 'fabrica' artificialmente, que no se 'decide' al azar, que no se 'propaga', sino que es un fenómeno histórico que, en un momento dado, surge de las condiciones sociales como una inevitable necesidad histórica"[19]. La huelga es "el mismo movimiento de las masas proletarias, la forma en que se manifiesta la lucha proletaria en la revolución"[20]. Construye una idea de huelga de masas como "la primera forma natural y espontánea de toda gran acción revolucionaria del proletariado", y afirma que "cuanto más desarrollado se encuentra el antagonismo entre el capital y el trabajo más efectiva y decisiva debe ser la huelga de masas"[21].

Hoy en día, la huelga sigue siendo el principal instrumento de la clase trabajadora para la defensa de sus intereses. Como puede apreciarse en el gráfico 1, los datos del Ministerio de Trabajo y Economía Social indican que, en las últimas dos décadas, se han convocado de media más de 750 huelgas al año, con un promedio anual de más de 300.000 participantes. No obstante, estas cifras no incluyen las huelgas generales (20S en 2010, 29M y 14N en 2012, el 8M en 2018 y 2019, entre otras grandes convocatorias).

---

17 SOREL, G., *Reflexiones sobre la violencia,* Buenos Aires, La Pléyade, 1971, p. 297.

18 BAKUNIN, M., *Escritos de filosofía política,* 1953, compilado y editado por G. P. Maximoff, pp. 471-472.

19 LUXEMBURGO, R., *Huelga de masas, partido y sindicato,* Madrid, Fundación Federico Engels, 2003, p. 24.

20 *Ibidem,* p. 53.

21 *Ibidem,* p. 79.

Gráfico 1. Número de huelgas y participantes entre 2002 y 2023 en España

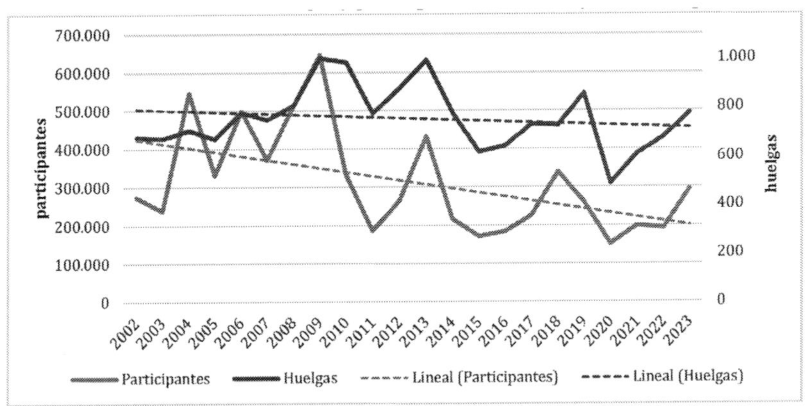

Elaboración propia a partir de los datos de la Estadística de Huelgas y Cierres Patronales del Ministerio de Trabajo y Economía Social. No se incluyen datos de huelgas generales.

La tendencia general parece mostrar un número de huelgas estable, ligeramente decreciente (línea de tendencia azul), que aumenta en épocas de crisis económica (2009, 2012-2013, 2021-2023) y disminuye en años con citas electorales (esto explicaría la bajada en 2011 y 2015-2016). Lógicamente se aprecia el impacto de la COVID-19 en 2020. Con independencia de algún pico (2013, 2018), el número de participantes tiende a la baja (línea de tendencia naranja). Sin embargo, en los últimos años parece incrementar la conflictividad, acercándonos a niveles de 2013 y 2018. En 2023, hay un repunte hasta las casi 800 huelgas y cerca de 300.000 participantes, con casi un millón de jornadas no trabajadas (un dato que no se alcanzaba desde 2013).

Por otro lado, la otra medida clásica de conflicto colectivo, el cierre patronal o *lock-out*, ha desaparecido. En los últimos 23 años, apenas se han realizado 70 cierres patronales, frente a 18.000 huelgas. De hecho, no consta ninguno desde 2013[22]. Frente a la técnica tradicional de dar respuesta a la huelga mediante el cierre patronal

22 Ministerio de Trabajo y Economía Social, *Estadística de Huelgas y Cierres Patronales* (2000-2023).

o el desgaste de los huelguistas, las empresas han reorientado sus prácticas hacia el mantenimiento de la producción[23].

A esta situación debemos añadir la inestabilidad económica y social de los últimos años, en los que se ha sucedido la crisis sanitaria provocada por la pandemia de la COVID19 y las guerras de Rusia y Ucrania y de Israel y Palestina. Siendo la huelga una medida de conflicto colectivo muy viva, el posible recrudecimiento del conflicto social puede devolver este derecho fundamental al debate público. Todavía existen cuestiones sin resolver, como la discutible necesidad de una ley de huelga, su contenido promocional o restrictivo, los servicios mínimos o la capacidad de reacción del empresario frente al paro. Es en este último asunto donde más impacta la disrupción digital.

En un contexto de mutación del modelo productivo, el Derecho mismo cambia a gran velocidad para intentar adaptarse a nuevas demandas sociales. Como la rama del derecho más social y apegada a la realidad material del país, en el Derecho del Trabajo encontramos importantes novedades casi todos los meses.

La velocidad y el cambio también alcanza a la producción científica, con importantes publicaciones sobre economía colaborativa y trabajo en plataforma[24], la digitalización y la robótica[25], nuevas formas de gestión y control laboral[26], el impacto de los algoritmos[27] y

---

23 SANGUINETI RAYMOND, W., *Los empresarios y el conflicto laboral (del cierre a la defensa de la producción)*, Valencia, ed. Tirant lo Blanch, 2006.

24 TODOLÍ SIGNES, A., HERNÁNDEZ-BEJARANO, M. (Dirs), *Trabajo en plataformas digitales: innovación, derecho y mercado*, Cizur Menor, ed. Thomson Reuters Aranzadi, 2018.

25 MERCADER UGUINA, J. R., *El futuro del trabajo en la era de la digitalización y la robótica*, Valencia, ed. Tirant lo Blanch, 2017.

26 MUÑOZ RUIZ, A. B., *Biometría y sistemas automatizados de reconocimiento de emociones: implicaciones jurídico-laborales*, Valencia, ed. Tirant lo Blanch, 2023.

27 TODOLÍ SIGNES, A., *Algoritmos productivos y extractivos: cómo regular la digitalización para mejorar el empleo e incentivar la innovación*, Cizur Menor, ed. Thomson Reuters Aranzadi, 2023.

la inteligencia artificial en las relaciones de trabajo[28] o la dimensión transnacional del trabajo[29].

En este escenario, este trabajo es consciente de los problemas actuales de producción normativa y la progresiva transformación del sistema de fuentes[30]. La evolución tecnológica impacta sobre el sistema de fuentes, haciendo aparecer un Derecho "dúctil"[31] o "líquido", en el que la creación normativa se mueve hacia terrenos diferentes a los tradicionales[32]. Se advierte que el futuro del Derecho tiene un perfil genéticamente prelegislativo, multiplicando las instancias productoras de la normatividad[33]; que el Derecho se vuelve líquido, poroso, permeable y dúctil, donde la ley singularizada o la granularidad normativa se vuelven la norma, no la excepción[34]; y que la inteligencia artificial tendrá un importante papel en la producción normativa.

En realidad, estas críticas al proceso de elaboración de las leyes no son una novedad. Hace décadas que se advierte de un proceso de hipertrofia legislativa, que no es sino un efecto derivado del imparable proceso de inflación normativa, que tiene como inevitable consecuencia el progresivo deterioro y la paralela deformación técnica de la norma jurídica[35]. Carl Schmitt hablaba de un "legislador motorizado" y Palomeque de una reforma laboral permanente[36].

---

28 MERCADER UGUINA, J. R., *Algoritmos e inteligencia artificial en el derecho digital del trabajo*, Valencia, ed. Tirant lo Blanch, 2022; BELTRÁN DE HEREDIA RUIZ, I., *Inteligencia artificial y neuroderechos: la protección del yo inconsciente de la persona*, Cizur Menor, Aranzadi, 2023.

29 SANGUINETI RAYMOND, W., *Teoría del derecho transnacional del trabajo: la génesis de un estatuto para el trabajo global*, Cizur Menor, ed. Aranzadi Thomson Reuters, 2022.

30 MERCADER UGUINA, J. R., "Disrupción digital y sistema de fuentes: una visión general", en MERCADER UGUINA, J. R., DE LA PUEBLA PINILLA, A. (Dirs.): *Cambio tecnológico y transformación de las fuentes laborales: Ley y convenio colectivo ante la disrupción digital*, Valencia, ed. Tirant lo Blanch, 2023, pp. 23-44.

31 ZAGREBELSKY, G., *El derecho dúctil. Ley, derechos, justicia*, Madrid, Trotta, 2018.

32 MERCADER UGUINA, J. R., *El futuro del trabajo…, op. cit.*, pp. 51 y ss.

33 *Ibidem*, p. 25.

34 *Ibidem*, p. 31.

35 SANTAMARÍA PASTOR, J. A., *Fundamentos de Derecho Administrativo*, Madrid, Ceura, 1991.

36 PALOMEQUE LÓPEZ, M. C., "La versión 2001 de la reforma laboral permanente", *Revista de Derecho Social*, nº 15, 2001, pp. 9-34.

A su vez, la doctrina ha alertado sobre el discutible proceso de normalización de la intervención del Gobierno en la creación de normas con rango de ley con la paralela pérdida de protagonismo de los procedimientos parlamentarios[37]. Para Mercader[38] esto es el efecto de la "hipostenia legislativa", que supone esencialmente un desplazamiento del poder desde las instancias legislativas a la gubernativa. La estrategia legislativa social durante la XIV legislatura (2019-2023) primaba el diálogo social, aprobando las normas por Real Decreto-Ley, y limitando el papel del parlamento a la ratificación de lo acordado previamente con los agentes sociales. Goerlich critica con resignación la prevalencia del decreto-ley; la generalización de las normas "ómnibus", que son una forma de crear derecho alejada del ideal de la racionalidad; y, sobre todo, la expansión de las nuevas leyes transversales, caracterizadas por la variedad de sus contenidos y la extensión de las respuestas, su carácter pedagógico y su intenso componente de delimitación de políticas mediante el enunciado de posibles actuaciones futuras o grandes principios a concretar posteriormente[39]. Estos cambios de la textura normativa conforman lo que Desdentado denominaba "legislación simbólica, retórica o semántica": la ley aparece así como una "forma degradada de propaganda"[40].

En resumen, dos ideas fuerza dominan nuestro tiempo: la velocidad y la incertidumbre. El Derecho del Trabajo no es ajeno a ellas.

En esta obra se tratará la huelga, un tema clásico sin novedades legislativas, pero que, como toda institución jurídica, ha sufrido importantes tensiones. De esta forma, la huelga también está llamada a adaptarse a la nueva realidad social, cultural, tecnológica y produc-

---

37 GOERLICH PESET, J. M., "Algunas tendencias del sistema de fuentes. Manifestaciones recientes en el ámbito jurídico-laboral", *Labos*, vol. 3, nº 1, 2022, p. 6.

38 MERCADER UGUINA, J.R., "Derecho del Trabajo y Covid-19: tiempos inciertos", *Labos*, vol. 1, nº 2, 2020, p. 6.

39 GOERLICH PESET, J. M., "Normas ómnibus, leyes transversales y sistema jurídico", *Labos*, vol. 4, nº Extra, 2023, pp. 3-14.

40 DESDENTADO BONETE, A., "«El traje nuevo del emperador» sobre la legislación simbólica en el estatuto del trabajo autónomo", *Revista de Derecho Social*, nº 44, 2008, pp. 13-35.

tiva. Estas transformaciones sociales ponen en riesgo las huelgas y se habla de un derecho fundamental "acorralado"[41].

González Ortega plantea ocho frentes que amenazan o acorralan el derecho de huelga: a) el marco normativo obsoleto con una funcionalidad limitativa del derecho; b) la contradicción entre la finalidad de la huelga y la prohibición de algunas de sus modalidades, el uso y abuso de derecho, el enfoque contractual de la huelga y la equivalencia de sacrificios; c) la titularidad individual de la huelga y la encendida, desproporcionada y algo farisaica defensa del derecho al trabajo; d) las limitaciones a la huelga derivadas de los servicios mínimos; e) las huelgas ilegales y el deber de paz; f) el arbitraje obligatorio y el bloqueo de la acción colectiva; g) las facultades de reacción del empresario: del cierre patronal a los distintos tipos de esquirolaje y otras posibles acciones empresariales de respuesta[42]. Estas ideas serán el punto de partida de esta obra.

2. EL MODELO CONSTITUCIONAL ESPAÑOL DE HUELGA Y SUS DÉFICITS: LA HUELGA COMO DERECHO ACORRALADO

El modelo constitucional español de relaciones laborales parece diseñarse a partir del diálogo y consenso social como instrumentos del Estado Social. Peces-Barba defiende que el consenso, elemento esencial del propio nacimiento de la norma constitucional, es "el fundamento de la convivencia y supone, en los términos científicos modernos, el acuerdo sobre la forma y sobre un contenido mínimo básico de principios democráticos y de organización de la sociedad y del Estado que en nuestro caso se concretan en los valores superiores del Ordenamiento jurídico, la libertad, la igualdad, la justicia y el pluralismo político"[43]. No obstante, aunque el pacto constituya un

---

41 GONZÁLEZ ORTEGA, S., "El derecho de huelga: un derecho fundamental acorralado", *Estudios financieros. Revista de trabajo y seguridad social*, nº 418, 2018, pp. 17-42.

42 *Idem.*

43 PECES-BARBA, G., "El sentido del consenso", *La Constitución española de 1978: un estudio de derecho y política*, Valencia, Fernando Torres, 1981, p. 18.

"elemento esencial del moderno Estado constitucional, ello no significa un ilusorio desconocimiento del substrato conflictual propio de toda sociedad"[44].

En realidad, para Palomeque la Constitución descansa sobre una concepción dialéctica de las relaciones laborales y asigna al conflicto un papel funcional dentro del esquema constitucional. De esta forma, "se parte de la noción de que los trabajadores asalariados y los empresarios son portadores de intereses diferenciados que se encuentran en contraposición o conflicto estructural y que justamente el ordenamiento jurídico laboral se propone canalizar. La 'contraposición de intereses en el mundo del trabajo' se configura, así, como el primero de los pilares básicos del nuevo modelo constitucional de relaciones de trabajo"[45].

Está claro que para que exista un diálogo y un consenso social la premisa es la existencia de actores sociales con intereses contrapuestos, en este caso, los intereses de clase. El sistema español opta por constitucionalizar[46] el conflicto de clases y dota a estos agentes sociales, sindicatos y empresarios, de estatus constitucional. A su vez, frente a la guerra o lucha de clases, el constituyente promueve la concertación social y el consenso otorgando eficacia general al fruto de ese diálogo: la negociación colectiva (art. 37.1 CE). Dahrendorf lo llamaba consenso socialdemócrata de posguerra[47]. Por lo tanto, si "la base de la lucha de clases democrática es la organización y su método el consenso", "el consenso es el sustituto del conflicto"[48].

---

44 MERCADER UGUINA, J. R., "Algunas reflexiones sobre el modelo social de la Constitución española, 25 años después", *Cuadernos constitucionales de la Cátedra Fadrique Furió Ceriol*, nº 40, 2002, p. 169.

45 PALOMEQUE LÓPEZ, M. C, *Los derechos laborales en la Constitución española*, Madrid, Centro de Estudios Constitucionales, 1991, pp. 15-16.

46 Antes de la entrada en vigor de la Constitución, se hablaba de una legalización del conflicto de clases con la aprobación del Decreto-ley 5/1975, germen del actual RDLRT (DURÁN LÓPEZ, F., *Derecho de huelga y legalización del conflicto de clases*, Sevilla, 1976).

47 DAHRENDORF, R., *Oportunidades vitales. Notas para una teoría social y política*, Madrid, Espasa-Calpe, 1983, p. 145 y ss.

48 DAHRENDORF, R., *El conflicto social moderno: ensayo sobre la política de la libertad*, Madrid, Mondadori, 1990, p. 137.

En el nuevo modelo sociolaboral, Mercader defiende que "son las ideas de cooperación y colaboración las que ganan terreno a costa del conflicto, del antagonismo, de la confrontación. Las huelgas han perdido parte de su función tradicional y los mecanismos de solución no traumática de las controversias se encuentran en plena expansión"[49]. Así pues, se observa "un declive del conflicto o, al menos, una revisión del conflicto como instrumento normal de la actividad sindical"[50].

Por una parte, se coloca en una posición de centralidad a los sindicatos en el diseño del sistema constitucional de interlocución social. La ubicación del art. 7 CE demuestra la importancia que la Constitución atribuye a los sindicatos (y a las asociaciones empresariales), al conformarlos como instituciones básicas y medulares de la organización política y social con un relevante papel a desempeñar en el sistema de relaciones laborales y en el sistema económico. Los sindicatos son organismos básicos del sistema político y la constitución les atribuye la función de defender los "intereses económicos y sociales que les son propios", superando la limitada concepción de un sindicato como organización para la defensa de los intereses profesionales, incluyendo también la acción política.

El papel político del sindicato es característico de las democracias pluralistas[51], donde conviven diversas organizaciones que canalizan hacia el Estado las demandas sociales y políticas de los ciudadanos[52]. Estos procesos de concertación social se caracterizan por un modelo de "corporativismo negociado", dentro del cual, el consenso de dichas organizaciones se convierte en un elemento decisivo para la legitimación de las decisiones políticas en materia social[53].

---

49 MERCADER UGUINA, J. R., "Algunas reflexiones sobre el modelo social de la Constitución", *op. cit.*, p. 170.

50 RODRÍGUEZ-PIÑERO Y BRAVO-FERRER, M., "Diálogo social, participación y negociación colectiva", *Relaciones Laborales*, nº 23, 1995, p. 97.

51 RIVERO LAMAS, L., "Democracia pluralista y autonomía sindical", *Revista de Estudios Políticos*, nº 16, 1980, pp. 117-164.

52 DURÁN LÓPEZ, F., "El papel del sindicato en el nuevo sistema constitucional", *Revista de Política Social*, nº 121, 1979, pp. 159-173.

53 SANGUINETI RAYMOND, W., "El sindicato como sujeto político, cuatro décadas después", *Trabajo y Derecho*, nº 52, 2019, p. 13.

El Tribunal Constitucional ha defendido que "el art. 7 reconoce a los sindicatos de trabajadores el carácter de organismos básicos del sistema político"[54], calificándolos de "formaciones sociales con relevancia constitucional"[55] y de "piezas económicas y sociales indispensables para la defensa y promoción de [los] intereses"[56] de los trabajadores. A su vez, el interés público "reclama unas organizaciones sindicales fuertes y dotadas de medios suficientes de acción"[57].

En definitiva, la Constitución sustituye el sindicalismo vertical franquista, por el sindicalismo plural, democrático, de clase y descentralizado, emergiendo cierto protagonismo territorial en la negociación colectiva. Este modelo se caracteriza por la mayor representatividad y la participación en la gestión de las instituciones socioeconómicas. El sistema monopolista queda configurado en torno a tres grandes organizaciones mayoritarias: CEOE, UGT y CCOO[58]. Frente a las concepciones más clásicas del sindicato como organización solidaria, como gerente del descontento social o como contrapoder, en España el sindicato parece configurarse como un agente natural ahorrador de costes de transacción[59].

Por otra parte, el auténtico pilar del modelo constitucional español es el conflicto, constitucionalizándose el derecho de los trabajadores y empresarios a adoptar medidas de conflicto colectivo (art. 37.2). En este contexto, se tutela con mayor intensidad una manifestación de este conflicto de clase: la huelga alcanza el rango de derecho fundamental.

Ojeda Avilés lo explica así:

> "hay un elemento que se hallará siempre en el origen de un sistema como el que estudiamos, y que lo impulsa permanentemente en acción: el conflicto colectivo con toda su problemática y sus técnicas específicas, sobre todo la huelga como 'sanción' al empresario. Ésta es la clave de todo el edificio, incluida la negociación colectiva; de ser cierta la armonía que algunos predican en el mundo del trabajo, habrían quedado margina-

---

54 STC 11/1981, de 8 de abril.

55 STC 197/1990, de 29 de noviembre.

56 STC 70/1982, de 29 de noviembre.

57 STC 99/1983, de 16 de noviembre.

58 OJEDA AVILÉS, A., *Derecho sindical*, Madrid, ed. Tecnos, 2003, pp. 64-65.

59 *Ibidem*, pp. 71-75.

das las sociedades de resistencia, es decir, los sindicatos, permaneciendo en consecuencia nonnatas las patronales y los organismos públicos especializados; y sin sujetos colectivos, tampoco habría existido la negociación colectiva, la participación en la gestión ni el sistema de relaciones industriales como lo entendemos hoy. El conflicto colectivo impele al establecimiento de un nivel superior de confrontación/negociación, apto para replicar el problema en sus mismas dimensiones. La explicación del sistema de relaciones industriales radica, pues, en el gobierno del conflicto industrial, que es tan inmanente y continuo como la socialidad humana. Cualquier jurista entiende que las relaciones interpersonales se basan en el litigio, en la controversia, y de ahí que el Ordenamiento jurídico consista en un catálogo de soluciones a la discrepancia, dentro o fuera de los contratos; los problemas laborales son normales y no patológicos —dice Barbash— en una sociedad industrializada, de donde el objeto de las relaciones industriales como técnica es la resolución del conflicto"[60].

El reconocimiento y la protección de la fórmula clásica de conflicto colectivo de los trabajadores, la huelga, es precisamente lo que distingue la libertad sindical y la negociación colectiva del derecho de contratos civil: la autotutela permite reequilibrar una relación que por definición es asimétrica. La huelga es un "contrapeso, que tiene por objeto permitir que las personas en estado de dependencia salarial establezcan una nueva relación de fuerzas en un sentido más favorable para ellas. Tiende a restablecer el equilibrio entre partes de fuerza económica desigual"[61].

El derecho de huelga reconocido en el art. 28.2 CE, por su ubicación y redacción, es un derecho de eficacia jurídica inmediata y no programática, esto es, no necesita ley de desarrollo para poder ser alegado y aplicado por los tribunales. Aunque el derecho de huelga forma parte del contenido esencial del derecho de libertad sindical, se trata de un derecho fundamental autónomo y, por ello, exige ley orgánica para su desarrollo constitucional conforme el art. 81.1 CE, no admitiéndose su regulación por las Comunidades Autónomas[62]. Conforme al art. 53.2 CE, el derecho de huelga está sometido a una especial protección, en la medida en que se podrá recabar su tutela

---

60 *Ibidem*, p. 93.

61 STC 11/1981, de 8 de abril.

62 SSTC 11/1981, de 8 de abril; 33/1981, de 5 de noviembre; 73/1984, de 27 de junio, entre otras.

ante los Tribunales ordinarios por un procedimiento basado en los principios de preferencia y sumariedad (arts. 177-184 LRJS) y, en su caso, a través del recurso de amparo ante el Tribunal Constitucional. Por tanto, la huelga es un derecho subjetivo de carácter fundamental dotado de "una enérgica y privilegiada protección constitucional"[63].

En definitiva, el modelo constitucional español de relaciones laborales opta por la constitucionalización de los sindicatos de trabajadores y las asociaciones empresariales, que contribuyen a la defensa y promoción de los intereses económicos y sociales que les son propios (art. 7 CE). A su vez, el artículo 37.2 CE "reconoce el derecho de los trabajadores y empresarios a adoptar medidas de conflicto colectivo. La ley que regule el ejercicio de este derecho, sin perjuicio de las limitaciones que puedan establecer, incluirá las garantías precisas para asegurar el funcionamiento de los servicios esenciales de la comunidad". Por otra parte, la CE incorpora la libertad sindical y la huelga (art. 28 CE), junto con el trabajo remunerado de penados en instituciones penitenciarias (art. 25.2 CE), como únicos derechos específicamente laborales con el rango de derechos fundamentales, mientras que el derecho a adoptar medidas de conflicto es un simple derecho cívico, situándolos en planos distintos.

El derecho fundamental de huelga que se reconoce a los trabajadores para la defensa de sus intereses prevé que "la ley que regule el ejercicio de este derecho establecerá las garantías precisas para asegurar el mantenimiento de los servicios esenciales de la comunidad" (art. 28.2 CE). Por tanto, en los conflictos colectivos es posible establecer por ley ciertas *limitaciones* y se puede asegurar el *funcionamiento* de los servicios esenciales de la comunidad, que es un nivel de prestación de servicios en condiciones de normalidad, frente a la huelga donde simplemente se garantiza su *mantenimiento*. Esta distinción es clave porque rechaza la idea de "igualdad de armas, de la paridad en la lucha, de la igualdad de trato o del paralelo entre las medidas de conflicto nacidas en campo obrero y las que tienen su origen en el sector empresarial"[64].

---

63 CASAS BAAMONDE, M. E., "Las huelgas atípicas en el ordenamiento jurídico español (o huelgas marginadas del tipo de derecho, constitucional y legal, de huelga)", *Civitas. Revista Española de Derecho del Trabajo*, nº 24, 1985, p. 509.

64 STC 11/1981, de 8 de abril.

Es verdad que toda huelga se encuentra muy estrechamente unida a un conflicto colectivo, pero en la configuración del art. 28 la huelga no es un derecho derivado del conflicto colectivo, sino que es un derecho de carácter autónomo. Además, las restricciones que el art. 37 permite son mayores que las que admite el art. 28, ya que literalmente menciona las *limitaciones* que la ley puede establecer[65].

En este sentido, debemos detenernos en la discusión sobre el modelo de huelga por el que opta la Constitución. Monereo entiende la huelga como un fenómeno social de no colaboración, mucho antes de ser una institución jurídico-positiva[66]. El desenvolvimiento vital del hecho huelguístico está en función del modo de vivir de una comunidad, que no sólo "determina", sino que además contribuye a "definir" las relaciones entre los actores del sistema[67]. La discusión se centra en la configuración de la huelga como derecho fundamental de las personas o como mero derecho instrumental al servicio de la negociación colectiva.

En primer lugar, el modelo iusprivatista o civilista concibe la huelga como un simple instrumento de presión en la negociación colectiva. Martín Valverde lo llama "modelo contractual"[68] de la huelga:

> "En estos supuestos de huelga utilizada sólo para presionar negociaciones con la patronal, el modelo normativo correspondiente no sería el de huelga-derecho, sino el de huelga-libertad, y con referencia a estos casos podríamos hablar de un modelo *contractual*. Existe otro modelo normativo, el *laboral*, que proporciona un cuadro normativo para las acciones huelguísticas mucho más holgado: el derecho de huelga es un instrumento de auto-defensa colectiva de los trabajadores en todos los aspectos de la relación de trabajo, y no sólo en la regulación pactada de las condiciones de las mismas. De aquí derivan diferencias respecto del modelo contractual relativas a la titularidad del derecho (del grupo en sí, no de la parte negociadora), a su objeto y momentos de licitud (cualesquiera laborales), así como cuanto a los sujetos destinatarios de

---

65 *Idem.*

66 MONEREO PÉREZ, J. L. y ORTEGA LOZANO, P. G., *El derecho de huelga: configuración y régimen jurídico*, Cizur Menor, Aranzadi, 2019, p. 13.

67 MONEREO PÉREZ, J. L., "Prólogo: la huelga en el sistema de relaciones laborales", en MONEREO PÉREZ, J. L. (Coord.) et al: *Derecho de huelga y conflictos colectivos. Estudio crítico de la doctrina jurídica*, Granada, Comares, 2002, p. XVI.

68 MARTÍN VALVERDE, A., "El derecho de huelga en la Constitución de 1978", *Revista de Política Social*, nº 121, 1979, p. 240.

> la acción (no necesariamente el grupo patronal que es contraparte de la negociación, sino cualquier empresa o grupo de empresas). Superando, a su vez, las limitaciones de ese segundo modelo, surge el *polivalente*: concibe la huelga como medio de autotutela de la clase trabajadora en todos los ámbitos de la vida social. De ello derivan, asimismo, diferencias con el modelo laboral relativas a la titularidad (todo vendedor de fuerza de trabajo), objeto y momento de licitud (cualesquiera, laborales o no) y destinatario (tanto empresarial cuanto estatal)"[69].

La Constitución Española opta por el modelo polivalente, que Monereo denomina *dinámico* o *sociopolítico* y que configura la huelga "como un instrumento de emancipación social de la clase trabajadora y no exclusivamente un medio de presión en el marco de las relaciones laborales"[70].

La huelga se encuentra por sus características a medio camino entre los derechos sociales y los de libertad. El fundamento de la huelga se encuentra en el art. 9.2 CE pues contribuye a "facilitar la participación de todos los ciudadanos en la vida política, económica, cultural y social" configurándose como "un medio para la promoción de la participación efectiva de los trabajadores en la transformación de las relaciones económico-sociales". En definitiva, "éste es el verdadero sentido del derecho de huelga, y la razón de tantas críticas conservadoras: con la huelga participan los trabajadores en las decisiones, obligan al poder político y al económico a contar con ellos". Precisamente, "por ese carácter relativo de la compensación —o del equilibrio de poderes—, el constituyente español ha estimado necesario fortalecerla con una ubicación que no necesita el derecho de propiedad y de libre empresa, autosuficientes"[71].

En este escenario, la regulación de la huelga, por su propia naturaleza, tendrá carácter restrictivo. La huelga, como el derecho de libertad sindical o el de reunión y manifestación, pertenece a la cate-

---

69 MARTÍN VALVERDE, A., "Regulación de la huelga, libertad de huelga y derecho de huelga", en ALONSO OLEA, M. (Dir.): *Sindicatos y relaciones colectivas de trabajo*, Murcia, Colegio de Abogados de Murcia, 1978, p. 97.

70 MONEREO PÉREZ, J. L. y ORTEGA LOZANO, P. G., "Las huelgas ilegales: especial referencia a la huelga político-social", *Lex Social: Revista de Derechos Sociales*, vol. 11, nº 2, 2021, p. 357.

71 OJEDA AVILÉS, A., *Derecho sindical*, *op. cit.*, pp. 512-513.

goría de derechos fundamentales que tienen una doble dimensión, a la vez individual y colectiva. "Es esta dimensión colectiva la que los convierte en derechos de acción, haciéndolos más incisivos, dotándoles de mayor repercusión social y convirtiéndolos en potencialmente más perturbadores de la normalidad de la convivencia y de la estabilidad de la estructura social y productiva. Por esta razón, las normas que los regulan se acercan a los mismos con mayores cautelas, combinando reconocimiento y garantía con obstáculos de número y consistencia nada despreciables"[72]. Este contraste acaba decantándose a favor de las limitaciones del derecho de huelga.

No existiendo la Ley Orgánica que desarrolle el derecho de huelga, esta se regula en el Real Decreto-ley 17/1977, de 4 de marzo, sobre relaciones de trabajo (RDLRT), depurado por la STC 11/1981, de 8 de abril, y otra jurisprudencia constitucional posterior.

Para Alonso Olea, la huelga, cuya noción tanto la Constitución como el RDLRT "dan por sabida", puede ser definida como "la suspensión colectiva y concertada en la prestación de trabajo por iniciativa de los trabajadores"[73]. Aunque ni la CE ni el RDLRT definen la huelga, el TC la entiende de forma amplia como una "perturbación que se produce en el normal desenvolvimiento de la vida social y en particular en el proceso de producción de bienes y de servicios que se lleva a cabo en forma pacífica y no violenta, mediante un concierto de los trabajadores y de los demás intervinientes en dicho proceso". En esta concepción amplia, "la huelga puede tener por objeto reivindicar mejoras en las condiciones económicas, o, en general, en las condiciones de trabajo, y puede suponer también una protesta con repercusión en otras esferas o ámbitos"[74].

Casas Baamonde desgrana en tres ingredientes básicos el contenido o tipicidad esencial del derecho constitucional de huelga. Por una parte, objetivamente, el derecho de huelga se sustancia en una cesación del trabajo en cualquiera de las manifestaciones o modalidades que puede revestir. Por otra parte, subjetiva y finalmente, el

---

72 GONZÁLEZ ORTEGA, S., "El derecho de huelga...", *op. cit.*, p. 20.

73 ALONSO OLEA, M., "La regulación actual del derecho de huelga", *Civitas. Revista española de derecho del trabajo*, nº 7, 1981, p. 280.

74 STC 11/1981, de 8 de abril.

derecho constitucional de huelga es un derecho de los trabajadores para la defensa de sus intereses, excluyendo las mal llamadas huelgas de trabajadores independientes, de autopatronos o de profesionales. Las cesaciones de actividad protagonizadas por estos sujetos son, en definitiva, atípicas para la ordenación y protección constitucional del derecho de huelga. En tercer lugar, subjetiva y funcionalmente, el derecho constitucional de huelga es un derecho de titularidad individual, aunque de necesario ejercicio colectivo mediante concierto o acuerdo entre los propios trabajadores, o sus representantes electivos o las organizaciones sindicales. Tan típicas son las huelgas sindicales como las huelgas espontáneas (o salvajes)[75]. Por tanto, frente a una concepción orgánica del derecho de huelga, que es aquella que lo configura como de titularidad sindical, se opta por una concepción individualista de su titularidad[76].

En este escenario emergían dos posibilidades para el Tribunal Constitucional: reconducir la huelga a una fenomenología estrictamente contractualista o ver en la huelga una manifestación del conflicto social o conflicto de clases. De esta forma, "la opción no puede ser puramente técnica, sino que tiene un indudable contenido ideológico". Los recurrentes de la STC 11/1981 entendían la huelga "en su sentido de conflicto social" y querían alejarse de una de sus manifestaciones, la puramente contractual, que recurría a tópicos jurídicos como daño, perjuicio, buena fe, abuso de derecho, etc., que "resultan estériles ante una constitución tan singular y paradójica en principio, como el derecho de huelga". En cambio, "la sentencia se sitúa justamente en el plano contrario"[77]. En sus primeras valoraciones sobre esta sentencia criticaban la "utilización generalizada de esquemas ius-privatistas", calificándola como "conservadora" y advirtiendo que "la doctrina de la sentencia puede impedir que alcancen plenitud las finalidades que cabe esperar conseguir de la consagración constitucional del derecho de huelga"[78].

---

75 CASAS BAAMONDE, M. E., "Las huelgas atípicas...", *op. cit.*, pp. 516-517.

76 DURÁN LÓPEZ, F., "Titularidad y contenido del derecho de huelga", *Relaciones laborales: Revista crítica de teoría y práctica*, nº 1, 1993, pp. 336-350.

77 MATÍA PRIM, J., SALA FRANCO, T., VALDÉS DAL-RE, F., VIDA SORIA, J., *Huelga, cierre patronal y conflictos colectivos*, Madrid, Civitas, 1982, pp. 42-43.

78 *Ibidem*, pp. 44-45.

Esta sentencia hace dos tipos de declaraciones: respecto al marco constitucional, determinando el contenido esencial o mínimo del derecho de huelga, en el que figuran los elementos o ingredientes indispensables de tal derecho, por debajo del cual el RDLRT incurre en inconstitucionalidad; y respecto al modelo político normativo, esto es, el posible del derecho de huelga, que puede variar con los cambios legislativos[79].

Tanto la doctrina como el propio Tribunal Constitucional han criticado "la falta de la inexcusable Ley postconstitucional"[80] y los "múltiples problemas que dicha falta causa"[81]. Esta situación conforma "un problema crónico con el que hemos aprendido a convivir con la ayuda destacada de la jurisprudencia del Tribunal Constitucional"[82], que "ha suplido la inactividad del legislador ante la dificultad política del desarrollo legislativo del art. 28.2 de la Constitución". Por tanto, "se ha dado así la paradoja de que justamente el área que precisaba de una más pronta e intensa recepción de los valores constitucionales a través de mandatos o habilitaciones específicos dirigidos al legislador, y no al juez (art. 28.2 CE), permanezca todavía hoy en un texto legal anterior a la Constitución"[83].

González Ortega llama la atención sobre los prejuicios ideológicos que arrastra la regulación de la huelga. Defiende que existe una concepción de la huelga contaminada por:

> "una valoración social negativa que el legislador no ha dejado de asumir y que muchas veces se proyecta en las interpretaciones que los jueces hacen de las condiciones de ejercicio del derecho. Lo que se manifiesta, por ejemplo, en la terminología que se usa para referirse a ella, por cierto,

---

79 MARTÍN VALVERDE, A., citado por SALA FRANCO, T., *Derecho Sindical*, Valencia, Tirant lo Blanch, 2022, p. 325.

80 STC 183/2006, de 19 de junio.

81 GARCÍA-PERROTE ESCARTÍN, I., "Artículo 28.2. El derecho de huelga", en CASAS BAAMONDE, M. E., RODRÍGUEZ-PIÑERO Y BRAVO-FERRER, M. (dirs.): *Comentarios a la Constitución española, Conmemoración del XL aniversario de la Constitución*, Madrid, Fundación Wolters Kluwer, Boletín Oficial del Estado, Tribunal Constitucional y Ministerio de Justicia, Vol. 1, Tomo 1, 2018, p. 1034.

82 CASAS BAAMONDE, M. E., "25 años de jurisprudencia constitucional social: huelga en servicios esenciales y responsabilidad política", *Relaciones laborales: Revista crítica de teoría y práctica*, nº 2, 2010, p. 691.

83 *Ibidem*, p. 686.

> y no por casualidad, frecuentemente militar, asimilando la huelga a un conflicto armado y hablándose de la misma en términos de confrontación, de armas, de lucha, de imposición de condiciones, de conquista, de rendición, de armisticios y de afectación de la paz. Por no hablar de la habitual asociación de la huelga con la violencia, sobre todo cuando se hace referencia, en contraposición, a la llamada solución pacífica de los conflictos"[84].

En el plano jurídico, parece generar incomodidad "considerar legítimo un comportamiento que se basa en la fuerza y en el poder fáctico de imponer a la otra parte concesiones que se deben exclusivamente a la presión que la huelga ejerce sobre sus intereses económicos". Por ello, el reconocimiento de la huelga como derecho se ve como "una especie de legitimación de la fuerza o, si se quiere, como la protección jurídica de una acción que recuerda, aunque no sea jurídicamente así, comportamientos amenazadores y coactivos que tienen como fin vencer la voluntad empresarial"[85].

Estos prejuicios conceptuales promueven un marco cultural donde la huelga se aleja de la idea de instrumento legítimo y necesario para la realización de la justicia social y para la mejora de las condiciones de vida y trabajo para entenderse como

> "una herramienta incómoda, indeseable, nociva, desaconsejable por su impacto social y económico, de efectos perniciosos y a la que debe acudirse solo cuando no existen otras alternativas. Es decir, la sutil, pero importante, transición desde una concepción positiva o activa a otra negativa o defensiva del derecho. Lo que ha hecho que el acercamiento normativo a la huelga esté lleno de cautelas y prevenciones, considerándola como un comportamiento social que, más que potenciar, es necesario controlar, domesticar y reconducir a determinados límites. Un enfoque que no puede ser directamente represivo (no puede serlo debido a su condición de derecho fundamental) pero que sí tenderá a ser restrictivo y limitador; imponiéndosele controles para domeñar sus efectos y hacerlos asumibles por el empresario, y limitándola o prohibiéndola en sus aristas o expresiones más agresivas, paradójicamente las más eficaces vistas desde la lógica de la función de la huelga"[86].

---

84 GONZÁLEZ ORTEGA, S., "El derecho de huelga…", *op. cit.*, p. 21.

85 *Idem.*

86 *Ibidem*, p. 22.

El marco normativo obsoleto, agravado por la decisión del Tribunal Constitucional de no declarar inconstitucional completamente el RDLRT, nos lleva a reflexionar sobre el contenido esencial del derecho de huelga y la noción de eficacia:

> "el concepto de eficacia que debe ligarse a la noción de huelga es el que la concibe como la capacidad, la idoneidad y la aptitud para alcanzar los objetivos propuestos sin que ello suponga necesariamente la consecución de los resultados esperados. La garantía de la eficacia del derecho de huelga, en consecuencia, se mueve en el terreno de la preservación de su potencialidad como medio de presión colectiva sobre los intereses empresariales para lograr los resultados que pretende. Si esto es así, y si la huelga tiene como finalidad forzar la voluntad empresarial en beneficio de las reivindicaciones de los trabajadores huelguistas, es obvio que su eficacia dependerá de la incisividad práctica de la presión ejercida"[87].

Está claro que la garantía de la eficacia de la huelga no puede llegar al aseguramiento de que logrará sus objetivos, pero en una visión reductiva de la huelga se limitan sus formas más agresivas para los intereses empresariales. En primer lugar, no se admiten las huelgas abusivas[88], esto es, aquellas con un fin diferente del que le atribuye el ordenamiento jurídico o buscando la satisfacción de un interés desviado respecto del que la ley le atribuye. No obstante, la función legal de la huelga y de su ejercicio como derecho es, precisamente, causar un daño a la contraparte empresarial, por lo que solo se dará un uso abusivo del derecho de huelga cuando su finalidad última no sea la asignada objetiva e institucionalmente por el ordenamiento jurídico.

La aplicación de la teoría del abuso de derecho a la huelga recurre a "conceptos iusprivatistas tales como el daño, la intención de

---

87 *Ibidem*, p. 24.

88 Sobre huelgas ilegales y huelgas abusivas v. SEMPERE NAVARRO, A. V., "Huelgas ilegales y huelgas abusivas", en SANGUINETI RAYMOND, W. y CABERO MORÁN, E. (Coords.): *Sindicalismo y Democracia. El Derecho Sindical Español del profesor Manuel Carlos Palomeque treinta años después (1986-2016)*, Granada, Comares, 2017, pp. 603-622; MONEREO PÉREZ, J. L., "La titularidad del derecho de huelga y sus manifestaciones anómalas, ilegales o abusivas propuestas de reforma", *Revista del Instituto de Estudios Económicos*, nº 2-3, 2010, pp. 167-236; MONEREO PÉREZ, J. L., "Las modalidades de huelga: la normalización jurídica de las llamadas huelgas anómalas (I y II)", *Revista Documentación Laboral*, nº 41-42, 1993-1994; LÓPEZ GANDÍA, J., "Huelgas ilegales y abusivas", *Revista del Instituto de Estudios Económicos*, nº 2-3, 2010.

dañar y la gravedad del perjuicio causado, con el consiguiente riesgo de desnaturalizar la eficacia del derecho de huelga"[89]. De esta forma, aun admitiendo como finalidad básica la producción de un daño económico a la empresa, la huelga deja de ser legal cuando se trata de un daño excesivo o desproporcionado. Por ello, son ilícitas las huelgas de celo o reglamento, las huelgas rotatorias y las huelgas estratégicas (art. 7.2 RDLRT).

La doctrina advierte que negar "la cobertura del ordenamiento jurídico a los casos en los que la huelga se manifiesta más eficaz y expresa mejor la capacidad de presión de los trabajadores huelguistas" coloca a las modalidades de huelga "más efectivas por su impacto económico y organizativo en un plano de sospecha: ahora se presumen abusivas, descargando sobre los huelguistas la prueba de la inexistencia de dicha abusividad"[90].

Algún autor también se cuestiona si un precepto de naturaleza infraconstitucional como el RDLRT puede limitar un derecho fundamental como el de la huelga porque "es patente que no existe en nuestra constitución una prohibición o una reserva directamente relacionada con el abuso del derecho de huelga"[91]. De esta forma, "el límite del abuso del derecho consiste en la consagración de un valor que no posee consagración constitucional, rompiendo, por tanto, el universal principio conforme al cual la Constitución sólo encuentra sus límites en sí misma" y "en un límite que no guarda relación con la naturaleza de los derechos que pretende limitar, pues, siendo éstos derechos subjetivos, son sobre todo algo distinto". Por otra parte, se trata de un "límite de carácter impreciso que está dotado, por tanto, de una extraordinaria amplitud aplicativa, lo que no parece compatible con la naturaleza y finalidad de un derecho fundamental que le atribuyen la condición de base del total sistema jurídico". Y, finalmente, el abuso del derecho de huelga es "un límite que atribuye al sujeto llamado a su aplicación, la plena libertad de decidir —de acuerdo

---

89 MONEREO PÉREZ, J. L. y ORTEGA LOZANO, P. G., "Las huelgas ilegales…", *op. cit.*, p. 370.

90 GONZÁLEZ ORTEGA, S., "El derecho de huelga…", *op. cit.*, p. 27.

91 MATÍA PRIM, J., *El abuso del derecho de huelga: ensayo sobre la regulación del derecho de huelga en el ordenamiento español*, Madrid, Consejo Económico y Social de España, 1996, p. 179.

con sus propias concepciones sociales, pues se trata de defender intereses aún no positivados— el alcance de la Constitución"[92].

El Tribunal Constitucional utiliza para valorar el carácter abusivo de la huelga tres parámetros: la equivalencia o proporcionalidad de los sacrificios, los efectos multiplicadores de la huelga y la mala fe en el ejercicio del derecho. Sin embargo, la equivalencia o proporcionalidad de los sacrificios proviene de una visión iusprivatista del derecho de huelga equiparable al principio contractual de la equivalencia de prestaciones y alejado del modelo constitucional[93], que hemos definido como polivalente, dinámico o sociopolítico. Por su parte, para valorar el daño excesivo se utilizan conceptos jurídicos fuertemente indeterminados y expresiones como "daño superior al ordinario", "pérdidas normales" frente a "pérdidas innecesarias", y daño buscado por los huelguistas "más allá de lo razonablemente requerido por la propia actividad conflictiva y las exigencias inherentes a la presión que la huelga necesariamente implica"[94]. Y, finalmente, está claro que la mala fe no puede presumirse.

En segundo lugar, el artículo 11 del RDLRT recoge cuatro modalidades de huelgas ilegales que implican un repertorio de prohibiciones de determinados tipos de huelga, bien por razones formales (falta de preaviso, publicidad, etc.), bien, sobre todo, por motivos relacionados con la finalidad de la huelga: huelgas políticas, de solidaridad o novatorias. En este caso, "sobre la base de una concepción estrictamente contractual o laboral del derecho de huelga, el legislador abandona el terreno presuntivo y se sitúa en el de la calificación indestructible por la actividad probatoria"[95].

Respecto a las huelgas políticas o de solidaridad, el Tribunal Constitucional ha matizado el alcance de esta prohibición afirmando que "la huelga puede tener por objeto reivindicar mejoras en las condiciones económicas, o, en general, en las condiciones de trabajo, y puede suponer también una protesta con repercusión en otras esferas o ámbitos"[96] y que "los intereses defendidos durante la huelga no

---

92 *Ibidem*, pp. 185-186.

93 GONZÁLEZ ORTEGA, S., "El derecho de huelga...", *op. cit.*, pp. 25-27.

94 SSTC 72/1982, de 2 de diciembre; 41/1984, de 21 de marzo; entre otras.

95 CASAS BAAMONDE, M. E., "Las huelgas atípicas...", *op. cit.*, p. 528.

96 STC 259/2007, de 19 de diciembre.

tienen por qué ser necesariamente los intereses de los huelguistas, sino los intereses de la categoría de los trabajadores"[97]. Las sucesivas transformaciones de la estructura económica y el aumento del protagonismo del Estado en la economía han reducido la brecha entre huelgas 'políticas' y huelgas 'económicas', "produciéndose un continuum a través de las huelgas político-económicas, es decir, dirigidas al Estado por cuestiones profesionales, y ya nadie puede encontrar una clara diferencia entre lo civil y lo político, si alguna vez existió"[98].

Por su parte, el Tribunal Constitucional también ha rebajado la prohibición de huelgas novatorias ya que no se impone un deber de paz absoluto, permitiéndose "recurrir a la huelga para propiciar una determinada interpretación del convenio colectivo, lo que en sí mismo no discute su vigencia ni trata de alterarlo; para establecer condiciones de trabajo en materias no reguladas por el convenio colectivo, lo que tampoco atenta a la integridad ni a la vigencia el convenio; en los casos de incumplimiento empresarial del convenio colectivo, se supone que grave y de cierta entidad, y, finalmente, cuando se haya producido un cambio radical de las circunstancias en las que se negoció el convenio colectivo, que permitan aplicar la llamada cláusula *rebus sic stantibus*"[99].

La doctrina critica que esta prohibición tiene su origen en un modelo de huelga contractual, donde se entiende el "convenio colectivo, retomando términos militares, como una suerte de tratado de paz durante el cual deben suspenderse obligatoriamente las hostilidades". De hecho, nos referimos al compromiso temporal inserto en un convenio colectivo de no recurrir al ejercicio del derecho de huelga durante la vigencia del mismo como "cláusula de paz social". De fondo se mantiene la idea iusprivatista "de que la huelga es un tipo de acción que solo se justifica cuando hay un proceso negociador abierto con la finalidad de acordar un convenio colectivo"[100]. Casas Baamonde apunta que "la doctrina constitucional española no ha soltado amarras del modelo normativo contractual o laboral acerca

---

97 STC 11/1981, de 8 de abril.

98 OJEDA AVILÉS, A., *Derecho sindical, op. cit.*, p. 507.

99 STC 11/1981, de 8 de abril.

100 GONZÁLEZ ORTEGA, S., "El derecho de huelga...", *op. cit.*, p. 33.

del derecho de huelga y de la teorización sobre la existencia de límites internos a su ejercicio"[101].

Una de las cuestiones más conflictivas en el seno del derecho de huelga es la garantía del mantenimiento de los servicios esenciales. Tanto la doctrina como la profusa jurisprudencia del Tribunal Constitucional se han detenido en esta cuestión. En España, la imposición de un mínimo de actividad durante la huelga es el mecanismo que garantiza el mantenimiento de los servicios esenciales de la comunidad, que son "los que satisfacen las necesidades de los ciudadanos conectadas con los derechos reconocidos al mismo nivel que el derecho de huelga en nuestra Constitución"[102].

Para el Tribunal Constitucional, el establecimiento de garantías del mantenimiento de los servicios esenciales "constituye una limitación expresa al derecho a la huelga" de forma que "el derecho de la comunidad a estas prestaciones vitales es prioritario". La determinación de las garantías precisas para asegurar el mantenimiento de los servicios esenciales de la comunidad "no puede ponerse en manos de ninguna de las partes implicadas en el conflicto colectivo que supone la huelga, sino que debe ser sometida a un tercero imparcial", en este caso, la autoridad gubernativa, que deberá motivarla adecuadamente tras una "ponderación y valoración de los bienes o derechos afectados, del ámbito personal, funcional o territorial de la huelga, de la duración y demás características de esta medida de presión". El Tribunal Constitucional argumenta que "debe existir una razonable proporción entre los sacrificios que se impongan a los huelguistas y los que padezcan los usuarios" del servicio esencial. El mantenimiento del servicio "no puede significar en principio que se exija alcanzar el nivel de rendimiento habitual ni asegurar el funcionamiento normal del servicio, el interés de la comunidad debe ser perturbado por la huelga sólo hasta extremos razonables". Si la huelga debe tener una "capacidad de presión suficiente como para lograr sus objetivos frente a la empresa, en principio destinataria del conflicto, no debe

---

101 CASAS BAAMONDE, M. E., "Las huelgas atípicas…", *op. cit.*, p. 520.

102 BAYLOS GRAU, A., *Derecho de huelga y servicios esenciales*, Madrid, ed. Tecnos, 1987, p. 107.

serle añadida a la misma la presión adicional del daño innecesario que sufre la propia comunidad"[103].

El problema de fondo es el tiempo: difícilmente podrá la autoridad gubernativa fijar unos servicios mínimos que cumplan de forma garantista el deber de motivación y, a su vez, si los sindicatos convocantes aprecian un posible carácter abusivo de estos servicios mínimos, no obtendrán la respuesta judicial en el reducido plazo de preaviso de diez días. Además, estos pronunciamientos no son vinculantes para las posteriores huelgas. Salvo la posibilidad extrema del incumplimiento ante servicios mínimos que manifiestamente vulneran el derecho fundamental de huelga, que es un riesgo que lógica y normalmente los trabajadores no quieren asumir, la resolución judicial posterior se limitará a "una victoria moral que no habrá impedido que los servicios mínimos, con toda su funcionalidad limitativa del derecho de huelga, hayan tenido su efecto práctico inmediato"[104].

En el debate sobre las propuestas de regulación de las garantías precisas para asegurar el mantenimiento de los servicios esenciales, Baylos reflexionaba sobre incorporar mecanismos de autorregulación sindical que calificaba como "la aceptación inteligente de la autodisciplina sindical en el ejercicio del derecho de huelga"[105]. Este autor defiende que "la negación de la virtualidad del principio de autorregulación sindical del derecho de huelga trunca irremediablemente el desarrollo completo de la defensa de los intereses de los trabajadores tal como aparecen reconocidos constitucionalmente"[106].

Una de las medidas más restrictivas que contiene el RDLRT, en su artículo 10, y admite el Tribunal Constitucional es el arbitraje obligatorio[107], que supone una desnaturalización de la institución arbitral,

---

[103] SSTC 11/1981, de 8 de abril; 26/1981, de 17 de julio; 51/1986, de 24 de abril; 53/1986, de 5 de mayo; 27/1989, de 3 de febrero; 43/1990, de 15 de marzo; 122/1990, de 2 de julio; 8/1992, de 16 de enero; 183/2006, de 19 de junio; 193/2006, de 19 de junio; entre otras.

[104] GONZÁLEZ ORTEGA, S., "El derecho de huelga...", *op. cit.*, p. 31.

[105] BAYLOS GRAU, A., *Derecho de huelga...*, *op. cit.*, p. 174.

[106] *Ibidem*, p. 179.

[107] V. VEGA LÓPEZ, J. J, "El arbitraje 'obligatorio' que pone fin a la huelga", *Temas Laborales*, nº 70, 2003, pp. 263-292; VIVERO SERRANO, J. B., *La terminación de la huelga*, Valencia, ed. Tirant lo Blanch, 2007, pp. 54-148; BALLESTER PASTOR,

ya que desaparece el elemento necesario de voluntariedad[108]. Por una parte, el TC no avala los presupuestos del RDLRT sobre "una duración muy prolongada de la huelga, unas posiciones de las partes excesivamente distantes o inconciliables y un perjuicio grave para la economía nacional" ya que "no son parámetros útiles", porque son conceptos indeterminados, carecen de concreción y ofrecen un evidente margen a la arbitrariedad. Por otra parte, sí se admite "la facultad que se le reconoce al gobierno de instituir un arbitraje obligatorio como vía de terminación de la huelga"[109].

Esta facultad, tan grave como la prohibición del ejercicio del derecho, afecta a los derechos a la libertad sindical, a la negociación colectiva y a la huelga. En realidad, la jurisprudencia posterior ha flexibilizado los requisitos del art. 10.1 RDLRT. Por ejemplo, en la huelga en una empresa de seguridad privada del aeropuerto de El Prat[110], el tenor literal del RDLRT sobre un "perjuicio grave de la economía nacional" se desplaza hacia "la consideración de las consecuencias negativas que conllevó [la huelga] desde el punto de vista de la imagen, aspecto inmaterial pero muy importante en un país en el que, es verdad, el turismo es la principal actividad económica"[111]. Está claro que la "incidencia", la "trascendencia económica" o las "consecuencias negativas" son conceptos más laxos que un "perjuicio grave para la economía nacional".

En definitiva, "la huelga, una vez más, vuelve a arrinconarse como herramienta clave e instrumento central de las acciones de presión de los trabajadores para convertirse en algo indeseable, solo tolerable mientras no cause una alteración excesiva de la normalidad social y productiva. Producido lo cual, deja de ser legítima para ser sustituida por una solución unilateralmente impuesta. Finalmente, la capacidad de presión de la huelga deja de ser su valor más importante para

---

M. A., *El arbitraje laboral*, Madrid, ed. Ministerio de Trabajo y Seguridad Social, 1993.

108 MUROS POLO, A., "La terminación de la huelga por arbitraje obligatorio", *Revista Española de Derecho del Trabajo*, nº 228, 2020, pp. 191-216.

109 STC 11/1981, de 8 de abril.

110 PALOMEQUE LÓPEZ, M. C., "Un nuevo arbitraje obligatorio para la huelga", *Trabajo y Derecho*, nº 36, 2017, pp. 9-12.

111 STS, Sala de lo Contencioso-Administrativo, de 16 de noviembre de 2018 (Rec. 1632/2018).

convertirse en su propia sentencia de muerte"[112]. Algún autor directamente considera que "el arbitraje obligatorio termina siendo un mecanismo autoritario de solución de conflictos"[113], fruto de "una herencia de la concepción vigilante y hostil del Estado-aparato frente a la destrucción de la producción y de la riqueza nacional que se predicaba del conflicto y de las organizaciones que lo gestionaban"[114].

Adicionalmente, esta noción contractual del derecho de huelga se proyecta sobre su titularidad individual. La dimensión negativa del derecho, la libertad de trabajo del art. 6.4 RDLRT, "ha recibido un tratamiento protector en el que se equiparan, como si de las dos caras de una misma moneda se tratara, el derecho a hacer huelga con el derecho a no hacerla; que, además, se refuerza con la apelación al derecho al trabajo, regulado en el artículo 35 de la CE. Se olvida que la huelga es un derecho de acción, creado con carácter instrumental para la obtención de los objetivos redistributivos que persigue. Por este motivo se potencia y protege. Pero no puede aceptarse que merezca una protección equivalente la actitud de quien se aparta de la acción sindical y se niega a secundarla, haciendo de este comportamiento incluso un arma de división en manos de la empresa. O lo que es lo mismo, que lo lógico es proteger la eficacia del derecho en cuanto se actúa pero no cuando se adopta una posición pasiva"[115]. Por tanto, "las consecuencias jurídicas de esta opción no pueden trascender el plano individual, porque carece de una dimensión colectiva como la que por el contrario caracteriza el derecho de huelga"[116].

González Ortega habla de un "trabajador autoestopista" como la expresión de una posición ventajista que, rechazando los inconvenientes de la huelga, se beneficia no obstante de sus logros: "no hay figura más odiosa, y basta acudir para apreciarlo a la literatura, al arte, a la cultura sindical y al sentir de muchos trabajadores, que la

---

112 GONZÁLEZ ORTEGA, S., "Arbitrajes en huelgas con grave repercusión sobre la economía nacional", *Temas laborales*, nº 154, 2020, p. 320.

113 MONEREO PÉREZ, J. L., ORTEGA LOZANO, P. G., "El arbitraje obligatorio y la reanudación de la actividad laboral en el derecho fundamental a la huelga", *La Ley. Mediación y arbitraje*, nº 7, 2021, p. 25.

114 BAYLOS GRAU, A., *Derecho de huelga…, op. cit.*, p. 178.

115 GONZÁLEZ ORTEGA, S., "El derecho de huelga…", *op. cit.*, p. 28.

116 BAYLOS GRAU, A., "Replanteamientos y novedades en la regulación jurídica de la huelga", *Revista de Derecho Social*, nº 82, 2018, p. 175.

del esquirol"[117]. En términos similares, Baylos recuerda que "quien no secunda la huelga es un esquirol, un rompe huelgas, que en el imaginario sindical representa una figura despreciable por oponerse a la decisión colectiva de la mayoría de los trabajadores y quebrar la solidaridad entre ellos"[118].

La aceptación poco crítica de la libertad de trabajo en el contexto de una huelga, convertida en derecho al trabajo con apoyo constitucional en el art. 35 CE, forma parte de una noción limitativa de la huelga, derivada de la norma preconstitucional, y es "desproporcionada y algo farisaica" conformando "un arma a disposición de los empresarios"[119]. En definitiva, "los no huelguistas no pueden tener por consiguiente un estatuto de protección superior al que gozan las personas que ejerzan el derecho fundamental de huelga, ni pueden entender inalterados sus derechos individuales como trabajadores aislados en la medida en que éstos colisionen con el derecho de huelga"[120].

En último lugar, debemos mencionar las limitaciones impuestas a las actuaciones empresariales de reacción a la huelga para la defensa de sus intereses. El instrumento típico de respuesta empresarial a la huelga, el cierre patronal, ha dejado paso a la técnica del mantenimiento de la producción a través de distintas modalidades de esquirolaje[121].

Por una parte, el Tribunal Constitucional rechazó el principio de igualdad de armas: "la huelga es un 'contrapeso', que tiene por objeto permitir que las personas en estado de dependencia salarial establezcan una nueva relación de fuerzas en un sentido más favorable para ellas. Tiende a restablecer el equilibrio entre partes de fuerza económica desigual. En cambio, '*lock-out*' es una mayor dosis de poder que se otorga a una persona que tenía poder ya desde antes. He aquí por qué el régimen jurídico no puede ser idéntico"[122].

---

117 GONZÁLEZ ORTEGA, S., "El derecho de huelga...", *op. cit*, p. 29-30.

118 BAYLOS GRAU, A., "Replanteamientos y novedades...", *op. cit.*, p. 178.

119 GONZÁLEZ ORTEGA, S., "El derecho de huelga...", *op. cit.*, pp. 29-30.

120 BAYLOS GRAU, A., "Replanteamientos y novedades...", *op. cit.*, p. 175.

121 SANGUINETI RAYMOND, W., *Los empresarios y el conflicto laboral (del cierre a la defensa de la producción)*, Valencia, ed. Tirant lo Blanch, 2006.

122 STC 11/1981, de 8 de abril.

Por otra parte, se restringen expresamente los poderes empresariales de contratación y de dirección y control ya que el empresario no podrá sustituir a los huelguistas por trabajadores que no estuviesen vinculados a la empresa al tiempo de comunicarse la huelga (art. 6.5 RDLRT). El TC ha interpretado de forma amplia esta prohibición del esquirolaje externo creando una modalidad interna, esto es, recurrir al *ius variandi* empresarial, a la movilidad funcional o geográfica, para aminorar el impacto de la huelga[123]. Esta interpretación amplia ha permitido conceptualizar modalidades de esquirolaje organizativo o tecnológico. Esta institución ya aparece en la jurisprudencia como la más tensionada por la disrupción digital, hasta el punto de que la doctrina especializada califica el esquirolaje *tecnológico* como un "salto al vacío"[124].

En las últimas décadas, la huelga como institución apenas ha cambiado, sino que cambia la realidad social a su alrededor. La explosión de la inteligencia artificial y la gestión algorítmica de la empresa puede tener una especial incidencia en los sectores con mayor implantación de la digitalización. Nos encontramos en un escenario donde las TIC pueden ser utilizadas como instrumento de violación de los derechos de los trabajadores.

En esta obra, por tanto, se analizará en profundidad el impacto de los cambios sociales, culturales, productivos y tecnológicos en los conflictos colectivos laborales. Esta transformación productiva y su incidencia en las huelgas no afecta sólo al objeto de estudio, sino que impone una reflexión metodológica completa, exigiendo acudir a técnicas de análisis interdisciplinares, propias del realismo jurídico y alejadas de la ciencia jurídica clásica. En consecuencia, tenemos por delante un gran reto: el análisis jurídico del derecho de huelga pensando en su futuro y su supervivencia.

123 SSTC 123/1992, de 28 de septiembre; 33/2011, de 28 de marzo.

124 PÉREZ REY, J. "El esquirolaje tecnológico: un importante cambio de rumbo de la doctrina del Tribunal Supremo (STS de 5 de diciembre de 2012)", *Revista de Derecho Social*, nº 61, 2013, p. 166.

3. OBJETIVOS, METODOLOGÍA Y ESTRUCTURA DE LA OBRA

Este trabajo tiene como objetivo general analizar de forma integral el régimen jurídico de los conflictos colectivos del trabajo, valorando sus carencias y retos. A su vez, son objetivos específicos estudiar la perspectiva de los actores sociales relevantes: sindicatos, patronal y partidos políticos; integrar la perspectiva de género y LGTBI; proponer mejoras normativas para actualizar la normativa a los cambios sociales y tecnológicos; y promover la interdisciplinariedad a través de la metodología propia de otras Ciencias Sociales (Antropología, Sociología, Ciencia Política)[125] que puede aportar información empírica muy interesante para un análisis crítico del Derecho. En definitiva, se estudia de forma global el derecho de huelga, incluyendo a los actores políticos que intervienen en el fenómeno.

Esta investigación sociojurídica se caracteriza, por tanto, por una metodología mixta[126]. Se combinan la bibliografía elaborada por la doctrina jurídica especializada y las principales obras de la sociolo-

---

125 Sobre la metodología de las ciencias sociales y el estudio de casos V. LIJPHART, A., "Comparative Politics and the Comparative Method", *The American Political Science Review*, vol. 65, nº 3, 1971, pp. 682-693; BARTOLINI, S., "Metodología de la investigación política", en PASQUINO, G, BARTOLINI, S., *et al.*: *Manual de ciencia política*, Madrid, Alianza Universal, 1994; CEA D'ANCONA, M. A., *Metodología cuantitativa: estrategias y técnicas de investigación social*, Madrid, Síntesis, 1996; HAKIM, C., *Research design: strategies and choices in the design of social research*, London, Routledge, 1994; YIN, R., *Case Study Research: Design and Methods*, Thousand Oaks, CA, Sage Publications, 5ª ed., 2014.

126 Sobre la metodología de la investigación jurídica V. ÁLVAREZ DEL CUVILLO, A., "Reflexiones epistemológicas sobre la investigación académica en las disciplinas de Derecho positivo", *Revista Telemática de Filosofía del Derecho*, nº 21, 2018, pp. 77-133; ÁLVAREZ DEL CUVILLO, A., Metodología y técnicas de investigación en el ámbito jurídico-laboral. Bases teóricas, 2015. Recuperado de: https://zip.lu/3j4KJ; MONTOYA MELGAR, A., "Sobre el Derecho del Trabajo y su ciencia", *Revista Española de Derecho del Trabajo*, nº 58, 1993, pp. 173-188; CRUZ VILLALÓN, J, "La metodología de la investigación en el Derecho del Trabajo", *Temas Laborales*, nº 132, 2016, pp. 73-121; CASAS BAAMONDE, M. E., "Reflexión sobre las preocupaciones y corrientes metodológicas en el Derecho del Trabajo de la crisis", en AA. VV., *El Derecho del Trabajo y de la Seguridad Social ante la crisis económica*, I Jornadas de la Facultad de Derecho, Madrid, 1984; KUHN, T. S., *La estructura de las revoluciones científicas*, México D.F., Fondo de Cultura Económica, 2010; BOBBIO, N., *Teoría general del Derecho*, Madrid, Debate, 1991.

gía del conflicto social. El estado del arte se construye a partir de normativa multinivel: internacional (OIT, Consejo de Europa, Unión Europea), nacional y regional (normativa autonómica) y comparada (legislación laboral países como Portugal). Para su interpretación, se recurre a la jurisprudencia y doctrina social, actualizada a la fecha de publicación de este estudio. Igualmente se analizan instrumentos emanados de la negociación colectiva, tanto nacionales (convenios colectivos) como internacionales (acuerdos marco internacionales). Además, se utilizan bases de datos estadísticos (Seguridad Social, Ministerio de Trabajo) y datos empíricos de encuestas realizadas por los institutos de investigación social de referencia (Instituto Nacional de Estadística, Centro de Investigaciones Sociológicas, Encuesta Social Europea, Estudio de Valores Europeos, Encuesta Mundial de Valores).

Se incluye también el análisis del contenido de documentos sindicales (ponencias congresuales, estatutos, informes y estudios, escritos de preaviso de huelgas) y de información en prensa y publicaciones web y en redes sociales de sindicatos y movimientos sociales. Se descartó la entrevista como técnica cualitativa optando en su lugar por el estudio de los textos emanados de las distintas organizaciones analizadas porque aportan un conocimiento sólido, estable y representativo del conjunto de la organización.

En definitiva, se presenta una investigación socio-jurídica, en el marco del realismo jurídico como paradigma no sólo útil, sino imprescindible para estudiar los fenómenos sociales de manera integral, rigurosa y solvente.

El estudio del impacto de las tensiones sociales, culturales y tecnológicas en el fenómeno huelguístico se estructurará en cuatro bloques que, a su vez, se corresponden con los cuatro capítulos de esta obra.

En el primer capítulo, se estudiará de forma pormenorizada la génesis social y cultural de la acción colectiva, destacando la importancia de los valores sociales y la identidad cultural en las huelgas. También se analizarán los actores políticos que intervienen en el conflicto, tanto los clásicos como los nuevos sindicalismos, el importante papel como actor político de los medios de comunicación y el consumo político. A partir de una reflexión sobre la licitud de la huelga política, se estudiará el papel de los nuevos movimientos sociales en conflictos laborales, con especial atención en la huelga feminista, el proceso independentista catalán y la huelga climática. La conclusión de este análisis permitirá conceptualizar un fenómeno *pop* de la huelga.

En el segundo capítulo, se analizará la expansión territorial del conflicto colectivo a través de la huelga transnacional. El actual contexto de globalización y el rol de España en organismos internacionales nos lleva a estudiar la dimensión transnacional del conflicto colectivo, incluyendo el marco jurídico internacional del derecho de huelga, los mecanismos de resolución judicial y extrajudicial de conflictos colectivos, particularmente el arbitraje internacional, y proponiendo la conceptualización de una modalidad transnacional de esquirolaje.

En el tercer capítulo, se analizarán las nuevas dimensiones del derecho de huelga, que conforman una transformación del modelo clásico de huelga. En este escenario, los efectos de la huelga se potencian a través de acciones accesorias, como la publicidad y las campañas mediáticas en redes sociales, se incrementa la presión a través de boicots o llamadas de solidaridad, y se integra la inteligencia artificial (IA) como herramienta sindical. Aquí se incluyen los posibles usos de la IA al servicio del sindicato en contextos conflictivos.

Finalmente, en el cuarto capítulo se examinarán las formas de reacción empresarial ante las huelgas, analizando de forma general la institución jurídica del esquirolaje y específicamente el esquirolaje organizativo y tecnológico. Se ha constatado que la digitalización no sólo ha afectado ya a las huelgas, sino que existen dos décadas de jurisprudencia sobre esquirolaje a través de mecanismos técnicos y organizativos, destacando el sector de los medios de comunicación. No son muchos pronunciamientos, pero su gran interés nos obliga a estudiarlos detenidamente. A su vez, se reflexiona sobre el futuro de la sustitución del trabajo de los huelguistas a través de una nueva modalidad de esquirolaje algorítmico. En este escenario, se comprueba que la inteligencia artificial se configura como un importante riesgo para las huelgas. En último lugar, se estudia el reto pendiente de aprobar una ley de huelga y las distintas posturas de los actores sociales y políticos implicados.

Capítulo I

LA HUELGA COMO INSTRUMENTO DE LEGITIMACIÓN E IDENTIDAD CULTURAL EN LA GESTACIÓN DE LA ACCIÓN COLECTIVA

En marzo de 1984, siendo primera ministra Margaret Thatcher, el Sindicato Nacional de Mineros (NUM) convocó una importante huelga. Durante la manifestación del Orgullo Gay en Londres de ese año, el activista Mark Ashton convenció a un grupo de lesbianas y gais de recaudar fondos para ayudar a las familias de los mineros liderando el grupo *Lesbian and Gay Support the Miners* (LGSP). Tres décadas después Matthew Warchus dirigió la película Pride que cuenta su lucha. En una de las primeras escenas de la película, Ben Schnetzer, que interpretó a Mark, dice: "Tenemos que solidarizarnos. ¿Quién odia a los mineros? Thatcher, la poli, el público y la prensa escrita. ¿No te suena de algo?".

La intervención del poder político a través de los mecanismos represivos del Estado, el papel de los medios de comunicación y la solidaridad de clase e interseccional son elementos que reconocemos en cualquier huelga.

En este capítulo, se estudiará de forma pormenorizada la génesis social y cultural de la acción colectiva, los actores políticos que intervienen en el conflicto, tanto los clásicos como los nuevos sindicalismos. También se analizará el importante papel como actor político de los medios de comunicación y el consumo político. A partir de una reflexión sobre la licitud de la huelga política, se estudiará el papel de los nuevos movimientos sociales en conflictos laborales, con especial atención en la huelga feminista, el proceso independentista catalán y la huelga climática. La conclusión de este análisis permitirá conceptualizar un fenómeno *pop* de la huelga.

1. INTRODUCCIÓN A LA TEORÍA SOCIAL DE LA ACCIÓN COLECTIVA: UN ENFOQUE SOCIAL Y CULTURAL

1.1. Transformación social y germen del nuevo conflicto social

En las últimas décadas, se han producido una serie de transformaciones en la sociedad española que tendrán consecuencias en los conflictos colectivos y en las nuevas reivindicaciones de las huelgas.

Por una parte, el peso del sector terciario en el modelo productivo se ha incrementado: mientras en 2008 el sector servicios representaba el 63,9% (y la construcción el 13%), en 2024 aumentó hasta el 72,3% (y la construcción se redujo hasta el 6,4%). Esto es consecuencia de la crisis económica de esos años, pero también de cambios sociales y culturales más profundos, por ejemplo, una importante mejora del nivel educativo. En las últimas dos décadas se ha profundizado la mejora educativa del país que arrancó con fuerza en los años ochenta. Mientras en 2004 un 26,7% de los españoles entre 25 y 64 años había alcanzado estudios de educación superior y doctorado, en 2022 esa cifra aumentó hasta el 41,1%[127]. La terciarización de la economía y la mejora del nivel educativo son factores que impulsan la revolución silenciosa que teorizaba Inglehart[128] para denominar el cambio de los valores materialistas a los postmaterialistas.

Por otra parte, debemos destacar el impulso del movimiento feminista cuyas reivindicaciones de contenido laboral podríamos estructurar en dos grandes grupos: la brecha de género en el empleo y en los cuidados. Respecto a la brecha de género, la tasa de actividad de las mujeres en 2002 era el 42% frente al 66% de los hombres. En 2022 la brecha se reduce y las mujeres alcanzan el 54% frente al 64% de los hombres. La brecha de género en la tasa de paro, sorprendentemente, ha crecido: frente a los 0,5 puntos de 2009 la diferencia sube a un 3,5 en 2022[129]. Es probable que esto se deba a que la mayor actividad de las mujeres las empuja hacia la búsqueda de

---

127 INE, Encuesta de Población Activa, 2024.

128 INGLEHART, R., *The Silent Revolution: Changing values and political styles among Western publics*, Princeton, Princeton University Press, 1977.

129 INE, Encuesta de Población Activa, 2022.

empleo. Respecto a los cuidados, las mujeres recurren a fórmulas de reducción de jornada y suspensión del contrato de trabajo en mayor medida que los hombres. El 67% de los hombres sólo interrumpieron su vida laboral durante el permiso de paternidad frente al 57% de las mujeres que sólo disfrutaron el permiso de maternidad, sin combinarlo con excedencias u otras fórmulas[130]. Los datos también muestran que la principal causa de inactividad de las mujeres es el cuidado de niños o de adultos enfermos, incapacitados o mayores (un 20% frente al 5% de los hombres)[131].

A su vez, las sucesivas crisis económicas han afectado a la estructura de clases del país y se discute sobre un nuevo grupo social denominado *precariado*[132]. La precariedad se entiende en su sentido más amplio como la inseguridad y vulnerabilidad, la desestabilización y la puesta en peligro[133], por lo que constituye un factor existencial que añade a la incertidumbre de la propia vida la que se genera como consecuencia del devenir social y laboral. Esto afectará especialmente a los jóvenes, identificándose importantes problemas como un nuevo nomadismo laboral, cultural y vital, problemas de inserción en el mercado laboral (destacando la temporalidad, la parcialidad o la becarización) y una consecuente crisis de emancipación, natalidad y nupcialidad. Los principales indicadores sociales y económicos son alarmantes: los jóvenes españoles lideran los datos europeos de paro y temporalidad, aunque la reforma laboral de 2021 ha contribuido a reducir estas cifras (la temporalidad en menores de 30 años cayó del 58% en 2021 al 45% en 2022)[134]. La tasa de natalidad se ha desplomado de 18,7 nacimientos por mil habitantes de 1978 a 6,88 de 2022. Por su parte, la tasa de nupcialidad disminuye de 7,18 matrimonios por mil habitantes de 1978 al 3,74 de 2022[135].

---

130 INE, Encuesta de Población Activa, 2018.

131 INE, Encuesta de Población Activa, 2020.

132 STANDING, G., *El precariado: una nueva clase social*, Madrid, Pasado y Presente, 2013.

133 LOREY, I., *State of insecurity. Government of the precarious*, London, Verso, 2015, p. 10.

134 INE, Encuesta de Población Activa, 2022.

135 INE, Indicadores demográficos básicos, 2023. Más datos en su web: ine.es

Todo ello se suma a un importante problema de acceso a la vivienda[136] y una creciente preocupación por la salud mental. Los datos empíricos muestran que un 94,9% de los españoles está muy o bastante de acuerdo con dedicar más recursos a los servicios públicos de salud mental de la sanidad pública[137]. Esta preocupación alcanza a la generación *millennial*, los hijos de las dos crisis económicas que, rondando ya los 40 años, continúan una vida precaria a una edad donde se espera estabilidad laboral y personal. Un estudio realizado por CCOO indica que las personas jóvenes no alcanzan hasta los 38 años el "paquete completo" de autonomía personal, es decir, un empleo con contrato indefinido, a tiempo completo o parcial con ingresos suficientes, junto con la posibilidad de acceso a vivienda[138]. La vivienda es un foco de conflictividad social que se organiza en torno a los que se autodefinen como sindicatos de inquilinas o de vivienda y la salud mental o la emergencia climática ya han motivado varias huelgas de estudiantes.

En este contexto, el sistema productivo español se ve afectado por distintos fenómenos sociales irremediablemente interrelacionados: la disrupción digital, la globalización, la transición ecológica, el feminismo o el desempleo. Estos fenómenos tienen un especial impacto en el origen de conflictos colectivos porque influyen a los grupos sociales donde se promueven. La promoción del trabajo autónomo, modalidad preeminente de contratación en la llamada 'economía colaborativa' o 'economía de las plataformas virtuales', tiene importantes repercusiones en las condiciones de esos trabajadores, en el empleo y en la sociedad en su conjunto. También la globalización y la deslocalización son un riesgo para el mantenimiento de los puestos de trabajo y para la competitividad del país. Por su parte, los sindicatos tienen gran interés en que se afronte la transición ecológica y la digitalización garantizando los derechos de los trabajadores. Es en

---

136 CARMONA PASCUAL, P., *La democracia de propietarios: fondos de inversión, rentismo popular y la lucha por la vivienda*, Madrid, Traficantes de Sueños, 2022.

137 CIS, *Encuesta de prospectiva III*, estudio 3378, 2022. Disponible en: https://bitly.cx/wQS

138 CCOO, *Radiografía socioeconómica del estado de la juventud en España: primero la precariedad, ahora la emancipación*, 2023, p. 24. Disponible en: https://zip.lu/32Q7W

este escenario donde aparecen debates sobre paros de autónomos, la dimensión transnacional del conflicto colectivo o las huelgas climáticas.

Por su parte, nadie esconde la preocupación por el papel que la inteligencia artificial y los algoritmos tendrán en el futuro. Los datos del Centro de Investigaciones Sociológicas (CIS) muestran que un 84,7% de los españoles cree que en la próxima década habrá más robots que sustituyan a trabajadores/as, especialmente los jóvenes (superando el 88% en aquellos entre 18 y 34 años) y los hombres (un 87,4% frente al 82,2% de las mujeres). Por otro lado, un 45,7% de los ciudadanos cree que la utilización de robots y sistemas automáticos de trabajo en general va a ser causa en los próximos diez años de un aumento del paro, mientras que sólo un 16,1% cree que dará lugar a la creación de más puestos de trabajo. Los jóvenes (53%) y las mujeres (53,1%) son quienes muestran más preocupación por la relación entre automatización y desempleo, mientras en los hombres destaca la creencia de que todo seguirá prácticamente igual, esto es, que no influirá en el desempleo (39,7%), frente al 37,8% y 18,6% de los hombres que creen que aumentará el paro o se crearán más puestos de trabajo, respectivamente[139]. Aquí aparecen interesantes lecturas como las tesis del pleno desempleo[140]. La IA no sólo es el gran reto laboral del futuro, sino también un instrumento al servicio tanto de la empresa como de los sindicatos.

En este escenario, es importante detenerse en el impacto de los actores políticos colectivos en la gestación del conflicto social, donde destacan los partidos políticos, los sindicatos y los movimientos sociales, principalmente el feminismo y el ecologismo, pero también los nuevos sindicalismos.

En primer lugar, la confianza en los sindicatos ha caído en las últimas décadas: mientras en 1994[141] y 2002[142] los ciudadanos valoraban con un promedio de 4,71 y 4,53 sobre 10, respectivamente, la

---

139 CIS, *Encuesta sobre tendencias sociales (III)*, n° 3424, 2023. Disponible en: https://zip.lu/33uVD

140 GAGGI, M., NARDUZZI, E, *Pleno desempleo*, Madrid, Lengua de Trapo, 2007.

141 CIS, *Sindicatos*, n° 2088, 1994. Disponible en: https://zip.lu/33uY8

142 CIS, *Ciudadanía, participación y democracia*, n° 2450, 2002. Disponible en: https://zip.lu/33uV5

confianza en los sindicatos, en 2023 esta cifra se reduce a un 3,82. Salvo los más jóvenes, que rozan el aprobado (4,93), la confianza disminuye en todos los grupos de edad y en mayor medida ligeramente en los hombres. Junto con los partidos políticos, los sindicatos son la institución que genera menos confianza, por debajo del gobierno (3,99), los medios de comunicación (4,12), el parlamento (4,35), la justicia (4,98) y la Constitución (6,59). Frente a tan sólo el 10,6% que piensan que la confianza aumentará, un 32,4% de la ciudadanía cree que en cinco años tendrán menos confianza en los sindicatos que ahora[143].

Los datos empíricos muestran que sólo un 6,5% de los españoles pertenece o ha pertenecido a un sindicato, destacando el papel de los hombres (8,4%) sobre las mujeres (4,6%). Esto contrasta con la percepción que tiene la ciudadanía sobre la influencia de los sindicatos. Un 49,1% de los ciudadanos cree que los sindicatos tienen mucha o bastante influencia en las decisiones políticas, por debajo de los partidos políticos (70,6%) y las organizaciones empresariales (64,1%), pero por encima de las organizaciones feministas (45,3%), religiosas (37,2%), antirracistas (29,2%) y ecologistas (29,2%). Aunque la mayoría cree que la influencia de los sindicatos se mantendrá igual dentro de 5 años (53,8%), un 26,7% cree que aumentará, mientras un 17,2% cree que se reducirá. El optimismo sobre la mejora de la influencia de las organizaciones sindicales destaca entre los más jóvenes (un 36,3% de aquellos entre 18 y 24 años) y las mujeres (el 29,3% frente al 24% de los hombres)[144].

El papel tradicional del sindicato está también cuestionado por los nuevos movimientos sociales que le obligan a asumir su agenda. Actualmente, existe una explosión de movimientos transformadores como el feminismo, el ecologismo o la defensa de los derechos LGTBI. Por tanto, el cambio alcanza a la relación de sindicatos con movimientos sociales, con partidos políticos (incluyendo la administración pública) y con los empresarios. En los últimos tiempos, debido a la crisis sanitaria, el llamado diálogo social se muestra hiperactivo, al

---

143 CIS, *Encuesta sobre tendencias sociales (III)*, nº 3424, 2023. Disponible en: https://zip.lu/33uVD

144 CIS, *Tendencias de asociacionismo en España*, nº 3436, 2024. Disponible en: https://zip.lu/3cCRG

tiempo que la inflación y la mejora de datos macroeconómicos empuja a una mayor conflictividad social para exigir subidas de salarios. A su vez, se habla de los emergentes nuevos sindicalismos o del sindicalismo social. En este capítulo nos detendremos en estos sujetos.

En segundo lugar, el sistema de partidos español, un bipartidismo imperfecto tradicionalmente liderado por PSOE y PP, cambió radicalmente en 2015, entrando en un escenario multipartidista donde Podemos/Sumar y Cs/Vox tuvieron responsabilidades de gobierno en administraciones de distinto nivel. El nacionalismo catalán, vasco y gallego, junto con otros partidos regionalistas (Valencia, Canarias, Cantabria, Navarra o Teruel), tienen especial protagonismo. A nivel internacional, además del importante impacto económico de varias crisis (*shock* financiero de 2008, crisis sanitaria la COVID19) y guerras (Ucrania, Palestina), destaca especialmente la intervención económica de la Unión Europea, en una vertiente más social, por ejemplo, promoviendo los fondos *Next Generation EU*, que contrasta con su papel autericida[145] en la crisis financiera de 2008. Ambos elementos, el sistema de partidos y el contexto internacional condicionan a la mayoría parlamentaria que aprueba las leyes.

A partir de una definición de los actores políticos colectivos, en las siguientes páginas se analizarán los nuevos movimientos sociales y sus relaciones con el conflicto colectivo laboral. También se estudiará el rol sociopolítico del sindicato tradicional y el papel de los medios de comunicación.

1.2. Una aproximación al concepto de actor político colectivo

1.2.1. Definición y tipología de actores colectivos: grupos de interés y movimientos sociales

No sólo los políticos "hacen política". Podemos entender la acción política como la conducta individual o de grupo que incide en el proceso de gestión de los conflictos sociales. A menos que alguien se dedique profesionalmente a la política, esta no suele ocupar una parte significativa en la mente y la rutina diaria de la mayoría de los

---

145 TORRES LÓPEZ, J., "Las consecuencias políticas del austericidio", *Blog La Tramoya Público.es*, 19 de diciembre de 2013. Disponible en: https://bitly.cx/FiWU

ciudadanos, sino que compite con numerosas otras responsabilidades y actividades cotidianas. En consecuencia, cada persona aborda la política con distinta intensidad y especialización.

Vallés distingue entre apáticos, espectadores y gladiadores[146]. Se puede construir una escala creciente de interés y participación desde los inactivos, pasando por los votantes, los activistas locales, los voluntarios sociales, los militantes y, finalmente, los activistas totales (Vallés los denomina "todoterreno de la política").

La acción política puede ejercerse de forma espontánea y esporádica, sin necesidad de establecer ningún acuerdo ni estrategia previa con otros actores[147]. Además de individualmente, los ciudadanos pueden intervenir en política en grupo. En realidad, "todo comportamiento político posee una dimensión colectiva; el acto político de un sujeto individual tiende a integrarse en un conjunto de actos realizados por otros, con el fin de aumentar su incidencia sobre la toma de decisiones y asegurar su aceptación"[148].

Para Vallés la definición actor político colectivo exige cuatro características comunes: 1) la asociación voluntaria; 2) la estabilidad relativa de su actividad; 3) la comunidad de intereses y objetivos (ya sean latentes o explícitos), que produce una cierta homogeneidad entre sus miembros; 4) una línea de acción coordinada y organizada —en mayor o menor medida— mediante el uso de medios e instrumentos diverso[149].

Vallés distingue tres tipos de actores políticos colectivos, los partidos políticos, los grupos de interés o presión y los movimientos sociales, en función de la estabilidad, el discurso, el escenario preferente de actuación, la orientación hacia el poder institucional, la estrategia y los recursos[150]. A efectos clarificadores, Ibarra y Letamendia proponen un esquema que permite identificar estos actores en base a ocho variables: su orientación hacia el poder, las relaciones con los partidos, su organización, los intereses y grupos representados, los

---

146 VALLÉS, J. M., *Ciencia Política: una introducción*, Barcelona, Ariel, 2006, pp. 323 y ss.

147 *Ibidem*, p. 328.

148 *Ibidem*, p. 343.

149 *Idem*.

150 *Ibidem*, pp. 345 y ss.

medios de representación, el tipo de acción colectiva, la estrategia y los objetivos finales[151].

Por un lado, los grupos de interés son "asociaciones voluntarias que tienen como objetivo principal influir sobre el proceso político, defendiendo propuestas que afectan a los intereses de un sector determinado de la comunidad". Estos grupos se caracterizan por participar en el diseño de las políticas relacionadas con sus intereses, pero sin asumir responsabilidades institucionales. Por ello, algunos autores denominan a estos grupos como grupos de presión, "subrayando que no persiguen ocupar el poder institucional, sino presionar sobre el mismo"[152].

Los grupos de interés conforman "organizaciones que representan y expresan los intereses y las demandas de grupos particulares de personas, a menudo con el fin de influir en el Estado para que actúe en su beneficio"[153]. Los grupos de interés pretenden convencer al poder institucional y a las élites que lo gestionan de que los intereses particulares de dichos grupos coinciden con los intereses generales de la sociedad. Son, en definitiva, "una organización formalmente estructurada que busca incidir a través de medios no violentos en la toma de decisiones públicas sin asumir responsabilidades gubernamentales"[154].

Por otro lado, los movimientos sociales optan por una estructura variable y un discurso transversal. Su escenario preferente de actuación es social, no convencional, y su orientación hacia el poder institucional es el cambio o el enfrentamiento, frente a la idea de ejercicio de los partidos políticos y de la presión de los grupos de interés. En definitiva, su estrategia es el conflicto y sus recursos son la movilización popular, las organizaciones no gubernamentales y las acciones mediáticas.

---

151 IBARRA, P., LETAMENDIA, F., "Movimientos sociales", en CAMINAL BADIA, M., TORRENS LLAMBRICH, X. (coords.): *Manual de ciencia política*, 5ª ed., Madrid, Tecnos, 2019, pp. 385-415.

152 VALLÉS, J. M., *Ciencia Política…*, *op. cit.*, p. 346.

153 SODARO, M., *Política y Ciencia Política: una introducción*, Madrid, McGraw-Hill, 2006, p. 197.

154 SOLÍS DELGADILLO, D., "Hacia una definición del concepto grupo de interés", *Perfiles Latinoamericanos*, vol. 25, nº 50, p. 99.

Raschke define los movimientos sociales como un "agente colectivo movilizador que persigue el objetivo de provocar, impedir o anular un cambio social fundamental, obrando para ello con cierta continuidad, un alto nivel de integración simbólica y un nivel bajo de especificación de roles, valiéndose de formas de acción y organización variables"[155]. Para Della Porta son "redes informales basadas en las creencias y en la solidaridad, que se movilizan a partir de cuestiones conflictivas y por medio del uso frecuente de distintas formas de protesta"[156]. De igual manera Diani entiende el movimiento social como "un conjunto de redes de interacción informales entre una pluralidad de individuos, grupos y organizaciones, comprometidas en conflictos de naturaleza política o cultural, sobre la base de una específica identidad colectiva"[157].

Laraña delimita los movimientos sociales como una forma de acción colectiva "1) que apela a la solidaridad para promover o impedir cambios sociales; 2) cuya existencia es en sí misma una forma de percibir la realidad, ya que vuelve controvertido un aspecto antes aceptado como normativo; 3) que implica una ruptura de los límites del sistema de normas y relaciones sociales donde se desarrolla la acción; 4) que tiene capacidad para producir nuevas normas y legitimaciones en la sociedad"[158].

Los movimientos sociales expresan una preferencia por las vías de intervención política no convencionales, al tener cerradas muchas veces las vías convencionales que controlan sobre todo partidos y grupos de interés. Los movimientos sociales son, pues, actores políticos cuya apariencia cambia con cierta celeridad. Algunos han sostenido que los movimientos sociales no tienen vocación de perdurar y que su desaparición puede ser tanto fruto de su fracaso como de su éxito. Desde esta perspectiva, un movimiento social desaparece como tal

---

155 RASCHKE, J., "Sobre el concepto de movimiento social", *Zona Abierta*, Volumen 69, 1994, p. 124.

156 DELLA PORTA, D. Y DIANI, M., *Social movements, an introduction*, Oxford, England: Blackwell, 1999.

157 DIANI, M., "Las redes de los movimientos: una perspectiva de análisis", en TEJERINA MONTAÑA, B., IBARRA GÜELL, P. (eds.): *Los movimientos sociales: transformaciones políticas y cambio cultural*, 1998, p. 224.

158 LARAÑA RODRÍGUEZ-CABELLO, E., *La construcción de los movimientos sociales*, Alianza, Madrid, 1999, pp. 126-127.

cuando evoluciona hasta convertirse en partido o grupo de presión, o cuando su mensaje cala en amplios sectores sociales y se hegemoniza[159].

Finalmente, Tarrow define los movimientos sociales como "desafíos colectivos planteados por personas que comparten objetivos comunes y solidaridad en una interacción mantenida con las élites, los oponentes y las autoridades". Esta definición tiene cuatro propiedades empíricas: desafío colectivo, objetivos comunes, solidaridad e interacción mantenida[160].

Para identificar los métodos de acción colectiva, partimos de la concepción de Cruz de la acción colectiva como el "proceso por el cual las personas realizan esfuerzos conjuntos dirigidos a influir en la distribución existente del poder. Los grupos, si pueden, emprenden alguna forma de acción colectiva para adquirir el poder"[161]. En este sentido, recuerda que la acción colectiva es una de las posibles respuestas de las personas que se encuentran inmersas en un conflicto: "más frecuentes que la movilización han sido y son la resignación, la emigración y la resistencia cotidiana, oculta, individual y anónima"[162].

Para estudiar la acción y el conflicto colectivo debemos utilizar la distinción propia de la Ciencia Política entre formas de participación política convencional y no convencional. Por un lado, las primeras son modalidades de participación estimuladas desde las instituciones del Estado que no aspiran a la transformación del sistema político o a la puesta en cuestión de alguna de sus estructuras. Por otro lado, la participación política no convencional no está promocionada desde el Estado, sino que aspira a la impugnación y transformación del sistema político y de sus instituciones, incluido el propio Estado,

---

159 VALLÉS, J. M., *Ciencia Política...*, *op. cit.*, p. 353.

160 TARROW, S., *El poder en movimiento. Los movimientos sociales, la acción colectiva y la política*, Madrid, Alianza, 1997, p. 21.

161 CRUZ MARTÍNEZ, R., "Conflictividad social y acción colectiva: una lectura cultural", en RUIZ CARNICER, M. A., FRÍAS CORREDOR, C. (coord.): *Nuevas tendencias historiográficas e historia local en España: actas del II Congreso de Historia Local de Aragón (Huesca, 7 al 9 de julio de 1999)*, 2001, pp. 175-190.

162 *Ibidem*, p. 175.

considerándose como la modalidad más reciente de participación en las democracias[163].

Mientras las formas de participación política convencional incluyen acciones como votar, militar o colaborar con partidos políticos o sindicatos, asistir a mítines o debates, financiar campañas o huelgas (en España denominamos a estas colectas como cajas de resistencia), etc.; las formas de participación política no convencional abarcan acciones no convencionales legales (peticiones o manifestaciones legales), desobediencia civil (acciones ilegales de confrontación con las autoridades, como la objeción militar o fiscal) y, finalmente, la violencia política[164].

En el ámbito de los grupos de interés y los movimientos sociales menos institucionalizados, es habitual que las formas de protesta incluyan pintadas y grafitis, pegar carteles y repartir panfletos, sentadas[165], boicots, escraches[166], encierros[167], ocupaciones[168], cortes de tráfico[169] (incluyendo barricadas[170]), desobediencia, destrucción o deterioro de bienes públicos y agresión contra personas[171], cadenas humanas, acampadas (15M), festivales...

---

163 VALLÉS, J. M., *Ciencia Política...*, *op. cit.*, p. 333 y ss.

164 *Idem.*

165 Granada Hoy, "Sentada y pegada de carteles contra la 'mala praxis' de un profesor de la UGR", *Granadahoy.com*, 18 de febrero de 2021. Disponible en: https://bit.ly/3UfxxXm

166 eleconomista.es, "Iglesias sufre un escrache en la Complutense casi 10 años después de impulsar él uno contra Rosa Díez", 4 de marzo de 2020. Disponible en: https://bit.ly/3DwACfJ

167 DE LUCAS, A., "Estudiantes de la URJC: encierro y manifestaciones", *elplural.com*, 21 de febrero de 2019. Disponible en: https://bit.ly/3ScldVM

168 FERNÁNDEZ, A., "'Okupada' la Universidad de Barcelona en protesta por los recortes", *elconfidencial.com*, 2 de febrero de 2012. Disponible en: https://bit.ly/3eUkx9k

169 EFE, "La huelga de universidades empieza cortes de tráfico y seguimiento irregular", *La Vanguardia*, 15 de mayo de 2015. Disponible en: https://bit.ly/3qGKEDt

170 EFE, "La huelga de estudiantes comienza con barricadas en los accesos a la Autónoma", *La Vanguardia*, 24 de marzo de 2015. Disponible en: https://bit.ly/3R1UsTa

171 EFE, "Tres detenidos por daños y desórdenes durante la huelga estudiantil de marzo", *La Vanguardia*, 8 de mayo de 2017. Disponible en: https://bit.ly/3Bjy2qJ

Muy a menudo, estas actividades no convencionales están estrechamente ligadas a su espectacularidad mediática: utilizar petardos, bengalas o botes de humo[172], formar cadenas humanas[173], desnudarse[174], ocupar lugares de gran visibilidad (monumentos), "atacar" obras de arte icónicas con pintura[175] o pegándose a cuadros famosos[176], teñir de un color simbólico el agua de una fuente pública[177], cortar vías de tren[178] o autovías, escraches[179], lanzamiento de pintura[180], bicicletadas[181], caceroladas, huelgas de hambre[182], colgarse a

---

172 LÓPEZ PENIDE, A., "Los bomberos comarcales reclaman mejoras laborales en Pontevedra entre petardos, bengalas y botes de humo", *La Voz de Galicia*, 20 de octubre de 2023. Disponible en: https://zip.lu/Z9zs

173 EFE, "Miles de estudiantes gallegos forman una cadena humana contra la marea negra", *La Vanguardia*, 21 de enero de 2003. Disponible en: https://bit.ly/3DzNm5c

174 PENELAS, S., "Los bomberos comarcales se quitan el uniforme en A Coruña para reivindicar mejoras laborales", *Quincemil*, 27 de octubre de 2023. Disponible en: https://zip.lu/YHux

175 MORALES, M. "Dos ecologistas arrojan sopa de tomate al cuadro 'Los girasoles' de Van Gogh en la National Gallery de Londres", *El País*, 10 de octubre de 2022. Disponible en: https://bit.ly/3TLZi9v

176 EuropaPress, "Dos activistas ecologistas se pegan a los marcos de los cuadros de 'Las Majas' de Goya en el Museo del Prado", *EuropaPress*, 5 de noviembre de 2022. Disponible en: https://zip.lu/VkLW

177 La Voz, "Agua teñida de rojo y pintadas contra Israel en la fuente de los surfistas de A Coruña", *La Voz de Galicia*, 30 de noviembre de 2023. Disponible en: https://zip.lu/33U9r

178 EuropaPress, "Estudiantes cortan las vías en la estación de Sants de Barcelona", *ElPeriódico*, 8 de noviembre de 2018. Disponible en: https://bit.ly/3r2yMMl

179 LÓPEZ PENIDE, A., "La Audiencia de Pontevedra avala los escraches durante la huelga en un astillero", *La Voz de Galicia*, 1 de noviembre de 2023. Disponible en: https://zip.lu/Z9BI

180 EFE, "Al menos un detenido en una manifestación contra un salón inmobiliario de Barcelona con lanzamiento de pintura en polvo a los asistentes al grito de 'especuladores'", *El Mundo*, 20 de septiembre de 2023. Disponible en: https://zip.lu/Vdqj

181 Sindicato de Inquilinos e Inquilinas de Madrid (@InquilinatoMad), "Mañana nos movilizamos en Madrid para exigir una Ley de vivienda. Bicicletada + concentración. ¿Te vienes?", *Twitter*, 20 de febrero de 2021. Disponible en: https://zip.lu/YWYF

182 GONZÁLEZ, A., MONTÁNS, I., "Los bomberos de los parques comarcales de Galicia amenazan con una huelga de hambre", *Cadena Ser*, 20 de octubre de 2023. Disponible en: https://zip.lu/Z9Ar

12 metros de altura para impedir un desahucio[183], etc. Son actos que adquieren mayor resonancia en la medida en que son difundidos por los medios de comunicación y las redes sociales. Estas formas de acción directa no violenta gozan de gran cobertura mediática y mayor simpatía social que los disturbios y las barricadas.

De esta forma, podemos concebir la participación política como un *continuum* en el que los sujetos van avanzando desde las formas más convencionales a las menos ortodoxas[184]. No obstante, estas formas menos convencionales de participación gozan de diferente grado de aceptación y legitimación social, siendo la violencia política la fórmula menos admitida. En tanto toda intervención política conlleva cierta dosis de coacción[185], cuanto más lejos están los proyectos políticos de las ideas y valores dominantes, sólo la aplicación de una mayor dosis de coacción podrá hacerlos efectivos[186].

Finalmente, debemos apuntar que la acción política está condicionada por las oportunidades que el propio sistema político ofrece para la participación[187], lo que Tarrow teorizó como estructura de oportunidades políticas[188]. De esta forma, la existencia de instrumentos de participación institucionalizados y efectivos canaliza las reivindicaciones sociales hacia fórmulas legales, dialogadas y no violentas de resolución de conflictos. Es lo que Dahrendorf llamaba institucionalización del conflicto[189].

1.2.2. Los nuevos movimientos sociales (NMS)

Muchos autores comienzan a hablar de nuevos movimientos sociales a partir de los años sesenta, utilizando el mayo del 68 francés

---

183 MIÑANO, R., "Se cuelga a 12 metros para impedir, sin éxito, el desahucio de Zohra y su familia de un piso en Madrid", *Antena 3*, 24 de julio de 2024. Disponible en: https://bitly.cx/F4bV8

184 BARNES, S. H., KAASE, M., *Political action: mass participation in five western democracies*, Sage Publications, Beverly Hills, California, 1979.

185 VALLÉS, J. M., *Ciencia Política…*, *op. cit.*, p. 420.

186 *Ibidem*, p. 41.

187 *Ibidem*, p. 324.

188 TARROW, S., *El poder en movimiento…*, *op. cit.*

189 DAHRENDORF, R., *Las clases sociales y su conflicto en la sociedad industrial*, Madrid, RIALP, 1962.

como punto de inflexión. Estos nuevos movimientos tienen su origen en dos fenómenos simultáneos. El punto de partida son los trabajos de Alain Touraine[190] y Ronald Inglehart[191] que estudiaron, respectivamente, la transición del industrialismo al post-industrialismo y el tránsito epocal de los valores materiales a los inmateriales o postmaterialistas.

De este modo, en las sociedades postfordistas, se ha observado una creciente desafección en las nuevas clases medias, lo que ha llevado a un aumento en la búsqueda de aspectos relacionados con la comunidad, la autorrealización personal y la armonía con la naturaleza, entre otros. Esto marca una nueva etapa de la modernidad en la que el trabajo cualificado ha ganado relevancia en los procesos de producción en comparación con el trabajo industrial típico del trabajador en la línea de montaje fordista. La sociedad se ha orientado hacia el sector terciario y una parte de la clase trabajadora ha obtenido acceso a la educación superior. Esta situación ha generado una crisis en las formas tradicionales de socialización, que van desde la familia y la iglesia, hasta los sindicatos convencionales y los partidos políticos de masas.

Podemos encuadrar este fenómeno aparentemente novedoso en una época de derrumbe del llamado "socialismo real" y del surgimiento de las tesis del fin de la ideología[192] o del fin de la historia[193]. Consolidada una cultura universal económica en clave capitalista (aunque los años han enmendado estas ideas), junto con el fracaso del marxismo y la pérdida de legitimidad de sus formas clásicas de organización (partido y sindicato), se empuja a las generaciones más jóvenes hacia nuevas formas de reivindicación.

---

190 TOURAINE, A., *La sociedad post-industrial*, Barcelona, Ariel, 1971.

191 INGLEHART, R., *The Silent Revolution: Changing values and political styles among Western publics*, Princeton University Press, Princeton, 1977; INGLEHART, R., *El cambio cultural en las sociedades industriales avanzadas*, CIS/Siglo XXI, Madrid, 1991.

192 BELL, D., 1992. *El fin de las ideologías: sobre el agotamiento de las ideas políticas en los años cincuenta*, Madrid, Centro de Publicaciones, Ministerio de Trabajo y Seguridad Social, 1992.

193 FUKUYAMA, F., *El fin de la historia y el último hombre*, Barcelona, Planeta, 1992.

Este proceso es el resultado de las contradicciones y paradojas del capitalismo tardío de las democracias occidentales y del desarrollo del estado de bienestar. La redistribución de la riqueza y la generalización de unos estándares básicos de confort permitió que los jóvenes y algunos sectores de la clase media profesional e intelectual cambiasen sus prioridades sociales, sus anhelos, aspiraciones y necesidades.

El carácter preeminente de los tradicionales valores materialistas se conecta con las necesidades básicas del individuo y de los grupos en que se integra: en especial, seguridad física y seguridad económica. En cambio, cuando estas necesidades se hallan razonablemente satisfechas, el gran éxito de la socialdemocracia en la segunda mitad del siglo XX, se despiertan otras exigencias: autorrealización personal en lo intelectual y en lo afectivo, tratamiento singularizado de cada individuo, nuevos equilibrios entre trabajo y ocio, calidad del medio natural y cultural, libertad de expresión, igualdad, medio ambiente, identidad y autoestima, salud mental, etc. Inglehart llama "revolución silenciosa"[194] a este cambio cultural.

Riechmann y Fernandez Buey presentan varios rasgos que permiten caracterizar a la familia de movimientos sociales que hemos definido como nuevos movimientos sociales: a) la vocación emancipatoria, b) su situación intermedia entre los movimientos con orientación al poder y los culturales, aunque con tendencia a concentrase en esta esfera socio-cultural, c) una propensión anti-modernista, al no compartir la concepción lineal de la historia o la creencia en el progreso entendido como desarrollo material y moral indeterminables, d) su composición social heterogénea, e) unos objetivos y estrategias de acción muy descentralizados, f) una estructura organizativa descentralizada y anti-jerárquica, g) la politización de la vida cotidiana y el ámbito privados, y h) los métodos de acción no convencionales[195].

En definitiva, los nuevos movimientos sociales parten del rechazo a una determinada configuración social, política, económica y/o cul-

---

194 *Idem.*

195 RIECHMANN, J., FERNÁNDEZ BUEY, F., *Redes que dan libertad. Introducción a los nuevos movimientos sociales*, Barcelona, Paidós, 1994, pp. 61-67.

tural[196]. Son portadores de unos nuevos valores, post-materialistas, que desplazan a la tradicional divisoria entre izquierdas y derechas, y se centran más bien en conflictos en torno a los valores[197]. El sujeto de estos movimientos ya no es la clase obrera, sino que se constituye por varios segmentos bien diferenciados: (a) nuevas clases medias ligadas a los servicios sociales o el espacio público, (b) elementos de la vieja clase media, y (c) sectores que se sitúan al margen del mercado de trabajo[198]. Se caracterizan por "una estructura informal basada en modelos descentralizados y en red, que tratan de superar con su práctica organizativa una configuración social ante la que se oponen"[199] y una "dinámica de acción colectiva ampliada a repertorios no convencionales o incluso violentos"[200].

Siguiendo a Ana de Miguel, los nuevos movimientos sociales buscan la ampliación de la comunidad humana de derechos, junto con la promoción de valores participativos y libertarios, relacionados con el reconocimiento de identidades estigmatizadas y deterioradas, y otro tipo de valores vinculados con la calidad de vida y la cultura, lo que Inglehart denomina valores postmaterialistas. Frente a los movimientos sociales "viejos", donde prima el componente de clase, los nuevos movimientos sociales son interclasistas[201]. Ubicamos aquí, entre otros, al movimiento feminista, ecologista, animalista, pacifista y, por supuesto, al movimiento LGTBI.

Aunque Klandermans ha incidido en que "el uso mismo del adjetivo 'nuevo' sugiere discontinuidad"[202], Mees ha criticado la "arti-

---

196 TOURAINE, A., *Introducción a la sociología*, Barcelona, Ariel, 1974; TOURAINE, A., *Los movimientos sociales*, Almagesto, Buenos Aires, 1991.

197 INGLEHART, R., *The Silent Revolution…*, *op. cit.*; INGLEHART, R., *El cambio cultural…*, *op. cit.*

198 RIECHMANN, J., FERNÁNDEZ BUEY, F., *Redes que dan libertad…*, *op. cit.*, pp. 61-67.

199 IBARRA, P., LETAMENDIA, F., "Movimientos sociales", en CAMINAL BADIA, M., TORRENS LLAMBRICH, X. (coords.): *Manual de ciencia política*, 5ª ed., Tecnos, Madrid, 2019, pp. 385-415.

200 BARNES, S. H., KAASE, M., *Political action…*, *op. cit.*

201 DE MIGUEL, A., *Neoliberalismo sexual: el mito de la libre elección*, 2ª edición, Cátedra, Madrid, 2016, p. 186.

202 KLANDERMANS, B., "The Social Construction of Protest and Multiorganizational Fields", en MORRIS, A., MUELLER, C. M. (eds.): *Frontiers in Social Movement Theory*, Yale University Press, New Haven y Londres, 1992, p 76.

ficial y ahistórica diferenciación tipológica entre nuevo y viejo movimiento social" porque "todos los movimientos sociales en su tiempo son nuevos y viejos a la vez"[203]. Frente a la "miopía del presente", Melucci denuncia la "miopía de lo visible" propia de los enfoques que se concentraban solo en los aspectos mesurables de la acción colectiva, infravalorando los aspectos referidos a la producción de códigos culturales[204].

Estos movimientos sociales no se caracterizan sólo por sus objetivos, sino también por como los valores sociales impregnan su gestión interna. Jasper[205], que los denomina movimientos posindustriales, cree que rompen con la cultura del sacrificio propia de la militancia marxista y destaca el aspecto afectivo y emocional de estos movimientos. Actualmente, podemos observar mayor preocupación por la salud física y mental de activistas y participantes, un aumento de las prácticas de cuidado y autocuidado, y la atención a necesidades sexuales, como ocurre en los movimientos LGTBI o feminista. "El hecho de que algunas necesidades, como el deseo sexual o la adicción a drogas, se puedan convertir en símbolos de la identidad colectiva de un movimiento social y ser objeto de controversias entre activistas y opositores es algo que desde siempre ha caracterizado a los movimientos culturales"[206].

Como ha señalado Boaventura de Sousa Santos, en América Latina suele hablarse de nuevos movimientos populares precisamente para diferenciar su base social respecto a esas nuevas clases medias de Europa occidental y Estados Unidos[207]. Si hay alguna novedad en los

---

203 MEES, L., "¿Vino viejo en odres nuevos? continuidades y discontinuidades en la historia de los movimientos sociales", en IBARRA GÜELL, P., TEJERINA MONTAÑA, B., (eds.): *Los movimientos sociales: transformaciones políticas y cambio cultural*, 1998, pp. 315-317.

204 MELUCCI, A., "¿Qué hay de nuevo en los "nuevos movimientos sociales?", en LARAÑA, E. y GUSFIELD, J. (eds.): *Los nuevos movimientos sociales. De la ideología a la identidad*, CIS, Madrid, p. 125.

205 JASPER, J. M., *The art moral of protest: culture, biography, and creativity in social movements*, University Chicago Press, 1997.

206 POMA, A., GRAVANTE, T., "Cómo estudiar la dimensión emocional en los movimientos sociales", *Campos en Ciencias Sociales*, vol. 10, nº 1, 2022.

207 SOUSA SANTOS, B., "Los nuevos movimientos sociales", *OSAL*, Septiembre, 2001, p. 177.

nuevos movimientos sociales es la de constituir tanto una crítica de la regulación social capitalista como una crítica de la emancipación social socialista tal como fue definida por el marxismo.

> "Al identificar nuevas formas de opresión que sobrepasan las relaciones de producción, y ni siquiera son específicas de ellas, como son la guerra, la polución, el machismo, el racismo o el productivismo; y al abogar por un nuevo paradigma social, menos basado en la riqueza y en el bienestar material del que, en la cultura y en la calidad de vida, denuncian los NMSs, con una radicalidad sin precedentes, los excesos de regulación de la modernidad. Tales excesos alcanzan no sólo el modo como se trabaja y produce, sino también el modo como se descansa y vive; la pobreza y las asimetrías de las relaciones sociales son la otra fase de la alienación y del desequilibrio interior de los individuos; y finalmente, esas formas de opresión no alcanzan específicamente a una clase social y sí a grupos sociales transclasistas o incluso a la sociedad en su todo"[208].

Estos movimientos sociales se han caracterizado por su estructura ligera y poco estable, rechazando la organización burocrática de otros actores como partidos políticos y grupos de interés. Han optado por la participación directa, la toma de decisiones en asambleas, la dedicación voluntaria y la descentralización. Mientras algunos movimientos se han organizado en redes de grupos variables que se activan cuando surge una ocasión específica, lo que ha contribuido a su fragmentación y la dispersión, otros han evolucionado hacia estructuras más sólidas para abordar el ámbito institucional. Estos movimientos pueden clasificarse en tres tipos: aquellos unidos por valores comunes sin una organización centralizada, grupos más estructurados que compiten o colaboran con organizaciones tradicionales, y movimientos monotemáticos (*single-issue movements*) que pueden disolverse cuando se resuelve el problema que los motivó[209].

En resumen, los movimientos sociales tienen una doble naturaleza. Por un lado, buscan influir en el proceso político y lograr resultados concretos, lo que a menudo los lleva a interactuar con el poder establecido, ya sea confrontándolo o negociando con él. Por otro lado, también tienen un aspecto simbólico, que les permite expresar públicamente su identidad personal y grupal, en contraposición a

---

208 *Ibidem*, p. 178.

209 VALLÉS, J. M., *Ciencia Política..., op. cit.*, pp. 355 y ss.

otras identidades dominantes. La forma en que un movimiento combina estas dos lógicas determina su estructura organizativa y sus formas de actividad preferidas[210].

1.3. La génesis cultural de la acción colectiva: los marcos de acción colectiva y sus implicaciones culturales

Frente a la idea clásica de movimiento social ya comentada, es muy interesante la propuesta de conceptualización de autores como Castells o Ibarra y Tejerina. Para Castells, los movimientos sociales son "las acciones colectivas conscientes cuyo impacto, tanto en caso de victoria como de derrota, transforma los valores y las instituciones de la sociedad"[211]. Por su parte, Ibarra y Tejerina apuntan que "un movimiento social es un sistema de narraciones, al mismo tiempo que un sistema de registros culturales, explicaciones y prescripciones de cómo determinados conflictos son expresados socialmente y de cómo y a través de qué medios la sociedad ha de ser reformada"[212].

Ambos planteamientos ponen el foco en el aspecto cultural. Por cultura entendemos "un sistema de actitudes, valores y comportamientos compartidos ampliamente por la sociedad y transmitidos de generación en generación. Mientras la naturaleza humana es biológicamente innata y universal, la cultura es aprendida y varía de una sociedad a otra"[213]. La cultura es un factor explicativo de la acción colectiva y toma relevancia porque los movimientos "tienden a convertirse en mundos en sí mismos, caracterizados por sus propias ideologías, identidades colectivas, rutinas de comportamiento y culturas materiales"[214].

---

210 *Ibidem*, p. 357.

211 CASTELLS, M., *La Era de la información. Economía, sociedad y cultura. El poder de la identidad*, Madrid, Alianza, Vol. II, 1998, p. 25.

212 IBARRA, P., TEJERINA, B., *Los movimientos sociales. Transformaciones políticas y cambio cultural*, Madrid, Trotta, Madrid, 1998, p. 12.

213 INGLEHART, R., *Modernización y posmodernización. El cambio cultural, económico y político en 43 sociedades*, Madrid, CIS, 1998, p. 18.

214 MCADAM, D., "Cultura y movimientos sociales", en LARAÑA, E. Y GUSFIELD, J. (eds.): *Los nuevos movimientos sociales. De la ideología a la identidad*, Madrid, CIS, 1994, p. 54.

Una de las preguntas tradicionales de la Ciencia Política y la Sociología es qué lleva a los ciudadanos a movilizarse. Además del marxismo, podemos mencionar varias corrientes ya clásicas o escuelas de análisis de la acción colectiva. Por un lado, Olson, que estudia el papel de las élites, aplica la teoría de juegos al conflicto social en su teoría de la elección racional. A partir de los planteamientos de Olson, McCarthy y Zald construyen su teoría de la movilización de recursos. Por su parte, Turner y Killian estudian la perspectiva del comportamiento colectivo, Touraine los nuevos movimientos sociales, Melucci aporta su concepto de la identidad colectiva, y Tilly la perspectiva del proceso político introduciendo la noción de oportunidades políticas[215]. Nos centraremos en el desarrollo de la idea de oportunidades políticas de Tarrow[216] y en los componentes de los marcos de acción colectiva de Gamson[217].

Tarrow[218] centra su atención en las estructuras de oportunidad que crean incentivos para que se formen los movimientos, en el repertorio de acciones colectivas que estos usan, en las redes sociales en las que se basan y en los marcos culturales en torno a los cuales se movilizan sus seguidores. La teoría de acción colectiva de Tarrow parte de la dependencia de la acción colectiva de su entorno exterior. Considera que la gente se suma a los movimientos sociales como respuesta a las oportunidades políticas, y a continuación crea otras nuevas a través de la acción colectiva.

Cuando Tarrow habla de la estructura de las oportunidades políticas, se refiere a

> "dimensiones consistentes —aunque no necesariamente formales, permanentes o nacionales— del entorno político, que fomentan o desincentivan la acción colectiva entre la gente. El concepto de oportunidad

---

215 V. OLSON, M., *The Logic of Collective Action*, Cambridge, Harvard University Press, 1965; MCCARTHY, J.D., y ZALD M. N., *Social Movements in an Organizational Society*, New Brunswick, 1987; TURNER, R. y KILLIAN, L., *Collective Behavior*, Englewoods Cliffs, Prentice Hall, 1957; TOURAINE, A., *The Voice and the Eye*, Cambridge, Cambridge University Press, 1981; MELUCCI, A., *Challenging Codes*, Cambridge, Cambridge University Press, 1996; TILLY, C., *From Mobilization to Revolution*, Reading, MA: Addison-Wesley, 1987.

216 TARROW, S., *El poder en movimiento…*, *op. cit.*

217 GAMSON, W. A., *Talking Politics*, Cambridge, Cambridge University Press, 1992.

218 TARROW, S., *El poder en movimiento…*, *op. cit.*

> política pone el énfasis en los recursos exteriores al grupo —al contrario que el dinero o el poder—, que pueden ser explotados incluso por luchadores débiles o desorganizados. Los movimientos sociales se forman cuando ciudadanos corrientes, a veces animados por líderes, responden a cambios en las oportunidades que reducen los costes de la acción colectiva, descubren aliados potenciales y muestran en qué son vulnerables las élites y las autoridades"[219].

Tarrow defiende que "la acción no nace de los cerebros de los organizadores, sino que se inscribe y transmite culturalmente. Las convenciones aprendidas de la acción colectiva forman parte de la cultura pública de una sociedad"[220]. Para denominar a estas convenciones generales de acción colectiva toma de Tilly el concepto "repertorio de confrontación"[221] que define como "la totalidad de los medios de que dispone un grupo para plantear exigencias de distinto tipo a diferentes individuos o grupos"[222]. Por tanto, es, a la vez, un concepto estructural y un concepto cultural. Tilly señala que "la gente no puede emplear rutinas de acción colectiva que desconoce; cada sociedad tiene una reserva de formas familiares de acción, conocidas tanto por los activistas como por sus oponentes, que se convierten en aspectos habituales de su interacción". Por ejemplo, en una huelga esto incluye tanto lo que los huelguistas saben hacer como lo que los otros esperan que los huelguistas hagan.

En resumen, los movimientos sociales surgen cuando se amplían las oportunidades políticas, cuando se demuestra la existencia de aliados y cuando se pone de relieve la vulnerabilidad de los oponentes. "Al convocar acciones colectivas, los organizadores se convierten en puntos focales que transforman las oportunidades, convenciones y recursos externos en movimientos. Los repertorios de confrontación, las redes sociales y los marcos culturales reducen los costes de

---

219 *Ibidem*, p. 49.

220 *Ibidem*, p. 50.

221 TILLY, C., *From Mobilization to Revolution*, Addison-Wesley Publishing Co., Reading, Massachusetts, 1978.

222 TILLY, C., *The Contentious French*, Harvard University Press, Cambridge, 1986, p. 2.

inducir a la gente a la acción colectiva, creando una dinámica más amplia y más extensamente difundida en el movimiento"[223].

La acción colectiva se produce cuando las personas acceden a recursos necesarios para escapar de su pasividad habitual y oportunidades para usarlos. Los movimientos sociales crean oportunidades al difundir sus acciones a través de redes sociales, formar coaliciones y generar espacio político[224]. La estructura de oportunidades políticas es clave para entender cómo los grupos desafían al poder, pero también pueden colapsar si carecen de recursos. Los cambios en esta estructura incluyen la apertura a la participación, cambios en el gobierno, aliados influyentes y divisiones en las élites[225]. Además, la acción colectiva no solo beneficia al grupo original, sino que expande oportunidades para otros a través de la introducción de problemas en la agenda pública, de la dialéctica entre movimientos y contramovimientos, y de la creación de incentivos tanto para la represión como para la institucionalización de demandas[226].

Respecto al papel del Estado, Tarrow entiende que "los estados fuertes tienen también la capacidad de imponer la política que decidan seguir. Cuando dichas políticas son favorables a las exigencias de los movimientos, éstos gravitarán hacia formas convencionales de protesta; pero cuando son opuestas, surgen la violencia o la confrontación"[227]. Aquí es interesante el papel de la represión, que Tilly define como "cualquier acción por parte de un grupo que eleva el coste de la acción colectiva del contendiente. Una acción que reduce el coste de la acción colectiva es una forma de facilitación"[228]. La represión puede deprimir la acción colectiva o elevar el coste de sus dos principales condiciones previas, la organización y movilización de la opinión pública[229]. Lógicamente, sufrirán más represión

223 TARROW, S., *El poder en…*, *op. cit.*, p. 58.
224 *Ibidem*, p. 148.
225 *Ibidem*, p. 156.
226 *Ibidem*, pp. 173-174.
227 *Ibidem*, pp. 162-163.
228 TILLY, C., *From Mobilization…*, *op. cit.*, p. 100.
229 *Ibidem*, pp. 100-102.

los movimientos que demanden cambios estructurales frente a los que se conformen con reformas[230].

Aunque todos los Estados reprimen, lo harán en mayor medida aquellos autoritarios frente a los representativos, que promueven la participación política. Los estados democráticos, que se caracterizan por fomentar la diversidad política, también pueden dispersar y atacar a los movimientos de oposición. Tarrow tiene claro que "la legitimación e institucionalización de la actividad colectiva es a menudo el más eficaz medio de control social"[231].

Por su parte, el poder de la acción colectiva procede de tres características potenciales: desafío, incertidumbre y solidaridad.

> "Los desafíos a las autoridades amenazan con costes desconocidos, y estallan adoptando formas dramáticas y a menudo ingobernables. Su poder procede, en parte, de la impredecibilidad de sus resultados y de la posibilidad de que otros se sumen a ellos. La solidaridad interna sustenta el desafío y sugiere la posibilidad de una ulterior disrupción. Los oponentes, los aliados y los observadores responden, no sólo en función de la agresividad del desafío y la incertidumbre que evoca, sino de la solidaridad que perciben en la protesta"[232].

Tarrow resume su postura en que "la historia de la acción colectiva es la historia de cómo se incorporaron al repertorio convencional formas nuevas y disruptivas de acción colectiva al ser aprendidas, experimentadas, vividas y asimiladas por los oponentes y las élites"[233]. De esta forma, algunos fenómenos como la huelga o la manifestación autorizada, que en su origen fueron estrategias disruptivas, actualmente forman parte del repertorio de acciones convencionales. Otras formas más violentas, que son más fáciles de reprimir, se limitan a grupos marginales. El primer y más básico aspecto de la acción colectiva es su capacidad para desafiar a sus oponentes o a las élites. De hecho, estos desafíos pueden adoptar la forma de "movilización

---

230 GAMSON, W., *The Strategy of Social Protest,* 2nd ed, Wadsworth, Belmont, Calif., 1990.

231 TARROW, S., *El poder en…, op. cit.*, p. 173.

232 *Ibidem*, p. 183

233 *Ibidem*, p. 194.

discreta", en los términos de Katzenstein[234], en las relaciones de desigualdad de género, tanto en la familia como en las instituciones.

Respecto a la incertidumbre, son muy interesantes sus reflexiones sobre la violencia. Tarrow cree que "la incertidumbre deriva también de la posibilidad de que una acción se extienda a otros, incrementando así su coste potencial" y que "las manifestaciones no violentas son a menudo más poderosas que la violencia en sí porque plantean la posibilidad de la violencia sin dar a la policía o a las autoridades una excusa para la represión"[235]. En palabras del politólogo Peter Eisinger: "lo que resulta implícitamente amenazador en una protesta no es sólo la exhibición socialmente no convencional de grandes multitudes, que ofende y asusta a los observadores respetuosos para con las normas, sino las visiones que evoca en los observadores y los oponentes acerca de hasta dónde podría llegar una conducta tan obviamente airada"[236].

El repertorio de la acción colectiva moderna ofrece a los activistas tres tipos básicos de acción colectiva, violencia, disrupción y convención, que a su vez incorporan "en mayor o menor grado las propiedades de desafío, incertidumbre y solidaridad. La primera forma, la violencia, es la más fácil de imitar, pero en circunstancias normales queda limitada a pequeños grupos dispuestos a causar daños y a arriesgarse a ser reprimidos"[237]:

> "La violencia es el rostro más visible de la acción colectiva, tanto en la cobertura que los medios contemporáneos le ofrecen como en el registro histórico. No resulta sorprendente, ya que la violencia es noticia y preocupa a aquellos cuya tarea es mantener el orden. No obstante, también se debe a que la mayoría de la gente tiene una morbosa fascinación por la violencia y se siente a la vez repelida y atraída por ella. Finalmente, para los grupos pequeños, la violencia es el tipo de acción colectiva más fácil de iniciar sin incurrir en grandes costes de coordinación y control"[238].

---

234 KATZENSTEIN, M. F., "Feminism Within American Institutions: Unobtrusive Mobilization in the 1980s", *Signs*, nº 16, 1990, pp. 27-54.

235 TARROW, S., *El poder en…*, *op. cit.*, p. 182.

236 ELSLNGER, P. K., "The Conditions of Protest Behavior in American Cities", *American Political Science Review*, nº 67, 1973, pp. 13-14.

237 TARROW, S., *El poder en…*, *op. cit.*, p. 195.

238 *Ibidem*, p. 184.

De esta forma, considera que, aunque la apertura de los Estados modernos ha producido un aumento en la cantidad de acción colectiva concertada, también ha diluido el grado de violencia de estas acciones debido a sus propias limitaciones: la violencia reduce la incertidumbre. Precisamente, los movimientos sociales exitosos utilizan la amenaza de violencia como elemento que crea incertidumbre, no la violencia en sí misma.

> "Mientras la violencia siga siendo una posibilidad de las acciones de los disidentes, reina la incertidumbre y los actores colectivos ganan fuerza psicológica frente a sus oponentes. Pero cuando la violencia se desata, o incluso cuando es sólo probable, da a las autoridades un pretexto para la represión y aleja a los simpatizantes no violentos. En los ciclos de protesta, la violencia tiene un efecto polarizador sobre los sistemas de alianzas y de enfrentamiento"[239].

También Butler se ha detenido a reflexionar sobre la fuerza de la no violencia[240], conectando la lucha política por la igualdad social con una ética de la no violencia. En contra de la idea de la no violencia como una práctica pasiva e incluso individualista frente al *statu quo*, argumenta que, en realidad, se trata de una fuerza colectiva efectiva y superadora de la violencia.

Las acciones pacíficas tienen la capacidad de extender el conflicto a públicos más amplios y el progresivo incremento del poder represivo del Estado ha hecho insostenible la violencia como forma de protesta, porque exige riesgos extremos y costes elevados a los que la promueven. Por tanto, "incluso en los sistemas autoritarios, los movimientos de oposición se han especializado en diseñar formas discretas, simbólicas y pacíficas de acción colectiva que son difíciles de reprimir"[241].

Frente a la violencia, hoy en día cobra protagonismo la acción colectiva convencional, que tiene la ventaja de basarse en rutinas que la gente conoce y las élites aceptan e incluso facilitan. Ésta es la causa de su predominio numérico en el repertorio. En este contexto, para

---

239 *Ibidem*, p. 185.

240 BUTLER, J., *La fuerza de la no violencia. La ética en lo político*, Barcelona, Paidós, 2021.

241 TARROW, S., *El poder en…*, *op. cit.*, p. 187.

organizar una acción colectiva de grandes proporciones y no violenta se requiere la existencia de organizadores para resolver una serie de problemas para los que Tarrow utiliza la fórmula de "costes sociales transaccionales de la acción colectiva": "la coordinación de grupos grandes e imperfectamente integrados frente a oponentes compactos y poderosos requiere un acuerdo tácito en las expectativas de los participantes o un contrato por convención. Este es el principal atractivo de las formas convencionales de acción colectiva, ya que es más fácil para la gente recurrir a una forma que ya sabe usar"[242].

Por su parte, "la disrupción rompe con la rutina, sorprende a los observadores y desorienta a las élites, al menos durante un tiempo. La disrupción es la fuente de buena parte de las innovaciones del repertorio; pero es inestable y degenera fácilmente en violencia o se esclerotiza en convención"[243]. La huelga y la manifestación constituyen un buen ejemplo de acciones que comenzaron como formas de ruptura y hoy constituyen parte de un repertorio conocido y comprendido por todos en la cultura política de los estados modernos, esto es, se institucionalizaron. Por tanto, la disrupción combina el desafío, la incertidumbre y la solidaridad sin incurrir en los riesgos de la violencia ni en la rutina de la convención.

Hoy en día, la mayoría de las formas de protesta son convencionales, esto es, se trata de rutinas pacíficas y ordenadas que no rompen ley alguna ni violan ningún espacio. En el repertorio de tácticas de acción colectiva, la huelga y la manifestación se combinan con otras acciones que añaden espontaneidad y simbolismo al núcleo convencional, incluso elementos lúdicos y carnavalescos como disfraces y batucadas, lo que atrae la atención del público y desconcierta a los antagonistas.

Una de las principales tareas de las organizaciones de una acción colectiva es encontrar símbolos que resulten lo suficientemente conocidos como para movilizar a la gente que lo rodea: "los movimientos enmarcan su acción colectiva en torno a símbolos culturales escogidos selectivamente en un baúl de herramientas cultural que los promotores políticos convierten creativamente en marcos para

---

242 *Ibidem*, p. 188.

243 *Ibidem*, p. 195.

la acción colectiva"[244]. Los significados se construyen desde la interacción social y política por quienes promueven la acción colectiva. Una labor fundamental de los movimientos sociales es "la tarea de «señalar» agravios, vincularlos a otros agravios y construir marcos de significado más amplios que puedan encontrar eco en la predisposición cultural de una población y transmitir un mensaje uniforme a quienes ostentan el poder y a otros estamentos"[245].

A partir de la noción de marco interpretativo (*frame*) de Goffman[246], Benford define un marco de acción colectiva como "el conjunto de creencias y significados emergentes y orientados a la acción que inspiran y legitiman las actividades y campañas del movimiento"[247].

De esta forma, un marco para la acción colectiva no es otra cosa que una "categoría especial de sobreentendidos cognitivos", esto es, "un esquema interpretativo que simplifica y condensa el «mundo de ahí fuera» puntuando y codificando selectivamente objetos, situaciones, acontecimientos, experiencias y secuencias de acciones dentro del entorno presente o pasado de cada uno"[248]. Los marcos para la acción colectiva "actúan como dispositivos de acentuación que o bien subrayan y 'adornan' la gravedad y la injusticia de una situación social o redefinen como injusto o inmoral lo que previamente era considerado desafortunado, aunque tal vez tolerable"[249].

No obstante, Tarrow recuerda que los objetivos de las organizaciones dependen de las predisposiciones de su público destinatario, que son consumidores de significados culturales existentes, además de productores de otros nuevos.

> "Los potenciadores del movimiento no se limitan a adaptar marcos de significado a partir de símbolos culturales tradicionales. Si lo hicieran,

---

244 *Ibidem*, p. 209.

245 SNOW, D., BENFORD, R., "Master Frames and Cycles of Protest", en MORRIS, A., MUELLER, C. M. (Eds.): *Frontiers in Social Movement Theory*, Yale University Press, New Haven, 1992, p. 136.

246 GOFFMAN, E., *Frame Analysis: An Essay on the Organization of Experience*, Cambridge, Harvard University Press, 1974.

247 BENFORD, R. D., "You could be the hundredth monkey: collective action frames and vocabularies of motive within the nuclear disarmament movement", *The Sociological Quarterly*, vol. 34, nº 2, 1993, p. 199.

248 SNOW, D., BENFORD, R., "Master Frames...", *op. cit.*, p. 137.

249 *Idem*.

> no serían más que un reflejo de sus sociedades, y no podrían cambiarlas. Orientan el marco de sus movimientos a la acción y le dan forma en la intersección existente entre la cultura de una población objetivo y sus propios valores y fines"[250].

En el proceso de enmarcado, el simbolismo es clave porque debe poseer resonancias culturales para tener eco en la mente de las personas: "los ropajes de la revuelta se tejen en una combinación de fibras heredadas e inventadas para formar marcos de acción colectiva sintéticos en la confrontación con los oponentes"[251].

Los marcos se configuran en torno a un elemento cognitivo, afectivo y social. Los marcos son cognitivos porque "el análisis de marcos de referencia se refiere a cómo se realiza el procesamiento cognitivo de los acontecimientos, objetos y situaciones, de forma que se llega a una determinada interpretación"[252]. También son afectivos porque no se limitan a cogniciones o simplemente juicios intelectuales, sino que están "cargados de un profundo significado emocional, lo que los psicólogos cognitivos llaman una cognición caliente, una cognición cargada de emoción"[253]. Finalmente, son sociales porque "se trata de conjuntos de creencias, formas de interpretar y significar compartidas, que surgen y se desarrollan en el espacio intersubjetivo en el que se tiene lugar la interacción y comunicación, y que, finalmente, cobran existencia independiente de quienes los crean y manejan"[254].

Enmarcar implica inscribir agravios en marcos globales que identifican una injusticia, atribuir la responsabilidad de la misma a otros y proponer soluciones. Esta es la tarea de cualquier promotor de una acción colectiva. Alinear los marcos implica moverlos hacia los intereses del colectivo, pero la estrategia más ambiciosa es la "trans-

---

250 TARROW, S., *El poder en…*, *op. cit.*, pp. 215-216.

251 *Ibidem*, p. 227.

252 JOHNSTON, H., "A Methodology for Frame Analysis: From Discourse to Cognitive Schemata", En JOHNSTON, H., KLANDERMANS, B. (eds.): *Social Movements and Culture*, UCL Press, Londres, 1995, p. 218.

253 GAMSON, W .A., *Talking Politics*, Cambridge, Cambridge University Press, 1992, p. 7.

254 FERNÁNDEZ, C., ROMAY, J., RODRÍGUEZ, M., SABUCEDO, J. M., "Redes sociales y marcos de acción colectiva", *Sociológica*, nº 4, 2001, p. 39.

formación del marco" que permitirá promover cambios sociales sustanciales. Esta idea de Snow hace referencia a la redefinición de "actividades, acontecimientos y biografías que son ya significativas desde el punto de vista de algún marco primario, de modo tal que los participantes los ven ahora como algo sustancialmente distinto"[255].

Tarrow defiende que "el proceso de enmarcado está codificado culturalmente". De esta forma, "los símbolos de la acción colectiva se instalan en un movimiento en dos procesos principales: a la larga, mediante un lento proceso de difusión capilar de formación del consenso y movilización; y, a más corto plazo, gracias a las transformaciones producidas en la cultura popular por la acción colectiva"[256]. Los símbolos culturales no están inmediatamente disponibles como símbolos de movilización, sino que requieren la intervención de un agente para convertirse en marcos de acción colectiva[257].

Klandermans distingue entre formación y movilización del consenso. Mientras la formación del consenso "genera definiciones colectivas de una situación, pero ni produce acción colectiva ni ofrece pistas sobre el camino a seguir para quienes desean guiar a la gente hacia un movimiento social", entendemos la movilización del consenso como "intentos deliberados de difundir los puntos de vista de un determinado actor social entre los estratos de una población"[258].

En este contexto, los distintos actores políticos, esto es, los partidos, los grupos de interés, los movimientos sociales y los medios de comunicación, "pugnan porque sus interpretaciones sean asumidas e insertadas en el sentido común, modo de vida o en las representaciones sociales que manejamos los ciudadanos". En esta confrontación, "los movimientos sociales están cada vez más implicados en la lucha simbólica de definición e interpretación de diversos asuntos sociales,

---

255 SNOW, D. A., ROCHFORD, E. B., WORDEN, S. K., BENFORD, R. D., "Frame Alignment Processes, Micromobilization, and Movement Participation", *American Sociological Review*, vol. 51, nº 4, 1986, p. 474.

256 TARROW, S., *El poder en…*, *op. cit.*, p. 217.

257 *Ibidem*, p. 232.

258 KLANDERMANS, B., "The Formation and Mobilization of Consensus", en KLANDERMANS, B., KRIESI, H., TARROW, S. (eds.): *From Structure to Action: Comparing Social Movement Research Across Cultures. International Social Movement Research*, vol. I, Greenwich, Conn., JAI, 1988, pp. 173-196.

convirtiéndose en muchos casos, en verdaderos agentes de persuasión e influencia social"[259].

Precisamente, "lo que da sentido y justifica la existencia de los movimientos es plantear discursos alternativos sobre la realidad. Los movimientos sociales cuestionan situaciones que hasta ese momento no eran problematizadas y/o definen posiciones contrarias a las que eran las creencias dominantes"[260]. La dimensión cultural de la protesta "incluye creencias cognitivas, respuestas emocionales y evaluaciones morales en una interacción en la que, si, por un lado, las emociones influencian las visiones morales y las creencias cognitivas, por el otro, estas influyen en las emociones que llevan a la acción y a la creación de alternativas"[261].

Los marcos de acción colectiva "posibilitan acercarnos y comprender cómo las personas y los grupos definen los acontecimientos sociales y sus experiencias, y de qué manera dotan de significado y legitimidad la acción colectiva. Permiten a las personas 'situar, percibir, identificar y nombrar' los acontecimientos sociales y su propia vivencia"[262].

Siguiendo a Gamson[263], podemos diferenciar tres componentes de los marcos de acción colectiva que permiten entender qué anima a los individuos a iniciar acciones colectivas: la injusticia, la identidad y la eficacia.

El primer paso en el proceso de construcción de la acción colectiva es definir la situación como injusta e ilegítima: "es necesario que lo que se veía como normal e inevitable pase a considerarse anormal

---

259 SABUCEDO, J. M.; GROSSI, J. y FERNÁNDEZ, C., "Los movimientos sociales y la creación de un sentido común alternativo", en IBARRA, P., TEJERINA, B. (eds.): *Los movimientos sociales. Transformaciones políticas y cambio cultural*, Trotta, Madrid, 1998.

260 SABUCEDO, J. M.; KLANDERMANS, B.; RODRÍGUEZ, M. y DE WEERD, M.: "Pertenencia a organizaciones y legitimación de la acción colectiva", en APALATEGI, J. (ed.): *La anticipación de la sociedad. Psicología social de los movimientos sociales*, Promolibro, Valencia, 1999, p. 145.

261 JASPER, J. M., *The art moral of protest: culture, biography, and creativity in social movements*, University Chicago Press, 1997, p. 375.

262 GOFFMAN, E., *Frame Analysis*, Cambridge, Harvard University Press, 1974, p. 21.

263 GAMSON, W. A., *Talking Politics*, *op. cit.*, pp. 31-114.

y evitable"[264] y aún más, "lo que se veía como justo e inmutable pase a definirse como injusto y mutable"[265]. Por tanto, la situación debe ser redefinida como injusta e inmerecida. Se trata de una indignación de carácter moral (una *hotcognition*) en una dimensión emocional. En este contexto, ya en trabajos clásicos de Major[266] y Parkinson y Manstead[267] se apuntaba que "la ira es la emoción que expresan los sujetos cuando culpabilizan a algún agente externo de las condiciones adversas en que se encuentran". Aquí entra en juego el concepto de deprivación relativa, esto es, "las discrepancias entre lo que uno tiene (o cree tener) y lo que piensa que debería tener". Los sentimientos de injusticia e indignación moral provocados por la deprivación relativa suelen ir acompañados de "frustración, resentimiento y cólera"[268].

En segundo lugar, para actuar colectivamente se requiere necesariamente de algún tipo de identidad colectiva o solidaridad compartida: "la identidad compartida proporciona estabilidad y continuidad al movimiento y posibilita la identificación de los participantes"[269]. Melucci ha delimitado tres aspectos dentro de la noción de identidad: la continuidad de la identidad trasciende la variación del tiempo y las adaptaciones al medio; posibilita la delimitación del sujeto con respecto a otros; y por último, proporciona la capacidad para reconocerse y ser reconocido[270].

Para Melucci la identidad colectiva es "una definición interactiva y compartida que un cierto número de individuos (o en un nivel más complejo de grupos) elabora con respecto a las orientaciones de sus

---

264 TURNER, R. y KILLIAN, L., *Collective Behavior*, Englewoods Cliffs, Prentice Hall, 1957.

265 PIVEN, F. y CLOWARD, R., *Poor People's Movements*, Vintage, New York, 1977.

266 MAJOR, B., "From Social Inequality to Personal Entitlement: The Role of Social Comparision, Legitimacy Appraisals and Group Membership", *Advances in Experimental Social Psychology*, nº 26, 1994, pp. 293-355.

267 PARKINSON, B., MANSTEAD, A.S.D., "Making Sense of Emotions in Stories and Social Life", *Cognition and Emotion*, nº 7, 1993, pp. 295-323.

268 FERNÁNDEZ, C., ROMAY, J., RODRÍGUEZ, M., SABUCEDO, J. M., "Redes sociales…", *op. cit.*, p. 41.

269 *Idem.*

270 MELUCCI, A., "The Process Collective Identity", En JONHSTON, H., KLANDERMANS, B. (Eds.): *Social Movements and Culture*, Londres, UCL Press, 1995.

acciones en el campo de las oportunidades y las limitaciones en que se desarrollará la acción". La identidad colectiva se integra "dentro de un lenguaje compartido por una parte de la sociedad o por la sociedad entera, o bien dentro de un lenguaje que sea específico de un grupo" y se incorpora "en un conjunto determinado de rituales, prácticas y artefactos culturales". No se exigen unos marcos unificados y coherentes, sino que "más bien se construye por medio de la interacción y consta de definiciones diferentes y, en ocasiones, contradictorias". La identidad colectiva es un proceso que incluye la "red de relaciones activas entre actores que interaccionan, se comunican y se influyen mutuamente, negocian y toman decisiones". Son partes de esa red las formas de organización, los modelos de liderazgo, los canales comunicativos y las tecnologías de comunicación[271].

En la definición de identidad colectiva de Melucci se exige un determinado grado de inversión emocional, que permite a los individuos sentir que forman parte de una unidad común: "no existe cognición sin sentimiento y no hay significado sin emoción". De esta forma, la acción colectiva "está dotada de un significado que no se puede reducir a un cálculo de gasto-beneficio y siempre moviliza las emociones". Por tanto, "las pasiones y los sentimientos, el amor y el odio, la fe y el miedo forman parte de un cuerpo que actúa colectivamente, sobre todo en áreas de la vida social que están menos institucionalizadas, tales como los movimientos sociales"[272].

En este contexto, varios autores[273] coinciden en que la dimensión cognitiva del proceso de identificación puede ser operativizada a través de estos dos elementos: la identificación endogrupal y la diferenciación exogrupal. Por una parte, hay una necesidad de inclusión,

---

271 MELUCCI, A., *Challenging Codes*, Cambridge, Cambridge University Press, 1996, pp. 70-71.

272 *Idem.*

273 FERNÁNDEZ, C., ROMAY, J., RODRÍGUEZ, M., SABUCEDO, J. M., "Redes sociales y marcos de acción colectiva", *Sociológica*, nº 4, 2001, p. 42; BREWER, M. B., "The social self: On being the same and different at the same time", *Personality and Social Psychology Bulletin*, nº 17, 1993, pp. 475-482; KLANDERMANS, B., SABUCEDO, J. M., DEWEERD, M. y COSTA, M.: "Injusticial and adversarial frames in a supranational political context: Farmer's protest in the Netherlands and Spain", En DELLA PORTA, D., KRIESI, H., RUCHT, D. (eds.): *Social Movements in a globalizing world*, Londres, Macmillan, 1999.

esto es, de sentirse miembro de un grupo determinado (el "nosotros"), y, por otra parte, una necesidad de diferenciación, o sea, de distinguirse de otros grupos (el "ellos").

El tercer elemento, el componente de eficacia, "se refiere a la creencia de que es posible alterar las condiciones políticas y sociales adversas a través de acciones colectivas con visos de garantía en lo tocante a la consecución de los resultados esperados"[274]. Es muy importante que "los sujetos consideren que las situaciones no son inmutables y que las acciones que desarrolla el movimiento y ellos mismos son eficaces para cambiar el curso de los acontecimientos y su propia realidad"[275]. De esta forma, el optimismo sobre el resultado del desafío aumenta la probabilidad de participación y, además, ofrece un motivo indiscutible para intentar cambiar la situación injusta en la que se encuentra ese colectivo. Por tanto, "la creencia de que la acción colectiva puede resultar exitosa es la clave para la construcción social de la protesta"[276].

Una vez fijados por un movimiento, los marcos quedan a disposición de otros. Snow y Benford acuñan el término "marco maestro"[277] para referirse a un marco con mayor capacidad de atribución y mayor potencia movilizadora, un marco capaz de ser importado a los mensajes de otros movimientos. Gamson habla de un "paquete ideológico"[278] capaz de contener toda una variedad de reivindicaciones específicas algunas de ellas conflictivas. Los marcos maestros contribuyen a animar a todo un sector del movimiento social. Aunque el marco caiga en desuso, sigue estando disponible para futuras generaciones de insurgentes y "puede convertirse en un rasgo permanente de la cultura política"[279]. Son dos ejemplos de marcos maestros los derechos humanos y la no violencia, elementos reivindicativos lo

---

274 FERNÁNDEZ, C., ROMAY, J., RODRÍGUEZ, M., SABUCEDO, J. M., "Redes sociales...", *op. cit.*, p. 43.

275 *Idem.*

276 KLANDERMANS, B., *The Social Psychology of Protest*, Oxford, Blackwell, 1997.

277 SNOW, D., BENFORD, R., "Master Frames...", *op. cit.*, p. 136.

278 GAMSON, W., "Political Discourse and Collective Action", en KLANDERMANS, B., HANSPETER KRIESI, H., TARROW, S. (eds.): *From Structure to Action: Comparing Social Movement Research Across Cultures, International Social Movement Research*, vol. 1, Greenwich, Conn., JAI, 1988, pp. 219-244.

279 TARROW, S., *El poder en...*, *op. cit.*, p. 228.

suficientemente amplios para ser utilizados para movilizar diversos movimientos sociales.

Finalmente, cuando los movimientos se acumulan en un ciclo general de protesta, las reivindicaciones se hacen tan amplias y las élites se ven sitiadas hasta tal punto que forzosamente se incorporan cambios profundos a la agenda. Una vez disminuye la amenaza de disrupción, sus líderes son cooptados y sus organizaciones institucionalizadas. Gamson distinguía entre dos tipos de resultados: obtener nuevas ventajas y ganar aceptación[280]. La movilización revolucionaria exitosa es históricamente una excepción. Dahrendorf decía que las revoluciones son momentos melancólicos de la historia[281].

En definitiva, podemos concluir indicando tres tipos de efectos importantes, indirectos y a largo plazo de la acción colectiva: 1) el efecto de los ciclos de protesta sobre la politización de la gente que participa en ellos; 2) el efecto sobre las instituciones y las prácticas políticas; y 3) la contribución de los ciclos de protesta a los cambios en la cultura política[282]. Los más interesantes son estos últimos: "los impactos de mayor alcance de los ciclos de protesta se encuentran en los cambios lentos y acumulativos de la cultura política"[283]. De hecho, los efectos de los ciclos de movimiento social son indirectos y en gran medida impredecibles porque "actúan a través de procesos capilares bajo la superficie de la política, conectando los sueños utópicos, la solidaridad exaltante y la retórica entusiasta del climax del ciclo al ritmo glacial, culturalmente constreñido y enfrentado a resistencias sociales del cambio social"[284].

---

280 GAMSON, W., *The Strategy of Social Protest*, *op. cit.*

281 DAHRENDORF, R., *El conflicto social moderno: ensayo sobre la política de la libertad*, Madrid, Mondadori, 1990, p. 21.

282 TARROW, S., *El poder en...*, *op. cit.*, p. 290.

283 *Ibidem*, p. 308.

284 *Ibidem*, p. 311.

1.4. La dimensión mediática de la acción colectiva

1.4.1. Los medios de comunicación: el actor político fundamental para la acción colectiva

Los medios de comunicación están continuamente presentes en la vida de los ciudadanos, son los transmisores de la mayoría de los mensajes políticos y "contribuyen a la identificación de las cuestiones políticas, a la elaboración de propuestas alternativas de regulación y al éxito o fracaso de su aceptación y aplicación"[285]. La gente depende de los medios de comunicación para obtener la mayor parte de la información política[286].

El punto de partida de este análisis es la idea de que "las relaciones de poder se basan en gran medida en la capacidad para modelar las mentes construyendo significados a través de la creación de imágenes"[287]:

> "El poder es la capacidad relacional que permite a un actor social influir de forma asimétrica en las decisiones de otros actores sociales de modo que se favorezcan la voluntad, los intereses y los valores del actor que tiene el poder. El poder se ejerce mediante la coacción (o la posibilidad de ejercerla) y/o mediante la construcción de significado partiendo de los discursos a través de los cuales los actores sociales guían sus acciones"[288].

Castells defiende que, "en nuestro contexto histórico, la política es fundamentalmente una política mediática"[289], esto es, la política se hace en y a través medios de comunicación:

> "El hecho de que la política se desarrolle fundamentalmente en los medios de comunicación no significa que otros factores (como el activismo de las bases o el fraude) no sean importantes a la hora de decidir el resultado de las batallas políticas. Tampoco significa que los medios de comunicación ostenten el poder. No son el Cuarto Poder. Son mucho más importantes: son el espacio donde se crea el poder. Los medios de comunicación constituyen el espacio en el que se deciden las relaciones de poder entre los actores políticos y sociales rivales. Por ello, para lograr sus

285 VALLÉS, J. M., *Ciencia Política…*, *op. cit.*, pp. 379.

286 CASTELLS, M., *Comunicación y poder*, Madrid, Alianza Editorial, 2009, p. 308.

287 *Ibidem*, p. 261.

288 *Ibidem*, p. 33.

289 *Ibidem*, p. 261.

> objetivos, casi todos los actores y los mensajes deben pasar por los medios de comunicación. Tienen que aceptar las reglas del juego mediático, el lenguaje de los medios y sus intereses"[290].

Vallés identifica tres posibles papeles de los medios de comunicación: eco, comparsa y protagonista[291]. En ciertos casos, los medios actúan como un eco, reproduciendo de manera más o menos precisa los mensajes emitidos por otros actores políticos, como líderes, organizaciones y ciudadanos. En otros casos, los medios se convierten en comparsas, respaldando o criticando las posturas de partidos políticos, movimientos sociales, el gobierno o la oposición. Por último, los medios toman un papel de protagonista cuando desarrollan estrategias políticas propias, como impulsar campañas sistemáticas en contra del gobierno o brindar apoyo constante a un partido o candidato específico con el que se alían. Esta intervención directa puede estar motivada por objetivos políticos o por intereses económicos relacionados con la propiedad de los medios, como aumentar la audiencia o la difusión a cualquier costo, consolidar su posición empresarial o competir con otros medios. No todos los medios desempeñan los tres roles mencionados, y cuando lo hacen, no lo hacen con la misma intensidad. Sin embargo, en todos los casos, su influencia en el proceso político de las sociedades contemporáneas es de gran importancia y no debe pasarse por alto.

La clave de los medios de comunicación es que "su impacto reside en la apariencia objetiva de lo que se transmite":

> "la influencia menos explícita —pero quizá más potente— de estos medios deriva de la manera mediante la cual nos aproximan a los fenómenos políticos: simplificación de las situaciones y de los conflictos, apelación a las emociones más que a los argumentos, contraposición tajante entre «éstos» y «aquéllos», preferencia por lo inusual y lo conflictivo"[292].

McLuhan tenía claro que "el medio se ha convertido en el mensaje"[293], esto es, que la transmisión del acontecimiento llega a

---

290 *Ibidem*, p. 262.

291 VALLÉS, J. M., *Ciencia Política…*, *op. cit.*, pp. 379 y ss.

292 *Ibidem*, p. 381.

293 MCLUHAN, M., *Comprender los medios de comunicación. Las extensiones del ser humano*, Barcelona, Paidós, 1996, pp. 29 y ss.

ser más importante que el propio acontecimiento. De esta forma, el continente (el medio de comunicación) acaba determinando el contenido (el mensaje) y el personaje que abandera una propuesta política adquiere mayor relieve que el contenido de la misma:

> "Lo que importa a los medios es disponer de las declaraciones de un personaje, a menudo replicando las declaraciones de otro: no son los hechos o las cuestiones lo que importa transmitir, sino las reacciones y contrarreacciones de los personajes políticos frente a dichos hechos y cuestiones. También se refuerza hasta el límite la simplificación y el esquematismo de los mensajes"[294].

Castells discrepa "porque si bien las redes de comunicación son los mensajeros, no son el mensaje. El medio no es el mensaje, aunque sí condiciona el formato y la distribución del mensaje"[295].

Resulta de gran interés el concepto de sociedad red de Castells que se caracteriza por tres elementos: "los lugares en que se localizan las actividades (y las personas que las ejecutan), las redes de comunicación material que vinculan estas actividades, y el contenido y la geometría de los flujos de información que desarrollan las actividades en términos de función y significado"[296].

En este contexto, la aparición de Internet como un espacio virtual de comunicación ilimitada ha marcado un cambio significativo en la interacción entre política y comunicación. Millones de ciudadanos, siempre y cuando tengan acceso a la red, pueden convertirse en interlocutores habituales de este ciberespacio. Sin embargo, este espacio también es ocupado por actores políticos organizados, como instituciones gubernamentales, partidos políticos, grupos de interés y movimientos sociales. Además, los medios de comunicación de masas, tanto los tradicionales (como la prensa, la radio, la televisión y la publicidad) como los que han surgido en formato digital (como medios en línea y radio digital, sitios web corporativos, pódcast, etc.), tienen presencia en este espacio.

---

294 VALLÉS, J. M., *Ciencia Política...*, *op. cit.*, p. 382.

295 CASTELLS, M., *Comunicación...*, *op. cit.*, p. 537.

296 *Ibidem*, p. 66.

Así, el acceso a fuentes alternativas de información es una institución política del gobierno democrático representativo moderno[297] o poliarquía[298]. Esta institución es imprescindible para el control de la agenda. La disponibilidad de fuentes de información alternativas e independientes es exigible por algunos criterios democráticos básicos: la necesidad de una comprensión ilustrada, esto es, que los ciudadanos adquieran la información que precisan para comprender los diferentes asuntos fuera del control del gobierno o de cualquier otro grupo[299].

En los últimos años, se ha observado un proceso de consolidación en la propiedad de los medios, dando lugar a la formación de grandes conglomerados mediáticos. Estas entidades son capaces de controlar los principales flujos de información. Estos grupos no solo incluyen medios impresos y audiovisuales, sino también motores de búsqueda en línea, editoriales, empresas de producción cinematográfica y musical, distribuidoras de video, centros de entretenimiento, y más. "Su peso económico y su influencia política superan en mucho la de los grandes diarios tradicionales y abren nuevos interrogantes sobre la capacidad de la sociedad para reclamar un uso responsable y transparente de su enorme poder"[300].

En las democracias o poliarquías, el poder político generalmente se compromete, aunque con diferentes grados de intensidad, a respetar la libertad de prensa en todas sus formas. Esto implica que renuncian al control de los medios de comunicación y, en principio, garantizan el derecho de todos a poseer y acceder a dichos medios. Sin embargo, esto no significa que se distancien completamente de ellos. En el mundo actual, especialmente en entornos con grandes conglomerados de poder mediático, la naturaleza de esta estrecha relación entre el poder y los medios está en continua mutación.

La libertad de prensa debe superar, al menos, dos filtros. El primer filtro es el control directo del gobierno, por la censura explícita o por directivas ocultas. El segundo filtro es el que imponen los pro-

---

297 DAHL, R., *La democracia: una guía para los ciudadanos*, España, Taurus, 1999, p. 100.

298 *Ibidem*, p. 105.

299 *Ibidem*, pp. 113-114.

300 VALLÉS, J. M., *Ciencia Política...*, *op. cit.*, p. 384.

pietarios y directivos de la empresa en lo referente a criterios editoriales, que normalmente corresponden a intereses empresariales y no a sus preferencias ideológicas. "En algunos casos hay una decisión editorial directa de bloquear el acceso a opiniones o a actores políticos porque son incompatibles con las estrategias del negocio de la comunicación"[301].

En muchos casos, son los medios, o algunos de ellos, los que pueden poner su influencia al servicio del poder político. Esto ha dado lugar a lo Castells acuñó como "mediocracia"[302], en la que los medios pueden llegar a determinar la agenda del proceso político. Vallés advierte que frente al miedo al Gran Hermano, un poder estatal omnipresente que instrumentalice los medios de comunicación, "el temor actual es que sean los grupos que controlan los medios de comunicación —con su capacidad económica, publicitaria y de sugestión— los que manipulen a los poderes políticos y los sometan a su dictado"[303].

La disrupción digital y la llegada de nuevas tecnologías, que permiten almacenar, manipular y difundir una gran cantidad de datos de diversas fuentes, han impulsado la concentración empresarial favoreciendo a aquellos con mayores recursos financieros y ha resultado en la concentración del control de los medios en un reducido número de conglomerados mediáticos con influencia global. Sin embargo, sería una simplificación excesiva considerar que estos grandes conglomerados mediáticos poseen un poder irresistible. "Tanto en sistemas democráticos como en regímenes dictatoriales, los medios de comunicación se enfrentan con otros actores políticos, en una tensión permanente que se resuelve de modo diferente según los momentos y las circunstancias de cada sociedad"[304].

En este escenario, es imprescindible llamar la atención sobre la idea de los marcos culturales: "los mecanismos de procesamiento de la información que relacionan el contenido y el formato del mensaje con los marcos (patrones de redes neuronales) existentes en la mente son activados por mensajes generados en el ámbito de la

---

301 CASTELLS, M., *Comunicación…, op. cit.*, p. 273.

302 CASTELLS, M., "La Mediocracia", *El País*, 24 de enero de 1995. Disponible en: https://zip.lu/XwhA

303 VALLÉS, J. M., *Ciencia Política…, op. cit.*, p. 386.

304 *Ibidem*, p. 387.

comunicación"[305]. No se puede ignorar en el análisis de la construcción cultural del poder cómo se presentan las noticias en los medios de comunicación y cómo la gente las selecciona e interpreta. El enmarcado de la opinión pública se realiza mediante procesos que se producen principalmente en los medios de comunicación y funciona activando la mente con un estímulo adecuado, que actúa por sí mismo, sin requerir una interpretación explícita.

La investigación de Castells sobre comunicación ha identificado tres grandes procesos que intervienen en la relación entre los medios y los ciudadanos durante la emisión y recepción de noticias: el establecimiento de la agenda (*agenda setting*), la priorización (*priming*) y el enmarcado (*framing*)[306].

Por un lado, el establecimiento de la agenda se refiere a la asignación de una especial relevancia a un asunto particular o a un conjunto de informaciones por parte de la fuente del mensaje con la expectativa de que la audiencia prestará una mayor atención al contenido y formato del mensaje[307]. Para marcar la agenda política los medios seleccionan los temas a los que otros actores se ven obligados a prestar atención, favorecen ciertas formas de abordar estos temas mientras descartan otras, o amplifican a ciertos partidos y líderes políticos, mientras ignoran o minimizan a otros. A menudo, "se centran únicamente en resaltar los aciertos de unos y los errores de otros, presentando una visión simplista y polarizada de la política y sus principales actores"[308].

Por su parte, la priorización, que es una extensión del establecimiento de agenda, es un fenómeno en el que el contenido de las noticias sugiere al público qué asuntos tienen más relevancia para valorar políticas públicas y gobiernos: "Al hacer que unos asuntos tengan más importancia en la mente de las personas (estableciendo la agenda), los medios de comunicación también pueden moldear los

305 CASTELLS, M., *Comunicación…, op. cit.*, pp. 314-315.

306 *Ibidem*, p. 316.

307 *Idem.*

308 VALLÉS, J. M., *Ciencia Política, op. cit.*, p. 386.

aspectos que éstas tienen en cuenta cuando se forman una opinión sobre los candidatos o los asuntos políticos (*priming*)"[309].

Un elemento clave aquí son los *think tanks* conservadores que recurren sistemáticamente a los medios de comunicación para modelar la opinión pública, una tarea que requiere importantes recursos económicos. Castells afirma que "los estudios sobre grupos de interés han mostrado que la característica más importante de las organizaciones que quieren conseguir visibilidad mediática es la cuantía de su presupuesto". De esta forma, "mientras que los *think tanks* liberales e independientes se centran principalmente en análisis políticos siguiendo su creencia en la política racional los *think tanks* conservadores se orientan fundamentalmente a influir en las mentes a través de la política mediática"[310].

Finalmente, el enmarcado es el proceso de "seleccionar y resaltar algunos aspectos de los acontecimientos o asuntos y establecer relaciones entre ellos con el fin de promover una determinada interpretación, evaluación y/o solución". El enmarcado "es un mecanismo fundamental de activación de la mente porque relaciona directamente la estructura de una narración transmitida por los medios con las redes neuronales del cerebro". Este proceso puede ser deliberado, accidental o incluso intuitivo[311].

Castells parte del trabajo de Entman, que sostiene que los marcos que emplean términos con mayores resonancias culturales tienen mayores posibilidades de influir: palabras e imágenes que llaman la atención, son comprensibles, fáciles de recordar y que incluyen una carga emocional[312].

Por su parte, Lakoff entiende los marcos como "estructuras mentales que moldean nuestra visión del mundo". Por lo tanto, "moldean los objetivos que perseguimos, los planes que trazamos, el modo en que actuamos y lo que consideramos un buen o mal resultado de

---

309 SCHEUFELE, D. A., TEWKSBURY, D., "Framing, agenda setting, and priming: The evolution of three media effects models", *Journal of Communication*, vol. 57, nº 1, 2007, pp. 9-20.

310 CASTELLS, M., *Comunicación…*, *op. cit.*, pp. 280-281.

311 *Ibidem*, p. 318.

312 ENTMAN, R., *Projections of Power: Framing News, Public Opinion, and U.S. Foreign Policy*, Chicago, University of Chicago Press, 2004, p. 5.

nuestras acciones". En política, nuestros marcos moldean las políticas sociales y las instituciones que creamos para ponerlas en práctica. Por tanto, "modificar nuestros marcos es modificar todo esto, así que un cambio de marco es un cambio social"[313]:

> "Los marcos no se ven ni se oyen. Forman parte de lo que los científicos llaman el «inconsciente cognitivo»; se trata de estructuras de nuestro cerebro a las que no podemos acceder de manera consciente, pero que conocemos a través de sus consecuencias: la forma en que razonamos y lo que consideramos sentido común. También reconocemos los marcos en el lenguaje, ya que todas las palabras se definen en relación con un marco conceptual. Cuando oímos una palabra, su marco (o conjunto de marcos) se activa en nuestro cerebro"[314].

Así, los marcos se hacen eficaces cuando tienen resonancia y aumentan la magnitud de su repetición. Cuanto mayor sea su resonancia y magnitud, más probabilidades habrá de que el enmarcado evoque sentimientos y pensamientos parecidos en una audiencia más numerosa. El enmarcado "funciona dejando vacíos en la información que la audiencia rellena con sus esquemas preconcebidos: éstos son procesos interpretativos de la mente humana basados en ideas y sentimientos conectados, almacenados en la memoria"[315].

Entman, que desarrolló su teoría de activación de redes en cascada[316], considera que "mediante el enmarcado, los actores políticos configuran los textos que influyen en las agendas, o las priorizan, y los asuntos en los que piensa la gente". Partiendo de que el poder es la capacidad para hacer que otros hagan lo que uno quiere, "diciendo a la gente sobre qué tiene que pensar es como se ejerce influencia política en los sistemas políticos no coercitivos (y en menor medida en los coercitivos)"[317].

---

313 LAKOFF, G., *No pienses en un elefante. Lenguaje y debate público*, Barcelona, Península, 5ª ed., 2020, p. 11.

314 *Idem.*

315 CASTELLS, M., *Comunicación…*, *op. cit.*, p. 318.

316 ENTMAN, R. M. "Cascading Activation: Contesting the White House's Frame After 9/11", *Political Communication*, vol. 20, nº 4, 2003, pp. 415-432.

317 ENTMAN, R. M., "Framing Bias: Media in the Distribution of Power", *Journal of Communication*, vol. 57, nº 1, 2007, p. 165.

En este proceso de enmarcado el simbolismo cobra un papel relevante:

> "El significado es un atributo del simbolismo y es una función del contexto en el que se situaba el símbolo del propio individuo. Los símbolos más poderosos no se encuentran en teorías complicadas sobre la fiscalidad y el crecimiento económico ni en eficientes estructuras de atención sanitaria ni tampoco en las estrategias para combatir e! terrorismo o ganar una guerra. Esos símbolos se encuentran en las imágenes y en los sonidos que conectan con las experiencias grupales primarias de cosas que fomentan el orgullo o la satisfacción o bien con las fuentes de miedo o repulsión [...] El significado está envuelto en emociones; está lejos de la fría racionalidad"[318].

La acción política debe, por tanto, trabajar para redefinir el marco, esto es, "cambiar el modo en que el público ve el mundo. Es cambiar lo que se considera sentido común. Dado que el lenguaje activa marcos, para establecer nuevos marcos se requiere un nuevo lenguaje. Para pensar distinto hay que hablar distinto. En eso consiste el marco, en crear un lenguaje que encaje con tu cosmovisión. No se trata únicamente de lenguaje. Las ideas son primordiales, y el lenguaje las transmite, las evoca"[319].

La obra de Castells nos deja muchas reflexiones interesantes. Por una parte, la selección ideológica de los medios de comunicación: los medios de comunicación de masas "se dirigen a audiencias específicas, interesadas en confirmar sus opiniones más que en informarse en otras fuentes"[320]. Aunque el principal activo de los medios mayoritarios es su credibilidad, la información se mueve por el sensacionalismo político y la política se convierte en una política de competición (incluso recurriendo a la jerga competitiva del deporte). Una de las principales características de la política teatral es su personalización ya que una audiencia masiva requiere un mensaje simple. "El mensaje más simple es una imagen, y la imagen más simple con la que la gente más se identifica es un rostro humano a muchos ciudadanos les puede resultar difícil comprender asuntos políticos com-

---

318 LEEGE Y WALD, 2007, pp. 296-297, citado por CASTELLS, M., *Comunicación...*, *op. cit.*, p. 358.

319 LAKOFF, G., *No pienses...*, *op. cit.*, p. 17.

320 CASTELLS, M., *Comunicación...*, *op. cit.*, p. 263.

plicados mientras que la mayoría confía en su capacidad para juzgar el carácter, lo que es una respuesta emocional al comportamiento de las personas encarnado en las narraciones políticas"[321].

A su vez, Castells acuña también la idea de política del escándalo, que es inseparable de la política mediática porque "las características de la política mediática hacen del uso de los escándalos el instrumento más eficaz en la lucha política". Efectivamente, los escándalos son "batallas por el poder simbólico en las que están en juego la reputación y la confianza"[322].

En definitiva, "el proceso de construcción de significado opera en un contexto cultural que es simultáneamente global y local y se caracteriza por una gran diversidad. Existe, sin embargo, una característica común a todos los procesos de construcción simbólica: dependen en gran medida de los mensajes y marcos mentales creados, formateados y difundidos en las redes de comunicación multimedia"[323].

Por su parte, Tarrow estudia la relación entre los medios de comunicación y los movimientos sociales, destacamento que "los movimientos que desean llegar a un público más amplio tienen que recurrir a los medios de comunicación para hacerlo, y éstos no son neutrales en lo que se refiere a los símbolos que reciben y transmiten". Los movimientos "se comunican con un público amplio a través de los medios de comunicación de masas, y que se usan símbolos espectaculares, dramáticos o desproporcionados para atraer su atención"[324].

Los medios de comunicación de masas desempeñan un papel crucial en tres etapas del desarrollo de los movimientos sociales. En primer lugar, "suministran un vehículo difuso para la formación de consenso que los movimientos jamás lograrían por sí mismos". La cobertura mediática ayuda a los movimientos a ganar atención inicial, que puede ser la fase más vital de su impacto. En segundo lugar, "la cobertura de los medios ayuda a los movimientos establecidos a conservar sus apoyos reforzando el sentimiento de estatus

---

321 *Ibidem*, p. 271.
322 *Ibidem*, 320-330.
323 *Ibidem*, p. 536.
324 TARROW, S., *El poder en movimiento…*, *op. cit.*, pp. 220-221.

de sus miembros y manteniendo a sus seguidores al corriente de sus actividades"[325].

En tercer lugar, los medios de comunicación también son herramientas para la creación de marcos de acción colectiva: "cuando una organización de un movimiento busca comunicar un cambio de táctica o política a sus bases, o expandir su base de seguidores potenciales, a menudo la forma más efectiva de hacerlo es llevar a cabo un evento o acción que atraiga la atención de los medios de comunicación". Sin embargo, esto plantea un problema importante: los medios no son pasivos en su relación con los movimientos y no están inherentemente al servicio de sus objetivos. En las sociedades capitalistas, los medios pueden no trabajar directamente para la clase dominante, pero tampoco lo hacen para los movimientos sociales, aunque ocasionalmente puedan encontrar apoyo en periodistas que simpatizan con sus causas[326].

En una sociedad capitalista, los medios existen para proporcionar noticias y solo pueden sobrevivir si informan sobre temas que interesan a sus lectores o que los editores consideran relevantes. La forma en que los medios cubren los movimientos y cómo son percibidos por el público se ve influenciada por la estructura de la industria de la comunicación. Diversos factores, como la preferencia de los medios por eventos dramáticos y visualmente impactantes, la dependencia de los periodistas de fuentes confiables, los ciclos de noticias de interés, los valores profesionales de los periodistas y la competencia en el ámbito mediático, afectan la capacidad de las organizaciones de movimientos para utilizar los medios en beneficio de sus objetivos. En consecuencia, esta capacidad se ve limitada[327].

En este escenario, Tarrow advierte que la influencia de los medios sobre la forma en que el público percibe los movimientos es un arma de doble filo. Por una parte, para ganar la atención de los medios, los organizadores pueden convocar actos espectaculares, pero estas actividades pierden interés para los medios a menos que se produzca un cambio en sus rutinas. Una solución sería incrementar el número

325 *Ibidem*, pp. 222 y ss.

326 *Idem.*

327 *Idem.*

de participantes en cada manifestación o aumentar el grado de espectacularidad de la acción. Cuando esto último ocurre, los medios continúan ofreciendo cobertura, pero dan inmediatamente prioridad a los aspectos violentos o extraordinarios de la protesta, centrándose a menudo en los pocos miembros de una manifestación pacífica que están empeñados en boicotearla. En definitiva, "los movimientos contemporáneos dependen más de la formación del consenso a través de los medios que los medios de ellos"[328].

Aplicando lo estudiado al conflicto sindical, está claro que los medios de comunicación desempeñan un papel significativo al influir en la percepción pública de las huelgas y las demandas laborales, a menudo enmarcándolas en términos que pueden favorecer o perjudicar a los sindicatos. Por otro lado, los sindicatos tratan de utilizar los medios como herramientas para difundir su mensaje y movilizar a la opinión pública a favor de sus causas. Esta interacción entre los medios y la acción sindical subraya la importancia de la comunicación en la lucha por los derechos laborales y la justicia social. A medida que los sindicatos intentan adaptarse a la era de la información y las redes sociales, se plantea la cuestión de cómo equilibrar la influencia mediática y la acción directa en la consecución de sus objetivos. En última instancia, la relación entre los medios y la acción sindical sigue siendo un campo de estudio crucial para comprender cómo se moldea la opinión pública, se negocian las relaciones laborales y se avanza hacia una mayor equidad en el ámbito laboral.

En el marco de la acción sindical colectiva, más adelante se analizará jurídicamente la cuestión de la publicidad o la difusión de las huelgas, los boicots sindicales y una forma marginal pero muy llamativa de acción: las huelgas de hambre[329].

1.4.2. El consumo político

Los avances tecnológicos de la sociedad de la información y los cambios trascendentales del sistema productivo y la globalización provocan que los límites de la esfera política tienden a diluirse y sur-

---

328 *Ibidem*, p. 225.

329 V. *infra* cap. III.

jan nuevos actores y nuevas formas de participación política. "Lo que pudo haber aparecido como «no-convencional» en los años setenta, como las actividades de boicotear y de comprar ciertos productos por razones políticas, se ha convertido hoy en uno de los modos participativos más influyentes utilizados por los ciudadanos de la Europa occidental"[330].

Hoy en día, el consumo político o *political consumerism* es un fenómeno por el que "la ciudadanía, a través del mercado, elige a productores y productos en función del bienestar individual o familiar o de las valoraciones éticas y políticas que se hagan de los procedimientos realizados por las empresas y los gobiernos"[331]. De esta forma, realizar la compra de una mercancía (*buycott*) o no hacerla (*boycott*) es una decisión personal justificada que se ha denominado "acción colectiva individualizada"[332].

Este fenómeno se da en un contexto en el que las personas se ven inmersas en un proceso de "desvinculación y revinculación hacia nuevas formas de vida en la sociedad industrial en sustitución de las antiguas, en donde de manera individual tienen que producir, representar y continuar sus propias biografías"[333].

El proceso de modernización y los valores postmaterialistas, que incluyen el ecologismo, el feminismo, los derechos LGTBI o el respeto a los derechos humanos en todo el mundo, son temas de gran interés para una mayoría de personas que expresan demandas acordes con estos valores. Esto ha dado lugar a la aparición de nuevos espacios de acción política donde pueden expresar sus inquietudes y aspiraciones. El postmaterialismo y el sentimiento de obligación moral con el medioambiente o los derechos humanos es una "revo-

---

330 TORCAL, M., MONTERO, J. R., TEORELL, J., "La participación política en España: modos y niveles en perspectiva comparada", *Revista de Estudios Políticos (nueva época)*, n° 132, Madrid, 2006, p. 23.

331 NOVO VÁZQUEZ, A., "«Consumocracia». El consumo político como forma de participación de la ciudadanía", *Política y Sociedad*, Vol. 51, n° 1, 2014, pp. 121-146.

332 MICHELETTI, M., *Political Virtue and Shopping. Individuals, Consumerism, and Collective Action*, Palgrave, New York, 2003, pp. 25-29.

333 BECK, U., GIDDENS, A., LASH, S, *Modernización reflexiva. Política, tradición y estética en el orden social moderno*, Madrid, Alianza Universidad, 2001, p. 28.

lución silenciosa"[334] que está muy cercana a la idea de Bennett sobre "*lifestyle politics*"[335] o política del estilo de vida.

En este contexto, "los consumidores son actores sub-políticos en el sentido de que perciben la política como un sistema de gobernanza (más que en el sentido de gobierno) en donde ellos mismos juegan un papel activo y asumen una responsabilidad para hacer frente al riesgo de una manera reflexiva"[336]. El mercado transmite las preocupaciones éticas, medioambientales o políticas en un nuevo espacio donde las mujeres, las personas jóvenes y las de mayor nivel educativo tienen presencia importante[337].

Ekman y Amna[338] diseñan una clasificación de formas de participación política que distingue entre formas de participación latentes y manifiestas. De esta forma, la acción individualizada que realizan los consumidores se enmarca en lo que denominan participación política "manifiesta", extra-parlamentaria, realizada a través de acciones legales: a través del *buycott* (consumo positivo), cuando se dejan guiar por los sistemas de etiquetado como puede ser la compra de productos ecológicos, de comercio justo o veganos; y del *boycott* (consumo negativo) o no comprar ciertos bienes por razones éticas, medioambientales o políticas. De manera colectiva, se puede realizar a través de la militancia en nuevos movimientos sociales o participación en protestas o una huelga[339].

Estas ideas conectan con lo que veremos más adelante sobre una huelga feminista de consumo o la presión mediática del sindicalismo internacional para garantizar los derechos humanos laborales negociando acuerdos marco globales.

---

334 INGLEHART, R., *The Silent Revolution...*, *op. cit.*

335 BENNETT, W. L., "The uncivic culture: Communication, identity and the rise of lifestyle politics", *Political Science and Politics*, vol. 31, 1998, pp. 741-61.

336 TOBIASEN, M., *Political Consumers in Denmark Paper for the ECPR Joint Sessions*, Uppsala, Sweden, 2004, p. 142.

337 NOVO VÁZQUEZ, A., "«Consumocracia»...", *op. cit.*, p. 125.

338 EKMAN, J., AMNA, E., "Political Participation and Civic Engagement: Towars a New Tipology", *Human Affairs*, vol. 22, 2012, pp. 283-300.

339 NOVO VÁZQUEZ, A., "«Consumocracia»...", *op. cit.*, p. 126.

Por su parte, Micheletti, Stolle y Berlin[340] identifican cuatro formas de consumo político: 1) *boycotts* o no comprar un producto o marca de manera consciente; 2) *buycotts* o comprar un producto o marca tomando como referencia la etiqueta; 3) las acciones discursivas o valoraciones críticas sobre las prácticas corporativas o difusión de opiniones sobre consumo, y 4) elección del estilo de vida o las decisiones personales basadas en valores sobre cómo orientar los propios recursos. Es sencillo encuadrar aquí campañas como el boicot a empresas como CocaCola o Glovo, la promoción del comercio justo, del comercio de proximidad o los sellos de respeto de los animales (*cruelty free, not tested on animals*) o de productos veganos.

En este contexto de articulación del consumo como método de acción política, algunos autores defienden repensar el papel de la empresa como actor político. Las razones de que las empresas se conviertan en actores políticos son: "en primer lugar, el hecho de que las decisiones y acciones que ejecutan influyen irremediablemente en la realidad social, económica, política, cultural o medioambiental; en segundo lugar, cada vez más se requiere de su participación y colaboración en la búsqueda de soluciones a problemas políticos; y, por último, son actores políticos ya que se espera que tengan una participación en la responsabilidad social corporativa"[341].

Cuando empleamos conceptos como consumo ético, consumo social o consumo sostenible, estamos haciendo referencia a la transformación de la ciudadanía en consumidores críticos y, en consecuencia, agentes de cambio social. Así, la decisión de comprar o no un producto no es suficiente: el consumidor toma decisiones basadas en campañas éticas, políticas o medioambientales específicas, consulta la información en las etiquetas de los productos que desea adquirir, se guía por sellos o distintivos sociales, e incluso puede optar por no acudir a ciertos establecimientos por razones fundamentadas.

---

340 MICHELETTI, M., STOLLE, D., BERLIN, D., "Habits of Sustainable Citizenship: The Example of Political Consumerism", *Studies across Disciplines in the Humanities and Social Sciences,* Helsinki Collegium for Advanced Studies, Helsinki, 2012, p. 146.

341 RASK JENSEN, H., "A Frame of Reference for Analyzing Political Consumption", *Paper for the International Seminar on Political Consumerism,* Stockholm, mayo-junio, 2001, p. 5.

En definitiva, se podría conceptualizar la "consumocracia" como el "empoderamiento de los consumidores, siendo que por medio de sus hábitos de compra reivindican reformas de las políticas públicas, buscando que sea la justicia social el eje articulador de las mismas. Hablar de consumocracia nos lleva a pensar la relación estrecha entre el consumo consciente diario de la compra y el ejercicio de ciudadanía en un espacio público como es el mercado"[342].

Esta articulación del consumo político como forma de acción social se recoge en los principales estudios sociales. Los últimos datos de la Encuesta Social Europea (2020) publicados en 2023 muestran que un 29% de españoles ha boicoteado productos los últimos 12 meses, el doble que el promedio del estudio (14%). Esto nos coloca al nivel de los países que lideran la clasificación de consumo político: Finlandia (39%), Francia (31%), Suiza (31%), Islandia (31%) o el Reino Unido (30%). Las anteriores oleadas del estudio mostraban datos mucho menores para España: 14% (2018) y 18% (2016) y 18% (2014)[343]. Por su parte, la Encuesta Mundial de Valores (WVS, por sus siglas en inglés) muestra que un 6,6% de los españoles se ha unido a un boicot, frente a un 23,9% que podría hacerlo y un 63,8% que nunca lo haría en ninguna circunstancia[344].

Finalmente, el Centro de Investigaciones Sociológicas español muestra que un 17,7% de españoles ha participado durante los últimos doce meses en acciones como boicotear o dejar de comprar ciertos productos por razones políticas, éticas o para favorecer el medio ambiente, frente a un 9,4% que participó en un pasado más lejano; un 36,6% que no participó, pero podría hacerlo; y un 31,3% que ni participó ni lo haría nunca[345]. En definitiva, los datos demuestran que el consumo político es una forma de participación consolidada.

---

342 NOVO VÁZQUEZ, A., "«Consumocracia»...", *op. cit.*, p. 126.

343 European Social Survey European Research Infrastructure (ESS ERIC), *ESS10 integrated file, edition 3.1 [Data set]*, Sikt - Norwegian Agency for Shared Services in Education and Research, 2023. Disponible en: https://doi.org/10.21338/ess10e03_1

344 EVS/WVS, *European Values Study and World Values Survey 2017-2022*, GESIS Data Archive, Cologne. ZA7505. Dataset Version 4.0.0, 2022. Disponible en: doi:10.4232/1.14023

345 CIS, *Barómetro Ciudadanía*, estudio nº 3020, 2014. Disponible en: https://zip.lu/XIKE

En las relaciones laborales, es habitual ver boicots a empresas o productos en el contexto de huelgas o conflictos colectivos. Por ejemplo: la llamada de boicot a Telepizza de CGT motivado por reivindicaciones salariales[346] o el boicot a CocaCola por un despido colectivo[347].

2. EL PAPEL DEL SINDICATO COMO ACTOR POLÍTICO COLECTIVO

2.1. El papel sociopolítico del sindicato

El actor político laboral por excelencia es el sindicato. Palomeque califica al sindicato como sujeto político[348], esto es, considera al sindicato como una institución política antes que económica, por la ideología sustentada y por su defensa integral del trabajador. El papel político del sindicato está reconocido en el artículo 7 de la Constitución: "Los sindicatos de trabajadores y las asociaciones empresariales contribuyen a la defensa y promoción de los intereses económicos y sociales que les son propios".

Los sindicatos pueden encuadrarse como grupos de interés en tanto se caracterizan por una estructura fuerte y estable, un discurso sectorial, e intervienen en la esfera institucional y social a través de una estrategia de presión gracias a su acceso a autoridades y a medios de comunicación y a los recursos económicos y conocimiento experto. Sin perjuicio de los sindicatos ácratas, como la CNT, que no participa en el diálogo social, en la representación sindical institucional ni de sus ventajas, en muchos países los sindicatos gozan de financiación pública, se profesionalizan contratando personal propio, como economistas y juristas, y tejen redes de contactos con intelectuales y académicos que les asesoran en su actividad.

---

346 Gabinete de prensa CGT, "Las plantillas de Telepizza llaman al boicot contra la empresa por unas condiciones laborales dignas", *Rojo y Negro,* 17 de octubre de 2019. Disponible en: https://zip.lu/XNMw

347 DOMÍNGUEZ, H., "CCOO pide a los madrileños que no consuman Coca Cola", *Cadena Ser,* 30 de enero de 2014. Disponible en: https://zip.lu/XNNW

348 PALOMEQUE LÓPEZ, M. C., "El sindicato como sujeto político", *Estudios de derecho del trabajo en memoria del profesor Gaspar Bayón Chacón,* 1980, pp. 551-576.

A continuación, se analizará la dimensión cultural de los sindicatos. Concretamente, en la desviación de su papel clásico en los conflictos laborales. Frente a una concepción muy estricta del Derecho del trabajo, que se limita a la ordenación de las condiciones de trabajo, se buscan propuestas fuera del encorsetado marco de la relación laboral y del empleo, donde prime lo cultural sobre lo material, un rol sindical sociopolítico tendente a la intervención social o las reivindicaciones postmaterialistas de los nuevos movimientos sociales (feminismo, derechos LGTBI, antirracismo o ecologismo). De acuerdo con los niveles de representación exigidos por la LOLS, se buscarán estas tendencias sociales en los sindicatos más representativos a nivel estatal (CCOO y UGT) y en el ámbito autonómico (CIG, ELA y LAB).

2.1.1. Comisiones Obreras (CCOO)

Comisiones Obreras, primera fuerza en representación sindical en España, es el sindicato que tiene más claro su rol sociopolítico. No sólo como una cuestión analítica, sino que vertebra la estrategia del sindicato. En la definición de principios de los estatutos del XII Congreso Confederal se desprende que el sindicalismo de CCOO se caracteriza por su carácter "reivindicativo y de clase, unitario, democrático e independiente, participativo y de masas, feminista (de mujeres y de hombres), sociopolítico, internacionalista y pluriétnico y multicultural"[349].

Para CCOO su papel sociopolítico significa que, "además de reivindicar la mejora de las condiciones de vida y de trabajo de todos los trabajadores y trabajadoras, asume la defensa de todo aquello que les afecte como clase, en la perspectiva de la supresión de toda opresión y explotación, especialmente si ésta se produce contra menores". Asimismo, la CS de CCOO establece que los sindicalistas ejercerán "una especial defensa de las reivindicaciones de las mujeres, jóvenes, personas con otras capacidades, de la salud laboral, del medio ambiente y del pacifismo, con el fin de eliminar cualquier forma de discriminación basada en el sexo u orientación sexual, la edad, la morfología

---

349 CCOO, *Estatutos*, 12º Congreso Confederal de CCOO, 2021, pp. 11-12. Disponible en: https://zip.lu/VBzx

física, psíquica o sensorial, el origen étnico, las convicciones políticas y/o religiosas, así como por cualquier otra condición o circunstancia personal o social"[350].

En su último congreso confederal, CCOO consideró como su prioridad número uno "intervenir en la dialéctica que enfrenta los modelos de organización social", "la disputa por la hegemonía cultural en la construcción de un nuevo modelo social y económico" y la "política de alianzas", incluyendo la "batalla cultural por la problematización del trabajo y las condiciones materiales de vida" y un trabajo conjunto con "la sociedad civil en la reivindicación laboral y sociopolítica". Considera ineludible "librar la batalla cultural por las ideas, valores y percepciones dominantes en la sociedad"[351].

Su tarea, un "fortalecimiento de un sujeto colectivo de clase trabajadora", es enormemente compleja "en un mundo del trabajo heterogéneo y fragmentado, de intereses e identidades diversas que en multitud de casos se expresan en opciones corporativas". Consideran que la "empresa histórica de nuestro tiempo" es "ser capaces de unir a los cada vez más amplios colectivos que se encuentran en una situación de precariedad laboral, cualquiera que sea su expresión, con aquellos otros situados en las partes fuertes y protegidas del mundo del trabajo, es decir, reconstruir la solidaridad de clase"[352]. Defienden que la clase trabajadora tiene una existencia objetiva que deriva de su posición en el proceso productivo. Este hecho es relevante, pero no es suficiente para construir un sujeto político, sino que es necesario un análisis cultural, porque "la clase como sujeto político se construye y reconstruye permanentemente a partir de las experiencias colectivas compartidas de explotación y resistencia, pero también desde su articulación cultural y simbólica".

Respecto a los denominados valores postmaterialistas, CCOO tiene un potente programa político en materia ecológica, feminismo, libertades LGTBI o migraciones. En realidad, la ponencia congresual parece más el programa electoral de un partido político que de

350 *Idem.*

351 CCOO, *Ponencia Congresual*, 12º Congreso Confederal de CCOO, 2021, pp. 14 y ss. Disponible en: https://zip.lu/VBB9

352 *Idem.*

un sindicato. Se incluyen propuestas en materias tan diversas como fiscalidad, sanidad, servicios sociales, modelo migratorio o vivienda.

Es importante matizar que el sindicato no enfoca estas reivindicaciones desde un plano meramente identitario o cultural, sino que sus propuestas tienen un contenido una orientación claramente laboral. De esta forma, podemos concluir que la cuestión social no desplaza la reivindicación laboral de CCOO sino que esta se ensancha para integrar lo que algunos marxistas denominan luchas parciales en la estrategia global del sindicato. El sindicato asume plenamente su rol en la batalla cultural, reivindica la interseccionalidad y su papel como actor sociopolítico, apostando por la formación de sus cuadros y mejorar su actividad comunicativa en redes sociales. Su objetivo está claro: penetrar en reivindicaciones sociales extralaborales para introducir la perspectiva de clase.

2.1.2. Unión General de Trabajadoras y Trabajadores de España (UGT)

En su último congreso confederal UGT aprobó un programa político más amplio que CCOO. De hecho, sus más de 240 páginas superan en extensión y minuciosidad a los programas electorales de varios partidos políticos. Además de propuestas estrictamente laborales como iniciativas en materia de salarios o tiempo de trabajo (p. ej. la semana laboral de 32 horas), dignificar la figura de las personas becarias e intensificar la lucha contra la siniestralidad laboral, su Programa de Acción incluye importantes referencias en materia social y medioambiental.

UGT considera que la "conservación del medio ambiente es necesariamente un objetivo sindical primordial en defensa de los intereses de los trabajadores y las trabajadoras y de la sociedad en general. Es necesario que las empresas sean sostenibles y ecoeficientes, ya que el ritmo de degradación del planeta se está acercando a límites insoportables para los seres humanos"[353]. Aquí proponen utilizar la negociación colectiva para introducir cláusulas específicas de medio ambiente como parte de la gestión integral de las empresas, instaurar

[353] UGT, *Programa de acción*, 2021, pp. 126-127.

la elaboración de planes de evaluación de los riesgos ambientales en los centros de trabajo, o impulsar a través de la negociación colectiva, planes de movilidad sostenible para las empresas, centros de trabajo, o polígonos industriales. También proponen impulsar el delegado y la comisión de medio ambiente en las empresas.

Como parte de su objetivo número 4, diseñan importantes propuestas para una sociedad en igualdad. Respecto al feminismo, quieren incrementar el acceso y la permanencia de las mujeres en el mercado de trabajo, con empleos dignos, estables y seguros, combatir la brecha salarial por razón de sexo, erradicar la discriminación en las retribuciones salariales incrementar la corresponsabilidad en las tareas de cuidados mejorar la protección social de las trabajadoras y luchar contra la brecha de género en la economía digital y erradicar la violencia contra las mujeres, el acoso sexual y/o por razón de sexo. Se propone también una inclusión real y efectiva de las personas con discapacidad, promover los derechos de lesbianas, gais, bisexuales, trans e intersexuales (LGTBI) desde la acción sindical, incluyendo una estrategia que defienda la integración de las personas con VIH y SIDA. También incluye una política migratoria integral[354].

Con todo, al igual que CCOO, su programa político excede ampliamente la finalidad que tradicionalmente se atribuye a un sindicato, mejorar las condiciones de trabajo, el empleo y la protección social. Proponen diversas políticas públicas ajenas a la ordenación de las relaciones laborales, pero de las que obviamente se beneficiarían los trabajadores como parte del Estado de bienestar: fiscalidad, sanidad, educación, dependencia o vivienda. También incluye un objetivo de acción exterior: una Europa social en un mundo más justo.

UGT es consciente de que las grandes transformaciones sociales exigen la implicación directa de la administración pública y, por ello, se cuida de tejer redes importantes con ellas, especialmente cuando están gobernadas por fuerzas políticas progresistas. Claramente concibe su rol como grupo de presión y actúa conforme al mismo: influir sobre el proceso político, defendiendo propuestas que afectan a los intereses de las personas trabajadoras. De hecho, uno de los elementos clave del sindicalismo tradicional es atraer las políticas sociales

---

354 *Ibidem*, pp. 177 y ss.

hacia su esfera de poder: la negociación colectiva. Por ello, promueven figuras como delegados sindicales especializados (delegado de prevención, delegado de igualdad, delegado medioambiental), diseñar políticas en procesos de negociación donde estén presentes los sindicatos o, al menos, tener un trámite de audiencia previa en la configuración de políticas relevantes para poder mostrar su perspectiva ante decisiones importantes.

2.1.3. Confederación Intersindical Galega (CIG)

La Confederación Intersindical Galega (CIG) es un sindicato nacionalista gallego y de clase[355], mayoritario en Galicia (superando a UGT y CCOO[356]), y referente sindical del partido político Bloque Nacionalista Galego[357]. En cuestiones sociopolíticas, el sindicato defiende el "feminismo de clase como principio organizativo"[358].

La CIG cree necesario adoptar un enfoque interseccional, que tenga en cuenta las particularidades e identidades diversas: raza, etnia, edad, orientación sexual, identidad y expresión de género, el lugar de residencia, el entorno rural/urbano, la diversidad funcional o la dependencia, entre otras variables que pueden acentuar una situación de riesgo de violencia y discriminación[359].

Frente a CCOO o UGT que tienen documentos congresuales técnicamente muy detallados, la CIG opta por un documento más político. Seguramente esto se deba a los vínculos de CCOO y UGT con los partidos progresistas que conforman el gobierno de España y, por tanto, tienen mayor capacidad de presión para implementar esas

---

355 CIG, *Documentos aprobados no VIII congreso da CIG*, 9 de octubre de 2021. Disponible en: https://zip.lu/UfMD

356 CIG, "A CIG volve gañar as eleccións sindicais en Galiza con 5.131 delegados e delegadas e o 31,05% da representación", *cig.gal*, 18 de enero de 2024. Disponible en: https://zip.lu/3a9Gb

357 "Celebramos que o sindicalismo nacionalista referente para nós, a CIG, se convertese tamén en canto a representatividade oficial, na primeira central do noso país" (BNG, *XVII Asembla Nacional. Unha nova Galiza*, 2021, p. 11. Disponible en: https://zip.lu/UfLP)

358 CIG, *Documentos aprobados no VIII congreso da CIG*, 9 de octubre de 2021, p. 211. Disponible en: https://zip.lu/UfMD

359 *Ibidem*, p. 32.

propuestas. Por ejemplo, la CIG en materia LGTBI[360] apenas recoge una referencia genérica a un compromiso en defensa de derechos e intereses de las víctimas de discriminación, o en materia climática[361] promueven una transición energética gallega y justa, sin contenido laboral más allá de alusiones vagas al empleo y al diálogo social.

2.1.4. Eusko Langileen Alkartasuna-Solidaridad de los Trabajadores Vascos (ELA)

Eusko Langileen Alkartasuna-Solidaridad de los Trabajadores Vascos (ELA) es un sindicato nacionalista vasco y mayoritario en el País Vasco, siendo el primero en representación en el País Vasco (superando el 40%[362]) y el tercero en Navarra. Su objetivo es impulsar un "proceso soberanista unilateral y social incorporando los vectores de clase, euskaldun, feminista, ecologista, democrático y decolonial"[363].

ELA[364] propugna una "transformación social, ecológica, democrática, feminista y antirracista del sistema, como única alternativa posible para que una vida que merezca ser vivida tenga futuro en un planeta que tiene límites", para hacer frente a la "urgencia climática", poniendo los cuidados en el centro, dignificando el valor del trabajo, en especial el de los sectores precarizados y feminizados, y priorizando la lucha contra la precariedad y derechos de las personas antes que los del capital.

En este contexto, ELA pone en valor las distintas movilizaciones sociales: la movilización de jóvenes exigiendo medidas reales y efectivas por el clima ("más allá de declaraciones y cumbres rimbombantes"), la fuerza del movimiento feminista en las masivas huelgas generales del 8M, o los movimientos de reivindicación de los derechos humanos, como *Black Lives Matter*[365]. Su propuesta es una "transición

---

360 *Ibidem*, p. 217.

361 *Ibidem*, p. 87 y ss.

362 LAB, "Somos el sindicato que más ha crecido en elecciones sindicales en estos últimos cuatro años", *lab.es*, 2 de febrero de 2023. Disponible en: https://zip.lu/VqhG

363 ELA, "Ponencia aprobada por el Comité Nacional", *XV Congreso*, 24-25 de noviembre de 2021, p. 29. Disponible en: https://zip.lu/VrPE

364 *Ibidem*, p. 9 y ss.

365 *Ibidem*, p. 8.

desde el actual sistema capitalista, heteropatriarcal, racista, colonialista y ecocida a un modelo social, feminista, antirracista y ecosocialista que ponga las vidas y los cuidados en el centro"[366].

2.1.5. Langile Abertzaleen Batzordeak (LAB)

El Langile Abertzaleen Batzordeak[367] (LAB) es el segundo sindicato en nivel de representación en el País Vasco (por encima de CCOO y de UGT) y el cuarto en Navarra. También tiene representación en Ipar Euskal Herria (el País Vasco Francés/Norte)[368]. Al igual que ELA, es un sindicato nacionalista vasco que critica el sistema "capitalista, heteropatriarcal, racista, etnocida, ecocida y lingüicida", y propugna una "transición ecosocialista y feminista"[369].

Este sindicato *abertzale* diseña un programa socioeconómico con cuatro pilares o raíces de carácter transversal: ecosocialismo, feminismo, democratización y desarrollo nacional[370]. Consideran que "el sistema capitalista, además de ser un modelo profundamente injusto que se basa en la explotación de las personas y de la naturaleza, es cada vez más inviable. Es un sistema ecocida y etnocida".

Entienden que vivimos en una era de crisis que se entrecruzan y se alimentan (crisis de cuidado, económica, social, cultural...), destacando la crisis ecológica que pone riesgo "la propia supervivencia de planeta": "La transición no es una opción, sino una realidad que inevitablemente debe producirse. Y desgraciadamente, esta transición no podremos llevarla a cabo de la forma ordenada que desearíamos y debiéramos". La cuestión es quién, cómo y hacia dónde se va a hacer la transición, esto es, "la clase trabajadora necesita una hoja de ruta propia". Creen que la situación requiere de estrategias locales y exige una transformación mundial[371].

---

366 *Ibidem*, p. 20.

367 En castellano: comités de obreros nacionalistas/patriotas.

368 LAB, "Somos el sindicato que más ha crecido en elecciones sindicales en estos últimos cuatro años", *lab.es*, 2 de febrero de 2023. Disponible en: https://zip.lu/VqhG

369 LAB, *Programa Socioeconómico*, septiembre 2021. Disponible en: https://zip.lu/VrPu

370 *Ibidem*, p. 5 y ss.

371 *Idem*.

En este escenario, proponen "la creación de Comités de Transición Justa que reúnan a todas las partes implicadas, entre ellas la representación de las y los trabajadores. Sus funciones consistirán en la planificación de la transformación económica, la propiedad de sectores estratégicos y el desarrollo de criterios para orientar los procesos de expropiación"[372].

Su programa incluye también un enfoque feminista (p. ej. "pagar la deuda histórica (deuda patriarcal) del sistema para con las mujeres* y eliminar toda brecha de género", o "reorganizar las tareas de cuidados nuevo modelo socioeconómico que ponga las vidas en el centro"), pero nada en materia LGTBI, más allá de referencias genéricas a combatir diferentes formas de discriminación (en un párrafo utilizan una confusa referencia a la "elección sexual" como causa de discriminación).

Finalmente, es interesante mencionar que la estrategia sindical de la CIG, ELA y LAB está orientada al conflicto en mayor medida que las centrales estatales. Precisamente por ello destacan las cajas de resistencia que estos sindicatos tienen para suplir la pérdida de salario de los trabajadores derivada de la huelga. La caja de resistencia de ELA es la mayor del Estado: en 2024 abona 1.389,15€ euros al mes a los trabajadores en huelga, pero en determinadas huelgas, la caja de resistencia reforzada puede llegar a 1.597,52€. Por su parte, CIG y LAB abonan 30€ por cada día de huelga. Las tres se enmarcan en lo que la doctrina denomina "fondos o cajas de resistencia intrasindicales"[373] y enlazan con la faceta organizativa y funcional de la libertad sindical. Es, por tanto, su principal herramienta para sostener huelgas muy duras. ELA defiende que

> "Si existe una escuela para la ideologización, esa es la lucha y la huelga por una reivindicación; es ahí donde la lucha de clases se hace realidad. [...] La capacidad de sostener un conflicto determina la posibilidad de mejorar las condiciones de trabajo. Y ante las reformas laborales que reducen el poder de la clase trabajadora, la huelga es el instrumento más eficaz para defender derechos. Desde el punto de vista de la negociación

---

372 *Ibidem*, p. 7.

373 CARRIL VÁZQUEZ, X. M., *Los fondos de resistencia en los conflictos laborales: un estudio de derecho español comparado*, Barcelona, Atelier, 2023, pp. 95-113.

colectiva y de la organización, seremos útiles si somos capaces de construir la capacidad de ir a la huelga"[374].

2.2. *Nuevos sindicalismos: el papel cuasisindical de los movimientos sociales*

Labor Notes es un colectivo que promueve el sindicalismo democrático y de base en Estados Unidos, apoyando a sindicatos combativos y a corrientes dentro de los sindicatos burocratizados. Recientemente, ha editado en castellano un manual, "Secretos de un Organizador Exitoso", que parte de la siguiente idea: "Organizarse es como cocinar: hay recetas que ya han sido probadas, que cualquiera puede aprender, métodos que funcionan y otros que no"[375]. En realidad, como veremos a continuación, lo nuevo del nuevo sindicalismo se refiere más a su configuración subjetiva que a sus acciones.

Habitualmente se debate sobre la crisis del sindicalismo en relación con los problemas de legitimidad del sindicato como forma hegemónica de organización de los trabajadores. A su vez, se habla de nuevos sindicalismos para referirse a la necesidad de los sindicatos de adaptarse a la nueva realidad tecnológica y productiva.

En Estados Unidos, el denominado como nuevo sindicalismo surge en un marco en el que "diversos grupos de trabajadores, como mujeres, personas racializadas y LGBTI+, están uniendo fuerzas para luchar por mejores condiciones laborales y derechos, con el apoyo de activistas de izquierda y antiguos sindicatos radicales marginales"[376]. Los protagonistas del renacer del movimiento obrero son "gente muy joven y diversa, y habían actuado con tácticas anarcosindicalistas con la ayuda de partidos socialistas y comunistas"[377].

---

374 ELA, "Ponencia aprobada por el Comité Nacional", *XV Congreso*, 24-25 de noviembre de 2021, p. 29. Disponible en: https://zip.lu/VrPE, p. 32.

375 BRADBURY, A., BRENNER, M., SLAUGHTER, J., *Secretos de un Organizador Exitoso*, Labor Notes (Ed.), 2016. Disponible su descarga gratuita en español por capítulos aquí: https://zip.lu/XZmc

376 CARO MORENTE, J., "La izquierda y el nuevo sindicalismo en Estados Unidos", *Nueva Sociedad*, nº 307, 2023, p. 111.

377 *Ibidem*, p. 112.

Este nuevo sindicalismo "había comenzado en el lugar más insospechado: en trabajos de alta rotación, precarios, muy juveniles y donde los sindicatos tradicionales —que no radicales— habían perdido siempre". La formación de sindicatos en Starbucks, Amazon, Google, Blizzard o UPS es la imagen de una victoria que "ya es parte de la historia del movimiento obrero estadounidense y es considerada como el pistoletazo de salida de una oleada sindical que aún hoy sigue creciendo"[378]. El éxito es importante porque se da en empresas tradicionalmente no sindicalizadas, que "están invirtiendo ingentes cantidades de dinero en actividad antisindical y perfeccionando sus técnicas"[379].

El resurgir sindical en EEUU tiene lugar en unas circunstancias muy específicas: "el contexto de pandemia y su consecuente crisis, la llamada «izquierda woke»[380] y la renovación de tácticas sindicales llevada a cabo por grupos anarcosindicalistas marginales". A su vez, el nuevo sindicalismo "afecta a compañías en las que antes no se habían formado sindicatos; las uniones que se están construyendo son nuevas, sin afiliación a las anteriores aunque influidas por ellas, y este nuevo movimiento sindical está totalmente interconectado con el movimiento anticapitalista, antirracista, pro-LGTBI y feminista"[381]. Sin el movimiento Black Lives Matter y la lucha decidida del colectivo LGTBI no habría existido el Nuevo Sindicalismo que ha azotado y revivido todo el movimiento obrero estadounidense.

En este contexto, destaca la estrategia sindical de *salting*[382] o infiltración[383], que es la acción de incorporarse a un centro de trabajo

---

378 *Ibidem*, p. 117.

379 *Ibidem*, p. 121.

380 El autor utiliza el término «woke», cuyo origen es el movimiento afroestadounidense (su lema era «Stay woke!» [¡Permanece despierto!]) y que alude a la idea de estar «despierto» o «consciente» ante las injusticias sociales. En los últimos años, la derecha lo utiliza contra el progresismo.

381 CARO MORENTE, J., "Nuevo sindicalismo estadounidense, la interseccionalidad en la clase", *El Salto*, 28 de febrero de 2023. Disponible en: https://zip.lu/WngS

382 Emergency Workplace Organizing Committee, "Salting 101 Webinar", *Youtube video*, 23 de febrero de 2023. Disponible en: https://zip.lu/XZoq

383 "Salting significa sazonar, o salar, y aunque no hay acuerdo sobre su origen real, el más aceptado es que en los años 30, militantes socialistas y comunistas utilizaban la misma palabra cuando acudían a las fábricas para 'echar sal en la herida'

con la intención de organizar allí un sindicato. El *salting* puede estar promovido individualmente o a través de movimientos organizados, como grupos políticos o sindicatos. En la experiencia de Starbucks en Búfalo los 'infiltrados' buscaban ganarse discretamente la confianza de sus compañeros de trabajo e identificar sus preocupaciones con el objetivo principal de conseguir el suficiente apoyo de sus compañeros y compañeras para convocar a elecciones sindicales y ganarlas. "Una vez que se establecía una red de contactos y se evaluaba el clima laboral, el *salt* comenzaba a hablar con los trabajadores sobre los beneficios que tendría la posible sindicalización y a organizar reuniones y actividades sindicales". Estos activistas "identificaron tres preocupaciones generalizadas con las que se podrían ganar apoyo para formar el sindicato: antirracismo, derechos del colectivo LGTBI+ y bajos salarios"[384].

Tanto la estrategia de infiltración como la interseccionalidad del nuevo sindicalismo llaman la atención en el contexto global en el que los sindicatos enfrentan cuatro posibles escenarios: marginación, dualización, sustitución y revitalización[385]. El nuevo sindicalismo es, sin duda, una muestra de revitalización.

A su vez, existe un nuevo sindicalismo no laboral, que en algunos trabajos recibe la denominación de *sindicalismo social*, en un contexto en el que los movimientos sociales buscaban nuevos modelos de organización y de articulación. Este *sindicalismo social* tiene un repertorio de acciones que combina herramientas tradicionales, como manifestaciones o acciones directas, con otras más innovadoras:

> "Sindicalismo, porque se querían recuperar y defender las raíces de un modo de hacer política que arrancaba de los problemas y los malestares concretos de ese contexto precario. No se partía de una formulación ideológica o teórica abstracta, sino de aquellas situaciones que atravesaban las vidas cotidianas y lo que las afectaba, de sus carencias concretas. De

---

de las condiciones laborales, buscando que los obreros comenzaran a protestar" (AGARBI, K., "'Me infiltré en la empresa solo para crear un sindicato': la estrategia que está cambiando Estados Unidos", *Cadena Ser*, 7 de octubre de 2023. Disponible en: https://zip.lu/XZpE)

384 CARO, J., "La izquierda…", *op. cit.*, p. 116.

385 Organización Internacional del Trabajo, "La transición de los sindicatos: ¿qué papel tendrán en el futuro del trabajo?", *Infostories*, 2021. Disponible en: https://zip.lu/XZsK

todos aquellos malestares o vulneraciones de derechos que nos acorralan en la soledad e individualizan, pero que a todas luces son problemas colectivos y que solo se pueden resolver así: con la fuerza de la organización colectiva. A su vez, se denominaba social porque no partía de la vieja centralidad del sujeto obrero dominante en las organizaciones sindicales clásicas: varón cis-hetero, blanco, con derechos y sostenido por el salario familiar. El sindicalismo social estaría protagonizado por las personas migrantes, trabajadoras domésticas, manteros, desahuciados y jóvenes precarias. Sus realidades quedaban al margen de los pactos del sindicalismo oficial y sus luchas no se reducían solo a las luchas por las condiciones laborales, sino que resonaban entrecruzados muchos otros. Desde la crisis ecosocial a la libertad de movimiento, el sindicalismo social quiere construir formas de autoorganización y lucha que sirvan de encuentro en medio de la dispersión"[386].

En este apartado se utilizará la idea de *nuevos sindicalismos* para referirse a otros sujetos, distintos al sindicato tradicional, que despliegan una estrategia y una acción sindical. Nuevos, en plural, porque son varios, diversos y dispersos. A continuación, nos detendremos en estas formas de nuevos sindicalismos sociales, de carácter no laboral y no institucionalizados, pero que se reconocen a sí mismos como un ente sindical y así se denominan: los sindicatos de vivienda, de barrio y de estudiantes.

2.2.1. Sindicatos de vivienda. Estudio de caso: el Sindicato de Inquilinos e Inquilinas en Cataluña

En todo el mundo existen desde hace décadas organizaciones en defensa de las personas que viven en alquiler, destacando países como Suecia, Austria, Dinamarca o Alemania, que impulsaron importantes acciones colectivas, como las huelgas de alquileres en Buenos Aires en 1907. En España, la organización de los inquilinos tampoco es un fenómeno reciente: ya en 1931 la CNT promovió una huelga de alquileres en Barcelona. Actualmente, hay un potente movimiento a favor del derecho a la vivienda, fruto de la crisis inmobiliaria de

---

386 CARMONA, P., ALABAO, N., "El sindicalismo social y los Centros Sociales siguen siendo imprescindibles", *El Salto*, 3 de mayo de 2021. Disponible en: https://zip.lu/XZtG

las últimas décadas, donde destaca a la Plataforma de Afectadxs por la Hipoteca (PAH) o los colectivos de 'stop desahucios'.

El movimiento de vivienda es un fenómeno multiforme y disperso. En los últimos años, estamos inmersos en un proceso de sindicalización de los movimientos sociales. Se han constituido multitud de colectivos que se autodenominan sindicatos de vivienda[387] o sindicatos de inquilinos[388]. También existen grupos, redes o asambleas de vivienda[389], junto con sindicatos a nivel barrio[390].

En 2017, se funda en Barcelona el *Sindicat de Llogateres i Llogaters* (sindicato de inquilinos e inquilinas) como "una organización de personas que vivimos de alquiler, porque queremos o porque nos ha tocado hacerlo, en Catalunya, y que nos unimos para defender el derecho a una vivienda digna, estable y segura"[391]. Su objetivo es "organizar a inquilinas e inquilinos para revertir el equilibrio de fuerzas y defender el derecho a la vivienda".

Nos centramos en este colectivo porque cumple los principales elementos para configurarse como grupo de interés. Adicionalmente, opta por una estrategia idéntica a la sindical, de hecho, se autodefine como un sindicato. A su vez, los partidos políticos progresistas lo consideran un interlocutor legítimo del que recoger demandas en materia de arrendamientos. Cuenta con diversos éxitos fruto de su trabajo de presión para la regulación de los alquileres: una primera modificación en la duración de los contratos de alquiler y actualización de la renta[392], una limitación legal del precio del alquiler en Ca-

---

387 Tenemos ejemplos de sindicatos de vivienda en Madrid (Carabanchel), Valencia, Vitoria-Gasteiz, Mataró, Badalona, Valladolid, Palma, Bilbao (AZET Etxebizitza Sindikatua), Barcelona (Raval, Sant Andreu, Poblenou, Barceloneta, La Sagrera, la Verneda y el Besós, Nou Barris, Eixample), Tarragona, Euskal Herriko Etxebizitza Sindikatu Sozialista (Sindicato Socialista de Vivienda de EH), Sindicat Habitatge Socialista de Catalunya (SHSC), entre otros.

388 Tenemos ejemplos de sindicatos de inquilinos en Barcelona, Madrid, Tenerife, Fuerteventura, Málaga, Donostia, Vigo-Tui, entre otros.

389 Por ejemplo: las asambleas de vivienda de Tetuán o Villalba (Madrid).

390 Podemos mencionar los sindicatos de barrio de Moratalaz (Madrid), Hortaleza (Madrid), Gracia (Barcelona) o Poble Sec (Barcelona).

391 Sindicat de Llogateres i Llogaters de Cataluña, *El sindicato*, 2023. Disponible en: https://sindicatdellogateres.org/es/el-sindicat/

392 Primero por el Real Decreto-ley 21/2018, de 14 de diciembre, de medidas urgentes en materia de vivienda y alquiler (junto con los RDL 27/2020 y 7/2023 es

taluña[393] (posteriormente censurada por el TC[394]) y, recientemente, la nueva ley por el derecho a la vivienda[395].

En primer lugar, podemos afirmar que esta organización asume plenamente su rol como actor político colectivo y es fácilmente encuadrable como un grupo de interés. De esta forma, optan por el sindicato como modelo organizativo y buscan presionar a las instituciones para que su programa tenga incidencia política:

> "[...] juntamente con otras organizaciones que defienden el derecho a la vivienda y el cambio social, hacemos patente este problema y presionamos a las instituciones para cambiar las reglas del juego a favor de las personas que vivimos en los pisos y en contra de los que especulan con ellos. [...] Es decir, nuestras apuestas estratégicas nacen de la idea de sindicato como modelo organizativo. Apostamos por la organización autónoma de inquilinas con dos soportes: la solución de conflictos concretos y, por medio de ella, la generación de un programa que nos permita ganar poder autónomo y tener incidencia política"[396].

Es interesante como podemos identificar vasos comunicantes entre estos colectivos sociales que se autodenominan sindicatos y los sindicatos propiamente dichos. Podríamos analizarlos a partir de los elementos configuradores de la libertad sindical, aunque por supuesto no opera en el conflicto de la vivienda: a) el sindicalismo como modelo de organización autónoma; b) la negociación colectiva como forma de regular las relaciones entre inquilinos y propietarios; c) la acción colectiva como forma de autotutela y de presión para lograr sus intereses.

---

uno de los pocos RDL de la historia que no consigue convalidarse en el Congreso y, por tanto, su contenido apenas duró unas semanas) y más adelante el Real Decreto-ley 7/2019, de 1 de marzo, de medidas urgentes en materia de vivienda y alquiler, que sí obtuvo el respaldo mayoritario en el Congreso.

393 Ley catalana 11/2020, de 18 de septiembre, de medidas urgentes en materia de contención de rentas en los contratos de arrendamiento de vivienda y de modificación de la Ley 18/2007, de la Ley 24/2015 y de la Ley 4/2016, relativas a la protección del derecho a la vivienda.

394 STC 57/2022, de 7 de abril de 2022.

395 Ley 12/2023, de 24 de mayo, por el derecho a la vivienda.

396 Sindicat de Llogateres i Llogaters de Cataluña, *El sindicato*, 2023. Disponible en: https://sindicatdellogateres.org/es/el-sindicat/

Los sindicatos de vivienda optan por una "organización de tipo asamblearia, de personas afiliadas a una asociación registrada legalmente", esto es, al amparo del derecho de asociación (art. 22 CE) y no de la libertad sindical (art. 28.1 CE). Desde el primer momento, se diseñaron los servicios que recibirían los afiliados, fundamentalmente asesoramiento legal y jurídico, y se acordó que los realizarán profesionales de la economía social y cooperativa. Se establecieron unas cuotas de afiliación muy moderadas, ya que uno de los objetivos principales era conseguir un número importante de afiliados, pero también hacer del Sindicato una organización autosostenible desde el punto de vista financiero y con un alto grado de autonomía respecto a partidos políticos e instituciones. De hecho, la financiación captada, también gracias a una campaña de micromecenazgo (*crowdfunding*), permitió contratar a dos personas a tiempo parcial[397].

Aquí surge una cuestión interesante: ¿por qué se autodenominan "sindicato"? Deciden la denominación inclusiva de Sindicat de Llogaters i Llogateres, "por el significado de espacio transversal de lucha colectiva, apoyo mutuo para sus afiliadas y también de defensa del conjunto del inquilinato y por el derecho a la vivienda"[398]. Consideran que

> "para avanzar en esta dirección es necesario aplicar técnicas, tácticas y estrategias que lleven a conseguir pequeños y grandes cambios. Para poder impulsar este cambio estructural que todas queremos, necesitamos una organización de masas que dispute el marco mental y material del orden actualmente establecido, en el que vale más el derecho a la propiedad que el derecho a tener un hogar digno. Y para conseguirlo, necesitamos una organización que luche en todos los terrenos, ejerciendo un sindicalismo donde vecinos y vecinas inquilinas se organicen para hacer frente a los abusos de la propiedad".

También es relevante cómo se relacionan con el resto de actores. Consideran que el sindicato, por sí sólo, no puede cambiar la situación de explotación que viven. Por ello, interpelan a instituciones y representantes políticos, a los que señalan como responsables de su

---

397 ANZANO BERGUA, X., "Sindicat de Llogaters i Llogateres. El inquilinato insumiso", *Working papers UOC*, 2018, p. 17-18. Disponible en: http://hdl.handle.net/10609/91293

398 *Idem.*

situación y presionan para conseguir modificaciones legislativas y la puesta en marcha de políticas encaminadas a garantizar el derecho a la vivienda. También tejen lazos con otros movimientos sociales: "desde el principio, apostamos por trabajar codo a codo con el movimiento por la vivienda de Catalunya, el sindicalismo laboral y social y las organizaciones políticas que pretenden la transformación radical de la sociedad, y las organizaciones de inquilinas a nivel estatal e internacional"[399].

Es muy llamativo que hablen de un "sindicalismo laboral" en contraposición de un "sindicalismo social" del que forma parte el movimiento de vivienda.

En primer lugar, podemos concluir la importancia que este colectivo da a la cuestión cultural. Utiliza la terminología propia del sindicalismo como marca de clase, como elemento de distinción de la organización colectiva de los trabajadores y de los movimientos sociales de reivindicación y protesta. Y tienen claro que su incidencia social depende de la batalla cultural (hablan de "disputar el marco mental y material del orden actualmente establecido").

El problema ontológico de este movimiento es su configuración subjetiva. En lugar de defender los intereses de clase de los trabajadores, estos colectivos articulan lo que denominan "inquilinato". El sindicato "quiere organizarse en torno al inquilinato, que ni está movilizado ni tiene sentimiento de colectivo, crear una organización de masas y defender desde ésta el derecho a la vivienda"[400].

> "El inquilinato está formado por una población muy heterogénea, no son solo jóvenes que se emancipan o personas mayores que viven en una renta antigua. Son más de dos millones y medio de hogares en el Estado que viven en alquiler, solo en Barcelona más de 200.000 hogares que pueden representar cerca de medio millón de personas. Son familias con o sin hijos menores, monoparentales o personas solas, y sobre todo de cualquier clase social. Aunque recientemente no fue así, actualmente las personas con menos recursos les es imposible acceder al mercado hipotecario para la compra de una vivienda y estas se ven irremediablemente dirigidas al alquiler. Pero eso no quiere decir que los inquilinos pertenezcan

---

399 Sindicat de Llogateres i Llogaters de Cataluña, *El sindicato*, 2023. Disponible en: https://sindicatdellogateres.org/es/el-sindicat/

400 *Ibidem*, p. 25.

> a las clases populares, en Barcelona un 40% de las nuevas clases medias urbanas vive en alquiler"[401].

Por tanto, una característica propia de estas organizaciones es la transversalidad, que "resulta fundamental a la hora de dar forma al movimiento: permite imaginar al sindicato no como *lobby* o como organización de consumidores orientada a preservar los intereses de los inquilinos de forma estrecha, sino a la defensa más amplia del derecho a la vivienda y a la ciudad"[402]. Así, también proponen desarrollar "herramientas teóricas para la explicación del papel del alquiler como relación social explotadora dentro del capitalismo" a través de la formación a toda la militancia, afiliación y movimiento para la extensión de esta idea.

El sindicato recurre al apoyo mutuo como un "proceso para entender que los abusos inmobiliarios no son un desastre que padecemos uno a uno, sino un conflicto al que debemos enfrentarnos colectivamente". También lo consideran una "forma de lucha que genera politización y construye organización de base a largo plazo, porque instala en las personas una forma interconectada y colectiva de encarar los conflictos de clase, además del de la vivienda"[403].

De fondo, sobrevuela una estrategia basada en un enfrentamiento entre dos cosmovisiones sobre la propiedad y que tiene lugar en los medios de comunicación y las redes sociales:

> "Desde muy pronto, el Sindicato ve totalmente estratégica la batalla para cambiar el aparente sentido común respecto a las causas de la subida de los precios: una lucha de ideas que se librará en todos los espacios, empezando por los organizativos, pero también en el del debate público. Se trata de buscar el impacto comunicativo no solo mediante las redes sociales sino también los grandes medios de comunicación. La organización será fundamental, pero tiene que ir acompañada de discurso y argumentario contrahegemónicos, capaces de transformar las subjetividades. Ante un sector inmobiliario con grandes y potentes altavoces (desde

401 *Ibidem*, p. 26.

402 PALOMERA, J., "Los sindicatos de inquilinos e inquilinas y la lucha por la vivienda en el nuevo ciclo de financierización", *Papers. Gentrificació i dret a la ciutat* (castellano), nº 60, 2018, p. 219.

403 Sindicat de Llogateres i Llogaters de Cataluña, *El sindicato*. Disponible en: https://sindicatdellogateres.org/es/el-sindicat/

portales inmobiliarios que generan opinión, hasta tertulianos) es preciso generar argumentos críticos"[404].

En definitiva, consideran que "si hay una cosa que la batalla por el relato pone de manifiesto es que la batalla por la información juega un papel tanto o más importante. La información es poder: permite afinar los diagnósticos e intervenir con más certeza"[405]. Por ello, "la presencia en los medios de un nuevo relato, que además tiene incidencia política, está provocando que los representantes del mercado y propiedad, que hasta el momento habían sido hegemónicos en la generación de discurso, vean que esto ya no es así que están en un nuevo contexto donde han perdido algunas cotas de poder. Esta situación seguramente a algunos les provoca miedo o incertidumbre, el mismo miedo que intentan transmitir a la ciudadanía"[406]. En el mercado de la vivienda, por ejemplo, el miedo a la okupación es un negocio que permite vender alarmas o seguros de impago.

Respecto a sus principales líneas de acción, el sindicato destaca por el recurso a la desobediencia civil organizada y pacífica. Esto incluye desde acciones como concentraciones el día del lanzamiento para paralizar desahucios o la campaña "*Ens quedem*" (nos quedamos, o no nos vamos), que es una estrategia sindical que ha permitido que miles de inquilinas hayan podido quedarse a vivir en su casa, negociando colectivamente nuevos contratos con mejores condiciones. También utilizan la acción directa no violenta, como concentraciones o manifestaciones, junto con acciones simbólicas, con gran carga de espectacularidad mediática y capacidad para hacerse viral en redes sociales, como arrojar pintura o polvos de color[407]. En Madrid, por ejemplo, el Sindicato de Inquilinos e Inquilinas ha convocado bicicletadas[408].

---

404 PALOMERA, J., "Los sindicatos de inquilinos…", *op. cit.*, p. 217.

405 *Ibidem*, p. 218.

406 ANZANO BERGUA, X., "Sindicat de Llogaters i Llogateres…", *op. cit.*, p. 26.

407 EFE, "Al menos un detenido en una manifestación contra un salón inmobiliario de Barcelona con lanzamiento de pintura en polvo a los asistentes al grito de 'especuladores'", *El Mundo*, 20 de septiembre de 2023. Disponible en: https://zip.lu/Vdqj

408 Sindicato de Inquilinos e Inquilinas de Madrid (@InquilinatoMad), "Mañana nos movilizamos en Madrid para exigir una Ley de vivienda. Bicicletada + con-

Además, cuentan con una caja de resistencia para financiar tanto los procesos judiciales (por ejemplo, impugnar cláusulas abusivas en los contratos) como sus acciones y las consecuencias (básicamente multas).

Una de las claves de la actividad del sindicato es forzar una negociación colectiva con los grandes propietarios y agentes inmobiliarios

> "anunciando a los propietarios que el Sindicato dispone de los recursos legales para litigar si no hay voluntad de renovar (y de recursos humanos para parar desahucios en puerta si el propietario gana el juicio), el objetivo es hacer sentar a la parte propietaria a la mesa para firmar una renovación a un precio asumible, con una subida ajustada al IPC. Se trata de conseguir, mediante victorias concretas, lo que el Sindicato exigirá a los poderes públicos en forma de cambios legislativos amplios"[409].

La estrategia del sindicato es la siguiente:

> "Cuando se identifica a un gran propietario, se anima a los inquilinos del mismo edificio a organizar una asamblea de bloque, generar solidaridad entre ellos y exigir una negociación colectiva con el fin de renovar todos los contratos al mismo tiempo. Así se evita la individualización del problema que buscan las empresas [...] Cuando se localiza a un gran propietario, el Sindicato pone en marcha una búsqueda vía catastro y registro de la propiedad que le permite localizar las otras viviendas de la misma empresa, y mapearlas. Este tipo de investigación es fundamental porque permite lanzar acciones de denuncia y desprestigio hacia las grandes empresas inmobiliarias con el fin de conseguir una negociación y cerrarla con éxito: desde ruedas de prensa y campañas comunicativas por las redes sociales hasta acciones o protestas en las sedes sociales de estas empresas"[410].

Finalmente, el sindicato de inquilinos se erige como instrumento de organización y reclama para los inquilinos "el derecho a la libre sindicación, negociación colectiva y huelga. Cualquier vulneración de los mismos tiene que acontecer una acción o cláusula nula en un contrato de arrendamiento. Además, ante las actuales situaciones de vulneración del derecho a la vivienda, y a la espera de los cambios

---

centración. ¿Te vienes?", *Twitter*, 20 de febrero de 2021. Disponible en: https://zip.lu/YWYF

409 PALOMERA, J., "Los sindicatos de inquilinos...", *op. cit.*, p. 219.

410 *Idem.*

legislativos y las políticas públicas que enderecen la situación, apoyamos y consideramos como legítimas aquellas resistencias inmediatas practicadas por los y las inquilinas, incluyendo la permanencia en la vivienda 'a precario' cuando el propietario haya rechazado la renovación del contrato sin ninguna justificación y la ocupación de propiedades verticales que se encuentren vacías"[411].

Consideran que

> "la huelga, entendida como desobediencia o insumisión, es el último recurso de movilización y lucha no violenta que puede utilizar un colectivo contra un poder que actúa en contra de su dignidad. Se asocia con movimientos políticos, como respuesta a abusos del poder establecido por falta de libertades, por motivos nacionalistas, pacifistas... Pero es en el desarrollo y consolidación de los derechos sociales donde la huelga adquiere una importancia fundamental como herramienta de defensa de la ciudadanía. Mediante huelgas y movilizaciones hemos impulsado derechos sociales hoy indiscutibles como el trabajo, la educación, la sanidad o las pensiones, y con esas mismas herramientas ha defendido estos derechos cuando se han visto amenazados[412].

En abril de 2020, debido a la crisis derivada del COVID19, hubo un primer llamamiento a la huelga de alquileres[413]. Recientemente, los sindicatos de inquilinas de Madrid y Barcelona han comenzado un proceso de movilizaciones para impulsar una huelga de alquileres[414]. Después de alguna experiencia en Madrid en verano de 2024, donde novecientos vecinos de diez bloques gestionados por la misma empresa inmobiliaria se declararon en huelga de alquileres y anun-

---

411 Sindicat de Llogateres i Llogaters de Cataluña, Programa. Disponible en: https://sindicatdellogateres.org/programa/

412 ANZANO BERGUA, X., "Las huelgas del alquiler, una expresión por el Derecho a la vivienda", *UOC Ciudades. Blog del Máster oficial de Ciudad y Urbanismo*, 29 de noviembre de 2017. Disponible en: https://zip.lu/UraX

413 Sindicat de Llogateres i Llogaters, *La huelga de alquileres: la única alternativa ante otro desastre económico como el de 2008*, 30 de abril de 2020. Disponible en: https://zip.lu/UrJe Más información en: https://suspensionalquileres.org/

414 Sindicato de Inquilinas e Inquilinos de Madrid, "Llamamos a la movilización el 13O y exigimos la dimisión de la ministra", 1 de octubre de 2024. Disponible en: https://bitly.cx/Dsp5G6; Sindicat de Llogateres i Llogaters, "¡Se ha acabado! Manifestación el 23 de noviembre para dejar claro que si no bajan los precios, vamos hacia la huelga de alquileres", 15 de octubre de 2024. Disponible en: https://bitly.cx/b55c

ciaron que pagarán únicamente el precio del contrato inicial y las actualizaciones legalmente exigibles, pero no las cláusulas abusivas que cobra ilegalmente el fondo[415], estos colectivos plantean una huelga de alquileres como "una acción colectiva en la que decidimos no pagar la parte del alquiler que consideramos ilegítima"[416].

En conclusión, podemos afirmar que las agrupaciones de inquilinos no son sindicatos. Sin embargo, utilizan la liturgia sindical como marca de clase y de carácter reivindicativo. Exigen, además de la autoorganización, la negociación colectiva con los propietarios y recurren a diversas fórmulas de acción directa como medida de presión, incluyendo la mediatización del conflicto y lo que denominan *huelga de alquileres*. En este sentido, su estrategia mediática y de redes es similar a una huelga.

Lógica y técnicamente, el impago colectivo de la renta arrendaticia no es una huelga como lo entiende el Derecho y los iuslaboralistas. Sin embargo, lo interesante aquí es la democratización del léxico sindical y del concepto de huelga, su banalización, su popularización. Se construye, de esta forma, una concepción social de la huelga como la paralización de la producción. Recurren al concepto de huelga porque identifican el impago del alquiler a la interrupción de una parte del modelo económico capitalista, que incluye la propiedad privada y la extracción de rentas de los trabajadores derivadas de la propiedad de la vivienda como bien de mercado y no como derecho humano. Por tanto, su acción es sindical en tanto que es colectiva, organizada, tiene por objeto la negociación colectiva y su herramienta de presión es la acción colectiva, incluyendo lo que ellos mismos llaman huelga.

---

415 Sindicato de Inquilinas e Inquilinos de Madrid, "Novecientas inquilinas se declaran en 'huelga de alquileres' contra las cláusulas abusivas del fondo buitre Nestar-Azora", 11 de julio de 2024. Disponible en: https://bitly.cx/pcje7X

416 Más información aquí: https://www.inquilinato.org/unete-a-la-huelga-de-alquileres/

2.2.2. Sindicatos de barrio: estudio del caso de Moratalaz (Madrid)

Mientras los sindicatos de inquilinos se pueden encuadrar claramente como un grupo de interés, los sindicatos de barrio representan el papel de un movimiento social. Como ya hemos visto, el escenario de actuación propio de los movimientos sociales es eminentemente social, recurriendo a formas de participación política no convencional y enfrentándose directamente al poder institucional. Frente a la estrategia de la presión propia de los grupos de interés, que utilizan sus contactos en administraciones y medios de comunicación, los movimientos sociales promueven el conflicto y la movilización popular y reniegan de las formas institucionales.

Los autodenominados sindicatos de barrio son colectivos sociales organizados en distintas ciudades españolas que analizaremos a partir del Sindicato de Barrio de Moratalaz, en la ciudad de Madrid. Hay otros muchos, como los sindicatos de barrio Hortaleza, de Carabanchel (ADELA, grupo de Autodefensa Laboral de Carabanchel) o de Vallecas (Red de apoyo laboral Vallekas). En Barcelona, destaca el *Sindicat de Barri del Poble-Sec*, y en València precisamente a los sindicatos de los barrios del Cabanyal, Malilla, Montolivet, Orriols y Burjassot fueron el germen del *Sindicat de l'Habitatge de València* (SHV).

El Sindicato de Barrio de Moratalaz es un espacio de confluencia de vecinas y trabajadoras de Moratalaz: "Un espacio donde mediante el apoyo mutuo, seamos capaces de organizarnos y hacer frente a los problemas que tengamos en los dos ámbitos presentes y necesarios en la actualidad para poder sacar adelante nuestras vidas: el trabajo y la vivienda"[417]. Así se presentan en redes: "¿Tienes problemas en el curro? ¿Crees que pueden desahuciarte? No estás sola, tienes al Sindicato".

Aunque utilice la denominación de sindicato, se trata de un grupo de personas, la mayoría jóvenes, con nulo interés en lo institucional y que ni siquiera ha adoptado una organización jurídica formal ni se ha constituido como asociación. Se trata de un colectivo de reciente

---

[417] Sindicato de Barrio de Moratalaz, "Los problemas en el trabajo anteceden a los de la vivienda. ¿Por qué no unir fuerzas para hacer frente a ambas problemáticas?", octubre de 2021. Disponible en: https://zip.lu/X6qM

creación (2021), cuyo germen proviene de la militancia en colectivos juveniles antifascistas, y que se reunía en CPK[418] La Bankarrota (una antigua sucursal bancaria de Caja Madrid *okupada* entre febrero de 2015 y abril de 2024 en Moratalaz). Su acción política se centra en las reivindicaciones laborales y en la vivienda, destacando su participación en concentraciones y manifestaciones para paralizar desahucios de viviendas ('stop desahucios'). También realizan acciones feministas y contra las casas de apuestas.

Su actividad política se basa en la acción directa, incluyendo pintadas, pancartas, manifestaciones, sabotajes o boicots. Además, tienen una importante presencia en redes sociales y colaboran con otros colectivos similares, como sindicatos de otros barrios del país y sindicatos de clase y combativos (especialmente la CNT). Su relación con los sindicatos legalmente constituidos se basa en "llegar a donde entendemos que bien por falta de interés o de fuerzas no están pudiendo, y en el caso de los más combativos y de clase, facilitar que alguna vez puedan hacerlo". Sus acciones también incluyen actividades formativas como charlas y debates, muchas de ellas abiertas a gente del barrio.

En este contexto, son muy interesantes las reflexiones de Jasper y Della Porta sobre la dimensión emocional del activismo de base. Para Jasper[419], la cultura es una dimensión esencial de la protesta y está vinculada con la moral. En su análisis de los movimientos sociales, Jasper afirma que "el enfoque cultural se ha centrado en las creencias cognitivas, dejándose escapar las emociones y las visiones morales que las soportan"[420]. Plantea que "si queremos incorporar la moralidad en las ciencias sociales como un conjunto de motivaciones para la acción, debemos reconocer las emociones involucradas: se siente bien hacer lo correcto"[421].

---

418 CPK: Centro Político Kolectivizado.

419 JASPER, J. M., *The Emotions of Protest*, University Chicago Press, 2018.

420 JASPER, J. M., *The art moral of protest: culture, biography, and creativity in social movements,* University Chicago Press, 1997.

421 JASPER, J. M., "The Emotions of Protest: Affective and Reactive Emotions in and Around Social Movements", *Sociological Forum*, vol. 13, nº 3, 1998, pp. 397-421.

Jasper concluyó que "las emociones ayudan a poner atención a los individuos y pequeños grupos que son los primeros en darse cuenta y preocuparse por un problema"[422]. El activismo de base, defiende Della Porta, "nos remite a un abanico de diferentes acciones colectivas promovidas por grupos o comités de ciudadanos que se caracterizan principalmente por tener una identidad local; estructura organizativa participativa, flexible y con bajos niveles de coordinación; y estrategias de acción que favorecen la protesta, aunque en formas moderadas"[423]. En este contexto surge lo que Jasper llama "emociones recíprocas"[424], que son las que sienten los miembros del grupo entre sí, y que se integran en las emociones colectivas junto con las emociones compartidas. En efecto, "estos lazos de amistad entre miembros de un movimiento social [...] animan la participación de las personas en el movimiento"[425].

En colectivos tan pequeños como estos sindicatos de barrio, la cohesión se logra gracias a importantes redes de afectos, apoyo mutuo y emociones personales. Además de la militancia por una causa común, construyen redes de amistad. De hecho, estas redes se utilizan por la represión del Estado, recurriendo incluso a las relaciones sexoafectivas para infiltrar policías[426]. En definitiva, los afectos compartidos junto con la idea de comunidad, de ser parte de algo más grande que uno mismo y que lucha por una causa justa, cobra gran importancia. En este escenario también es interesante como su pequeño ámbito de actuación en ocasiones reduce su actividad política a lo simbólico, al folclore obrero.

---

422 JASPER, J. M., "Feeling - Thinking: Emotions as Central to Culture", En BAUMGARTEN, B., DAPHI, P., ULLRICH, P. (Eds.): *Conceptualizing Culture in Social Movement Research*, Palgrave Macmillan, 2014, p. 24.

423 DELLA PORTA, D., "Las motivaciones individuales en las organizaciones políticas clandestinas". En: IBARRA, P., TEJERINA, B. (eds.): *Los movimientos sociales. Transformaciones políticas y cambio cultural*, Trotta, Madrid, 1998, p. 223.

424 JASPER, J. M., "The Emotions of Protest: Affective and Reactive Emotions in and Around Social Movements", *Sociological Forum*, vol. 13, nº 3, 1998, 397-421.

425 DELLA PORTA, D., "Las motivaciones individuales...", *op. cit.*, p. 223.

426 RODERO, P., "Seis años sin saber que su amigo y novio era un policía infiltrado en movimientos sociales: Da igual si hubo algo real, nos ha utilizado", *20 minutos*, 13 de septiembre de 2023. Disponible en: https://zip.lu/X6vz

En su línea de intervención laboral o sindical, debemos puntualizar que estos colectivos no buscan la autonormatividad, esto es, desplegar un corpus jurídico vinculante y legitimado por la intervención de ambas partes, empresario y trabajador. Básicamente lo que en Derecho del trabajo llamamos negociación colectiva y cuyo principal fruto es un convenio colectivo. Estos colectivos huyen de lo institucional y, por tanto, no son un grupo de presión al uso porque su capacidad de influencia es menor que organizaciones como el sindicato de inquilinas y sus lazos con los partidos políticos, que son imprescindibles para impulsar los cambios normativos que demandan, están rotos. Por tanto, su acción colectiva se centrará en la acción directa y el conflicto. Su objetivo es llegar a dónde los sindicatos no llegan e incluyen reivindicaciones mucho más políticas que económicas (críticas al capitalismo, la abolición del trabajo asalariado, etc.).

En este contexto, tienen una relación contradictoria con el Estado. A pesar de que evitan lo institucional, las reclamaciones que lanzan, como la prohibición de casas de apuestas, se dirigen precisamente al Estado. Aunque surgen como crítica al sindicalismo tradicional más institucionalizado, sus acciones más eficaces se parecen mucho a la actividad sindical tradicional (por más que la acción directa destaque por su agresividad). A continuación analizaremos una acción muy exitosa.

En febrero de 2023, una trabajadora de un bar de Moratalaz, que también estaba afiliada al sindicato Solidaridad Obrera, acudió al Sindicato de Barrio, que inició una intensa campaña de apoyo a su situación laboral:

> "Jornadas semanales de más de 80 horas sin librar, días de 13/14 horas de trabajo, sueldos y horas extras sin pagar, engaños para hacer creer a las trabajadoras que están currando con contrato cuando en realidad lo hacían sin él y sin estar dadas de alta en la Seguridad Social, maltrato, agresiones verbales y daños psicológicos a las trabajadora [...] llevamos semanas realizando una campaña de denuncia contra este empresario (piquetes informativos, panfleteos, redes sociales.) e informando a las vecinas para que no consuman en ninguno de sus dos locales"[427].

---

[427] Sindicato de Barrio de Moratalaz (@SindicatoMtz), "Así vuelven a amanecer los dos bares "El Castizo", en Moratalaz. El dueño y hostelero explotador, Gonzalo, sigue adeudando una gran cantidad de dinero a una de sus trabajado-

La campaña, basada en la acción directa propia de colectivos ácratas, combinó acciones convencionales y no convencionales. Se denunció en redes sociales el conflicto, se repartieron panfletos explicando las reivindicaciones de la trabajadora, se hizo un llamamiento al boicot a la empresa y se convocaron varias concentraciones en la puerta de sus establecimientos, a las que denominaron piquete informativo, para mantenerlo cerrado durante horas. Como hemos visto, podríamos calificar estas acciones como convencionales. A su vez, se optó por acciones no convencionales, que incluyeron el deterioro de bienes de la empresa, como pintadas y la inutilización de la cerradura del establecimiento para que no pudiese abrir.

Esta acción resultó un éxito. Comenzó el 28 de febrero de 2023, con la difusión de la primera concentración del 4 de marzo, y el 10 de mayo de 2023[428] el empresario accedió a abonarle las deudas pendientes a la trabajadora (y retirar la denuncia por acoso que había interpuesto a lo largo del proceso). Por tanto, en menos de tres meses logró plenamente sus objetivos, aunque el colectivo advierte que sus reivindicaciones son más profundas:

> "Aspiramos a algo más que al cumplimiento de derechos que la patronal y el estado nos conceden. Pero también creemos que estas victorias pueden ayudar a acumular fuerzas y animar a la organización de la clase obrera. De minivictoria en minivictoria hasta el triunfo final ●●".

A nivel comunicativo, la campaña también tuvo un gran impacto en poco tiempo. El primer tweet del hilo con las fotos de las pintadas y la denuncia de explotación laboral tiene más de 260.000 visualizaciones y el anuncio del acuerdo más de 35.000. Es importante la viralización del conflicto.

Está claro que la acción ha resultado más eficaz y eficiente que la acción sindical institucional. La trabajadora podría haber interpues-

---

ras, a la cual también maltrataba. ¡Ante el chantaje patronal, acción sindical", *Twitter*, 16 de marzo de 2023. Disponible en: https://zip.lu/UCBn

428 Sindicato de Barrio de Moratalaz (@SindicatoMtz), "¡Hoy nos gustaría compartir con vosotras una buenísima noticia! ● ● Tras semanas de piquetes, concentraciones y acción sindical decorativa (●) el hostelero explotador de los 2 bares "El Castizo" de Moratalaz ha pagado el dinero que le debía a nuestra compañera Ana ●", *Twitter*, 10 de mayo de 2023. Disponible en: https://zip.lu/UCKw

to una denuncia en la inspección de trabajo y una demanda en el orden social (reclamación de cantidad por salarios, extinción *ex* art. 50 ET, etc.), incluso podría haber denunciado por la vía penal el acoso laboral, pero estos procedimientos tardarían años en resolverse.

Más allá de la eficacia, la cuestión es la licitud de esta actividad 'sindical' y los límites de las coacciones en el Estado de derecho. Las coacciones para conseguir determinados objetivos no son, en general, legítimas. La autotutela no es un método jurídicamente aceptado para resolver conflictos. En su lugar, el ordenamiento jurídico promueve distintas fórmulas de autocomposición, esto es, resolver el conflicto a través de la negociación, lo que puede incluir el recurso a la mediación, y la heterocomposición, donde destacan el arbitraje y el proceso judicial[429]. En cambio, es una forma de autotutela legalmente admitida la legítima defensa propia del orden penal. En lo social, el derecho admite formas de autotutela en los conflictos laborales al amparo de la libertad sindical (art. 28.1 CE) y protege como un derecho fundamental de los trabajadores la huelga (art. 28.2 CE), que es la fórmula de autotutela por excelencia. Por tanto, la libertad del empresario debe ceder moderadamente en un supuesto de conflicto sindical.

En cambio, aquí surge un debate de hasta qué punto son admisibles medidas de presión colectiva impulsadas por sujetos que no son sindicatos. Las garantías de la libertad sindical colectiva comprenden a los sindicatos constituidos legalmente. En este caso, se trata claramente de un conflicto laboral y, además del Sindicato de Barrio, también participaba el sindicato Solidaridad Obrera. No obstante, no deja de ser problemática la integración en el derecho de conflictos de este tipo de colectivos. ¿Cabe exigir responsabilidad civil por daños? Evidentemente. Las pintadas son daños ilícitos y puede exigirse su reparación, pero lo que aquí interesa son los daños lícitos, los que cualquier parte de un conflicto colectivo está obligada a soportar debido a la preeminencia de los derechos fundamentales a la libertad sindical y a la huelga. Un ejemplo serían los daños morales

---

429 VADO GRAJALES, L. O., "Medios alternativos de resolución de conflictos", en CIENFUEGOS SALGADO, D., MACÍAS VÁZQUEZ, M. C. (coords.): *Estudios en homenaje a Marcia Muñoz de Alba Medrano. Estudios de derecho público y política, Instituto de Investigaciones Jurídicas*, UNAM, México, 2006, pp. 369-389.

derivados de la llamada al boicot al establecimiento y la difusión de la mala praxis laboral, cuya cuantificación es muy difícil. Podríamos subsumir estos daños al prestigio del establecimiento en el derecho de información, en la libertad de expresión o incluso la libertad ideológica del movimiento social y de sus miembros.

Seguramente, estas conductas revisten poca entidad y es probable que queden fuera del delito de coacciones del código penal. En el ámbito de la responsabilidad civil, es complicado probar el alcance del daño. A su vez, el conflicto se ha resuelto a través de la autonomía colectiva, incluyendo la retirada de una denuncia por coacciones que interpuso el empresario. Presumiblemente, esta denuncia formaba parte de la escenificación del propio conflicto y buscaba disuadir la protesta. En definitiva, ningún juez se pronunciará sobre este caso, pero nada descarta que en algún momento se judicialice un conflicto similar porque la actividad del Sindicato de Barrio continúa con la misma estrategia.

También es muy interesante esta iniciativa y el caso que utilizamos para ilustrarla porque muestra que su actividad 'sindical' llega a donde los sindicatos tradicionales no pueden o no quieren. El conflicto tiene como protagonista a una única trabajadora y el empresario es un pequeño hostelero con dos locales en un barrio de periferia de Madrid donde, lógicamente, no hay representación legal de los trabajadores. La clave de estas iniciativas es su capilaridad, esto es, su capacidad de permitir que la acción típicamente sindical pueda acercarse al tejido de PYMEs.

En conclusión, el sindicalismo de barrio presenta una interesante combinación de aspectos performativos, especialmente a través de su jerga y léxico, con una estrategia de laboralización del movimiento social. Aunque sus acciones pueden incluir elementos convencionales, como la distribución de pasquines y la convocatoria de concentraciones, también recurren a la acción directa y coacciones ilícitas, como pintadas y daños en propiedades. Es destacable la colaboración y los vínculos identificados con sindicatos legalmente establecidos, lo que sugiere una conexión sólida con el ámbito laboral. A pesar de su reducido tamaño, estos conflictos presentan una gran politización. De facto, la acción analizada ha mostrado una mayor eficiencia y eficacia que una huelga legal: fue un conflicto durante un breve periodo de tiempo, con un pequeño empresario claramente identificable (y con menos recursos jurídicos a su disposición) y que se resolvió muy rápido. Por tanto, este colectivo gozó de mayor libertad que un sindicato en una huelga legal.

2.2.3. Sindicatos de estudiantes

El último actor con especial interés para las relaciones laborales que debemos estudiar son los sindicatos de estudiantes. Por un lado, su objetivo son las mejoras en el ámbito educativo, constituyendo la educación una parte esencial del sistema productivo capitalista que necesita, desde la revolución industrial, que el Estado mejore la formación de los trabajadores. Por otro lado, los sindicatos de estudiantes son sujetos plurales, desde asociaciones estatales (Sindicato de Estudiantes, Frente de Estudiantes, Estudiantes en Movimiento), organizaciones de orientación nacionalista (*Sindicat d'Estudiants dels Països Catalans —SEPC—, Erguer Estudantes da Galiza, Ikasle Abertzaleak*), hasta colectivos disgregados por campus, facultades o titulaciones. Todos tienen en común que optan por una autonomía organizativa, que identifican como sindical, y una acción colectiva para lograr sus objetivos que califican como huelga. Son, en definitiva, una escuela de cuadros sindicales, el germen de los futuros integrantes de los sindicatos de trabajadores y trabajadoras.

Estos colectivos, heterogéneos y plurales como sólo puede ser la izquierda, recogen entre sus organizaciones todo tipo de reivindicaciones en el ámbito educativo (podemos mencionar peticiones de más becas, atender la frágil salud mental los estudiantes, eliminar tasas universitarias o la selectividad, oponerse a proyector normativos como la LOSU o el estatuto del becario, entre muchas otras). Adicionalmente su actividad es interseccional, incorporando ideas propias del feminismo, el ecologismo, los derechos LGTBI, el antifascismo o la solidaridad internacionalista con el pueblo saharaui o el palestino.

Sus acciones incluyen también la solidaridad con los trabajadores que protagonizan conflictos laborales. Podemos poner de ejemplo las acciones del Frente de Estudiantes con los trabajadores de la cafetería de la UPM que no estaban cobrando su salario[430] o las del Sindicato de Estudiantes con los trabajadores despedidos de CocaCola (en el marco de una campaña más amplia denominada *CocaCola en lucha*)[431].

Son sujetos muy interesantes porque, por diversos motivos, que incluyen ideologías ácratas, juventud e inexperiencia, desconfianza en las instituciones o simplemente mala organización, se establecen fuera de los cauces de representación formal de los estudiantes (delegaciones o consejos de estudiantes). A su vez, la financiación es autónoma, a través de donaciones, fiestas, venta de *merchandising* y, en algunos casos, cuotas periódicas.

En primer lugar, podemos mencionar el Sindicato de Estudiantes. Fundado en 1986 a partir de cuadros trotskistas escindidos del PSOE, es una "organización estudiantil de izquierdas, revolucionaria y anticapitalista que defiende la educación pública, gratuita, democrática y laica"[432], y se define como la organización estudiantil más representativa a nivel estatal, con presencia en el Consejo Escolar del Estado. Es la organización más institucionalizada, más antigua y con una prolífica actividad huelguística. A su vez, ha recibido multitud de críticas por su oportunismo, debido a la convocatoria unilateral de huelgas sin apoyo ni base social[433].

Por su parte, el Frente de Estudiantes es "un sindicato de base y democrático organizado en las universidades e institutos de todo el país para luchar por una educación pública, de calidad, gratuita y al servicio del pueblo trabajador". Nace en 2015 para romper con "años en los que el movimiento estudiantil solo trabajaba en fe-

---

430 Frente de Estudiantes (@FdE_Madrid), "●Los trabajadores de la cafetería de la ETSIAAB de la UPM llevan dos meses sin cobrar ante el abandono de rectorado. Durante esta semana organizamos una cafetería alternativa cuya recaudación se donará a los trabajadores y una concentración el miércoles. ¡Pásate y colabora!", *Twitter*, 18 de septiembre de 2023. Disponible en: https://zip.lu/X6KL

431 Sindicato de estudiantes, "Acto de solidaridad con trabajadores Coca cola del Sindicato de Estudiantes", *Youtube*, 20 de noviembre de 2014. Disponible en: https://zip.lu/X6Kx

432 Más información en su web: https://www.sindicatodeestudiantes.net/

433 GARCÍA DE MADARIAGA, E., "Entre la unidad y el ego: sobre la enésima fanfarronada del Sindicato de Estudiantes", *Frente de Estudiantes*, 3 de mayo de 2018. Disponible en: https://zip.lu/X6M4

chas de huelgas, prácticamente cíclicas, y creamos un sindicato que nos permitiera comenzar a organizarnos en base a nuestros propios intereses"[434]. Son una "organización sindical estatal, centralizada y militante que canalizara y estructurara a todos los niveles una misma voluntad de protesta y acción" y que aborda "acción estudiantil en la cotidianidad de los centros" y el trabajo a pie de aula.

El último agente estatal que encontramos es Estudiantes en Movimiento[435]. Se trata de "una red organizada de estudiantes por una nueva educación: una educación verdaderamente pública, gratuita y de calidad". Por tanto, no es una organización en sí misma, sino una red de coordinación de asociaciones de estudiantes dispersas por los centros educativos de todo el Estado, que se organiza de forma horizontal y participativa.

Sobre la movilización estudiantil, que se caracteriza por su naturaleza temporal, transitoria y por su juventud, ya concluyó Tarrrow que, a largo plazo, el principal problema organizativo es que su duración no excedía a la de las generaciones estudiantiles. "Cuando los estudiantes se licenciaron y dispersaron en la sociedad, lo mismo ocurrió con su movimiento"[436]. En el siguiente ciclo de oportunidades para la movilización estudiantil, su impulso correspondía ya a otra generación y las redes creadas por la anterior se habían desvanecido.

Finalmente, debemos mencionar el método o la principal forma de acción colectiva del movimiento estudiantil: la huelga de estudiantes. En los últimos años, se han sucedido decenas de huelgas de estudiantes, desde protestas contra los recortes en educación[437] hasta huelgas estudiantiles como acompañamiento del proceso independentista en Cataluña[438], pasando por la reivindicación de más becas o la derogación de la LOMCE. El movimiento estudiantil también ha

---

434 Frente de estudiantes, "Documento programático. Hacia un nuevo ciclo de movilización estudiantil", 2022. Disponible en: https://zip.lu/X6MM

435 Más información en su web: http://www.estudiantesem.org/

436 TARROW, S., *El poder en…*, *op. cit.*, p. 308.

437 GALAUP, L., "La marea verde se manifiesta contra la LOMCE: Las políticas del Gobierno ponen en peligro a la educación pública", *eldiario.es*, 8 de mayo de 2018. Disponible en: https://bit.ly/3z9CxDZ

438 BLANCHAR, C., "Miles de estudiantes marchan en Barcelona en favor del referéndum", *El País*, 28 de septiembre de 2017. Disponible en: https://bit.ly/3SBf5WV

participado activamente en huelgas feministas, climáticas, en solidaridad con Palestina o por la salud mental. Sin embargo, llama la atención el poco interés que ha despertado este fenómeno en la ciencia jurídica, no existiendo apenas bibliografía que estudie la regulación, los efectos y las potencialidades de la huelga de estudiantes[439].

En conclusión, se ha analizado que los sindicatos y los movimientos sociales transitan el mismo camino en sentidos opuestos: los sindicatos amplían su catálogo de reivindicaciones hacia conflictos extralaborales, como la vivienda, y los movimientos sociales se laboralizan, incorporando no sólo sus demandas, sino también la estrategia y la acción sindical. A su vez, existen vasos comunicantes entre sindicatos y movimiento sociales, esto es, una misma persona puede estar afiliado a un sindicato tradicional, militar en un partido político y participar en el movimiento de vivienda o en la organización asamblearia de su barrio. Precisamente, la doble militancia es lo que dota de capilaridad y coordinación a los diversos movimientos sociales, que integran distintas luchas basadas en la solidaridad de clase. Esto se debe a que estos espacios asientan sus cimientos en personas ultrapolitizadas, que Vallés denominaba "activistas totales" o "todoterreno de la política", porque militan de forma simultánea en muchas reivindicaciones sociales con una dedicación total.

3. LOS NUEVOS MOVIMIENTOS SOCIALES Y SU EXPRESIÓN EN LA ESFERA DE LOS CONFLICTOS COLECTIVOS

Como ya se ha comentado, frente a los movimientos sociales "viejos", donde primaba el componente de clase, los nuevos movimientos sociales destacan por lo que Inglehart denominaba valores postmaterialistas. Aquí surge el debate sobre si estos nuevos movimientos sociales pueden promover medidas de conflicto colectivo laborales. A partir de un análisis sobre la prohibición de la huelga política, donde

---

439 V. MANEIRO HERVELLA, V., "Los estudiantes en huelga: régimen jurídico del paro académico. Retos y oportunidades en la nueva Ley Orgánica del Sistema Universitario", *LABOS Revista de Derecho del Trabajo y Protección Social*, vol. 4, nº 2, pp. 146-175. Disponible en: https://doi.org/10.20318/labos.2023.7943

se reflexiona sobre la licitud de las huelgas convocadas por el independentismo catalán y la extrema derecha española, se analizan tres movimientos sociales cuyas acciones previas o potenciales intervienen en huelgas: el feminismo, el ecologismo y el movimiento LGTBI.

3.1. La dimensión política como límite externo del derecho de huelga

Se distingue habitualmente entre límites «internos», deducibles del concepto mismo de huelga, y límites «externos», causados por la necesidad de atemperar las exigencias de la autotutela con otras derivadas de intereses generales que hallan protección en principios consagrados constitucionalmente[440]. Los motivos o fines ilícitos de la huelga recogidos en art. 11 RDLRT, que podríamos calificar como límites externos, incluyen la prohibición de la huelga política.

3.1.1. El alcance de la prohibición de la huelga política

En primer lugar, debemos detenernos en la noción política de la huelga. Monereo tiene claro que la huelga es, ante todo, un fenómeno social de no colaboración, mucho antes de ser una institución jurídico-positiva[441]. El desenvolvimiento vital del hecho huelguístico está en función del modo de vivir de una comunidad, que no sólo "determina", sino que además contribuye a "definir" las relaciones entre los actores del sistema[442]. La huelga, que es una perturbación del proceso productivo concertada colectivamente como medida de presión para la defensa de intereses colectivos o generales de los trabajadores[443], se incorporó al ordenamiento jurídico primero como delito, y más adelante como libertad o como derecho. La discusión se centra en la configuración de la huelga como derecho fundamental de las personas o como mero derecho instrumental al servicio de la negociación colectiva.

---

440 OJEDA AVILÉS, A., *Derecho sindical, op. cit.*, p. 559.

441 MONEREO PÉREZ, J. L. y ORTEGA LOZANO, P. G., *El derecho de huelga: configuración y régimen jurídico*, Cizur Menor, Aranzadi, 2019, p. 13.

442 MONEREO PÉREZ, J. L., "Prólogo: la huelga en el sistema de relaciones laborales", en MONEREO PÉREZ, J. L. (Coord.) et al: *Derecho de huelga y conflictos colectivos. Estudio crítico de la doctrina jurídica*, Granada, Comares, 2002, p. XVI.

443 STC 11/1981, de 8 de abril.

Si atendemos al sistema de relaciones laborales sería posible individualizar dos modelos normativos de derecho de huelga:

> "el modelo iusprivatista (que con distinto grado residencia la huelga en el ámbito restringido de las relaciones laborales y en defensa de intereses profesionales en sentido estricto, lo que provoca que la huelga sea un mero elemento auxiliar de la negociación colectiva) y el modelo dinámico o 'sociopolítico' (que configura a la huelga como un medio para la autotutela de los intereses colectivos de los trabajadores en todos los ámbitos de la vida social, es decir, como un instrumento de emancipación social de la clase trabajadora y no exclusivamente un medio de presión en el marco de las relaciones laborales)"[444].

El modelo constitucional español opta por la segunda opción, esto es, la configuración del derecho de huelga como derecho humano fundamental (derecho subjetivo público de libertad). Moreneo afirma que, aunque sorprenda, esta concepción "amplía los objetivos legítimamente perseguibles mediante la huelga, sin posibilidad coherente de excluir su dimensión sociopolítica tras ser elevado a rango de derecho fundamental"[445]. Además, como medida de reacción, "la huelga puede desplegar una triple dimensión: laboral, en la medida en que es expresión del conflicto de trabajo; social, al manifestarse como medida de oposición frente a desequilibrios inherentes al sistema económico imperante; y política, llegando incluso a producirse la intervención del Estado".

La llamada huelga político-social se caracteriza por "expresar un rechazo o una reivindicación en relación a contenidos más generales —no necesariamente inherentes a la relación jurídica con el empresario— desconectados del proceso de negociación, o sobre los cuales, al menos, no se exige una negociación inmediata". En este escenario, "los intereses defendidos en la huelga no tienen por qué ser los intereses concretos y propios de los huelguistas, sino que pueden estar referidos en general a los trabajadores en cuanto tales"[446]. Es habitual que estas huelgas de gran contenido político se desplieguen

---

444 MONEREO PÉREZ, J. L. y ORTEGA LOZANO, P. G., "Las huelgas ilegales: especial referencia a la huelga político-social", *Lex Social: Revista De Derechos Sociales*, vol. 11, nº 2, 2021, p. 357.

445 *Ibidem*, p. 358.

446 *Ibidem*, pp. 359-360.

frente a políticas públicas de alcance general (por ejemplo: reformas normativas del mercado de trabajo o de la seguridad social).

En la huelga política los trabajadores actúan no solo en el sentido estricto de trabajadores sino también en su condición de ciudadanos y "no parece oponible a la Constitución una delimitación de los objetivos perseguibles con la huelga que atienda a todas las abstenciones colectivas del trabajo dirigidas a hacer valer los intereses de los trabajadores frente a cualquier instancia". Efectivamente, "la huelga se configura como un derecho instrumental a la obtención de bienes económico-sociales que el sistema constitucional vincula a las exigencias de tutela y de desarrollo de la personalidad de los trabajadores dependientes"[447].

Aunque el legislador preconstitucional declaró ilegal la huelga "cuando se inicie o se sostenga por motivos políticos o con cualquier otra finalidad ajena al interés profesional de los trabajadores afectados" (art. 11.a RDLRT), el Tribunal Constitucional ha matizado el alcance de esta prohibición afirmando que "la huelga puede tener por objeto reivindicar mejoras en las condiciones económicas, o, en general, en las condiciones de trabajo, y puede suponer también una protesta con repercusión en otras esferas o ámbitos"[448] y que "los intereses defendidos durante la huelga no tienen por qué ser necesariamente los intereses de los huelguistas, sino los intereses de la categoría de los trabajadores"[449].

Sobre la huelga política, la OIT también defiende que "los intereses profesionales y económicos que los trabajadores defienden mediante el derecho de huelga abarcan no sólo la obtención de mejores condiciones de trabajo o las reivindicaciones colectivas de orden profesional, sino que engloban también la búsqueda de soluciones a las cuestiones de política económica y social y a los problemas que se plantean en la empresa y que interesan directamente a los trabajadores"[450]. Por ello, "el derecho de huelga no debería limitarse

---

447 MONEREO PÉREZ, J. L., ORTEGA LOZANO, P. G., "Las huelgas ilegales...", *op. cit.* p. 373.

448 STC 259/2007, de 19 de diciembre.

449 STC 11/1981, de 8 de abril.

450 OIT, *La libertad sindical - Recopilación de decisiones del Comité de Libertad Sindical*, 6ª edición, 2018, párrafo 758, p. 146. Disponible en: https://zip.lu/WxHU Véase

a los conflictos de trabajo susceptibles de finalizar en un convenio colectivo determinado: los trabajadores y sus organizaciones deben poder manifestar, en caso necesario en un ámbito más amplio, su posible descontento sobre cuestiones económicas y sociales que guarden relación con los intereses de sus miembros"[451].

En definitiva, "las organizaciones encargadas de defender los intereses socioeconómicos y profesionales de los trabajadores deberían en principio poder recurrir a la huelga para apoyar sus posiciones en la búsqueda de soluciones a los problemas derivados de las grandes cuestiones de política, económica y social que tienen consecuencias inmediatas para sus miembros y para los trabajadores en general, especialmente en materia de empleo, de protección social y de nivel de vida"[452]. Es importante cómo la OIT diferencia entre huelgas que defienden intereses "que están vinculados a la búsqueda de soluciones para problemas generales de política económica y social" (huelgas sociopolíticas) y "las huelgas de carácter puramente político", que "no caen dentro del ámbito de los principios de libertad sindical"[453].

En la misma línea se ha pronunciado el TEDH cuando afirma que "el hecho de que la huelga obedezca al móvil de protestar contra decisiones de los poderes públicos, cuando éstas afectan de manera directa al interés profesional de los trabajadores, no produce como consecuencia necesaria que tales huelgas sean ilícitas, salvo, naturalmente, que en su manifestación se lesionen otros intereses que sean vitales en una sociedad democrática"[454].

también: 344° informe, Caso núm. 2496, párrafo 407; 353° informe, Caso núm. 2619, párrafo 573; 355° informe, Caso núm. 2602, párrafo 668; 357° informe, Caso núm. 2698, párrafo 224; 371° informe, Caso núm. 2963, párrafo 236, Caso núm. 2988, párrafo 852; y 378° informe, Caso núm. 3111, párrafo 712.

451 *Ibidem*, párrafo 766, p. 148.

452 *Ibidem*, párrafo 759, p. 146.

453 *Ibidem*, párrafo 760 y 761, p. 146.

454 STEDH de 9 de julio de 2002, *Seher Karatas c. Turquía*.

3.1.2. La huelga mixta o sociopolítica. Estudio de caso: las huelgas generales en Cataluña en 2017 como acompañamiento al proceso independentista

Cataluña tiene un potente movimiento independentista, cuyo estallido se remonta a la negociación del Estatuto de Autonomía y su posterior censura jurídica por parte del Tribunal Constitucional[455]. Podemos encuadrar el periodo de mayor movilización del proceso en la década de gobiernos liderados por presidentes *convergents*, Mas (2010-2016), Puigdemont (2016-2017) y Torra (2018-2020), que se sitúa entre la caída del *tripartit* liderado por Montilla (PSC-ERC-ICV, 2006-2010) y la vuelta a la presidencia de ERC por primera vez desde la II república, de la mano de Aragonés (2021-2024). El momento más destacado fue sin duda el referéndum de independencia del 1 de octubre de 2017, probablemente el mayor ejercicio de desobediencia civil en las últimas décadas en Europa.

En octubre y noviembre de 2017, Cataluña fue testigo de dos huelgas generales convocadas por los sindicatos CGT, CNT, COS, I-CSC e IAC, que desempeñaron un papel significativo en este contexto y que vamos a calificar de acompañamiento al proceso independentista catalán. Mientras CCOO y UGT se limitaron a adherirse a la protesta denominada *aturada de país* del 3 de octubre de 2017 ("paro de país"[456]), el resto de sindicatos minoritarios convocaron huelga general ese día con motivo de la violencia policial del 1 de octubre. A su vez, sólo I-CSC convocó huelga general el 8 de noviembre de 2017. En la Tabla 1 se muestran los datos de participación en estas huelgas. Estas huelgas destacaron por su doble motivación, que abarcaba tanto aspectos políticos, las demandas del movimiento independentista de Cataluña[457], como laborales, que estudiaremos a continuación.

---

455 STC 31/2010, de 28 de junio.

456 PELLICER, L., "CCOO i UGT fan una crida a participar en una aturada general pactada a les empreses", *El País*, 2 de octubre de 2017. Disponible en: https://zip.lu/WxRZ

457 Estas demandas son más amplias que la conformación de un estado independiente, incluyendo postulados federales o confederales, y el reconocimiento del derecho a la autodeterminación o el derecho a votar la independencia en un referéndum ("*dret a decidir*").

Tabla 1. Cuadro evolución de los trabajadores participantes afiliados a la seguridad social y las jornadas no trabajadas en las huelgas del 3 de octubre y del 8 de noviembre de 2017 en Cataluña

Huelgas generales *procés*	**Total de participantes**	**Jornadas no trabajadas**
Huelga 3 octubre	105.506	97.964
Huelga 8 noviembre	80.828	72.919

Elaboración propia a partir de la Estadística de Huelgas y Cierres Patronales del Ministerio de Trabajo y Economía Social

Sobre estas cifras debemos destacar que la huelga del 3 de octubre representa el 15% del total de participantes de la huelga general estatal del 14 de noviembre de 2012 y el 11% de la huelga del 29 de marzo de 2012, las dos últimas huelgas generales en España convocadas por CCOO y UGT. Los trabajadores por cuenta ajena de Cataluña representan en torno al 18% de los trabajadores de toda España. Por tanto, la cifra de seguimiento, en proporción, es inferior a las referidas huelgas, pero sigue siendo bastante alta. La participación contrasta con la limitada representatividad del sindicato convocante (0,488%).

En definitiva, estamos ante una modalidad atípica de huelga porque su principal impulso vino de la sociedad civil, destacando las asociaciones Òmnium Cultural y Assemblea Nacional Catalana (ANC) o los colectivos asamblearios denominados Comités de Defensa del Referéndum/República (CDR). A su vez la administración pública tuvo un papel exótico: la Generalitat promovió la participación en el paro de país, facilitando a los funcionarios secundar la huelga o permitiéndoles ausentarse del trabajo, pero exigiendo recuperar las horas más adelante[458]. En las huelgas políticas es habitual desplazar el foco de las patronales hacia la administración, porque el objetivo suele ser paralizar o exigir políticas al gobierno de turno. Sin embargo, que una administración pública se convierta en agente movilizador es sorprendente e insólito. En las huelgas feministas algunas administraciones llamaron a la movilización o mostraron su simpatía

458 Europapress, "Los funcionarios de la Generalitat que hicieron huelga el 3 de octubre deberán recuperar las horas", *El Mundo*, 23 de octubre de 2017. Disponible en: https://zip.lu/Wy25

por la acción a través de declaraciones, resoluciones o comunicados. Mientras el feminismo tuvo un escenario meramente simbólico, la Generalitat puso la gestión de sus recursos humanos al servicio del independentismo.

Otro elemento atípico de la convocatoria fue recurrir a una técnica de desconvocatorias sucesivas, impidiendo conocer el día que realmente se iba a llevar a cabo la huelga. Por una parte, el sindicato Intersindical-Confederación Sindical Catalana (I-CSC) convocó inicialmente la huelga para los días 3 a 9 de Octubre de 2018, cuyo motivo fue "que cese el estado de excepción de facto (a nuestro entender) que se aplica ahora en Catalunya. Y que se reviertan todas las normas laborales que desde 2011 han ido laminando los derechos de los trabajadores". Posteriormente, se desconvocó para los días 4 a 9 de octubre. Por otra parte, el mismo sindicato convocó huelga general para los días 10 a 16 de Octubre de 2018, invocando como motivos de la misma: "la regresión de los derechos laborales en el Estado Español que imponen los criterios neoliberales, por un lado; y por otro, los hechos acaecidos en Catalunya desde el 8 de Septiembre, que alteran el marco de la convivencia ciudadana y repercuten en el ámbito del trabajo (cita entre otros: presencia de fuerzas armadas en la calle, registros de empresas de artes gráficas, vulneración de la libertad de prensa, etc.)". Posteriormente se desconvocó dicha huelga en fecha 10 de octubre de 2017.

Por último, convocó una tercera huelga general para los días 30 de octubre a 9 de noviembre de 2017, desconvocándola sucesivamente y limitándose finalmente el paro al 8 de noviembre. El Tribunal Supremo descarta que se haya "producido un daño grave y buscado por los huelguistas más allá de lo que es razonablemente requerido por la propia actividad conflictiva, por lo que no ha existido abuso de derecho en la desconvocatoria de las huelgas"[459].

Efectivamente, la decisión sobre la desconvocatoria de una huelga es libre y goza de una presunción *iuris tantum* de validez. La huelga convocada y luego desconvocada no forma parte del listado de huelgas abusivas del art. 7.2 RDLRT y los trabajadores no están obligados a la observancia de un preaviso para desconvocar. Será una

[459] STS de 15 de enero de 2020 (Rec. 166/2018).

cuestión distinta los daños y perjuicios desproporcionados añadidos a los naturalmente derivados de la propia huelga[460]. Por tanto, la posible abusividad y los hipotéticos daños y perjuicios deberán acreditarse debidamente. Existen algunos precedentes jurisprudenciales de huelgas abusivas debido a la desconvocatoria sorpresiva[461].

Esta última huelga, que finalmente se celebra el 8 de noviembre, se convoca por cinco motivos, los tres primeros de contenido claramente laboral y los dos últimos de enfoque más político. El primero, la regresión neoliberal de los derechos laborales, la destrucción de un gran número de puestos de trabajo, incrementando la precariedad y el desplazamiento de amplias capas de la población hacia situaciones de miseria económica, y las últimas reformas laborales. El segundo, una crítica a los bajos salarios, a la precariedad y al desmantelamiento de la seguridad social. El tercero, una crítica al discurso de los "círculos políticos y económicos" sobre una "salida de la crisis" que califican de mentira. El cuarto se refiere a la anulación por parte del TC de las "leyes sociales" aprobadas por el Parlamento de Cataluña, porque el sindicato defiende que "estaban destinadas a mejorar las condiciones de vida de las clases populares catalanas". El quinto propone la derogación del Real Decreto-Ley 15/2017 de 6 de octubre de medidas urgentes en materia de movilidad de operadores económicos dentro del territorio nacional, "por su afectación negativa al tejido productivo y al mercado de trabajo"[462].

El examen del Tribunal Supremo de los motivos que aparecen en la convocatoria de huelga le lleva a concluir que, si bien aparecen motivos políticos, inmediatamente se vinculan a razones sociales como es "su afectación negativa al tejido productivo y al mercado de trabajo", en el caso de la derogación del Real Decreto-Ley 15/2017, por lo que no es una huelga únicamente política dada su proyección en las relaciones laborales. A su vez, cuando se refiere a leyes destinadas a mejorar las condiciones de vida de las clases populares catalanas, el TS afirma que "en efecto entre las clases populares catalanas cabe entender comprendidas a las personas trabajadoras, con lo que

---

460 GARCÍA SALAS, A. I., *El ejercicio abusivo de la huelga*, Valencia, ed. Tirant lo Blanch, 2018, pp. 116 y ss.

461 STS de 17 de diciembre de 1999 (Rec. 3163/1998).

462 STS de 15 de enero de 2020 (Rec. 166/2018).

en el motivo de la huelga aparece no solo una finalidad política, sino también un objetivo de signo social"[463].

En definitiva, para el Tribunal Supremo "la finalidad de la huelga es fundamentalmente de defensa de los derechos de los trabajadores y aunque aparecen enunciadas otras finalidades que pueden ser calificadas de políticas, no desvirtúan el carácter esencial de la huelga, su finalidad primordial, ni contaminan dicha finalidad, ni, en consecuencia, conducen a tildar de ilegal la huelga, Hay que poner de relieve que el derecho de huelga es un derecho fundamental por lo que no cabe hacer una interpretación restrictiva del mismo"[464].

Es importante recordar que "la huelga política se caracteriza por tener al empresario por sujeto pasivo del cese en el trabajo y a los poderes públicos como únicos destinatarios de la misma" y que "el art. 11.a) del citado RD-Ley no declara la ilegalidad de todas las huelgas políticas sino sólo de aquellas cuya motivación sea clara y exclusivamente extraprofesional o cuya motivación profesional resulte por completo marginal"[465].

Por tanto, la huelga "mixta" con motivación política y laboral entra dentro del derecho fundamental de huelga, esto es, "no es ilícita la huelga que tenga por finalidad protestar contra medidas que el poder legislativo, ejecutivo o judicial hayan adoptado o pretendan adoptar en el ámbito de las relaciones laborales, o con incidencia en las mismas". En este asunto "nos hallamos con toda claridad ante una huelga 'mixta', que tiene unos motivos políticos: situación política en Catalunya en Septiembre y Octubre de 2017, aplicación del art. 155 CE y cese del Govern de la Generalitat y dictado del RD-Ley 15/2017; pero que están relacionados con otros claramente laborales"[466].

Este criterio también coincide con la doctrina iuslaboralista[467] que valora la contribución del Tribunal Supremo al delimitar los

---

463 *Idem.*

464 *Idem.*

465 STSJ Cataluña de 2 de mayo de 2018 (Rec. 50/2017).

466 *Idem.*

467 BELTRÁN DE HEREDIA, I., "Huelga general 8 de noviembre 2017 en el marco del «Procés»: no es una huelga política (STSJ Cataluña 2 de mayo 2018)", *Una mirada crítica a las relaciones laborales*, 7 de mayo de 2018. Disponible en: https://zip.lu/WyiV; BELTRÁN DE HEREDIA, I., "Huelga general 8 de noviembre

conceptos de huelga política y precisar el nivel de implantación que necesita un sindicato para convocar una huelga general[468]. El alto tribunal "refuerza la protección jurídica de las convocatorias de huelgas que tengan una finalidad mixta en cuanto que incorporen reivindicaciones sociolaborales que al mismo tiempo tengan trascendencia política"[469]. Aunque se critica que "falta un mayor enfoque y un concreto contenido en las fundamentaciones" de la huelga, en un Estado donde la huelga está reconocida como un derecho fundamental "debe aceptarse que ciertos conflictos sociales (como la huelga) adquieren proyecciones extralaborales"[470].

En definitiva, la huelga es "un mecanismo que se inserta en la negociación colectiva pero no agota sus múltiples determinaciones en este ámbito, como tampoco en el más amplio de lo que se denominaría técnicamente conflicto colectivo. Es un medio de acción sindical y por tanto acompaña a los objetivos globales de ésta, en la defensa de intereses económicos y sociales de los trabajadores tanto frente al empresariado como frente a los poderes públicos, entendiendo en consecuencia que se trata de un derecho de participación de la ciudadanía que trabaja en ese proceso de nivelación gradual de la desigualdad material a que se compromete el art. 9.2 CE"[471].

2017 en el marco del «Procés»: el TS ratifica que no fue una huelga política", *Una mirada crítica a las relaciones laborales*, 10 de febrero de 2020. Disponible en: https://zip.lu/Wyjr; BAYLOS GRAU, A., "La huelga política no es ilegal", *Blog Según Antonio Baylos*, 14 de mayo de 2018. Disponible en: https://zip.lu/Wyui

468 CASTRO ARGÜELLES, Mª. A., "La legalidad de las huelgas generales en contextos de tensiones políticas. Comentario a la Sentencia del Tribunal Supremo de 15 de enero de 2020", *Revista General de Derecho del Trabajo y de la Seguridad Social*, nº 56, 2020.

469 ROJO TORRECILLA, E., "Sobre la legalidad de la huelga profesional-política ("mixta"). La sentencia de 15 de enero de 2020 del TS confirma la del TSJ de Cataluña de 2 de mayo de 2018 (caso huelga general 8.11.2017)", *El blog de Eduardo Rojo*, 11 de febrero de 2020. Disponible en: https://zip.lu/VWvo; ROJO TORRECILLA, E., "Sobre la legalidad de la huelga profesional-política ("mixta"). A propósito de la sentencia del TSJ de Cataluña de 2 de mayo de 2018 (caso huelga general 8.11.2017)", *El blog de Eduardo Rojo*, 10 de mayo de 2018. Disponible en: https://zip.lu/Wykp

470 MONEREO PÉREZ, J. L., ORTEGA LOZANO, P. G., "Las huelgas ilegales...", *op. cit.*, p. 385.

471 BAYLOS GRAU, A., *Servicios esenciales, servicios mínimos y derecho de huelga*, Albacete, Bomarzo, 2018, pp. 61-65.

En conclusión, más allá de que la huelga es un instrumento reivindicativo de clase, y por tanto es político en sí mismo, es decir, todas las huelgas son políticas, es evidente que esta era una huelga de contenido extralaboral. Aunque el preaviso se 'edulcorase' con referencias sociales, estas huelgas acompañaban a modo de comparsa a las acciones reivindicativas del movimiento independentista catalán y está claro que superan lo que podríamos denominar test de laboralidad en materia de huelga, esto es, que las reivindicaciones de los huelguistas tengan motivación e incidencia en las relaciones laborales. En definitiva, para provocar su ilicitud "el móvil político ha de impregnar completamente la huelga"[472].

En este contexto, la huelga fracasó, entre otras razones, porque el grueso del sindicalismo catalán está conformado por sindicatos de carácter federal o confederal (CCOO y UGT), es decir, sindicatos españoles no independentistas, aunque en sus filas encuentren militantes soberanistas o diversas posturas partidarias del derecho de autodeterminación (el llamado "derecho a decidir" o posturas pro-referéndum). En cambio, el sindicato convocante, que es independentista y compartía agenda con los partidos independentistas (JxCAT, ERC y CUP) y las asociaciones y movimientos sociales independentistas (ANC, Omnium), era minoritario.

A pesar de que pueda sorprender, ya que era pública y manifiesta la finalidad política de la huelga, esta es lícita y legítima porque también incluye referencias de contenido laboral. Lo que se prohíbe en España y en la normativa internacional son las huelgas estrictamente políticas. Por tanto, aunque parezca un concepto novedoso, creado por el TSJ de Cataluña y ratificado por el Tribunal Supremo, las huelgas mixtas son perfectamente legítimas y lícitas, como sostiene tanto la consolidada doctrina de nuestro TC como los organismos internacionales y la doctrina especializada de referencia.

472 OJEDA AVILÉS, A., *Derecho sindical, op. cit.*, p. 561.

3.1.3. La extrema derecha también convoca huelgas políticas: el caso de Solidaridad y VOX

En una última referencia a la huelga política, se analizará brevemente la reciente huelga convocada por el Sindicato para la Defensa de la Solidaridad con los Trabajadores de España (en adelante, Solidaridad) el 24 de noviembre de 2023, en el marco de la investidura del Presidente del Gobierno, el 16 de noviembre, por la mayoría del Congreso de los Diputados emanada en las elecciones del 23 de julio. A falta de una calificación judicial, que ante la ausencia de impugnación tal vez no llegue nunca, algunos autores han valorado este ejercicio del derecho de huelga como un uso "ficticio"[473] o "fraudulento"[474].

En este conflicto, se advierte "el posible uso fraudulento de este derecho por parte de la extrema derecha puede sentar precedentes preocupantes y animar al pseudosindicalismo a utilizar de forma improcedente un instrumento tan esencial como éste dentro de las relaciones laborales de nuestro país"[475]. Efectivamente, los vínculos con el partido político VOX están claros, en tanto el secretario general del sindicato Solidaridad, que firma la convocatoria de huelga, es diputado por VOX en el Parlamento de Andalucía.

En resumen, el preaviso de la huelga exige el cese de las políticas de recortes sociales y supresión de derechos laborales que generan desigualdad entre los trabajadores en España. Se insta a abandonar propuestas de acuerdos de gobierno que impliquen desigualdad laboral, regresión salarial, congelación de salarios públicos y pensiones, así como aumentos de impuestos y cotizaciones. También se oponen a la cesión de tributos a Cataluña, la gestión económica de la Seguridad Social al País Vasco y se critica la asignación de fondos para la "adaptación del euskera a la nueva era digital" y la condonación de deuda autonómica. Para prevenir la desigualdad que provocan los pactos de investidura, se solicita cesar el aumento de la presión

---

473 BAYLOS GRAU, A., "Sobre el uso ficticio del derecho de huelga", *Blog Según Antonio Baylos*, 14 de noviembre de 2023. Disponible en: https://zip.lu/36PrJ

474 BALLESTEROS RUIZ, D., "Ilegalidad y fraude en el ejercicio del derecho de huelga por el pseudosindicalismo de extrema derecha", *Net21*, nº 15, 2023.

475 *Idem.*

fiscal, las subidas de cotizaciones sociales, la congelación de salarios y pensiones, y evitar la desigualdad territorial. Otras demandas incluyen la prevención del aumento del desempleo, la ruptura del sistema único de Seguridad Social, la desigualdad en resoluciones judiciales, la desaparición de la negociación colectiva nacional, el aumento de la discriminación lingüística para el acceso a un puesto de trabajo en Cataluña y País Vasco y la conculcación del derecho a la libre circulación por el territorio nacional. En resumen, se busca que el Gobierno se comprometa a evitar una gravísima regresión en los derechos laborales de los trabajadores en España[476].

Esta convocatoria de huelga general genera una serie de debates doctrinales idénticos a la huelga promovida por el movimiento independentista catalán, aunque en esta ocasión el cariz ideológico sea el opuesto.

Por una parte, se podría criticar la falta de capacidad del sindicato Solidaridad para convocar una huelga general por carecer de representación suficiente (250 delegados en todo el país). No obstante, debemos recordar que el TC defiende que el derecho de huelga "puede ser ejercitado por las organizaciones sindicales con implantación en el ámbito laboral al que se extiende la huelga"[477]. No se requiere, por tanto, máxima representatividad, sino más bien una simple implantación dentro del espacio donde se exprese el conflicto. Al convocarse una huelga general en todo el territorio nacional, se da cumplimiento a dicho requisito, aun siendo con una presencia insignificante, al igual que en el caso de la huelga independentista en Cataluña, donde el sindicato convocante tenía un 0,488% de representatividad. De hecho, puede promover huelgas incluso los sindicatos "que no se someten al escrutinio de la audiencia electoral en los procesos de elección de las representaciones unitarias en los centros de trabajo"[478], como la CNT.

En segundo lugar, se puede criticar el elemento teleológico de la huelga, esto es, que su finalidad se limita a "atacar los acuerdos de

---

476 Sindicato Solidaridad, *Preaviso de Huelga General el 24 de noviembre de 2023*, 13 de noviembre de 2023. Disponible en: https://zip.lu/36Pwn

477 STC 11/1981, de 8 de abril.

478 BAYLOS GRAU, A., "Sobre el uso ficticio del derecho de huelga", *op. cit.*

investidura para la constitución de un nuevo Gobierno" investido en noviembre de 2023 y a una "contestación a decisiones meramente políticas adoptadas para la investidura, aunque torticeramente se intenta vincular con cuestiones que pudieran parecer afectos al interés propio de la clase trabajadora". Algún autor lo ha diferenciado del caso de la huelga independentista, una convocatoria mixta o sociopolítica, porque no basta "con la mera afirmación de una afectación de intereses sociolaborales, sino que aquello que se argumenta debe tener consonancia con la realidad, de tal forma que se obligue a estar al contexto institucional y la misma tradición sindical que rodea al conflicto, en función de una serie de condiciones sociales, económicas y políticas"[479]. Se advierte, en definitiva, que se estarían encubriendo motivos políticos con una serie de argumentos manipulados y falseados que pretendan dar por legítima un uso desviado de la huelga, dándosele así un uso fraudulento diferente a la finalidad que impera la Constitución.

Otro argumento que se ha utilizado para criticar un uso desviado del derecho de huelga es que se trata de "una huelga *ad cautelam* contra unas potenciales medidas"[480], esto es, no se sustenta sobre políticas sociolaborales existentes, sino sobre unos pactos políticos pendientes de concreción en políticas públicas o leyes. No obstante, este argumento carece de sentido, atendiendo a la finalidad jurídico-constitucional propia del derecho de huelga. Las huelgas pueden convocarse, lógicamente, no sólo contra políticas públicas ya en vigor, sino también contra proyectos o propuestas, con el objetivo de influir en la voluntad del legislador en defensa de los intereses de los trabajadores. De hecho, podrían promoverse paros para introducir *ex novo* cambios legislativos. Además, tiene más sentido protestar antes de que se desplieguen las políticas públicas perjudiciales para los trabajadores y así evitar esas hipotéticas pérdidas de derechos.

En el aspecto formal, se ha advertido que Solidaridad ignoró la exigencia prevista el art. 13.6 ASAC de que "la convocatoria de la huelga requerirá, con anterioridad a su comunicación formal, haber solicitado el procedimiento de mediación". En el art. 19 se establece

---

479 BALLESTEROS RUIZ, D., "Ilegalidad y fraude en el ejercicio...", *op. cit.*, p. 7.

480 *Ibidem*, p. 8.

un procedimiento específico en los supuestos de huelga: "el escrito de comunicación formal de la convocatoria de huelga deberá especificar que se ha solicitado la mediación. De no acreditarse por las personas convocantes tal circunstancia, se entenderá que la huelga no se encuentra debidamente convocada". En el preaviso de la convocatoria del Sindicato Solidaridad no consta esta mediación.

Es importante recordar que el VI Acuerdo sobre Solución Autónoma de Conflictos Laborales, publicado en el BOE el 23 de diciembre de 2020, "al versar sobre una materia concreta cuál es la solución autónoma de los conflictos colectivos laborales, constituye uno de los acuerdos previstos por el artículo 83.3 del texto refundido de la Ley del Estatuto de los Trabajadores y está dotado, en consecuencia, de la naturaleza jurídica y eficacia que la Ley atribuye a los mismos, siendo de aplicación general y directa" (art. 3.2). Precisamente en su exposición de motivos se indica que el Acuerdo "asumió el reto de ampliar su ámbito de aplicación, con la universalización de la mediación y el arbitraje a todos los sectores y empresas, sin necesidad de un instrumento de ratificación o adhesión expresa". Por tanto, la falta de mediación previa podría suponer que esta huelga se calificase como ilegal, según el tenor del art. 11.d RDLRT. Esta es la tesis que defiende Baylos[481].

En último lugar, debemos mencionar las críticas a que la convocatoria se base en "argumentos ambiguos y ficticios", "demagogia" y que utiliza un tono "beligerante, tendencioso e hiperbólico"[482]. Se ha dicho que "las reivindicaciones alegadas para hacer huelga se sitúan en un tiempo imaginario, sin relación ninguna con el real ni con el contenido concreto de los acuerdos hechos públicos. Son alegaciones ficticias y delirantes"[483]. Sin embargo, no nos corresponde a los juristas valorar la veracidad de los argumentos del sindicato convocante, sino a los trabajadores que libremente deciden si ejercen el derecho de huelga, cuya titularidad es individual, especialmente en una materia, como es la sindical, donde la libertad político-ideo-

---

481 BAYLOS GRAU, A., "Sistemas autónomos de resolución de conflictos y convocatoria de huelga general al margen", *Blog Según Antonio Baylos*, 21 de noviembre de 2023. Disponible en: https://zip.lu/36PBF

482 BALLESTEROS RUIZ, D., "Ilegalidad y fraude en el ejercicio...", *op. cit.*, pp. 8-9.

483 BAYLOS GRAU, A., "Sobre el uso ficticio del derecho de huelga", *op. cit.*

lógica tiene una especial relevancia. Si un sindicato promueve una huelga sin implantación y basándose en argumentos y datos falsos, probablemente los trabajadores no secunden la huelga, como de hecho ocurrió en este caso. La huelga apenas tuvo 2.663 participantes y supuso 2.427 jornadas no trabajadas en todo el país[484].

Por su parte, Baylos ha defendido que "la huelga quiere subvertir el resultado electoral del 23 J y oponerse mediante la paralización de servicios y actividades al acto de votación en el parlamento de formación del gobierno por las mayorías parlamentarias requeridas. Y para justificar este objetivo recurre a una enumeración de efectos imaginarios y ficticios que deriva de forma espuria del ejercicio de la normalidad democrática de los acuerdos parlamentarios. El preaviso por tanto incurre en un fraude de ley evidente, al alegar falsamente motivos laborales que carecen de realidad y describir con total inexactitud las consecuencias de los compromisos políticos de los que se ha tenido conocimiento". En definitiva, "el uso artificioso y ficticio del derecho de huelga para conseguir objetivos claramente opuestos a la defensa de los intereses de la ciudadanía que se asienta en el trabajo, la utilización fraudulenta de las reivindicaciones esgrimidas para ocultar una reivindicación decididamente inconstitucional y antidemocrática, no puede permitirse"[485]. Por tanto, la "convocatoria de huelga aparece en su materialización concreta simplemente como un acto de propaganda inserto en la estrategia de deslegitimación democrática que el partido de extrema derecha está llevando a cabo"[486].

Aunque compartamos los argumentos de Baylos, no así sus conclusiones. En este trabajo consideramos que la huelga del sindicato Solidaridad debe considerarse lícita de igual manera que la huelga promovida por el independentismo catalán. En ambas convocatorias su finalidad política era pública y notoria, pero la inclusión en el preaviso de reivindicaciones de contenido social permite que superen el test de laboralidad del derecho de huelga, integrándose en lo que se

---

484 Ministerio de Trabajo y Economía Social, *Estadística de Huelgas y Cierres Patronales*, 2023.

485 BAYLOS GRAU, A., "Sobre el uso ficticio del derecho de huelga", *op. cit.*

486 BAYLOS GRAU, A., "Sistemas autónomos de resolución de conflictos…", *op. cit.*

ha denominado huelga "mixta" o "sociopolítica". No nos corresponde a nosotros valorar si los argumentos laborales son veraces o no.

En primer lugar, debemos alejar el riesgo de sentar precedentes de valoraciones judiciales sobre la licitud política de una huelga. La valoración de la oportunidad política de cada acción sindical corresponde a los trabajadores a través de distintos mecanismos de participación sindical (afiliación, desafiliación, votación en elecciones sindicales, secundar una huelga, apoyar o solidarizarse con una huelga...). En segundo lugar, debemos respaldar la preeminencia y máxima protección de los derechos fundamentales. La convocatoria de huelgas integra el contenido esencial de la libertad sindical con independencia del nivel de representatividad o del rechazo a participar en estos procesos electorales, como el caso de la CNT. De hecho, consideramos que la obligatoriedad de acudir a la mediación prevista en el ASAC como requisito preceptivo para convocar una huelga podría ser inconstitucional, en tanto una limitación formal del derecho de huelga debería, en su caso, vehicularse a través de una ley orgánica de huelga. Además, este conflicto ha resultado ser irrelevante, tanto por el apoyo mínimo a la huelga (2.663 participantes en todo el Estado) como por la ausencia de daños, lo que se traducirá en que ningún órgano judicial estudie el tema. Se trata de un sindicato sin implantación, representación ni afiliados y casi nadie secundó la huelga, a diferencia de huelgas de sindicatos con implantación, donde la mera convocatoria supone ciertos daños (por ejemplo, la suspensión de trenes en Renfe). En definitiva, debemos defender un modelo abierto y flexible de huelga y una intervención burocrático-legal mínima. El riesgo de convocar una huelga política, sin argumentos sociales que animen a los trabajadores a secundarla, esto es, sin capacidad de movilización, es del sindicato, que verá puesta en cuestión su credibilidad.

3.2. La huelga feminista del 8M: estudio de caso

En la actualidad, el movimiento feminista se ha consolidado como un grupo de presión influyente y hegemónico, extendiendo su presencia de manera notable en una variedad de esferas sociales y políticas. Su importancia es evidente para partidos políticos, sindicatos, asociaciones y una amplia gama de organizaciones en todo el mundo.

El feminismo, en su evolución a lo largo del tiempo, ha demostrado ser mucho más que una simple expresión identitaria o simbólica. Si bien es cierto que ha logrado establecer una poderosa voz para la igualdad de género y la justicia social, sus reivindicaciones van mucho más allá de la retórica. En este contexto, el movimiento feminista ha presentado una serie de propuestas y demandas que abordan problemáticas clave, como el acoso por razón de género, el registro retributivo, la implementación de planes de igualdad, la promoción de la salud y la higiene en el trabajo, así como el reconocimiento de enfermedades o patologías que afectan de manera desproporcionada a las mujeres. Además, el feminismo pone el foco sobre desafíos estructurales como la persistencia de la doble jornada laboral, la existencia de techos de cristal que limitan las oportunidades de ascenso, y la feminización de sectores laborales como la limpieza, el cuidado y el trabajo en el hogar, que a menudo se ven marginados e infravalorados en la sociedad actual.

Podemos mencionar el contenido laboral de recientes logros feministas: la ampliación de los planes de igualdad a empresas de cincuenta o más trabajadores, los permisos nacimiento y cuidado del menor iguales e intransferibles[487]; la equiparación de derechos de las personas trabajadoras al servicio del hogar en el ámbito del sistema extintivo de la relación laboral como en el de la prestación por desempleo[488]; la ampliación de la protección de las víctimas de violencia de género a las víctimas de violencia sexual (es especialmente interesante la reforma en materia de traslado *ex* art. 40.4 ET)[489]; la regulación de tres nuevas situaciones de incapacidad temporal por contingencias comunes: la menstruación incapacitante secundaria,

---

487 Real Decreto-ley 6/2019, de 1 de marzo, de medidas urgentes para garantía de la igualdad de trato y de oportunidades entre mujeres y hombres en el empleo y la ocupación.

488 Real Decreto-ley 16/2022, de 6 de septiembre, para la mejora de las condiciones de trabajo y de Seguridad Social de las personas trabajadoras al servicio del hogar.

489 Ley Orgánica 10/2022, de 6 de septiembre, de garantía integral de la libertad sexual.

la interrupción del embarazo, voluntaria o involuntaria, y la semana trigésima novena de gestación[490]; el contenido laboral, antidiscriminatorio y la inclusión de las personas trans gestantes en el término de madre biológica a efectos de permisos[491]; las mejoras en materia de conciliación de la vida familiar y la vida profesional de los progenitores y los cuidadores, incluyendo la creación del permiso parental (art. 48 bis ET)[492] y la posibilidad de acumular el permiso de lactancia[493]; o la ley de paridad[494]. Todo ello sin perjuicio del impacto de género de la reforma laboral[495] o reforma de pensiones[496].

Desde el año 2018, cada 8 de marzo, día internacional de la mujer trabajadora, tiene lugar una huelga general de carácter feminista en España. Las propias convocantes llaman a una "huelga laboral, estudiantil, de cuidados y de consumo". Vamos a detenernos en esta cuestión estudiando el caso de Madrid, aunque el argumentario es idéntico en todo el Estado.

El movimiento feminista de Madrid llama a la huelga de cuidados en estos términos:

> "Con esta huelga queremos hacer patente que el sistema económico colapsaría sin nuestro trabajo cotidiano de cuidados. Un trabajo que está invisibilizado y desvalorizado cuando el sistema se sostiene por la apropiación que hace de los cuidados que realizamos las mujeres, sin tener en cuenta nuestras necesidades y proyectos vitales. Somos nosotras las que cuidamos constantemente, a nuestras familias, parejas, compañeros de trabajo, amigos, a todos los que giran a nuestro alrededor. Y sin todas estas

---

490 Ley Orgánica 1/2023, de 28 de febrero, por la que se modifica la Ley Orgánica 2/2010, de 3 de marzo, de salud sexual y reproductiva y de la interrupción voluntaria del embarazo.

491 Ley 4/2023, de 28 de febrero, para la igualdad real y efectiva de las personas trans y para la garantía de los derechos de las personas LGTBI.

492 Real Decreto-ley 5/2023, de 28 de junio.

493 Real Decreto-ley 2/2024, de 21 de mayo.

494 Ley Orgánica 2/2024, de 1 de agosto, de representación paritaria y presencia equilibrada de mujeres y hombres.

495 Real Decreto-ley 32/2021, de 28 de diciembre, de medidas urgentes para la reforma laboral, la garantía de la estabilidad en el empleo y la transformación del mercado de trabajo.

496 Real Decreto-ley 2/2023, de 16 de marzo, de medidas urgentes para la ampliación de derechos de los pensionistas, la reducción de la brecha de género y el establecimiento de un nuevo marco de sostenibilidad del sistema público de pensiones.

tareas nadie podría vivir. Queremos parar de cuidar queremos reivindicar los cuidados, su necesidad para que todas y todos comprendamos su importancia vital, para que se conviertan en una responsabilidad social, compartida y redistribuida. Queremos parar para que los cuidados no recaigan solamente en nosotras. Proponemos dejar de hacer las actividades y tareas cotidianas dirigidas al cuidado de las personas y al mantenimiento de los espacios vitales en los que transcurren nuestras vidas. Paramos las mujeres pero no paran los cuidados. Por eso son necesarios unos SERVICIOS MÍNIMOS que garanticen los cuidados que sean inexcusables e inaplazables para la atención de las personas que estén en situación de necesitar cuidados específicos o que requieren cuidados para actividades básicas de la vida diaria y no pueda cubrirlos otra persona. Organízalo con las personas de tu entorno"[497].

En un díptico proponen las siguientes acciones como ejemplos de huelga de cuidados:

"Los trabajos de cuidados se pueden repartir: habla con tu pareja, socio, familiares y amigos sobre cómo hacerlo. Organiza —o deja que otros lo hagan— el cuidado colectivo de las niñas y niños pequeños para el día 8. No te encargues el día 8 de las tareas domésticas: cocinar, limpiar, lavar, tender, planchar, etc. Organiza una ruta de los cuidados en tu barrio o pueblo, visitando centros de salud, institutos, escuelas infantiles, centros de día o de mayores. Cuelga un delantal en tu balcón para solidarizarte con esta huelga si no puedes dejar de cuidar"[498].

Respecto a la huelga educativa, proponen lo siguiente:

"Paramos en los colegios, institutos y universidades porque la enseñanza es el principal espacio de socialización. Y porque el actual sistema educativo reproduce unos valores machistas y racistas que nos impiden crecer en equidad e igualdad social. No asistas a clase el día 8 de marzo. Recuerda que tienes derecho a la huelga. Organiza acciones y pasacampus ese día. Informa y debate sobre la situación de las mujeres estudiantes: cuestionamiento, humillación, invisibilización, acoso en las aulas, etc. Informa sobre la huelga en tu cole, tu insti o tu facultad. ¡No olvides a las mujeres trabajadoras y profesoras! Organiza asambleas con las mujeres de tu centro educativo para preparar el día de huelga"[499].

---

497 Comisión 8 de marzo de Madrid, *Argumentario hacia la huelga feminista*, 2019, p. 26. Disponible en: https://zip.lu/VWdE

498 Comisión 8 de marzo de Madrid, *Díptico Hacia la huelga feminista*, 2019. Disponible en: https://zip.lu/VWd7

499 *Idem.*

En la cuestión de la huelga educativa debemos puntualizar que es una cuestión conexa con la huelga de estudiantes, pero tiene una intención más amplia. Por un lado, el sector educativo está altamente feminizado. Por ejemplo, las mujeres son el 67,2% del profesorado en España, un porcentaje que aumenta en los niveles educativos iniciales: en educación Infantil, el 97,6% son maestras, y en Primaria, el 82,1%[500]. Por otro lado, en los centros educativos también trabajan muchas mujeres en empleos de cuidados y precarios: personal de limpieza, del comedor, monitoras, etc. Por tanto, la llamada a una huelga educativa busca movilizar a los estudiantes, a través de una huelga o paro estudiantil al uso, pero también a todas las trabajadoras del centro educativo y a las asociaciones de familiares de alumnos (AFAs, AMPAs)[501].

Respecto a la huelga de consumo, que en realidad es un boicot, esto es, una modalidad de participación política muy recurrente que hemos conceptualizado como consumo político[502], proponen lo siguiente:

> "Paramos de consumir, paramos los comercios. También queremos practicar otra forma de consumo, donde no tenga cabida la explotación laboral ni la destrucción del planeta. El día de la huelga no compres ni consumas ningún producto o servicio, más allá de los imprescindibles para la supervivencia (comida, electricidad, transporte, agua, etc.). No consumas en comercios en los que las mujeres se encuentren en malas condiciones laborales y vitales. No compres ni consumas ningún producto dañino para el medio ambiente y cuyo origen o proceso de producción implique la explotación de otros pueblos o personas. Por dejar de consumir un día sabemos que no conseguimos un gran cambio, por eso te invitamos a pensar sobre tus hábitos y optar por productos a granel, de proximidad y respetuosos con el medioambiente. Reduce el consumo y la generación de residuos. Reutiliza y recicla siempre que sea posible"[503].

---

[500] Ministerio de Educación y Formación Profesional, *Igualdad en cifras*, 2023. Disponible en: https://zip.lu/VWix

[501] Asociación de madres y padres del CEIP San Benito, "La AMPA apoya la Huelga Feminista del 8-M: súmate a la marea por la igualdad", 3 de marzo de 2019. Disponible en: https://zip.lu/VWkF

[502] V. *supra* 1.4.2.

[503] Comisión 8 de marzo de Madrid, *Díptico Hacia la huelga feminista*, 2019. Disponible en: https://zip.lu/VWd7

Finalmente, para referirse a la huelga laboral, la genuina modalidad de acción colectiva de los trabajadores, plantean lo siguiente:

> "Paramos el trabajo asalariado en empresas, comercios, fábricas y servicios públicos, también los de salud, educación, cuidados y educativos. Así hacemos visible el vacío que queda cuando desaparecemos físicamente de estos lugares de trabajo. Haz campaña en tu centro de trabajo explicando las razones de la huelga, debatiendo sobre la situación laboral de las mujeres en tu sector, haciendo asambleas y reuniones informativas sobre la huelga por parte de los comités de empresa y las secciones sindicales. Infórmate de las cuestiones legales. Si eres trabajadora del hogar, migrante sin papeles, empleada de un pequeño comercio y no puedes parar ese día, también puedes organizar actividades para dar a conocer la huelga. En todos los espacios de trabajo se puede reflexionar colectivamente sobre qué pueden hacer los hombres para que no haya discriminación por cuestiones de género".

Sin duda, la huelga feminista es un fenómeno apasionante para las ciencias sociales. Aquí nos centraremos en la huelga como derecho fundamental de los trabajadores, no sin antes aportar un par de reflexiones sobre el dualismo de estos movimientos sociales que distinguen entre huelga laboral y huelgas no laborales. Aunque jurídicamente no es correcto, la huelga de estudiantes es un paro académico, la huelga de consumo una acción colectiva de boicot o consumo político y una huelga de cuidados un acto reivindicativo meramente simbólico o performativo, no deja de ser interesante la insistencia en recurrir a la noción de huelga.

3.2.1. Hacia una teoría política de la huelga feminista

Verónica Gago[504] construye lo que denomina teoría política de la huelga feminista:

> "La huelga deviene un dispositivo específico para politizar las violencias contra las mujeres y los cuerpos feminizados porque las vincula con las violencias de la acumulación capitalista contemporánea. En este sentido, el paro produce un mapa global: visibiliza y reconstruye circuitos transfronterizos y explicita por qué hay una relación orgánica entre acumulación y violencia. Para convocar, lanzamos la consigna #Noso-

---

504 GAGO, V., *La potencia feminista. O el deseo de cambiarlo todo*, Madrid, Traficantes de Sueños, 2019.

trasParamos y obligamos a esa clásica herramienta del movimiento obrero organizado a mutar, a ser reconfigurada, reconceptualizada y reutilizada por realidades de vida y trabajo que escapan a los límites gremiales (a su economía de visibilidad, legitimidad y reconocimiento)"[505].

Por su parte, Justa Montero, integrante de la Comisión 8M Madrid, reflexiona sobre la potencialidad de la huelga feminista considerando que el feminismo "vuelve a plantear nuevas formas de protesta social", como ya hizo en otros momentos históricos, y "visibiliza y denuncia las limitaciones de conceptos utilizados para explicar una realidad que bajo esa mirada resulta androcéntrica":

> "En este caso el concepto es el de 'huelga', y pasa a resignificarlo ajustándolo a la realidad de las mujeres. El éxito de la propuesta de huelga feminista está precisamente en su carácter innovador: trasciende el concepto tradicional, entendida como huelga laboral en el ámbito de la producción, para extenderla al ámbito de la reproducción social, a los trabajos de cuidados y domésticos que realizan las mujeres. Así el término 'huelga' cobra otro significado"[506].

De esta forma, la huelga feminista fue un desafío que cambió completamente el paradigma de la idea de huelga: "a partir del 8M nunca más una huelga podrá denominarse 'general' si no contempla la del ámbito del trabajo de cuidados. A partir de esta fecha una huelga reducida al ámbito de la producción será ya siempre una 'huelga parcial'"[507].

> "La potencia de la propuesta reside precisamente en su capacidad para situar la centralidad de los trabajos de cuidados, articulándolos con los trabajos del ámbito productivo, y situándolos como parte del mismo proceso económico. Todo esto ha tenido implicaciones prácticas, y hay retos derivados de esta experiencia que se dirigen fundamentalmente a los sindicatos mayoritarios a nivel estatal, CCOO y UGT. Se han visto sobrepasados por la dinámica de la huelga; por llegar tarde; por circunscribirla a un paro de dos horas y no responder al llamamiento del movimiento feminista para una huelga de 24 horas, a pesar del desacuerdo y protestas de muchas afiliadas; por no apoyar, de hecho, la huelga de cuidados y

---

505 *Ibidem*, p. 24.

506 MONTERO, J., "La huelga feminista del 8M: haciendo historia", *Economía feminista: visibilizar lo invisible, Dossieres Economistas Sin Fronteras*, nº 29, 2018, pp. 21-24.

507 *Idem*.

consumo; también por no redefinir el papel de los hombres (mayoría entre los trabajadores asalariados y sujetos protagonistas en las huelgas laborales tradicionales) en una huelga de mujeres".

En esta aproximación a la noción de huelga, consideran que "la huelga feminista ha permitido repensar, recualificar y relanzar otro sentido de la huelga general". Por tanto, la huelga sólo tendrá alcance general cuando deviene feminista porque "por primera vez alcanza todos los espacios, tareas y formas de trabajo"[508]:

"Con la herramienta de la huelga feminista se mapean nuevas formas de explotación de los cuerpos y los territorios desde una perspectiva simultánea de visibilización e insubordinación. La huelga revela la composición heterogénea del trabajo en clave feminista, reconociendo labores históricamente despreciadas, mostrando su actual engranaje con la precarización general y apropiándose de una tradicional herramienta de lucha para desbordarla y reinventarla"[509].

Adicionalmente, la huelga feminista fue una huelga económica en tanto interpelaba a elementos clave del sistema capitalista, el trabajo asalariado, el trabajo de cuidados no remunerado y el consumo, pero los motivos de la huelga iban más allá de la dimensión económica de la opresión de las mujeres por el hecho de ser mujeres.

"Porque los motivos que nos llevaron a la huelga también tienen que ver con nuestros cuerpos, nuestro derecho a decidir, con el reconocimiento de identidades no normativas, con el derecho a vidas libres de violencias machistas, libres de todo racismo. Unos derechos individuales que el feminismo reclama en el marco de la justicia social y que se entienden atravesados por otros ejes de desigualdad social como la clase, la 'raza', la edad, el estatus migratorio, la identidad de género, las capacidades, la opción sexual. Esto determina la forma en que las mujeres los vivimos, sentimos y reclamamos según estemos situadas en estas jerarquizaciones sociales"[510].

Por tanto,

"El planteamiento y la respuesta a la huelga habla también del significado político de las experiencias y las subjetividades para entender

---

508 GAGO, V. *La potencia feminista…*, *op. cit.*, p. 202.

509 *Ibidem*, p. 243.

510 MONTERO, J., "La huelga feminista…", *op. cit.*

> nuestros itinerarios vitales, de las distintas formas de percibir y vivir las manifestaciones del patriarcado y por tanto de responder a ellas. Un antídoto, también, a cualquier tentación de establecer un modo de ser, de sentir y soñar, uniforme y rígido"[511].

En definitiva, la llamada a la huelga "responde a una articulación de lo antes señalado, de los elementos de redistribución con los de reconocimiento; entre la dimensión económica y ecológica y la cultural y social que sustentan el sistema patriarcal, capitalista, racista, heteronormativo y biocida contra el que nos rebelamos"[512].

La propuesta del movimiento feminista es claramente transformadora, radical, diversa e interseccional:

> "En esta articulación, difícil de encontrar en los discursos de otros movimientos y actores políticos, radica la fuerza transformadora de la propuesta formulada desde el 8M. Se refleja en su manifiesto y en la agenda que dibuja. Pero el reto no es tanto instalar la diversidad en el imaginario, ni tan siquiera solo en los discursos, como hacerlo en las políticas concretas, en la agenda, como señalan mujeres jóvenes, migrantes racializadas, bolleras, trans, con diversidad funcional. Porque un tratamiento abstracto de las mujeres que no 'hunda sus raíces en su experiencia concreta' acaba resultando excluyente y por tanto estéril"[513].

La huelga se considerada como una acción que rearma a las mujeres como sujeto político. Frente a la victimización, las mujeres toman la iniciativa:

> "En primer lugar, tomar la huelga como una acción que nos sitúa como sujet*s políticos frente al intento sistemático de reducir nuestros dolores a la posición de víctima a ser reparada (en general, por el Estado). Ser víctima, por lo tanto, requiere fe estatal y demanda redentores. La huelga nos pone en situación de lucha. No olvida el duelo, pero nos saca del «estado» de duelo"[514].

El paro internacional de mujeres conformó un horizonte organizativo que permitió albergar múltiples realidades que resignifica-

---

511 *Idem.*

512 *Idem.*

513 *Idem.*

514 GAGO, V. *La potencia feminista…*, *op. cit*, p. 25.

ron, desafiaron y actualizaron la dinámica misma de lo que llamamos huelga, reinventando el propio concepto de huelga,

> "capaz de fabricar sus orígenes porque produce proximidad con luchas que parecen cronológicamente distantes y espacialmente esquivas. Hay un doble movimiento aquí. Por un lado, la producción de conexión entre las luchas, lo cual no es espontáneo ni natural. Por otro, que esa conexión se hace desde la huelga, lo cual implica hacerla en clave no puramente analítica sino de insubordinación"[515]

La huelga feminista tiene, como principal reto, romper la barrera que separa el trabajo y el hogar, la producción y la reproducción, esto es, cuestionar la división sexual del trabajo:

> "El paro feminista, a diferencia de la huelga obrera tradicional (es decir, del movimiento obrero, masculino, asalariado y sindicalizado) no está sólo vinculado a «oficios». Remite al mismo tiempo a ciertas tareas específicas ligadas a la producción y a la reproducción y, por lo tanto, a una cuestión genérica: explicita por qué ciertas tareas corresponden a una determinada división sexual del trabajo. En este sentido, es a la vez paro laboral y paro existencial. Esa actividad genérica y generizada por la que se hace huelga no implica tampoco que se trate de una huelga «identitaria». Esta es una de las trampas en que desemboca el argumento de que el paro feminista es sólo «simbólico» porque no alteraría «realmente» el ámbito productivo y sería más bien una reivindicación de reconocimiento, es decir, una acción que busca meramente reconocimiento identitario. La clave de la huelga feminista es la desobediencia en un sentido amplio, que excede el marco legal del paro «sindical» a la vez que «usa» su protección para ciertas situaciones específicas. Pero lo radical es que abre también la pregunta de a quién desobedecemos (si no es sólo a la figura del patrón), contra qué y quiénes paramos (si son patrones no sólo condensados en jefaturas) y en qué sentido la interrupción de la relación de obediencia que nos impone el capital abre un espacio para pensar vidas diferentes. Parar, en este sentido feminista, tiene un doble movimiento, mucho más explícito que la huelga de fábrica. Sobre todo porque el paro se despliega y derrama en la calle, en la comunidad y en el hogar. Abre así las espacialidades de la huelga, las multiplica y a la vez exhibe la conexión de ámbitos que arbitrariamente están segmentados y tabicados"[516].

Esta concepción de la huelga es claramente performativa:

---

515 *Ibidem*, p. 32.

516 *Ibidem*, p. 36-37.

> "La huelga feminista además se hace fuerte desde la imposibilidad: las que no pueden parar pero desean hacerlo; las que no pueden dejar de trabajar ni un día y quieren rebelarse a ese agotamiento; las que creían que sin la autorización de la jerarquía del sindicato no había manera y llamaron al paro; las que se imaginaron que la huelga podía hacerse contra los agrotóxicos y las finanzas. Todas y cada una empujamos las fronteras de la huelga. De la conjunción entre imposibilidad y deseo, surge una imaginación radical sobre la forma múltiple de parar feminista que lleva la huelga a lugares insospechados, que la desplaza en su capacidad de inclusión de experiencias vitales, que la reinventa desde los cuerpos desobedientes a lo que es reconocido como trabajo"[517].

En definitiva, el objetivo de utilizar la idea de huelga para calificar acciones colectivas que técnicamente no son paros laborales es remarcar su carácter reivindicativo, impugnatorio y transformador para las mujeres trabajadoras. La huelga es una marca de clase, un concepto performativo, que no sólo describe una acción sino que conforma e impulsa la acción misma. Más adelante profundizaremos en esta idea.

3.2.2. Respuesta jurídica a la huelga feminista

Partiendo de la noción técnico-jurídica de huelga, se convocaron siete huelgas feministas el 8 de marzo entre 2018 y 2024. Las cinco primeras se convocaron en todo el Estado, con carácter general y para todas empresas y administraciones públicas, mientras en 2023 sólo se convocó en Cataluña y Aragón y en 2024 en Andalucía, Aragón, Baleares, Cataluña, Ceuta y Melilla. Los convocantes más destacados fueron sindicatos minoritarios como CGT y CNT, que promovieron una huelga general todos los años. En cambio, los sindicatos CIG, ELA y LAB sólo convocaron huelga general en el año 2019, optando en 2018 por paros parciales de varias horas. CCOO, UGT y USO sólo promovieron paros parciales tanto en 2018 como en 2019, mientras CSIF sólo llamó a paros parciales en 2019. También se sumaron otros sindicatos minoritarios a estas convocatorias. En la tabla 2 puede verse una evolución del seguimiento de la huelga.

---

517 *Ibidem*, p. 244.

Tabla 2. Cuadro evolución de trabajadores participantes en la huelga del 8 de marzo afiliados a la seguridad social y jornadas no trabajadas

Año	Total de participantes	Jornadas no trabajadas
2018	364.049	221.948
2019	337.579	226.595
2020	1.677	1.193
2021	15.150	13.271
2022	13.168	9.596
2023	9.881	8.499
2024	9.355	8.223

Elaboración propia a partir de la Estadística de Huelgas y Cierres Patronales del Ministerio de Trabajo y Economía Social

Sorprendentemente, en los años 2018 y 2019 la huelga tuvo un importante impacto laboral. A pesar de que la convocatoria estaba impulsada por sindicatos minoritarios o autonómicos, porque los mayoritarios preferían paros parciales, la huelga alcanzó los 364.049 participantes en 2018 y las 226.595 jornadas no trabajadas en 2019. Puede parecer poco, pero suponen en torno al 50% del seguimiento en volumen de participantes de la última huelga general convocada en España por los sindicatos mayoritarios (14 de noviembre de 2012). Por tanto, una convocatoria aparentemente marginal, sin apoyo entusiasta de CCOO y UGT, tuvo más músculo del esperado. Y ello sin contar el impacto social o cultural, ni las masivas manifestaciones que se celebraron por todo el país.

En los siguientes años, las protestas se limitaron a acciones mediáticas y a manifestaciones masivas, pero dejando de lado la huelga. De esta forma, las cifras se desploman. CGT siguió convocando huelga general para dar cobertura jurídica a las protestas, aunque los últimos años la huelga se limitó sólo a algunas comunidades autónomas. Es muy interesante la idea de la huelga no como fin en sí mismo, sino como cobertura, como instrumento, como herramienta al servicio de protestas más amplias, como es el feminismo.

Para Baylos, el movimiento feminista recurrió a la "percha sindical" para convocar una "huelga ciudadana"[518]. De esta forma, nos encontramos ante una

> "fuerza expansiva de la huelga como medio de protesta y de condicionamiento de las decisiones políticas, que pretende ignorar la vertiente organizativa concreta del disenso en los lugares de producción y se rediseña como pura reivindicación, sin que se produzca un anclaje de la misma en la alteración de los procesos de producción de bienes y de servicios. Esta disociación entre lo reivindicativo y el elemento disruptivo de la normalidad productiva se compensa con la visibilidad social de la convocatoria y el desplazamiento de la acción colectiva al espacio ciudadano a través de la convocatoria de manifestaciones que sostiene el plano reivindicativo de la acción. Es una fórmula híbrida que normalmente es impulsada desde fuera del sindicalismo representativo, por organizaciones o movimientos sociales no sindicales que asumen la huelga como una forma de reclamación propia y la incorporan a su plan de acción. Pero al no tratarse de organizaciones sindicales, requieren un cierto enganche en el espacio de la producción para poder definir el ámbito de la huelga"[519].

Está claro que la huelga, como derecho fundamental que es, habilita una serie de prerrogativas que en una situación normal no se admitirían. Por ejemplo, algunas sentencias hablan de una protección reforzada de la libertad de expresión en contextos de conflicto sindical. De hecho, el TSJ de Cataluña ha afirmado que una trabajadora, "por su condición de miembro del comité de empresa y afiliada a un sindicato, en la circunstancia del ejercicio de un derecho fundamental como la libertad sindical y la huelga, goza de una protección reforzada de la libertad de expresión, que admite expresiones hirientes o molestas, incluso insultantes que, en otras circunstancias podrían no verse amparadas por dicha libertad"[520].

La cuestión aquí es si cabe la huelga como cobertura jurídica para protestas extralaborales y la respuesta del legislador preconstitucional es que no: la huelga es ilegal "cuando se inicie o se sostenga por motivos políticos o con cualquier otra finalidad ajena al interés profesional de los trabajadores afectados" (art. 11.a RDLRT). Sin em-

---

518 BAYLOS GRAU, A., "Replanteamientos y novedades en la regulación jurídica de la huelga", *Revista de Derecho Social*, nº 82, 2018, p. 179.

519 *Ibidem*, p. 176.

520 STSJ Cataluña de 24 de enero de 2023 (Rec. 4917/2022).

bargo, a pesar de todo lo que hemos visto (y la orientación política del 8M es pública y reivindicada por todas sus promotoras), no nos encontramos ante una huelga política, sino ante lo que tanto la jurisprudencia[521] como la doctrina[522] han denominado "huelga mixta" o huelga "sociopolítica".

En la huelga feminista, el sindicato convocante de huelga general de 24 horas en todas las convocatorias arriba referidas es la CGT. Partiendo de sus escritos de preaviso de la huelga de los años 2018[523] y 2019[524], cuyo contenido es idéntico, CGT convoca una huelga para "dar fin a la desigualdad en el ámbito laboral, económico y social de las mujeres respecto a los hombres", destacando once motivos:

> 1) exigencia al gobierno de medidas concretas y efectivas contra las violencias machistas; 2) supresión de la brecha salarial y desigualdad en las pensiones; 3) acceso igualitario a la promoción profesional; 4) cese en la discriminación de acceso al empleo y la disminución de la tasa de paro de mujeres; 5) erradicación del acoso sexual laboral, la precariedad, la temporalidad y la alta tasa de contratos con jornadas parciales; 6) medidas por la conciliación real y efectiva de la vida laboral, familiar y personal; 7) igualdad material y efectiva de las mujeres migrantes y refugiadas y cierre de los CIEs; 8) equiparación efectiva de las empleadas de hogar; 9) consideración de las tareas de cuidados como trabajo con derecho a remuneración y prestaciones contributivas independientes; 10) igualdad efectiva entre empleados y empleadas al servicio de las administraciones públicas; 11) igualdad de las mujeres en el acceso de bienes de consumo básicos y sostenibilidad (tasa rosa).

Como se puede observar, el contenido es estrictamente laboral y abarca una amplia gama de reivindicaciones de las mujeres trabajadoras. De hecho, son pocas las reivindicaciones sin conexión directa con el mundo del trabajo, aunque perjudiquen principalmente a las trabajadoras mujeres, como el cierre de los CIEs o la supresión de la

---

521 STS 15 de enero de 2020 (Rec. 166/2018).

522 ROJO TORRECILLA, E., "Sobre la legalidad de la huelga profesional-política ('mixta'). La sentencia de 15 de enero de 2020 del TS confirma la del TSJ de Cataluña de 2 de mayo de 2018 (caso huelga general 8.11.2017)", *El Blog de Eduardo Rojo*, 11 de febrero de 2020. Disponible en: https://zip.lu/VWvo

523 CGT, Preaviso de huelga general el 8 de marzo, 2018. Disponible en: https://zip.lu/WrQS

524 CGT, Preaviso de huelga general el 8 de marzo, 2019. Disponible en: https://zip.lu/WrU3

llamada tasa rosa (productos dirigidos a mujeres que tienen mayores precios que los mismos artículos dirigidos a hombres). Por tanto, las huelgas generales del 8 de marzo cumplen ampliamente lo que hemos llamado test de laboralidad en materia de huelga, esto es, que las reivindicaciones de los huelguistas tengan motivación e incidencia en las relaciones laborales.

En realidad, parece sencillo superar este test porque desvirtuar la conexión de una huelga con el mundo del trabajo es complicado. Y no es una cuestión de que basten referencias laborales genéricas en el preaviso, sino que la propia dinámica de una huelga, su convocatoria y su desarrollo, está íntimamente conectada con el trabajo. Por decirlo de forma simple: nadie secundaría una huelga sin relación directa o indirecta con sus condiciones de trabajo, incluso en las huelgas de solidaridad. No obstante, la huelga feminista, en su vertiente laboral, es claramente lícita, sin perjuicio de que las denominadas huelgas de cuidados, educativa o de consumo sean técnicamente otras formas de protesta, pero no una huelga *estrictu sensu.*

En último lugar, se debe mencionar la huelga general feminista convocada el 30 de noviembre de 2023 en Navarra y País Vasco, promovida por el Movimiento Feminista vasco[525] y formalmente por los sindicatos ELA, LAB, Steilas, ESK, EHNE, Etxalde y CGT. Los sindicatos convocaron huelga general por un sistema de cuidados digno, universalizando el derecho colectivo al cuidado y acabando con la privatización y subcontratación de estos servicios. De esta forma, proponen desarrollar y fortalecer el sistema público, reforzar y desarrollar el servicio a domicilio, trabajar los cuidados de forma transversal (en la educación, en la sanidad y en el ámbito laboral) y ampliar los permisos para el cuidado. Para garantizar una vida digna y los tiempos de cuidado plantean una reducción de jornada laboral sin aminorar el salario y la redistribución de los cuidados para que los hombres también se hagan cargo de ellos. A su vez, promueven unas condiciones dignas de las trabajadoras de los cuidados: exigen erradicar el régimen interno del trabajo doméstico, ratificar en su integridad el Convenio 189 OIT, integrar el trabajo de hogar en el régimen general de trabajo y situarlo por encima del salario mínimo,

---

525 Más información aquí: https://denonbizitzakerdigunean.eus/

y, en general, mejorar de las condiciones laborales de las trabajadoras de los diferentes sectores de cuidados[526].

El argumentario del movimiento feminista vasco recoge que "la huelga es parar, no trabajar, pero esta huelga es más compleja que eso".

> "El objetivo no es la jornada de huelga en sí, sino todo el trabajo que haremos antes y después de ésta. No todas tenemos derecho a hacer huelga. Hay trabajos que no se pueden dejar de hacer. Por lo tanto, aunque también convocamos una huelga de cuidados, sabemos que no es posible un paro total. Queremos utilizar la potencialidad de esa 'contradicción': visibilizar la necesidad de los cuidados y hacer aflorar quién y en qué condiciones [...] el movimiento feminista apoya sus luchas y reconoce el camino feminista recorrido tanto por los sindicatos como por las trabajadoras; y puede ser una forma para las trabajadoras de acercarse al movimiento y dar otra dimensión a su lucha. Politizando a las cuidadoras politizaremos a la sociedad"[527].

Sin embargo, la convocatoria ha recibido críticas de feministas antirracistas y decoloniales. En un comunicado critican que "la huelga excluye a una parte importante de la población, pues las trabajadoras racializadas, migradas y gitanas «no tienen derecho a huelga», la mayoría de labores relacionadas con el cuidado las ejercen mujeres migradas racializadas que, en régimen de interna, carecen de las condiciones para hacerla. Esta situación se ve empeorada y aún más precarizada para aquellas trabajadoras que carecen de contrato, al no tener tampoco acceso al empadronamiento o a otras regularidades, y, en consecuencia, no pueden permitirse ir a la huelga"[528]. Esta postura es interesante porque resalta la perspectiva de género y migrante en las limitaciones intrínsecas del derecho de huelga, esto es, los mayores costes de la acción colectiva de mujeres migrantes.

---

526 LAB, "La Huelga Feminista General ha quedado registrada en Hego Euskal Herria", *lab.es*, 10 de octubre de 2023. Disponible en: https://zip.lu/ZzPz

527 Denon Bizitzak Erdigunean, *Material de Trabajo*, 2023. Disponible en: https://zip.lu/ZzUS

528 FONTALBA, A., "Trabajadoras racializadas, migradas y gitanas sin derecho a huelga", *ecuadoretxea.org*, 7 de noviembre de 2023. Disponible en: https://zip.lu/ZQGD

En el gráfico 2 puede verse una comparativa del volumen de participantes y jornadas no trabajadas en las principales huelgas generales en Navarra y País Vasco entre 2012 y 2023. De acuerdo con estos datos, se debe valorar la fortaleza de la mayoría sindical vasca, con capacidad de impulsar una huelga de forma autónoma y con un impacto similar a las huelgas feministas de 2018 y 2019. Por tanto, el feminismo mantiene una importante capacidad de movilización, pero sigue lejos de otras convocatorias. La huelga del 30N apenas supera la mitad de la participación del paro del 30 de enero de 2020 en País Vasco y Navarra por las pensiones, el empleo y los servicios públicos. A su vez, se queda en una cuarta parte del apoyo de la huelga general estatal de marzo de 2012.

Gráfico 2. Volumen de participantes y jornadas no trabajadas en las principales huelgas generales en Navarra y País Vasco entre 2012 y 2023

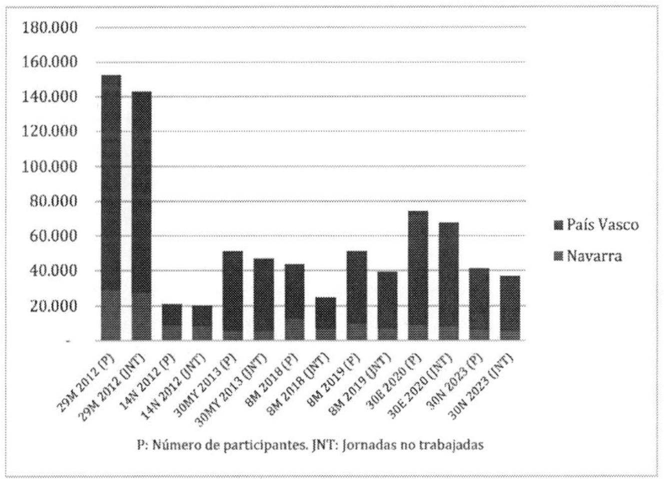

Elaboración propia a partir de datos de la Estadística de Huelgas y Cierres Patronales del Ministerio de Trabajo y Economía Social.

En conclusión, se constata la conexión entre la noción de huelga y paralizar la producción en sentido amplio, así como el contenido laboral de las reivindicaciones feministas sobre cuidados, desigualdad salarial y empleos feminizados, revelando la huelga como la herramienta de lucha adecuada. La liturgia laboral se manifiesta también a través de los servicios mínimos de la 'huelga de cuidados', ofreciendo ayuda en "actividades básicas de la vida diaria". Además, la viralidad mediática se convierte en una poderosa forma de presión tanto para empresas como para instituciones, poniendo de relieve la importancia de lo simbólico, lo cultural y lo performativo en la acción colectiva. No obstante, se puede cuestionar a quién van dirigidas estas reivindicaciones realmente, ya que, aunque por su amplitud parezcan dirigirse al gobierno, son los empleadores quienes tienen el papel fundamental en las condiciones de trabajo y las brechas de género, lo que enfatiza la importancia de aterrizar estas demandas en la negociación colectiva sectorial.

3.3. El ecologismo y la acción sindical ante la emergencia climática. Estudio de caso: la huelga climática

La crisis climática se manifiesta con una magnitud, intensidad y rapidez que lleva a muchos expertos a considerarla una verdadera emergencia climática. En este contexto, la necesidad de tomar medidas urgentes y decididas para abordar el problema se vuelve imperativa. Esto también plantea cuestiones cruciales en el ámbito laboral, donde debemos reflexionar sobre el papel de los sindicatos, de la negociación colectiva y el diálogo social en las medidas que se adopten, y de las acciones colectivas para presionar a empresas e instituciones.

Es importante considerar dos perspectivas clave en la relación entre la cuestión climática y el trabajo: la respuesta ante sucesos climáticos extremos desde la prevención de riesgos laborales y la transformación del modelo productivo y su impacto en el mantenimiento o en la calidad del empleo. De hecho, ya se han dictado normas sobre prevención de riesgos laborales en episodios de elevadas temperaturas y otros fenómenos climatológicos extraordinarios[529]. Ignorar los

---

[529] Real Decreto-ley 4/2023, de 11 de mayo, por el que se adoptan medidas urgentes en materia agraria y de aguas en respuesta a la sequía y al agravamiento de las condiciones del sector primario derivado del conflicto bélico en Ucrania y de las condiciones climatológicas, así como de promoción del uso del transporte público colectivo terrestre por parte de los jóvenes y prevención de riesgos laborales en episodios de elevadas temperaturas.

aspectos laborales del cambio climático sería miope, porque sus efectos ya están presentes y continuarán en el futuro.

Escribano Gutiérrez se pregunta si la protección del medio ambiente o la defensa de la biosfera forma parte del interés de clase de los trabajadores y si lo que llama "huelga medioambiental" se puede considerar una huelga política. Este autor considera que la huelga es el instrumento ideal para luchar por un medio ambiente sano porque permite que los trabajadores, como clase social, reivindiquen un modelo productivo que supere el trabajo y el medio ambiente como simples mercancías, "frente al empresario, cuya libertad de empresa no puede seguir convirtiéndose en una excusa para políticas empresariales que no avancen hacia una gestión sostenible en la que se dé cabida a la intervención de los trabajadores"[530].

Una de las preguntas de este trabajo es si la cuestión climática y sus implicaciones sociales eventualmente desencadenarán conflictos laborales y huelgas como medio para exigir mejoras laborales, por ejemplo, en la prevención de riesgos laborales, especialmente en condiciones climáticas extremas coma las ya habituales olas de calor. Hasta ahora, han surgido manifestaciones, huelgas estudiantiles y campañas mediáticas en redes sociales como formas de movilización en torno a esta cuestión. Incluso la primera huelga climática de la historia.

El 25 de septiembre de 2020, la Confederación General del Trabajo de Andalucía (CGT) convocó una huelga general de 24 horas en Andalucía "para la defensa de los intereses ambientales, climáticos, por la conservación y desarrollo de las especies tanto animales como vegetales, laborales, sociales y económicos de todos los trabajadores y trabajadoras".

Los motivos que indican en el preaviso son:

> "Exigencia al Gobierno de la Junta de Andalucía de la derogación del Decreto 2/20, decreto-ley de mejora y simplificación de la regulación para el fomento de la actividad productiva en Andalucía. Por la Declaración de Emergencia Climática en Andalucía. Turistificación y gentrificación en nuestra Comunidad Autónoma. Destrucción de los sistemas de transporte

---

530 ESCRIBANO GUTIÉRREZ, J., "Conflicto laboral y conflicto medioambiental: posibles confluencias", *Documentación Laboral*, nº 128, 2023, p. 47.

público de masas respetuoso con el medioambiente y políticas que inducen al uso de vehículos privados y con ello al consumo de combustibles fósiles. Medio rural y marino: Andalucía vaciada y contaminación de nuestros mares. Sequías y desertificación de Andalucía. Igualdad de las andaluzas y andaluces en el acceso de bienes de consumo básicos y sostenibilidad"[531].

En realidad, esta convocatoria se integraba en una semana de movilizaciones internacionales y el objetivo era dar cobertura legal a las protestas convocadas por los colectivos ecologistas Fridays for Future - Juventud por el Clima, 2020 Rebelión por el Clima, Alianza por el Clima y Alianza por la Emergencia Climática. Estos grupos lanzaron un manifiesto que contó con el apoyo de varios cientos de entidades, incluyendo sindicatos como CCOO y UGT:

> "En defensa del futuro, de un planeta vivo y de un mundo justo, las personas y colectivos firmantes nos sumamos a la convocatoria internacional de Huelga mundial por el clima, una movilización que será, huelga estudiantil, huelga de consumo, movilizaciones en los centros de trabajo y en las calles, cierres en apoyo de la lucha climática,... e invitamos a la ciudadanía y al resto de actores sociales, ambientales y sindicales a secundar esta convocatoria y a sumarse a las distintas movilizaciones que sucederán el 27 de septiembre"[532].

Sin embargo, la movilización que aquí nos interesa, la huelga genuina, que es la laboral, apenas tuvo un seguimiento de 117 personas y supuso 107 jornadas no trabajadas en Andalucía, de acuerdo con los datos de la estadística de huelgas y cierres patronales del Ministerio de Trabajo y Economía Social. Mientras lo colectivos ecologistas consideraron la movilización en su conjunto un éxito[533], donde

531 Resolución de 23 de septiembre de 2020, de la Dirección General de Trabajo y Bienestar Laboral, por la que se garantiza el funcionamiento de los servicios públicos esenciales para la comunidad durante la huelga general del día 25 de septiembre de 2020 prestados por empresas e instituciones, públicas o privadas, en el ámbito de la Comunidad Autónoma de Andalucía, mediante el establecimiento de servicios mínimos.

532 Fridays for Future - Juventud por el Clima, 2020 Rebelión por el Clima, Alianza por el Clima Alianza por la Emergencia Climática, *Manifiesto 27 de septiembre huelga mundial por el clima*, 2020. Disponible en: https://zip.lu/W27M

533 El Salto, "Cientos de miles de personas convierten la Huelga por el Clima en un éxito", *El Salto Diario*, 27 de septiembre de 2020. Disponible en: https://zip.lu/W2FL

destacaron manifestaciones masivas el 27 de septiembre de 2020 por todo el mundo, la modalidad laboral de la huelga climática fue un fracaso.

No obstante, lo interesante es que se trata de la primera huelga por motivos relacionados con la emergencia climática, convocada legalmente y de la que disponemos de datos oficiales. El fracaso de la convocatoria se debe a la nula implicación de los sindicatos mayoritarios, que apoyaron las movilizaciones y acudieron a las manifestaciones, pero no promovieron una huelga en los centros de trabajo. Ni siquiera la CGT, el sindicato convocante, movilizó a sus cuadros sindicales. Simplemente buscaba dotar de cobertura jurídica a una movilización que partía del movimiento ecologista.

Tenemos otro intento de huelga climática en abril de 2022, que no llegó a convocarse formalmente. En el preaviso, el Sindicato Andaluz de Trabajadores/as (SAT) proponía las siguientes medidas en la Universidad de Sevilla: formación sobre la emergencia climática tanto a alumnos como a profesores; mejora integral del transporte público metropolitano y potenciar la bicicleta; podas adecuadas de arbolado y utilizarlo para sombrear aparcamientos (tanto de bicicletas como de automóviles); reducir fertilizantes y plaguicidas; utilizar maquinaria, vehículos y herramientas eléctricas en el mantenimiento de los jardines universitarios; reducir el tráfico; mejora de eficiencia energética (electrodomésticos, limitar calefacción y aire acondicionado, paneles solares, aerogeneradores, detectores de movimiento para el alumbrado); contenedores de reciclaje (incluyendo compostaje) y utilización de material reciclado; declarar la Universidad de Sevilla una institución libre de botellas de plásticos, entre otras. Con excepción del transporte público, que es la forma habitual de acudir al centro de trabajo, apenas había contenido laboral en estas propuestas.

Por otro lado, el análisis del SAT sobre prevención de riesgos laborales, que parte de informes de la OIT, es certero. El cambio climático está generando un aumento en los episodios climáticos extremos, lo que plantea riesgos significativos para la salud y la productividad laboral debido al estrés térmico causado por el calor excesivo en el trabajo. A menudo, se percibe erróneamente que la exposición al calor ambiental es un peligro natural al que los trabajadores deben adaptarse, lo que crea una barrera de actitud en la prevención de riesgos laborales. Sin embargo, dada la previsibilidad y la frecuencia creciente de altas temperaturas debido al cambio climático, es fundamental que los técnicos de prevención y las empresas identifiquen y aborden estos riesgos de manera proactiva. Por ello, consideran necesaria la implementación de un plan de acción que incluya medidas técnicas, organizativas y de formación para proteger a los trabajadores, especialmente en sectores que realizan tareas al aire libre como la logística, el transporte, la construcción, la agricultura y el turismo[534].

En conclusión, la emergencia climática como motivación y los colectivos ecologistas como motor organizativo son ingredientes suficientes para promover una huelga. No es una mera hipótesis, ya se convocó la primera huelga climática genuinamente laboral, aunque fracasó. Joshua Clover[535] advierte que "la distopía ya está aquí" y que estamos ante los primeros pasos de la "revuelta climática"[536]. De momento, la acción política del ecologismo se limita al campo de la protesta, incluyendo manifestaciones u otras acciones mediáticas que generan gran controversia (activistas que se pegan a cuadros famosos o tiran pintura a instituciones o monumentos). Sin embargo, no se puede descartar que, al igual que el feminismo, el ecologismo consiga movilizar una huelga masiva. Si esto ocurre, será por la acentuación de la crisis climática y algún evento extraordinario que sirva como 'chispa' desencadenante del conflicto sindical. Igual que el movimiento feminista creció a raíz del mediático caso de *la manada*, situaciones como la muerte de trabajadores debido a una ola de calor[537] podrían activar los marcos de injusticia, frustración, resentimiento y cólera de los que hablaban Gamson y otros autores[538]. Para

---

534 SAT, Modelo de preaviso de huelga por motivos climáticos el 7 de abril de 2022 en la US, 2022. Disponible en: https://zip.lu/W2ss

535 CLOVER, J., *Riot. Strike. Riot: The new era of Uprisings*, London/New York, Verso, 2019, p. 211.

536 Joshua Clover se refiere a "climate riots", que se podría traducir como motín, disturbio, revuelta o protesta.

537 VIEJO, M., "El barrendero fallecido por un golpe de calor en Madrid tenía un contrato de un mes y le había cambiado el turno a un compañero", *El País*, 18 de julio de 2022. Disponible en: https://zip.lu/W2uF

538 V. *supra* 1.3.

ello, el papel de los medios de comunicación y las redes sociales será clave.

3.4. El movimiento/colectivo LGTBI: ¿hacia un sindicato drag?

Las personas lesbianas, gais, trans, bisexuales e intersexuales (LGTBI) conforman un espacio político heterogéneo. El colectivo se caracteriza por su subordinación bajo dos ejes de opresión: la orientación sexual y la identidad o expresión de género. A pesar de que su conceptualización corresponde más a las ciencias sociales que al Derecho, la jurisprudencia y la reciente y profusa legislación en materia de igualdad nos permite definir jurídicamente al colectivo LGTBI.

El Tribunal Constitucional distingue entre "la orientación sexual y la identidad de género, refiriéndose la primera a la preferencia por establecer relaciones afectivas con personas de uno u otro sexo, y la segunda a la identificación de una persona con caracteres definitorios del género que pueden coincidir o no hacerlo con el sexo que se le atribuye, en virtud de los caracteres biológicos predominantes que presenta desde su nacimiento"[539].

Las primeras normativas en la materia, de carácter autonómico, definen la "identidad sexual y/o de género" como "la vivencia interna e individual del género tal y como cada persona la siente y auto determina, sin que deba ser definida por terceros, pudiendo corresponder o no con el sexo asignado al momento del nacimiento, y pudiendo involucrar la modificación de la apariencia o la función corporal a través de medios farmacológicos, quirúrgicos o de otra índole, siempre que ello sea libremente escogido" (art. 1.1)[540].

También entienden la "identidad sexual o de género" como "el sexo autopercibido por cada persona, sin que deba ser acreditado ni determinado mediante informe psicológico o médico, pudiendo corresponder o no con el sexo asignado en el momento del nacimiento, y pudiendo o no involucrar la modificación de la apariencia o la

---

539 STC 67/2022, de 2 de junio.

540 Ley 2/2016, de 29 de marzo, de Identidad y Expresión de Género e Igualdad Social y no Discriminación de la Comunidad de Madrid.

función corporal a través de medios farmacológicos, quirúrgicos o de otra índole, atendiendo a la voluntad de la persona" (art. 3.p)[541].

Por cuestiones demasiado complejas para esta aproximación introductoria, la actual normativa estatal, la Ley 4/2023, de 28 de febrero, para la igualdad real y efectiva de las personas trans y para la garantía de los derechos de las personas LGTBI (en adelante Ley LGTBI), deja de lado la idea de "identidad de género" para definir exclusivamente a la "identidad sexual" como "vivencia interna e individual del sexo tal y como cada persona la siente y autodefine, pudiendo o no corresponder con el sexo asignado al nacer" (art. 3.i). A su vez, la "expresión de género" es la "manifestación que cada persona hace de su identidad sexual" (art. 3.j).

Respecto a la orientación sexual, que es la "atracción física, sexual o afectiva hacia una persona", precisan que "puede ser heterosexual, cuando se siente atracción física, sexual o afectiva únicamente hacia personas de distinto sexo; homosexual, cuando se siente atracción física, sexual o afectiva únicamente hacia personas del mismo sexo; o bisexual, cuando se siente atracción física, sexual o afectiva hacia personas de diferentes sexos, no necesariamente al mismo tiempo, de la misma manera, en el mismo grado ni con la misma intensidad. Las personas homosexuales pueden ser gais, si son hombres, o lesbianas, si son mujeres" (art. 3.h Ley LGTBI).

En este contexto, el cisheteropatriarcado se configura como una estructura de poder que impone la identificación entre sexo y género, la heterosexualidad obligatoria (heteronormatividad) y la subordinación de la mujer ante el hombre. El colectivo LGTBI sólo se puede entender en torno a la monosexualidad heterosexual impuesta y a la cisnormatividad. Los géneros y sexualidades diversas (GSD, otra forma, aunque menos habitual, de denominar al colectivo LGTBI) se ubican en la periferia de un sistema centrífugo que expulsa todo lo que se aleja de su idea de normalidad.

El colectivo LGTBI, que como ya se ha dicho es espacio político heterogéneo, se organiza y participa políticamente conformando lo

---

541 Ley 3/2016, de 22 de julio, de Protección Integral contra LGTBIfobia y la Discriminación por Razón de Orientación e Identidad Sexual en la Comunidad de Madrid.

que podemos llamar movimiento LGTBI. La cuestión aquí es valorar si este movimiento, encuadrable dentro de los nuevos movimientos sociales, tiene impacto sociolaboral.

En primer lugar, debemos analizar el impacto del movimiento LGTBI en la legislación y en las políticas públicas del país. Su logro más reciente fue la aprobación de la ya mencionada Ley LGTBI. Esta ley integral se considera un triunfo porque garantiza definitivamente la despatologización de las personas trans y la libre autodeterminación de género. También incluye interesantes medidas en el ámbito laboral para promover la igualdad real y efectiva de las personas trans dirigidas a las administraciones públicas (arts. 54-55).

En el ámbito público, esta norma permitirá ampliar al ámbito estatal la perspectiva LGTBI que alguna legislación autonómica ya ha incorporado a las políticas de empleo. Un ejemplo son los incentivos a la contratación indefinida de personas desempleadas de especial atención de la Comunidad de Madrid, que prevén incrementar las subvenciones ordinarias en "500 € adicionales cuando la persona contratada sea una mujer o pertenezca al colectivo de personas trans"[542].

En el ámbito privado, se crea un nuevo 'plan de igualdad LGTBI' para garantizar la igualdad de trato y de oportunidades de las personas LGTBI en las empresas. Se regula que las empresas de más de cincuenta personas trabajadoras deberán contar con un conjunto planificado de medidas y recursos para alcanzar la igualdad real y efectiva de las personas LGTBI, que incluya un protocolo de actuación para la atención del acoso o la violencia contra las personas LGTBI (art. 15). La ley exige que estas medidas sean pactadas a través de la negociación colectiva y acordadas con la representación legal de las personas trabajadoras.

Aunque fuera del plazo de doce meses que establecía la ley, finalmente el contenido y alcance de ese 'plan de igualdad LGTBI' se ha

---

[542] Artículo 5 del Acuerdo de 28 de diciembre de 2022, del Consejo de Gobierno, por el que se aprueban las normas reguladoras y se establece el procedimiento de concesión directa de subvenciones del programa para el fomento de la contratación en el ámbito de la Comunidad de Madrid (BOCM nº 312, de 31 de diciembre de 2022).

aprobado en el Real Decreto 1026/2024, de 8 de octubre, por el que se desarrolla el conjunto planificado de las medidas para la igualdad y no discriminación de las personas LGTBI en las empresas. Esta norma regula el procedimiento de negociación de las medidas planificadas (arts. 4-6), su contenido (arts. 7-9) e incorpora dos anexos que recogen las medidas planificadas que como mínimo deben contemplarse y la estructura y contenido del protocolo ante situaciones de acoso por orientación e identidad sexual y expresión de género.

Uno de los elementos clave de este nuevo reglamento es que impone un plazo de tres meses desde el inicio del procedimiento de negociación (que se puede demorar tres o seis meses, en función de si la empresa tiene convenio colectivo y representación legal de los trabajadores) para llevar a cabo la negociación o determinación de las medidas planificadas. Transcurrido ese plazo, las empresas aplicarán el conjunto de medidas establecidas en el real decreto (art. 5 RD 1026/2024).

En segundo lugar, tenemos que valorar el impacto del movimiento LGTBI en el sindicalismo. Como ya se ha visto, la protección de la diversidad LGTBI es una bandera común de los principales sindicatos del país. De hecho, esta ley era una de sus reivindicaciones. Tanto en el seno de CCOO como en el de UGT, "hay grupos LGBT que actúan de catalizadores dentro de las organizaciones en la toma de conciencia sobre la homofobia y transfobia en el trabajo. En la labor que los sindicatos están realizando en este campo, se logra articular la perspectiva sindical de defensa y protección de los trabajadores, su conocimiento del tejido empresarial español, con la sensibilidad y el conocimiento de las situaciones específicas vividas por las personas LGBT"[543]. Dentro del trabajo sindical cobra importancia su labor divulgativa e investigadora, que incluye interesantes estudios y guías.

---

[543] CANDELA QUINTANILLA, R. M., LOPEZ PIETSCH, P., MASEDA GARCÍA R., CARABAÑO RUBIANES I., *Las personas LGBT en el ámbito del empleo en España: hacia espacios de trabajo inclusivos con la orientación sexual e identidad y expresión de género*, Instituto de la Mujer y para la Igualdad de Oportunidades (ed.), 2017, p. 59.

En el caso de CCOO, podemos destacar varios documentos: el informe "Igualdad y diversidad en los convenios colectivos"[544], que incorpora ejemplos y cláusulas específicas que pueden servir de guía para la negociación colectiva; el informe "La LGTBifobia desde la prevención de riesgos laborales"[545], que explica cómo las condiciones de la organización del trabajo pueden permitir comportamientos LGTBIfóbicos y define algunas actuaciones para prevenir, identificar y actuar ante situaciones de discriminación y acoso, y, finalmente, la "Guía de Actuación frente a la LGTBIfobia en el ámbito laboral"[546], un instrumento que pretende facilitar la actuación de delegados y delegadas sindicales.

Por parte de UGT, se publica el informe "Las personas LGTBI en la negociación colectiva. Análisis de la protección laboral de las personas LGTBI en la negociación colectiva en España"[547] o el mayor estudio estadístico sobre las personas LGTBI en el empleo en España: "Hacia centros de trabajo inclusivos. La discriminación de las personas trans y LGTBI en el ámbito laboral en España en 2023. Retos y soluciones"[548].

En este contexto, el compromiso de las grandes centrales sindicales con el colectivo LGTBI los lleva a incluirlos expresamente en el V Acuerdo para el Empleo y la Negociación Colectiva (2023-2025).

---

544 Secretaría Confederal de Mujeres, Igualdad y Condiciones de Trabajo de CCOO, *Igualdad y diversidad en los convenios colectivos*, Madrid, 2022. Disponible en: https://bitly.cx/Qoc9P

545 Secretaría Confederal de Mujeres, Igualdad y Condiciones de Trabajo, Secretaría Confederal de Salud Laboral y Sostenibilidad Medioambiental, Grupo de trabajo de la RED LGTBI+ de CCOO, *La LGTBifobia desde la prevención de riesgos laborales*, Madrid, 2023. Disponible en: https://bitly.cx/SzO

546 Gabinete Jurídico de CCOO, Secretaría de Mujeres, Igualdad y Condiciones de Trabajo de CCOO y grupo de trabajo de la RED LGTBI+ de CCOO, *Guía de Actuación frente a la LGTBIfobia en el ámbito laboral*, Madrid, 2023. Disponible en: https://zip.lu/3j4KC

547 UGT, *Las personas LGTBI en la negociación colectiva. Análisis de la protección laboral de las personas LGTBI en la negociación colectiva en España*, 2021. Disponible en: https://zip.lu/WRY3

548 ABAD, T. (coord.), GUTIÉRREZ, M. G., *Hacia centros de trabajo inclusivos. La discriminación de las personas trans y LGTBI en el ámbito laboral en España en 2023. Retos y soluciones*. Segunda edición, UGT, Área Confederal LGTBI, 2023. Disponible en: https://zip.lu/WS46

Efectivamente, el capítulo XIV se dedica exclusivamente a la diversidad LGTBI porque tanto las organizaciones empresariales como los sindicatos comparten "la necesidad de fomentar la diversidad de las plantillas, aprovechando el potencial humano, social y económico que supone esta diversidad". Consideran que los convenios colectivos deben promover plantillas heterogéneas, crear espacios de trabajo inclusivos y seguros, favorecer la integración y la no discriminación al colectivo LGTBI en los centros de trabajo a través de medidas específicas de acuerdo con la Ley LGTBI, y asegurar que los protocolos de acoso y violencia en el trabajo contemplen la protección de las personas LGTBI en el ámbito laboral[549].

Lo cierto es que en la negociación colectiva no hay demasiados ejemplos de una inclusión proactiva de disposiciones LGTBI. Es habitual encontrar cláusulas genéricas sobre igualdad y no discriminación y sobre acoso discriminatorio en el apartado de faltas y sanciones, y muy raramente algunas licencias y permisos. Un ejemplo sería el IV Convenio Colectivo de empresas y personal del transporte de enfermos y accidentados en ambulancia para la comunidad autónoma de Castilla-La Mancha que prevé en un artículo específico de derechos del colectivo LGTBI: "se garantizan que en los permisos de asistencia a consulta médica también se incluyan para recibir los tratamientos de reasignación de sexo y para la realización de los trámites necesarios para la resignación de sexo" (art. 58).

Además de los sindicatos, cobran especial relevancia otros grupos de interés: las asociaciones sectoriales LGTBI (FELGTB, COGAM, AET - Transexualia, CHRYSALLIS, Observatori Contra L'Homofòbia, etc.). Precisamente, la nueva Ley LGTBI amplía la legitimación en los procesos para la defensa de los derechos LGTBI a estas asociaciones, junto con los sindicatos (DF 12ª). De esta forma, tendrán legitimación activa para la "defensa de los derechos e intereses de las personas víctimas de discriminación por orientación e identidad sexual, expresión de género o características sexuales, además de las personas afectadas y siempre que cuenten con su autorización expresa" y para la defensa de los intereses difusos "cuando las personas

---

549 V Acuerdo para el Empleo y la Negociación Colectiva (2023-2025), BOE 31 de mayo de 2023.

afectadas sean una pluralidad indeterminada o de difícil determinación" tanto los sindicatos como "las asociaciones y organizaciones legalmente constituidas que tengan entre sus fines la defensa y promoción de los derechos de las personas lesbianas, gais, bisexuales, trans e intersexuales o de sus familias" (art. 17.5 LRJS).

Finalmente, debemos mencionar que estas asociaciones sectoriales LGTBI no están exentas de reproches desde los movimientos sociales LGTBI no institucionalizados, que las critican su corte reformista, institucional y liberal, y por promover un acercamiento al mundo de la empresa y la monetización del orgullo: se habla de *gaypitalismo*[550], de gentrificación[551], de homonacionalismo y de *pinkwashing*[552].

En este contexto, podemos plantearnos si la organización o la acción de los movimientos sociales LGTBI se encuadra en las nuevas formas de expresión sindical o nuevos sindicalismos. El movimiento LGTBI está representado en sus asociaciones autónomas, pero también está integrado en partidos políticos o sindicatos tradicionales. Es a través de estas tres instituciones como canalizan sus reivindicaciones. No existe, por tanto, un sindicalismo LGTBI ni una acción colectiva exclusivamente LGTBI ni una huelga LGTBI. Sin embargo, podemos comentar dos casos poco representativos, pero interesantes.

Por un lado, hay constancia de una "huelga de género" en octubre de 2011. En el contexto de los meses posteriores al 15M, la Asamblea Transmaricabollo de Sol impulsó la movilización "Octubre Trans Madrid 2011" que incluyó esta acción:

> "convocamos una huelga global de género durante el octubre trans, con posible prórroga indefinida, en la que cualquier persona, de cualquier

---

550 LILY, S., *Adiós, Chueca. Memorias del gaypitalismo: la creación de la marca gay*, Akal, Madrid, 2016.

551 DOMÍNGUEZ RUIZ, I. E., *Cuando muera Chueca: origen, evolución y final(es) de los espacios LGTBI*, Madrid, Egales, 2018; DOMÍNGUEZ RUIZ, I. E., *Se vende diversidad. Orgullo, promoción y negocio en el World Pride*, Madrid/Barcelona, Egales, 2021.

552 RITCHIE, J., "Pinkwashing, Homonationalism, and Israel-Palestine: The Conceits of Queer Theory and the Politics of the Ordinary", *Antipode*, vol. 47, nº 3, 2014, pp. 616-634.

> edad, clase, procedencia, o condición y en cualquier lugar del mundo, podrá rechazar por un tiempo indefinido, la identidad de mujer o de hombre que se le haya impuesto. ¿Como se lleva a cabo la huelga de género? Manifestando públicamente siempre que se tenga ocasión la no identificación como hombre ni como mujer y el rechazo a estas categorías de dominación, e identificándose como de-generad@. Cuestionando y subvirtiendo los roles y comportamientos de género binario que cada persona asume en su vida cotidiana (formas de vestir y de apariencia, lenguaje corporal, etc.) Entrando en los baños del sexo-género opuesto al adscrito a cada persona en todos aquellos lugares en los que los baños se separan en función de las categorías binarias de hombre-mujer; en solidaridad con las personas trans y la violencia que sufren cotidianamente en los baños de locales públicos. Reclamando en las tiendas de ropa tallas y modelos que no estén diferenciados en función del sexo-género binario. Rehusando rellenar formularios impresos u online, oficiales o de otro tipo, en los que sea obligatoria la mención de género y presentando reclamaciones ante las entidades correspondientes exigiendo la corrección del formulario para que incluya la posibilidad de no identificarse ni como hombre ni como mujer. Elevando recursos ante los tribunales locales, autonómicos, estatales, europeos e internacionales, solicitando la no adscripción a ningún genero binario y que la mención a esta desaparezca del DNI y demás documentos oficiales para todas las personas que lo deseen"[553].

Es posible que esta sea la primera vez que lea algo parecido, básicamente porque fue una acción simbólica sin ninguna repercusión. No obstante, lo interesante aquí es que utilizan la idea de huelga como elemento movilizador. De hecho, recuerda a la movilización feminista en su modalidad de "huelga de cuidados": una acción simbólica, performativa, que busca dotarse un carácter combativo y obrero al utilizar la denominación de huelga.

Por otro lado, en 2023 se fundó en Barcelona la Asociación Drag, que podemos calificar como una experiencia protosindical. Esta asociación tiene como fin "apoyar a lxs artistas en el mundo del arte drag y poder crear un entorno organizado y con voz para generar unión contra la precariedad en el mundo drag". Desde la Asociación Drag, sus integrantes reciben apoyo en asesoría laboral y servicios

---

553 STP2012 Madrid, "Huelga de Género en el Octubre Trans Madrid 2011 y Agenda", *Blog octubre trans Madrid*, 17 de octubre de 2011. Disponible en: https://zip.lu/WSbL

jurídicos ante posibles problemas y dificultades, ofrecen un servicio de seguros, de salud mental y talleres formativos.

Aunque en la presentación en redes se hablaba de 'sindicato drag'[554], se trata de una asociación de trabajadores del drag precarios. Los motivos de optar por una asociación en lugar de un sindicato son la simplicidad jurídica unido a las circunstancias personales precarias y vulnerables del sector: no son trabajadoras por cuenta ajena al uso, muchas son autónomas o directamente trabajan sin contrato ni alta en la seguridad social, algunas son migrantes en situación de irregularidad, o se dedican al trabajo sexual y están en riesgo de exclusión social. El objetivo que les une es la precariedad laboral de su sector, junto con el elemento de visibilización de un colectivo minoritario e históricamente oprimido y discriminado, compuesto íntegramente por personas LGTBI. Adicionalmente, podemos mencionar la importancia de la visibilización en un sector artístico.

En definitiva, es una experiencia muy reciente, pequeña (apenas cuentan con 60 socios y socias) y marginal. De por sí es interesante porque busca organizar y dar voz a un colectivo minoritario de trabajadores precarios a través de dos lógicas sindicales: autoorganización y negociación colectiva (aún es pronto para hablar de conflicto colectivo). El eje movilizador de la asociación es la mejora de las condiciones de trabajo. Todo ello con la vulnerabilidad adicional de tratarse de un colectivo minoritario y estigmatizado. También es interesante porque muestra los límites del sindicalismo tradicional. A pesar de tener muchos recursos, CCOO y UGT son incapaces de interpelar a este grupo de trabajadores para que se organicen con ellos.

En conclusión, al igual que el feminismo, el colectivo LGTBI es muy diverso. De esta forma, podemos encontrar unos aspectos propios del grupo de interés y otros del movimiento social. En su vertiente más institucional, no debemos ignorar que sus reivindicaciones tienen un amplio contenido social, tanto en las condiciones de trabajo como en las políticas de empleo. Así, tienen en su haber importantes

---

554 Santa Catalina (@santacatalinax), "NOTICIA! En Barcelona hemos montado un sindicato drag 🔥🔥🔥 Este 9 de septiembre haremos un evento para ayudar financiar nuestro proyecto. Así que si queréis echar una mano, podéis conseguir las entradas aquí ✨", *Twitter*, 29 de agosto de 2023. Disponible en: https://zip.lu/WSm4

logros en materia legislativa y en políticas públicas de inclusión. Lógicamente, esta situación se ve favorecida por la sensibilidad política del gobierno. Si esta situación cambia, por ejemplo, por el acceso al poder de un gobierno de extrema derecha que derogue estos avances sociales, la estructura de oportunidades políticas favorecería una orientación más conflictiva del movimiento LGTBI.

Hoy por hoy, está claro que no existe, y nada apunta a que vaya a existir, un sindicalismo autónomo LGTBI ni una acción sindical colectiva exclusivamente LGTBI, aunque no es descartable la sectorialización del movimiento. Esto se debe a que su hegemonía cultural infiltra sus reivindicaciones en otros movimientos, desde el feminismo hasta organizaciones sociales generalistas, canalizadas a través de secciones LGTBI de partidos o sindicatos.

4. LA HUELGA POP

Nos manifestaremos
como hicimos ayer.
La fábrica es suya
pero nuestro el poder.

Lisa's Protest Song[555].

Última salida a Springfield, Los Simpsons (1993).

Estos chicos no son menos revolucionarios que los bolcheviques pero son mucho más inteligentes; son conscientes de que modificar la sociedad hoy significa pasar a través de las conciencias.

Antonio Negri, Goodbye Mr. Socialism (2006).

Ya se ha comentado que la huelga es, ante todo, un fenómeno social de no colaboración, mucho antes de ser una institución jurídico-positiva[556]. El desenvolvimiento vital del hecho huelguístico depende del modo de vivir de una comunidad, que no sólo "determina", sino

---

555 La música fue escrita por Jeff Martin y la letra por Jay Kogen, Martin y Wallace Wolodarsky.

556 MONEREO PÉREZ, J. L. y ORTEGA LOZANO, P. G., *El derecho de huelga..., op. cit.*, p. 13.

que además contribuye a "definir" las relaciones entre los actores del sistema[557]. La huelga es una perturbación del proceso productivo concertada colectivamente como medida de presión para la defensa de intereses colectivos o generales de los trabajadores[558]. En otras palabras, la huelga es una paralización colectiva de la producción organizada con fines reivindicativos.

En los últimos años se han convocado cientos de movilizaciones que se han llamado a sí mismas huelgas. Ya hemos analizado algunos de sus apellidos: huelga feminista, huelga de cuidados, huelga de consumo, huelga de estudiantes, huelga de alquileres, huelga climática, huelga de hambre, huelga de género, *aturada de país* (paro de país)... También se habla, en el contexto de huelgas de autónomos, como transportistas o abogados, del paro profesional reivindicativo de los trabajadores autónomos[559].

Además, existen otras modalidades atípicas de huelga, como la "huelga de bolígrafos". La doctrina la menciona como "una subespecie, que pertenece más bien a las huelgas sin cesación del trabajo, que consiste en que los trabajadores continúan realizando su actividad, salvo una parte de sus funciones". Una *huelga de bolígrafos* del personal médico de hospitales implicaría atender con normalidad a los pacientes, pero "no se cursan partes de baja, recetas, certificados de defunción o nacimiento"[560].

Una acción similar es la denominada *huelga de firmas*, que es una forma de protesta simbólica y pacífica en la que los trabajadores, en lugar de detener completamente sus actividades, expresan su descontento mediante la negativa a firmar ciertos documentos. Se trata de una acción típica de periodistas, que retiran sus nombres de las

---

557 MONEREO PÉREZ, J. L., "Prólogo: la huelga...", *op. cit.*, p. XVI.

558 STC 11/1981, de 8 de abril.

559 V. ALAMEDA CASTILLO, M. T., "Un nuevo reto para el Derecho de conflictos: el paro profesional reivindicativo", *Revista de Derecho Social*, nº 84, 2018, pp. 171-192; MANEIRO HERVELLA, V., *Los conflictos colectivos del trabajo frente al cambio tecnológico y social*, Tesis Doctoral, Universidad Carlos III de Madrid, 2024, pp. 147-209.

560 OJEDA AVILÉS, A., *Derecho sindical*, *op. cit.*, p. 486.

noticias, los gráficos y las fotos del diario como forma de protesta[561], pero sin las consecuencias económicas de una huelga.

En el ámbito de los creadores de contenido, que en general son personas trabajadoras autónomas, hubo una importante *huelga de streamers* y espectadores en Twitch (#ADayOffTwitch) impulsada por creadores de contenidos americanos, pero también algunos españoles, para exigir a Amazon que tome medidas ante el acoso que reciben algunos *streamers* por parte de grupos organizados de usuarios homófobos, racistas o machistas (*raids* de odio)[562].

También destaca el caso de un peluquero autónomo de Tenerife que se declaró en *huelga de sueño*[563] para llamar la atención y que le permitiesen abrir su negocio (una peluquería cerrada durante la pandemia por COVID19).

Fuera de la esfera laboral, podemos mencionar una *huelga virtual* de los usuarios del foro online Reddit, que convocaron una huelga para evitar que las multinacionales de inteligencia artificial usasen sus comentarios públicos para entrenarlas gratis. La huelga tuvo dos fases. En la primera, los usuarios de Reddit convirtieron los *subreddits* en "privados", lo que en la práctica equivale a sacarlos de la red paralizando la actividad del foro, llegando a provocar una caída de la plataforma en el primer día de huelga y con un seguimiento del 96%. En la segunda, decidieron atacar a los ingresos publicitarios de la empresa. Su estrategia fue reactivar las subsecciones del foro desconectadas, pero llenarlas de porno. Esto impide que se muestren los anuncios de la mayoría de las empresas y agencias, porque vetan que su publicidad aparezca en espacios que distribuyen esos contenidos[564].

---

561 CARDALSA BASTOS, D., "Paros y huelga de firmas en La Opinión de A Coruña ante despidos y bajos salarios", *GaliciaPress*, 16 de octubre de 2024. Disponible en: https://zip.lu/3kfEA

562 GARCÍA, A., "Día de huelga en Twitch contra las 'raids' de odio: qué son y motivos de la protesta", *La Vanguardia*, 1 de septiembre de 2021. Disponible en: https://zip.lu/YvGC

563 A3Canarias, "En 'huelga de sueño' para salvar su peluquería ante la crisis por el coronavirus", *Antena3*, 15 de mayo de 2020. Disponible en: https://zip.lu/YvHN

564 DEL CASTILLO, C., "La huelga del mayor foro del mundo se enquista: la empresa no cede y los usuarios presionan con porno", *Eldiario.es*, 23 de junio de 2023. Disponible en: https://zip.lu/YvEk

Finalmente, en diciembre de 2021 el Ministerio de Consumo puso en marcha una campaña de sensibilización basada en una *huelga de juguetes* contra la publicidad sexista dirigida a la infancia: "los juguetes, aunque estemos hechos de tela, de plástico, de hojalata, también tenemos nuestro corazoncito. Por eso hemos convocado una huelga simbólica, y con esta acción sin precedentes en el mundo queremos hacer reflexionar a la sociedad, queremos que se elimine el sexismo en los juguetes y que de una vez por todas acabemos con los estereotipos de género"[565]. El objetivo de la *huelga de juguetes* era concienciar a la gente sobre los regalos sexistas a las puertas de época navideña.

Estos ejemplos de huelgas 'atípicas', acciones colectivas o comunicativas autodenominadas huelgas, son una muestra de que la idea de huelga se ha convertido en un elemento de legitimación cultural. Para entender las relaciones entre la acción colectiva y la identidad cultural comenzaremos una aproximación a la cultura, la hegemonía, la performatividad y el capital cultural.

Cruz diseña una concepción de cultura que proviene de la confluencia entre el interaccionismo simbólico, de la antropología simbólica y la nueva historia cultural de los años ochenta. Así, entiende la cultura como un "repertorio de herramientas con el que las personas experimentan y expresan significados, permitiéndoles de esa manera pensar sobre el mundo que les rodea y actuar en él"[566]. Por tanto, gracias a ese conjunto de símbolos denominado cultura podemos manejarnos en la realidad que nos circunda. El mundo adquiere un sentido determinado gracias a las lentes culturales con las que las personas lo observan.

A su vez, Almond y Verba inauguraron los estudios de Ciencia Política sobre cultura cívica. Apuntan que "la cultura política de una nación consiste en la particular distribución de las pautas de orientación psicológica hacia objetos políticos entre los miembros de esta

565 EFE, "Los juguetes se ponen 'en huelga' para acabar con el sexismo", *20 minutos*, 12 de diciembre de 2021. Disponible en: https://zip.lu/Ywjy

566 CRUZ MARTÍNEZ, R., "Conflictividad social y acción colectiva: una lectura cultural", en RUIZ CARNICER, M. A., FRÍAS CORREDOR, C. (coords.): *Nuevas tendencias historiográficas e historia local en España: actas del II Congreso de Historia Local de Aragón* (Huesca, 7 al 9 de julio de 1999), 2001, p. 179.

nación"[567]. Se concibe la cultura política como "el sistema de creencias políticas empíricas, símbolos expresivos y valores que caracterizan la situación donde la acción se desenvuelve"[568]. La cultura política es, por tanto, el atributo de un conjunto de ciudadanos que siguen una misma pauta de orientaciones o actitudes ante la política[569]. Las orientaciones o actitudes que se combinan en una cultura política son cognitivas, afectivas, evaluativas e intencionales.

Por su parte, Gramsci entiende la cultura como la "organización, disciplina del yo interior, apoderamiento de la personalidad propia, conquista de superior conciencia por la cual se llega a comprender el valor histórico que uno tiene, su función en la vida, sus derechos y sus deberes"[570]. En este sentido, Gramsci plantea que la clase dominante ejerce su poder no sólo por la coacción, sino porque logra imponer su visión del mundo a través de la escuela, medios de comunicación etc., lo que favorece el reconocimiento de su dominación por las clases dominadas. Así, Gramsci distingue entre liderazgo, que es la hegemonía cultural y moral, y dominación, esto es, el ejercicio de la fuerza represiva:

> "La supremacía de un grupo social se manifiesta de dos formas: como dominación y como liderazgo intelectual y moral. Un grupo social domina a los grupos adversarios que tiende a eliminar o subyugar, incluso con la ayuda de la fuerza armada, y gobierna a los grupos cercanos a él y sus aliados. Un grupo social puede e incluso debe ser líder incluso antes de conquistar el poder gubernamental (esta es una de las principales condiciones para esta conquista del poder); luego, cuando ejerce el poder e incluso si lo sostiene firmemente en sus manos, se vuelve dominante, pero debe continuar siendo un líder también"[571].

En definitiva, siguiendo a Gruppi y las tesis gramscianas, la hegemonía es "la capacidad de unificar a través de la ideología y de conservar unido un bloque social que no es homogéneo, sino que

---

567 ALMOND, G., VERBA, S., *The Civic Culture. Political Attitudes and Democracy in Five Nations*, Princeton University Press, Princeton, 1963.

568 VERBA, S., "El estudio de la ciencia política desde la cultura política", *Revista de Estudios Políticos*, nº 138, 1964, p. 5.

569 VALLÉS, J. M., *Ciencia Política...*, *op. cit.*, p. 264.

570 GRAMSCI, A., *Para la reforma moral e intelectual*, Madrid, Catarata, 3ª ed., 2023.

571 GRAMSCI, A., *Cuadernos de la cárcel*, Tomo 5, Cuaderno 19 (X), 1934-1935, Era/Benemérita, México, 1999, p. 387.

está marcado por profundas contradicciones de clase"[572]. Errejón, que entiende la hegemonía como la forma de construcción de poder político en las sociedades democráticas, lo resume así:

> "Este poder es la hegemonía: la capacidad de un grupo de presentar su proyecto particular como encarnando el interés general (un particular que genera en torno a sí un universal), una relación contingente, siempre incompleta, contestada y temporal. No se trata sólo de liderazgo ni de mera alianza de fuerzas, sino de la construcción de un sentido nuevo que es más que la suma de las partes y que produce un orden moral, cultural y simbólico en el que los sectores subalternos e incluso los adversarios deben operar con los términos y sobre el terreno de quien detenta la hegemonía, convertida ya en sentido común que no puede quebrarse desde la absoluta exterioridad que condena a la irrelevancia"[573].

La noción de hegemonía está conectada con la performatividad. El filósofo del lenguaje Austin[574] defendía que las palabras performativas son realizativas, esto es, establece una obligada conexión entre lenguaje y acción. La performatividad se da cuando en un acto del habla o de comunicación no solo se usa la palabra sino que ésta implica forzosamente a la par una acción. En su teoría de la performatividad Butler[575] destaca su importancia en relación con el género y el cuerpo. Para ello, Butler retomará a Derrida, que a finales de los años setenta apuntó cómo los actos del habla performativos no son ejercicios libres y únicos, expresión de la voluntad individual de una persona, sino que más bien son acciones repetidas y reconocidas por la tradición o por convención social.

Butler realizó una deconstrucción del género al teorizar cómo el género y el cuerpo son construidos social y culturalmente, cuestionando así los planteamientos esencialistas de la identidad. Para Butler, las acciones o los cuerpos son performativos cuando producen generación de realidad por transformación de la misma. En este sentido, la suma de acciones corporales de varias personas, como un

---

572 GRUPPI, L., *O conceito de hegemonia em Gramsci*, Rio de Janeiro, Graal, 1978, p. 70.

573 ERREJÓN GALVÁN, I., "Ernesto Laclau, el teórico de la hegemonía", *Nuevo Sur*, nº 0, 2014, p. 139.

574 AUSTIN, J. L., *Cómo hacer cosas con palabras: Palabras y acciones*, Barcelona, Paidós, 1982.

575 BUTLER, J., "Actos performativos y constitución del género: un ensayo sobre fenomenología y teoría feminista", *Debate Feminista*, vol. 18, 1998, pp. 296-314.

ejercicio de performatividad, tiene una enorme potencialidad en la producción de acciones colectivas para la transformación de las relaciones sociales y de poder.

Por tanto, la performatividad debe entenderse, no como un "acto" singular y deliberado, sino, antes bien, como "la práctica reiterativa y referencial mediante la cual el discurso produce los efectos que nombra"[576]. La performatividad se construye como ese poder que tiene el discurso para producir efectos a través de la reiteración, esto es, "la performatividad no puede entenderse fuera de un proceso de iteración, un proceso de repetición regularizada y obligada de normas"[577]. Por tanto, es una modalidad específica de poder, es una esfera en la que el poder actúa como discurso[578]. En definitiva, la performatividad no es un acto único, sino una repetición y un ritual que consigue su efecto a través de su naturalización en el contexto de un cuerpo, entendido, hasta cierto punto, como una duración temporal sostenida culturalmente[579].

En los estudios sociológicos de Pierre Bourdieu[580] destacan tres conceptos centrales: 1) el campo, que designa un espacio social relacional en que están distribuidos los agentes; 2) el capital, que son los recursos (económicos, culturales y sociales) adquiridos por los agentes y los cuales, en su conjunto, asignan una cantidad de poder a un agente y su posición relacional en el campo; y 3) el habitus, como el conjunto de esquemas y dispositivos mentales corporificados que designan nuestra manera de actuar. Según Bourdieu, las relaciones de poder, o sea, las posibilidades de intervenir en la realidad están relacionadas con el volumen de capital (económico, social y cultural) que cada agente posee, lo cual les asigna una determinada posición en el campo social en que toman parte.

---

576 BUTLER, J., *Cuerpos que importan. Sobre los limites materiales y discursivos del "sexo"*, Barcelona, Paidós, 2002, p. 18.

577 *Ibidem*, p. 145.

578 *Ibidem*, p. 316.

579 BUTLER, J., *El género en disputa. El feminismo y la subversión de la identidad*, Barcelona, Paidós, 2007, p. 17.

580 BOURDIEU, P., *Poder, Derecho y Clases Sociales*, España, Desclée de Brouwer, 2001.

En este escenario, el poder simbólico es en efecto este poder invisible que sólo puede ejercerse con la complicidad de quienes no quieren saber que lo sufre, o que incluso lo ejercen[581]:

> "El derecho es, sin duda, la forma por excelencia del poder simbólico de nominación que crea las cosas nombradas y, en particular los grupos; el derecho confiere a esas realidades surgidas de sus operaciones de clasificación toda la permanencia, la de las cosas, que una institución histórica es capaz de conferir a instituciones históricas. El derecho es la forma por excelencia del discurso activo, capaz, por su propia virtud, de producir efectos. No es exagerado decir que el derecho hace el mundo social, pero con la condición de no olvidar que él es hecho por ese mundo"[582].

Bourdieu afirma que "la posesión de esta especie particularmente rara de capital cultural que es el capital jurídico era suficiente para asegurar posiciones de poder". Lo propio de la eficacia simbólica es que "sólo se puede ejercer con la complicidad de los que la sufren, tanto más segura cuanto más inconsciente es, o sea, cuanto más sutilmente arrebatada". El Derecho confiere el sello de la universalidad, factor por excelencia de la eficacia simbólica. El efecto de universalización es "uno de los mecanismos, y sin duda uno de los más poderosos, a través de los cuales se ejerce la dominación simbólica o, si se prefiere, la imposición de la legitimidad de un orden social"[583].

En definitiva, el capital simbólico es "el poder de representar y otorgar valor, importancia social, a las formas de capital"[584] y "la política es el lugar por excelencia de la eficacia simbólica"[585].

Por su parte, Lipset y Rokkan inauguraron el concepto de *cleavage*, que se puede traducir como brecha o fractura social. Los *cleavage* políticos clásicos, que eran el centro/periferia, iglesia/estado, la clase (propietario/trabajador) y el campo/ciudad (o tierra/industria), en realidad, se pueden reducir a dos: la brecha cultural-religiosa y la brecha de clase o socioeconómica[586]. Actualmente, se habla de nue-

---

581 *Ibidem*, p. 88.

582 *Ibidem*, p. 202.

583 *Ibidem*, pp. 210-213.

584 *Ibidem*, p. 18.

585 BOURDIEU, P., *Sociología y cultura*, México, Grijalbo, 1990, p. 226.

586 KRIESI, H., GRANDE, E., LACHAT, R., DOLEZAL, M., BORNSCHIER, S., FREY, T. "Globalization and the transformation of the national political space:

vas fracturas sociales: ganadores/perdedores de la globalización, materialistas/postmaterialistas, populismo autoritario/pluralista... En este escenario, la simple fractura entre intereses sociales divergentes no es suficiente para promover la formación de una nueva división, es decir, un conflicto politizado capaz de estructurar alineamientos y oposiciones políticas estables en un país. Se exige un dominio de identificación y una organización política que los movilice, generalmente, un partido político[587].

Con estos ingredientes, estamos en disposición de diseñar nuestra teoría social de la huelga: la *huelga pop*.

En la concepción clásica de la acción colectiva, la huelga se configura como un repertorio (Tarrow, Tilly). Sin embargo, hoy en día la huelga es también un marco de acción cultural, un dispositivo que promueve y dota de legitimidad a la acción colectiva. Los repertorios de acción colectiva son lo que los movimientos sociales *hacen*, pero los marcos culturales explican, junto con la estructura de oportunidades políticas, *por qué lo hacen*. La concepción social de la huelga incluye los tres componentes de los marcos de acción colectiva de Gamson: la injusticia, la eficacia y la identidad.

En este escenario, propongo el concepto de *huelga pop* como una expansión del concepto tradicional de huelga, abarcando tanto la acción colectiva como la acción cultural y simbólica. Esta noción de huelga busca fusionar la movilización social con la cultura y la comunicación. La huelga actúa como una marca de clase que proporciona contenido político y sindical a la acción colectiva. La huelga es un concepto maleable que puede incluir diversos sectores, tecnologías y demandas sociales. No se limita a la identidad obrera y permite la combinación de aspectos materiales y postmateriales.

La huelga es un concepto performativo porque integra acciones colectivas con capacidad de transformar la realidad o el entorno: hacer una huelga es una suma de acciones corporales de muchos su-

---

Six European countries compared", *European Journal of Political Research*, vol. 45, 2006, p. 923.

587 EMANUELE, V., MARINO, B., ANGELUCCI, D., "The congealing of a new cleavage? The evolution of the demarcation bloc in Europe (1979-2019)", *Italian Political Science Review / Rivista Italiana Di Scienza Politica*, vol. 50, nº 3, 2020, p. 316.

jetos interrelacionados, es decir, es un ejercicio de performatividad con un gran potencial de transformación social. La huelga es performativa porque integra un discurso con poder para producir efectos a través de la reiteración. La huelga es un rito sindical que se traslada de generación en generación, no como una mera repetición de acciones de protesta, sino como constructo de una identidad colectiva de clase. Las huelgas son formas de posicionamiento de los cuerpos y de reafirmación de la resistencia.

La *huelga pop* es un concepto plástico, dúctil, con capacidad de deformarse sin llegar a romperse. Es flexible para incluir nuevos sectores productivos, nuevas realidades tecnológicas y nuevas demandas sociales. Está conectada no sólo con la identidad obrera, sino con la protesta y la reivindicación colectiva de lo que se considera justo.

La huelga se configura así como una marca de clase, como un elemento de legitimación cultural, que dota a la acción colectiva de contenido político, sindical y reivindicativo. La huelga es un distintivo de clase, un instrumento al servicio de la clase trabajadora que permite dotar de legitimidad y un aura reivindicativa a las luchas que exceden la cuestión estrictamente social. La distinción, por tanto, entre huelga laboral y huelga extralaboral es falsa. La popularización de la huelga nos muestra que todas las reivindicaciones sociales son reivindicaciones de la clase trabajadora, aunque no surjan desde el primer momento del centro de trabajo.

La idea del *cleavage* materialista/postmaterialista es falsa porque la huelga permite combinar ambos lados de la fractura. Ya se ha analizado como la huelga feminista, aparentemente una reivindicación postmaterialista e interclasista, en realidad aparece liderada por mujeres obreras, racializadas, defensoras del colectivo LGTBI y con un catálogo inmenso de reivindicaciones sociales para la clase trabajadora. Se habla de huelga de cuidados, de consumo o educativa porque son tres ámbitos, junto con el trabajo, que sostienen el sistema productivo capitalista. Una acción colectiva que los bloquee se lee como una huelga porque parar de cuidar o de consumir es también una forma de detener la producción.

La huelga es, insistimos, repertorio de acción y marco cultural de acción colectiva. La huelga es *lo que se hace* al protestar, pero también el *porqué* o el *para qué* se protesta. Una huelga es una protesta social colectiva con un plus adicional: una marca de clase, que vincula la movilización y sus participantes con un acervo cultural de décadas de lucha obrera.

La idea de huelga, por tanto, se ha democratizado. Es un concepto popular. La huelga pop es un fenómeno social que flexibiliza la idea de huelga como casa común de las reivindicaciones colectivas y protestas sociales. La huelga es popular porque la puede hacer cualquiera, no es monopolio de la institución sindical. La huelga, como marco cultural de clase, es un concepto democratizado, popular y populista. El populismo, según Laclau, es sólo una forma de articulación de demandas sociales. La lógica política del populismo es la condición de la construcción discursiva del pueblo como agente histórico[588], esto es, como sujeto político depositario de la soberanía popular.

La huelga pop integra un artefacto de legitimación cultural e histórica de acciones políticas reivindicativas progresistas. Es un concepto dúctil, plástico o performativo de la huelga. La huelga se acerca, por tanto, a una idea amplia de acción colectiva que, en ocasiones, puede incluir una huelga laboral tradicional junto con distintas manifestaciones, protestas, boicots, *performances* o campañas mediáticas. La huelga aporta un plus reivindicativo adicional: un marco cultural propio de la retórica obrera, popular, de izquierdas. La huelga es un rito y un folclore que se construye de forma discursiva. La huelga pop incluye cierta dosis de simbolismo y teatralización.

La huelga es la paralización colectiva de la actividad laboral, pero también es una idea dotada de un enorme capital cultural y simbólico. Y como hemos visto en Butler, Gramsci, Bourdieu o Laclau, la cultura es el método más eficaz de ejercer el poder.

Los símbolos son una muestra de estatus. La popularización de la huelga es una prueba de ello. Que un movimiento social o sindical tenga capacidad de convocar una huelga, y además que esta sea secundada masivamente, es un éxito en sí mismo. La producción es la base del sistema económico. Por tanto, paralizar la producción es

588 LACLAU, E., *La razón populista*, Madrid, Foro de cultura económica de España, 2005, p. 163.

una muestra de fuerza: la capacidad de inyectar anestesia a todo un sistema económico es un poder enorme.

Esta popularización de la huelga se conecta con el elemento comunicativo, de publicidad, difusión y persuasión de la huelga. La huelga pop tiene también una vertiente artística. Según, Hamilton, la cultura pop era "popular, concebida para las masas; efímera, con soluciones a corto plazo; prescindible, fácilmente olvidable; de bajo coste; producida en masa; joven, dirigida a la juventud; ingeniosa; sexy; efectista; glamurosa; un gran negocio"[589]. El Pop Art mostraba la falta de creatividad y pasividad de la masa, que vive alienada por el trabajo y el consumo de productos en serie, estimulada por la publicidad. Los artistas del Pop Art, que carecían de ideología política y a lo sumo manifiestan un malestar personal, encarnaban una rebelión individual contra la uniformidad de la sociedad de consumo.

Hay huelgas de consumo y también se consumen las huelgas. Las huelgas están en el mercado audiovisual, al que se accede a través de medios de comunicación y organizaciones sociales, se enmarcan en unos conflictos protagonizados por élites empresariales y sindicales, durante un plazo limitado de tiempo, con conatos reprimidos de violencia. Junto con la huelga se celebran performances, concentraciones, recogidas de firmas, boicots… Todas estas acciones son rituales performativos que explican socialmente la huelga, que hacen a las masas consumir la huelga.

La huelga es un concepto sexy, atractivo, erótico y casi pornográfico. En muchas personas evoca tiempos pasados, idealizados, romantizados y, por tanto, falsos, en los que el movimiento obrero era más combativo y arrancaba conquistas sociales a la burguesía con sangre y fuego. Las huelgas y los disturbios seducen a personas a quienes la violencia produce una morbosa fascinación (Tarrow[590]) y en prensa se puede leer sobre la pornografía de los disturbios (*porn riot*[591]). En ciertos grupos se entiende la organización política de forma relacional, esto es, como una forma de autorrealización personal, de

589 GOMPERTZ, W., *Pop Art*, Barcelona, Penguin Random House, 2022.

590 TARROW, S., *El poder en…*, *op. cit.*, p. 184.

591 RAMOS, M., "La pornografía de los disturbios", *La Marea*, 19 de octubre de 2019. Disponible en: https://zip.lu/YCAB

alimentar un ego. En algunos movimientos sociales, partidos comunistas y grupos ácratas el mito del movimiento obrero cobra gran importancia. Sin embargo, históricamente no es tan sencillo trasladar estos picos de tensión a logros concretos.

Siguiendo la idea de identidad colectiva de Melucci, la huelga integra al huelguista dentro de una comunidad, pero también al resto de personas que se solidarizan con él. No olvidemos la importancia del sentimiento de pertenencia a un grupo como elemento configurador de la identidad (Jasper). La fuerza de esta comunidad, la identidad de clase en sí misma, que es material y cultural al mismo tiempo, trasciende los actos de cada sujeto que la integra. Es una identidad histórica, previa y posterior a cualquier sujeto o a cualquier conflicto concreto.

La huelga tiene un elemento esencial de movilización. En sí misma, una huelga es una acción colectiva que abre la puerta a que haya más en ese centro de trabajo, empresa o sector. Para activar conflictos es necesario difundir previamente las experiencias de los entornos sociales combativos exitosos. La solidaridad no se integra exclusivamente por una donación a la caja de resistencia o el apoyo a un boicot a determinados productos o empresas; sino también participando activamente en la propaganda de la acción.

La huelga exige impulsar un proceso de legitimación que permita al sindicato cargarse de razones, es decir, la construcción de un marco cultural hegemónico que promueva el apoyo y la solidaridad. En sentido contrario, la acción sindical busca incrementar el coste de no apoyar la causa (o directamente anular las opciones de combatirla). Es paradójico que se recurra a la huelga a pesar de las continuas campañas mediáticas de criminalización. La huelga genera simpatías porque supone un coste, en primer término, para los propios huelguistas. Las personas tendemos a apoyar a los débiles y a los sacrificados. Si los trabajadores están dispuestos a hacer huelga, arriesgándose a perder su salario o su propio empleo, algún motivo tendrán, algo grave estará pasando, alguna injusticia se estará cometiendo.

A su vez, el apoyo a los huelguistas significa acelerar el fin de la huelga, el fin de su pena, de su padecimiento, de su martirio. Aquí surge una concepción casi religiosa de huelga. El martirio es la muerte o los tormentos padecidos por causa de una religión o unos ideales. Todas las concepciones de huelga que hemos visto hablan de sufrimiento, dolor, penitencia, de renunciar temporalmente a algo por una causa superior (desde huelgas de alquileres hasta huelgas de hambre). Si vale la pena sufrir por ello, la causa se entiende justa.

La huelga pop es un fenómeno que destaca por la huelguización de los movimientos sociales. Estos movimientos califican sus acciones colectivas como huelga, por motivos culturales y reivindicativos, pudiendo no utilizar la huelga clásica. Esto se debe a muchos factores: fracaso de la capacidad transformadora y disruptiva de los valores materialistas y las formas tradicionales de organización (partido y sindicato de masas y de clase); valores postmaterialistas de los NMS; cambios en el entorno productivo y tecnológico; aspecto comunicativo de la organización sindical, que prima espectacularidades y redes sociales; la idea de marca-prestigio-reputación empresarial (aumento de eficacia de la acción colectiva simbólica, que a su vez reduce los costes de la acción); y el incremento de la efectividad de la represión estatal (incremento de costes de la acción colectiva ilegal).

Sin embargo, que la acción simbólica tenga menos costes no significa que sea más fácil. Ya apuntaba Tarrow que lo más sencillo y primario es la violencia. Una campaña de comunicación coherente, bien diseñada, llamativa, empática, graciosa y viral es complicada, exige conocer el entorno, elegir el momento, surfear la ola del momento cultural (oportunidades políticas) y tener un poco de suerte.

La huelga forma parte del repertorio de acciones colectivas para garantizar y profundizar derechos. Por tanto, no se limita a las condiciones de trabajo y el empleo, sino que es una herramienta al servicio de los trabajadores. En este contexto, el léxico sindical se adapta como un marcador de clase. Vivimos en un escenario en el que la crisis de legitimidad del sindicato tradicional le ha privado del monopolio de la acción sindical. Mientras hace doce años que CCOO y UGT no convocan una huelga general en España, algunos sindicatos nacionalistas y movimientos sociales como el ecologismo o el feminismo muestran músculo suficiente para activar huelgas, aunque su seguimiento sea pequeño. Sin embargo, a la huelga pop no le importa el seguimiento. La huelga pop no se circunscribe al art. 28 de la Constitución y la jurisprudencia que lo desarrolla. La huelga pop es un mecanismo social de la legitimación de acciones colectivas, de producción simbólica, de identificación como obrero o combativo. La batalla cultural se basa en una lucha por el relato. Por ello, estos movimientos se preocupan más por *performances* llamativas que se viralicen en las redes sociales o manifestaciones masivas que salgan en los medios. La huelga pop se infiltra en los dispositivos de comunicación de los grandes medios y disputa una batalla de ideas.

La huelga pop, en definitiva, es un mecanismo que permite acumular capital cultural. La huelga es un símbolo de movilización y, en un mundo laboral fragmentado, tener capacidad de convocar una huelga es un enorme poder.

El conflicto social es intrínseco al ser humano, por tanto, encima de la mesa está cómo gestionarlo, mejorando las condiciones materiales de los trabajadores y apostando por la negociación, o recurriendo a una estrategia hostil. En realidad, cuando los conflictos laborales escalan, la auténtica forma de presión sigue siendo la huelga.

La huelga es la última y más grande acción colectiva, fruto de un proceso de acumulación de capital, de un largo periodo de organización, que supone dar por agotados estadios negociadores y entrar en una fase del conflicto que implica un coste para los participantes (aunque se amortigüe por cajas de resistencia), sin ninguna garantía de éxito. Es importante porque exige tiempo, trabajo colectivo, mucho esfuerzo y un gran sacrificio.

La huelga pop es un fenómeno poliédrico, con un enorme potencial gracias a la capilaridad que sólo los movimientos sociales y las reivindicaciones postmaterialistas pueden aportar. El feminismo firma la mayor transformación social e intelectual de nuestro tiempo: politizar los cuidados. La huelga pop permite combinar las reivindicaciones laborales de la conciliación con la visibilidad del cuidado y la empatía en todas las esferas de la vida. La huelga pop promueve la relación entre el arte y la protesta, es un mecanismo que inspira la acción colectiva, que remueve conciencias. La huelga pop no sólo es la resistencia ante al capitalismo sino que es un agente comunicador que interpela directamente a la identidad y a las emociones de los trabajadores.

Lo pop es común, reconocible, cotidiano, transmite paz, cercanía y hogar. Ahí es donde la cultura importa más. La conquista de la hegemonía exige promover una idea que un adversario político sea incapaz de cuestionar dignamente (la reducción de la jornada laboral, por ejemplo). La movilización social necesita coordinar muchas acciones, pero la idea de huelga es, en sí misma, el germen de la victoria.

Esta concepción de la huelga no está exenta de riesgos. Se identifican la menos tres: 1) la nostalgia paralizante, 2) el simbolismo como muestra de impotencia, y 3) el alargamiento del concepto de huelga (el *concept stretching* de Sartori[592]).

La huelga se configura como una idealización nostálgica del pasado. En un presente donde el modelo productivo está en continua mutación y las armas al servicio de la clase trabajadora no encuentran su sitio, se mira hacia la épica de la huelga general con añoranza. Lo reivindicativo está de moda, y no hay nada tan reivindicativo como la huelga general. Una idea clave de nuestro tiempo es la nostalgia. Las incertezas sobre el futuro dan miedo y romantizamos el pasado para soportarlo.

La huelga es sinónimo de protesta en el imaginario popular. Tanto en el cine y televisión, como en los medios de comunicación y las redes sociales, la huelga conforma un faro de esperanza que ilumina el camino de la dignidad. Para Sorel la huelga general era "el mito en el cual el socialismo se condensa enteramente, es decir, una organización de imágenes capaces de evocar instintivamente todos los sentimientos que corresponden a las diversas manifestaciones de la guerra entablada por el socialismo contra la sociedad moderna"[593]. La huelga es un mito, una epopeya donde la clase obrera tiene poder.

Sin embargo, la nostalgia no es un sentimiento positivo, porque no promueve la acción. La nostalgia es reaccionaria porque paraliza. En contraste, la innovación y la creatividad impulsan al agente a transformar el entorno, aunque no le guste o no lo entienda completamente.

Se puede criticar también que la reducción de la acción política a lo simbólico es una muestra de impotencia y debilidad. La acción

---

592 SARTORI, G., "Comparación y método comparativo", en SARTORI, G., MORLINO, L. (coords.): *La comparación en las ciencias sociales,* Alianza, 1994, pp. 29-50.

593 SOREL, G., *Reflexiones sobre la violencia,* Buenos Aires, La Pléyade, 1971, pp. 128-129.

política como administración de categorías morales es la antítesis de la fortaleza, pero la huelga pop no es sólo un mecanismo simbólico catalizador de unas ideas sino también un proyecto político que permite crear hegemonía y demostrar fuerza. La huelga también es un concepto ecléctico, capaz de combinar la paralización de la producción en cada centro de trabajo junto con la batalla cultural de la sociedad, conformando la mejor arma de nuestro tiempo. La clave es utilizar las potencialidades de los movimientos sociales y construir un futuro colectivo desde la disidencia, pero disputando la hegemonía.

Si no es simbólico, no es poder. La huelga es retórica a la vez cultural y política, en un mundo donde somos seres sociales, emocionales. Nuestra memoria es emocional: recordamos sensaciones y emociones antes que hechos concretos. La retórica de la victoria necesita emocionarnos con una pulsión narrativa épica. La cultura es emoción y lo emocional es lo que nos hace humanos. Esta cultura a su vez impregna las instituciones.

Aquí es muy interesante la idea de ahorro onírico, esto es, que "la reducción de sueños conlleva la reducción de expectativas"[594] o cómo la clase social no sólo limita económicamente, sino que también modifica los sueños y las esperanzas en el futuro. Decía Wittgenstein[595] que los límites de mi lenguaje marcan los límites de mi mundo. La huelga es la antítesis: un concepto que promueve la acción, que activa la agencia del sujeto, su capacidad para colectivamente transformar la realidad en disputa.

En tercer lugar, la acción colectiva está atravesada por la velocidad de nuestro tiempo. Los cambios sociales se dan demasiado rápido para entenderlos y saber cómo reaccionar. Así, la huelga tiene el riesgo de convertirse en un martillo que usemos para todo y nos olvidemos de para qué funciona mejor. El alargamiento de conceptos sucede cuando tomamos un concepto y lo vaciamos de significado hasta que pueda acomodar cualquier caso[596]. De esta forma, un martillo no nos va a ayudar a montar una estantería. De hecho, el mal uso de un mar-

---

594 DE DIOS FERNÁNDEZ, E., "Domesticidad y familia: ambigüedad y contradicción en los modelos de feminidad en el franquismo", *Feminismo/s*, nº 23, 2014, p. 31.

595 Sección 5.6 del *Tractatus logico-philosophicus* de Ludwig Wittgenstein, 1921.

596 SARTORI, G., "Comparación y método…", *op. cit.*, pp. 39-40.

tillo puede causar más daño que beneficio. Por tanto, banalizar la huelga calificando como tal a las acciones que se limitan a lo simbólico corre el riesgo de alargar demasiado ese concepto, hasta el punto de hacerlo irreconocible. La *huelga pop* debe integrar exclusivamente las experiencias más eficaces, esto es, las acciones mixtas: batalla cultural y paro laboral tradicional.

Estamos, por tanto, en una batalla popular por las mentes y los corazones. El control de la narrativa busca mantener un equilibrio entre lo racional y lo emocional: emocionar y entusiasmar, y también convencer y demostrar. La huelga se configura como un dispositivo cultural de movilización que activa la identidad colectiva de la protesta y los lazos de solidaridad de clase. La huelga pop no se reduce a una *performance* aunque incluya *performances*. La huelga pop es el paraguas reivindicativo que acoge a una pluralidad de luchas.

En definitiva, la huelga pop es la combinación performativa de cultura, identidad y clase. Es un fenómeno que captura el espíritu de una época, mezclando ética y estética, símbolo y realidad material. La huelga pop es un proceso acumulativo de la herencia cultural de la lucha social por la justicia. Es la historia al servicio de una clase.

En resumen, entiendo la huelga pop como un fenómeno de los movimientos sociales de huelguización o popularización de las estrategias sindicales y huelguísticas, donde las acciones colectivas se califican como huelga no solo por motivos reivindicativos, sino también culturales, como una marca de clase o estatus. Este concepto amplía la noción de huelga más allá de la paralización de la actividad laboral y la reivindicación estrictamente sindical. La huelga pop supera la concepción de huelga como *repertorio* de acción colectiva para convertirse también en un *marco cultural* de acción colectiva que promueve y dota de legitimidad a diversas formas de protesta y movilización social, haciendo uso de estrategias comunicativas, simbólicas y culturales. Se busca crear un impacto emocional y una identificación con las luchas sociales, haciendo que la huelga sea accesible y atractiva para una amplia audiencia, lo que la convierte en un poderoso mecanismo de acumulación de capital cultural y de promoción de ideas y proyectos políticos progresistas. Las acciones colectivas exitosas serán el resultado de una virtuosa integración tanto de la huelga laboral tradicional como de su dimensión cultural o *pop*.

Capítulo II

LA EXPANSIÓN TERRITORIAL DEL CONFLICTO COLECTIVO: LA HUELGA TRANSNACIONAL

1. LA ACCIÓN COLECTIVA TRANSNACIONAL: APUNTES INTRODUCTORIOS

La poeta Gioconda Belli decía que la solidaridad es la ternura de los pueblos[597]. En un contexto donde la globalización ha roto las barreras geográficas y ha convertido al mundo en un sistema interconectado e interdependiente, la aldea global que teorizaba el filósofo canadiense Marshall McLuhan[598], la acción colectiva transnacional surge como una manifestación de solidaridad y lucha conjunta entre trabajadores en diferentes países y continentes. Además, se configura como estrategia no sólo necesaria, sino imprescindible, para lograr los objetivos de los trabajadores en un entorno caracterizado por las empresas multinacionales fuertes y la deslocalización de la actividad productiva a países con peores condiciones laborales en el sur global[599].

Sanguinetti[600] advierte que actualmente se produce una "curiosa paradoja". La consolidación del proceso de globalización económica y financiera se ha extendido hasta convertir en universal la conciencia social sobre la necesaria regulación internacional que limite la competencia entre sistemas de protección social. En este contexto, presenciamos un creciente desarrollo de diversas fórmulas e instrumentos de muy diversa naturaleza con el objetivo de fomentar

---

597 BELLI, G., *El ojo de la mujer*, Madrid, Visor, 3ª ed., 1997, p. 139.

598 MCLUHAN, M., *La aldea global*, Barcelona, Gedisa, 2002.

599 Sobre el concepto de sur global recomendamos los trabajos de Boaventura de Sousa Santos. Entre otros: SOUSA SANTOS, B., *Una epistemología del sur: la reinvención del conocimiento y la emancipación social*, Buenos Aires, siglo XXI, 2015.

600 SANGUINETI RAYMOND, W., "Las cadenas mundiales de producción y la construcción de un Derecho del Trabajo sin fronteras", *El futuro del trabajo: cien años de la OIT*, 2019, pp. 23-77.

la implementación efectiva de al menos un conjunto básico de condiciones de trabajo justas en todo el mundo. Esto se evidencia en numerosas iniciativas, declaraciones, protocolos, códigos de ética, acuerdos marco y sistemas de verificación que se han introducido en los últimos años con este propósito. Nunca antes ha habido tanta preocupación por la vigencia universal de los derechos laborales, ni ha existido un proceso más amplio de creación de herramientas internacionales destinadas a garantizarlo.

Nos encontramos en un momento de tránsito de formas de poder "autoritarias, jerárquicas, verticales", como las que han inspirado la construcción estado-céntrica del Derecho del Trabajo del siglo XX[601], a fórmulas "negociadas, reticulares, horizontales, consensuales", posiblemente "más civilizadas", pero también "más complejas"[602]. Y, sobre todo, con resultados y efectos más inciertos.

La novedad es precisamente que el eje propulsor del respeto de los derechos laborales en el mundo da la impresión de haberse desplazado desde la OIT hacia una pluralidad de sujetos, muy distintos unos de otros[603]. En este contexto, la dispersión normativa y la inseguridad jurídica son dos elementos que destacar.

Este proceso es el resultado del despliegue de las cadenas mundiales de producción (denominadas también cadenas globales de suministro o de valor) y la crisis de los sistemas tradicionales de construcción del Derecho del Trabajo[604]. Por ello, se habla de la necesidad de la construcción de "un nuevo Derecho Trasnacional del Trabajo para las cadenas globales de valor"[605] o de un "Derecho del Trabajo sin fronteras"[606].

---

601 BAYLOS GRAU, A., "La responsabilidad de las empresas transnacionales en los procesos de externalización. Las cláusulas sociales internacionales", en MONEREO PÉREZ, J. L. (Dir.): *La externalización productiva a través de la subcontratación empresarial*, Granada, Comares, 2018, p. 114.

602 RAMONET, I., *Géopolitique du chaos*, Gallimard, Paris, 1999, pp. 7-8.

603 SANGUINETI RAYMOND, W., "Las cadenas mundiales...", *op. cit.*

604 *Idem.*

605 SANGUINETI RAYMOND, W., "La construcción de un nuevo derecho trasnacional del trabajo para las cadenas globales de valor", *Revista General de Derecho del Trabajo y de la Seguridad Social*, nº 61, 2022.

606 SANGUINETI RAYMOND, W., "Las cadenas mundiales...", *op. cit.*

Podemos entender por cadena mundial de producción "toda organización transfronteriza de las actividades necesarias para producir bienes o servicios y llevarlos hasta los consumidores, sirviéndose de distintos insumos en las diversas fases de desarrollo, producción y entrega o prestación de dichos bienes y servicios"[607], cuya formación y liderazgo corresponden a una empresa que, precisamente en atención a esta circunstancia, recibe el apelativo de multinacional[608].

La transnacionalización de las actividades empresariales ha desembocado en lo que la doctrina llama "triple déficit de gobernanza"[609]. El primero afecta a la capacidad reguladora de los Estados de origen de las multinacionales. Actualmente estos no disponen de herramientas que les permitan ordenar las actividades desarrolladas por estas empresas a escala internacional, en la medida en que estas tienen lugar en territorios no sometidos a su jurisdicción. En segundo término, a la aptitud de los Estados de destino de regular el funcionamiento laboral de las actividades de los eslabones de las cadenas de valor situados en sus territorios. Existen factores políticos, técnicos y económicos que explican esta forma de *dumping* social. La tercera expresión del déficit de gobernanza se vincula con la limitada capacidad de las instituciones internacionales, y en particular la OIT, de imponer a los actores económicos globales un conjunto de estándares laborales susceptibles de ser aplicados de forma transversal a los distintos eslabones de sus cadenas mundiales de producción situados en destinos diversos.

La capacidad de persuasión de la OIT, de esta forma, se ve limitada a la diplomacia y a los incentivos morales[610]. Por ejemplo, la doctrina ha llamado la atención sobre que alrededor de la mitad de la población mundial no se encuentra cubierta por los Convenios 87 y 89, sobre libertad sindical y protección del derecho de sindicación, al no haberlos ratificado países de gran densidad demográfica como

---

607 OIT, *El trabajo decente en las cadenas mundiales de suministro*, Oficina Internacional del Trabajo, Ginebra, 2016, p. 1. Disponible en: http://zip.lu/IGsW

608 SANGUINETI RAYMOND, W., "Las cadenas mundiales…", *op. cit.*

609 *Idem.*

610 SERVAIS, J. M., "Les normes de l'OIT au XXI siècle: légitimité et effectivité", en DAUGAREILH, I. (Dir.): *La responsabilitè sociale de l'entreprise, vecteur d'un droit de la mondialisation?*, Bruselas, Bruylant, 2017, p. 449.

China, India, Estados Unidos y Brasil. Algún autor ha defendido que los instrumentos de la OIT forman parte del *soft law* o de un *self-service* normativo[611].

En este contexto, el conflicto colectivo transnacional es el instrumento idóneo para reivindicar la necesidad de garantizar un núcleo básico de derechos laborales en los procesos productivos globales como embrión de un Derecho del Trabajo sin fronteras[612]. El conflicto colectivo transnacional se caracteriza por afectar a una pluralidad de trabajadores, que reivindican un interés general o colectivo, y está organizado por un sujeto colectivo laboral, tradicionalmente un sindicato, pero también un comité o una asamblea de trabajadores[613]. No obstante, el elemento definitorio de la acción colectiva trasnacional es, precisamente, el elemento transnacional: se trata de una acción colectiva que afecta a trabajadores en varios estados, o bien la acción iniciada en un Estado con el objetivo de que tenga efectos en la relación laboral de los trabajadores en otro u otros Estados.

Se ha afirmado también que "la huelga en el ámbito transnacional se configura como un medio de articular la defensa de los intereses de los trabajadores que permite, asimismo, la creación de reglas surgidas como forma de terminación o evitación de la medida de presión y propicia no sólo la autotutela de los trabajadores no vinculados a ningún ordenamiento de protección de sus condiciones de trabajo, sino el surgimiento de un nuevo estándar de tutela bajo formas contractuales o de negociación colectiva, tanto a nivel interno como transnacional"[614].

El desarrollo de la autonomía colectiva en el plano transnacional no puede concebirse sin el legítimo ejercicio del derecho a adoptar medidas de conflicto colectivo en dicho ámbito. Como instrumento

---

611 OJEDA AVILÉS, A., "Transnacionalidad, globalización e internacionalización. Tres enfoques distintos pero complementarios", *Trabajo y Derecho*, 2018, nº 43-44, p. 28; SUPIOT, A., "¿Cuál es la justicia social internacional para el siglo XXI?", *Laborem*, 2016, nº 18, p. 40.

612 SANGUINETI RAYMOND, W., "Las cadenas mundiales…", *op. cit.*

613 OJEDA AVILÉS, A., *Derecho Transnacional del Trabajo*, Valencia, ed. Tirant lo Blanch, 2013, p. 322.

614 CAIRÓS BARRETO, D. M., "Huelgas y conflictos colectivos transnacionales", en CAIRÓS BARRETO, D. M. (Dir.): *Los conflictos laborales de dimensión transnacional*, Cizur Menor, Aranzadi, 2022, p. 93.

de presión en la defensa de los intereses de los trabajadores, el derecho de huelga sólo podrá cumplir satisfactoriamente su función si su ejercicio adquiere una dimensión transnacional que esté en sintonía con la estructura del poder empresarial al que se confronta. En caso contrario, resultaría ineficaz para el fortalecimiento de la posición de los trabajadores y, por tanto, para integrar un auténtico poder negociador en manos de sus representantes[615].

Consecuentemente, la doctrina especializada advierte que "sería preciso superar la cicatera visión economicista que concibe la huelga como un elemento patológico y perturbador de las relaciones comerciales y, por el contrario, apostar por su reconocimiento y tutela como derecho fundamental de carácter universal". De tal manera, siendo el conflicto consustancial a las relaciones laborales, "las limitaciones que se establezcan al respecto deben encaminarse a garantizar su desarrollo pacífico, estableciendo eventualmente mecanismos destinados a su encauzamiento o resolución, y a la protección de derechos y libertades públicas fundamentales que pudieran resultar afectados por el ejercicio del derecho de huelga, lo que requiere inevitablemente una adecuada ponderación de los intereses en juego"[616].

En esas situaciones, el recurso a las formas de autotutela sindical resulta idóneo porque la huelga organizada en la dimensión transnacional carece, como se sabe, de cualquier referente normativo. Permanece en un terreno extranormativo sólo encuadrado en el necesario respeto a la autonomía de la acción sindical, en cualquier nivel en que se plantee ésta. Normalmente las acciones colectivas de autotutela en estos supuestos se expresan bajo la forma de huelga de solidaridad internacional.

Sin embargo, esta acción sindical con impacto a nivel transnacional es reinterpretada por la legislación nacional de cada país donde se lleva a cabo la huelga convocada. Como resultado, la clasificación legal de la huelga y sus efectos depende del sistema jurídico de cada país en el que los trabajadores deciden unirse a la convocatoria de

615 CORREA CARRASCO, M., *Acuerdos marco internacionales: de la responsabilidad social empresarial a la autonomía colectiva transnacional*, Valencia: Tirant lo Blanch, 2016, p. 101-102.

616 *Idem.*

huelga. La huelga de solidaridad, que surge de una decisión unificada que abarca las relaciones laborales a nivel global, se fragmenta en función de las disposiciones de cada ordenamiento jurídico nacional. Esto implica que, desde una perspectiva legal, hay tantas huelgas como países en los que se ejerza, lo que significa que una misma huelga a nivel transnacional puede considerarse legal o ilegal en circunstancias particulares según los parámetros legales de cada sistema jurídico en los países donde la empresa transnacional tiene presencia. En resumen, la dimensión transnacional global de la acción sindical es ignorada y se reduce a "una yuxtaposición de espacios regulativos estatal-nacionales con una clara finalidad restrictiva de aquella"[617].

Finalmente, debemos mencionar qué actores intervienen en el conflicto colectivo transnacional en el contexto de la defensa de los derechos laborales y la promoción de la justicia social a nivel global. Además del papel que tradicionalmente ocupa el empresario, existen otros actores muy relevantes. Entre ellos se encuentran los sindicatos tradicionales, que operan en diferentes ámbitos, ya sea a nivel nacional, regional o sectorial, representando y protegiendo los intereses de los trabajadores. De hecho, a nivel europeo los sindicatos participan en la Confederación Europea de Sindicatos (CES) y en los Comités de Empresa Europeos contribuyendo a la coordinación y colaboración entre los trabajadores de distintas empresas en el ámbito europeo. Los sindicatos también se integran en las federaciones sindicales internacionales, como IndustriALL y UNI Global Union, desempeñando un papel crucial al unificar y fortalecer la voz de los sindicatos a nivel mundial. Asimismo, las ONGs, aunque no trabajen temas específicamente laborales, también juegan un papel importante en la defensa de los derechos humanos en el contexto laboral. En último lugar, los medios de comunicación y las redes sociales desempeñan un papel clave al informar sobre los acontecimientos y desafíos que surgen en los conflictos colectivos, contribuyendo a generar conciencia y promover el debate público en torno a estos temas, difundiendo la agenda del resto de actores.

---

617 BAYLOS GRAU, A., "Códigos de conducta y acuerdos-marco de empresas globales apuntes sobre su exigibilidad jurídica", *Lan harremanak: Revista de relaciones laborales*, nº 12, 2005, pp. 122-123.

2. MARCO JURÍDICO INTERNACIONAL DEL CONFLICTO COLECTIVO

2.1. La Organización Internacional del Trabajo

Los primeros textos que incorporan expresamente el conflicto colectivo transnacional se caracterizan por su reconocimiento en declaraciones programáticas de derechos, por ejemplo, el Pacto Internacional de Derechos Económicos, Sociales y Culturales (PIDESC, ONU 1966), pero no en normas cuya aplicación queda garantizada por un tribunal internacional[618]. El PIDESC reconoció el derecho de huelga, ejercido de conformidad con las leyes de cada país (art. 8.1.d).

La Organización Internacional del Trabajo (OIT) ha asumido un papel fundamental en el reconocimiento internacional del derecho de huelga. Desde su constitución, en 1919, la OIT promueve la libertad de sindicación. No obstante, no se hace ninguna referencia expresa a la huelga. La OIT promueve la cooperación y negociación, pero carece de previsión del conflicto y de sus mecanismos de acción[619].

En un primer momento, el reconocimiento de la libertad sindical se logra en 1948, a través del convenio número 87, sobre la libertad sindical y la protección del derecho de sindicación. De acuerdo con su art. 3, las organizaciones de trabajadores tienen derecho a organizar sus actividades y el de formular su programa de acción. El art. 10 hace hincapié en que un sindicato es una organización que tiene por objeto fomentar y defender los intereses de los trabajadores, pero no se menciona expresamente la huelga en ningún precepto. Tampoco el convenio número 98, sobre el derecho de sindicación y de negociación colectiva (1949), trata el derecho de huelga.

A pesar de la ausencia de un reconocimiento expreso del derecho de huelga, el Comité de Libertad Sindical, un órgano que resuelve quejas por violaciones de la libertad sindical y elabora informes pe-

---

618 OJEDA AVILÉS, A., *Derecho Transnacional del Trabajo*, *op. cit.*, p. 323.

619 NOGUEIRA GUASTAVINO, M., "La huelga en el Derecho Internacional y su protección multinivel", en FOTINOPOULOU BASURKO, O. (coord.), *El derecho de huelga en el Derecho Internacional*, Valencia, Tirant lo Blanch, 2016, p. 9.

riódicos sobre ellas con recomendaciones para los gobiernos, reconoció desde un primer momento[620] que el derecho de huelga y el de organizar reuniones sindicales son elementos esenciales del derecho sindical[621]. De esta forma, el Comité reconoce que la huelga es un derecho y no un simple acto social[622].

El Comité de Libertad Sindical configura la huelga como un derecho limitado, en tanto su concepto está vinculado al objetivo de defensa pacífica de los intereses de los trabajadores y de los sindicatos, de ahí que, aunque incluye supuestos de expresión por el sindicato de su opinión sobre cuestiones generales conectadas con los intereses de los afiliados o trabajadores, no protege la huelga estrictamente política no conectada con dichos intereses, y que la huelga de solidaridad se haga depender de esa misma conexión con intereses propios[623].

Se afirma, por tanto, que el derecho de huelga de los trabajadores y sus organizaciones constituye uno de los medios esenciales de que disponen para promover y defender sus intereses profesionales[624]. En tanto, el derecho de huelga es corolario indisociable del derecho de sindicación[625], la prohibición impuesta a las federaciones y confederaciones de declarar la huelga no es compatible con el Convenio núm. 87[626].

Las huelgas por naturaleza ocasionan perturbaciones y costes, y también requieren un sacrificio importante de los trabajadores que optan por ejercerla como último recurso y como medio de presión sobre el empleador a fin de corregir lo que consideran ser una injusticia[627]. Los intereses profesionales y económicos que los trabajadores defienden mediante el derecho de huelga abarcan no sólo la obtención de mejores condiciones de trabajo o las reivindicaciones

620 RODRÍGUEZ-PIÑERO, M., "El derecho de huelga y el Convenio núm. 87 OIT sobre libertad sindical", *Derecho de las Relaciones Laborales*, nº 3, 2015, pp. 229 y ss.

621 Caso nº 28 (Reino Unido de Gran Bretaña e Irlanda del Norte), 1952.

622 NOGUEIRA GUASTAVINO, M., "La huelga en el Derecho...", *op. cit.*, p. 12.

623 *Idem.*

624 OIT, Recopilación de decisiones del Comité de Libertad Sindical, nº 753, 2023.

625 *Ibídem*, nº 754.

626 *Ibídem*, nº 757.

627 *Ibídem*, nº 755.

colectivas de orden profesional, sino que engloban también la búsqueda de soluciones a las cuestiones de política económica y social y a los problemas que se plantean en la empresa y que interesan directamente a los trabajadores[628].

En este sentido, aunque las huelgas de carácter puramente político no entran en el ámbito de la protección deparada por los Convenios núms. 87 y 98[629], una prohibición general de las huelgas de solidaridad podría ser abusiva y los trabajadores deberían poder recurrir a tales acciones a condición de que sea legal la huelga inicial que apoyen[630].

El Comité también se ha pronunciado sobre los procedimientos legales para declarar una huelga, que no deberían ser complicados al punto de que en la práctica resulte imposible una huelga legal[631]. Se ha establecido que la obligación de dar un preaviso al empleador o a su organización antes de declarar una huelga puede ser considerada como admisible, siempre que el preaviso sea razonable[632], entendiendo que un preaviso de cuarenta y ocho horas es un plazo razonable[633], pero también que uno de 20[634] o 40[635] días no atenta contra los principios de la libertad sindical en los servicios de interés social o público. En esta línea, el Comité ha expresado su preocupación por la imposición de un límite en la duración de una huelga que, por su naturaleza de último recurso para la defensa de los intereses de los trabajadores, no puede predeterminarse[636].

El Comité se ha pronunciado sobre diversos temas relacionados con la huelga[637]: la posible prohibición del derecho de huelga de los funcionarios, el arbitraje obligatorio, los efectos derivados de la huelga, tanto legal como ilegal, los piquetes, los descuentos salaria-

---

628 *Ibídem*, nº 758.
629 *Ibídem*, nº 761.
630 *Ibídem*, nº 770.
631 *Ibídem*, nº 790.
632 *Ibídem*, nº 799.
633 *Ibídem*, nº 800.
634 *Ibídem*, nº 801.
635 *Ibídem*, nº 802.
636 *Ibídem*, nº 815.
637 OIT, Recopilación de decisiones del Comité de Libertad Sindical, nº 751-978, 2023.

les, la prohibición de sanciones por el ejercicio legítimo del derecho (ya sean penales o internas en la empresa), el *lock-out*, los servicios de seguridad y mantenimiento o los servicios mínimos que garanticen los servicios esenciales de la comunidad.

Por ejemplo, respecto al esquirolaje, el Comité de Libertad Sindical afirma que sólo debería recurrirse a la sustitución de huelguistas: a) en caso de huelga en un servicio esencial en el sentido estricto del término en el que la legislación prohíbe la huelga, y b) cuando se crea una situación de crisis nacional aguda[638]. Por tanto, si una huelga es legal, el recurso a la utilización de mano de obra no perteneciente a la empresa con el fin de sustituir a los huelguistas, por una duración indeterminada, entraña el riesgo de violación del derecho de huelga que puede afectar el libre ejercicio de los derechos sindicales[639].

Además de los convenios núms. 87 y 98, algún otro instrumento reconoce y protege el derecho de huelga. Por un lado, el Convenio nº 105, sobre la abolición del trabajo forzoso (1957), obliga a suprimir y a no hacer uso de ninguna forma de trabajo forzoso u obligatorio como castigo por haber participado en huelgas (art. 1, apartado a). Por otro lado, la Recomendación nº 92, sobre la conciliación y el arbitraje voluntarios (1951), establece que debería estimularse a las partes para que se abstengan de recurrir a huelgas y a *lockouts* mientras dure el procedimiento de conciliación (art. 4) o arbitraje voluntario (art. 6) y que ninguna de las disposiciones de esta Recomendación podrá interpretarse en modo alguno en menoscabo del derecho de huelga (art. 7).

Aunque pudiera parecer que el derecho de huelga en el seno de la OIT es un asunto fuera de disputas, en la Conferencia Internacional del Trabajo de 2012, el Grupo de Empleadores de la OIT, junto con algunos gobiernos, cuestionaron que el Convenio 87 de la OIT, sobre la libertad sindical, proteja el derecho de huelga. Esta situación ha provocado una década de bloqueo respecto a este derecho en la Comisión de Expertos en Aplicación de Convenios y Recomendaciones (CEACR) de la OIT. En 2023, propusieron adoptar un protocolo

---

638 *Ibídem*, nº 917

639 *Ibídem*, nº 919

que regule el alcance y los límites del derecho de huelga en la conferencia de junio de 2024, suscitando fuertes críticas de sindicatos españoles, como CCOO[640], y de federaciones sindicales internacionales, como IndustriALL[641] e ITUC[642].

En noviembre de 2023, la Organización Internacional del Trabajo remitió el litigio sobre el derecho de huelga a la Corte Internacional de Justicia de La Haya. El Consejo de Administración acordó, consciente de un "desacuerdo grave y persistente" en el seno de los tres componentes de la OIT sobre la interpretación del Convenio núm. 87, con respecto al derecho de huelga, de conformidad con el artículo 37 de la Constitución de la OIT, "solicitar a la Corte Internacional de Justicia que emita urgentemente una opinión consultiva [...] sobre la siguiente cuestión: ¿Está protegido el derecho de huelga de los trabajadores y de sus organizaciones en virtud del Convenio sobre la libertad sindical y la protección del derecho de sindicación, 1948 (núm. 87)?"[643]. Esta opinión consultiva tendrá efecto jurídicamente vinculante[644].

2.2. *El Consejo de Europa*

2.2.1. El Convenio Europeo de Derechos Humanos

A pesar de que no está expresamente reconocido en el Convenio Europeo para la protección de los Derechos Humanos y las Libertades Fundamentales (CEDH), el derecho de huelga se considera en

---

640 CCOO, "CCOO exige en Ginebra el rechazo a la propuesta patronal relativa al derecho de huelga en la OIT", 7 de noviembre de 2023. Disponible en: https://zip.lu/ZRQe

641 IndustriALL, "Los empleadores atacan el derecho de huelga", 7 de noviembre de 2023. Disponible en: https://zip.lu/ZRQQ

642 Confederación Europea de Sindicatos (CES)-International Trade Union Confederation (ITUC), "ITUC Comments to the Office Background Report on the Action to be taken regarding the Employers Request for a Protocol to Convention 87", 27 de octubre de 2023. Disponible en: https://zip.lu/ZRSo

643 *Resolution adopted by ILO Governing Body at its 349th bis (special) session on 10 November 2023.* Disponible en: https://zip.lu/3bgrg

644 OIT, "El efecto jurídicamente vinculante de las opiniones consultivas de la Corte Internacional de Justicia", 10 de noviembre de 2023. Disponible en: https://zip.lu/3bgpv

todo caso amparado por la proclamación del artículo 11 del Convenio del derecho de asociación, y en particular del derecho de asociación y acción sindical: "Toda persona tiene derecho a la libertad de reunión pacífica y a la libertad de asociación, incluido el derecho a fundar, con otras, sindicatos y de afiliarse a los mismos para la defensa de sus intereses".

El Convenio fija estándares mínimos y, en ningún caso, las limitaciones o restricciones que consagre pueden perjudicar los derechos reconocidos tanto en otros Convenios o acuerdos internacionales como en las normas internas de los Estados miembros[645].

En este sentido, el TEDH, que es el tribunal internacional que tiene encomendado interpretar el CEDH, insiste en el "amplio margen de apreciación"[646] reconocido a los Estados, ya que, por su conocimiento directo de cada sociedad y de sus necesidades, las autoridades nacionales, y en particular los parlamentos democráticamente elegidos, están en principio en mejores condiciones que el juez internacional para apreciar lo que es de interés público por motivos sociales o económicos, y cuáles son las medidas legislativas más adecuadas para implantar la política social, económica o industrial elegida[647].

La facultad del TEDH de revisar la legislación interna de los Estados miembros es, pues, limitada. La interpretación y aplicación de las legislaciones nacionales corresponde, en primer lugar, a las autoridades y tribunales nacionales. El TEDH se limita a determinar si los efectos de tal interpretación y aplicación son compatibles con el Convenio[648].

De acuerdo con el apartado segundo del mencionado artículo 11 CEDH: "el ejercicio de estos derechos no podrá ser objeto de otras restricciones que aquellas que, previstas por la ley, constituyan medi-

---

645 MARTÍN HUERTAS, M. A., "Las sentencias del TEDH relativas a partidos políticos y a sindicatos", *Revista Mexicana de Derecho Constitucional*, nº 23, 2010, p. 85 y ss.

646 STEDH de 8 de abril de 2014 (cuarta sección), Rec. 31045/10, Unión Nacional de trabajadores de ferrocarril, marítimo y transporte v. Reino Unido.

647 DURÁN LÓPEZ, F., "El derecho de huelga en la doctrina del Tribunal Europeo de Derechos Humanos", *Temas Laborales*, 2018, nº 145, p. 319.

648 STEDH de 27 de noviembre de 2014 (sección primera), Rec. 36701/09, Sindicato Médico v. Croacia.

das necesarias, en una sociedad democrática, para la seguridad nacional, la seguridad pública, la defensa del orden y la prevención del delito, la protección de la salud o de la moral, o la protección de los derechos y libertades ajenos. El presente artículo no prohíbe que se impongan restricciones legítimas al ejercicio de estos derechos por los miembros de las fuerzas armadas, de la policía o de la Administración del Estado".

Por tanto, como principio general, el Tribunal interpreta este precepto en el sentido de que admite que los Estados pueden imponer "restricciones legítimas" al ejercicio de los derechos sindicales, sin por ello cuestionar el derecho de libertad sindical. Por ello, también, la regulación del ejercicio del derecho de huelga por parte de los Estados miembros puede imponer restricciones y limitaciones a dicho ejercicio e incluso la prohibición total, para determinados colectivos, del ejercicio del derecho. El principio de libertad sindical puede ser compatible, dice el Tribunal, con la prohibición del derecho de huelga, siendo ejemplo paradigmático el caso de un sindicato policial vasco[649].

En el asunto Karacay v. Turkey, STEDH de 27 de marzo de 2007, sobre la base de la Carta Social Europea y los Convenios OIT 87 y 151, se sostiene que, aunque el art. 11 CEDH no consagre expresamente el derecho de huelga, ni siquiera como elemento esencial de la libertad sindical[650], representa uno de los más importantes derechos sindicales, aunque existan otros, y enfatiza de nuevo que una restricción del derecho de huelga vulnera el art. 11 CEDH. Además, se considera que la imposición de responsabilidad civil a los demandantes (por haber dejado de acudir a su trabajo tres horas para participar en una acción colectiva) supone una injerencia en el derecho a la libertad sindical que debe justificarse y demostrarse proporcionada.

La STEDH de 21 de abril de 2009, en el asunto Enerji Yapi Yol Sen contra Turquía, analizaba la prohibición general de la huelga a los funcionarios públicos en Turquía, en el contexto de la reivindicación de un convenio colectivo propio, que se saldó con sanciones discipli-

---

649 STEDH de 21 de abril de 2015 (sección tercera), Rec. 45829/09, ERNE v. Reino de España.

650 CAIRÓS BARRETO, D. M., "Huelgas y conflictos colectivos…", *op. cit.*, p. 99.

narias a quiénes participaron en la huelga. En este pronunciamiento, el TEDH va más allá pues, aunque no afirme expresamente que el derecho de huelga es parte del contenido esencial del derecho a la libertad sindical, lo reconoce de modo explícito para la defensa de los intereses que le son propios ("básicamente con los mismos efectos que considerarlo esencial"[651]), y que sólo puede limitarse en base a la ley, con un objetivo legítimo y como medida proporcional y necesaria en una sociedad democrática[652]. Por tanto, la proporcionalidad se impone respecto a las acciones y límites del Estado y no a la acción sindical misma[653].

En este sentido, la jurisprudencia del TEDH sobre la huelga no ha sido uniforme, existiendo otros pronunciamientos más restrictivos que permiten que el derecho de huelga quede sujeto a ciertas condiciones y restricciones, incluyendo la prohibición del ejercicio para varios colectivos, siendo paradigmático el caso de una huelga de solidaridad en el Reino Unido[654]. En cambio, ha afirmado que un boicot promovido por un sindicato para obtener mejoras en las condiciones de trabajo está protegido por el CEDH, sin perjuicio de que una norma noruega imponga restricciones proporcionales y que no atentan contra el derecho de huelga[655].

Recientemente, el Tribunal ha tenido la oportunidad de matizar su doctrina sobre prohibición general de la huelga de funcionarios públicos concluyendo que no vulnera el art. 11 CEDH la prohibición absoluta prevista en Alemania. Considera que "si bien el derecho de huelga es un elemento importante de la libertad sindical, la huelga no es el único medio por el cual los sindicatos y sus miembros

---

651 OJEDA AVILÉS, A., *Derecho Transnacional del Trabajo, op. cit.*, p. 321 y ss.

652 MENDOZA NAVAS, N, "La huelga y las acciones colectivas transnacionales en la jurisprudencia del Tribunal de Justicia de la Unión Europea y el Tribunal Europeo de Derechos Humanos", en FOTINOPOULOU BASURKO, O. (Dir.): *El derecho de huelga en el derecho internacional*, Valencia, Tirant Lo Blanch, 2016, pp. 12-13.

653 OJEDA AVILÉS, A., *Derecho Transnacional del Trabajo, op. cit.*, p. 321 y ss.

654 STEDH de 8 de abril de 2014 (cuarta sección), Rec. 31045/10, Unión Nacional de trabajadores de ferrocarril, marítimo y transporte v. Reino Unido.

655 STEDH de 10 de junio de 2021 (sección quinta), Rec. 45487/17, Norwegian Confederation of Trade Unions (LO) and Norwegian Transport Workers' Union (NTF) v. Norway.

pueden proteger los intereses profesionales relevantes y los Estados contratantes son, en principio, libres de decidir qué medidas desean adoptar para garantizar el cumplimiento del artículo 11, siempre y cuando con ello garanticen que la libertad sindical no pierda sustancia como resultado de cualquier restricción impuesta"[656]. Se trata de un pronunciamiento que, en las primeras valoraciones doctrinales críticas, constituye claramente una "visión restrictiva de la interpretación del art. 11 del Convenio y la relación del derecho de libertad sindical con el de huelga"[657].

En el caso alemán, esto se traduce en que existen otras salvaguardas institucionales: los sindicatos de funcionarios alemanes tienen el derecho legal de participar en la redacción de disposiciones legales que les afecten directamente y tienen derecho constitucional a recibir una "manutención adecuada" que pueden hacer cumplir ante los tribunales. De hecho, "la elevada tasa de sindicalización entre los funcionarios alemanes ilustra la eficacia en la práctica de los derechos sindicales tal como se garantizan a los funcionarios públicos". La sentencia menciona que el principal sindicato de funcionarios del país (en torno al 50% de representatividad) afirmó "que los funcionarios públicos ya tenían todo lo que podían ganar con huelga debido a los derechos constitucionales inherentes a su estatuto y abogó por no conceder a los funcionarios públicos el derecho de huelga". Además, a diferencia de la situación en el caso de Enerji Yapı-Yol Sen, donde se prohibió una huelga nacional en una circular cinco días antes del paro, la prohibición alemana "es una medida general que refleja la ponderación de intereses constitucionales diferentes y potencialmente contrapuestos". En definitiva, en tanto los sindicatos pueden defender eficazmente sus intereses profesionales, la prohibi-

---

656 STEDH de 14 de diciembre de 2023 (Gran Sala), Rec. 59433/18, 59477/18, 59481/18 y 59494/18, Humpert y otros v. Alemania.

657 ROJO TORRECILLA, E., "¿Puede prohibirse el derecho de huelga sin que quede afectado el de libertad sindical? Aceptación de esta tesis por el Tribunal Europeo de Derechos Humanos para todos los funcionarios públicos en Alemania (16 a favor, 1 voto particular radicalmente discrepante y 1 voto concurrente). Notas críticas a la importante sentencia de 14 de diciembre de 2023 (demanda núm. 59433/18 y otras)", *El Blog de Eduardo Rojo*, 21 de diciembre de 2023. Disponible en: https://zip.lu/36U9R

ción de la huelga no limita el contenido esencial de la libertad sindical de los funcionarios garantizada en el art. 11 CEDH[658].

Este pronunciamiento cuenta con un interesante voto particular, que defiende que "ninguna prohibición absoluta puede considerarse una restricción comprendida en el ámbito de aplicación de la primera frase del art. 11.2", que exige que las restricciones al derecho de reunión y asociación pacíficas deben estar previstas por la ley y constituir medidas necesarias en una sociedad democrática. Por su propia naturaleza, "una negación total de un derecho, que es el efecto de la prohibición absoluta en el presente caso, no puede ser proporcionada". Por su parte, explica que una prohibición absoluta puede estar comprendida en la segunda frase del artículo 11.2 bajo dos condiciones: (a) si es "lícita"; y (b) si se trata de la "imposición de restricciones legales al ejercicio de estos derechos por miembros de las fuerzas armadas, de la policía o de la administración del Estado". Este precepto es inaplicable porque no se puede asimilar toda la función pública a la "administración del Estado", máxime en este asunto donde se enjuician sanciones a profesores de escuelas públicas[659].

En definitiva, el voto particular sostiene que "la sentencia no está en consonancia con los principios fundamentales del Convenio de eficacia y respeto de la dignidad humana, y supone en cierto modo un retroceso en la aplicación de la doctrina de que el Convenio es un instrumento vivo que debe adaptarse a las condiciones actuales de la sociedad y al desarrollo del Derecho internacional". Por tanto, concluye que la prohibición absoluta del derecho de huelga a los funcionarios públicos alemanes invalida *per se* y automáticamente el derecho a la libertad de reunión y asociación pacíficas y, por tanto, viola el artículo 11 CEDH, que "además de ser un derecho civil, es también social, con un elemento moral predominante, que requiere una consideración cuidadosa y especial por parte de la Corte al interpretarlo y aplicarlo"[660].

---

658 STEDH de 14 de diciembre de 2023 (Gran Sala), Rec. 59433/18, 59477/18, 59481/18 y 59494/18, Humpert y otros v. Alemania.

659 Voto particular discrepante del juez Serghides a la STEDH de 14 de diciembre de 2023 (Gran Sala), Rec. 59433/18, 59477/18, 59481/18 y 59494/18, Humpert y otros v. Alemania.

660 *Idem.*

En definitiva, el TEDH establece que las limitaciones o "injerencias" en el ejercicio del derecho de huelga han de respetar, para ser conformes al Convenio, tres requisitos, constantemente enunciados por el Tribunal en diversas sentencias[661]: 1) deben estar previstos en la legislación interna de cada Estado ("*prescribed by law*"); 2) han de responder a uno o varios fines o intereses legítimos ("*legitimate aim*"); y 3) las medidas en que se concreten han de resultar necesarias en una sociedad democrática para alcanzar los fines pretendidos ("*necessary in a democratic society*"). Dentro de este requisito, al test de necesidad que comporta se acompaña el test de proporcionalidad, de tal forma que las regulaciones estatales han de respetar una adecuada proporcionalidad entre la protección de las finalidades perseguidas con las medidas restrictivas del derecho de huelga y la tutela y protección también de este[662].

2.2.2. La Carta Social Europea

Por su parte, la Carta Social Europea (1961), para garantizar el efectivo ejercicio del derecho a la negociación colectiva, reconoce en su artículo 6 "el derecho de los trabajadores y empleadores, en caso de conflicto de intereses, a emprender acciones colectivas, incluido el derecho de huelga, sin perjuicio de las obligaciones que puedan dimanar de los convenios colectivos en vigor" (art. 6.4 CSE).

Se convierte así la CSE en el más antiguo instrumento jurídico internacional en reconocer formalmente el derecho a adoptar medidas de conflicto colectivo, mencionando expresamente el derecho de huelga. A su vez, la concepción amplia de medidas de acción colectiva incluirá tanto la huelga como el cierre patronal (principio de

---

661 STEDH 27 de marzo de 2007 (sección segunda), Rec. 6615/03, Karaçay v. Turquía; STEDH de 21 de abril de 2009 (sección tercera), Rec. 68959/01, Enerji Yapi-Yol Sen v. Turquía; STEDH de 27 de noviembre de 2014 (sección primera), Rec. 36701/09, Sindicato Médico v. Croacia; STEDH de 8 de noviembre de 2015 (sección primera), Rec. 15557/10, Unión Comercial de la Fábrica 4 de noviembre v. República de Macedonia; STEDH 20 de noviembre de 2018 (sección tercera), Rec. 44873/09, Ognevenko v. Rusia; STEDH de 14 de diciembre de 2023 (Gran Sala), Rec. 59433/18, 59477/18, 59481/18 y 59494/18, Humpert y otros v. Alemania, entre otras.

662 DURÁN LÓPEZ, F., "El derecho de huelga…", *op. cit.*, p. 319.

igualdad de armas, que el TC español no admite en nuestro país[663]), junto con los piquetes, boicots, manifestaciones y el ejercicio de la libertad de expresión.

Esta carta, ratificada por España en 1980[664] y en 2021[665] su versión revisada, es interpretada por el Comité Europeo de Derechos Sociales (CEDS), que mantiene los mismos criterios que el TEDH sobre la limitación del derecho de huelga. De esta forma y de acuerdo con el artículo G de la CSE(r), las restricciones del derecho de huelga: 1) deben estar establecidas en la ley; 2) deben perseguir un fin legítimo (garantizar el respeto de los derechos y libertades de terceros o para proteger el orden público, la seguridad nacional, la salud pública o las buenas costumbres); y 3) deben ser necesarias en una sociedad democrática para la consecución de estos fines, esto es, la restricción debe ser proporcionada al fin legítimo perseguido[666].

Este precepto es especialmente interesante debido a la reciente ratificación del protocolo adicional que establece un sistema de reclamaciones colectivas[667].

El CEDS ha fijado unos criterios pacíficos sobre el ejercicio del derecho de huelga. En este sentido, el derecho de conflictos no se reconoce en exclusiva a los sindicatos, sino también a los trabajadores directamente o incluso a los empresarios. También se admiten las huelgas de protesta o políticas y las huelgas de solidaridad. El CEDS ha censurado restricciones abusivas del derecho de huelga, como la prohibición completa para la policía[668] o para los funcionarios pú-

---

663 STC 11/1981, de 8 de abril, FD 22.

664 Instrumento de Ratificación, de 29 de abril de 1980, de la Carta Social Europea, hecha en Turín de 18 de octubre de 1961 (BOE 26/06/1980).

665 Instrumento de Ratificación de la Carta Social Europea (revisada), hecha en Estrasburgo el 3 de mayo de 1996 (BOE 11/06/2021).

666 Decisión CEDS del 3 de julio de 2013, queja nº 85/2012.

667 Instrumento de ratificación del Protocolo Adicional a la Carta Social Europea en el que se establece un sistema de reclamaciones colectivas, hecho en Estrasburgo el 9 de noviembre de 1995 (BOE 2-11-2022).

668 European Confederation of Police (EuroCOP) v. Ireland, Complaint No. 83/2012, decision on admissibility and the merits of 2 December 2013, Resolution CM / ResChS(2014)12. European Trade Union Confederation (ETUC), Centrale générale des syndicats libéraux de Belgique (CGSLB), Confédération des syndicats chrétiens de Belgique (CSC) and Fédération générale du travail de Belgique

blicos del Estado[669], en un servicio concreto como la energía[670], o restricciones excesivas en servicios esenciales[671].

En relación con España, existen varios pronunciamientos que concluyen que el establecimiento de un arbitraje obligatorio previsto en el art. 10 RDLRT no es conforme a la Carta Social Europea[672]. Recientemente, el sindicato Unión Federal de Policía ha registrado una reclamación colectiva contra España relativa a la prohibición total del derecho de huelga de la policía, que consideran incompatible con el art. 6.4 CSE[673]. Sin embargo, nada apunta a una reforma que corrija estas cuestiones (ni ninguna otra relacionada con una ley de huelga).

Finalmente, debemos mencionar que la doctrina califica la interpretación del Convenio Europeo de Derechos Humanos y la Carta Social Europea como dinámica[674], en el sentido de que tiene en cuenta el contexto social, político, cultural y legal. Este dinamismo permite que ambos textos sean interpretados de forma que las resoluciones del TEDH y el CEDS contienen referencias cruzadas a la CSE(r) y al CEDH, contribuyendo al avance en el reconocimiento del derecho de huelga en el ámbito internacional, colocándolo dentro de los derechos humanos y permitiendo superar situaciones de prevalencia de las libertades económicas y de empresa en la Unión Europea y que analizaremos a continuación.

(FGTB) v. Belgium, Complaint No. 59 / 2009, decision on the merits of 13 September 2011 Resolution CM / ResChS(2013)16.

669 Conclusions 2018 - Estonia - Article 6-4 2018 /def/EST / 6/4/EN.

670 Conclusions 2018 - Armenia - Article 6-4 2018/def/ARM/6/4/EN.

671 Conclusions 2018 - Azerbaijan - Article 6-4 2018/def/AZE/ 6/4/EN.

672 Conclusions XXI-3 - Spain - Article 6-4 XXI-3/def/ESP/6/4/EN.

673 SALCEDO BELTRÁN, C., "Protección multinivel, derecho de huelga de las fuerzas y cuerpos de seguridad y Carta Social Europea: Unión Federal de Policía contra España, reclamación colectiva nº 225/2023", *Briefs AEDTSS*, nº 46, 23 de junio de 2023. Disponible en: https://acortar.link/vUYQr9

674 CAIRÓS BARRETO, D. M., "Huelgas y conflictos colectivos...", *op. cit.*, p. 101-102.

2.3. La Unión Europea

En el ámbito de la Unión Europea, la estrategia preeminente es el diálogo y la participación activa de los agentes sociales. Recientemente, se ha adoptado el Pilar Europeo de Derechos Sociales que reconoce a los interlocutores sociales y al diálogo social un papel esencial en la política europea y en el diseño de una Europa verde, digital y más resiliente, basada en los derechos fundamentales y en los valores europeos comunes, preservando y promoviendo el modelo social europeo como aquel que incluye valores como la democracia, los derechos individuales, la libre negociación colectiva, la economía de mercado, la igualdad de oportunidades para todos, la protección social y la solidaridad. Esto supone que la participación activa y la involucración de los interlocutores sociales es esencial para que la Unión Europea logre sus objetivos. A continuación, se realiza un recorrido por la normativa y jurisprudencia europea en materia de conflictos colectivos y huelga.

2.3.1. El derecho de huelga en el ordenamiento jurídico de la UE

Antes del nacimiento de la Unión Europea tal y como la conocemos hoy, ya se reconocía el derecho de huelga en la Carta Comunitaria de los Derechos Sociales de los Trabajadores (Estrasburgo, 9 de diciembre de 1989), incluyendo en su apartado 13 "el derecho a recurrir, en caso de conflicto de intereses, a acciones colectivas, incluye el derecho a la huelga, sin perjuicio de las obligaciones resultantes de las reglamentaciones nacionales y de los convenios colectivos".

Más adelante, en el Tratado de Niza del 2000 se proclama la Carta de los Derechos Fundamentales de la Unión Europea (CDFUE) que, en el Tratado de Lisboa de 2007, adquiere el mismo valor jurídico que los tratados (art. 6). De acuerdo con el artículo 28 de la CDFUE: "Los trabajadores y los empresarios, o sus organizaciones respectivas, de conformidad con el Derecho comunitario y con las legislaciones y prácticas nacionales, tienen derecho a negociar y celebrar convenios colectivos, en los niveles adecuados, y a emprender, en caso de conflicto de intereses, acciones colectivas para la defensa de sus intereses, incluida la huelga".

Sin embargo, debemos destacar que la UE carece de competencias en materia de acción colectiva y especialmente de derecho de huelga y cierre patronal (art. 153.5 TFUE) y, por ello, no puede decirse que el derecho de huelga constituya un medio para lograr los objetivos de política social, ni que los interlocutores sociales puedan recurrir a la fuerza para resolver sus disputas colectivas. Las huelgas, por tanto, se ordenan de acuerdo con la legislación de cada Estado, respetando los principios generales recogidos en la CDFUE, el art. 6 CSE y el convenio nº 87 de la OIT.

Esta opción de política legislativa a nivel europeo de excluir los derechos laborales colectivos de autoorganización y de autotutela se ha criticado como "plenamente incoherente con la existencia de un ámbito europeo en el que necesariamente estos derechos, regulados mediante las peculiaridades de las legislaciones nacionales de los estados miembros, desplegarán sus efectos trascendiendo el marco de sus respectivos países"[675].

Se advierte, por tanto, que existe un vacío normativo en relación con aquellos supuestos de conflictividad laboral y manifestaciones huelguísticas que trascienden las fronteras de cada país. Una parte de la doctrina piensa que "la UE podría intervenir justamente para garantizar el derecho al efectivo ejercicio de la huelga cuando el conflicto de base que la sustenta presente una dimensión supranacional. La aplicación del principio de subsidiariedad (art. 5 TUE) quedaría justificada, ya que con la sola acción de los Estados miembros no sería posible alcanzar dicho objetivo. De no ser así, el reconocimiento del derecho de huelga proclamado en el art. 28 de la Carta de Derechos Fundamentales de la Unión Europea quedaría reducido a una mera declaración exenta de un aseguramiento efectivo de su ejercicio en conflictos derivados de la producción a escala supranacional; es más, tales conflictos quedarían expuestos a una especie de limbo jurídico desasistido de regulación alguna"[676].

---

675 BAYLOS GRAU, A., "Huelga y el ordenamiento comunitario", en el *Blog Según Antonio Baylos*, 17 de mayo de 2007. Disponible en: http://zip.lu/IFNp

676 RAMOS QUINTANA, M. I., "El derecho de huelga y sus manifestaciones a nivel transnacional, ¿un derecho autónomo o condicionado a la negociación colectiva?", *Trabajo y Derecho*, nº 94, 2022.

En este sentido, otra parte de la doctrina[677] advierte que parece haberse asumido pacíficamente que el ejercicio de la acción colectiva y el derecho de huelga pueden tener un efecto negativo en la economía, pudiendo afectar a la integración económica que busca la UE. Así se constata en la que podríamos llamar doctrina antisocial[678] del TJUE, que se caracteriza por un predominio de las libertades económicas sobre la negociación colectiva.

El inciso previsto en el art. 28 CDFUE, que exige que el ejercicio del derecho de huelga sea "de conformidad con el derecho de la Unión y con las legislaciones y prácticas nacionales", ha permitido al TJUE justificar la necesidad de ponderar el derecho al ejercicio de acciones colectivas, incluida la huelga, con los derechos económicos de libre prestación de servicios o libre establecimiento[679].

Estos elementos hacen que el estatus del derecho de huelga en la Unión Europea sea el resultado de dos visiones opuestas: la necesidad de salvaguardar las libertades económicas, por un lado, y el respeto por los derechos fundamentales, por otro, por lo que la UE parece no ser capaz de determinar de una manera coherente la posición del derecho de huelga dentro de su ordenamiento jurídico, ni puede asegurar un impacto coherente del derecho europeo en materia de huelga en las normas de los Estados miembros. Ni siquiera la elevación del rango de la Carta Europea de los Derechos Fundamentales al mismo nivel que los tratados ha logrado una cierta uniformidad y seguridad en el ejercicio de la huelga y la acción colectiva y sus reglas de funcionamiento con efecto transnacional[680].

Existen en esta cuestión dos tesis contrapuestas: por un lado, la de los que defienden la prioridad de los derechos sociales fundamentales sobre las libertades económicas y, por otro, la de aquellos que

---

677 CAIRÓS BARRETO, D. M., "Huelgas y conflictos colectivos...", *op. cit.*, p. 103.

678 RODRÍGUEZ GONZÁLEZ, S., "La jurisprudencia del Tribunal de Justicia de la Unión Europea en materia de acciones colectivas supranacionales: perspectivas y evolución", en CAIRÓS BARRETO, D. M. (Dir.): *Los conflictos laborales de dimensión transnacional*, Cizur Menor, Aranzadi, 2022, p. 162.

679 GARCÍA-MUÑOZ ALHAMBRA, M. A., "El protocolo europeo para el progreso social. Vicisitudes y actualidad de una propuesta para fortalecer la dimensión social de la Unión Europea", *Revista de Derecho Social*, nº 86, 2019, p. 233.

680 CAIRÓS BARRETO, D. M., "Huelgas y conflictos colectivos...", *op. cit.*, pp. 101-102.

entienden que las libertades económicas y derechos fundamentales tienen el mismo valor en el ordenamiento de la UE[681].

Entre los argumentos de los defensores de la primera postura, se apunta su diferente origen y finalidad, pues mientras las libertades económicas constituyen instrumentos de la UE dirigidos a la creación de un mercado único, los derechos sociales fundamentales encuentran su fundamento en las tradiciones constitucionales de los Estados miembros con el objetivo de proteger los derechos fundamentales de las personas trabajadoras. Además, esta prioridad de los derechos sociales fundamentales podría cimentarse también en el compromiso de la UE con el derecho internacional, explícito en los artículos 6.2 y 6.3 del TUE, el artículo 151 del TFUE y la propia Carta de Derechos Fundamentales de la UE (art. 52.2). Por su parte, los argumentos de los que entienden que las libertades económicas y derechos fundamentales tienen el mismo valor se basan en que los Tratados no establecen ninguna relación de jerarquía, al contrario, numerosos pasajes de los Tratados, entre ellos el artículo 3.3 del TFUE, establecen una especie de equilibrio entre los aspectos económicos y sociales de la integración.

a) *La prevalencia de la libre circulación de mercancías sobre la huelga: el precursor de la doctrina Laval (C-265/95)*

La primera ocasión que tuvo el TJUE para pronunciarse sobre el conflicto entre las libertades económicas y las acciones sindicales colectivas fue en la sentencia de 9 de diciembre de 1997, Comisión de las Comunidades Europeas contra República Francesa (C-265/95), sobre un conflicto transfronterizo entre agricultores franceses y transportistas españoles. El TJUE falló que la República Francesa había incumplido las obligaciones comunitarias al no adoptar todas las medidas necesarias y proporcionadas para que determinadas acciones de particulares no obstaculicen la libre circulación de frutas y hortalizas[682].

---

681 RODRÍGUEZ GONZÁLEZ, S., "La jurisprudencia del Tribunal...", *op. cit.*, p. 161.

682 STJUE de 9 de diciembre de 1997, *Comisión de las Comunidades Europeas contra República Francesa*, asunto C-265/95.

Es en este contexto donde surge la doctrina Albany[683], en virtud de la cual el TJUE estableció una suerte de inmunidad de los convenios colectivos frente a la disciplina de mercado y la competencia[684]. El TJUE consideró que los acuerdos celebrados en el marco de la negociación colectiva entre los agentes sociales para la consecución de los objetivos de política social perseguidos por estos quedaban fuera de la normativa en defensa de la competencia (art. 101.1 TFUE).

Precisamente la Directiva 2006/123/CE del Parlamento Europeo y del Consejo, de 12 de diciembre de 2006, relativa a los servicios en el mercado interior, prevé que su contenido "no afecta a las relaciones entre los interlocutores sociales, incluido el derecho de negociar y celebrar convenios colectivos, el derecho de huelga y de emprender acciones sindicales, de acuerdo con la legislación y las prácticas nacionales que respetan el Derecho comunitario"[685]. Esta directiva mantiene la doctrina Albany y la denominada "tesis de inmunidad del derecho de huelga respecto de las libertades económicas fundamentales y en concreto respecto de la que se considera central en la construcción de ese espacio integrado del mercado la libertad de prestación de servicios"[686].

Recientemente, se amplía esta concepción del derecho de huelga en la modificación de la directiva de trabajadores desplazados temporalmente en la UE: "La presente Directiva no afectará en modo alguno al ejercicio de los derechos fundamentales reconocidos en los Estados miembros y a escala de la Unión, incluyendo el derecho o la libertad de huelga o de emprender otras acciones contempladas en los sistemas de relaciones laborales específicos de los Estados miembros, de conformidad con la legislación o las prácticas nacionales. Tampoco afecta al derecho a negociar, concluir y hacer cumplir

---

683 STJUE de 2 de septiembre de 1999, *Albany International BV contra Stichting Bedrijfspensioenfonds Textielindustrie*, C-67/96.

684 BAYLOS GRAU, A., "El espacio supranacional de ejercicio del derecho de huelga y la restricción legal de sus capacidades de acción", *Revista de Derecho Social*, nº 41, 2008, pp. 133-134.

685 Considerando nº 14.

686 BAYLOS GRAU, A., "Derecho de huelga y medidas de conflicto", en AAVV, *Derecho Social de la Unión Europea. Aplicación del Tribunal de Justicia*, Francis Lefebvre, Madrid, 2018, p. 1165.

convenios colectivos o llevar a cabo acciones colectivas conforme a la legislación o las prácticas nacionales" (art. 1 bis)[687].

En este contexto, debemos estudiar los asuntos relativos a conflictos colectivos del conocido como Cuarteto Laval[688] que terminaron por hacer prevalecer las libertades económicas sobre los derechos sociales, especialmente, los derechos de negociación colectiva y de huelga, e introdujeron un régimen jurídico en los desplazamientos transnacionales de trabajadores que daña considerablemente el patrimonio jurídico laboral tanto a nivel europeo como interno[689].

Es la primera vez que el Tribunal valora la adecuación del derecho de huelga con la libertad de establecimiento (Viking) y con la libre prestación de servicios (Laval). Se configura el derecho de huelga, por tanto, no como un derecho fundamental, sino como una excepción a la vigencia de las grandes libertades comunitarias[690].

Se trata de una jurisprudencia que no preserva la debida atención al *dumping* social que se produce con estrategias deslocalizadas de mano de obra, o desplazamiento de trabajadores en el marco de la libertad de establecimiento o la libre prestación de servicios, cuyas ventajas competitivas se hacen recaer en la reducción de costes de personal, quebrantando el principio de aplicación territorial de las normas laborales[691].

---

687 Directiva (UE) 2018/957 del Parlamento Europeo y del Consejo, de 28 de junio de 2018, que modifica la Directiva 96/71/CE sobre el desplazamiento de trabajadores efectuado en el marco de una prestación de servicios.

688 STJUE (Gran Sala) de 11 de diciembre de 2007, *Viking Line*, asunto C-438/05; la STJUE (Gran Sala) de 18 de diciembre de 2007, *Laval un Partneri*, asunto C-341/05; la STJUE (Sala Segunda) de 3 de abril de 2008, *Rüffert*, asunto C-346/06; y la STJUE (Sala Primera) de 19 de junio de 2008, *Comisión contra Luxemburgo*, asunto C-319/06.

689 CAIRÓS BARRETO, D. M., "Huelgas y conflictos colectivos...", *op. cit.*, p. 104.

690 CABEZA PEREIRO, J., "El reconocimiento internacional y europeo del derecho de huelga", *Revista Española de Derecho del Trabajo*, nº 152, 2012.

691 RAMOS QUINTANA, M. I., "El derecho de huelga y su dimensión transnacional en la era de la globalización económica: Particular atención al derecho de la Unión Europea", en CAIRÓS BARRETO, D. M. (Dir.): *Las relaciones colectivas de trabajo en el nivel europeo e internacional: organización, acción sindical y negociación colectiva*, Cizur Menor, Aranzadi, 2021.

b) El asunto Viking (C-438/05)

En el caso de la STJUE de 11 de diciembre de 2007, *Transport Workers' Federation y FSU vs. Viking* (C-438/05), a lo largo de 2003, una empresa finlandesa (Viking Line) reabanderó su buque (Rosella) de la ruta Helsinki-Tallin bajo pabellón estonio, con el fin de sustituir la tripulación finlandesa por marineros estonios para abaratar costes, desencadenando un conflicto donde intervino la Federación Internacional de Trabajadores del Transporte (ITF, por sus siglas en inglés).

Hasta el momento, las condiciones de trabajo de la tripulación se encontraban reguladas por un convenio colectivo firmado entre la empresa y el sindicato de Marinos Finlandés (FSU). La empresa sostenía que ello implicaba que estuviera sufriendo pérdidas al no operar en igualdad de condiciones que los buques estonios, por lo que el cambio de pabellón le permitiría una mejor situación competitiva ya que podría aplicar condiciones laborales menos costosas equiparándolas con las aplicadas en los buques abanderados en Estonia. El FSU se opuso a la deslocalización pretendida por la empresa e intentó evitarlo llevando a cabo huelgas y boicots para forzar a la empresa a renunciar a su proyecto de cambio de pabellón de ese buque y a firmar un acuerdo para que se aplicara a este personal un convenio colectivo con condiciones de trabajo semejantes a las de los marineros finlandeses. La acción huelguística emprendida contó con la solidaridad de los trabajadores del muelle y otros marinos para impedir la descarga de las mercancías o de los viajeros en el puerto y el reavituallamiento del barco[692].

Además, el sindicato FSU denunció el *dumping* social derivado de la práctica de los pabellones de conveniencia y solicitó el apoyo de la asociación internacional de sindicatos (International Transport Workers' Federation-ITF) para que enviara una circular al resto de sindicatos afiliados con las instrucciones de negarse a negociar, bajo el principio de solidaridad, cualquier convenio con la referida empresa. La ITF ha venido desarrollando una política internacional contra pabellones de conveniencia desde 1948, con el objetivo de evitar el *dumping* social ligado a los cambios de pabellón de los buques. Según

692 STJUE (Gran Sala) de 11 de diciembre de 2007, *Viking Line*, asunto C-438/05.

esta política, los sindicatos del país donde se encuentra la propiedad y el control efectivo de los buques tienen derecho a celebrar los correspondientes convenios en relación con dichos buques[693].

Tras la intervención de la ITF y la aprobación de un nuevo Convenio Colectivo, Viking Line inició un procedimiento ante un tribunal de Londres (*Commercial Court*) contra las organizaciones sindicales convocantes de la acción colectiva, solicitando al tribunal que declarara la acción contraria a la libertad de establecimiento reconocida el Derecho de la Unión Europea (art. 49 TFUE) y a la libertad de prestación de servicios de transporte marítimo del Reglamento 4055/86. Según la tesis empresarial las acciones sindicales para proteger las condiciones de trabajo de sus miembros, incluyendo la huelga, impiden a la empresa encontrar ventajas competitivas. Ante la respuesta afirmativa de la Corte, que ordenó a los sindicatos el desistimiento de un posible inicio de acción colectiva y la publicación de una circular comunicando la cuestión a las distintas federaciones, se interpuso un recurso de apelación y el tribunal londinense (*Court of Appeal*) planteó al TJUE diez cuestiones prejudiciales[694].

En el caso Viking, el TJUE reconoce la eficacia horizontal del art. 43 del TCE (actual art. 49 TFUE) sobre las acciones de los sujetos privados (sindicatos) que pretendan conseguir que una empresa celebre un convenio colectivo "cuyo contenido puede disuadirla del ejercicio de la libertad de establecimiento" (apartado 45[695]). Por tanto, el TJUE concluye que no está excluida del ámbito de aplicación de la libertad de establecimiento una medida de conflicto colectivo emprendida por una organización sindical contra una empresa privada con el fin de conseguir que ésta celebre un convenio colectivo cuyo contenido puede restringir su libertad de establecimiento.

El TJUE considera que este comportamiento implica una restricción de una libertad fundamental de la UE, si bien esta restricción puede estar justificada por la protección de una razón imperiosa de interés general como es la protección del interés de los trabajadores pero condicionado a que "se compruebe que son medidas adecuadas

---

693 *Idem.*

694 *Idem.*

695 *Idem.*

para garantizar la realización del objetivo legítimo perseguido y que no van más allá de lo que sea necesario para lograr este objetivo" (apartado 90[696]).

Ahora bien, el TJUE precisa que las empresas privadas pueden oponer la libertad de establecimiento y la libre prestación de servicios frente a las medidas de conflicto colectivo adoptadas por los sindicatos que restrinjan en alguna manera el ejercicio de estas libertades empresariales dado que "la eliminación, entre los Estados miembros, de los obstáculos a la libre circulación de personas y a la libre prestación de servicios correría peligro si la supresión de las barreras de origen estatal pudiera ser neutralizada con obstáculos derivados del ejercicio de su autonomía jurídica por asociaciones y organismos que no están sometidos al Derecho público" (apartado 57[697]).

Citando doctrina de los casos Schmidberger[698] y Omega[699], el Tribunal concluye su razonamiento matizando que las acciones colectivas sindicales sólo se entenderán justificadas en el caso de superar el triple test de proporcionalidad, empleado habitualmente por el TJUE para solucionar los conflictos entre las normas laborales estatales y las libertades de circulación comunitarias. A pesar de que el TJUE reconoce que la tarea de probar si la medida es proporcional corresponde a los órganos jurisdiccionales estatales, se adentra a resolver la cuestión justificando su actuación en que la tarea del juez comunitario es proporcionar respuestas útiles y ofrecer las indicaciones necesarias (apartado 85[700]).

En su valoración, llega a la conclusión de que la acción colectiva es ilegítima puesto que, aunque la adopción de medidas de conflicto colectivo para proteger a los trabajadores constituye una medida idónea (test de adecuación); sin embargo, no parece respetar ni el test de necesidad, ni el test de proporcionalidad en sentido estricto, ya que se cuestiona si la medida hubiese perseguido el mismo objetivo y hubiese estado justificada en el caso de que hubiese existido un com-

---

696 *Idem.*

697 *Idem.*

698 STJUE de 16 de junio de 2003, C-112/00.

699 STJUE de 14 de octubre de 2003, C-36/02.

700 STJUE (Gran Sala) de 11 de diciembre de 2007, *Viking Line*, asunto C-438/05.

promiso de la empresa para mantener todas las relaciones laborales existentes a pesar del reabanderamiento del buque (décima cuestión prejudicial).

Y es en este punto en el que la doctrina localiza "el problema de fondo de la sentencia" ya que "el Tribunal ha procedido a discutir una acción colectiva desconociendo (o inaplicando) los principios fundamentales de la configuración del derecho de huelga en los ordenamientos estatales"[701]. En este asunto, el Tribunal "olvida que la oposición sindical al cambio artificial de abanderamiento de buques, en el que la empresa naviera no tiene relación o vínculo real con el Estado bandera enarbola como objetivo evitar un pabellón más conveniente, también, desde la perspectiva de menos cargas laborales y menos control sindical, política sindical que ha encontrado apoyo en diversas organizaciones internacionales, incluida la OIT"[702]. En definitiva, la doctrina critica este pronunciamiento porque otorga a las empresas una vía de oposición a las acciones colectivas a través de la libertad de establecimiento[703].

c) El asunto Laval (C-341/05)

Ahondando aún más en su doctrina antisocial[704], la sentencia del TJUE *Laval un Partneri Ltd*, del 18 de diciembre de 2007 (C-341/05), plantea un caso de reacción sindical ante el *dumping* social provocado por el desplazamiento de personas trabajadoras como resultado de la libre prestación de servicios en el mercado unificado europeo.

En 2004, la sociedad de construcción letona *Laval un Partneri Ltd* desplazó treinta y cinco trabajadores a ese país para llevar a cabo tra-

---

701 GUAMÁN HERNÁNDEZ, A., "La sumisión del derecho de huelga a la libertad de establecimiento comunitaria: el caso Viking Line. Comentario a la STJCE de 11 de diciembre de 2007, Viking Line, C-438/05 (TJCE 2007, 357)", *Aranzadi social*, nº 5, 2007.

702 *Idem.*

703 DEL REY GUANTER, S., "La libertad de establecimiento y la libre prestación de servicios y derechos sociales", en AAVV, *Derecho Social de la Unión Europea: Aplicación por el Tribunal de Justicia*, Madrid, Francis Lefebvre, 2018, p. 565.

704 GUAMÁN HERNÁNDEZ, A., "De nuevo sobre la ley aplicable en los supuestos de desplazamiento temporal de trabajadores: el caso Laval", *Relaciones laborales: Revista crítica de teoría y práctica*, nº 2, 2008.

bajos de reparación de una escuela la localidad de Vaxholm (Suecia), en el marco de un contrato con el municipio mencionado, obtenido en una licitación a la que concurrió en competencia con una serie de empresas suecas, y en la que la empresa letona ofreció el presupuesto más bajo, debido a que calculó los salarios de los trabajadores en base al convenio colectivo vigente en su país de origen (Letonia), y no los del convenio colectivo del sector de la construcción sueco[705].

El conflicto surge cuando el sindicato sueco de los trabajadores de la construcción contactó con la empresa para negociar un convenio colectivo de similares características a aquellos que regían las relaciones laborales en el sector de la construcción, para evitar que, a través de la contratación de trabajadores *lowcost*, sociedades extranjeras pudieran disfrutar de una ilícita ventaja competitiva y una situación de *dumping* social. Ante la reiterada negativa de la empresa, los sindicatos suecos adoptaron medidas de conflicto colectivo y bloquearon mediante piquetes el acceso al trabajo que terminaron provocando que los trabajadores letones tuvieses que abandonar la obra[706].

La respuesta empresarial a las acciones sindicales fue una queja ante el Tribunal de Trabajo de Estocolmo solicitando declarar ilegal el bloqueo sindical y una condena pecuniaria para resarcir los perjuicios causados. El tribunal nacional, aun sin considerar ilícitas las acciones sindicales, interpuso una cuestión prejudicial ante el TJUE, interrogándole acerca de la compatibilidad de estas acciones sindicales con el derecho comunitario (Directiva 96/71)[707].

En su respuesta, el TJUE reproduce un *iter* argumentativo análogo a aquel propuesto en el asunto Viking, pero endureciendo los términos de su decisión[708]. El TJUE comienza admitiendo los efectos negativos de las prácticas de *dumping* social y, por ello, reconoce el derecho a adoptar medidas de índole colectiva con la finalidad de proteger a las personas trabajadoras del Estado miembro de acogida con base en razones de interés general. Ahora bien, en la línea

705 STJUE (Gran Sala) de 18 de diciembre de 2007, *Laval un Partneri*, asunto C-341/05.

706 *Idem.*

707 *Idem.*

708 RODRÍGUEZ GONZÁLEZ, S., "La jurisprudencia del Tribunal...", *op. cit.*, pp. 169-170.

inaugurada en Viking, excluye que la calificación de la huelga como derecho fundamental pueda por sí misma comportar la legitimidad de la acción sindical, ya que su ejercicio puede generar restricción a la libre prestación de servicios si se adoptada contra una empresa una medida en otro Estado miembro que desplace a trabajadores en el marco de una prestación de servicios transnacional y puede desincentivar y dificultar a dichas empresas la ejecución de obras de construcción en el territorio sueco por ellos.

La sentencia declara que una restricción a la libre prestación de servicios a través de medidas de conflicto colectivo debe supeditarse a ciertas restricciones cuando se dirigen contra una empresa en ejercicio de su derecho a la libre prestación de servicios y, en consecuencia, "solo puede admitirse cuando persigue un objetivo legítimo compatible con el Tratado y está justificada por razones imperiosas de interés general, si bien, en tal caso, deber ser adecuada para garantizar la realización del objetivo perseguido y no ir más de lo necesario para lograrlo" (apartado 101)[709]. Y afirma que la libre prestación de servicios "correría peligro si la supresión de las barreras de origen estatal pudiera ser neutralizada con obstáculos derivados de actos realizados en ejercicio de su autonomía jurídica por asociaciones u organismos que no están sometidos al Derecho público" (apartado 98)[710].

El TJUE mantiene la tesis del asunto Viking cuando afirma que el art. 56 del TFUE (antiguo art. 49 TCE) debe interpretarse en el sentido de que se opone a que una organización sindical pueda intentar obligar, mediante una medida de conflicto colectivo, a un prestador de servicios establecido en otro Estado miembro a iniciar con ella una negociación sobre las cuantías del salario que deben abonarse a los trabajadores desplazados y adherirse a un convenio colectivo cuyas cláusulas establecen condiciones más favorables que las legales, exceden del mínimo de protección para los trabajadores desplazados o se refieren a materias no previstas en la Directiva 96/71 sobre desplazamiento de trabajadores.

---

709 STJUE (Gran Sala) de 18 de diciembre de 2007, *Laval un Partneri*, asunto C-341/05.

710 *Idem.*

En este sentido, afirma que la libre prestación de servicios en el territorio de la UE no puede desnaturalizarse con "obstáculos" derivados de actos en el ejercicio de su autonomía jurídica por organizaciones sindicales que hagan menos atractiva la realización de una actividad que implique desplazamiento transnacional de personas trabajadoras en ese Estado miembros[711]. El TJUE valora la legitimidad de la acción colectiva aplicando los tres parámetros del juicio de proporcionalidad, si bien el control judicial se detiene en el primer parámetro (idoneidad de la medida de acción colectiva) e indica que la medida de la restricción a la libertad de circulación de servicios, teniendo la finalidad de imponer un estándar de tutela social superior a la determinada por la Directiva 96/71, no es idónea para realizar objetivos merecedores de tutela por el derecho comunitario y, por tanto, para resolver el caso no es necesario descender al test de necesidad ni al de proporcionalidad en sentido estricto. La consideración de la medida de conflicto como excesiva y no debidamente justificada implica que el TJUE acabe indirectamente convalidando los comportamientos estratégicos de las empresas que pretenden operar en un mercado más integrado, pero sin soportar los estándares de las condiciones de trabajo más altas vigentes en otros países[712].

La sentencia del caso Laval tuvo un importante impacto jurídico y económico. Por un lado, los tribunales suecos condenaron a los sindicatos implicados en la huelga con importantes sanciones, a pesar de que la huelga fue convocada respetando el derecho nacional (*Lex Britannia*). La sentencia del tribunal laboral de Estocolmo de 12 de diciembre de 2009 no reconoce el derecho de la empresa a percibir la reparación económica solicitada por el perjuicio sufrido por no haber podido llevar a cabo su actividad en territorio sueco (al no quedar debidamente probados), pero sí condena económicamente a los sindicatos porque el Tribunal de Justicia entendió que la decisión sindical de tratar de impedir que se aplicaran condiciones laborales pactadas con los sindicatos del país de origen de los trabajadores era contraria a la libertad de prestación de servicios de una empresa, de

---

711 GUAMÁN HERNÁNDEZ, A., "La sumisión del derecho...", *op. cit.*

712 RODRÍGUEZ GONZÁLEZ, S., "La jurisprudencia del Tribunal...", *op. cit.*, pp. 170-171.

acuerdo con el derecho a la libre prestación de servicios recogida en el Tratado[713].

Esta importante condena le valió al Estado sueco una advertencia de la Comisión de Expertos en Aplicación de Convenios y Recomendaciones de la OIT, que expresó su profunda preocupación recordando que la imposición de sanciones a sindicatos por haber organizado una huelga legítima constituye una grave violación de los principios de la libertad sindical[714].

Por otro lado, Suecia modificó la ley en virtud de la cual los sindicatos habían emprendido las acciones reputadas ilícitas por Laval por ser contrarias al derecho europeo. La nueva ley de 25 de marzo de 2010 (conocida como *Lex* Laval) restringía el ejercicio de acciones colectivas a la negociación de los convenios colectivos con las empresas suecas y, por tanto, no podían aplicarse a los contextos transnacionales. Como reacción, las dos grandes confederaciones suecas presentaron en junio de 2012 una reclamación ante el Comité Europeo de Derechos Sociales entendiendo que esta ley vulneraba la protección del derecho de huelga y de negociación colectiva dispensada por la Carta Social Europea[715].

Finalmente, en su decisión de 3 de julio de 2013, el CEDS consideró que la ley sueca vulneraba los arts. 62 y 4 de la CSE, e infringía el derecho fundamental de los trabajadores y de sus sindicatos a recurrir a la huelga para la protección de los intereses económicos y sociales de los trabajadores[716]. En 2017 se derogó la ley Laval y se incorporó una regulación que reequilibró la negociación colectiva frente al *dumping* social.

---

713 ROJO TORRECILLA, E., "Las consecuencias jurídicas, y su impacto económico, de la jurisprudencia del TJUE (a propósito del caso Laval) (I)", *El Blog de Eduardo Rojo*, 15 de abril de 2010. Disponible en: http://zip.lu/IFTY

714 Observación CEACR a Suecia (Adopción: 2012, Publicación: 102ª reunión CIT, 2013). Disponible en: https://zip.lu/364Ev

715 RODRÍGUEZ GONZÁLEZ, S., "La jurisprudencia del Tribunal...", *op. cit.*, p. 171.

716 Decisión CEDS del 3 de julio de 2013, queja nº 85/2012.

d) El asunto Fonnship (C-83/13)

En la misma línea que las sentencias anteriores, la STJUE de 8 de julio de 2014, Fonnship, C-83/1365, analiza un supuesto de huelga frente a un barco con bandera de conveniencia matriculado en Panamá.

En este caso, la sociedad noruega Fonnship entre 2001 y 2003 era propietaria de un buque que enarbolaba pabellón panameño (el M/S Sava Star) que realizaba fundamentalmente trayectos entre Estados parte del Acuerdo EEE y que abonaba salarios a la tripulación conforme el convenio colectivo celebrado con un sindicato ruso. El 26 de octubre de 2001, cuando dicho buque se encontraba atracado en el muelle del puerto de Holmsund (Suecia), un sindicato sueco exigió a Fonnship que se adhiriera a un convenio colectivo aprobado por la Federación Internacional de los Trabajadores del Transporte. Ante la negativa de la empresa, se emprendieron medidas de conflicto colectivo que se materializaron en la obstaculización de la descarga y la carga de dicho buque y que concluyeron el 29 de octubre de 2001, con la firma de un convenio colectivo entre Fonnship y el sindicato sueco. La misma situación se repitió el 18 de febrero de 2003 cuando, expirado el Convenio de 2001, el Sava Star se encontraba atracado en el muelle del puerto de Köping (Suecia) y nuevamente se adoptaron medidas de conflicto colectivo que impulsaron la firma de un nuevo convenio colectivo[717].

La empresa presentó una demanda ante el Arbetsdomstolen (Tribunal de Trabajo, Suecia) contra cada uno de los dos sindicatos solicitando que se les condenara al pago de una indemnización por el perjuicio económico causado por la perturbación de la prestación de sus servicios derivada de las medidas de conflicto colectivo. A su vez, uno de los sindicatos demandó a Fonnship solicitando que se condenara a abonarle una indemnización por incumplimiento del Convenio de 2001. En este contexto, el Arbetsdomstolen pregunta al TJUE si el Derecho de la Unión debe interpretarse en el sentido de que una sociedad establecida en un Estado parte del Acuerdo EEE y propietaria de un buque que enarbola pabellón de un país tercero puede invocar la libre prestación de servicios cuando lleva a cabo ser-

---

717 STJUE (Gran Sala), de 8 de julio de 2014, *Fonnship*, asunto C-83/13.

vicios de transporte marítimo entre Estados parte del Acuerdo EFE, eludiendo vincular la cuestión a la medida de conflicto colectivo[718].

El Tribunal de Justicia señala que el artículo 1 del Reglamento (CEE) núm. 4055/86 del Consejo, de 22 de diciembre de 1986, relativo a la aplicación del principio de libre prestación de servicios al transporte marítimo entre Estados miembros y entre Estados miembros y países terceros, debe interpretarse en el sentido de que una sociedad establecida en un Estado parte del Acuerdo sobre el Espacio Económico Europeo, y propietaria de un buque que enarbola el pabellón de un país tercero, por medio del cual se prestan servicios de transporte marítimo desde o hacia un Estado parte de dicho Acuerdo, puede invocar la libre prestación de servicios, siempre que dicha sociedad pueda calificarse de prestadora de dichos servicios, por ser quien explota el buque, y que los destinatarios de esos servicios estén establecidos en Estados parte de dicho Acuerdo distintos de aquel en el que esté establecida esa sociedad (apartado 44)[719].

El Tribunal clarifica que con ello el legislador de la Unión ha querido garantizar que una parte importante de la flota comercial controlada por nacionales de un Estado parte del EEE disfrute de la liberalización del sector de los transportes marítimos, de modo que pueda hacer frente más fácilmente a las restricciones impuestas por los países terceros, y ello con independencia del pabellón que enarbolen sus buques o de la nacionalidad de los miembros de la tripulación a favor de la cual se adopten medidas de conflicto colectivos[720].

En definitiva, el Tribunal concluye que "cualquier restricción que, sin justificación objetiva, haya podido prohibir, obstaculizar o restar interés a la prestación de servicios debe ser declarada incompatible con el Derecho de la Unión" (apartado 41)[721] y reafirma la doctrina Laval que prioriza las libertades económicas sobre el derecho social de huelga.

---

718 RODRÍGUEZ GONZÁLEZ, S., "La jurisprudencia del Tribunal...", *op. cit.*, p. 172.

719 STJUE (Gran Sala), de 8 de julio de 2014, *Fonnship*, asunto C-83/13.

720 MENDOZA NAVAS, N, "La huelga y las acciones colectivas...", *op. cit.*, p 12.

721 STJUE (Gran Sala), de 8 de julio de 2014, Fonnship, asunto C-83/13.

2.3.2. Efectos de la doctrina antisocial del Tribunal de Justicia de la Unión Europea

a) La onda expansiva contra del derecho de huelga

La doctrina especializada advierte que la jurisprudencia antisocial del TJUE tiene un efecto de "onda expansiva"[722] contra el derecho de huelga. Aunque se hable de doctrina antisocial en el seno del Tribunal de Justicia de la Unión Europea, es cierto que el asunto Viking constituye el primer reconocimiento del derecho a adoptar medidas de acción colectiva, incluida la huelga, como un derecho fundamental y parte integrante de los principios generales del derecho de la UE (apartado 44)[723]. De hecho, el Tribunal afirma que el derecho a adoptar medidas de conflicto colectivo con la finalidad de proteger a los trabajadores constituye un interés legítimo que puede justificar, en principio, una restricción a una de las libertades fundamentales garantizadas por el Tratado (apartado 77)[724].

A pesar de haber abonado el terreno para justificar que las libertades de establecimiento y de prestación de servicios comunitarias cedan en favor de los derechos colectivos de los trabajadores, el TJUE priorizó finalmente los pilares del mercado común. Estas libertades son vitales para la UE, pero su priorización desvirtúa la concepción de la Unión como una economía social de mercado, tal y como se define en el Tratado de Lisboa[725].

La doctrina iuslaboralista advierte que la doctrina Laval no es más que la profunda asimetría que existe en la construcción de la Unión Europea entre la creación de un mercado único (dimensión económica) y los objetivos de protección social (dimensión social)[726]. Aunque se reconoce expresamente el carácter fundamental del derecho de huelga en el ámbito comunitario, se otorga a las empresas

---

722 RODRÍGUEZ GONZÁLEZ, S., "La jurisprudencia del Tribunal...", *op. cit.*, p. 173.

723 STJUE (Gran Sala) de 11 de diciembre de 2007, *Viking Line*, asunto C-438/05.

724 *Idem.*

725 RODRÍGUEZ GONZÁLEZ, S., "La jurisprudencia del Tribunal...", *op. cit.*, p. 174.

726 SCHARPF, F. W., "The asymmetry of European integration, or why the EU cannot be a social market economy", *Socio-Economic Review*, nº 8, 2010, pp. 211-250.

una importante "vía de acción" para desvirtuar la configuración de la huelga como instrumento para restablecer el equilibrio entre partes de fuerza económica desigual[727].

En este sentido, se evidencia "la clara determinación de la sujeción del ejercicio de los derechos fundamentales a las libertades de circulación comunitarias, reconociendo incluso la posible utilización de las misma *inter privatos*" ya que "se abren nuevos y ciertamente peligrosos caminos para el control de la acción sindical, dotándose a las empresas de una vía de acción adicional que desestabiliza el equilibrio existente en el sistema de relaciones industriales"[728].

En la doctrina del TJUE, los supuestos de conflicto entre libertades económicas y el derecho fundamental de acción colectiva transnacional se resuelven aplicando una relación de jerarquía. Sin embargo, "lo más significativo es que esta relación de jerarquía no es la consecuencia de una decisión expresa del Tribunal de Justicia en relación con el criterio sustantivo o material pertinente para la resolución de tal conflicto, sino la consecuencia indirecta o tácita derivada de la metodología que aquél emplea en su enjuiciamiento"[729]. Para el Tribunal, la centralidad que ocupan las libertades económicas obliga a concebir negativamente el derecho de huelga como una "excepción o limitación" al ámbito de protección garantizado por estas libertades.

Ahora bien, lo llamativo es que el TJUE opta por construir su jurisprudencia a partir de la consideración de que las libertades económicas y los derechos fundamentales son "categorías equivalentes y gozan de un estatus equiparable". Es por ello por lo que en cuestiones de conflicto entre las dos categorías equivalentes, el TJUE resuelve utilizando la técnica de la ponderación construida desde la prohibición de restricción a la libertad económica, sin embargo,

---

727 RODRÍGUEZ GONZÁLEZ, S., "La jurisprudencia del Tribunal...", *op. cit.*, p. 173.

728 GUAMÁN HERNÁNDEZ, A., "La sumisión del derecho...", *op. cit.*

729 CABRERA RODRÍGUEZ, J., "Derechos fundamentales y libertades económicas en el ordenamiento comunitario: la jurisprudencia Viking y Laval", *Revista Española de Derecho Constitucional*, nº 99, 2013, pp. 423-424.

"aparentemente de forma menos favorable hacia los derechos" sociales-laborales[730].

Si bien en el asunto Viking el TJUE no termina de aplicar el test de proporcionalidad y deja en manos del juez nacional la decisión sobre si las medidas de conflicto colectivo tomadas por los sindicatos suponen una restricción de la libertad de establecimiento de la empresa. En cambio, en el caso Laval, el TJUE se decanta por la prevalencia de la libre prestación de servicios frente al derecho de adopción de acciones colectivas, endureciendo su doctrina y plasmando una clara relación de jerarquía y prevalencia entre las libertades económicas y el derecho fundamental de huelga.

De esta forma, para el Tribunal lo importante es detectar, conforme al juicio de proporcionalidad, si las acciones colectivas son desproporcionadas o inadecuadas respecto a las libertades económicas fundamentales, porque las limiten o lesionan de manera legítima o sin justificación suficiente. En cualquier caso, la incorporación del mecanismo de proporcionalidad para ponderar la licitud de la huelga en la práctica constituye un límite del derecho a la acción colectiva transnacional y se aleja de la adecuada protección de la seguridad jurídica[731].

El efecto que inevitablemente se desprende de esta doctrina es que en las situaciones de conflicto entre libertades económicas y derechos fundamentales de acción colectiva es que en situaciones de conflicto el TJUE ha considerado a las acciones colectivas "como meros obstáculos al funcionamiento del mercado interior, procedentes de los ordenamientos nacionales y sometidos al régimen general de justificación, basado en las tradicionales razones imperiosas de interés general y bajo la vigencia del principio de proporcionalidad"[732].

En consecuencia, una medida de conflicto colectivo que restrinja la libertad de establecimiento o la libertad de prestación de servicios sólo será lícita si, en los términos de la sentencia Laval, "persigue

---

730 SARRIÓN ESTEVE, J., "Los conflictos entre libertades económicas y derechos fundamentales en la jurisprudencia del Tribunal de Justicia de la Unión Europea", *Derecho Público Europeo*, nº 81, 2011, pp. 409-410.

731 ZAHN, R., "The Viking and Laval Cases in the context of European enlargement", *Web Journal of Current Legal Issues*, nº 3, 2008.

732 CABRERA RODRÍGUEZ, J., "Derechos fundamentales…", *op. cit.*, p. 423.

un objetivo legítimo compatible con el Tratado y está justificada por razones imperiosas de interés general, si bien, en tal caso, debe ser adecuada para garantizar la realización del objetivo perseguido y no ir más allá de lo necesario para lograrlo" (párrafo 101[733]).

Así, la huelga como instrumento de reacción ante el *dumping social* sólo estaría justificado como última ratio, en el caso de que los empleos o condiciones de trabajo de los trabajadores que ejercitan tal derecho «están seriamente amenazados», debiendo, además, estar sujeta a las más estrictas reglas de proporcionalidad. De esta manera, la doctrina critica que "se niega toda posibilidad de equiparación, al menos a largo plazo, de las condiciones de trabajo de los trabajadores de la Unión y favoreciendo aquellos ordenamientos jurídicos en los que dichas condiciones son más bajas"[734].

En la valoración general de la jurisprudencia comunitaria no puede dejar de subrayarse lo llamativo que resulta que el TJUE haya omitido por completo en su razonamiento el hecho de que, en estos casos, el derecho de huelga se utiliza como instrumento sindical anti-*dumping* social y que, mediante su ejercicio, se pretenden impedir "maniobras oportunistas" de los sujetos económicos que provocan una falta de protección adecuada a las personas trabajadoras en materia salarial y de condiciones de trabajo. Algún autor advierte que "esta omisión es especialmente preocupante en un escenario de expansión de los supuestos de prestación transfronteriza de servicios y no parece compadecerse con el reconocimiento expreso de la finalidad social de la UE que el Tribunal hace en estos pronunciamientos"[735].

De esta forma, el propio TJUE afirma que "dado que la Comunidad no sólo tiene una finalidad económica, sino también social, deben sopesarse los derechos derivados de las disposiciones del Tratado relativas a la libre circulación de mercancías, personas, servicios y capitales en relación con los objetivos perseguidos por la política social, entre los que figuran [...] la mejora de las condiciones de vida

---

733 STJUE (Gran Sala) de 18 de diciembre de 2007, *Laval un Partneri*, asunto C-341/05.

734 ESCRIBANO GUTIÉRREZ, J., "Derecho de huelga y libre prestación de servicios en el ámbito comunitario", *Temas Laborales*, nº 101, 2009, p. 253.

735 RODRÍGUEZ GONZÁLEZ, S., "La jurisprudencia del Tribunal...", *op. cit.*, p. 175.

y de trabajo, a fin de conseguir su equiparación por la vía del progreso, una protección social adecuada y el diálogo social" (apartado 79, asunto Viking[736]). Sin embargo, esta afirmación no se corresponde con las consecuencias derivadas del fallo del tribunal.

Se ha advertido que las posibles consecuencias a largo plazo "se asocian a la estandarización de la tendencia de igualación por debajo de las legislaciones laborales o la proliferación de conflictos sociales que dificultarían la integración ciudadana"[737]. Por este motivo, autores como Baylos reclaman la necesidad de que el ejercicio del derecho de huelga en el plano transnacional sea revalorizado "para impedir las acciones de los operadores económicos que refuerzan a la baja las condiciones salariales y de empleo de los trabajadores en un mercado unificado de manera sólida de la moneda, las finanzas y el capital, estableciendo gracias a las acciones colectivas un estándar homogéneo de tratamiento laboral con independencia del lugar del que procedan los trabajadores y del diferencial de condiciones de trabajo y de vida que de éste resulta"[738].

A mayor abundamiento, esta doctrina del TJUE ha recibido severas críticas desde el mundo sindical[739], académico[740] y político. Aquí podemos subrayar que el Parlamento Europeo[741] indicó al respecto de estos pronunciamientos que "la libertad de prestar servicios no es de rango superior respecto de los derechos fundamentales que figuran en la Carta de Derechos Fundamentales de la Unión Europea y, en particular, al derecho de los sindicatos de llevar a cabo acciones de lucha, un derecho que, además, en varios Estados miembros está garantizado por la Constitución" (punto 5); añadiendo que "los derechos sociales fundamentales no están subordinados a los derechos económicos en una jerarquía de libertades fundamentales; por lo tanto, solicita un reexamen, en el ámbito del derecho primario, del

736 STJUE (Gran Sala) de 11 de diciembre de 2007, *Viking Line*, asunto C-438/05.

737 RODRÍGUEZ GONZÁLEZ, S., "La jurisprudencia del Tribunal...", *op. cit.*, p. 175.

738 BAYLOS GRAU, A., "Derecho de huelga y medidas...", *op. cit.*, p. 1169.

739 CCOO Servicios, *Los casos Viking, Laval y Rüffert. Desafío al sindicalismo europeo*, 30 de mayo de 2008. Disponible en: https://zip.lu/36sA5

740 BAYLOS GRAU, A., "El espacio supranacional...", *op. cit.*, pp. 133-134.

741 Resolución del Parlamento Europeo, de 22 de octubre de 2008, sobre los retos para los convenios colectivos en la Unión Europea (2008/2085-INI).

equilibrio entre derechos fundamentales y libertades sociales, para contribuir a evitar una competición a favor de estándares sociales más bajos" (punto 33). Asimismo, el Parlamento Europeo expresa con rotundidad que "las libertades económicas de la Unión Europea no pueden interpretarse en el sentido que garantizan a las empresas el derecho de eludir las disposiciones nacionales con rango de ley y las prácticas en materia de seguridad social y laborales o que imponen una desleal competencia sobre el plano de las condiciones retributivas y normativas" (punto 16).

Por su parte, el Dictamen del CESE sobre la dimensión social del mercado interior de 14 de julio de 2010[742] señalaba que en los asuntos Viking y Laval "se ha vaciado de contenido esencial a determinados derechos fundamentales si la jurisprudencia y la legislación de la Unión no tienen en cuenta la diversidad de la Unión Europea, las normas mínimas podrían reducirse demasiado, hasta el punto de no poder impedir el *dumping* social en muchos países".

Tampoco puede dejar de mencionarse "el riesgo derivado de la onda expansiva de la línea antisocial de la doctrina del TJUE en los distintos Estados miembros pues, si los tribunales nacionales que recurrieron al TJUE reproducen su doctrina y fallan favorablemente a las empresas demandantes se generaría una importante crisis en materia de Derecho del Trabajo (nacional y europeo) y se abriría una senda hacia la permisividad de la práctica del *dumping* social". Por tanto, se ha afirmado que "estas sentencias anuncian la ruptura del equilibrio entre lo mercantil y lo social en el proceso de integración europea"[743].

En este sentido, se ha afirmado que "el derecho laboral nacional se enfrenta a potentes presiones que pueden erosionarlo si, con la profundización de la integración y la intensificación de las interdependencias económicas, las regulaciones sociales y laborales nacionales se perciben como obstáculos a la integración del mercado (desde la perspectiva de una integración negativa)"[744].

---

742 Dictamen del Comité Económico y Social Europeo sobre «La dimensión social del mercado interior» (2011/C 44/15), DOUE 11/2/2011.

743 RODRÍGUEZ GONZÁLEZ, S., "La jurisprudencia del Tribunal...", *op. cit.*, p. 177.

744 GARCÍA-MUÑOZ ALHAMBRA, M. A., "El protocolo europeo...", *op. cit.*, p. 228.

Así, la supremacía del derecho comunitario respecto del derecho nacional impuesta en estas sentencias provoca que las acciones colectivas en defensas de los trabajadores serán ilegítimas si se considera que asumen una postura proteccionista respecto del derecho nacional sufriendo los Estados miembros "una clara reducción de sus poderes en materia de condiciones laborales, por tanto, su competencia será subsidiaria"[745].

La onda expansiva de la línea antisocial de la doctrina del TJUE también se refleja en una serie de sentencias posteriores que cierran el denominado "cuarteto Laval". En el asunto Rüffert[746], el TJUE prima la libertad de prestación de servicios e impiden la acción sindical colectiva para equilibrar las condiciones de trabajo entre estados miembros. En el asunto Comisión vs. Luxemburgo[747] el Tribunal estudia la validez de una Ley nacional de trasposición de la Directiva 96/71 que declaraba una serie de regulaciones nacionales como normas imperativas, de obligado cumplimiento para los prestadores de servicios que desplacen trabajadores a su territorio. En este caso, el Tribunal entiende que la reserva de orden público constituye una excepción al principio fundamental de la libre prestación de servicios, que debe ser interpretada de forma restrictiva y cuyo alcance no puede ser determinado por los Estados miembros unilateralmente, sino que debe ser conforme al concepto comunitario de orden público. En este contexto, la UE se ha visto obligada a modificar la directiva de trabajadores desplazados para mejorar su nivel de protección, por ejemplo, sustituyendo la referencia al salario mínimo por retribución[748].

También podemos mencionar la sentencia Bundesdruckerei[749], en la que el Tribunal de Justicia negará al ayuntamiento de Dort-

---

745 LOY, G., "La tendencia antisocial de la Unión Europea", *Boletín Mexicano de Derecho Comparado*, 2011, nº 131, p. 632.

746 STJUE (Sala Segunda) de 3 de abril de 2008, *Rüffert*, asunto C-346/06.

747 STJUE (Sala Primera) de 19 de junio de 2008, *Comisión contra Luxemburgo*, asunto C-319/06.

748 Directiva (UE) 2018/957 del Parlamento Europeo y del Consejo, de 28 de junio de 2018, que modifica la Directiva 96/71/CE sobre el desplazamiento de trabajadores efectuado en el marco de una prestación de servicios.

749 STJUE (Sala Novena) de 18 de septiembre de 2014, Bundesdruckerei, asunto C-549/13.

mund (Alemania) la posibilidad de incorporar a los contratos públicos cláusulas que regulen salarios mínimos pactados con los trabajadores del servicio.

En conclusión, como advierte la doctrina especializada, el sistema de derechos laborales colectivos en la UE es incongruente: mientras los convenios colectivos no están sujetos al derecho de la competencia europeo, el derecho de huelga, que está muy unido al proceso de negociación de los convenios colectivos, debe ejercerse de acuerdo con las libertades económicas de la UE[750]. Por tanto, el hecho de que en Viking y Laval el TJUE reconociera el derecho de huelga como un derecho fundamental que forma parte de los principios generales del Derecho comunitario cuya observancia garantiza el Tribunal de Justicia aparentemente debe ser tratado más como una declaración retórica que sustancial[751]. Como se ha dicho, "esperábamos a los Reyes Magos y llegaron Viking, Laval y Rüffert"[752].

b) La necesaria interpretación integrada del art. 28 de la Carta de los Derechos Fundamentales de la Unión Europea

La doctrina iuslaboralista[753] defiende que la Carta de los Derechos Fundamentales de la Unión Europea hace necesaria una interpretación integrada de los derechos fundamentales que reconoce con el derecho internacional, lo que conduce a una consideración adicional en el propio Derecho europeo y en sus Estados miembros respecto a la relación entre el derecho de huelga y acción colectiva y las libertades económicas de la Unión Europea.

Por un lado, el art. 52.3 CDFUE prevé que "en la medida en que la presente Carta contenga derechos que correspondan a derechos garantizados por el Convenio Europeo para la Protección de los De-

---

750 CAIRÓS BARRETO, D. M., "Huelgas y conflictos colectivos…", *op. cit.*, p. 104-105.

751 GRZEBYK, P., "The right to strike as a fundamental right", en TER HAAR, B. AND KUN, A., *EU Collective Labour Law*, Edward Elgar Publishing, UK, 2021.

752 LOY, G., "La tendencia antisocial de la Unión Europea", *Boletín Mexicano de Derecho Comparado*, 2011, nº 131, p. 632.

753 CAIRÓS BARRETO, D. M., "Huelgas y conflictos colectivos…", *op. cit.*, p. 106 y ss.

rechos Humanos y de las Libertades Fundamentales, su sentido y alcance serán iguales a los que les confiere dicho Convenio", sin que esta disposición pueda impedir que el Derecho de la Unión conceda una protección más extensa.

Por otro lado, de acuerdo con el art. 53 CDFUE, "ninguna de las disposiciones de la presente Carta podrá interpretarse como limitativa o lesiva de los derechos humanos y libertades fundamentales reconocidos, en su respectivo ámbito de aplicación, por el Derecho de la Unión, el Derecho internacional y los convenios internacionales de los que son parte la Unión, la Comunidad o los Estados miembros, y en particular el Convenio Europeo para la Protección de los Derechos Humanos y de las Libertades Fundamentales, así como por las constituciones de los Estados miembros".

Sin embargo, se advierte que esta interpretación integrada no debe conducir a una mezcla incomprensible de ordenamientos jurídicos ni tampoco poner en peligro la autonomía o independencia del Derecho europeo frente al internacional[754].

En definitiva, la normativa internacional sobre el derecho de huelga obliga a una interpretación integrada de los convenios de la OIT, la Carta Social Europea y el Convenio Europeo de Derechos Humanos y la Carta de Derechos Fundamentales de la Unión Europea. Sin embargo, la visión sobre estas normas de los órganos interpretativos de estos instrumentos, principalmente el TEDH y el TJUE, se encuentra en posiciones muy distantes.

Tanto el Comité de Expertos en la Aplicación de los Convenios y las Recomendaciones de la OIT como el Comité Europeo de Derechos Sociales en su interpretación de la Carta Social Europea han criticado la doctrina antisocial del TJUE sobre la relación entre las libertades económicas con la acción colectiva transnacional. Se destaca que "las libertades económicas no pueden ser tratadas como un valor principal que desplace los derechos nucleares fundamentales y que la amenaza siempre presente de ejercer una acción por daños y perjuicios que pueda arruinar a un sindicato de acuerdo con la inter-

754 *Idem.*

pretación de Viking y Laval crea una situación en la que el derecho humano y fundamental de huelga del CEDH no puede ejercitarse"[755].

La evolución de la jurisprudencia del Tribunal de Estrasburgo parece estar en marcado contraste con la del Tribunal de Luxemburgo. En particular, aunque ambos Tribunales utilizan los instrumentos de protección de los derechos humanos, su manera de entender del derecho internacional parece muy diferente. El TEDH explora el derecho y los principios internacionales y, en particular, el cuerpo jurisprudencial de los órganos de supervisión de la OIT, creando un núcleo de derechos individuales y colectivos inviolables, extrayendo los elementos más útiles para definir las características del derecho de negociación colectiva. El TJUE, por su parte, simplemente invocó los Convenios de la OIT y el Carta Social Europea a nivel de principios generales al reconocer la naturaleza fundamental del derecho de huelga como parte de la legislación de la UE[756].

Aunque el TEDH haya sentado una doctrina que limita el alcance del derecho de huelga, mantiene la calificación del mismo como un derecho humano. Por tanto, su ejercicio se considera legítimo y legal y cualquier restricción debe superar un juicio de proporcionalidad.

En este sentido, la profesora Cairós explica muy bien las fricciones entre el TEDH y el TJUE en materia de huelga:

> "El TEDH, aun habiendo recortado el alcance del derecho de huelga, lo califica como un derecho humano y, por ello, su ejercicio se considera legítimo y legal y cualquiera de las limitaciones que puedan imponerse deben evaluarse de acuerdo con el principio de proporcionalidad, mientras que el TJUE, en los casos Viking Line, Laval y posteriores, considera la huelga transnacional ilegítima porque puede violar las libertades económicas y la carga de probar que una determinada medida de acción colectiva constituye una restricción aceptable de las libertades económicas corresponde a la parte trabajadora, a los sindicatos. Para el TEDH es la parte empresarial la que debe probar por qué su libertad de prestación de servicios o establecimiento constituye una restricción aceptable del derecho de huelga. La prueba de proporcionalidad del TJUE para equilibrar

---

755 GRZEBYK, P., "The right to strike as a fundamental right", en TER HAAR, B., KUN, A. (ed.): *EU Collective Labour Law*, Edward Elgar Publishing, UK, 2021, pp. 88-101.

756 GUADAGNO, S., "The right to strike in Europe in the aftermath of Viking and Laval", *European Journal of Social Law*, nº 4, 2012, p. 261.

> los derechos opuestos de los trabajadores y los empresarios parece difícil de conciliar con las normas y principios sobre la huelga aplicados en el derecho internacional y en el derecho interno de la mayoría de los Estados miembros. Dado que el TEDH tiene en cuenta estas normas y principios al interpretar el artículo 11 del Convenio, resulta evidente la contradicción y cabe suponer que surgirán problemas de incoherencia una vez que la UE se adhiera al CEDH"[757].

Efectivamente, la adherencia de la Unión Europea al CEDH ha sido estudiada por la doctrina, que concluye que el TJUE debe modificar sus posiciones para alinearse con los estándares del TEDH. Se afirma que el test de proporcionalidad empleado por el TJUE en su doctrina sobre el derecho de huelga es el opuesto del utilizado por el TEDH. Esencialmente, la prueba que utiliza el TEDH para evaluar la legalidad de las leyes o prácticas que restringen el derecho de huelga es utilizado por el TJUE para evaluar la legalidad de la huelga misma, que se trata como una restricción al ejercicio de las libertades económicas[758].

En este contexto, se ha propuesto que el TJUE podría adaptarse a los estándares del CEDH sin apartarse de los Tratados de la UE adoptando la metodología de justo equilibrio que ya ha utilizado en conflictos entre las libertades económicas y los derechos civiles y políticos. La jurisprudencia del TJUE sobre los derechos civiles y políticos demuestra que el énfasis de los Tratados en las libertades económicas no es un obstáculo para mantener un alto nivel de protección de los derechos humanos y indica que el TJUE, de hecho, está tratando los derechos laborales colectivos como menos fundamentales que los derechos civiles y políticos[759].

La metodología de equilibrio justo ("*fair balance*") propuesta requeriría que la Corte aplicase un doble test de proporcionalidad en la relación entre el derecho de huelga y económicas y las libertades económicas, dando a los sindicatos un margen de apreciación en

---

757 CAIRÓS BARRETO, D. M., "Huelgas y conflictos colectivos…", *op. cit.*, p. 107.

758 VĖLYVYTĖ, V., "The Right to Strike in the European Union after Accession to the European Convention on Human Rights: Identifying Conflict and Achieving Coherence Get access Arrow", *Human Rights Law Review*, vol. 15, 2015, pp. 73-92.

759 *Idem.*

ejercer su libertad de sindicación para la protección de los intereses de los trabajadores. Podría decirse que la prueba del "equilibrio justo" limitaría tanto el derecho de huelga como las libertades económicas, pero sólo en la medida en que cada valor sería optimizado sin socavar la esencia de el otro[760].

En definitiva, las decisiones del Tribunal de Justicia de la Unión Europea parten de la base de que "el conflicto entre los derechos laborales y las libertades económicas es irresoluble en una sociedad capitalista moderna y que el buen funcionamiento del mercado común exige que se restrinjan significativamente los derechos colectivos, en una concepción estrecha y equivocada de las diferencias en la realidad económica de los nuevos y antiguos Estados miembros. Esta construcción teórica resulta anacrónica e ignora los efectos positivos que la negociación colectiva y la huelga, especialmente a nivel transnacional, pueden ejercer en el mercado europeo"[761].

De esta forma, la doctrina advierte[762] que el reconocimiento del derecho de huelga en los respectivos ordenamientos nacionales constituye un presupuesto para luchar contra el *dumping social.* Sin embargo, incluso en ámbitos regionales como el europeo, donde está generalizado dicho reconocimiento, la divergencia en la regulación de las condiciones de ejercicio puede suponer un serio obstáculo a la hora de llevar a cabo una huelga transnacional. De ahí que sea preciso alcanzar un mayor grado de uniformidad al respecto, como han puesto en evidencia el cuarteto Laval, donde se avalan una cierta "constitucionalización" del *dumping* social en el ámbito europeo[763].

Por ello, debemos reivindicar que la negociación y la acción sindical colectiva es una herramienta para luchar contra el *dumping social,* limitando la polarización del mercado de trabajo en la Unión Europa, que segrega a trabajadores de países con condiciones laborales y salariales muy diferentes, promoviendo la justicia social en una economía social de mercado compatible con la libre competencia.

---

760 *Idem.*

761 CAIRÓS BARRETO, D. M., "Huelgas y conflictos colectivos…", *op. cit.*, pp. 107.

762 CORREA CARRASCO, M., *Acuerdos marco internacionales…*, *op. cit.*, p. 104.

763 RODRÍGUEZ-PIÑERO BRAVO-FERRER, M., "El caso Ruffert ¿una constitucionalización del *dumping* social?", *Relaciones Laborales*, nº 2, 2008, pp. 213-244.

Para lograr dicho propósito, el proceso de integración europea debería fundarse en el equilibrio entre las libertades económicas reconocidas en los arts. 56 y 57 TFUE y el respeto a los derechos sociales fundamentales consagrados en la Carta Social Europea, lo que exige evitar el recurso a cánones hermenéuticos que supongan establecer una eventual jerarquización al respecto, como parece desprenderse de la doctrina emanada por el TJUE[764].

Desde esta perspectiva, antes que limitar de forma injustificada los derechos colectivos laborales (negociación colectiva y huelga), sería preciso ponderar adecuadamente su contribución al progreso y la estabilidad social y, en consecuencia, fomentar el papel ordenador de la autonomía colectiva en este ámbito mediante el establecimiento de un marco institucional homogéneo a nivel europeo. Dicha tarea que, al menos en el plano técnico-jurídico, no sería excesivamente complicada (a pesar de las diferencias existentes entre los respectivos ordenamientos estatales), requeriría como punto de partida la incorporación de una excepción social en el Derecho originario de la UE, lo que provocaría de forma inmediata la revisión de la doctrina antisocial del TJUE ya estudiada, que quedaría privada de fundamento[765].

Las soluciones normativas que puedan arbitrarse al respecto deben, por tanto, establecer un marco homogéneo en el que se garantice el respeto al que podríamos denominar "contenido esencial" del derecho de huelga, de modo que cualquier limitación a su ejercicio esté debidamente justificada en la preeminencia de los bienes jurídicos que pudieran resultar afectados. La búsqueda de puntos de equilibrio entre libertades económicas y derechos colectivos laborales, sin embargo, no está exenta de dificultades en un contexto en el que las instituciones europeas han asumido de forma acrítica los postulados neoliberales más ortodoxos a la hora de concebir el funcionamiento del mercado de trabajo[766].

---

764 CABEZA PEREIRO, J., "Derecho de la competencia, libertad de establecimiento y de-colectivización de las relaciones de trabajo", *Trabajo y Derecho*, nº 3, 2015, pp. 36-51.

765 CORREA CARRASCO, M., *Acuerdos marco internacionales…*, *op. cit.*, p. 105-106.

766 *Idem.*

En esta materia, la Comisión Europea buscó la forma de reestablecer el equilibrio entre derechos colectivos y libertades económicas en el denominado "Reglamento Monti II"[767]. Sin embargo, esta propuesta no estaba exenta de crítica porque establecía una "relación de equivalencia"[768] entre el derecho fundamental de huelga y las libertades económicas: "el ejercicio de la libertad de establecimiento y de la libre prestación de servicios consagradas en el Tratado respetará el derecho fundamental a adoptar medidas de conflicto colectivo, incluidos el derecho o la libertad de huelga, y, a la inversa, el ejercicio del derecho fundamental a adoptar medidas de conflicto colectivo, incluidos el derecho o la libertad de huelga, respetará esas libertades económicas" (artículo 2). La falta de consenso sobre este proyecto obligó a la Comisión a retirarlo en 2012.

En este contexto, distintos instrumentos contienen lo que se ha denominado como "cláusula Monti", esto es, un mecanismo de salvaguarda del derecho a la negociación colectiva y a la huelga. La redacción literal es "la presente Directiva no afecta al ejercicio de los derechos fundamentales tal y como se reconocen en los Estados miembros y en el Derecho comunitario. Tampoco afecta al derecho a negociar, celebrar y aplicar convenios colectivos y a emprender acciones sindicales de acuerdo con la legislación y las prácticas nacionales conformes al Derecho comunitario"[769] o también "el/la presente Reglamento/Directiva no afectará en modo alguno al ejercicio de los derechos fundamentales reconocidos en los Estados miembros y a escala de la Unión, incluido el derecho o la libertad de huelga o de emprender otras acciones contempladas en los sistemas de relaciones laborales específicos de los Estados miembros, de conformidad con la legislación o las prácticas nacionales. Tampoco afectará

---

767 Propuesta de Reglamento del Consejo sobre el ejercicio del derecho a adoptar medidas de conflicto colectivo en el contexto de la libertad de establecimiento y la libre de prestación de servicios (COM/2012/0130 final - 2012/0064).

768 OJEDA AVILÉS, A., "Libertad de empresa, Constitución Española y Derecho del Trabajo: un enfoque global", en GARRIDO PÉREZ, E. (Coord.), *Constitución española y relaciones laborales ante el actual escenario social y económico*, XXXI Jornadas Universitarias Andaluzas de Derecho del Trabajo y Relaciones Laborales, Sevilla, 2013.

769 Artículo 1, apartado 7, de la Directiva 2006/123/CE relativa a los servicios en el mercado interior.

al derecho a negociar, concluir y hacer cumplir convenios colectivos o llevar a cabo acciones colectivas conforme a la legislación o las prácticas nacionales"[770]. Esta salvaguarda del derecho de huelga en el mercado único constituye, precisamente, una importante reivindicación sindical[771].

En definitiva, podemos afirmar que el desarrollo a nivel europeo de procesos de negociación colectiva de carácter transfronterizo, siendo en la actualidad una realidad incontestable, requiere, en cualquier caso, una paralela consolidación de los cauces institucionales por los que ha de discurrir el legítimo ejercicio del derecho a la adopción de medidas de conflicto colectivo en dicho ámbito, incluyendo, como corolario, a los mecanismos de medios de solución extrajudicial de conflictos. Esto es, visto el frustrado intento del Reglamento Monti II, un tema pendiente en el seno de la Unión Europea.

Al margen de lo expresado y en relación con vías pacíficas de resolución de conflictos laborales de dimensión supranacional, es posible pensar que una institución apta para abordar litigios en este nivel podría ser la recientemente creada Autoridad Laboral Europea. La función componedora de conflictos de dimensión transfronteriza que le atribuye el Reglamento (UE) 2019/1149, de 11 de julio, así parece avalarlo. Entre las tareas que se le encomiendan cabe destacar dos a los efectos del tema aquí tratado: a) ofrecer apoyo y orientación adecuados a las personas y las empresas en situaciones transfronterizas para combatir la incompleta o escasa disponibilidad de información sobre sus derechos y obligaciones, b) afrontar la ausencia de un mecanismo de mediación transfronterizo específico entre los Estados miembros en todos los ámbitos de la movilidad laboral y la coordinación. Una interpretación coherente de ambas funciones permitiría considerar que la Autoridad estaría habilitada para desem-

---

770 Artículo 1, apartado 3, del Reglamento (UE) 2019/1149 por el que se crea una Autoridad Laboral Europea; Artículo 1 bis de la Directiva (UE) 2018/957 que modifica la Directiva 96/71/CE sobre el desplazamiento de trabajadores efectuado en el marco de una prestación de servicios.

771 ETUC, "Safeguarding the Right to Strike against Emergency Measures in the Single Market", Posición del Comité Ejecutivo, 27 de octubre de 2022. https://zip.lu/35Zbn

peñar un rol de mediación en conflictos de alcance transfronterizo, incluyendo obviamente los conflictos de carácter laboral[772].

En cualquier caso y para finalizar, la llamada a la interpretación integrada de la Carta Europea de los Derechos Fundamentales con el derecho internacional abre la puerta a un principio de adopción de puntos de vista comunes que permitan obtener una concepción del derecho de huelga en el ámbito europeo más consistente, sólida y más respetuosa con su cualidad de derecho humano y derecho fundamental[773]. Es posible que esa interpretación integrada real y efectiva pase por la adhesión de la Unión Europea al Convenio Europeo de Derechos Humanos, o que sea precisa la voluntad política de reforma del derecho originario de la UE para incorporar a los Tratados la protección garantizada del derecho de huelga.

3. LA RESOLUCIÓN DE CONFLICTOS COLECTIVOS TRANSNACIONALES EN LA NEGOCIACIÓN COLECTIVA

3.1. Los acuerdos marco internacionales

En el escenario global actual, las empresas multinacionales han implementado enfoques socialmente responsables en diversas áreas, como el ámbito laboral, medioambiental, de consumo, social y del buen gobierno corporativo. Estas políticas suelen adoptar una naturaleza voluntaria, unilateral y autorregulada y se materializan a través de instrumentos como códigos éticos o de conducta, así como informes de responsabilidad social empresarial (RSE) o sostenibilidad.

Los acuerdos marco globales se han convertido en una herramienta clave en el ámbito del conflicto colectivo y la huelga transnacional. Estos acuerdos son instrumentos negociados entre sindicatos y empresas, ambos de ámbito transnacional, con el objetivo de establecer normas laborales comunes y proteger los derechos de los trabajadores a nivel global. Estos acuerdos permiten abordar las disparidades legales y normativas entre países, promoviendo la coordinación y solidaridad sindical en un contexto transnacional. Así, los

---

772 RAMOS QUINTANA, M. I., "El derecho de huelga...", *op. cit.*,

773 CAIRÓS BARRETO, D. M., "Huelgas y conflictos colectivos...", *op. cit.*, pp. 107.

acuerdos marco globales desempeñan un papel fundamental en la búsqueda de condiciones laborales justas y la defensa de los derechos de los trabajadores en un mundo cada vez más interconectado.

Podemos definir los acuerdos marco internacionales (AMI) o acuerdos marco globales (AMG) como un instrumento desarrollado por federaciones sindicales mundiales de actuación sectorial (*Global Union Federations, GUFs*) para introducir en las relaciones laborales en las empresas un componente transfronterizo a través de negociaciones y acuerdos con la dirección central de empresas multinacionales[774].

La doctrina afirma que su objetivo es "mostrar su aceptación de la idea general de que están sujetas a responsabilidades sociales pero no es preciso establecer regulaciones de ámbito internacional. [...] Que el objetivo de las compañías es llevarse aquello que estaba regulado por ley, o pactado en convenios colectivos, al terreno de la RSE voluntaria, unilateral y autorregulada"[775]. Los acuerdos marco globales son, por tanto, un mecanismo de autorregulación colectiva[776] propio de las relaciones transnacionales.

En estos acuerdos se integra el corpus de los derechos humanos sociales y las multinacionales se comprometen a respetar y a incorporar estas normas, que tienen carácter descentralizado. Los acuerdos marco internacionales contienen también normas de procedimiento para supervisar los acuerdos y solucionar los conflictos que pueden surgir al aplicar e incorporar las normas y reglas[777].

Desde la perspectiva empresarial, la doctrina considera los AMI han venido concibiéndose como "meros códigos de conducta negociados". La incorporación de la participación de los trabajadores es un "dato cualitativamente relevante desde la propia RSE" porque

---

774 PLATZER, H. W., RÜB, S., "Los Acuerdos marco Internacionales, ¿Un instrumento para imponer los Derechos Humanos Sociales?", *Fundación Friedrich Ebert*, 2014, p. 3.

775 MAIRA VIDAL, M. M., "Los acuerdos marco internacionales: sentando las bases de la negociación colectiva de ámbito supranacional", *Lan harremanak: Revista de relaciones laborales*, nº 30, 2014, p. 141.

776 BAYLOS, A., "Un instrumento de regulación: empresas transnacionales y acuerdos marco globales", *Cuadernos de relaciones laborales*, vol. 27, 2009, p. 107.

777 *Idem.*

permite que los AMI mejoren la imagen pública y la reputación de las empresas, superando la falta de credibilidad de los tradicionales códigos de conducta, debido a su carácter unilateral y voluntario[778].

Las propias empresas multinacionales, progresivamente, han dotado de mayor visibilidad a los AMI, lo que constituiría una prueba más de cual es realmente su interés prioritario en el marco de la negociación colectiva transnacional. Esto explicaría que "las organizaciones patronales de ámbito europeo (señaladamente, *BusinessEurope*) se muestren contrarias a un eventual desarrollo de un marco normativo supranacional para la negociación colectiva, pues, no sólo es innecesario para la adopción de AMI, sino que, además, resultaría contraproducente para el diálogo social cualquier interferencia de orden regulatorio"[779]. En este contexto, se ha denunciado que la proliferación de los AMI limita la capacidad de acción política privatizando los derechos sociales, conformando una "hoja de higuera de la globalización neoliberal"[780].

No obstante, debemos destacar que su articulación en el sistema de fuentes tiene naturaleza contractual, descartando la eficacia normativa[781] propia de la negociación colectiva española. Esto no es óbice para que la juridicidad del AMI implique que su contenido es vinculante para las partes firmantes. Cuestión distinta es cómo haya que entender la coercibilidad que se deriva del mismo, aspecto que se refiere a los mecanismos de reacción establecidos para garantizar su cumplimiento[782].

Partiendo de que estos acuerdos tienen fuerza contractual entre las partes que lo han firmado, podemos afirmar que el "efecto contractual del acuerdo impone obligaciones a los sujetos pactantes del mismo, aunque del enunciado de los contenidos concretos de estos acuerdos se desprende un cúmulo de compromisos y deberes que la empresa multinacional asume respecto de los trabajadores indi-

---

778 CORREA CARRASCO, M., *Acuerdos marco internacionales…*, *op. cit.*, p. 33.

779 *Idem.*

780 PLATZER, H. W., RÜB, S., "Los Acuerdos marco…", *op. cit.*, p. 15.

781 CORREA CARRASCO, M., "La eficacia jurídica del convenio colectivo como fuente (formal) del Derecho del Trabajo", *Revista Española de Derecho del Trabajo*, nº 88, 1998.

782 CORREA CARRASCO, M., *Acuerdos marco internacionales…*, *op. cit.*, p. 76.

viduales que forman parte de la plantilla de la misma en todas sus sedes". Efectivamente, no tiene eficacia normativa porque no existe una norma jurídica estatal imperativa que imponga un conjunto de condiciones de trabajo de forma objetiva y externa a los contratos individuales de trabajo de los empleados de la empresa. En definitiva, "aunque el contenido de estos acuerdos marco se dedique en su gran mayoría a la regulación de estándares de trabajo aplicables a los trabajadores de la empresa en cualquiera de sus lugares de producción, no hay normatividad en tales prescripciones"[783].

La cuestión más interesante de los AMI es, precisamente, la de los mecanismos de puesta en práctica y el control de su cumplimiento, que se limitan en una serie de procedimientos de carácter voluntario dentro de la esfera contractual. El procedimiento previsto para el cumplimiento del acuerdo proviene de la fuerza contractual que tienen las partes que lo han firmado. Por tanto, "el cumplimiento voluntario por parte de la empresa de las decisiones acordadas en las reuniones de seguimiento o de queja es la llave que cierra el sistema contractual diseñado"[784].

Debido a ello, la doctrina advierte que "es difícil que los AMI sean efectivos en países en los que el Estado no ha creado un marco legal que los garantice adecuadamente". De esta forma, que la negociación colectiva internacional conquiste éxitos tendrá mucho que ver con la fortaleza y la capacidad de organización, negociación, presión y lucha que las organizaciones de trabajadores ostenten o adquieran a nivel político y económico en las economías emergentes, semiperiféricas o periféricas y sus logros. En este sentido, la cooperación sindical internacional para apoyar a estos actores sería fundamental, puesto que conseguir que acuerdos que han sido negociados a nivel global se apliquen y verifiquen a nivel local es prácticamente imposible sin la participación de los trabajadores y sus representantes de estos países[785].

En el caso de los AMI, por tanto, "el grado de coercibilidad estará en función de la capacidad que tengan las federaciones sindicales

[783] BAYLOS GRAU, A., "Códigos de conducta...", *op. cit.*, p. 119.

[784] BAYLOS, GRAU, A., "Un instrumento de regulación...", *op. cit.*, pp. 120-121.

[785] MAIRA VIDAL, M. M., "Los acuerdos marco...", *op. cit.*, p. 159.

para articular una respuesta social de la suficiente entidad como para disuadir a las EMN de incumplir lo pactado". Frente a los tradicionales instrumentos de sanción jurídica, debemos destacar el potencial de utilizar herramientas de diversa índole para hacer cumplir lo pactado, como campañas publicitarias y de concienciación dirigidas a consumidores, acceso a medios de opinión pública y comunicación. Estos mecanismos, que pueden afectar a la imagen e intereses comerciales de la empresa y provocar eventualmente un importante daño económico, constituyen medidas con un "grado de coercibilidad muy superior"[786]. También, por supuesto, es inestimable el papel de las redes sociales para promover y difundir dichas campañas.

Por otra parte, se advierte que "el progresivo desarrollo de la autonomía colectiva en el plano transnacional traerá consigo la posibilidad de que, junto a las campañas publicitarias o de boicot dirigidas a la opinión pública o a los medios de comunicación y vinculadas habitualmente a la RSE, quepa recurrir a las típicas acciones de autotutela (huelga y conflictos colectivos) concebidas ahora para ser utilizadas en una dimensión global"[787].

En definitiva, la transnacionalización de las relaciones laborales en la empresa, que es una realidad incontestable, hace que "devengan inoperantes los instrumentos de ordenación diseñados a escala nacional, sean éstos autónomos o heterónomos". El creciente desarrollo experimentado por los AMI tiene su fundamento en la necesidad de ajustar las exigencias planteadas por una "realidad social subyacente", ahora de dimensión global, y su respectivo marco de regulación[788]. Por ello, "la creciente liberalización y globalización transfronteriza de la economía debilita la fuerza vinculante de las regulaciones nacionales y la capacidad de integración y estabilidad del subsistema social de relaciones laborales colectivas"[789].

La negociación colectiva se erige, por tanto, en un "cauce de ordenación privilegiado para proceder a dicho ajuste y corregir las disfuncionalidades del actual modelo. Su naturaleza genuinamente

---

786 CORREA CARRASCO, M., *Acuerdos marco internacionales...*, *op. cit.*, p. 77.

787 *Idem.*

788 *Ibidem*, p. 108.

789 PLATZER, H. W., RÜB, S., "Los Acuerdos marco...", *op. cit.*, p. 3.

extraestatal le confiere una especial virtualidad para superar los obstáculos que se derivan de unos marcos de ordenación estatal excesivamente rígidos para afrontar, de forma eficiente, la compleja tarea de configurar un sistema de relaciones laborales que, necesariamente, ha de definirse desde los parámetros que impone la globalización económica"[790].

Lógicamente, "la virtualidad de la autonomía colectiva como mecanismo de composición de intereses requiere, como presupuesto inexorable, la existencia de un equilibrio entre las posiciones de las partes que sólo es posible mediante el desarrollo simultáneo de sus tres elementos estructurales: autoorganización, autotutela y autonormación. En otras palabras, no es posible entablar un auténtico proceso de negociación colectiva si no se garantiza un verdadero poder negociador a la parte social, lo que indefectiblemente precisa de sujetos sólidamente configurados y con la capacidad de presión suficiente como para ejercer de interlocutores frente a la parte económica"[791].

Por tanto, la positivación de los elementos estructurales de la autonomía colectiva es un presupuesto necesario para la instauración de un auténtico sistema de relaciones laborales y exige el reconocimiento constitucional de los derechos colectivos: la libertad sindical, la negociación colectiva y la huelga.

De esta forma, puede decirse que, al margen de las eventuales carencias de las respectivas legislaciones nacionales (especialmente patentes en determinadas regiones del globo), la generalización de tales compromisos ha supuesto una importante vía para avanzar en la universalización del derecho de huelga, algo que, sin duda, debe valorarse positivamente para la progresiva conformación de un sistema de relaciones laborales coherente con las exigencias planteadas por la globalización económica[792].

Como su objetivo es crear un marco regulador basado en los principios aplicables a las relaciones laborales, debemos señalar que el contenido de los AMI suele ser genérico y ambiguo, lejos de un catálogo de derechos laborales que pudieran constituir un estatuto más

---

790 CORREA CARRASCO, M., *Acuerdos marco internacionales…, op. cit.*, p. 108.

791 *Ibidem*, p. 94-95.

792 *Ibidem*, p. 103.

o menos completo, de forma similar a un convenio colectivo como lo entendemos en España. Por ello, el contenido más habitual de la mayoría de AMI incluye cuestiones como la prohibición del trabajo de menores, de la esclavitud laboral y del trato degradante; la prohibición de discriminación; los derechos colectivos laborales, esto es, la libertad de sindicación y la negociación colectiva; alguna referencia genérica a condiciones laborales mínimas, como salario, jornada u horario; y referencias a la seguridad y salud laboral.

Actualmente, existen decenas de Acuerdos Marco Internacionales. Por ejemplo, la confederación sindical IndustriALL Global Union ha negociado acuerdos con las siguientes empresas: Aker, ASOS, BMW, Bosch, Daimler, EADS, EDF, Electrolux, Enel, Engie (GDF Suez), Eni, Esprit, Essity, Equinor, Ford, Gamesa, GEA, H&M, Inditex, Leoni, Lukoil, MAN, Mann + Hummel, Mizuno, Norsk, Hydro, Norske, Skog, Petrobras, Prym, PSA Peugeot Citroën, Renault, Rheinmetall, Röchling, Saab, Safran, SCA, Siemens, Solvay, SKF, Stora Enso, Tchibo, Total, ThyssenKrupp, TK Elevator, Umicore, Vallourec, Volkswagen y ZF[793].

Por su parte, la confederación sindical UNI Global Unión ha negociado acuerdos con las siguientes empresas: ABN AMRO, ABU, AEON, Antarra, Auchan, Banco De Brasil, BNP, Caliente, Carrefour, Codere, Credit Agricole, Danske Bank, DHL, Elanders, G4S, Geopost, Grupo Partouche, H&M, Grupo Inditex, Acuerdo Internacional de Bangladesh, IOA-ABADI, ISS, ITAU, Kimberly Clark, Loomis, Media Prima, Grupo Metro, Orange, Orpea, Securitas, Shoprite/Comprobadores, Shoprite/Checkers, Societé Generale, Stora Enso, Takashimaya, Telefónica, Teleperformance, UNIcredit y UPU[794].

En este contexto, los Acuerdos Marco Internacionales negociados por la confederación sindical IndustriALL cuentan con específicos procedimientos de puesta en práctica, control y seguimiento, que operan en flujo ascendente, desde el nivel de empresa, pasando por

793 El texto íntegro de los AMI firmados por IndustriALL Global Union puede consultarse aquí: https://www.industriall-union.org/es/acuerdos-marco-globales-amg

794 El texto íntegro de los AMI firmados por UNI Global Union puede consultarse aquí: https://uniglobalunion.org/es/workers-rights/global-agreements/

la intervención a nivel nacional y finalmente, el seguimiento en el nivel internacional[795].

Respecto al contenido y procedimiento de negociación, IndustriALL acordó en 2012 unas estrategias políticas generales en relación con los Acuerdos Marco Globales (AMG)[796] en el marco de su estrategia de establecimiento, seguimiento y mejora de los AMG con empresas multinacionales. El contenido de los acuerdos que suscriban debe incluir de forma imperativa los derechos consignados por la OIT, en sus convenios[797] y en su jurisprudencia, y los derechos recogidos en la Declaración relativa a los principios y derechos fundamentales en el trabajo de la OIT (1998). También deben incorporar la DUDH, directrices de la OCDE, o el Pacto Mundial de las Naciones Unidas, entre otras.

Estos acuerdos marco internacionales deben cubrir todas las actividades y centros de trabajo de la empresa en todo el mundo, sin excepción. Además, se exige obtener de las empresas multinacionales un compromiso firme e inequívoco de que los proveedores y subcontratistas adoptarán normas similares para sus trabajadores y que se otorgará a los sindicatos un trato positivo, de abstenerse de adoptar medidas antisindicales y de mantener una posición estrictamente neutra en relación con la preferencia manifestada por los empleados de ingresar a, mantener, transferir o poner fin a su relación con una organización sindical. También se otorgará a los representantes sindicales un acceso razonable al centro de trabajo y se incorporará un mecanismo eficaz para asegurar su aplicación y un procedimiento obligatorio de solución de controversias[798].

Para establecer las iniciativas, los planes de acción y las condiciones de puesta en práctica del AMI se prevé la constitución de un comité sindical global o mundial, formado en el nivel transnacional

---

795 CAIRÓS BARRETO, D. M., "Huelgas y conflictos colectivos...", *op. cit.*, p. 109.

796 IndustriALL, Directrices de los Acuerdos Marco Globales de IndustriALL Global Union, 2012. Disponible en: http://zip.lu/IG7A

797 Libertad sindical y negociación colectiva (Convenios nº 87 y 98); Discriminación (Convenios nº 100 y 111); Trabajo forzoso (Convenios nº 29 y 105); Trabajo infantil (Convenios nº 138 y 182).

798 IndustriALL, Directrices de los Acuerdos Marco Globales de IndustriALL Global Union, 2012. Disponible en: http://zip.lu/IG7A

por representantes de la empresa multinacional y representantes sindicales a nivel regional, mientras que a nivel local y nacional se producirá a través de los mecanismos de diálogo social regulares entre la empresa y los representantes de los trabajadores.

El método para la resolución de controversias y disputas establecido en estos acuerdos es preferentemente la negociación a nivel local y a nivel nacional y, en última instancia, a nivel transnacional, precisamente a través de los comités conjuntos negociados en los propios acuerdos. Los acuerdos suelen referirse expresamente a la negociación a nivel local, en su caso con soporte o asistencia de sindicatos nacionales o por medio del recurso a procedimientos de solución alternativa de conflictos establecidos en la propia negociación colectiva o ley nacional.

En caso de conflicto respecto a la interpretación del acuerdo marco internacional, la mayoría de estos acuerdos introducen cláusulas por medio de las cuales las partes renuncian a interponer reclamaciones judiciales para lograr la aplicación del acuerdo, mientras otros AMI establecen cláusulas de sumisión a una determinada legislación o jurisdicción[799]. Por ejemplo, el AMI de Teleperformance establece: *The Parties acknowledge and agree that this Agreement shall be construed, interpreted, and governed in accordance with the laws of Switzerland*[800].

Los AMI optan decididamente por la negociación los mecanismos alternativos de resolución de disputas, en general la mediación o el arbitraje. En última instancia, los comités mundiales o globales de seguimiento y control de los acuerdos se convierten en los principales agentes de solución de los conflictos derivados de su interpretación y aplicación "por medio del conocido método, no exento de críticas, de interposición de la queja en los tres niveles, que adquiere el carácter de transnacional al final: las dificultades relacionadas específicamente con la puesta en práctica del acuerdo serán tratadas a nivel local entre los sindicatos o los promotores de la queja y la dirección

---

799 CAIRÓS BARRETO, D. M., "Huelgas y conflictos colectivos...", *op. cit.*, p. 109-110.

800 Acuerdo Marco Global entre UNI Global Union y Teleperformance, 2022. Disponible en: http://zip.lu/IG7W

de la empresa, informando al comité conjunto del desarrollo de las negociaciones y de su resultado"[801].

Por tanto, "si el problema no se puede resolver a nivel local, debe ser transferido al nivel nacional, también mediante procesos de negociación entre los sindicatos y la dirección de la empresa en ese nivel. Si no puede obtenerse una solución satisfactoria, el asunto será remitido al comité conjunto de control en el nivel máximo de negociación, el transnacional, con representación de las partes firmantes del acuerdo. Cuando este último comité no ha logrado resolver la discrepancia los acuerdos suelen llamar también a la mediación independiente, tanto con intervención de expertos de la OIT, como de otro mediador acordado por ambas partes"[802].

Aunque el impulso del procedimiento de resolución de conflictos interpretativos suele corresponder al nivel local e ir escalando hacia el comité nacional y el comité global, "igualmente pueden plantearse discusiones informales en el nivel transnacional según sea adecuado, al tiempo que se intenta resolver el conflicto a nivel local o nacional"[803].

Respecto a la composición, el comité internacional se caracteriza por la paridad, conformándose por el mismo número de representantes de la empresa multinacional y las organizaciones sindicales internacionales firmantes del AMI.

En este contexto, es interesante mencionar que varios acuerdos incluyen expresamente la especial protección de la figura del denunciante individual (*whistleblower*[804]), por ejemplo, a través de un trámite de denuncias anónimas o de la garantía de indemnidad. Podemos

---

801 CAIRÓS BARRETO, D. M., "Huelgas y conflictos colectivos...", *op. cit.*, p. 109-110.

802 *Idem.*

803 *Idem.*

804 Aquí es interesante mencionar la reciente Directiva *Whistleblowing* (Directiva (UE) 2019/1937 del Parlamento Europeo y del Consejo, de 23 de octubre de 2019, relativa a la protección de las personas que informen sobre infracciones del Derecho de la Unión) y su norma de transposición en España (Ley 2/2023, de 20 de febrero, reguladora de la protección de las personas que informen sobre infracciones normativas y de lucha contra la corrupción).

mencionar los acuerdos de IndustriALL con SAFRAN en 2017[805], SIEMENS en 2019[806] y Daimler en 2021[807]. Como se ha visto, en estos acuerdos, el procedimiento de resolución de conflictos prioriza la intervención en el nivel local, permitiendo al trabajador solicitar la asistencia de un representante del sindicato local. Si la resolución a nivel local de un problema resultara imposible, se notificará a la organización sindical a nivel nacional y, si el problema persiste, la controversia se podrá plantear a nivel del comité de supervisión mundial.

De esta forma, la mayoría de los acuerdos marco internacionales se diseñan en torno a un principio de proximidad, cercanía o subsidiariedad respecto a sus mecanismos de resolución de conflictos, proponiendo siempre la intervención más cercana o local posible. Así, en el acuerdo marco internacional PSA-UNI Global Unión se prevé que "en la medida de lo posible, los posibles incumplimientos serán tratados a nivel local, de la forma más cercana al terreno"[808]. Otro ejemplo: "*Auchan and UNI Global Union both believe that problems are best solved as close to where they arise as possible*"[809]. Priorizar la negociación local permite afirmar en el AMI de DHL que, idealmente, estos conflictos no deben escalar al nivel global: "*Local issues shall first be brought to the local management by local employee representatives. They will be handled and concluded in accordance with local law and grievance procedures as well as collective bargaining agreements, where applicable. Ideally, such cases should not need escalation to the global level*"[810].

---

805 Acuerdo marco internacional sobre las condiciones de trabajo, la responsabilidad social de las empresas y el desarrollo sostenible (Safran-IndustriALL). Disponible en: http://zip.lu/IG8z

806 Global framework agreement on social responsibility between the Siemens Gamesa Renewable Energy and the Labour Representatives and IndustriALL Global Union, 2017 Disponible en: http://zip.lu/IG8G

807 Daimler and IndustriALL Global Union, *Principles of Social Responsibility and Human Rights*, 2021. Disponible en: http://zip.lu/IG8N

808 PSA, IndustriALL Global Union, UNI Global Union, Acuerdo Marco Mundial sobre responsabilidad social del grupo PSA. Un compromiso social y duradero sin fronteras para construir de manera conjunta el futuro del Grupo, 2017. Disponible en: http://zip.lu/IG8S

809 Auchan Retail International and UNI Global Union, "Agreement on social and environmental responsibility", 2017. Disponible en: http://zip.lu/IG8W

810 DHL and UNI Global Union, *Global Agreement*, 2016. Disponible en: http://zip.lu/IG92

3.2. El arbitraje internacional

3.2.1. Las cláusulas arbitrales de los acuerdos marco globales

Aunque los AMG son instrumentos muy interesantes para ordenar las relaciones laborales en la esfera transnacional, es necesario reflexionar sobre los distintos mecanismos para la resolución de conflictos de carácter extraestatal. En este sentido, los propios AMG son los instrumentos idóneos para establecer el alcance de su corpus jurídico y cómo interpretarlo. Sin embargo, la mayoría de los AMG no incluyen disposiciones que regulen la resolución judicial o extrajudicial de conflictos, ya sea a través de cláusulas de ley aplicable o competencia judicial internacional o cláusulas de mediación o de arbitraje.

A pesar de ello, algunos acuerdos marco internacionales negociados por la federación sindical internacional UNI Global Union prevén expresamente que, en caso de que no lleguen a un acuerdo, las partes pueden acudir a un mediador neutral, que será elegido por acuerdo de las partes. Se trata de una mediación prevista en los acuerdos marco internacionales firmados con las empresas Securitas[811], Societe Generale[812], BNP[813], Geopost[814], Credit agricole[815], Loomes[816], ORPEA[817], STORA ENSO[818], Teleperforman-

---

811 Acuerdo Marco Global entre UNI Global Union, Securitas y Sindicato Sueco de Trabajadores del Transporte, 2012. Disponible en: http://zip.lu/IG99

812 Acuerdo Marco Global entre UNI Global Union y Société General, 2015. Disponible en: http://zip.lu/IG9g

813 UNI Global Union y BNP Paribas, BNP Paribas Global Agreement on fundamental rights and global social framework, 2018. Disponible en: http://zip.lu/IG9n

814 Acuerdo Marco Global entre UNI Global Union y Geopost, 2017. Disponible en: http://zip.lu/IG9v

815 Accord Cadre International entre UNI Global Union et Crédit Agricole S.A., 2019. Disponible en: http://zip.lu/IG9C

816 Acuerdo Marco Global entre UNI Global Union, Loomis y Sindicato Sueco de Trabajadores del Transporte, 2013. Disponible en: http://zip.lu/IG9I

817 ORPEA SA and UNI Global Union, Global Agreement For A Partnership about Ethical Employment, Social Dialogue, Collective Bargaining and Trade Unions Rights, 2022. Disponible en: http://zip.lu/IG9N

818 Acuerdo Marco Global entre UNI Global Union, IndustriALL Global Union y Stora Enso y Federación Internacional de Trabajadores de la Construcción y la Madera, 2018. Disponible en: http://zip.lu/IG9T

ce[819] y UniCredit[820]. Tomando como ejemplo el de Securitas, aunque todas son idénticas, el texto de esa cláusula es el siguiente:

> *"In the event that the parties are unable to resolve a dispute concerning the application of this Agreement after discussion at the Implementation Group meeting, the matter may be referred, by mutual agreement, to a neutral mediator. The mediator shall be jointly selected by the parties. A request for mediation will not be unreasonably denied by either party"*[821].

Llama la atención que es una cláusula que se incluye habitualmente en los acuerdos con empresas francesas, donde los sindicatos son especialmente combativos y, por tanto, tienen mayor capacidad de presión para lograr sus objetivos.

Adicionalmente, algún AMI sí incluye una cláusula de sumisión arbitral. Por ejemplo, el AMI entre Auchan y UNI Global Union establece que, si las partes no llegan a un entendimiento, pueden acudir a un arbitraje vinculante cuyo coste abonarán equitativamente:

> *"If the Parties cannot reach an understanding, the dispute shall be referred by either of the parties to a mutually agreed independent arbitrator whose decision shall be binding. The costs of the arbitration shall be borne equally"*[822].

En unos términos muy similares se pronuncia el AMG entre UNI Global Union y la empresa ISS. Si ambas partes son incapaces de resolver la disputa en su reunión bianual, se intentará primero una mediación y, si fracasa, un arbitraje, que propondrá una solución vinculante para ambos, indicando que el árbitro/mediador decidirá qué parte abona el coste del proceso:

> *"In the event that the parties are unable to resolve a dispute arising out of this global agreement after discussion at the bi-annual meeting [...], the matter shall be referred to a mutually agreed independent mediator/*

---

819 Acuerdo Marco Global entre UNI Global Union y Teleperformance, 2022. Disponible en: http://zip.lu/IG7W

820 UNI Global Union y Uni Credit, *Global Framework Agreement. Human rights and fundamental labour rights*, 2019, Disponible en: http://zip.lu/IGa3

821 Acuerdo Marco Global entre UNI Global Union, Securitas y Sindicato Sueco de Trabajadores del Transporte, 2012. Disponible en: http://zip.lu/IG99

822 Auchan Retail International and UNI Global Union, "Agreement on social and environmental responsibility", 2017. Disponible en: http://zip.lu/IG8W

arbitrator, who shall seek initially a meditated resolution. In the event of failure to reach a mediated resolution the independent party shall propose an arbitrated resolution which shall be binding on both parties. It shall be left for the independent mediator/arbitrator to decide, which party shall pay the costs associated with such mediation or arbitration"[823].

Más específicos son los AMI firmados por UNI Global Union con las empresas ORPEA (art. 7.3[824]) y Teleperformance (apartado 12[825]) que prevén que, en caso de no resolver la disputa a través de la mediación, cualquier parte puede solicitar un arbitraje vinculante y definitivo de acuerdo con las normas del mecanismo de arbitraje y conciliación laboral internacional:

> *"If the corresponding dispute has not been resolved through mediation or otherwise, any party may seek a final and binding resolution by arbitration in accordance with the International Labour Arbitration and Conciliation Rules ("ILAC Rules"*[826]*)".*

También es muy específico el AMG entre la empresa MIZUNO y la federación sindical IndustriALL Global Union, remitiéndose a las normas de la Cámara de Arbitraje Suiza o a la Asociación Japonesa de Arbitraje Comercial, en función de qué federación sindical plantee el conflicto:

> *"All disputes, controversies, or differences which may arise between the parties hereto, out of, in relation to or in connection with this Agreement, shall be finally settled by arbitration. Arbitration shall be conducted by the Swiss Chambers' Arbitration Institution in Switzerland in accordance with the Swiss Rules of International Arbitration of the Swiss Chambers Arbitration Institution in force on the date on which the notice of Arbitration is submitted in accordance with these rules if IndustriALL Global Union is the respondent, and arbitration shall be conducted by the Japan Commercial Arbitration Association in Tokyo, Japan in accordance with*

---

823 Acuerdo Marco Global entre UNI Global Union y ISS, 2008. Disponible en: http://zip.lu/IGak

824 ORPEA SA and UNI Global Union, Global Agreement For A Partnership about Ethical Employment, Social Dialogue, Collective Bargaining and Trade Unions Rights, 2022. Disponible en: http://zip.lu/IG9N

825 Acuerdo Marco Global entre UNI Global Union y Teleperformance, 2022. Disponible en: http://zip.lu/IG7W

826 Permanent Court of Arbitration, *International Labour Arbitration and Conciliation Rules (ILAC)*, 2021. Disponible en: http://zip.lu/IGaz

the Commercial Arbitration Rules of the Association if UA ZENSEN, Mizuno Workers' Union or Mizuno Corporation is the respondent in such arbitration. The award rendered by an arbitrator or arbitrators in such arbitration shall be final and binding upon all the parties" (art. 7 arbitration)[827].

En general, varios acuerdos reivindican el diálogo como base para resolver conflictos y plantean diversos mecanismos extrajudiciales como la mediación o el arbitraje. Por ejemplo, ORPEA y UNI Global Union establecen un diálogo constructivo a fin de tener en cuenta los derechos, intereses y aspiraciones de los empleados y prevenir tensiones o conflictos que puedan surgir en el día a día[828]. Teleperformance y UNI Global Union se comprometen a promover el diálogo y la negociación como elemento central de sus buenas relaciones, y como método de resolución amistosa de conflictos. Todo ello con el respaldo de la mediación, el arbitraje y otras formas de resolución extrajudicial de disputas[829].

3.2.2. El arbitraje internacional en la industria textil y de la confección

En materia de resolución extrajudicial de conflictos, la primera y más exitosa experiencia de un arbitraje internacional para resolver disputas derivadas de un acuerdo marco se introdujo en el Acuerdo de Bangladesh[830], en su versión de 2018[831]. La nueva y mejorada versión del Acuerdo de Bangladesh, el Acuerdo Internacional para la Seguridad y Salud en la industria textil y de la confección de 2021[832],

---

827 Acuerdo Marco Global entre IndustriALL Global Union, Mizuno, UA Zensen y Mizuno Worker's Union, 2020. Disponible en: http://zip.lu/IGaC

828 ORPEA SA and UNI Global Union, Global Agreement For A Partnership about Ethical Employment, Social Dialogue, Collective Bargaining and Trade Unions Rights, 2022. Disponible en: http://zip.lu/IG9N

829 Acuerdo Marco Global entre UNI Global Union y Teleperformance, 2022. Disponible en: http://zip.lu/IG7W

830 Acuerdo sobre la Seguridad en los Incendios y la Construcción en Bangladesh. Versión de 2013: http://zip.lu/IGaL

831 Acuerdo sobre la Seguridad en los Incendios y la Construcción en Bangladesh. Versión de 2018: http://zip.lu/IGaN

832 Acuerdo Internacional para la Seguridad y Salud en la industria textil y de la confección de 2021, 1 de septiembre de 2021. Disponible: http://zip.lu/IGaV

contiene algunos avances respecto a su predecesor: se trata propiamente de un acuerdo internacional, que quiere abarcar cualquier actividad de las marcas firmantes en cualquier Estado al que se extienda su cadena de suministros y proveedores y también amplía su ámbito material a la seguridad y salud de los trabajadores y al aseguramiento de sus derechos, especialmente de libertad sindical, así como formación en materia de seguridad, salud y actuación en caso de emergencias.

Siguiendo el exitoso formato del Acuerdo de Bangladesh, recientemente se ha firmado con las federaciones sindicales internacionales, IndustriALL y UNI Global Union, el Acuerdo de Pakistán sobre Salud y Seguridad en la Industria Textil y de la Confección[833], vigente a partir de 2023. De esta forma, los derechos reconocidos a los trabajadores en Bangladesh se extienden también a Pakistán, junto con los mecanismos de resolución de conflictos que contienen ambos acuerdos.

En noviembre de 2023, las marcas y los sindicatos renovaron su compromiso con el Acuerdo Internacional para la Seguridad y Salud en la industria textil y de la confección[834] por un período ampliado de tres años, con una renovación automática de otros tres años, lo que lo convierte el Acuerdo en el más largo hasta la fecha. El nuevo acuerdo se compromete a ampliar progresivamente el trabajo en materia de salud y seguridad laboral en los próximos años a otros países, a considerar una futura ampliación del alcance del mecanismo de quejas de los trabajadores más allá de la salud y la seguridad y a promover programas específicos de seguridad por país. Los programas de cada país se detallarán en las adendas, manteniendo el Acuerdo de Pakistán como adenda al Acuerdo Internacional.

En ambos cuerdos, Bangladesh (apdo. 27) y Pakistán (apdo. 27), se garantiza un procedimiento de presentación de quejas para asegurar que los trabajadores de las fábricas que suministran a las empresas firmantes puedan plantear sus preocupaciones sobre riesgos para

---

833 Acuerdo de Pakistán sobre Salud y Seguridad en la Industria Textil y de la Confección (2023-2025). Disponible en: http://zip.lu/IGb2

834 Acuerdo Internacional para la Seguridad y Salud en la industria textil y de la confección de 2023, 1 de noviembre de 2023. Disponible: https://zip.lu/ZRsZ

la salud y la seguridad de forma oportuna, segura y confidencial. Los firmantes apoyarán el proceso de quejas de los trabajadores y se asegurarán de que funcione de forma independiente, sin interferencias de terceros. Las empresas firmantes exigirán a sus proveedores que cumplan con los resultados del proceso de quejas de los trabajadores.

A partir de noviembre de 2023, se rediseña el procedimiento de quejas dotándolo de mayor seguridad jurídica en la renovación del Acuerdo Internacional. En primer lugar, se nombrará un director de quejas cualificado, con experiencia en seguridad y salud laboral y credenciales impecables, que sea independiente y no esté empleado simultáneamente por empresas, sindicatos o fábricas, con el fin de ejecutar los programas de seguridad específicos de cada país en el centro de trabajo. El proceso y mecanismo de quejas garantizará que los trabajadores de las empresas firmantes puedan plantear sus preocupaciones sobre la salud laboral y los riesgos de seguridad de manera oportuna, segura y confidencial (apdo. 22). Las empresas firmantes del acuerdo apoyarán el proceso de quejas y garantizarán que funcione de forma independiente y sin interferencias indebidas, y exigirán a sus proveedores que apoyen el proceso de quejas y cumplan con los resultados. Los signatarios continuarán implementando el proceso de quejas de acuerdo con los Principios Rectores de las Naciones Unidas sobre Empresas y Derechos Humanos ("PRNU") (apdo. 23)[835].

Sin duda, el mayor avance es el compromiso de las empresas firmantes de desarrollar un programa piloto para considerar una futura expansión del alcance del mecanismo de quejas de los trabajadores más allá de la salud y la seguridad en los Programas de Seguridad Específicos por País, para incluir principios y derechos fundamentales adicionales en el trabajo, y los tipos de quejas más comunes. Dentro de los 6 meses posteriores al inicio del piloto, el Comité de Dirección revisará los resultados y el progreso del piloto y determinará los próximos pasos (apdo. 24). A su vez, las quejas fuera del alcance del Acuerdo se enviarán con el consentimiento del reclamante a las marcas y a la dirección de la fábrica, y con el consentimiento

835 Acuerdo Internacional para la Seguridad y Salud en la industria textil y de la confección de 2023, 1 de noviembre de 2023. Disponible: https://zip.lu/ZRsZ

del reclamante, la queja podrá remitirse a otro mecanismo de quejas (apdo. 25)[836].

Respecto a los mecanismos de queja y solución de discrepancias, la versión de 2018 del Acuerdo de Bangladesh introdujo un mecanismo de conflictos algo más complejo y sofisticado, que alcanza también al arbitraje, pero con la novedad de habilitar también un mecanismo alternativo de conciliación. Este mecanismo se caracteriza por ser un arbitraje laboral, sometido, sin embargo, a las reglas procedimentales y materiales de los arbitrajes comerciales de la Comisión de las Naciones Unidas para el Derecho Mercantil Internacional (UNCITRAL)[837], lo que constituye, según la doctrina especializada, su principal obstáculo[838].

El Acuerdo establece que cualquier disputa entre las partes firmantes de los acuerdos será resuelta por el comité de dirección. A petición de cualquiera de las partes, la decisión del Comité de Dirección podrá ser recurrida ante un proceso de arbitraje definitivo y vinculante. Todo laudo arbitral será ejecutable en un tribunal del domicilio del signatario contra el que se solicite la ejecución y estará sujeto a la Convención sobre el Reconocimiento y la Ejecución de las Sentencias Arbitrales Extranjeras (la "Convención de Nueva York")[839], cuando proceda. El proceso de arbitraje vinculante, incluidos, entre otros, la asignación de costes relativos a cualquier arbitraje y el proceso de selección del árbitro, se regirá por el Reglamento de Arbitraje de la Comisión de las Naciones Unidas para el Derecho Mercantil Internacional en su última revisión (UNCITRAL), salvo acuerdo en contrario de las partes en litigio. El arbitraje tendrá lugar en La Haya y será administrado por la Corte Permanente de Arbitraje[840].

El Procedimiento de Resolución de Discrepancias también incorporará la posibilidad de que las partes participen en un proceso de

---

836 *Idem.*

837 United Nations Commission on International Trade Law, *UNCITRAL Arbitration Rules*, 2013. Disponible en: http://zip.lu/IGbb

838 CAIRÓS BARRETO, D. M., "Huelgas y conflictos colectivos...", *op. cit.*, p. 112.

839 Convención sobre el Reconocimiento y la Ejecución de las Sentencias Arbitrales Extranjeras (Nueva York, 1958). Disponible en: http://zip.lu/IGbh

840 Acuerdo de Pakistán sobre Salud y Seguridad en la Industria Textil y de la Confección (2023-2025). Disponible en: http://zip.lu/IGb2

mediación con el fin de hacer innecesario el arbitral cuando no haya resolución de la controversia por parte del comité de dirección. Este, a su vez, podrá acordar o designar reglas adicionales para los arbitrajes como alternativa, complemento o sustitución del Reglamento de Arbitraje de la UNCITRAL, con llamada expresa al Mecanismo Internacional sobre Arbitraje y Conciliación Laboral[841].

El renovado Acuerdo Internacional de 2023[842] suprime la referencia al Reglamento de Arbitraje de la Comisión de las Naciones Unidas para el Derecho Mercantil Internacional (UNCITRAL). De esta forma, el proceso de arbitraje vinculante, incluidos, entre otros, la asignación de costes relativos a cualquier arbitraje y el proceso de selección del árbitro, se regirá únicamente por el Mecanismo Internacional sobre Arbitraje y Conciliación Laboral[843]. Se incorpora el inciso de que el arbitraje será realizado por un único árbitro seleccionado conjuntamente por las partes, de acuerdo con el proceso de resolución de disputas del Acuerdo Internacional, y se mantiene la Corte Permanente de Arbitraje de La Haya como lugar del arbitraje (apdo. 65-67). Sin duda, es un gran avance abandonar las reglas procedimentales y materiales de los arbitrajes comerciales, cuestión muy criticada, y optar exclusivamente por un arbitraje de naturaleza laboral.

Los sindicatos ya advirtieron de las dificultades para la aplicación del arbitraje comercial a los conflictos laborales. En 2016, IndustriALL y UNI Global presentaron un caso de arbitraje ante la Corte Permanente de Arbitraje contra dos marcas de ropa por violaciones del Acuerdo de Bangladesh con base en las reglas del arbitraje comercial, siendo la primera vez que se utilizaba para resolver un conflicto entre sindicatos mundiales y empresas multinacionales. Sin embargo, el procedimiento arbitral no llegó a culminar porque ambas marcas llegaron a un acuerdo. En 2018, la Corte Permanente de Arbitraje cerró el caso ya que las marcas cumplieron todos los términos de los acuerdos, incluido el pago de más de 2,3 millones de

---

841 *Idem.*

842 Acuerdo Internacional para la Seguridad y Salud en la industria textil y de la confección de 2023, 1 de noviembre de 2023. Disponible: https://zip.lu/ZRsZ

843 Permanent Court of Arbitration, *International Labour Arbitration and Conciliation Rules (ILAC)*, 2021. Disponible en: http://zip.lu/IGaz

dólares para remediar las condiciones inseguras en las fábricas de ropa confeccionada de Bangladesh. Como las propias organizaciones sindicales reconocen, aunque la victoria fue importante, el proceso fue costoso, largo y complejo, lo que demuestra que se necesita una forma mejor de resolver los conflictos laborales internacionales[844].

En el acuerdo, las marcas también contribuyeron al fondo de apoyo a los trabajadores de la cadena de suministro de los sindicatos mundiales. Este fondo se utilizó para financiar el desarrollo de una herramienta más adecuada: un mecanismo de arbitraje y conciliación laboral internacional (ILAC[845]), basado en las Reglas de La Haya sobre Arbitraje en materia de Derechos Humanos y Empresas[846], creando una herramienta sólida, en línea con las normas internacionales, que puede incluirse en los acuerdos entre los sindicatos mundiales y las empresas multinacionales.

En la actualidad estas reglas se encuentran a disposición de las partes interesadas en la propia organización de la Corte Permanente de Arbitraje, que hace las veces de oficina de registro y administración de los procedimientos. Las reglas se centran en la resolución de conflictos que surgen de los acuerdos negociados por empresas multinacionales y marcas, sindicatos globales y organizaciones sin ánimo de lucro.

La tarea principal es la interpretación de los contratos, teniendo en cuenta que los contratos en cuestión pretenden específicamente promover los derechos y el propio comercio. Se parte de que los acuerdos laborales globales promueven la colaboración y el intercambio de información para la resolución de conflictos antes que el arbitraje, en el marco de los órganos de supervisión conjunta que vigilan el cumplimiento del propio acuerdo. Se reconoce como principio general y básico que las partes de los acuerdos laborales globales,

---

844 IndustriALL, "*¿Cómo podríamos desarrollar un tribunal internacional del trabajo?*", 17 de agosto de 2022. Disponible en: http://zip.lu/IGbu; IndustriALL, "Ponen fin a casos de arbitraje bajo Acuerdo de Bangladesh, con pagos de millones de dólares", 18 de julio de 2018. Disponible en: http://zip.lu/IGbx

845 Permanent Court of Arbitration, *International Labour Arbitration and Conciliation Rules (ILAC)*, 2021. Disponible en: http://zip.lu/IGaz

846 Permanent Court of Arbitration, *The Hague Rules on Business and Human Rights Arbitration*, 2019. Disponible en: http://zip.lu/IGbE

aunque negocian como iguales, no están situadas de forma similar en términos de recursos o de su capacidad para descubrir y abordar las violaciones de los contratos: los sindicatos mundiales y las organizaciones sin ánimo de lucro que actúan en nombre de los trabajadores, incluidos los más vulnerables de la economía mundial, no pueden invertir fondos desproporcionados en los costosos sistemas de arbitraje que rigen las disputas internacionales entre empresas, ni pueden permitirse el tiempo que requieren esos procedimientos. Por su parte, las empresas multinacionales pueden verse perjudicadas en su estrategia comercial y en su reputación por las vulneraciones de los derechos de los trabajadores, de modo que se reconoce que las violaciones de los acuerdos laborales internacionales amenazan la seguridad económica, los derechos y la vida de los trabajadores. Por ello, todas las partes de los acuerdos laborales internacionales comparten el interés por resolver los conflictos de forma eficiente y justa[847].

Respecto a su estatuto jurídico, el preámbulo del documento dispone que el arbitraje no pretende sustituir de forma general a los mecanismos judiciales o extrajudiciales del Estado; que se quiere fomentar la solución de las controversias mediante mecanismos de colaboración, como la mediación, conciliación, negociación y facilitación, incluso en cualquier etapa de un procedimiento de arbitraje ya iniciado y que estas reglas no deben interpretarse como la creación de nuevas obligaciones jurídicas internacionales o como un límite a cualquier obligación legal que un Estado pueda haber asumido o a la que esté sujeto en virtud del derecho internacional con respecto a los derechos humanos[848].

Finalmente, debemos mencionar que la defensa del arbitraje no es una cuestión pacífica en la doctrina. Aunque es "indudable su utilidad práctica" en el ámbito de las relaciones laborales transnacionales, porque permite superar la diversidad de las distintas legislaciones nacionales y jurisdicciones, "tampoco se puede ignorar que, en el ámbito mercantil, donde se han desarrollado principalmente los compromisos arbitrales, las empresas han acudido al arbitraje como

---

847 Permanent Court of Arbitration, *International Labour Arbitration and Conciliation Rules (ILAC)*, 2021. Disponible en: http://zip.lu/IGaz

848 *Idem.*

medio para esquivar la legislación correspondiente e imponer la aplicación de normas más favorables a sus particulares intereses"[849].

De forma similar, se denuncia que "el arbitraje laboral ha servido también en alguna ocasión para que las multinacionales hayan impuesto sus condiciones sobre las empresas productoras situadas en los países de menor poder económico y escasa capacidad negociadora, impidiendo así la interposición de reclamaciones ante los tribunales de justicia"[850].

En el marco de la cadena internacional de suministro, el rechazo a firmar un compromiso de arbitraje internacional se debe a la desconfianza hacia la imparcialidad de los árbitros, así como una rígida confidencialidad que protege a la empresa infractora y obstaculiza una efectiva protección de los derechos laborales. En el contexto laboral no se han creado organismos arbitrales internacionales, estables y especializados en resolver los conflictos de trabajo de manera semejante a los que sí existen en el ámbito mercantil. Es cierto que, conforme a todo lo estudiado, es posible presentar conflictos laborales ante la Corte Internacional de Arbitraje, pero los trabajadores habitualmente lo descartan[851].

Así pues, "la ausencia de tradición institucional, de órganos y organismos consolidados que hagan previsibles tanto las fases del procedimiento como los efectos del laudo y los posibles recursos contra él" juegan en contra de la solución heterónoma de las disputas laborales de tipo extrajudicial[852].

Pese a las desconfianzas sindicales, debemos reivindicar el arbitraje internacional como una opción adecuada para la solución de las controversias laborales entre quienes proceden de países diferentes e, incluso, de tradiciones jurídicas opuestas. Ante la ausencia de una normativa internacional imperativa sobre el arbitraje transnacional laboral, la autonomía colectiva a través de los AMI y las organizacio-

---

849 MORATO GARCÍA, R. M., "Presente y futuro de los mecanismos de solución de conflictos laborales transnacionales: especial referencia al arbitraje laboral internacional", en CAIRÓS BARRETO, D. M. (Dir.): *Los conflictos laborales de dimensión transnacional*, Cizur Menor, Aranzadi, 2022, p. 203-204.

850 *Idem.*

851 *Idem.*

852 OJEDA AVILÉS, A., *Derecho Transnacional del Trabajo, op. cit.*, p. 353.

nes de la sociedad civil están tomando la iniciativa en este ámbito para garantizar el cumplimiento de los acuerdos suscritos entre los sindicatos globales y las multinacionales.

4. LA RESOLUCIÓN DE CONFLICTOS COLECTIVOS TRANSNACIONALES EN SEDE JUDICIAL

4.1. Normas de conflicto y jurisdicción competente para las acciones colectivas transnacionales

El planteamiento de conflictos de trabajo y huelgas en el nivel transnacional presenta difíciles cuestiones de Derecho internacional privado, de determinación del foro y de la ley aplicable[853], tanto para la adopción del conflicto, como en su desarrollo y efectos.

En esta materia, más que en otras, la flexibilidad en la elección del foro y de la ley aplicable que es inherente al Derecho internacional privado permite una mayor manipulación y una mayor capacidad de elección de los demandantes para lograr la jurisdicción y la ley aplicable más ventajosas: que las huelgas y las acciones colectivas transnacionales se convoquen de forma paralela en varios estados permite al demandante hacer frente a la acción colectiva en el Estado donde la protección de la huelga sea más débil (por ejemplo, donde un huelga de solidaridad no sea legal)[854].

Un ejemplo podría ser el asunto Viking[855], ya estudiado desde la perspectiva del derecho sustantivo. Desde la óptica procesal, la demanda contra el sindicato finlandés y la ITF se interpuso por parte de la empresa finlandesa en el Reino Unido, domicilio de la ITF y lugar donde la huelga y los conflictos colectivos marítimos cuentan con menor protección jurídica. En este caso, los tribunales ingleses se atribuyeron la competencia judicial internacional sin ningún reparo.

---

[853] FERNÁNDEZ ARTIACH, P., "Los derechos laborales colectivos y las relaciones laborales transnacionales competencia judicial y ley aplicable", *Labos: Revista de Derecho del Trabajo y Protección Social*, Vol. 1, nº 1, 2020, pp. 17-36.

[854] CAIRÓS BARRETO, D. M., "Huelgas y conflictos colectivos…", *op. cit.*, p. 119.

[855] STJUE (Gran Sala) de 11 de diciembre de 2007, *Viking Line*, asunto C-438/05.

Dentro de la Unión Europea, podemos remarcar la casi completa ausencia en los textos normativos de reglas aplicables al planteamiento y solución de conflictos de trabajo, así como de las medidas de conflicto, especialmente la huelga. Sin perjuicio de las reglas de determinación de la competencia judicial y la ley aplicable contenidas en cada ordenamiento jurídico nacional, en materia de normas de conflicto destacan los reglamentos europeos que han ido desplazando a las reglas nacionales.

En cuanto a la competencia judicial, la norma aplicable es el Reglamento (UE) 1215/2012 del Parlamento Europeo y del Consejo, de 12 de diciembre de 2012, relativo a la competencia judicial, el reconocimiento y la ejecución de resoluciones judiciales en materia civil y mercantil (en adelante Reglamento Bruselas I bis), complementado por el Convenio de Lugano II, de 30 de octubre de 2007, aplicable a los Estados miembros de la Unión Europea, incluyendo a Dinamarca, y a los Estados miembros de la Asociación Europea de Libre Comercio (Suiza, Noruega, Islandia). Ambos instrumentos contienen idénticos foros de competencia judicial internacional (excepto la posibilidad de demandar a empresarios domiciliados en terceros Estados, que sólo se permite en Bruselas I bis).

Por su parte, regulan las reglas de determinación de la ley sustantiva aplicable el Reglamento (UE) 593/2008 del Parlamento Europeo y del Consejo, de 17 de junio de 2008, sobre la ley aplicable a las obligaciones contractuales (en adelante Reglamento Roma I) y el Reglamento (CE) 864/2007 del Parlamento Europeo y del Consejo, de 11 de julio de 2007, relativo a la ley aplicable a las obligaciones extracontractuales (en adelante Reglamento Roma II). Ambos se caracterizan por ámbito de aplicación universal, esto es, pueden remitir a la legislación laboral tanto de un país de la Unión Europea como de un tercer Estado.

Ni el reglamento Bruselas I bis ni el reglamento Roma I contienen mención expresa a los derechos colectivos del trabajo: su estructura distingue reglas aplicables con carácter general a las obligaciones derivadas de relaciones entre sujetos privados y unas reglas específicas dirigidas a determinar el foro y la ley aplicable al contrato de trabajo con elemento internacional. Sólo el reglamento Roma II relativo a las obligaciones extracontractuales regula específicamente un determinado supuesto de norma aplicable cuando se trata del ejercicio de derechos colectivos, en concreto, el derecho de acción colectiva y las consecuencias en materia de responsabilidad que puede generar su ejercicio.

La doctrina recuerda que "el principio de territorialidad es ciertamente relevante en materia de Derecho del trabajo, especialmente en materia de derechos colectivos del trabajo, porque con base en él, las normas aplicables a ciertas materias deben ser las del Estado donde el derecho se ejercita o suceden los acontecimientos". El principio de territorialidad se traduce en que cada Estado atrae para sí la competencia las relaciones jurídicas que se producen, crean, ejercitan, en su territorio. Es, por tanto, el fundamento para el desarrollo de los conceptos más precisos sobre la excepción de orden público y la norma imperativa o de policía. Así, "el binomio orden público y normas de policía va en armonía con la calificación de derechos fundamentales y derechos humanos". Esta cuestión es importante para fijar la ley aplicable en un contexto transnacional, donde las normas de conflicto suelen remitir a la ley del territorio donde los derechos colectivos laborales se ejercitan, precisamente "porque los derechos colectivos de los trabajadores tienen que ver con el reconocimiento y ejercicio de derechos fundamentales de las personas trabajadoras, que por lo que se refiere a la libertad sindical y al ejercicio de acciones colectivas y huelga han adquirido ya el carácter de derechos humanos[856].

Bajo esta premisa, y teniendo en cuenta que el orden público internacional y las leyes de policía pueden desplazar la norma de conflicto que no coincida con la del foro, se debe analizar la competencia judicial y el ordenamiento aplicable al ejercicio de los derechos de conflicto colectivo y huelga en un contexto transnacional teniendo en cuenta que la flexibilidad propia del Derecho internacional privado debe ser ponderada y adecuada a la protección de derechos y valores fundamentales que los derechos colectivos representan, especialmente tras la calificación del derecho de acción colectiva como principio general de la UE[857].

---

856 CAIRÓS BARRETO, D. M., "Huelgas y conflictos colectivos…", *op. cit.*, p. 120-121.

857 *Idem.*

Respecto a la competencia judicial en cualquier tipo de acción y a la legislación aplicable a las obligaciones derivadas del ejercicio de derechos colectivos que no sean calificadas como extracontractuales no se encuentran preceptos ni reglas específicas en las normas de conflicto europeas para los derechos colectivos de trabajo, pero ello no significa que no se puedan aplicar las reglas conflictuales generales cuando resulten viables, sin perjuicio de que los foros exclusivos no operan en el orden laboral (art. 25 Reglamento Bruselas I bis).

Los foros de competencia judicial internacional del Reglamento Bruselas I bis prevén que la empresa sólo puede interponer la demanda ante el órgano jurisdiccional correspondiente al domicilio del trabajador (o del sindicato) de acuerdo con el art. 22; mientras que, en caso de demanda interpuesta por el trabajador (o el sindicato), establece una amplia posibilidad de elección del órgano judicial.

En primer lugar, se aplica el foro general, esto es, el domicilio del demandado: los empresarios domiciliados en un Estado miembro podrán ser demandados ante los órganos jurisdiccionales del Estado en el que estén domiciliados (art. 21.1.a).

En segundo lugar, también se aplica el llamado foro cuasi general o foro de la sucursal, incluso si el empresario tiene el domicilio fuera de la UE: cuando un trabajador celebre un contrato individual de trabajo con un empresario que no tenga su domicilio en un Estado miembro, pero posea una sucursal, agencia o cualquier otro establecimiento en un Estado miembro, se considerará, para todos los litigios derivados de la explotación de la sucursal, agencia o establecimiento, que el empresario tiene su domicilio en dicho Estado miembro (art. 20.2).

En tercer lugar, para el contrato individual de trabajo operan dos foros de protección alternativos al foro general y al cuasi general: el empresario podrá ser demandado ante el órgano jurisdiccional del lugar en el que, o desde el cual, el trabajador desempeñe habitualmente su trabajo o ante el órgano jurisdiccional del último lugar en que lo haya desempeñado (art. 21.1.b.i), o bien, si el trabajador no ha desempeñado habitualmente su trabajo en un único Estado, ante el órgano jurisdiccional del lugar en que esté o haya estado situado el establecimiento que haya empleado al trabajador (art. 21.1.b.ii). Se aplican ambos supuestos también si se trata de un empresario que no esté domiciliado en un Estado miembro (art. 21.2).

Además, debemos mencionar que, respecto a la autonomía de la voluntad, la jurisdicción elegida por las partes mediante acuerdo, esto es, mediante cláusulas de sumisión expresa, sólo prevalecerá sobre las disposiciones anteriores si el acuerdo es posterior al nacimiento del litigio o si permite al trabajador formular demandas ante órganos jurisdiccionales distintos de los mencionados (art. 23).

En último lugar, con independencia de los casos en los que su competencia resulte de otras disposiciones del Reglamento Bruselas I bis, será competente el órgano jurisdiccional de un Estado miembro ante el que comparezca el demandado (art. 26.1). No obstante, la validez de la sumisión tácita exige que, cuando el demandado es un trabajador, el órgano jurisdiccional se asegure, antes de asumir la competencia, de que se ha informado al trabajador de su derecho a impugnar la competencia del órgano jurisdiccional y de las consecuencias de comparecer o no (art. 26.2).

Por su parte, el TJUE ha venido admitiendo demandas por cuestiones litigiosas referidas a las relaciones colectivas de trabajo con elemento de extranjería, evidentemente no por tratarse de materia laboral colectiva, que estaría excluida, sino al considerar que la responsabilidad por los daños ocasionados en estos supuestos, que permite entrar a analizar a su vez la legalidad de la acción colectiva, debe calificarse como "materia delictual o cuasidelictual", que sí se encuentra incluida expresamente en el Reglamento Bruselas I Bis dentro de los foros especiales (artículo 7.2), permitiéndose en estos casos demandar a una persona domiciliada en un Estado miembro en otro distinto, concretamente ante los tribunales del lugar donde se haya producido o pueda producirse el hecho dañoso.

La sentencia del TJUE en el asunto Torline[858], sobre responsabilidad por daños derivados de conflicto colectivo entablado frente a un empresario marítimo, señala en su apartado 28 que "constituye 'materia delictual o cuasi delictual' una acción judicial sobre la legalidad de una acción colectiva cuya competencia corresponde exclusivamente, conforme al Derecho del Estado contratante de que se

[858] STJUE (Sala Sexta) de 5 de febrero de 2004, (asunto C-18/2002, *Torline*).

trate, a un órgano jurisdiccional distinto al que es competente para conocer de las demandas de indemnización de los daños y perjuicios causados por dicha acción colectiva".

Señala la doctrina que el término español "cuasidelictual" no aporta nada distinto, pues es mera transcripción literal de la versión en inglés del Reglamento, en lugar de haber efectuado una traducción ajustada a su sentido, como existe en la versión italiana donde, en lugar de materia delictual o cuasidelictual, se habla de ilícitos civiles dolosos o culposos, lo que en español hubiera facilitado la comprensión del precepto[859].

El TJUE, en interpretación autónoma y uniformadora del concepto, entiende como materia extracontractual toda pretensión con la que se exija la responsabilidad de un demandado que ha cometido un hecho dañoso, con o sin dolo, y que no esté relacionada con la materia contractual, bien porque no exista un compromiso previo libremente asumido por las partes, bien porque, aunque exista, la acción que se ejercita no esté basada en dicho compromiso[860].

Finalmente, debemos hacer referencia al derecho interno español. También será competente la jurisdicción española en los conflictos en materia de relaciones colectivas de trabajo, de forma residual, en virtud del art. 25.2 LOPJ: "los Juzgados y Tribunales españoles del orden social, en materia de control de legalidad de los convenios colectivos celebrados en España y de pretensiones derivadas de conflictos colectivos de trabajo promovidos en territorio español".

De acuerdo con la jurisprudencia del TS[861], cuando el conflicto no es una confrontación colectiva en sentido estricto sino que afecta de forma directa a los contratos de trabajo y se sustancia de forma colectiva porque afecta a un grupo de trabajadores y se plantea de forma general, para aplicar el art. 25.2 LOPJ el conflicto colectivo habrá de tener un elemento de conexión con el territorio nacional, lo que se da si está presente alguno de los factores que recoge el artí-

---

859 CEBRIÁN SALVAT, M. A., "Estrategia procesal y litigación internacional en la Unión Europea: distinción entre materia contractual y extracontractual", *Cuadernos de Derecho Transnacional*, Vol. 6, nº 2, 2014, p. 322.

860 STJUE (Sala Séptima) de 13 de marzo de 2014 (asunto C-548/12, Marc Brogsitter contra Fabrication de Montres Normandes EURL y Karsten Fräßdorf)

861 STS de 20 de julio de 2007 (Rec. 76/2006).

culo 25.1, esto es, que los servicios se hayan prestado en España o el contrato de trabajo se haya celebrado en territorio español; cuando el domicilio del demandado se ubique en España o tenga aquí una sucursal, agencia o establecimiento; cuando tanto trabajador como empresario posean nacionalidad española, cualquiera que sea el lugar de la prestación de servicios o de celebración del contrato; y en caso del contrato de embarque, si el contrato fue precedido de una oferta recibida en España por trabajador español.

4.2. La determinación de la ley aplicable en las acciones colectivas transnacionales: Reglamento Roma I y Reglamento Roma II

A la hora de analizar las fuentes comunitarias reguladoras de la determinación de la ley aplicable en los conflictos que afecten al ejercicio extraterritorial de los derechos colectivos laborales en relaciones con elemento internacional o de extranjería, la doctrina especializada insiste que necesariamente se ha de distinguir entre el ejercicio individual o colectivo de los mismos[862].

4.2.1. Ejercicio individual de acciones colectivas

Por lo que respecta a la ley aplicable al ejercicio individual de acciones colectivas, la solución de los conflictos de leyes generados en relaciones de trabajo con elemento internacional, por ejemplo, por la existencia de conductas discriminatorias relacionadas con el ejercicio individual del derecho de libertad sindical o con el ejercicio de las funciones representativas, por la aplicación o inaplicación al trabajador del contenido de un acuerdo/convenio colectivo determinado, o por la participación del trabajador individual en una huelga o cualquier acción colectiva sometida al Derecho internacional privado que repercuta de forma negativa en su relación individual de trabajo, provocando, por ejemplo, su despido o un descuento arbitrario sobre su retribución, vendrá dada por la aplicación del ordenamiento jurídico al que remitan los criterios de conexión del artículo 8 del Reglamento Roma I, y por las leyes de policía y/o la excepción de

---

[862] FERNÁNDEZ ARTIACH, P., "Los derechos laborales colectivos...", *op. cit.*, pp. 17 y ss.

orden público del país del foro y del país de ejecución del contrato de trabajo conforme a lo previsto en los artículos 9 y 21 del mismo Reglamento[863].

Por su parte, Reglamento Roma I contiene una serie de reglas especiales para el contrato individual de trabajo (art. 8) basadas en la mayor conexión con el asunto (con independencia de si resultan más favorables al trabajador) y que operan de modo subsidiario (aunque esta cuestión será matizada más adelante).

En primer lugar, regirá la ley que elijan las partes, siempre que dicha elección no suponga privar al trabajador de la protección que le aseguren las disposiciones que no pueden excluirse mediante acuerdo en virtud de la ley que, a falta de elección, habrían resultado aplicables (art. 8.1). En segundo lugar, la ley del país en el cual o, en su defecto, a partir del cual el trabajador, en ejecución del contrato, realice su trabajo habitualmente, no considerándose que cambia el país de realización habitual del trabajo cuando el trabajador realice con carácter temporal su trabajo en otro país (art. 8.2). En tercer lugar, si no puede determinarse del modo anterior la ley aplicable, el contrato se regirá por la ley de país donde esté situado el establecimiento a través del cual haya sido contratado el trabajador (art. 8.3). Finalmente, y como cláusula de escape, si del conjunto de circunstancias se desprende que el contrato presenta vínculos más estrechos con un país distinto del indicado en los apartados anteriores, se aplicará la ley de ese otro país (art. 8.4).

Aunque esta última norma se concibe como una cláusula de cierre, el TJUE advierte que opera en todo caso puesto que, cuando un contrato esté vinculado más estrechamente a un Estado distinto del de la realización habitual del trabajo, procede dejar de lado la ley del Estado de cumplimiento del trabajo y aplicar la ley de ese otro Estado. A tal efecto, el órgano jurisdiccional remitente debe tener en cuenta la totalidad de los elementos que caracterizan la relación laboral y apreciar el elemento o elementos que, a su juicio, son más significativos[864]. De esta forma, la jerarquía prevista en el art. 8 Regla-

[863] *Idem.*

[864] STJUE de 12 de septiembre de 2013 (asunto C-64/12).

mento Roma I, en realidad, coloca en la cúspide la cláusula de escape del apartado cuarto.

Por otra parte, resultarían contrarias al orden público, por ejemplo, las normas extranjeras que prohibieran de manera total y absoluta el ejercicio de los derechos de sindicación o huelga. A pesar de ello, cabe decir que no falta algún precedente jurisprudencial[865] que considera justificado un despido cuando los trabajadores hubieran ido a la huelga contraviniendo la prohibición absoluta del derecho de huelga en el ordenamiento del Estado extranjero en el que habían trabajado. Se argumentaba, en un par de sentencias un poco antiguas, la necesidad de respetar las disposiciones de orden público del Estado en cuestión, según lo previsto en el art. 1.4 ET, en supuestos en que en los que trabajadores españoles, que prestaban sus servicios para empresas españolas en la República Sudafricana, país que en aquel momento prohibía de manera absoluta el derecho de huelga[866].

La doctrina critica que "esta manera de ver las cosas resulta discutible, puesto que, cuando conocieran los Tribunales españoles, debieran tener en cuenta hasta qué punto las leyes de policía extranjeras del Estado donde se lleve a cabo la actividad son o no compatibles con los principios del orden público español, en el que se integraría el derecho fundamental a la huelga (art. 28.2 de la Constitución)". Por ello, consideran admisible que "una ley extranjera impusiera determinadas condiciones al ejercicio del derecho de huelga, pero en cambio sería difícilmente compatible con el orden público español una disposición que prohibiera completamente el derecho de huelga, o bien que lo sometiera a condiciones injustificadamente restrictivas"[867].

4.2.2. Ejercicio colectivo de acciones colectivas

El Reglamento Roma I no contiene reglas de conflicto de leyes aplicables al ejercicio colectivo de los derechos colectivos laborales.

---

865 SSTS de 26 de octubre y 27 de noviembre de 1982.

866 GARDEÑES SANTIAGO, M., "Derecho imperativo y contrato internacional de trabajo", *Revista del Ministerio de Empleo y Seguridad Social*, nº 132, 2017, p. 173.

867 *Idem.*

Las condiciones de ejercicio del derecho de huelga u otras medidas de conflicto colectivo y sus consecuencias no se encuentran contempladas dentro del ámbito de aplicación del Reglamento Roma I, de modo que los criterios de conexión previstos en este Reglamento no les resultan aplicable[868].

En los litigios planteados a partir de la realización de una huelga internacional o la adopción de otras medidas de conflicto colectivo debemos diferenciar entre la cuestión de la ley aplicable a la calificación de la licitud de la huelga u otras medidas de conflicto colectivo, y la determinación de la ley aplicable a sus consecuencias[869].

a) Ley aplicable a la determinación de la licitud de la huelga

Respecto a cuál es la ley aplicable a la determinación de la licitud o ilicitud de la huelga, podemos concluir que no existe regla conflictual alguna en el ámbito comunitario. Aunque es un aspecto esencial en estos conflictos, por las consecuencias que tal calificación tiene sobre los contratos individuales de trabajo y sobre la posibilidad de reclamar compensación por los daños que eventualmente pudieran producirse, lo cierto es que la cuestión de la licitud o ilicitud de la acción no es algo que se discuta en abstracto, sino que normalmente viene vinculado a una demanda planteada por los efectos que la participación en tal acción produce sobre el contrato de trabajo, o de reclamación por daños, en supuestos, como la doctrina ha apuntado[870], en los que existe divergencia entre la ley que regula los contratos de trabajo —la del Estado de origen— y la normativa que rige el conflicto colectivo en el país donde se encuentran los trabajadores. En otras palabras, "suele tratarse de una cuestión incidental o accesoria al pleito principal"[871].

Son muchos los partidarios de la aplicación de la ley del lugar donde se desarrolla la huelga (*locus actus* o *lex loci actus*), lugar donde

---

868 FOTINOPOULOU BASURKO, O., *La determinación de la ley aplicable al contrato de trabajo internacional*, Pamplona, Ed. Thomson-Aranzadi, 2006, p. 74.

869 FERNÁNDEZ ARTIACH, P., "Los derechos laborales colectivos...", *op. cit.*, p. 32.

870 FOTINOPOULOU BASURKO, O., "La responsabilidad del sindicato en huelgas transnacionales (Primera parte)", *Tribuna Social*, nº 238, 2010, p. 51.

871 FERNÁNDEZ ARTIACH, P., "Los derechos laborales colectivos...", *op. cit.*, p. 32.

la normativa en materia de huelga suele tener reconocida la naturaleza de las normas imperativas absolutas o de orden público[872], y que normalmente coincide con el lugar en el que los trabajadores que la secundan prestan servicios, aunque el empresario contra el que se dirige la acción no esté domiciliado en el mismo, y que se corresponde a su vez con el foro al que compete conforme a la norma de conflicto sobre competencia judicial aplicable a la responsabilidad por los daños causados (artículo 7.2 Reglamento Bruselas I bis), dada su calificación como materia delictual o cuasidelictual[873].

b) Ley aplicable a las consecuencias de la huelga

Respecto a la determinación de la ley aplicable a las consecuencias de la huelga, hay que distinguir, a su vez, entre, por un lado, la cuestión relativa a la ley aplicable a los efectos que tal acción produce sobre el contrato de trabajo de los huelguistas (Roma I) y, por otro, la relativa a la ley aplicable a la responsabilidad derivada de los daños provocados durante y por causa de la misma (Roma II)[874].

La primera cuestión, que ya se analizó con el estudio de las reglas de conflicto del Reglamento Roma I, plantea a su vez el problema de qué sucede cuando la ley aplicable que determina la ilicitud de la huelga (la ley del lugar donde se desarrolla la acción) no coincide con la ley que se aplica al contrato individual de trabajo, respecto de los efectos que sobre el mismo produce la participación del trabajador en la huelga declarada ilícita conforme a la ley aplicable. Pudiera ser que, de acuerdo con el ordenamiento aplicable al contrato, dicha huelga hubiera sido calificada como lícita, de modo que los efectos sobre el contrato debieran ser otros[875].

Sobre este tema lo cierto es que existen pronunciamientos antiguos tanto de tribunales franceses[876] como españoles[877], con los que

---

872 V. STS de 27 de noviembre de 1982.

873 FERNÁNDEZ ARTIACH, P., "Los derechos laborales colectivos...", *op. cit.*, p. 32.

874 *Idem.*

875 *Idem.*

876 Decisiones de la *Cour de Cassation*, de 17 junio 1982 y 16 junio 1983 (sobre la República de Sudáfrica).

877 SSTS de 26 de octubre y 27 de noviembre de 1982.

la doctrina ha sido muy crítica[878]. Se trata supuestos en los que se cuestiona la procedencia del despido de un trabajador que participó en una huelga ilícita, conforme a la ley del lugar donde se desarrolló la acción (Gabón y Sudáfrica). Estos pronunciamientos ignoran el carácter de normas de orden público de la legislación francesa y española en materia de huelga, que hubiera impedido legitimar los efectos que la participación en las huelgas "ilícitas" tuvo en los contratos de trabajo[879].

En el segundo caso, el empresario podrá reclamar la responsabilidad de los trabajadores o de los sindicatos. Así, reclamará por los daños y perjuicios causados por una acción colectiva que no está amparada por el Derecho. El instrumento para determinar la ley aplicable a la responsabilidad por daños será el Reglamento nº 864/2007, del Parlamento europeo y del Consejo, de 11 de julio de 2007, relativo a la ley aplicable a las obligaciones extracontractuales (Reglamento Roma II).

No obstante, "a nadie se le escapa que el ejercicio del derecho fundamental a la huelga (al menos en nuestro país) tiene por objeto el de producir daños. Dicho de otro modo si se quiere, la producción de consecuencias dañosas es intrínseca al ejercicio de este derecho"[880]. Por tanto, estamos en el supuesto de daños ilícitos, fuera de la esfera de protección del derecho de huelga, que es en sí misma una coacción legal, un daño lícito, que busca presionar al empresario para conseguir mejoras laborales.

El punto de partida y el grueso del análisis se hace, en materia de huelga y conflicto colectivo, a partir del estudio del art. 9 del Reglamento Roma II, cuyo texto plantea ante todo la duda de cómo debe tratarse la legalidad o ilegalidad de la huelga y su desarrollo y con arreglo a qué norma debe abordarse esta cuestión. Sin pronunciamiento sobre la autonomía o no de las normas de conflicto aplicables a la medida y a sus consecuencias dañosas en caso de huelga ilegal, el

---

878 FERNÁNDEZ ARTIACH, P., "Los derechos laborales colectivos…", *op. cit.*, p. 32.

879 *Idem.*

880 FOTINOPOULOU BASURKO, O., "Las relaciones colectivas de trabajo en el Derecho Internacional Privado", *Revista del Ministerio de Empleo y Seguridad Social*, nº 132, 2017, p. 228.

art. 9 Reglamento Roma II opta por la ley del lugar donde la huelga o la acción colectiva se haya desarrollado o se vaya a desarrollar.

El art. 9 del Reglamento Roma II establece actualmente la única regla específica que las normas de conflicto europeas dedican a cuestiones relacionadas con el ejercicio de derechos colectivos del trabajo, y se refiere única y explícitamente a los eventuales daños derivados de su ejercicio: "la ley aplicable a una obligación extracontractual respecto de la responsabilidad de una persona en calidad de trabajador o de empresario o de las organizaciones que representen sus intereses profesionales por los daños causados por una acción de conflicto colectivo futura o realizada, será la ley del país en el que se haya emprendido la acción o vaya a emprenderse".

Es importante matizar que el concepto exacto de acción de conflicto colectivo, ya sea huelga o cierre patronal, varía de un Estado miembro a otro y se rige por las normas internas de cada Estado miembro. Por ello, el presente Reglamento adopta como principio general el de aplicar la legislación del país en el que se lleve a cabo la acción de conflicto colectivo a fin de proteger los derechos y obligaciones de los trabajadores y empresarios (considerando 27, Reglamento Roma II).

Esta regla opera, además, sin perjuicio de la aplicación de los criterios generales que este mismo Reglamento contiene, y que no quedan excluidas: en primer lugar, la ley que las partes determinen (art. 14) o, en su defecto, la de residencia común de las partes: "No obstante, cuando la persona cuya responsabilidad se alega y la persona perjudicada tengan su residencia habitual en el mismo país en el momento en que se produzca el daño, se aplicará la ley de dicho país" (art. 4.2). Por último, en caso de que ninguna de las dos reglas anteriores entre en juego, la ley aplicable a las obligaciones extracontractuales derivadas de una acción de conflicto colectivo será la ley del país en el que se haya emprendido la acción o vaya a emprenderse (art. 9).

Lo que este último artículo no resuelve es qué sucede cuando hay múltiples sujetos que causan el daño, o más de una víctima de la acción colectiva con lugar de residencia en países diferentes, lo que podría dar lugar a la aplicación del foro por conexidad del artículo

8.1 Reglamento Bruselas I bis. En estos casos, la doctrina[881] considera que este tipo de acción colectiva no sólo requiere un alto grado de previsibilidad respecto de la ley aplicable sino también que todas las partes implicadas sean capaces de coordinar su acción. Y para hacer esto es preciso, o deseable al menos, que todos puedan basarse en el mismo sistema legal para determinar la licitud o ilicitud de la acción[882].

Si se tiene en cuenta que la regla general es la aplicación de la ley del país donde se produce el daño, con independencia del país donde se haya producido el hecho generador del daño y cualesquiera que sean el país o países en que se producen las consecuencias indirectas del hecho en cuestión, el art. 9 Reglamento Roma II establece una excepción y opta por la ley del país en el que se haya emprendido la acción o vaya a emprenderse.

Para comprender esta excepción prevista en el Reglamento Roma II debemos estudiar el precedente del caso *Torline*[883]. Esta sentencia derivaba de los siguientes hechos: la empresa danesa DFDS Torline era titular de un buque de carga entre Suecia y Reino Unido, con tripulación polaca, en nombre de la cual el sindicato sueco SEKO solicitó abrir negociaciones para negociar un convenio colectivo y, ante la negativa de la empresa, presentó un preaviso de huelga y boicot en los puertos suecos, al que se unió por solidaridad otro sindicato sueco. Aunque la convocatoria de huelga fue retirada, la empresa había sustituido el barco y la tripulación para el día de la huelga, por lo que demandó al sindicato sueco ante un tribunal danés reclamando los daños y perjuicios derivados de una acción colectiva que consideraba ilegal.

En este contexto, el tribunal danés planteó una cuestión prejudicial ante el TJUE preguntando acerca de si la legalidad o ilegalidad de una acción colectiva podía someterse al mismo tribunal competente para dirimir la cuestión de la indemnización de los daños ocasionados. El TJUE entendió que efectivamente la acción entablada

---

881 DORSSEMENT, F. y VAN HOEK, A., "Collective action in Labour conflicts under the Rome II Regulation (part I)", *European Labour Law Journal*, Vol. 2, nº 1, 2011, p. 109.

882 FERNÁNDEZ ARTIACH, P., "Los derechos laborales colectivos…", *op. cit.*, p. 33.

883 STJUE (Sala Sexta) de 5 de febrero de 2004, (asunto C-18/2002, *Torline*).

por la empresa danesa titular del buque puede considerarse una acción cuasidelictual que puede resolverse unitariamente, tanto en su calificación como en sus efectos, a pesar de que en Dinamarca sean distintas las competencias para calificar la licitud o no de la acción y los daños y perjuicios, siendo suficiente para la unificación que la acción colectiva hubiera sido una condición necesaria para las acciones de solidaridad susceptibles de generar daños, y ello porque entendió como jurisdicciones competentes para conocer del caso tanto Dinamarca, como Estado donde se produjo el hecho causal de la huelga, como Suecia, lugar donde se produjeron las consecuencias dañosas[884].

En definitiva, el caso se pronuncia sobre dos importantes cuestiones. Por un lado, interpreta el alcance del art. 7.2 del Reglamento Bruselas I bis, según el cual "una persona domiciliada en un Estado miembro podrá ser demandada en otro Estado miembro en materia delictual o cuasi delictual ante el órgano jurisdiccional del lugar donde se haya producido o pueda producirse el hecho dañoso". En este caso, la sentencia entendió que constituía "materia delictual o cuasi delictual una reclamación judicial sobre la legalidad de una acción colectiva cuya competencia corresponde exclusivamente, conforme al derecho del Estado contratante, a un órgano jurisdiccional distinto al que es competente para conocer de las demandas de indemnización de los daños y perjuicios causados por dicha acción colectiva". Esta interpretación confirma que, en materia de conflicto colectivo, las reclamaciones derivadas de su ejercicio tienen la consideración, en tanto producen determinados daños, de materia delictual o cuasi delictual, y aportando cierta seguridad respecto a las normas de conflicto. En segundo lugar, entendió el TJUE que en aquel caso ambas jurisdicciones, tanto la del desarrollo de la huelga como la de la producción del daño resultaban aplicables[885].

La doctrina[886] ha explicado ampliamente que fue precisamente este pronunciamiento el que determinó la actual redacción del art. 9 del Reglamento Roma II: la regla especial diseñada específicamente

---

884 *Idem.*

885 *Idem.*

886 CAIRÓS BARRETO, D. M., "Huelgas y conflictos colectivos…", *op. cit.*, p. 123.

para los daños producidos por acciones derivadas de conflictos colectivos realizadas por empresarios, trabajadores o las organizaciones que los representen, es la del lugar donde la medida se lleve a cabo y no la regla general y conocida de la producción del daño.

La razón por la cual las autoridades europeas cambiaron de opinión tras el asunto *Torline* parece clara en la doctrina iuslaboralista: la respuesta del TJUE dejó abierta la posibilidad de entender como lugar del daño el del establecimiento del armador (Dinamarca), además del lugar donde se desarrollaban las medidas, de modo que "si no existiera el art. 9 del Reglamento Roma II, la Sentencia del TJUE en el caso Torline justificaría la aplicación de la ley del establecimiento del empresario como ley de producción del daño aunque las medidas de conflicto colectivo se hubieran adoptado en otro Estado y, además, esta ley regiría la responsabilidad civil en su integridad, incluido el pronunciamiento sobre la legalidad de las medidas adoptadas, porque el TJUE calificó la acción de cuasi delictual"[887].

Debido a ello, la ley del establecimiento del empresario podría enjuiciar y considerar ilegales medidas que pueden ser legítimas conforme a la ley del Estado en que se adoptan. El objetivo del art. 9 del Reglamento de Roma II es justamente "impedir que se aplique el Derecho de un Estado diferente de aquél donde se lleva a cabo la acción colectiva, que puede imponer indirectamente sus estándares de conducta sobre aquél en que la acción colectiva se desarrolla. Esta solución se considera razonable y apropiada, sin perjuicio de que también se hayan puesto de manifiesto ciertas insuficiencias en supuestos muy determinados"[888].

En conclusión, las reglas de Derecho internacional privado proporcionan numerosas dudas y soluciones imperfectas. Por ello, cobran fuerza las soluciones extrajudiciales, negociadas y acordadas por las partes en los conflictos laborales transnacionales, destacando, como se ha visto, el arbitraje.

Adicionalmente, algún autor ha propuesto un enfoque basado en los derechos humanos y en la consideración de la protección internacional de las normas laborales como parte del orden público del

---

887 *Idem.*

888 *Idem.*

Derecho internacional privado. Precisamente, un enfoque basado en derechos humanos puede servir como “catalizador para hacer frente a los conflictos dentro de los ordenamientos jurídicos entre sus diferentes ramas, como el derecho de la competencia y el derecho del trabajo, de modo que se revela un conflicto entre derechos humanos fundamentales e intereses económicos básicos, no resultando obvio que los intereses económicos deban prevalecer sobre los derechos humanos”[889].

4.3. El desplazamiento temporal de trabajadores en la Unión Europea y su afectación a la ley aplicable al conflicto colectivo

En la Unión Europea, a las normas de conflicto ya estudiadas tenemos que añadir la Directiva 96/71/CE, de 19 de diciembre de 1996, del Parlamento europeo y del Consejo, sobre el desplazamiento de trabajadores efectuado en el marco de una prestación de servicios. De hecho, el propio Reglamento Roma I prevé que la norma sobre el contrato individual de trabajo no debe ir en detrimento de la aplicación de las normas imperativas del país de desplazamiento del trabajador, de conformidad con la Directiva 96/71/CE (considerando 34).

Esta Directiva ha sido modificada recientemente por la Directiva (UE) 2018/957, de 28 de junio de 2018, transpuesta al ordenamiento interno español por Real Decreto-ley 7/2021, de 27 de abril[890], que modifica la Ley 45/1999, de 29 de noviembre, sobre el desplazamiento de trabajadores en el marco de una prestación de servicios transnacional, a la sazón norma de transposición de la directiva original.

Estas disposiciones no son exactamente una norma de armonización de las condiciones de trabajo aplicables a los trabajadores desplazados temporalmente en el marco de una prestación de servicios transnacional en el espacio de la Unión Europea, ni una norma de

---

[889] *Idem.*

[890] Real Decreto-ley 7/2021, de 27 de abril, de transposición de directivas de la Unión Europea en las materias de competencia, prevención del blanqueo de capitales, entidades de crédito, telecomunicaciones, medidas tributarias, prevención y reparación de daños medioambientales, desplazamiento de trabajadores en la prestación de servicios transnacionales y defensa de los consumidores.

conflicto[891]. Su objetivo es garantizar la aplicación a estos trabajadores de unas condiciones de trabajo mínimas (descansos, remuneración, seguridad y la higiene en el trabajo, etc.) existentes en el Estado miembro al que se desplazan, cualquiera que sea la legislación aplicable al contrato individual de trabajo, tratando con ello de evitar el *dumping* social entre empresas que actúen en el trafico jurídico dentro de la Unión Europea.

Por tanto, la legislación aplicable al contrato de trabajo se determina aplicando acumulativamente las disposiciones previstas en el Reglamento Roma I y Directiva 96/71/CE. El principal criterio previsto en Roma I es el lugar habitual de trabajo (*lex loci laboris*), pero también establece que "no se considerará que cambia el país de realización habitual del trabajo cuando el trabajador realice con carácter temporal su trabajo en otro país" (art. 8.2). Por tanto, ante un desplazamiento de carácter temporal en marco de una prestación de servicios transnacional en el espacio de la Unión Europea, la ley aplicable al contrato de trabajo será la ley del lugar habitual de trabajo (normalmente la ley del país de origen), pero en el desarrollo de su actividad profesional el trabajador gozará de unas condiciones de trabajo mínimas propias del país de destino. Cuando el desplazamiento supere los 12 meses (ampliables a 18 en determinadas circunstancias[892]), se entiende excedido el juicio de temporalidad y la legislación aplicable al contrato será íntegramente la del país de destino.

Todo ello, sin perjuicio de la aplicación a los trabajadores desplazados de condiciones de trabajo más favorables derivadas de lo dispuesto en la legislación aplicable a su contrato de trabajo, en los convenios colectivos o en los contratos individuales de trabajo (art. 3.5 Ley 45/1999).

Respecto a los derechos colectivos, la Directiva 96/71/CE no los incluye en el catálogo de derechos a garantizar por los Estados Miembros donde trabaje el trabajador desplazado en el marco de una prestación de servicios transnacional (art. 3.1). Sin embargo, se admite que las leyes de transposición nacionales de la Directiva añadan a la

---

891 FERNÁNDEZ ARTIACH, P., "Los derechos laborales colectivos...", *op. cit.*, p. 34.

892 Artículo 3.8. Ley 45/1999, de 29 de noviembre, sobre el desplazamiento de trabajadores en el marco de una prestación de servicios transnacional.

enumeración de derechos individuales contenidos en ésta otros derechos colectivos: “la presente Directiva no impedirá que los Estados miembros, de conformidad con las disposiciones del Tratado, impongan a las empresas nacionales y a las empresas de otros Estados [...] condiciones de trabajo y empleo referidas a materias distintas de las enumeradas en el párrafo primero del apartado primero, en la medida en que se trate de disposiciones de orden público” (art. 3.10).

Como disposiciones de orden público deben entenderse las “disposiciones obligatorias, que no se pueden derogar y que, por su naturaleza y objetivos, responden a las exigencias imperativas del interés público”[893]. En el caso español, el derecho de libertad sindical, el derecho de negociación como integrante de su contenido esencial, y el derecho de huelga como medida de conflicto se consideran materia de orden público.

Precisamente, en el ordenamiento español, mejorando la Directiva, establece que los empresarios que desplacen a España a sus trabajadores en el marco de una prestación de servicios transnacional deberán garantizar a éstos, cualquiera que sea la legislación aplicable al contrato de trabajo, “la libre sindicación y los derechos de huelga y de reunión” (art. 3.1.h Ley 45/1999).

En términos muy similares, el *Code du Travail* francés reconoce expresamente el ejercicio del derecho de huelga entre las materias incluidas en el listado de condiciones de trabajo mínimas (Art. L. 1262-4: *5° Exercice du droit de grève*).

Igualmente, la directiva Directiva (UE) 2018/957, de 28 de junio de 2018, introduce mejoras muy interesantes vinculadas a la acción colectiva transnacional. En materia de huelga, debemos destacar que añade un artículo 1 bis a la Directiva 96/71/CE: “La presente Directiva no afectará en modo alguno al ejercicio de los derechos fundamentales reconocidos en los Estados miembros y a escala de la Unión, incluyendo el derecho o la libertad de huelga o de emprender otras acciones contempladas en los sistemas de relaciones laborales específicos de los Estados miembros, de conformidad con la legislación o las prácticas nacionales. Tampoco afecta al derecho a negociar, concluir y hacer cumplir convenios colectivos o llevar a

---

893 STJUE de 19 de junio de 2008, asunto C-319/06, Comisión contra Luxemburgo.

cabo acciones colectivas conforme a la legislación o las prácticas nacionales".

La doctrina[894] lo ha considerado una toma de posición del legislador comunitario en busca del equilibrio entre las libertades comunitarias económicas de establecimiento y de prestación de servicios y los derechos de acción colectiva, puestos en cuestión a partir de las conocidas sentencias del TJUE en los casos Viking y Laval, si bien el mismo texto ya se encontraba incorporado en el artículo 1.2 de la Directiva 2014/67/UE, de 15 de mayo de 2014, relativa a la garantía de cumplimiento de la Directiva 96/71/CE.

En materia de negociación colectiva, la Directiva 2018/957 reconoce a los trabajadores desplazados, no sólo las condiciones de trabajo que se establezcan, en el Estado miembro donde se efectúe el trabajo, a través de disposiciones legales, reglamentarias o administrativas, o convenios colectivos o laudos arbitrales declarados de aplicación universal, sino también, como novedad, las establecidas por convenios colectivos o laudos "de cualquier otro modo de aplicación" (art. 3.1 Directiva 96/71/CE, modificada en 2018).

De esta forma, deben respetarse también las condiciones de trabajo establecidas por convenios del país de acogida que no sean de eficacia general o no gocen de aplicación universal, lo que podría quizás impedir a futuro decisiones como la adoptada por el TJUE en el Caso *Rüffert*, que limitaba la remuneración prevista en la directiva de 1996 a la cuantía del salario mínimo[895].

Finalmente, podemos mencionar la protección de los representantes de los trabajadores desplazados a España, que ostentando tal condición de conformidad con las legislaciones o prácticas nacionales, podrán ejercer acciones administrativas o judiciales en los términos reconocidos a los representantes de los trabajadores por la legislación española (DA 3° Ley 45/1999). Esta protección alcanza a las empresas de trabajo temporal.

894 GARCÍA MURCIA, J., "Dos nuevas Directivas de la Unión Europea en materia social: desplazamiento temporal de trabajadores y titulaciones profesionales", *Foro Nueva Época*, Vol. 21, n° 1, 2018, p. 333.

895 STJUE (Sala Segunda) de 3 de abril de 2008, Rüffert, asunto C-346/06.

5. LA HUELGA TRANSNACIONAL

Una vez analizado el marco jurídico de la acción sindical transnacional, las modalidades de negociación colectiva transnacional y los diferentes mecanismos de resolución judicial de conflictos internacionales, es interesante estudiar con detenimiento qué entendemos por huelga transnacional, sus distintas modalidades y las formas de reacción empresarial. A su vez, estudiaremos un caso muy interesante que contiene elementos de esquirolaje en el ámbito transnacional.

5.1. Concepto y construcción dogmática de la huelga en el ámbito transnacional

En este escenario, resulta de gran interés la construcción de un concepto de acción colectiva en el ámbito transnacional para a continuación proceder a su estudio detallado. Así, una huelga transnacional será una huelga que se lleva a cabo simultáneamente en varios países por parte de trabajadores que comparten una misma empresa o empleador transnacional. Es decir, es una forma de protesta colectiva de trabajadores de diferentes países que se unen para presionar a una misma empresa o empleador a través de la suspensión temporal de su prestación laboral en sus respectivos centros de trabajo.

Este tipo de huelgas tienen como objetivo llamar la atención de la empresa transnacional, a través de una fórmula de coacción legal, sobre problemas laborales comunes en diferentes países, como pueden ser condiciones de trabajo inadecuadas, bajos salarios, discriminación, falta de seguridad laboral, entre otros. La huelga transnacional busca, entonces, presionar a la empresa transnacional para que negocie y llegue a un acuerdo que satisfaga las demandas de los trabajadores en todos los países donde opera.

También será una huelga transnacional aquella promovida por trabajadores que no comparten empresa o empleador, sino intereses comunes, ya sean los motivos del paro —incluyendo cuestiones extralaborales, como el feminismo—, la pertenencia al mismo sector, la solidaridad con trabajadores de otro país, o, en definitiva, la misma agenda reivindicativa. Es posible que se solapen estos motivos o que se activen de forma sucesiva, por ejemplo, una huelga de tripulantes de cabina comienza en las bases de una aerolínea de un determinado país, se 'contagia' a las bases de otro y termina alcanzando a todo el sector o, en un ejercicio de solidaridad internacional, a trabajadores de otros ámbitos.

Es importante destacar que este tipo de huelgas representan un gran desafío para los trabajadores debido a las diferencias en las legislaciones laborales, las culturas y los idiomas, entre otros factores, de los países donde la empresa opera. Sin embargo, pueden ser una herramienta poderosa para los trabajadores que buscan mejorar sus condiciones laborales en un mundo globalizado.

En este contexto, si los trabajadores de un régimen autoritario son susceptibles de penas de prisión por el hecho de desarrollar vínculos sindicales, serán reacios a participar en las campañas transfronterizas o en los acuerdos internacionales para buscar una solución a sus problemas laborales. Por ello, en estos regímenes prevalecen con frecuencia las huelgas espontáneas o salvajes, ya que los trabajadores deben eludir los sindicatos oficialistas, y el internacionalismo sindical no es una opción; dado que solo se permite el funcionamiento de un único sindicato oficial y esta entidad con aprobación estatal no representa verdaderamente los intereses de los trabajadores, estos últimos se ven obligados a tomar cartas en el asunto y llevar adelante huelgas no autorizadas. Por ello, deben hacerlo con sumo cuidado y, sobre todo, proteger la identidad de sus dirigentes[896].

De esta forma, la huelga en el ámbito transnacional, entendida simplemente como la cesación colectiva del trabajo, pierde protagonismo en favor de medidas de conflicto colectivo más amplias que incluyen, por ejemplo, acciones de solidaridad internacional como el boicot. "A nivel transnacional la acción colectiva más importante va a ser el boicot, que se convoca con independencia de la huelga, medida ésta de difícil realización más allá de las fronteras nacionales, aun cuando la globalización de la economía y las interconexiones

---

896 ANNER, M., "Labor control regimes and worker resistance in global supply chains", *Labor History*, vol. 56, nº 3, 2015.

cada vez más estrechas pueden estar suavizando las dificultades con las que se topa"[897].

Así, el boicot, tanto el primario como el secundario, ocupa un lugar preeminente entre las medidas de presión utilizadas más allá de un sólo país, dadas las escasas probabilidades de éxito de una huelga global masiva en la que implicar a los trabajadores de base. Se afirma, por tanto, que "el boicot y el piquete pueden ser reconocidos como un medio sindical similar al de la huelga"[898].

En definitiva, el principal problema que padece la huelga transnacional es la ausencia de un régimen jurídico, dentro del derecho de la Unión Europea y del Derecho Internacional Privado. Esta es la razón fundamental de la dificultad del tratamiento del conflicto colectivo transfronterizo y de la necesidad de buscar vías de superación de los problemas jurídicos y de la eventual ineficiencia de su tratamiento por parte de las normas y los agentes jurídicos nacionales, y también es la razón de su limitado alcance y de los frustrantes resultados en buena parte de los casos[899].

Aquí la doctrina[900] sistematiza un triple problema de la huelga transnacional: económico, jurídico y de carácter jurídico-social. En el ámbito económico, el mecanismo de la huelga tal y como es tradicionalmente concebido, se revela intrínsecamente limitado e inadecuado para hacer frente a las nuevas realidades productivas, organizativas y de composición de la clase obrera.

El problema jurídico, ya mencionado, es la inexistencia de su reconocimiento en la mayor parte de los tratados internacionales y la dilatante disparidad de contenidos jurídicos que este derecho-libertad, supuestamente universal, presenta en función del ámbito internacional, regional o nacional en el que se examine. De hecho, la doctrina pronostica choques entre el TJUE y los tribunales nacionales: "La hipótesis de posibles conflictos entre el TJUE y el TC español en materia de huelga, sin embargo, no es en absoluto impensable.

---

897 OJEDA AVILÉS, A., *Derecho Transnacional del Trabajo*, *op. cit.*, p. 315.

898 *Ibidem*, p. 324

899 CAIRÓS BARRETO, D. M., "Huelgas y conflictos colectivos...", *op. cit.*, p. 91.

900 NOGUEIRA GUASTAVINO, M., "La huelga en el Derecho Internacional...", *op. cit.*, p. 62 y ss.

La fuerza restrictiva de otros derechos —que el Tribunal de la Unión viene confiriendo a las libertades económicas fundamentales— y la dudosa ponderación que lleva a cabo, hace altamente verosímil futuras situaciones de conflicto"[901].

Finalmente, una campaña de cuestionamiento de este derecho consecuencia de la crisis y empujada por los casos *Viking, Laval* y *Rüffert*, que pretende "dar jaque mate" a los avances internacionales en esta materia[902].

Aquí la doctrina considera "alarmante el deterioro del nivel de protección, en ningún caso hipotético, pues el fantasma de una cuestión prejudicial en materia de huelga planteada por el propio Tribunal Constitucional español, precisamente para externalizar justificaciones restrictivas, se cierne en una situación actual de crisis y de limitación de derechos y podría abocar a que de hipótesis deviniera realidad"[903].

En resumen, la huelga transnacional enfrenta desafíos y obstáculos, pero es una herramienta potencialmente relevante en la lucha por los derechos laborales en un contexto global. A continuación se estudiarán distintas experiencias de huelga transnacional, así como las fórmulas de reacción empresarial frente a ella.

5.2. *Modalidades de huelga transnacional*

Algunos autores[904] se ha detenido en la distinción de diversas hipótesis para categorizar un conflicto colectivo de dimensión tradicional. La primera hipótesis delimita un conflicto que presenta ciertos elementos de extranjería, como la nacionalidad de alguna de las partes, aunque las actividades de las personas involucradas se sitúen en un solo país. La segunda hipótesis parte del conflicto que

---

901 *Idem.*

902 *Idem.*

903 *Ibidem*, p. 73.

904 SERVAIS, J. M., "Derecho internacional del trabajo y resolución de conflictos laborales transnacionales", *Temas Laborales*, nº 144, 2018, p. 16 y ss; CAIRÓS BARRETO, D. M., "Huelgas y conflictos colectivos transnacionales", en CAIRÓS BARRETO, D. M. (Dir.): *Los conflictos laborales de dimensión transnacional*, Cizur Menor, Aranzadi, 2022, p. 92; entre otros.

surge dentro de las fronteras de un país pero que tiene efectos en otros Estados, por afectar al suministro de bienes o a la libertad de circulación de las personas, por ejemplo, una huelga de transportes. No obstante, la doctrina[905] no lo considera una disputa transnacional. El tercer supuesto es aquel en el que las actividades que tienen relación con el conflicto se extienden a más de un país. Podríamos añadir una cuarta modalidad: cuando el conflicto se plantea en un solo Estado, pero busca en su solución la involucración de otros, como los supuestos en los que esta se ha obtenido a través de la solidaridad internacional[906].

También resulta de gran interés clasificar el conflicto en dos grandes modalidades, en función de la causa que motiva el conflicto y su desarrollo. De esta forma, podemos diferenciar entre las huelgas de genuina solidaridad y las diferentes modalidades de huelga que se desarrollan de forma simultánea o coordinada en varios países: huelgas en empresas multinacionales, huelgas de sector o generales internacionales y huelgas político-sociales.

Por un lado, destaca la huelga de solidaridad. Podríamos denominar huelga de solidaridad transnacional a aquella medida de conflicto colectivo derivada de un conflicto laboral, en principio ajeno, que se desarrolla en otro u otros países, traduciéndose en un boicot a las actividades productivas o comerciales que tienen su origen en el país del que se deriva el conflicto.

Es importante destacar que aquí nos referimos a una huelga de solidaridad estricta, un concepto genuino, propio o auténtico. Esto exige que la huelga de solidaridad se active por parte trabajadores y sus organizaciones sindicales sin interés directo en ese conflicto, que en principio les es ajeno, más allá de la solidaridad en sí misma. Con esto queremos dejar fuera a los conflictos que exigen una determinada coordinación de los agentes sindicales y una estrategia común de dimensión transnacional, incluidos los que se articulan a través de huelgas sucesivas o huelgas tapón. Ese tipo de conflictos parten de una coordinación transnacional. En su lugar, hablamos una huelga que, en realidad, suele ser defensi-

905 SERVAIS, J. M., "Derecho internacional del trabajo…", *op. cit.*, p. 16.
906 CAIRÓS BARRETO, D. M., "Huelgas y conflictos colectivos…", *op. cit.*, p. 92.

va: ante alguna medida empresarial antihuelguística, por ejemplo, desviando la producción a otro país, los trabajadores de este país se suman al paro.

El supuesto más habitual es el boicot a una empresa extranjera, o incluso a un sector económico, por motivos que ocurren fuera del país donde se desarrolla este boicot. Un ejemplo típico serían los estibadores negándose a descargar barcos que provienen de un país en huelga[907].

Por otro lado, podemos estudiar las huelgas promovidas de forma coordinada a nivel internacional. En tanto las normas que regulan las huelgas pivotan sobre el principio de territorialidad propio del Derecho del trabajo, una acción colectiva simultánea a nivel transnacional debe activarse en cada Estado siguiendo los procedimientos fijados en la normativa nacional. Se trata, en realidad, de huelgas simultáneas o paralelas. A su vez, podemos llamar la atención sobre tres submodelos de huelgas transnacionales.

En primer lugar, el modelo más simple y representativo de la huelga transnacional lo conforma una huelga en una empresa o grupo de empresas multinacional, esto es, que desarrollan su actividad en una pluralidad de Estados. Por tanto, a pesar de que las reivindicaciones son comunes y el rol de empleador lo ejerce una única empresa o grupo de empresas, la acción colectiva debe activarse en varios Estados diferentes (y asumir restricciones de distinta intensidad, en función del país). Esta acción no sólo es interesante por las demandas comunes de los trabajadores, sino que es imprescindible para lograr un paro eficaz porque bloquee la actividad del empleador de forma global y, a su vez, limite las medidas de reacción empresarial, como desviar la producción a otro país o demás fórmulas de sustitución del trabajo de los huelguistas.

---

907 MADUEÑO, J. J., "Boicot de los estibadores europeos al barco que Maersk desvió de Algeciras a Tánger", en *ABC*, 13 de junio de 2017. Disponible en: https://bit.ly/3HDcJUc

En este supuesto, afloran las huelgas globales en empresas multinacionales como McDonald's[908], Ryanair[909], Amazon[910] (campaña #MakeAmazonPay[911]) o Deliveroo[912].

El segundo modelo abarca tanto una huelga sectorial como una huelga general convocada de forma simultánea en varios países. Este modelo de huelga transnacional incluye las potencialidades del modelo anterior (más capacidad de presión y menos de reacción) junto con las que un paro sectorial o general tienen por sí mismos. Es, por tanto, el modelo más potente, pero también el más complicado de impulsar con éxito. Una huelga general mundial es una hipótesis remota porque no sólo requeriría un esfuerzo de coordinación sindical formidable, sino también una causa común que afecte a trabajadores de todo el mundo, en el mismo periodo de tiempo, y de suficiente intensidad para activar una movilización masiva.

En este sentido, tenemos como precedente la Huelga General Europea del 14 de noviembre de 2012, una acción coordinada entre sindicatos de España y Portugal, donde convocaron una huelga general de 24 horas; Italia y Grecia, donde se convocó una huelga de cuatro y tres horas, respectivamente; Malta y Chipre, con sus respectivas movilizaciones; Bélgica, donde se convocaron huelgas sectoriales del metal y del transporte; y Francia, Alemania y Rumania, que apoyaron la convocatoria con decenas de manifestaciones. En un total de 23 países tuvieron lugar huelgas, paros parciales, sectoriales, manifestaciones, concentraciones, conferencias y otras acciones[913].

---

908 WILKINSON, A. "McDonald's workers to coordinate strike with allies around world", *The Guardian*, 21 de agosto de 2017. Disponible en: https://bit.ly/3ZqT3u1

909 LAFUENTE HERNÁNDEZ, S., DE SPIEGELAERE, S., "¿Qué podemos aprender de la huelga transnacional de Ryanair?", *Público*, 15 de octubre de 2018. Disponible en: https://bit.ly/3xaqghk

910 ALONSO, N. S., La protesta laboral contra Bezos prende en Europa, *El País*, 22 de julio de 2018. Disponible en: https://bit.ly/2myKCwn; CORDERO, S., "Huelga internacional de Amazon en el 'Black Friday'", *El Plural*, 26 de noviembre de 2021. Disponible en: https://bit.ly/3XfJjkO

911 Sobre la campaña *Make Amazon Pay*, véase: https://makeamazonpay.com

912 MAGALLÓN, E., "La huelga global aflora", *La Vanguardia*, 23 de julio de 2018. Disponible en: https://bit.ly/2NDNofk

913 CCOO, "El amplio seguimiento de la huelga y las manifestaciones supone una enmienda a la totalidad de las políticas del Gobierno", *Gaceta sindical*, nº 128,

Este modelo puede tener gran éxito en zonas geográficas con una cultura sindical próxima y cierto grado de integración institucional de los distintos países. Por tanto, la Unión Europea es el lugar ideal para las huelgas coordinadas. Es el supuesto de las eurohuelgas[914], que buscan fijar unos estándares mínimos de condiciones de trabajo en escenarios supranacionales de la UE, trascendiendo la capacidad soberana de los estados en su ordenación concreta y garantizando la protección eficaz de los derechos sociales[915].

En el ámbito sectorial transnacional, podemos destacar varios ejemplos de experiencias de acción colectiva en el ámbito del transporte y la industria textil.

Por un lado, son abundantes las huelgas transnacionales en el ámbito de los trabajadores del mar y del transporte, destacando el protagonismo de la federación sindical internacional International Transport Workers' Federation (ITF Global). Esta federación trabaja en los siguientes sectores: gente de mar, puertos, aviación civil, transporte ferroviario, transporte por carretera, transporte urbano, pesca, turismo y navegación interior. Su estrategia está orientada hacia la exigencia de unos mínimos salariales y de seguridad para los trabajadores del mar, llegando a diversos acuerdos colectivos con armadores, directamente o a través de sindicatos nacionales afiliados a la federación. Estos acuerdos contienen condiciones de trabajo mínimas, incluyendo garantías de responsabilidad por incumplimiento y acceso a tribunales de justicia[916].

Por otro lado, en el ámbito textil las mejoras en las condiciones de trabajo no se entienden sin la implicación de diversos actores de la sociedad civil y organizaciones no gubernamentales, quienes en una acción coordinada con las huelgas de los trabajadores y los medios de comunicación han minado la reputación internacional de marcas que se han visto obligadas a sentarse a negociar importantes acuerdos internacionales.

2012.

914 BAYLOS GRAU, A., "Derecho de huelga y medidas...", *op. cit.*

915 BAYLOS GRAU, A., "Huelga y el ordenamiento comunitario...", *op. cit.*

916 CAIRÓS BARRETO, D. M., "Huelgas y conflictos colectivos...", *op. cit.*, p. 93.

En este sector, la globalización y la competencia han impulsado un sistema que busca reducir costes mediante salarios y alquileres bajos, lo que ha dado lugar a edificios inseguros. Así, "esas fábricas intentaban cumplir con los plazos de producción exigidos por las marcas y por los minoristas en el marco de un sistema de subcontratación, lo que pone de manifiesto el impacto que tienen las cadenas de valor sobre las condiciones laborales"[917]. Esta falta de seguridad en los centros de trabajo tuvo como resultado, entre otros muchos accidentes laborales, el trágico colapso del edificio Rana Plaza en Bangladesh en 2013, donde murieron más de 1.100 trabajadores. En respuesta a esto, los trabajadores exigieron protección estatal y las ONG y sindicatos presionaron a las empresas para que asumieran mayor responsabilidad en la seguridad de las prendas.

Fruto de esas reivindicaciones, las empresas europeas suscribieron rápidamente un acuerdo internacional para abordar la seguridad en las instalaciones: el Acuerdo sobre Incendios y Seguridad de la Edificación de Bangladesh[918]. Este acuerdo se renovó en 2021 como el Acuerdo Internacional para la Salud y la Seguridad en la Industria Textil y de la Confección[919], con el objetivo de garantizar los derechos laborales y abordar la diligencia debida en derechos humanos en las cadenas de suministro globales de las marcas, y recientemente se ha ampliado a Pakistán[920].

Con todas sus limitaciones, estos acuerdos son el resultado de un éxito sindical de los trabajadores de Bangladesh que muestran no sólo que existe un espacio para mejorar las condiciones laborales de las cadenas globales de suministro a través de la acción sindical colectiva, sino que es imprescindible apoyarse en la sociedad civil y los medios de comunicación. No se explica el Acuerdo de Bangladesh sin el impacto emocional que supuso el Rana Plaza en la sociedad occidental, el principal mercado de la industria textil.

---

917 *Ibidem*, p. 95.

918 Acuerdo sobre la Seguridad en los Incendios y la Construcción en Bangladesh. Versión de 2018: http://zip.lu/IGaN

919 Acuerdo Internacional para la Seguridad y Salud en la industria textil y de la confección de 2021. Disponible en: http://zip.lu/IGaV

920 Acuerdo de Pakistán sobre Salud y Seguridad en la Industria Textil y de la Confección (2023-2025). Disponible en: http://zip.lu/IGb2

Fue un gran éxito la Campaña Ropa Limpia (CRL)[921]. Fundada en Países Bajos en 1989, *Clean Clothes Campaign* es una red internacional de ONGs, sindicatos y organizaciones de personas consumidoras que trabajan para mejorar las condiciones laborales y empoderar a las personas que trabajan en la industria global de la confección. Entre sus objetivos también se incluye minimizar el impacto de la producción textil sobre el medio ambiente, promover una acción climática más amplia y comprometida con el Acuerdo de París en todos los actores de la industria textil, aumentar la transparencia de las empresas de la moda y de toda su cadena de suministro para poder asignarles responsabilidad en el respeto de los derechos humanos y combatir la desigualdad de género y la discriminación sexual que sufren las personas que trabajan en la confección, la inmensa mayoría de las cuales son mujeres.

Otro ejemplo de intervención de esta campaña fue en un conflicto en Honduras, en 2008, debido a que los trabajadores de la empresa Jerzees, que producía ropa deportiva para EEUU, fueron despedidos por formar un sindicato y buscar un convenio colectivo. Los sindicatos, apoyados por ONG y estudiantes, llevaron a cabo una campaña de resistencia que presionó a las universidades y a la NBA. Estas acciones incluyeron una campaña de boicot con piquetes, implicando a estudiantes universitarios de EE. UU. y Canadá y a 132 universidades. Aquí podemos destacar que una de las estrategias más efectivas de esta campaña fue "invitar a los dirigentes sindicales hondureños de las fábricas de esa empresa para que expusieran sus argumentos en las sedes universitarias, con lo que se lograron dos objetivos: se personalizaron y legitimaron las demandas de los trabajadores y se garantizó que los sindicalistas hondureños tuvieran una participación integral en la campaña"[922]. Después de años de esfuerzos y campañas, la empresa finalmente reabrió la fábrica, reconoció al sindicato y comenzó la negociación colectiva.

En definitiva, estos ejemplos destacan el papel crucial de las organizaciones no gubernamentales, los sindicatos y la presión interna-

---

921 Campaña Ropa Limpia, *Quiénes somos*, 2023. Disponible en: https://ropalimpia.org/quienes-somos/

922 CAIRÓS BARRETO, D. M., "Huelgas y conflictos colectivos…", *op. cit.*, p. 96.

cional a través de los medios de comunicación y redes sociales en la mejora de las condiciones laborales en la industria textil.

Aquí es importante destacar que en las huelgas actuales y futuras, especialmente en el ámbito transnacional, es necesario activar una pluralidad de mecanismos de presión. No basta con una huelga tradicional, entendida como la cesación del trabajo, la propaganda y los piquetes informativos. La huelga clásica es imprescindible, pero no suficiente. Hoy en día, se exige una potente campaña de comunicación y movilización que acompañe a la huelga más allá de los trabajadores y de sus familias, una decidida presencia en las redes sociales que permita erosionar la imagen de marca de la empresa y una coordinación transnacional que, junto con la solidaridad de otros trabajadores, maximice la capacidad de presión y, por tanto, el éxito de la huelga.

En tercer y último lugar, podemos añadir una modalidad de huelga transnacional que, en realidad, es una variante del modelo anterior: la huelga que destaca por su fuerte componente político-social, por ejemplo, la Huelga Internacional Feminista del 8M (que viene convocándose anualmente desde 2017, aunque destacó con fuerza el paro de 2018, que contó con el mayor respaldo sindical). En 2018, los movimientos feministas de todo el mundo convocaron un paro laboral, estudiantil, de cuidados y de consumo bajo el lema: "si nosotras paramos, se para el mundo". Por ejemplo, en España, en los años 2018 y 2019, CCOO y UGT convocaron paros parciales de dos horas, mientras la CNT y la CGT convocaron huelga general.

En este submodelo llama la atención la amplitud del objeto de la convocatoria: las reivindicaciones sociales no exclusivamente laborales. También podríamos incluir las llamadas huelgas climáticas o huelga mundial por el clima de 2019 o 2022[923]. En este sentido, se trata de convocatorias internacionales, que utilizan la huelga como instrumento de presión, aunque su apoyo sea irregular o testimonial, y cuyas propuestas son propias de movimientos sociales, más que de sindicatos. A pesar de que la reivindicación es muy amplia y excede la

---

[923] En este caso, estas convocatorias no recibieron el respaldo de los sindicatos mayoritarios.

esfera estrictamente laboral, se trata de acciones colectivas con gran capacidad de convocatoria e impacto en empresas de muchos países.

En este contexto, debemos destacar que su gran ventaja es que permite una movilización global porque su causa excede el conflicto laboral concreto, que depende de ciclos económicos y de la realidad de cada específico modelo de relaciones laborales. Precisamente, lo que lastra una huelga general global es la falta de un conflicto laboral común y coincidente en el tiempo que obligue a los sindicatos de todo el mundo a coordinarse en un conflicto simultáneo. A su vez, es posible que las reivindicaciones excesivamente alejadas de lo laboral y vinculadas a valores postmaterialistas dificulten su seguimiento fuera del mundo occidental. Es habitual criticar el carácter eurocéntrico de estas protestas. El reto es, por tanto, que proyectos transversales como el feminismo junto a reivindicaciones materiales como la seguridad y salud el trabajo puedan llegar tanto a Europa como al sur global.

5.3. La reacción empresarial: el esquirolaje transnacional

En un mundo cada vez más globalizado, donde las empresas operan en múltiples países y las cadenas de suministro se extienden a lo largo y ancho del planeta, las huelgas, como forma de protesta colectiva para exigir mejores condiciones laborales, salarios justos y derechos sindicales, se han convertido en una herramienta poderosa para los trabajadores en todo el mundo y se han internacionalizado. Sin embargo, en respuesta a estas huelgas, las empresas han encontrado una estrategia que desafía la solidaridad de los trabajadores: el esquirolaje transnacional. Este fenómeno de reacción a las huelgas plantea desafíos significativos para los sindicatos y los trabajadores que buscan ejercer su derecho a la protesta y negociación colectiva a nivel internacional.

Como es sabido, el esquirolaje es la práctica empresarial que consiste en la sustitución de trabajadores huelguistas, ya sea contratando nuevo personal o acudiendo a una ETT (esquirolaje externo), utilizando el *ius variandi* empresarial para cambiar las funciones de un trabajador de la propia empresa, del mismo o de diferente puesto de trabajo (esquirolaje interno), recurriendo a fórmulas de subcontratación de toda o parte de la actividad productiva a otra empresa (esquirolaje organizativo) o al uso de medios tecnológicos, con o sin intervención humana (esquirolaje tecnológico)[924].

La dimensión transnacional del trabajo nos permite construir el armazón intelectual de una nueva modalidad de sustitución de trabajadores huelguistas: el esquirolaje transnacional. Aunque es cierto que el esquirolaje transnacional puede subsumirse en cualquiera de las categorías mencionadas anteriormente, el elemento transnacional que lo define supone una dificultad añadida debido a la concurrencia de trabajadores, empresas, tribunales y legislaciones de varios países. Una primera aproximación a este tema se publicó en la Revista Trabajo y Derecho[925].

Podemos definir esquirolaje transnacional como la práctica empresarial tendente a limitar o anular el impacto de una huelga con elemento transnacional sustituyendo el trabajo de los huelguistas con medios técnicos o humanos, que también se caracterizan por el elemento transnacional, destinados al mantenimiento de la actividad productiva en condiciones de normalidad. Por tanto, para construir una categoría específica de esquirolaje transnacional se exige un doble elemento transnacional: en el conflicto y en la reacción empresarial al conflicto, esto es, en la huelga y en el esquirolaje.

De esta forma, el esquirolaje transnacional también se puede articular de varias modalidades, de forma similar al esquirolaje en una huelga nacional: modalidad externa, interna, organizativa y tecnológica. También es interesante apuntar el fenómeno del teletrabajo.

En primer lugar, podríamos pensar en un esquirolaje transnacional externo, que supondría contratar a nuevos trabajadores que realicen las actividades propias de los trabajadores huelguistas, incluyendo el recurso a empresas de trabajo temporal. A su vez, este esquirolaje transnacional externo puede traducirse en contratar a trabajadores extranjeros para prestar servicios en el Estado donde se desarrolla la huelga o en contratar a trabajadores para prestar servicios en un Estado diferente al de la huelga, ya sean nacionales de ese país o de un tercer Estado.

---

924 V. *infra* capítulo IV de esta obra.

925 MANEIRO HERVELLA, V., "Esquirolaje y huelga en el ámbito transnacional: el caso Ryanair", *Trabajo y Derecho,* nº 108, 2023.

En segundo lugar, un esquirolaje transnacional interno implica un exceso del empresario en sus facultades de dirección y control (*ius variandi*) recurriendo a trabajadores de un centro de trabajo ubicado en otro país, con el objeto de sustituir a los trabajadores huelguistas, ya sea previa orden empresarial, por iniciativa de los propios trabajadores o por acuerdo con el empresario.

En tercer lugar, el esquirolaje organizativo transnacional incluye las prácticas empresariales de reacción a una huelga, desarrolladas en el seno de procesos de descentralización productiva, que consisten, por un lado, en recurrir a fórmulas de subcontratación de toda o parte de su actividad productiva a otra empresa ubicada en un Estado distinto al Estado donde se desarrolla la huelga, y por otro lado, en trasladar la producción a otras empresas del mismo grupo de empresas cuyos centros de trabajo están en otro país, lesionando así la libertad sindical y el derecho de huelga. Estas fórmulas de descentralización productiva incluyen el recurso a trabajadores autónomos.

En cuarto lugar, el esquirolaje tecnológico transnacional sería la situación en que el empresario sustituye el trabajo de los huelguistas a través de alguna clase de mecanismo tecnológico, ya sea adquiriéndolo expresamente para boicotear la huelga (modalidad externa) o ya disponiendo de esos recursos (modalidad interna), que puede utilizar como de costumbre o adaptando su funcionamiento al conflicto. El elemento transnacional exige que su adquisición, activación y control se realice en otro país ajeno al conflicto colectivo.

A su vez, en estas cuatro modalidades debemos llamar la atención sobre el fenómeno del teletrabajo. De esta forma, en aquellos sectores donde la actividad permita la prestación del trabajo a distancia surgen enormes facilidades para sustituir el trabajo de los huelguistas, recurriendo a trabajadores que prestan servicios desde su propia casa, en Estados ajenos al conflicto colectivo, cuya nacionalidad puede ser de un tercer Estado y cuyo contrato puede regirse por la legislación laboral de cualquier país. Además, la distancia personal que impone el teletrabajo impide a los sindicatos, los promotores habituales de las huelgas, comprobar si se continúa la actividad productiva por esquiroles: no existe una fábrica o un centro de trabajo donde hacer un piquete. De esta forma, el riesgo de anular el derecho de huelga por parte del empresario es muy alto.

En este contexto, surge el debate tradicional en la doctrina sobre el alcance de las normas que regulan el derecho de huelga que, por su propia naturaleza, pivotan sobre el principio de territorialidad de la ley nacional. En cualquiera de las modalidades analizadas anteriormente operan tres grupos de sujetos: por un lado, los trabajadores huelguistas y la empresa o grupos de empresa donde se ha convocado la huelga, cuyas relaciones jurídicas se rigen por las normas laborales del país donde se convocó el paro; y por otro lado, los trabajadores que van a sustituir a los huelguistas en o desde otro país, que, con independencia del vínculo contractual que les una a la empresa, están bajo la legislación laboral de otro Estado.

Finalmente, además de las cuestiones propias del derecho sustantivo de huelga, nos planteamos interrogantes de Derecho Internacional Privado en caso de judicialización de un caso de esquirolaje transnacional, esto es, ante una huelga transnacional qué órgano jurisdiccional conocerá el conflicto (competencia judicial internacional), qué legislación laboral resultará aplicable al fondo del asunto (ley aplicable) y si la sentencia será reconocida y ejecutada en todos los Estados que intervengan en el conflicto (reconocimiento y ejecución de sentencias). A continuación nos detendremos también sobre estas cuestiones propias del derecho adjetivo.

5.4. Estudio de caso: el esquirolaje transnacional en una aerolínea

Existen un par de precedentes idénticos de esquirolaje transnacional en la doctrina judicial española, tanto en el supuesto de hecho como en la fundamentación del tribunal, en un caso de sustitución interna de huelguistas portugueses por trabajadores de una aerolínea con base en Madrid[926] y en Barcelona[927].

En el primer supuesto, una trabajadora española presta servicios en Crewlink como agente de atención al cliente, formando parte de la tripulación de cabina de aviones de Ryanair, dado que entre ambos existía un contrato por el cual la primera proveía de personal de tripulación de cabina a la segunda. En el contrato de trabajo se incluye

---

926 STSJ Madrid 87/2020, 5 de febrero de 2020 (Rec. 1336/2019)

927 STSJ Cataluña 182/2022, 13 de enero de 2022 (Rec. 6654/2021).

el pacto de que la relación laboral entre la compañía y la trabajadora se rige en todo momento por las leyes vigentes en la República de Irlanda (las dos empresas tienen domicilio social en Dublín, Irlanda). La trabajadora tiene fijada su base en el Aeropuerto Adolfo Suárez, Madrid, y, aunque todas las cuestiones administrativas derivadas de su contrato de trabajo se efectúan en Irlanda, los vuelos en los que presta sus servicios tienen inicio y fin en Madrid, las imaginarias o "standby" se realizan en las dependencias de descanso que la empresa tiene en Barajas.

En el segundo supuesto, una trabajadora española presta servicios por cuenta y orden de Ryanair (domicilio social Dublín, Irlanda), con centro de trabajo en el Aeropuerto de El Prat, de Barcelona. La ley aplicable pactada en contrato también es la legislación irlandesa.

El 29 de marzo de 2018, la empresa comunicó a las dos trabajadoras que fuesen a prestar servicios en la base del aeropuerto de Oporto, con el objetivo de cubrir con su trabajo, en los vuelos que salen de allí, a las tripulaciones con base en Portugal que habían convocado una huelga que afectaba a todos los vuelos en los que operaban dichas tripulaciones.

La trabajadora de Madrid se niega a hacerlo manifestando que los tripulantes de cabina en Portugal estaban en huelga y que ello podría suponerle acciones legales por parte de los sindicatos portugueses. La empresa le contestó que era totalmente legal y que, en todo caso, sería su responsabilidad, advirtiéndole que podría tener complicaciones para la continuidad de tu empleo.

Por su parte, la trabajadora catalana comunicó a la empresa que su petición suponía "incumplir los mínimos principios fundamentales que regulan las relaciones en el trabajo, siendo uno de los imprescindibles el relativo a la prohibición de sustitución de trabajadores en huelga por otros, aunque éstos sean de la misma empresa"[928]. La compañía sanciona a las dos trabajadoras por incumplimiento de una orden empresarial.

Efectivamente, este supuesto constituiría lo que más arriba hemos denominado esquirolaje transnacional interno, esto es, la aerolínea

---

[928] *Idem.*

utiliza sus facultades de dirección y control (*ius variandi*) para modificar el centro de trabajo de una trabajadora de Madrid/Barcelona a Oporto y así sustituir a los trabajadores portugueses que estaban en huelga. La trabajadora se niega porque considera la orden ilegal. En este asunto, el elemento transnacional es triple: la huelga se convoca en Portugal bajo la legislación portuguesa[929], la trabajadora y el lugar habitual de trabajo son españoles, y la empresa y la legislación aplicable al contrato de trabajo son irlandeses.

5.4.1. Competencia judicial internacional

El instrumento que determina la competencia judicial internacional en este caso es el Reglamento de la Unión Europea nº 1215/2012 del Parlamento Europeo y del Consejo, de 12 de diciembre de 2012, relativo a la competencia judicial, el reconocimiento y la ejecución de resoluciones judiciales en materia civil y mercantil (Reglamento Bruselas I bis). Se aplica el Reglamento Bruselas I bis porque la impugnación de una sanción es una acción derivada de un contrato individual de trabajo, que forma parte del ámbito objetivo del reglamento (materia civil y mercantil *ex* art. 1.1), la empresa demandada tiene su domicilio en un estado miembro de la UE, Irlanda (ámbito geográfico y personal *ex* art. 4 y 63, sobre el concepto de domicilio de las personas jurídicas), y en el año 2018 el reglamento llevaba en vigor desde el 10 de enero de 2015 (ámbito de aplicación temporal *ex* art 66).

En primer lugar, se aplica el foro general, esto es, el domicilio del demandado: "los empresarios domiciliados en un Estado miembro podrán ser demandados ante los órganos jurisdiccionales del Estado en el que estén domiciliados" (art. 21.1.a). En este contexto, se entenderá que una sociedad u otra persona jurídica está domiciliada

---

929 En este supuesto, y siguiendo las normas de ley aplicable del Reglamento Roma I, entendemos que, en tanto el país en el cual o, en su defecto, a partir del cual se realiza habitualmente el trabajo es Portugal, los contratos de los trabajadores huelguistas se rigen por la normativa laboral portuguesa. Aunque lo desconocemos, es interesante precisar que la nacionalidad de los trabajadores afectados por el esquirolaje podría ser la de cualquier otro Estado. Además, los efectos de la huelga alcanzarán una pluralidad de Estados porque los vuelos suspendidos pueden tener origen o destino en múltiples países.

en el lugar en que se encuentra: a) su sede estatutaria; b) su administración central, o c) su centro de actividad principal (art. 63.1). Además, se prevé específicamente que en Irlanda la expresión "sede estatutaria" se equiparará a la *registered office* y, en caso de que en ningún lugar exista una *registered office*, al *place of incorporation* (lugar de constitución) o, a falta de tal lugar, el lugar conforme a cuya legislación se haya efectuado la *formation* (creación) de la sociedad o persona jurídica (art. 63.2). En este asunto, las dos empresas tienen su domicilio en Dublín, Irlanda.

En segundo lugar, también se aplica el llamado foro cuasi general o foro de la sucursal, incluso si el empresario tiene el domicilio fuera de la UE: "Cuando un trabajador celebre un contrato individual de trabajo con un empresario que no tenga su domicilio en un Estado miembro, pero posea una sucursal, agencia o cualquier otro establecimiento en un Estado miembro, se considerará, para todos los litigios derivados de la explotación de la sucursal, agencia o establecimiento, que el empresario tiene su domicilio en dicho Estado miembro" (art. 20.2). En este asunto, podría operar este foro para Ryanair, que tiene representación en Girona, España, pero no con la empresa Crewlink.

En tercer lugar, debemos mencionar que, respecto a la autonomía de la voluntad, la jurisdicción elegida por las partes mediante acuerdo, esto es, a través de una cláusula de sumisión expresa, sólo prevalecerá sobre las disposiciones anteriores si el acuerdo es posterior al nacimiento del litigio o si permite al trabajador formular demandas ante órganos jurisdiccionales distintos de los mencionados (art. 23). En este supuesto, se pacta en el contrato que la relación laboral entre la compañía y la trabajadora se rige en todo momento por las leyes vigentes en la República de Irlanda. Sin embargo, en tanto no consta ningún pacto posterior al inicio del litigio, la cláusula de sumisión expresa no es aplicable[930].

Además, para el contrato individual de trabajo operan dos foros de protección alternativos al foro general y al cuasi general: el empresario podrá ser demandado ante el órgano jurisdiccional del lugar en el que, o desde el cual, el trabajador desempeñe habitual-

---

[930] STSJ Madrid 87/2020, 5 de febrero de 2020 (Rec. 1336/2019).

mente su trabajo o ante el órgano jurisdiccional del último lugar en que lo haya desempeñado (art. 21.1.b.i), o bien, si el trabajador no ha desempeñado habitualmente su trabajo en un único Estado, ante el órgano jurisdiccional del lugar en que esté o haya estado situado el establecimiento que haya empleado al trabajador (art. 21.1.b.ii). Se aplican ambos supuestos también si se trata de un empresario que no esté domiciliado en un Estado miembro (art. 21.2).

Por tanto, dado que el domicilio de la compañía Crewlink se encuentra en la República de Irlanda, la competencia del órgano judicial español ha de venir determinada por ser España "el lugar en el que o desde el cual el trabajador desempeñe habitualmente su trabajo" o bien, si se entiende que "el trabajador no desempeña o no ha desempeñado habitualmente su trabajo en un único Estado", por tener la empresa Crewlink en España "el establecimiento que haya empleado al trabajador"[931].

En ese sentido, debemos recordar la jurisprudencia del TJUE que ha declarado repetidamente que el alcance del concepto "el lugar en el que o desde el cual el trabajador desempeñe habitualmente su trabajo" debe interpretarse en sentido amplio[932].

Precisamente, el TJUE ha respondido a una cuestión prejudicial donde son parte las empresas Crewlink y Ryanair[933].

En el caso de un contrato de trabajo ejecutado en el territorio de varios Estados contratantes, y a falta de un centro efectivo de actividades profesionales del trabajador a partir del cual éste hubiera cumplido lo esencial de sus obligaciones respecto de su empresa, el Tribunal de Justicia tiene declarado que, "habida cuenta de la necesidad tanto de determinar el lugar con el cual el litigio tiene el punto de conexión más significativo, a los efectos de designar el juez mejor situado para pronunciarse, como de garantizar una protección adecuada al trabajador, como parte contratante más débil, y de evitar la

---

931 *Idem.*

932 STJUE (Sala Tercera), de 12 de septiembre de 2013, asunto Schlecker, C-64/12; STJUE (Gran Sala) de 15 de marzo de 2011, asunto Koelzsch, C-29/10; STJUE (Sala Cuarta) de 15 de diciembre de 2011, asunto Voogsgeerd, C-384/10; entre otras.

933 STJUE (Sala Segunda), de 14 de septiembre de 2017, asuntos Crewlink y Ryanair, C-168/16 y C-169/16.

multiplicidad de órganos jurisdiccionales competentes, el artículo 5, punto 1, del Convenio de Bruselas debe interpretarse en el sentido de que se refiere al lugar en el cual o a partir del cual el trabajador cumple de hecho lo esencial de sus obligaciones respecto de su empresa. En efecto, en dicho lugar el trabajador puede entablar acciones judiciales contra su empresa o defenderse con menores gastos, y el juez de dicho lugar es el más apto para resolver los litigios relativos al contrato de trabajo"[934].

Respecto a la especificidad de las relaciones laborales en el sector del transporte, los tribunales nacionales deben determinar en qué Estado miembro está situado el lugar a partir del cual el trabajador desempeña sus misiones de transporte, aquél al que regresa una vez finalizadas sus misiones, el lugar donde recibe las instrucciones sobre sus misiones y organiza su trabajo y el lugar en el que se encuentran las herramientas de trabajo (en este contexto, por ejemplo, el lugar en que estén estacionados los aviones a cuyo bordo se desempeñe habitualmente el trabajo)[935].

En principio el TJUE rechaza la asimilación del concepto de "base", en el sentido del anexo III del Reglamento nº 3922/91, al concepto "lugar en el que el trabajador desempeñare habitualmente su trabajo", porque ni el Reglamento Bruselas I remite al Reglamento nº 3922/91 ni persigue los mismos objetivos. Sin embargo el concepto de base puede tener un valor indiciario según el TJUE: "la relevancia de la 'base' para identificar el 'lugar a partir del cual los trabajadores desempeñan habitualmente su trabajo' sólo desaparecería en el supuesto de que, habida cuenta de los elementos fácticos de cada caso, unas demandas como las examinadas en los asuntos principales presentasen unos vínculos de conexión más estrechos con un lugar de trabajo distinto de esa «base»"[936].

Y finaliza su argumentación diciendo que "el Estado miembro a partir del cual desempeñe habitualmente su trabajo un miembro del

---

934 V. STJUE de 27 de febrero de 2002, Weber, C-37/00.

935 STJUE (Sala Segunda), de 14 de septiembre de 2017, asuntos Crewlink y Ryanair, C-168/16 y C-169/16.

936 STJUE (Sala Segunda), de 14 de septiembre de 2017, asuntos Crewlink y Ryanair, C-168/16 y C-169/16; STJUE (Sala Sexta), de 27 de febrero de 2002, Weber, C-37/00.

personal de vuelo propio de una compañía aérea o puesto a su disposición no es tampoco asimilable al territorio del Estado miembro cuya nacionalidad, en el sentido del artículo 17 del Convenio de Chicago, tengan las aeronaves de esa compañía aérea"[937].

En virtud de todo ello, en el caso que aquí estudiamos las trabajadoras tienen su base en España (aeropuertos de Madrid y Barcelona), debiendo primar dicho concepto como atributivo de competencia, salvo que se acreditase que el contrato tiene un mayor vínculo con otro Estado, pero ese mayor vínculo no resulta por el hecho de que los contratos de trabajo se gestionen desde oficinas en Irlanda, puesto que si la trabajadora no solamente no es de nacionalidad irlandesa, sino que tiene su domicilio en España y los servicios se programan para que inicie y finalice en España su trabajo, donde además realiza las imaginarias, el vínculo más estrecho se presenta con España[938]. Se trata de una cuestión que, de acuerdo con la jurisprudencia del Tribunal Supremo[939], es de orden público y conviene reafirmarla expresamente, en buen criterio del TSJ.

5.4.2. Ley aplicable

El que los tribunales españoles sean competentes no determina necesariamente que deba aplicarse el Derecho laboral español. Para resolver cuál es la legislación aplicable al contrato de trabajo debemos acudir al Reglamento (CE) nº 593/2008 del Parlamento Europeo y del Consejo, de 17 de junio de 2008, sobre la ley aplicable a las obligaciones contractuales (Roma I). Este reglamento se aplicará a las obligaciones contractuales en materia civil y mercantil (art. 1) y tiene carácter universal, pudiendo designar una ley aunque no sea la de un Estado miembro (art. 2).

El Reglamento Roma I contiene una serie de reglas especiales para el contrato individual de trabajo (art. 8) basadas en la mayor conexión con el asunto (con independencia de si resultan más favo-

---

937 STJUE (Sala Segunda), de 14 de septiembre de 2017, asuntos Crewlink y Ryanair, C-168/16 y C-169/16.

938 STSJ Madrid 87/2020, 5 de febrero de 2020 (Rec. 1336/2019).

939 STS 24 de enero de 2019 (Rec. 3450/2015).

rables al trabajador) y que operan de modo subsidiario (aunque esta cuestión será matizada más adelante).

En primer lugar, regirá la ley que elijan las partes, siempre que dicha elección no suponga privar al trabajador de la protección que le aseguren las disposiciones que no pueden excluirse mediante acuerdo en virtud de la ley que, a falta de elección, habrían resultado aplicables (art. 8.1). En segundo lugar, la ley del país en el cual o, en su defecto, a partir del cual el trabajador, en ejecución del contrato, realice su trabajo habitualmente, no considerándose que cambia el país de realización habitual del trabajo cuando el trabajador realice con carácter temporal su trabajo en otro país (art. 8.2). En tercer lugar, si no puede determinarse del modo anterior la ley aplicable, el contrato se regirá por la ley de país donde esté situado el establecimiento a través del cual haya sido contratado el trabajador (art. 8.3). Finalmente, y como cláusula de escape, si del conjunto de circunstancias se desprende que el contrato presenta vínculos más estrechos con un país distinto del indicado en los apartados anteriores, se aplicará la ley de ese otro país (art. 8.4)

Aunque esta última norma se concibe como una cláusula de cierre, el TJUE advierte que opera en todo caso puesto que, cuando un contrato esté vinculado más estrechamente a un Estado distinto del de la realización habitual del trabajo, procede dejar de lado la ley del Estado de cumplimiento del trabajo y aplicar la ley de ese otro Estado. A tal efecto, el órgano jurisdiccional remitente debe tener en cuenta la totalidad de los elementos que caracterizan la relación laboral y apreciar el elemento o elementos que, a su juicio, son más significativos[940]. De esta forma, la jerarquía prevista en el art. 8 Reglamento Roma I, en realidad, prioriza la cláusula de cierre del apartado cuarto.

En este caso, en el contrato se pactó expresamente la sumisión al Derecho de la República de Irlanda. El acuerdo dice lo siguiente:

> "LEY APLICABLE. La relación laboral entre la compañía y Ud. se regirá en todo momento por las leyes vigentes y modificadas periódicamente en la República de Irlanda. Con independencia del Régimen de Seguridad Social al que esté adscrito, su contrato se rige por la Legislación

940 STJUE de 12 de septiembre de 2013 (asunto C-64/12).

laboral irlandesa y sus derechos serán los que estipulan las leyes de la República de Irlanda (incluidos, pero sin estar limitados a los permisos de maternidad/paternidad, baja por enfermedad, beneficios por desempleo y jubilación). Tendrán Jurisdicción los Tribunales Irlandeses en cualquier asunto relacionado con la ejecución y rescisión de este contrato. En caso de que esta cláusula dejará de ser aplicable debido a cambios legislativos, directiva legal u otro cambio que la compañía considerará sustantivo, este contrato será nulo y su empleo en la compañía cesará y recibirá el pago de la cuantía reglamentaria en lugar de preaviso"[941].

Por tanto, la cuestión aquí será valorar la licitud de esta cláusula. La respuesta del TSJ es negativa argumentando que "si hemos concluido que el contrato presenta sus vínculos más estrechos con España, en cuanto lugar donde el trabajador tiene su domicilio e inicia y finaliza su jornada, realizando además las imaginarias y situaciones de *stand-by*, esa decisión se proyecta a efectos de los apartados 2, 3 y 4 del artículo 8 del convenio[942] de Roma I en el sentido de que la aplicación de la ley pactada en el contrato (la ley irlandesa) 'no podrá tener por resultado el privar al trabajador de la protección que le aseguren las disposiciones que no pueden excluirse mediante acuerdo en virtud de la ley' española"[943].

En definitiva, la interpretación integrada de la normativa europea sobre ley aplicable al contrato individual de trabajo impone resolver el conflicto de acuerdo con la legislación laboral española, inaplicando el pacto de remisión a la ley irlandesa.

5.4.3. Respuesta judicial al esquirolaje transnacional

El punto más interesante de este caso es precisamente el elemento transnacional del conflicto colectivo. Hasta ahora, hemos estudiado la competencia judicial internacional y la ley aplicable ante un conflicto entre la jurisdicción irlandesa y la española, que se resuelve con la aplicación de la consolidada normativa de Derecho Internacional Privado de la Unión Europea, pero, en realidad, el objeto de estudio

---

941 STSJ Madrid 87/2020, 5 de febrero de 2020 (Rec. 1336/2019).

942 *La sentencia califica el instrumento como convenio por error, cuando estamos ante un Reglamento de la Unión Europea.

943 STSJ Madrid 87/2020, 5 de febrero de 2020 (Rec. 1336/2019).

de este trabajo, la huelga transnacional, se desarrolló en Oporto bajo la legislación portuguesa en materia de huelga.

En ese sentido, es cierto que podría plantearse un problema de aplicación de las normas indisponibles que menciona el art. 8.1 Roma I, con arreglo al Derecho del Trabajo español si se trata de proteger derechos laborales de trabajadores situados en un tercer Estado (en este caso Portugal).

De acuerdo con el derecho español en materia de huelga, la orden empresarial de sustituir a trabajadores huelguistas sería manifiestamente ilícita porque constituiría una práctica de esquirolaje interno vulnerando el derecho de huelga reconocido en el art. 28.2 CE. El esquirolaje externo está expresamente prohibido: "En tanto dure la huelga, el empresario no podrá sustituir a los huelguistas por trabajadores que no estuviesen vinculados a la empresa al tiempo de ser comunicada la misma, salvo caso de incumplimiento de las obligaciones contenidas en el apartado número siete de este artículo" (art. 6.5 RDLRT). La doctrina del TC amplía el concepto de esquirolaje a una modalidad interna en las sentencias 123/1992, de 28 de septiembre, y 33/2011, de 28 de marzo, incluyendo en la prohibición a trabajadores del mismo o de otro centro de trabajo de la misma empresa o grupo de empresas.

Además, en contextos de descentralización productiva la jurisprudencia ha estudiado asuntos de esquirolaje organizativo[944]. De esta forma, aunque la huelga estaba convocada en la empresa Ryanair en Oporto, la prohibición de sustitución de huelguistas alcanzaría a la contrata Crewlink, porque entre ambas empresas existe la especial vinculación que exige el Tribunal Supremo en su jurisprudencia.

Por ello, el TSJ razona que la protección jurídica del derecho fundamental no se aplica únicamente al titular del mismo, sino que incluye la protección frente a represalias que puedan tener por objeto a personas relacionadas próximamente con él o incluso a aquellos

[944] STC 75/2010, de 19 de octubre, caso Samoa; STS de 11 de febrero de 2015 (Rec. 95/2014), caso Pressprint; STS 20 de abril de 2015 (Rec. 354/2014), caso Coca Cola; STS de 16 de noviembre de 2016 (Rec. 59/2016), caso Altrad; SSTS de 3 de octubre de 2018: casos ABC de Sevilla (Rec. 1147/2017) y Grupo Zeta (Rec. 3365/2016); STS 8 de noviembre de 2023 (Rec. 204/2021), caso Kalise.

trabajadores que se niegan a cumplir órdenes que manifiestamente son contrarias al derecho fundamental del que son titulares otros, puesto que de haberlas cumplido sería su propia conducta determinante de la vulneración[945].

Por tanto, si se tratase de la negativa a sustituir a trabajadores huelguistas en España la solución de la sentencia de instancia sería clara. El problema es que en este caso los trabajadores huelguistas se encontraban en Portugal, según consta en los hechos probados, asumiendo que se trata de trabajadores a los que se aplicaba la legislación portuguesa. Por ello, el recurso plantea que no consta acreditado que los trabajadores en huelga conforme a la legislación portuguesa no pudieran ser sustituidos de manera que con arreglo a la normativa aplicable en Portugal el esquirolaje ordenado por la empresa fuese ilícito, de manera que no se puede extender la garantía de indemnidad por solidaridad a un supuesto en el que no consta acreditado que los propios trabajadores huelguistas vieran vulnerado un derecho fundamental[946].

Para resolver el recurso de suplicación de la empresa, el Tribunal Superior de Justicia de Madrid articula su sentencia en dos grandes bloques argumentales. Primero, la huelga como parte del concepto de orden público del foro. Segundo, el reconocimiento del derecho de huelga en las instituciones internacionales (Naciones Unidas, Consejo de Europa y Unión Europea) donde son miembros los tres Estados implicados.

a) El orden público del foro

Pues bien, razona el tribunal que, "independientemente del Derecho aplicable e incluso por encima del sustrato de derechos indisponibles en virtud del Derecho Laboral español cuando el lugar de prestación de servicios es España", existe un principio básico en la aplicación de Derecho extranjero y en el reconocimiento judicial de resoluciones judiciales extranjeras y es el respeto del orden público

945 STSJ Madrid 87/2020, 5 de febrero de 2020 (Rec. 1336/2019).

946 *Idem.*

del foro: "en ningún caso tendrá aplicación la ley extranjera cuando resulte contraria al orden público" (art. 12.3 CC).

Como señala el Tribunal Constitucional, "el concepto de orden público del foro, como límite al reconocimiento y ejecución de las decisiones judiciales extranjeras, ha adquirido una nueva dimensión a partir de la vigencia de la Constitución de 1978, en el que, sin discusión, penetra el conjunto de principios que inspira nuestro ordenamiento constitucional y, entre ellos, muy especialmente, los derechos fundamentales y libertades públicas. De forma que, aunque los derechos fundamentales y libertades públicas que la Constitución garantiza sólo alcanzan plena eficacia allí donde rige el ejercicio de la soberanía española, nuestras autoridades públicas, incluidos los Jueces y Tribunales, no pueden reconocer ni recibir resoluciones dictadas por autoridades extranjeras que supongan vulneración de los derechos fundamentales y libertades públicas garantizadas constitucionalmente a los españoles o, en su caso, a los españoles y extranjeros"[947].

Recientemente, el Tribunal Constitucional ha afirmado que "por orden público material se entiende el conjunto de principios jurídicos públicos, privados, políticos, morales y económicos, que son absolutamente obligatorios para la conservación de la sociedad en un pueblo y en una época determinada". También "puede decirse que el orden público comprende los derechos fundamentales y las libertades garantizados por la Constitución, así como otros principios esenciales indisponibles para el legislador por exigencia constitucional o de la aplicación de principios admitidos internacionalmente"[948].

En palabras de Xiol Ríos, jurisprudencialmente el concepto de orden público ha sido abordado desde diversas perspectivas entre las que pueden destacarse las siguientes: "(i) conjunto de normas de carácter jurídico no renunciables por las partes; (ii) derechos fundamentales y libertades públicas garantizados constitucionalmente; (iii) principios esenciales de nuestro ordenamiento jurídico procesal nacional e internacional; (iv) conjunto de los principios que inspiran el ordenamiento jurídico y que son absolutamente obligatorios para

---

947 SSTC 43/1986, de 15 de abril; 132/1991, de 17 de junio.

948 STC 46/2020, de 15 de junio; reiterado en las SSTC 17/2021, de 15 de febrero; 65/2021, de 15 de marzo; 50/2022, de 4 de abril; entre otras.

la conservación de un modelo de Estado, de sociedad y económico en un pueblo y época determinados; (v) conjunto de exigencias básicas derivadas de la ética y de la equidad; (vi) preservación del interés general para el Estado o la colectividad frente al particular; (vii) protección de las minorías o de las personas que se hallan en inferioridad en el ámbito de las transacciones económicas"[949].

Este principio de orden público del foro se extiende también a la aplicación de Derecho extranjero por los tribunales españoles, afirmando el TSJ de Madrid que es "impensable que por el hecho de ser aplicable Derecho extranjero un tribunal español pudiera dictar resoluciones que admitan la vulneración de derechos humanos como la vida o la prohibición de discriminación por razón de sexo. Y no parece haber dudas de que, en el caso de aplicarse el derecho fundamental en un caso regido por el Derecho extranjero, la extensión del mismo ha de ser la reconocida por la Constitución española según su interpretación por el Tribunal Constitucional"[950].

En este contexto, es preciso matizar que el concepto de orden público del foro no integra todos los derechos fundamentales. Sin embargo, no cabe duda "en el caso de los derechos fundamentales reconocidos a todas las personas, independientemente de su nacionalidad, porque esos derechos fundamentales tienen una enérgica pretensión de validez universal que impiden su desconocimiento por los órganos judiciales españoles. Pero en el caso de los derechos de ciudadanía solamente pueden considerarse como parte del orden público del foro aquellos que se reconocen igualmente a los ciudadanos extranjeros"[951].

Precisamente, para el TSJ de Madrid este es el caso de la huelga, porque el artículo 11.1 de la Ley Orgánica 4/2000, de 11 de enero, sobre derechos y libertades de los extranjeros en España y su integración social (LOEx), es taxativo cuando dice que "los extranjeros podrán ejercer el derecho a la huelga en las mismas condiciones que los españoles". Aquí es interesante mencionar que la redacción original

---

949 Voto particular formulado por Juan Antonio Xiol Ríos a la STC 50/2022, de 4 de abril.

950 STSJ Madrid 87/2020, 5 de febrero de 2020 (Rec. 1336/2019).

951 *Idem.*

de este precepto exigía autorización de residencia y de trabajo para ejercer en igualdad de condiciones que los españoles el derecho de huelga: "De igual modo, cuando estén autorizados a trabajar, [los extranjeros] podrán ejercer el derecho de huelga". Este inciso fue declarado inconstitucional por la STC 259/2007, de 19 de diciembre.

De ahí que el Tribunal concluya que "en tanto el derecho a la huelga de los trabajadores se reconozca con carácter universal y con independencia de la nacionalidad, para el Estado español es un principio de orden público su protección sin limitación de territorialidad y no puede ser desconocido por los tribunales españoles que han de juzgar un litigio, aunque aquellas personas que ven vulnerado su derecho fundamental se encuentren en un tercer Estado que no proteja el mismo, como es desgraciadamente frecuente con muchos derechos humanos"[952].

b) La protección de la huelga en las instituciones internacionales de referencia laboral

Por otro lado, el Tribunal Superior de Justicia de Madrid dedica gran parte de su argumentación a analizar el distinto grado de protección del derecho de huelga al amparo de Tratados Internacionales (en el ámbito de las Naciones Unidas —OIT—, Consejo de Europa y Unión Europea) en los que participan los tres Estados implicados (España, Irlanda y Portugal).

En primer lugar, el Convenio número 87 de la Organización Internacional del Trabajo sobre la Libertad Sindical y la Protección Del Derecho de Sindicación, adoptado en 1948 y ratificado por España en 1977[953], protege el derecho de huelga de acuerdo con la interpretación sistemática del Comité de Libertad Sindical de la OIT[954]. En

---

952 *Idem.*

953 Instrumento de Ratificación de España del Convenio número 87 de la Organización Internacional del Trabajo sobre la Libertad Sindical y la Protección del Derecho de Sindicación, adoptado el 9 de julio de 1948 (BOE núm. 112, de 11 de mayo de 1977)

954 En este asunto, la sentencia menciona decenas de casos analizados por el Comité de Libertad Sindical. OIT, Libertad sindical: Recopilación de decisiones y principios del Comité de Libertad Sindical del Consejo de Administración de la OIT, Ginebra, Oficina Internacional del Trabajo, quinta edición (revisada),

el marco de esa protección, el Comité de Libertad Sindical estima que la contratación de trabajadores para romper una huelga en un sector, al que no cabría considerarse como un sector esencial en el sentido estricto del término para que pudiera prohibirse la huelga, constituye una grave violación de la libertad sindical[955]. En este contexto, tanto la República Portuguesa como el Reino de Irlanda han ratificado el convenio número 87 de la Organización Internacional de Trabajo, en 1977 y 1955, respectivamente.

En segundo lugar, en el seno del Consejo de Europa, la Carta Social Europea reconoce en el apartado 4º del artículo 6 "el derecho de los trabajadores y empleadores, en caso de conflicto de intereses, a emprender acciones colectivas, incluido el derecho de huelga, sin perjuicio de las obligaciones que puedan dimanar de los Convenios Colectivos en vigor". Su versión revisada (que en este punto tiene el mismo contenido), está firmada y ratificada por Irlanda, desde 2000, Portugal, desde 2002, y por España, desde 2021[956].

En último lugar, el artículo 28 de la Carta de los Derechos Fundamentales de la Unión Europea establece que "los trabajadores y los

---

2006: párrafo 521; 346º informe, Caso núm. 2528, párrafo 1446; 349º informe, Caso núm. 2552, párrafo 419; 351º informe, Caso núm. 2566, párrafo 980; 353º informe, Caso núm. 2589, párrafo 126; 355º informe, Caso núm. 2602, párrafo 662; 356º informe, Caso núm. 2696, párrafo 306; 358º informe, Caso núm. 2737, párrafo 636; 360º informe, Caso núm. 2803, párrafo 340; 362º informe, Caso núm. 2741, párrafo 767, Caso núm. 2841, párrafo 1036; 363º informe, Caso núm. 2704, párrafo 399, Caso Núm. 2602, párrafo 465; 365º informe, Caso núm. 2829, párrafo 577; 367º informe, Caso núm. 2938, párrafo 227; 370º informe, Caso núm. 2994, párrafo 735; 374º informe, Caso núm. 3057, párrafo 213; y 376º informe, Caso núm. 2994, párrafo 1002.

955 OIT, Libertad sindical: Recopilación de decisiones y principios del Comité de Libertad Sindical del Consejo de Administración de la OIT, Ginebra, Oficina Internacional del Trabajo, quinta edición (revisada), 2006: párrafo 632; 343º informe, Caso núm. 2472, párrafo 966; 344º informe, Caso núm. 2465, párrafo 722; 346º informe, Caso núm. 1865, párrafo 757; 349º informe, Caso núm. 2562, párrafo 406, Caso Núm. 2548, párrafo 538; 350º informe, Caso núm. 2563, párrafo 230; 353º informe, Caso núm. 2619, párrafo 574; 357º informe, Caso núm. 2638, párrafo 797, Caso núm. 2697, párrafo 983; 360º informe, Caso núm. 2770, párrafo 372; 372º informe, Caso núm. 3011, párrafo 650; y 376º informe, Caso núm. 3096, párrafo 893.

956 Instrumento de Ratificación de la Carta Social Europea (revisada), hecha en Estrasburgo el 3 de mayo de 1996. (BOE nº 139, de 11 de junio de 2021).

empresarios, o sus organizaciones respectivas, de conformidad con el Derecho de la Unión y con las legislaciones y prácticas nacionales, tienen derecho a negociar y celebrar convenios colectivos, en los niveles adecuados, y a emprender, en caso de conflicto de intereses, acciones colectivas para la defensa de sus intereses, incluida la huelga". De conformidad con el artículo 6 del Tratado de la Unión Europea, la Carta tiene el mismo valor jurídico de los Tratados y, en opinión del TSJ de Madrid, opera en un caso como el presente, en el que estamos aplicando el Derecho de la Unión en relación con la competencia internacional.

El tribunal concluye su repaso sobre normativa transnacional en materia de huelga afirmando que por lo menos en uno de estos ámbitos (OIT) la protección incluye, en virtud de las resoluciones del Comité de Libertad Sindical, la prohibición del esquirolaje, sin que en los otros dos ámbitos tal cuestión haya quedado excluida. Por tanto, el contenido esencial del derecho de huelga a nivel internacional coincide con el protegido constitucionalmente en el artículo 28.2 de la Constitución española conforme a su desarrollo legislativo y jurisprudencia constitucional[957].

Termina afirmando que la protección del derecho fundamental de huelga queda garantizada tanto por la normativa supranacional como por el orden público español, con independencia del régimen jurídico, o la eventual prohibición, de la huelga en el Estado donde esta se desarrolle: "aún cuando no se haya practicado prueba sobre el contenido del Derecho portugués al respecto, el orden público del foro impone la protección del derecho fundamental de huelga en los procesos desarrollados ante la Jurisdicción Española incluso si el mismo no estuviera protegido en el Estado de referencia"[958].

En definitiva, tanto el TSJ de Madrid como el de Cataluña son contrarios a avalar una decisión disciplinaria contra quien justificadamente decidió incumplir una orden empresarial conducente a sustituir (internamente) a trabajadores en huelga, aunque esta se desarrollase en otro país; lo que implicaba una irregular actuación de esquirolaje interno contraria al ejercicio del derecho

---

957 STSJ Madrid 87/2020, 5 de febrero de 2020 (Rec. 1336/2019).
958 *Idem.*

fundamental de huelga pues "ni el empresario puede imponer a los trabajadores no huelguistas la realización de las tareas que corresponden a los que secundaron la convocatoria, ni los trabajadores que libremente decidieron no secundarla pueden sustituir el trabajo de sus compañeros"[959]; siendo así que la "sustitución interna de huelguistas durante la medida de conflicto constituye un ejercicio abusivo del *ius variandi* empresarial, derecho que, con los límites legalmente previstos, corresponde al empresario en otras situaciones"[960].

En este contexto, la doctrina valora como "curioso" que la incertidumbre legislativa a la hora de determinar la ley rectora del contrato no parece afectar a los tribunales españoles, que de "forma unánime vienen sometiendo estos conflictos a la legislación laboral española, desechando toda eficacia de la cláusula de elección de ley"[961].

En el conflicto de Ryanair, la historia de las asociaciones sindicales es también "una crónica de lucha por lograr no ya sus reivindicaciones laborales, sino su propio reconocimiento por parte de la empresa, como interlocutores y representantes de los trabajadores"[962]. Aun siendo un avance de gran trascendencia, esta paulatina admisión por parte de Ryanair del papel de los sindicatos no se ha visto exenta de críticas por las propias asociaciones sindicales, que lamentan que la compañía únicamente haya cambiado su "férrea oposición a la interlocución con asociaciones sindicales tras una amenaza de huelga generalizada de pilotos a nivel europeo, y en España, que sólo haya aceptado reunirse con los sindicatos ante la presión de la Dirección General de Trabajo y el temor de reiteradas convocatorias de huelga"[963].

---

959 STC 33/2011 de 28 de mayo; STS de 3 de febrero de 2021 (Rec. 36/2019)

960 STC 33/2011 de 28 de mayo; STS de 6 de octubre de 2021 (Rec. 4983/2018); entre otras.

961 JUÁREZ PÉREZ, P., "El conflicto de Ryanair: una lectura desde el Derecho internacional privado", *Cuadernos de Derecho Transnacional*, Vol. 11, nº 1, 2019, p. 406.

962 *Ibidem*, p. 379.

963 *Ibidem*, p. 380.

5.4.4. El elemento transnacional en la jurisprudencia más reciente

Recientemente, la sentencia del Tribunal Supremo, de 13 de abril de 2023 (Rec. 217/2021) se ha pronunciado en un supuesto de vulneración de los derechos fundamentales de huelga y libertad sindical en una huelga convocada durante diez días de septiembre de 2019 en las empresas Ryanair DAC, Crewlink Ireland LTD, Workforce International Contractors LTD.

En la sentencia, el Tribunal Supremo analiza una pluralidad de actuaciones empresariales, cada una, en sí misma, vulneradora del derecho de huelga, incluyendo que la empresa envió una encuesta previa sobre la previsión de secundar la huelga a los auxiliares de vuelo para "minimizar el impacto de los pasajeros", que no es otra cosa que reducir el impacto de la huelga intentando prestar el servicio en condiciones de normalidad. En dicho correo, se les indicó que "necesitamos planificar qué vuelos podemos operar, así que necesitamos saber por adelantado quién va a asistir o quien se presenta voluntario para trabajar en las mencionadas fechas". La empresa también realizó una oferta que promociona el esquirolaje interno: "Si no estás programado para trabajar pero quieres proponerte voluntario para hacerlo durante tu día libre para ayudar a nuestros pasajeros, por favor, comunícanos en la aplicación Roster en E-crew qué días estás disponible". Esta oferta de voluntarios para trabajar durante una huelga constituye una promoción ilícita del esquirolaje interno. Por todo ello, el tribunal declara la nulidad radical de estas conductas empresariales y condena al empresario a abonar a cada sindicato una indemnización de 30.000€ por daño moral por vulneración de los derechos de huelga y libertad sindical[964].

En este supuesto, el Tribunal Supremo no entra a valorar cuestiones transnacionales, como la competencia judicial internacional o la ley aplicable que se analizó en las dos sentencias comentadas en el apartado anterior, porque las conductas empresariales antisindicales se desarrollaron en España y las soportaron empleados que trabajan

---

964 STS 273/2023, de 13 de abril de 2023 (Rec. 217/2021).

habitualmente en o desde bases españolas. Por tanto y aparentemente, no existen interrogantes de derecho internacional privado.

Sin embargo, en su demanda ante la sala de lo social de la Audiencia Nacional, el Sindicato Independiente de Tripulantes de Cabina de Pasajeros (SITCPLA) y la Unión Sindical Obrera Sector de Transporte Aéreo (USO-STA) solicitaron la nulidad de determinadas medidas y conductas empresariales, entre ellas: "la práctica de conductas de esquirolaje interno, bien mediante el recurso a los instructores de procedimientos de seguridad y emergencias, o bien mediante el recurso a tripulaciones de bases en el extranjero, que estarían operando vuelos programados en las bases españolas"[965].

Con independencia de que no se haya practicado prueba suficiente sobre esta cuestión, no siendo realmente necesario, porque el conjunto de actuaciones empresariales probadas en este proceso fue suficiente para declarar vulnerado el derecho de huelga, la propia naturaleza supranacional de la empresa nos permite preguntarnos si existe un elemento transnacional en la promoción del esquirolaje interno.

De esta forma, parece verosímil pensar que tanto la encuesta sobre disponibilidad de los TCP como el comunicado solicitando voluntarios que durante su día libre trabajen en la jornada de huelga hayan llegado a trabajadores de bases ubicadas en otros países. En definitiva, aunque es una mera hipótesis, es posible que trabajadores portugueses, con base en Oporto, fuesen desplazados a Madrid o a Barcelona para sustituir a los huelguistas españoles, en un ejercicio de esquirolaje transnacional equivalente al estudiado en el apartado anterior.

Aunque los sindicatos incidieron en su demanda en la cuestión del esquirolaje interno, destacando que tripulaciones de bases en el extranjero estaban cubriendo vuelos programados por bases españolas, ni la Audiencia Nacional[966] ni el Tribunal Supremo[967] entran en esta cuestión y consideran vulnerado el derecho de huelga por otras conductas. Sin embargo, la reflexión intelectual sobre el im-

965 *Idem.*

966 SAN 41/2021, de 16 de marzo de 2021 (Rec. 307/2020).

967 STS 273/2023, de 13 de abril de 2023 (Rec. 217/2021).

pacto supranacional de las huelgas es imprescindible para futuros conflictos donde, como en los asuntos comentados en este artículo, la discusión se limite al esquirolaje transnacional. En estos casos, las normas de derecho internacional privado sobre competencia y ley aplicable junto con la noción de orden público entrarían en juego para garantizar la tutela de los derechos fundamentales de los trabajadores españoles.

En otro pronunciamiento reciente, en este caso de instancia, la sentencia de la Audiencia Nacional, de 22 de diciembre de 2023 (Rec. 159/2023), ha reconocido que Ryanair y dos de sus contratas, de forma continuada y con carácter premeditado, trasladaron tripulantes de bases españolas y extranjeras, incluyendo países como Marruecos, Reino Unido, Italia o Portugal, para sustituir a los trabajadores en huelga. Además, la empresa introdujo a esos trabajadores como pasajeros, utilizando tarjetas de embarque, evitando pasar el filtro de seguridad, y en algunos vuelos prestó el servicio con trabajadores de otras empresas. La sentencia también incluye conductas ilícitas como no informar al comité de huelga sobre los vuelos protegidos, asignarlos y comunicar cambios sin antelación suficiente, en periodos de descanso y con indicación empresarial de su necesaria aceptación, bajo amenaza de sanciones disciplinarias, y un uso abusivo del poder empresarial incrementando las guardas en el aeropuerto. En fin, el tribunal no sólo reconoce la vulneración del derecho a la libertad sindical y a la huelga, sino que, valorando la reiteración en la conducta, impone una indemnización de cuantía total de 187.515 euros para los dos sindicatos demandantes, que se corresponde con el máximo previsto en la LISOS[968].

6. CONCLUSIONES

En definitiva y de acuerdo con todo lo estudiado, podemos concluir que la coordinación sindical supranacional no es una opción, sino la única forma de desarrollar acciones sindicales y huelgas efectivas en empresas multinacionales, que se caracterizan por la hos-

---

968 SAN 142/2023, de 22 de diciembre de 2023 (Rec. 159/2023).

tilidad hacia las huelgas y demás conflictos sindicales y que tienen grandes facilidades para practicar el esquirolaje transnacional.

En este escenario, algunos autores han propuesto adoptar un tratado vinculante en materia de empresas y derechos humanos como mecanismo para la creación de un contrapeso a los marcos normativos establecidos en el proceso de la globalización, que anteponen los intereses económicos de las empresas a la protección de los derechos humanos y el medio ambiente[969].

Es necesario apostar por la universalización del derecho de huelga como un instrumento esencial para la defensa de los intereses de los trabajadores en el contexto de una economía globalizada, lo que exige la eliminación de los obstáculos o trabas existentes para su ejercicio, sea en el plano nacional o transnacional[970]. Sin duda, una solución más fácil vendría dada por la reforma de las normas comunitarias en materia de competencia judicial y de legislación aplicable, para incorporar dentro de su ámbito de aplicación, de manera expresa, a los derechos laborales colectivos[971].

A su vez, la promoción de los acuerdos marco globales, que reconocen los derechos colectivos a lo largo de toda la cadena global de valor, junto con el arbitraje internacional, son elementos muy interesantes de resolución de conflictos.

En último lugar, se debe destacar que existe cobertura jurídica internacional para los conflictos colectivos transnacionales, aunque sean precisas mejoras, como muestran diversos pronunciamientos, especialmente en el seno de la Unión Europea. Por tanto, los operadores jurídicos deben ponderar no sólo el derecho interno en materia de huelga, sino también su ordenación internacional, lo que permitirá abordar el fenómeno del esquirolaje transnacional en el seno de empresas multinacionales.

---

969 GUAMÁN HERNÁNDEZ, A., MORENO GONZÁLEZ, G., *Empresas Trasnacionales y Derechos Humanos. La necesidad de un Instrumento Vinculante*, Albacete, Bomarzo, 2018.

970 CORREA CARRASCO, M., *Acuerdos marco internacionales…*, *op. cit.*, p. 104.

971 FERNÁNDEZ ARTIACH, P., "Los derechos laborales colectivos…", *op. cit.*, p. 36.

Capítulo III

LA MUTACIÓN DEL MODELO CLÁSICO DE HUELGA: LAS HUELGAS DEL FUTURO

Hoy en día, el ámbito objetivo del derecho de huelga se está transformando. En este capítulo, se analizarán las nuevas dimensiones que conforman una metamorfosis del modelo clásico de huelga. En este escenario, los efectos de la huelga se potencian a través de acciones accesorias, como la publicidad y las campañas mediáticas en redes sociales, se incrementa la presión a través de boicots o llamadas de solidaridad, y se integra la inteligencia artificial como herramienta sindical. También se estudiarán los posibles usos de la IA al servicio del sindicato en contextos conflictivos.

1. EL IMPACTO MEDIÁTICO DE LA HUELGA

1.1. Las estrategias de comunicación en conflictos colectivos

Asumiendo que la actividad comunicativa es tan importante como el mensaje mismo, la acción sindical debe ser especialmente cuidadosa con los medios de comunicación, tanto los tradicionales como de las redes sociales. Actualmente, los medios tradicionales, concretamente la prensa escrita, siguen produciendo la mayor cantidad del contenido informativo que luego será replicado tanto por otros medios como por las redes sociales. A su vez, la inmediatez y la viralidad de las redes sociales también alimenta a la prensa. Por tanto, la estrategia sindical en torno a cada huelga debe diseñarse cuidadosamente teniendo en cuenta este entorno mediático.

En primer lugar, debemos matizar que el creciente interés por dominar la comunicación de los conflictos se relaciona con la importancia del prestigio de las empresas, la idea de las marcas empresariales globales y la responsabilidad social corporativa. En este escenario, la capacidad o fortaleza de los trabajadores para iniciar y sostener un conflicto colectivo frente a las empresas de la economía de plataformas digitales se basa en dos importantes recursos: el poder discursivo y el poder coalicional[972]. Por tanto, la actividad comunicativa del sindicato tiene una vertiente accesoria o complementaria: además del daño intrínseco de la huelga que paraliza la actividad productiva también está en juego la imagen de la empresa.

En segundo lugar, esta actividad comunicativa tiene como finalidad "cargar de razones" o legitimar la causa de los huelguistas. Normalmente, los ciudadanos o los usuarios de los servicios afectados por la huelga se ven perjudicados, por tanto, es importante lograr su empatía y su solidaridad. Así, se evita recurrir a acciones extremas con violencia y daños, como barricadas e incendios de neumáticos, que amén de ser muy visuales y una demostración de fuerza, generan rechazo en la población menos concienciada con el conflicto. En cambio, se puede reivindicar el valor de la empresa en el territorio o su impacto social en las familias de los trabajadores o el comercio de la zona. En general, se opta por acciones propias de la participación política institucional y no violenta: recogidas de firmas, pegadas de carteles, panfletos, referéndums simbólicos, piquetes informativos... El objetivo es generar la simpatía de otros ciudadanos y perjudicar a la imagen de la empresa.

Es muy interesante la reflexión de González Ortega sobre los prejuicios ideológicos que arrastra la huelga. Defiende que existe una concepción de la huelga contaminada por:

> "una valoración social negativa que el legislador no ha dejado de asumir y que muchas veces se proyecta en las interpretaciones que los jueces hacen de las condiciones de ejercicio del derecho. Lo que se manifiesta, por ejemplo, en la terminología que se usa para referirse a ella, por cierto, y no por casualidad, frecuentemente militar, asimilando la huelga a un conflicto armado y hablándose de la misma en términos de confrontación, de armas, de lucha, de imposición de condiciones, de conquista, de rendición, de armisticios y de afectación de la paz. Por no hablar de la habitual asociación de la huelga con la violencia, sobre todo cuando

---

972 RUIZ SAURA, J. E., "Reinventar el conflicto colectivo en las nuevas relaciones laborales del siglo XXI: el caso de las empresas de plataforma", *Lan harremanak: Revista de relaciones laborales,* nº 49, 2023, pp. 215-235.

> se hace referencia, en contraposición, a la llamada «solución pacífica de los conflictos"[973].

En un estudio sobre la relación de los conflictos laborales con su representación en los medios de comunicación, se analizó el contenido de los medios desde la perspectiva del *framing* o encuadre mediático en la mayor huelga de la historia de Inditex, convocada en las tiendas de Bershka de Pontevedra[974].

La teoría del *framing* parte de la idea de que "tanto el periodista como el texto que crea encuadran la realidad de un modo determinado, enfatizando algunos aspectos y excluyendo otros, hecho que determina la decodificación del contenido narrativo de la pieza periodística y, en consecuencia, la interpretación que se hace del hecho noticioso o de la sociedad". Las noticias sobre conflictos laborales suelen responder a un encuadre o *frame* concreto denominado "paradigma de la protesta" que "prioriza en la narrativa noticiosa los aspectos de confrontación, agresividad o negatividad, construyendo un discurso de culpabilización de los actores sociales que protestan y alejando a las audiencias de solidarizarse o compartir las propuestas de esos actores"[975].

Se destaca que el elemento fundamental de la huelga de Bershka-Inditex fue el trabajo sindical previo a la huelga (afiliación alta, información y cohesión, caja de resistencia de la CIG, etc.), pero también la performance, porque "la batalla se juega en lo simbólico más que en lo material". La estrategia incluyó la paralización de la actividad, pero también manifestaciones en la fábrica y en las tiendas, la visibilización del conflicto en las redes, y la imagen de las propias trabajadoras, desvinculadas de cualquier connotación violenta en el conflicto.

> "La ejemplificación de la importancia de la feminización del conflicto la encontramos en la propia producción que hizo la CIG del 'vídeo-spot'

---

973 GONZÁLEZ ORTEGA, S., "El derecho de huelga: un derecho fundamental acorralado", *Estudios financieros. Revista de trabajo y seguridad social*, nº 418, 2018, p. 21.

974 BARREIRO GONZÁLEZ, M. S., FERNÀNDEZ I ARAGONÈS, A., "Infrarrepresentación y distorsión de la identidad en los medios durante los conflictos laborales: El caso de la huelga de las trabajadoras de Bershka", *Sociología del Trabajo*, nº 95, 2019, pp. 105-123.

975 *Ibidem*, p. 108.

> de la huelga; tanto la autorrepresentación de las trabajadoras como el montaje (especialmente en la música) desprenden una imagen que poco tiene que ver con los *blue-collar* y que es difícil de asociar con un conflicto violento: jóvenes, vestidas a la moda que, con una música alegre de fondo, explican con tranquilidad pero con contundencia su situación y sus demandas"[976].

Una de las claves fue desmotar la imagen social y filantrópica de Amancio Ortega, "que realiza donaciones de maquinaria a la sanidad pública mientras evita informar sobre evasión de impuestos o condiciones laborales". El principal hallazgo de este estudio fue el contraste entre el silencio mediático durante los primeros días de la huelga y el mayor volumen de publicaciones una vez finalizado el conflicto con un acuerdo. Las investigadoras destacan que esto es "un modo de propaganda que revela el control —directo o indirecto— que ciertas empresas como Inditex tienen de los medios. La publicación una vez finalizada la huelga supone desvincular el concepto conflicto de la imagen de la empresa y vincularlo a las ideas de diálogo, acuerdo, cuidado de sus trabajadoras"[977].

En este escenario, los medios de comunicación tienen la capacidad de marcar agenda (*agenda setting*) simplemente definiendo el tema a tratar y los términos del debate, o directamente ignorando el conflicto. El papel de los medios puede suponer la victoria o la derrota de los huelguistas. En el contexto de una huelga en servicios públicos, como la recogida de basuras, el transporte público o la sanidad, los ciudadanos se verán perjudicados por el deterioro en la calidad servicios públicos imprescindibles. Aunque estos inconvenientes pueden generar descontento entre la ciudadanía, se presenta una paradoja: las demandas de los huelguistas buscan mejorar las condiciones laborales, como reforzar el personal, y, en última instancia, los servicios públicos que utilizan. Por lo tanto, desde una perspectiva racional, los ciudadanos que desean servicios de mayor calidad, como calles más limpias o un mejor transporte, deberían mostrar solidaridad con los huelguistas, aunque esta reacción no siempre se observa en la práctica. Existe un riesgo de que los ciudadanos se pongan en

976 *Ibidem*, p. 116.

977 *Ibidem*, p. 120.

contra de los huelguistas y apoyen medidas antihuelga de la patronal o del Estado (servicios mínimos abusivos, arbitrajes obligatorios, suspensión del derecho de huelga...).

De esta forma, el papel de los medios de comunicación, poniendo el foco en las consecuencias negativas de la huelga (*prioritization*), puede poner en riesgo el éxito del conflicto. De hecho, los medios de comunicación pueden articular un discurso absolutamente hostil a los huelguistas, tratándolos como privilegiados y creando una antipatía ciudadana hacia ellos. Un ejemplo ocurrió en la huelga de controladores aéreos de 2010, donde una parte importante de los ciudadanos apoyaba las acciones anti-huelga del gobierno (que supuso la primera activación del Estado de alarma en España). De esta forma, los titulares en prensa como "Los trabajadores en huelga no tienen derecho a fastidiarte las Navidades"[978] o "¿Qué puede hacer un pasajero para que una huelga no le arruine las vacaciones?"[979] relacionan la justa y legítima reivindicación de derechos que es la huelga con "arruinar" otro derecho laboral: el descanso. Por tanto, el discurso de los medios puede activar marcos mentales negativos (*framing*) y que favorecen el discurso empresarial.

Una estrategia habitual es el victimismo, donde participan incluso trabajadores de la propia empresa donde se desarrolla la huelga, actuando en el sentido más coloquial del término esquirol. En el contexto de una larga huelga en la empresa concesionaria del transporte urbano de la ciudad de Vigo, Vitrasa, un medio local publicó un reportaje criminalizando la huelga a partir de declaraciones de una trabajadora: "Hablamos con Nieves, una trabajadora de Vitrasa represaliada por no secundar la huelga: 'El convenio necesita mejorar, pero el comité pide demasiadas cosas' [...] 'No se está buscando una negociación, sino una guerra'".

El reportaje comienza instalando marcos hostiles para los trabajadores: "Estudiantes que no llegan a sus clases, empleados que no sa-

---

978 MUÑOZ, R., ALONSO, N. S., "Los trabajadores en huelga no tienen derecho a fastidiarte las Navidades", *El País*, 22 de diciembre de 2017. Disponible en: https://zip.lu/Ynke

979 ABRIL PHILLIPS, A., "¿Qué puede hacer un pasajero para que una huelga no le arruine las vacaciones?", *La Vanguardia*, 29 de agosto de 2019. Disponible en: https://zip.lu/Xw3F

ben si estarán a la hora en sus trabajos, ancianos a la espera de llegar a sus citas médicas... La casuística de usuarios del autobús urbano que se han quedado tirados por la huelga de Vitrasa es innumerable. Tras más de un año de paros parciales y cuatro meses de huelga indefinida son muchos los empleados de la concesionaria que han dicho basta, convirtiéndose también en víctimas del conflicto"[980]. Según este artículo, los trabajadores son víctimas no por el desgaste de una larga huelga o la negativa de la empresa a acordar mejoras en el convenio colectivo, sino de un pequeño grupo violento que controla el comité de empresa.

En definitiva, debemos destacar que la comunicación en los conflictos laborales no es monopolio de los sindicatos. Más bien al contrario, las empresas dedican muchos esfuerzos en criminalizar a los huelguistas. Por ejemplo, Ryanair entregó un millón y medio de firmas ante la Comisión Europea para "hacer un llamamiento a Ursula Von Der Leyen para que proteja los vuelos de pasajeros españoles y mantenga abierto el espacio aéreo de la UE durante las huelgas de controladores aéreos"[981]. La campaña se basa en *leitmotiv* clásicos de la patronal: más leyes de servicios mínimos, facilitar el esquirolaje y arbitraje obligatorio en caso de huelga. No obstante, esta campaña quedó desdibujada porque dos activistas climáticas lanzaron dos tartas a la cara del consejero delegado de Ryanair cuando atendía a la prensa[982]. La comunicación, por tanto, implica riesgos y puede volverse en contra de cualquier actor activando, en este caso, los marcos de polución y emergencia climática en un sector muy contaminante.

1.2. La publicidad como contenido esencial del derecho de huelga

A la hora de analizar el impacto mediático de las huelgas debemos distinguir una doble dimensión de su esfera comunicativa. Por una

---

980 VILLANUEVA, E., "Nieves, conductora de Vitrasa: Al comité de Vitrasa se le ha ido de las manos la huelga; algunos estamos con ansiedad y acosados", *Faro de Vigo*, 21 de febrero de 2024. Disponible en: https://zip.lu/3dM9V

981 Ryanair, "PROTECT PASSENGERS - KEEP EU SKIES OPEN PETITION - SIGN TODAY!". Disponible en: https://zip.lu/Xw4Q

982 RTVE, "Activistas climáticas lanzan dos tartas a la cara del consejero delegado de Ryanair", *rtve.es*, 7 de septiembre de 2023. Disponible en: https://zip.lu/Xw3o

parte, la publicidad de la huelga se configura como parte del contenido esencial del derecho fundamental de huelga. Por otra parte, en las huelgas en medios de comunicación (radio, televisión o prensa escrita) la publicidad de la huelga integra un elemento adicional de forma que la visibilización de la huelga se equipara con la eficacia o el éxito de la misma. Por tanto, sólo la efectiva exteriorización de los efectos de la huelga permitirá que esta tenga capacidad de presión suficiente.

Por una parte, el propio RDLRT establece que "los trabajadores en huelga podrán efectuar publicidad de la misma, en forma pacífica, y llevar a efecto recogida de fondos sin coacción alguna" (art. 6.6). Ya la primera sentencia en materia de huelga, la STC 11/1981, el Tribunal Constitucional destacó que una de las facultades del derecho de huelga es la publicidad o proyección exterior de la misma.

Tal facultad abarca no sólo la publicidad del hecho mismo de la huelga, sino también de sus circunstancias o de los obstáculos que se oponen a su desarrollo, a los efectos de exponer la propia postura, recabar la solidaridad de terceros o superar su oposición[983]. El derecho de huelga implica el de requerir de otros la adhesión a la misma y a participar, dentro del marco legal, en acciones conjuntas dirigidas a tal fin[984]. La actividad del llamado piquete de huelguistas con sus funciones de información, propaganda, persuasión a los demás trabajadores para que se sumen a la huelga o disuasión a los que han optado por continuar el trabajo, integra pues el contenido del derecho reconocido en el art. 28.2 CE[985].

En definitiva, el derecho de huelga incluye "el derecho de difusión e información sobre la misma"[986] integrándose en el contenido esencial de dicho derecho de huelga el derecho a "difundirla y a hacer publicidad de la misma"[987].

---

983 STC 120/1983, de 15 de diciembre; y AATC 570/1987, de 13 de mayo; 36/1989, de 23 de enero; 193/1993, de 14 de junio, y 158/1994, de 9 de mayo.

984 SSTC 254/1988, de 21 de diciembre, 37/1998, de 17 de febrero; y AATC 71/1992, de 9 de marzo, y 17/1995, de 24 de enero.

985 SSTC 137/1997, de 21 de julio; 69/2016, de 14 de abril.

986 SSTC 332/1994, de 19 de diciembre; 333/1994, de 19 de diciembre; 40/1995, de 13 de febrero.

987 ATC, 158/1994, de 9 de mayo

Está claro que el "requerimiento pacífico a seguir la huelga forma parte del derecho que proclama el art. 28.2 CE"[988]. Ciertamente, y como no puede ser de otro modo, se trata de una publicidad pacífica, "sin que en modo alguno pueda incurrirse en coacciones, intimidaciones, amenazas ni actos de violencia de ninguna clase"[989], por lo que resulta obligado respetar la libertad de los trabajadores que optan por no ejercer el derecho de huelga, libertad que les reconoce expresamente el art. 6.4 RDLRT. "Es patente que quien ejerce la coacción psicológica o presión moral para extender la huelga se sitúa extramuros del ámbito constitucionalmente protegido y del ejercicio legítimo del derecho reconocido en el art. 28.2 CE"[990].

En este escenario, analizando la constitucionalidad de determinadas sanciones disciplinarias laborales, el Tribunal Constitucional[991] ha tenido ocasión de precisar los límites de la función de publicidad o difusión de la huelga. De esta forma, son conductas totalmente ajenas al ejercicio del derecho de huelga impedir la entrada en la fábrica a los directivos, trabajadores de empresas contratistas o a los designados para atender los servicios mínimos y amenazar a los que estaban en su puesto de trabajo para que lo abandonaran[992]; golpear y amenazar a un trabajador para eliminar de hecho su libertad de trabajo[993]; agredir e insultar al personal de seguridad y causar incendios y daños en las instalaciones de la empresa[994]; interceptar y golpear el vehículo que trasladaba a los trabajadores, insultando a sus ocupantes[995]; insultar a los trabajadores que accedían al centro de trabajo[996]; u obstaculizar e impedir a clientes y trabajadores el libre acceso a la empresa, profiriendo palabras injuriosas e insultantes contra quienes no secundaban la huelga[997]. Es claro que la persuasión a los demás

---

988 STC 37/1998, de 17 de febrero.
989 SSTC 332/1994, de 19 de diciembre; 137/1997, de 21 de julio.
990 STC 37/1998, de 17 de febrero
991 STC 137/1997, de 21 de julio.
992 ATC 570/1987, de 13 de mayo.
993 ATC 193/1993, de 14 de junio.
994 ATC 158/1994, de 9 de mayo.
995 STC 332/1994, de 19 de diciembre.
996 STC 333/1994, de 19 de diciembre.
997 STC 40/1995, de 13 de febrero.

trabajadores para que se sumen a la huelga o disuasión a los que han optado por continuar el trabajo debe ser no violenta.

Por otra parte, es importante diferenciar el aspecto comunicativo, mediático, publicitario o de difusión de *cualquier* huelga, y ese mismo aspecto de huelgas *en* medios de comunicación.

Desde sus primeros pronunciamientos sobre el mantenimiento de los servicios esenciales de la comunidad, el TC defendió que "el criterio restrictivo, favorable al ejercicio del derecho de huelga, ha de tener en cuenta que ésta ha de mantener una capacidad de presión suficiente como para lograr sus objetivos frente a la empresa, en principio destinataria del conflicto, no debe serle añadida a la misma la presión adicional del daño innecesario que sufre la propia comunidad"[998], "adicionando así a la que se ejerce sobre el empresario la que se realiza sobre los usuarios de las prestaciones de servicios públicos"[999]. La idea fuerza aquí es que "la capacidad de presión suficiente como para lograr sus objetivos" integra el contenido esencial del derecho de huelga.

Precisamente, en los medios de comunicación, "la publicidad o proyección exterior de la misma"[1000] junto con la "capacidad de presión suficiente"[1001] exigen interrumpir la actividad ordinaria del medio de comunicación, no imprimiendo los periódicos o paralizando la emisión en la televisión o en la radio. En este sector, la visibilización de la huelga se equipara con la eficacia o el éxito de la misma.

El TC ha afirmado que "con la emisión, dentro de los horarios habituales de difusión, de una programación previamente grabada se persigue la no interrupción del servicio de la radiodifusión sonora y de la televisión, con lo que se priva de repercusión apreciable a la huelga, sustrayéndole su virtualidad de medio de presión y de inequívoca exteriorización de los efectos del paro laboral efectivamente

998 SSTC 51/1986, de 24 de abril; 43/1990, de 15 de marzo.

999 STC 183/2006, de 19 de junio.

1000 STC 11/1981, de 8 de abril.

1001 SSTC 51/1986, de 24 de abril; 43/1990, de 15 de marzo; 183/2006, de 19 de junio.

producido mediante la exigencia de una apariencia de la normalidad del servicio, lo que resulta contrario al derecho de huelga"[1002].

Aplicando esta doctrina, la Sala de lo Contencioso Administrativo del Tribunal Supremo ha dictado sentencias[1003] en casos de derecho de huelga en radiodifusión y televisión y fijación de servicios mínimos, ante el intento de mantener una normal programación informativa, señalando que la actividad informativa mantenida como servicio mínimo comporta una disminución, no sólo de la total actividad televisiva o radiofónica de cualquier clase de contenido que es desarrollada en condiciones de normalidad, sino también una apreciable reducción de la actividad informativa que es realizada en esas mismas circunstancias de normalidad.

Esta consideración es importante porque "sólo así resultará visible a la ciudadanía la perturbación que provoca la huelga en la actividad donde es realizada, y sólo así, también, la huelga cumple esa virtualidad que le corresponde, según recuerda el Tribunal Constitucional, de actuar como un eficaz medio de presión a través de la exteriorización de los efectos que produce el paro laboral"[1004].

En el caso de un medio de comunicación que contrató a una nueva imprenta para mantener la impresión de periódicos durante una huelga en su contrata habitual, el Tribunal Supremo ha afirmado que "ninguna duda cabe de que el hecho de la normal aparición durante los días de huelga de los diarios editados por las demandadas priva de repercusión apreciable a la huelga, arrebatándole su finalidad de medio de presión y de exteriorización de los efectos de la huelga al presentar una apariencia de normalidad contraria al derecho de huelga. En efecto, además de ser un medio de presión de los trabajadores para la defensa de sus intereses legítimos, la huelga tiene una vertiente externa, a saber, la de exteriorización de los efectos que produce, haciendo visible a los ciudadanos la perturbación que

---

1002 SSTC 183/2006, de 19 de junio; 193/2006, de 19 de junio; 191/2006, de 19 de junio; 184/2006, de 19 de junio.

1003 SSTS, Sala de lo Contencioso, de 27 de junio de 2009 (Rec. 161/2007), de 24 de febrero de 2010 (Rec. 1425/2008) y 8 de abril de 2010 (Rec. 4151/2007).

1004 SSTS, Sala de lo Contencioso, de 24 de febrero de 2010 (Rec. 1425/2008) y 8 de abril de 2010 (Rec. 4151/2007). STS, Sala de lo Social, de 5 de diciembre de 2012 (Rec. 265/2011).

provoca, máxime en una actividad como la ejercida por las empresas demandadas. Ambas finalidades han sido cercenadas por las demandadas con la contratación de empresas ajenas para la impresión de sus diarios durante los días de huelga"[1005].

Por tanto, se trata de "sustraer virtualidad a la huelga como medio de presión", de tal manera que "el derecho de huelga ejercitable puede llegar a ser irreconocible, si se le vacía de su contenido esencial como medio presión constitucionalmente garantizado". El TS considera que la posibilidad de limitar los efectos prácticos del ejercicio del derecho de huelga debe ser interpretada restrictivamente, haciendo prevalecer el criterio de la máxima efectividad del derecho fundamental en juego[1006].

Efectivamente, en algunos sectores, como la prensa escrita o la radiodifusión, el impacto de las huelgas no se mide tanto en términos económicos como de visibilidad ante sus destinatarios[1007]. De esta forma, si continúa la labor informativa habitual "se consigue ofrecer una apariencia de normalidad con lo que la realización de una huelga en este tipo de empresas puede llegar a tener una trascendencia social prácticamente nula"[1008].

En definitiva, a la construcción doctrinal del Tribunal Constitucional sobre "la publicidad o proyección exterior de la huelga" junto con la "capacidad de presión suficiente", debemos añadir la idea de la repercusión, la visibilización o la "trascendencia social". Por tanto, se quiere evitar que el vacío de su contenido esencial haga a la huelga "irreconocible".

En este escenario es interesante un pronunciamiento sobre la sustitución de la presentadora habitual de un informativo de la Televisión de Galicia, cuando ejercía su derecho de huelga el 8 de marzo de 2018. El Tribunal Supremo[1009] entiende acreditada la conducta empresarial consistente en haber sustituido a la presentadora por

---

1005 SSTS de 11 de febrero de 2015 (Rec. 95/2014); de 3 de octubre de 2018 (Rec. 3365/2016).

1006 STS de 5 de diciembre de 2012 (Rec. 265/2011).

1007 GRAU PINEDA, C., *Los difusos contornos de la prohibición de esquirolaje*, Valencia, ed. Tirant Lo Blanch, 2021.

1008 STS de 5 de diciembre de 2012 (Rec. 265/2011).

1009 STS de 13 de enero de 2020 (Rec. 138/2018).

quien era su superior se encuadra dentro de la noción de esquirolaje interno. Dicha trabajadora, redactora de CRTVG, era habitualmente la presentadora del programa "Galicia Noticias Mediodía", que era uno de los cinco programas más vistos de la televisión gallega. El día de la huelga, cuyo objetivo principal se dirigía a reivindicar la igualdad de las mujeres en el mundo laboral, no se emitieron algunos programas. El programa que presentaba aquella redactora, que no estaba dentro de los servicios mínimos, fue atendido y presentado por el editor, que es el que sustituía a la trabajadora huelguista con ocasión de sus permisos, vacaciones, bajas médicas u otras situaciones similares.

El objetivo del sindicato era "visibilizar las consecuencias de la ausencia de las mujeres trabajadoras en sus puestos de trabajos, consecuencias que no son visibles si la ausencia de dicha trabajadora fémina es suplida por un trabajador varón"[1010]. Para neutralizar el efecto propio y esencial del ejercicio del derecho de huelga, como es la paralización de la actividad, máxime en una como la que afecta a una cadena de televisión, "donde la falta de emisión de programas televisivos se presenta también como medio de difusión del seguimiento de aquel ejercicio y del cumplimiento de sus objetivos". En el día de huelga, la ausencia de la presentadora y, con ello, "la no emisión del programa sí que daba visualización a la huelga"[1011].

En supuesto idéntico más reciente, el TS consideraba que Canal Sur había incurrido en un supuesto de esquirolaje interno al encargar la presentación de un programa de radio a un trabajador distinto a su presentadora habitual el día en que esta ejercita su derecho de huelga (8 de marzo de 2021). Concluye que "con independencia de que el redactor que sustituyó a la presentadora habitual del programa pudiere ostentar su misma categoría profesional, lo cierto es que no se trataba de un supuesto de sustitución ordinaria en el que pudiere concurrir cualquier circunstancia excepcional que justificase el cambio de presentador, por razones incluso ajenas a la voluntad de la presentadora habitual, sino de una decisión empresarial claramente dirigida a menoscabar el legítimo ejercicio del derecho de huelga pa-

[1010] STSJ Galicia de 26 de abril de 2018 (Rec. 10/2018).
[1011] STS de 13 de enero de 2020 (Rec. 138/2018).

ra visualizar ante terceros y el público en general la menor incidencia de la protesta laboral manteniendo en antena la emisión del programa. No se trata por lo tanto de una sustitución habitual del presentador que pudiere enmarcarse dentro del *ius variandi* empresarial, sino de una decisión absolutamente extraordinaria, con una concreta y determinada finalidad claramente dirigida a perjudicar el ejercicio del derecho de huelga"[1012]. Por tanto, en ambos pronunciamientos el TS confirma la importancia de la visibilización o la trascendencia social de la huelga.

1.3. Las redes sociales: un medio de comunicación e innovación sindical

1.3.1. La acción sindical en redes sociales

Una vez comentado el alcance de la publicidad, la capacidad de presión y la trascendencia social o visibilización de las huelgas, debemos destacar que esta doctrina ha envejecido muy rápido. Atrás quedó el tiempo en el que las huelgas se promocionaban con piquetes delante de la fábrica y en el que los medios de comunicación tenían el monopolio de la conversación social. Hoy en día, en un contexto de democratización de los medios de comunicación y la proliferación de las redes sociales, la publicidad de las huelgas y la búsqueda de solidaridad de terceros entra en una nueva dimensión. Los sindicatos, en el diseño y ejecución de una acción comunicativa en el marco de una huelga, deben adaptarse a la importancia actual de las redes sociales.

Está claro que Internet y los medios de comunicación de masas son dos plataformas de comunicación distintas, si bien relacionadas, que comparten una característica clave común en la construcción del campo político: en ambos casos el proceso de comunicación está moldeado por el mensaje[1013]. La mayor parte de movimientos sociales y políticos del mundo de todas las tendencias utilizan Internet como una forma privilegiada de acción y de organización. Por tanto, Internet es el instrumento donde proliferan redes sociales, una plu-

---

1012 STS de 16 de octubre de 2024 (Rec. 211/2022).

1013 CASTELLS, M., *Comunicación…*, *op. cit.*, p. 275.

ralidad de plataformas muy diversas en cuando al alcance y al formato, pero la clave sigue siendo la estrategia.

Castells defiende que la política mediática de la era digital se caracteriza por la interacción entre los medios mayoritarios e Internet.

> "Si bien los medios de comunicación siguen siendo la principal fuente de imágenes y sonidos que modelan la mente de los votantes, los puntos de acceso al universo audiovisual se han multiplicado. Cualquiera puede colgar un vídeo, escribir un blog o difundir información. El impacto potencial de sus mensajes depende de su resonancia en las percepciones de la gente y de si los medios de comunicación consideran que es importante para su audiencia. Por eso las dos formas de comunicación, la comunicación de masas y la autocomunicación de masas, se integran cada vez más con las opiniones de la audiencia. La diferencia clave está en el nivel de control en el punto de acceso del sistema audiovisual. Mientras que los filtros establecidos por propietarios, anunciantes, editores y periodistas profesionales priman o bloquean información e imágenes, Internet sigue siendo el lugar elegido para los mensajes no supervisados que amplían el alcance de las fuentes de información y desinformación, cambiando menor credibilidad por mayor diversidad"[1014].

En la interacción entre Internet y los movimientos sociales, Castells[1015] destaca tres elementos clave. Primero, se observa un cambio en la sociedad, con la disminución de las organizaciones tradicionales y la emergencia de actores sociales que se unen en torno a objetivos específicos, formando coaliciones basadas en valores y proyectos. Internet se convierte en la herramienta que permite la flexibilidad y coordinación de estos movimientos. El segundo aspecto es que los movimientos sociales actuales se centran en valores y códigos culturales, dependiendo en gran medida de la comunicación y el reclutamiento basados en principios e ideas. Internet desempeña un papel fundamental al permitir la transmisión instantánea de ideas y la formación de coaliciones en torno a valores compartidos. El tercer rasgo específico es que el poder opera en redes globales, mientras que la gente desarrolla sus valores y resistencia en comunidades locales. Internet facilita la articulación de proyectos locales a través de pro-

---

1014 *Ibidem*, pp. 311-312.

1015 CASTELLS, M., "Internet y la sociedad red", Lección inaugural del programa de doctorado sobre la sociedad de la información y el conocimiento (UOC), 1999. Disponible en: https://zip.lu/XWnp

testas globales, lo que permite la oposición a la globalización y otros problemas desde una perspectiva local, pero conectada globalmente. En resumen, Internet actúa como un puente entre lo global y lo local en la movilización y el control social en la sociedad contemporánea.

En este contexto, nos interesan las prácticas sindicales innovadoras, esto es, "aquellas que representan nuevas formas de compromiso para el sindicato en el contexto en el que operan, o formas de compromiso que se extienden más allá de las comunidades sindicales tradicionales". Es decir, la innovación sindical no solo estará relacionada con la adopción estrategias novedosas en su entorno tradicional de acción, y/o el uso de herramientas que permitan a los sindicatos ser más efectivos en su acción sino también con la búsqueda de estrategias dirigidas hacia fuera de su audiencia tradicional. Las prácticas sindicales innovadoras "buscan el abordaje de emergentes o nuevos retos, o bien tratan de solucionar un problema existente de manera más efectiva"[1016].

En el ámbito de la innovación sindical existen varias dimensiones y tipos de medidas. La innovación puede estar referida a la estructura organizativa, que implica, entre otras, un cambio de liderazgo sindical; una reforma de la organización sindical interna (por ejemplo, la creación de nuevas unidades); también estarían dentro de esta dimensión la fusión o cooperación con otras organizaciones, etc. La innovación sindical además puede darse con respecto a la elección de estrategias, que incluiría tanto la adopción de nuevas estrategias, como cambios en la priorización entre estrategias ya perseguidas (por ejemplo, poner un mayor énfasis en la organización de los trabajadores en comparación con períodos anteriores). Otra dimensión de la innovación sindical se da en relación con la selección del grupo objetivo al que dirigir su acción, definido, en función de su posición en el mercado laboral (trabajadores precarios, trabajadores de nuevas profesiones) o en relación con otros criterios sociales más amplios (jubilados, inmigrantes, opinión pública en general)[1017].

[1016] JALIL NAJI, M., "Innovación sindical: las redes sociales como instrumento de organización y defensa colectiva", *Documentación Laboral*, nº. 119, 2020, p. 146.

[1017] BERNACIAK M., MARTA KAHANCOVÁ, M., *Innovative union practices in Central-Eastern Europe*, ETUI, Brussels, 2017, p. 12.

Las redes sociales se han convertido en una herramienta importante para los sindicatos al enfrentar la hostilidad y la deslegitimación de sus campañas. El movimiento sindical en línea tiende a ser más horizontal y de base, lo que le permite dar voz a trabajadores tradicionalmente excluidos y aumentar la autenticidad de sus campañas a través de testimonios personales. La opinión pública y los medios de comunicación tienden a apoyar más a los movimientos sindicales construidos de abajo hacia arriba. Las redes sociales también permiten la participación de partes interesadas externas y amplifican las acciones fuera de línea. Las acciones digitales "cuando se usan en combinación con acciones *offline*, pueden ser una herramienta muy efectiva para presionar a las empresas contemporáneas, mediante la apelación a sus activos inmateriales más valiosos en el entorno económico actual: su marca y reputación"[1018]. Sin embargo, la adopción de tecnología por parte de los sindicatos no garantiza una estrategia innovadora; se requiere creatividad tanto en el ámbito digital como en el físico para lograr una renovación sindical efectiva.

Por otro lado, la tecnología no solo cumple funciones en el terreno de la comunicación entre representantes y representados, esto es, en el terreno de la formación de la voluntad concertada que existe detrás de la huelga. También puede tener su papel en el terreno de la conformación del propio movimiento colectivo. Esta idea se relaciona con existencia de técnicas de información y comunicación que permitirían incrementar su eficacia, aun a pesar de la dispersión de los trabajadores. "De un lado, las TIC permiten la amplificación del conflicto, mediante el uso de las redes sociales y similares; de otro, abren la posibilidad de utilizar como arma de conflicto medidas alternativas a la abstención concertada del trabajo, en la que típicamente consiste la huelga según el art. 7.1 RDLRT"[1019].

Por lo que se refiere, en primer lugar, al efecto amplificador del conflicto a través de las redes sociales, no es un fenómeno tan nuevo. La huelga se ha venido haciendo cada vez más costosa para quienes la organizan y la secundan. Por ello, ha ido incrementando su papel

---

1018 JALIL NAJI, M., "Innovación sindical…", *op. cit.*, pp. 147-148.

1019 GOERLICH PESET, J. M., "Digitalización y derecho de huelga", *Temas Laborales*, nº 155, 2020, p. 100.

de "demostración". En un conflicto abierto y sostenido los participantes pagan un elevado precio. Por ello, se aspira a minimizarlo manteniéndolo contenido por lo que se refiere a sus ámbitos subjetivo y temporal; y se busca la compensación la pérdida de efectividad derivada mediante su reflejo en los medios de comunicación. En este modelo, las redes sociales pueden jugar un importante papel[1020].

Ahora bien, en la medida en que estas herramientas digitales están bajo control empresarial, también conforman un instrumento empresarial de defensa ante la huelga. Goerlich resalta que "el patrón las puede utilizar persiguiendo la desmovilización o para contrarrestar los efectos negativos que las actuaciones mediáticas de los trabajadores puedan tener sobre la imagen de la empresa. Y no es fácil evitar este fenómeno: aunque se ha intentado configurar esta utilización de las TIC como actuación antisindical de las empresas, no siempre es posible llegar a este resultado puesto que son titulares también de las libertades de expresión e información"[1021]. Por tanto, la empresa puede recurrir a las mismas estrategias en redes sociales para restaurar su imagen amparándose, legítimamente, en la libertad de expresión.

Respecto a la acción sindical *online*, Goerlich cuestiona que otras medidas de conflicto, que serían a la vez más eficaces y menos costosas que la abstención concertada del trabajo tradicional, no están exentos de problemas. De un lado, cabe discutir que las nuevas medidas de conflicto tengan los mismos efectos reales que la movilización directa tradicional. Por un lado, no es claro que la técnica tradicional de incrementar la eficacia del conflicto pueda ser sustituida con éxito por la actuación a través de las redes: "No es seguro, en otras palabras, que los piquetes informáticos tengan la misma efectividad que los de carácter presencial. De hecho, las empresas comienzan a pensar en el recurso transitorio al trabajo a distancia en las proximidades del conflicto como instrumento para minimizar su impacto"[1022]. Respecto a los trabajadores, "es cierto que las TIC incrementan las posibilidades de actuación en este terreno, pero algunas de ellas,

---

1020 *Ibidem*, p. 101.

1021 *Idem*.

1022 *Ibidem*, p. 102.

aunque puedan ser muy vistosas en el marco de las redes sociales no sean más que una acumulación de *likes* en una determinada entrada, sin alcanzar el impacto real de la tradicional abstención del trabajo".

Por otro lado, las nuevas medidas de conflicto abren un debate cuya solución es difícil de prever en relación con la propia legitimidad de este tipo de movilizaciones. "No parece existir problema en la posibilidad de admitir la «telehuelga» que no es sino una forma digital de abstención concertada del trabajo en los términos del art. 7.1 RDLRT. Pero en una empresa «líquida», esta desconexión con finalidad de conflicto puede plantear problemas relacionados con los diferentes momentos de la prestación y las relaciones entre ellos"[1023]. Este tipo de cuestiones es todavía más complejo en relación con actuaciones que encajen difícilmente en la noción «clásica» de huelga, de modo que "será necesario reconstruir tal concepto si se quiere que estas nuevas formas de acción queden protegidas por el derecho fundamental"[1024].

En materia de acción sindical digital, los principales sindicatos del país, CCOO y UGT, mostraron muy pronto su interés en las redes sociales. CCOO, que editó un manual de manual de uso de redes sociales en 2013[1025], considera "necesario reforzar nuestros departamentos de comunicación con nuevas capacidades y habilidades, así como mejorar nuestra presencia en los medios y redes sociales que en el mundo actual, y principalmente para las generaciones más jóvenes, conforman un dispositivo esencial para tejer una identidad compartida, problematizar aquellos aspectos que consideramos necesarios y proyectar la propuesta y las alternativas de nuestra organización a los problemas que la sociedad afronta"[1026]. Por su parte, UGT elaboró una estrategia de redes ya en 2015[1027] y propone utilizar los nuevos canales de comunicación para tener conocimiento, con la mayor in-

---

1023 *Idem.*

1024 GOERLICH PESET, J. M., "Innovación, digitalización y relaciones colectivas de trabajo", *Revista de treball, economia i societat*, nº 92, 2019, p. 22.

1025 Confederación Sindical de CCOO, *Las redes sociales y CCOO. Manual de usos y estilos en las redes sociales*, 2013. Disponible en: https://zip.lu/XP3n

1026 CCOO, *Ponencia Congresual*, 12º Congreso Confederal de CCOO, 2021, p. 16. Disponible en: https://zip.lu/VBB9

1027 Comisión Ejecutiva Confederal de UGT, *Manual de Redes Sociales y Web 2.0*, 2015. Disponible en: https://zip.lu/XP2F

mediatez posible, de los abusos laborales que se publican en las redes sociales[1028].

El uso de las redes sociales por parte de los sindicatos abarca tanto aspectos internos como externos. A nivel interno, estas plataformas se utilizan para la organización, formación, celebración de reuniones y debates, así como para llevar a cabo procesos de votación. Externamente, las redes sociales se emplean en la comunicación cotidiana y para la digitalización de medios de difusión tradicionales, como las revistas sindicales (CCOO: La Gaceta Sindical; UGT: Revista In Itinere). Además, se utilizan en campañas que buscan difundir la información sobre huelgas, ejercer presión sobre las empresas, movilizar la solidaridad de terceros, recoger firmas en línea, recaudar fondos a través de plataformas de micromecenazgo como GoFundMe y Patreon, organizar boicots y coordinar acciones físicas, como manifestaciones, reuniones y acciones directas pacíficas o, en ocasiones, más enérgicas. A su vez, estas acciones pueden ser exclusivamente online o combinadas con el repertorio de acciones físicas (carteles, panfletos, mesas informativas…).

En definitiva, se puede diseñar una clasificación de la actividad en función de la relación con otros actores, ordenándolas de menor a mayor incidencia social. En primer lugar, encontramos las acciones comunicativas dirigidas a la esfera interna del sindicato (1) y sin alcance más allá de afiliados, militantes y simpatizantes. Esto incluye la difusión de información, anuncios de eventos y reuniones, comunicación corporativa, gestión interna y transparencia. Por ejemplo, los principales sindicatos (CCOO y UGT) tienen una *app* móvil con noticias e información del sindicato, sus datos, cuotas y certificados, acceso a información laboral (convenio colectivo, calendario laboral), cursos formativos, etc.

En segundo lugar, los sindicatos despliegan acciones comunicativas de comparsa (2), que se limitan a replicar contenido y/o formato de otros actores. Aquí se sigue el siguiente esquema: [sindicato] se suma a la campaña de [grupo de interés, movimiento social u otro sindicato]. Un ejemplo sería la campaña ya comentada en CocaCo-

---

1028 UGT, *Programa de acción*, 2021, p. 25. Disponible en: https://zip.lu/VCsI

la[1029] o adherirse a movilizaciones por el clima[1030]. No obstante, es importante matizar que no se trata sólo de campañas de contenido político-sindical, sino que puede ser un reto o una moda viral sin contenido político simplemente para posicionarse en la red y llegar a un público amplio, como un juego. En el mundo de la comunicación social es importante tejer una red de seguidores lo más amplia posible para poder tensarla cuando haga falta.

En tercer lugar, los sindicatos impulsan acciones comunicativas propias (3), originales, con cierto grado de innovación y creatividad, y un pequeño margen de establecer la agenda social, política y/o legislativa. Un ejemplo fue la campaña #LaHuelgaNoEsDelito de CCOO y UGT[1031] contra la criminalización legal de los piquetes de huelga que consiguió la derogación del art. 315.3 CP.

En cuarto lugar, podríamos pensar en un proyecto sindical tractor o de arrastre (4), esto es, que tiene un impacto significativo y que impulsa o "arrastra" el desarrollo de otras iniciativas relacionadas. Se trata de acciones comunicativas propias, originales, que pivotan en la innovación, la creatividad y la audacia para no sólo convertirse en virales, sino obligar al resto de actores a posicionarse sobre la acción, apoyando sus reivindicaciones o invirtiendo grandes esfuerzos en deslegitimarlas. Sus éxitos no sólo se miden en términos políticos o legislativos, sino en la creación de un sentir social aparentemente imparable (una oleada social de indignación), en una batalla cultural ganada de la "guerra de trincheras" que es, en términos gramscianos, la lucha por la hegemonía. Por tanto, si el consentimiento y el consenso es la forma más eficaz de ejercer el poder, modificar los consensos es disputar el poder. A su vez, estos éxitos activan la movilización de la oposición o "contramovimientos" (Tarrow)[1032].

El sindicalismo no ha alcanzado este escenario y va a rebufo de los movimientos sociales. Algunos ejemplos de acciones colectivas

---

1029 DOMÍNGUEZ, H., "CCOO pide a los madrileños que no consuman Coca Cola", *Cadena Ser*, 30 de enero de 2014. Disponible en: https://zip.lu/XNNW

1030 CCOO, "CCOO llama a la participación en las movilizaciones del 27 de septiembre", 24 de septiembre de 2019. Disponible en: https://zip.lu/XPz8

1031 Puede consultarse más información de la campaña en https://huelganoesdelito.ccoo.es/ o en https://www.ugt.es/sin-derecho-de-huelga-no-hay-democracia

1032 TARROW, S., *El poder en…*, *op. cit.*, pp. 173-174.

exitosas podrían ser el movimiento de los indignados del 15M o las huelgas feministas, que marcaron un cambio de época. La política comunicativa de los principales sindicatos españoles es errática y conservadora, muy limitada al enfoque institucional. Por ejemplo, no se explica que no tengan una fuerte presencia en TikTok, que compite con Facebook e Instagram en usuarios, especialmente los jóvenes.

A continuación, se analiza el proceso de adaptación de la comunicación sindical y varias estrategias innovadoras.

1.3.2. La adaptación de la comunicación sindical clásica: de los tablones de anuncios a las *apps*

Está claro que en la tercera década del siglo XXI está superado el modelo decimonónico de los tablones de anuncios, concebidos en entornos fabriles que ya no existen. Hoy en día los tablones de anuncios se traducen en distintas fórmulas de comunicación a través de internet, como el envío masivo de correos electrónicos o la posibilidad de que la sección sindical disponga de un espacio propio en la web o en la intranet de la empresa.

En este escenario, es habitual que los sindicatos tengan una *newsletter*. Una "*newsletter* sindical" es una publicación periódica en formato digital que los sindicatos utilizan para informar a sus afiliados y al conjunto de trabajadores sobre cuestiones laborales, noticias, eventos, actualizaciones legales y cualquier otro tema relevante para los trabajadores y la organización sindical. Estos boletines informativos suelen contener artículos, análisis, informes, y otros contenidos que ayudan a mantener a los afiliados informados y comprometidos con los objetivos y actividades del sindicato. Algunos sindicatos incluso ofrecen descuentos a sus afiliados en virtud de convenios con empresas. Pueden ser una herramienta efectiva para la comunicación interna y externa, así como para la promoción de la solidaridad entre los trabajadores. En realidad, una *newsletter* se limita a un envío masivo de correos electrónicos.

Sin embargo, la *newsletter* sindical padece muchos problemas: la sobrecarga de información, la sobreabundancia de correos electrónicos que acaban catalogados como *spam* en las bandejas de entrada, el diseño y la presentación poco atractivos, la falta de interacción, la relevancia limitada o nula, y la competencia con otros canales mucho más llamativos, como las redes sociales.

En cualquier caso, estos envíos masivos de información constituyen una adaptación del derecho de los representantes de los trabajadores a disponer de locales y tablones de anuncios, reconocido en la primera redacción del Estatuto de los Trabajadores de 1980 (art. 81 ET). También lo recoge el art. 8.2.a LOLS. Este derecho debe interpretarse de conformidad con garantía de la libertad de expresión y opinión de los representantes de los trabajadores, que permite publicar y distribuir, sin perturbar el normal desenvolvimiento del trabajo, las publicaciones de interés laboral o social (art. 68.d ET).

Está claro que Ley Orgánica de Libertad Sindical es "preinternet y eso se nota", de hecho, la doctrina científica calificó de "*vintage*"[1033] a los tablones de anuncios. Con el desarrollo de las nuevas tecnologías y la difusión de internet aparecieron los tablones de anuncios virtuales y los envíos masivos de correo electrónico y la obsoleta regulación española se mostró insuficiente[1034]. En este escenario, se ha planteado "una reformulación de los medios instrumentales previstos en la legislación 'sindical' para preservar la eficacia de la acción representativa. Tanto la finalidad de la norma como la realidad social justificarían que la referencia al tablón integrase cualquier soporte —físico o virtual—, protegiendo, de esta forma, el derecho a la información que asiste a los representantes". En este marco, se proponía que "en aquellas empresas en las que por la actividad que desarrollan el tablón de anuncios se manifieste inoperante, las mismas deberían venir obligadas a suministrar un tablón virtual o sistemas de comunicación electrónica"[1035].

La doctrina del Tribunal Constitucional, aunque no abordó directamente esta cuestión, sí que tuvo una proyección evidente en la

---

1033 ESTEVE SEGARRA, A., "Desafíos de las relaciones colectivas de trabajo en las empresas de plataforma", *LABOS Revista de Derecho del Trabajo y Protección Social*, vol. 3, nº 3, 2022, p. 59.

1034 GARCÍA SALAS, A. I., "Distribución de información sindical y nuevas tecnologías el impacto de la STC 281/2005 y la evidencia de una normativa sindical insuficiente", *Revista de la Contratación Electrónica*, nº 103, 2009, pp. 3-45.

1035 NIETO ROJAS, P., *La representación de los trabajadores en la empresa: estructura, ámbito y función*, Tesis Doctoral, Universidad Carlos III de Madrid, 2015, p. 317.

gestión digital de las relaciones laborales cuando afirmó que "las organizaciones sindicales tienen derecho a que el empresario asuma las obligaciones y cargas que las normas legales o pactadas o sus previos actos le impongan para promocionar la eficacia del derecho de libertad sindical en la empresa (contenido adicional) aunque, conforme a lo dicho, al mismo tiempo, no pueden demandar actos positivos de esa naturaleza promocional si no existe una fuente generadora de tal obligación"[1036].

Sin embargo, como el legislador no ha modificado ni el art. 81 ET ni el art. 8.2 a) LOLS, "no existe ninguna obligación a cargo del empresario dirigida a facilitar la transmisión de información sindical a los trabajadores, afiliados o no, a través de un sistema de correo electrónico ni, en consecuencia, las empresas están obligadas a dotarse de esa infraestructura informática para uso sindical". Esta doctrina "reconoce que las redes tecnológicas preexistentes en la empresa debieran poder ser utilizadas por las instancias sindicales presentes en la empresa siempre que este uso no suponga una carga excesiva para la empresa"[1037].

Por tanto, teniendo en cuenta que los dispositivos electrónicos son herramientas de trabajo y valorándose cada caso en concreto, el TC[1038] exige un uso moderado, racional y no abusivo, que la comunicación no perturbe la actividad normal de la empresa, y que no ocasione gravámenes económicos adicionales a la empresa[1039]. Su uso, en definitiva, exige la negociación y el acuerdo con la empresa.

En este escenario, el Tribunal Supremo ha considerado que, "entre las cargas asumidas por la empresa, no puede incluirse la obligación de crear una herramienta de comunicación electrónica para facilitar la actividad sindical. Si el legislador no lo ha dispuesto expresamente, no cabe considerar que forme parte del derecho de libertad sindical el de exigir a la empresa el establecimiento de un

---

1036 STC 281/2005, de 7 de noviembre.

1037 NIETO ROJAS P., *La representación…*, *op. cit.*, pp. 318-319.

1038 STC 281/2005, de 7 de noviembre.

1039 NIETO ROJAS, P., "La disrupción digital y su impacto en los medios de acción sindical", en MERCADER UGUINA, J. R., DE LA PUEBLA PINILLA, A. (dirs.): *Cambio tecnológico y transformación de las fuentes laborales: Ley y convenio colectivo ante la disrupción digital*, Madrid, Tirant Lo Blanch, 2023, p. 362.

determinado sistema telemático con esa finalidad, y no cabe, por tanto, aplicar analógicamente a estos efectos las previsiones sobre los tablones de anuncios del art. 8 LOLS, a modo del derecho a una especie de tablón de anuncios digital, porque no hay norma legal que imponga la creación de otros canales o sistemas de comunicación e información diferentes a los previstos legalmente. Cuestión distinta es la de analizar si el sindicato tiene derecho a utilizar con esa finalidad un sistema preexistente en la empresa, creado con fines productivos y, en su caso, con qué límites"[1040].

En la negociación colectiva encontramos muchos ejemplos de la regulación del uso sindical del email, la intranet de la empresa y el tablón virtual. Por ejemplo: los convenios colectivos de oficinas y despachos de Madrid (art. 52[1041]) y de Cataluña (art. 69.2[1042]). Lógicamente, estas cláusulas convencionales se dan en los sectores o empresas con mayor digitalización.

En el convenio colectivo del sector de la banca se regula un sitio particular en la intranet para los representantes sindicales del comité de empresa, así como el uso del correo electrónico corporativo (art. 65[1043]). De hecho, el convenio ordena suprimir los tablones de anuncios tradicionales, excepto en aquellos centros de trabajo en donde no se tenga acceso a la intranet: "Las secciones sindicales, en la medida en que utilicen estos sistemas, deberán reducir en consonancia el volumen de comunicaciones remitidas por los medios tradicionales (fotocopias, notas en soporte papel, teléfono, etc.)".

1040 STS 21 de Febrero de 2019 (Rec. 214/2017).

1041 Resolución de 22 de julio de 2022, de la Dirección General de Trabajo de la Consejería de Economía, Hacienda y Empleo, sobre registro, depósito y publicación del Convenio Colectivo del Sector de Oficinas y Despachos, suscrito por Confederación Empresarial de Madrid-CEOE (CEIM) y CC OO y UGT por la representación sindical (código número 28003005011981). (Boletín Oficial de la Comunidad de Madrid de 13/08/2022).

1042 Resolución EMT/3590/2023, de 21 de octubre, por la que se dispone la inscripción y la publicación del Convenio colectivo de trabajo del sector de oficinas y despachos de Cataluña para los años 2022-2024 (código de convenio núm. 79000375011994).

1043 Resolución de 17 de marzo de 2021, de la Dirección General de Trabajo, por la que se registra y publica el XXIV Convenio colectivo del sector de la banca.

El convenio colectivo de Mapfre es un ejemplo de una empresa que sustituye el tablón de anuncios físico por un tablón de anuncios virtual. A su vez, la regulación es muy precisa, y reconoce el derecho de las secciones sindicales de dirigirse a todo el personal dentro de su ámbito territorial de actuación a través de correos electrónicos, cuyo número máximo se establece en siete correos al mes, que podrá alcanzarse conforme a una escala en función de la representatividad. Para enviar un correo al mes se exige entre un 1% y un 10% de representatividad, mientras que para enviar el máximo de 7 correos mensuales un 80% (art. 44.6)[1044].

En este contexto, "la elevada litigiosidad que ha planteado el uso de las tecnologías como medio de acción sindical se agotaría si se modificase el art. 81 ET y 8.2.c LOLS incluyendo un tablón virtual en la intranet de las empresas con suficiente implantación TIC y medios necesarios para la libre comunicación electrónica". La doctrina coincide en que la necesidad de esta reforma es evidente y propone que "la regulación debiera establecerse con un claro ánimo promocional que favoreciese el ejercicio de los derechos de reunión, comunicación e información"[1045]. No se trata de un planteamiento exótico, sino que simplemente se limitaría a actualizar la legislación sindical incluyendo el tablón virtual que ya está previsto para el trabajo a distancia (art. 19.2 Ley 10/2021, de 9 de julio, de trabajo a distancia). En esta norma especial "se crea un deber prestacional dirigido al reconocimiento del acceso a la intranet a las representaciones colectivas"[1046].

Por su parte, la jurisprudencia más reciente debate sobre el uso de *apps* como medio de transmisión de información sindical[1047]. Así, "nos encontramos con que las aplicaciones para teléfonos inteligen-

---

1044 Resolución de 31 de agosto de 2022, de la Dirección General de Trabajo, por la que se registra y publica el Convenio colectivo de Mapfre Grupo Asegurador.

1045 NIETO ROJAS, P., "La disrupción digital…", *op. cit.*, pp. 373-374.

1046 NIETO ROJAS, P., "Acceso a la intranet por secciones y comités. La necesaria relectura del tablón de anuncios como medio de acción sindical", *Blog El Foro de Labos*, 11 de noviembre de 2021. Disponible en: https://zip.lu/YoEI

1047 NIETO ROJAS, P., "El uso de *apps* como medio de transmisión de información sindical", *Blog El Foro de Labos*, 24 de octubre de 2023. Disponible en: https://zip.lu/YoHS

tes se pueden convertir en el nuevo tablón de anuncios sindical del siglo XXI, en sustitución del correo electrónico"[1048].

El Tribunal Supremo considera que no existe vulneración de la libertad sindical cuando la empresa insta a que el correo electrónico deje de ser el cauce para distribuir información sindical general y pone a disposición para ello una nueva herramienta informática (*app*) con superior funcionalidad y fácil accesibilidad[1049]. El tribunal concluye que la empresa que posee un sistema de comunicación electrónica con sus empleados debe permitir que el sindicato lo utilice, pero no se trata de un derecho absoluto. Sus restricciones han de justificarse, sea en el sobrecoste para la empresa, sea en la perturbación de la actividad productiva, sea en cualesquiera otras circunstancias que aboquen a su negación o restricción. La carga que pesa sobre la empresa no debe llegar al extremo de obligarle a mantener determinado sistema de comunicación electrónica, pero sí a justificar las restricciones impuestas. En este caso, se valoran cuatro motivos que justifican la decisión de la empresa: "1º) los cambios tecnológicos normalizan el recurso a las aplicaciones informáticas multifuncionales; 2º) no constan dificultades en el uso de la nueva aplicación; 3º) Las funcionalidades de la *app* compiten ventajosamente con las listas de distribución anteriores; 4º) ningún menoscabo aparece desde la perspectiva del tratamiento de datos"[1050].

En definitiva, sería interesante plantear una reforma legislativa que incorpore un deber empresarial proactivo tendente a facilitar la comunicación entre los representantes de los trabajadores y los trabajadores de cada empresa. A su vez, es posible que ante una convocatoria de huelga la empresa intente limitar el alcance de la misma apagando las herramientas virtuales que ella misma diseña y controla. Por ello, es importante garantizar que difusión de la actividad sindical sea realmente libre.

Por su parte, los sindicatos también utilizan las aplicaciones móviles como herramienta innovadora para la comunicación sindical.

1048 GIMENO MORÁN, J., "El tablón de anuncios del siglo XXI: Sentencia del TS sobre el uso de una aplicación para la información sindical", *elderecho.com*, Lefebvre, 4 de octubre de 2023. Disponible en: https://zip.lu/YmwF

1049 STS de 12 de septiembre de 2023 (Rec. 100/2021).

1050 *Idem.*

Tanto CCOO como UGT tienen su propia *app* con noticias e información del sindicato y permiten a los trabajadores acceder a información laboral y a cursos formativos.

Recientemente, UGT ha desarrollado una aplicación de registro de jornada (UGT Registra). Se trata de un sistema que funciona con geolocalización en los dispositivos móviles y que permitirá a todas las personas trabajadoras que lo utilicen conocer sus horas de trabajo efectivo: "el registro es anónimo y la persona trabajadora decidirá qué hacer con él: si sólo comprobar su jornada o si entregar sus datos al sindicato para que nosotros podamos sacar estadísticas, ver el comportamiento que desarrollan las empresas y los sectores, y en el caso de que fuera necesario y la persona trabajadora quiera, denunciar ante la Inspección de Trabajo y reclamar el abono de las horas extra"[1051]. Este proyecto se enmarca en una amplia campaña del sindicado sobre el tiempo de trabajo. UGT ha presentado una reclamación ante el Comité Europeo de Derechos Sociales por el funcionamiento del control horario y el coste de las horas extra, reclamando que se abone un 25% de retribución extra, y presiona para reducir la jornada laboral hasta las 37,5 horas semanales.

1.3.3. Estrategias sindicales innovadoras en redes sociales

A continuación, se analizan algunas estrategias innovadoras que los principales sindicatos están comenzando a implementar en redes sociales. Se trata de una pluralidad de iniciativas a las que pueden recurrir los sindicatos tanto en su comunicación ordinaria como para difundir concretos conflictos colectivos.

a) TikTok

Todavía no se han encontrado en TikTok acciones sindicales específicas de difusión, solidaridad o boicot en el marco una huelga. Sin embargo, esto es cuestión de tiempo. La importancia de las redes sociales y de internet está fuera de toda duda. El CIS ha estudiado qué ha influido en las principales decisiones políticas de los ciuda-

---

1051 UGT, "UGT presenta la App de registro de jornada 'UGT Registra'", *ugt.es*, 30 de octubre de 2024. Disponible en: https://bitly.cx/c0uP

danos en los últimos años, como votar o no votar o manifestar una u otra opinión. Las redes sociales e internet se colocan en segunda posición (22,4%), por debajo del papel de los candidatos (40,7), pero por delante de personas concretas como familiares, amigos/as o conocidos/as (21,3%), la televisión (18,5%), los periódicos (16,7%) o la radio (14,8%). Las redes sociales e internet son el principal mecanismo de influencia en los más jóvenes, de 18 a 24 años y de 25 a 34 años, con un 54,9% y un 41,7%, respectivamente[1052].

Sin embargo, la mayoría de la población, un 93,6%, cree que circula alguna o mucha información falsa en redes sociales. Esta cifra es más alta en redes sociales que en otros medios de comunicación tradicionales como la televisión (84%), la radio (63,9%) o la prensa escrita (72,2%)[1053].

TikTok es la red social del momento. Esta red social de origen chino, lanzada en España en 2018, popularizó el concepto de vídeos cortos en formato vertical, que adoptaron luego competidores como Instagram o YouTube. Aunque es complicado obtener datos de uso y penetración de redes sociales, un estudio en 2023 sobre mujeres y hombres de 12 a 74 años muestra que, frente al creciente abandono de Facebook y Twitter, TikTok se coloca como la red con un mayor crecimiento y la preferida entre los más jóvenes[1054]. La propia compañía presume de tener más de 18 millones de usuarios mensuales[1055], aunque podría superar los 22 millones contando a los menores de edad[1056].

1052 CIS, *Encuesta sobre tendencias sociales (III)*, nº 3424, 2023. Disponible en: https://zip.lu/33uVD

1053 CIS, *Latinobarómetro 2023 (XVI)*, nº 3481, 2024. Disponible en: https://bitly.cx/I4qm2

1054 IAB SPAIN, ELOGIA, *Estudio de Redes Sociales 2023*, 10 de mayo de 2023. Disponible en: https://zip.lu/FKkz

1055 TIKTOK, "Celebrando nuestra comunidad de 18.3 millones de personas en España", *newsroom.TikTok.com*, 24 de octubre de 2023. Disponible en: https://zip.lu/ZyWj

1056 THE SOCIAL MEDIA FAMILY, *IX Informe sobre uso de Redes Sociales en España*, 2023. Disponible en: https://zip.lu/ZzhD

Un reciente estudio del CIS sobre medios de comunicación social[1057] muestra que el 54,9% de los españoles suele usar redes sociales para informarse, destacando el 89,6% de jóvenes entre 18 y 24 años y el 80,9% de aquellos entre 25 y 34 años. Las principales redes sociales son Instagram (56%), Facebook (47,7%) y Twitter (42,9%). Sin embargo, TikTok, red social que utilizan el 15,1% de los ciudadanos, destaca por el dato entre mujeres (17,2% frente al 12,8% de los hombres) y entre los más jóvenes (37,8%, entre 18 y 24 años).

La ausencia de contenido sindical o relacionado con huelgas se debe a que la participación de sindicatos españoles en TikTok es muy reducida. CCOO abrió su cuenta confederal en TikTok en septiembre de 2023, pero comenzó a subir contenido en 2024. No obstante, algunas federaciones y las juventudes ya tenían un perfil activo[1058]. Por su parte, UGT comenzó a utilizar su perfil confederal en 2024 y sólo alguna federación[1059] o su organización juvenil (Revolución Ugetista, RUGE) tienen cuenta activa. CGT comenzó a publicar en enero de 2024 vídeos o fotos en formato no nativo de TikTok con poca repercusión. CIG y ELA no tienen perfiles, mientras LAB lo tienen vacíos. Los perfiles vacíos muestran la voluntad de los sindicatos de tener presencia en la red social, pero todavía no han publicado contenido. El sindicato español con más y mejor presencia es Unión Sindical Obrera (USO).

En definitiva, sólo podemos realmente valorar la acción sindical en TikTok de CCOO, UGT, RUGE y USO, porque tienen perfiles activos, donde utilizan de forma habitual el lenguaje y discurso específico de esta red social, y además cuentan con muchos seguidores. Es importante producir vídeos nativos para TikTok y no reciclados de una rueda de prensa, esto es, debe grabarse en pantalla completa de 9:16 en modo vertical, con subtítulos, centrado y bien iluminado. Los videos en el *feed* pueden durar entre 5 y 60 segundos, pero los

---

[1057] CIS, *Estudio sobre audiencias de medios de comunicación social*, nº 3421, 2023. Disponible en: https://zip.lu/32jLo

[1058] Federación de Servicios a la Ciudadanía, Federación de Servicios, Jóvenes CCOO Castilla-La Mancha. También hay algún pequeño perfil de secciones sindicales en empresas.

[1059] UGT Castilla y León, Sindicat de treballadores i treballadors d'Indústria, Construcció i Agro de Cataluña.

más cortos son los que mejor funcionan en TikTok. Uno de cada cuatro vídeos con mejores resultados tiene una duración entre 21 y 34 segundos[1060]. En ocasiones pueden utilizarse efectos y filtros o seguir alguna tendencia de actualidad.

En primer lugar, CCOO comienza a utilizar TikTok en 2024, pero es el sindicato que menos contenido nativo produce, porque la mayoría de los vídeos se reciclan de otras plataformas o de intervenciones en televisión. A pesar de ello, con ochenta y tres vídeos alcanza los dos mil doscientos seguidos y los trece mil me gusta. Varios vídeos acumulan decenas de miles de visualizaciones y uno supera las cincuenta mil[1061].

En el caso del sindicato UGT, desde que estrenó su canal, en enero de 2024, supera los tres mil seguidores y los seis mil me gusta, que son datos muy modestos. Apenas tiene cincuenta y seis vídeos, donde sólo destacan cinco de su secretario general sobre la subida anual del SMI y el acuerdo sobre el subsidio por desempleo, que superaron las diez mil visualizaciones[1062].

Respecto a RUGE, que abrió su cuenta en abril de 2023, tiene un perfil de en torno a setenta vídeos, cuatro mil seguidores y casi cuarenta mil me gusta. La mayoría de sus vídeos están protagonizados por un plano medio de su portavoz, un hombre joven, hablando a cámara. Aunque en general sus vídeos tienen un impacto limitado (menos de mil visualizaciones), algunos han alcanzado varios miles de visualizaciones y un vídeo pidiendo el voto en las elecciones generales de 2023 tuvo doscientos cincuenta mil[1063].

En el caso del sindicato USO, que creó su perfil en enero de 2023, tiene un canal de más de siete mil seguidores y casi cuarenta mil me gusta. Su cuenta tiene mucha actividad, superando los doscientos sesenta vídeos en poco más de un año y medio. Sus vídeos están protagonizados por un plano medio de sus portavoces, mujeres y hombres jóvenes, hablando a cámara, pero también incluyen *trends*

1060 TikTok, "7 formas de hacer que tus videos sean apropiados para TikTok", 19 de diciembre de 2022. Disponible en: https://zip.lu/3ahim

1061 Datos a octubre de 2024.

1062 Datos a octubre de 2024.

1063 Datos a octubre de 2024.

de actualidad, recurriendo al lenguaje propio de la *app* junto con efectos visuales y musicales. Una veintena de vídeos superan las diez mil visualizaciones y algunos especialmente virales las cien mil. Los cinco vídeos de su campaña "Haz USO de tus derechos" superan los dos millones de visualizaciones[1064]. Aquí destaca la importancia de la inversión en publicidad de pago en redes sociales.

En definitiva, TikTok comienza a integrarse como una herramienta más al servicio de la comunicación de los sindicatos. Por ello, los sindicatos deben diseñar la estrategia comunicativa de las huelgas que promuevan incluyendo contenido específico para esta aplicación, lo que incluye dotación económica para publicidad.

b) Los pódcast

Es difícil predecir su futuro, pero en el momento de escribir estas líneas los pódcast están de moda y esta oleada radiofónica ha alcanzado a los sindicatos. Un pódcast sindical es un formato de contenido de audio en línea que se utiliza para abordar temas y cuestiones relacionados con el sindicalismo y los asuntos laborales. Estos pódcast están protagonizados por líderes sindicales, trabajadores o simpatizantes del movimiento sindical. Suelen presentar entrevistas con los dirigentes sindicales, expertos en temas laborales, trabajadores y otros actores relevantes. A menudo tienen un enfoque informativo y educativo, y presentan formatos diversos, como monólogos, entrevistas, debates en mesa redonda o narraciones de historias de lucha o precariedad laboral.

Comisiones Obreras empezó su pódcast, denominado *Gente con Clase*[1065], en abril de 2021. Se trata de un pódcast mensual de duración variable, entre 20 y 40 minutos, que ya ha alcanzado los 76 programas[1066]. En el primer episodio del pódcast, se afirma que este es un medio más de acción sindical para llegar a otro tipo de gente. Unai Sordo, secretario general de CCOO, afirma que "CCOO es la máquina de generar información más grande que tiene este país", nutriéndose de su presencia en cada centro de trabajo. Por ello, "hay

---

1064 Datos a octubre de 2024.

1065 https://genteconclase.ccoo.es/

1066 Datos a octubre de 2024.

que explorar todos los canales de comunicación para transferir el montón de informaciones distintas que es capaz de generar CCOO y hacerlo de la manera más interactiva posible". Hoy en día, se ha "democratizado el acceso a la información" pero es más complicado "jerarquizar la información", en función de su rigor o su veracidad. El pódcast sindical combina la adaptación a la democratización de la información y el rigor como seña de identidad del sindicato. El pódcast es un formato flexible que se adapta a las realidades vitales de los trabajadores que son los receptores de la acción sindical[1067]. A su vez, las Juventudes de CCOO también tiene su propio pódcast desde mayo de 2023: *Nos van a oír*[1068].

Los pódcast son muy interesantes porque producen contenido que, a su vez, se adapta para su difusión en otras redes sociales (se extraen vídeos cortos estilo TikTok para Twitter, Instagram, TikTok, Facebook...). Hay infinidad de ejemplos[1069].

A su vez, los datos empíricos indican la importancia creciente de los pódcast como un medio de comunicación. Un reciente estudio del CIS sobre medios de comunicación social[1070] muestra que el 44,1% de los españoles utiliza las redes sociales online para informarse sobre las noticias, frente al 69,8% de la televisión, el 55,1% de la prensa y el 43,5% de la radio. Esta cifra se dispara hasta el 81,4% en los jóvenes de 18 a 24 años. Llama la atención que un 11,7% de los ciudadanos se informa a través de pódcast, mayoritariamente los hombres (un 13,9% frente al 9,6% de las mujeres), superando el 21% en el supuesto de jóvenes de 18 a 34 años.

Por tanto, los sindicatos que se esmeren en desarrollar pódcast de interés tendrán a su disposición una herramienta muy interesante,

---

1067 SORDO, U., "¿Un podcast sindical? Lo que nos puede contar un sindicato como CCOO", *Gente con Clase, Podcast Spotify*, CCOO, nº 1, 26 de abril de 2021. Disponible en: https://zip.lu/Yp7E

1068 https://nosvanaoir.ccoo.es/

1069 Jóvenes CCOO (@JovenesCCOO), "La incertidumbre que sufrimos la juventud no es algo individual o casual. 🔥👥♀👥▲a falta de oportunidades para la juventud (y este sistema) es lo que nos hace sentirnos lanzados a un abismo en el que seguro vamos a encontrarnos precariedad. #NosVanAOír #Podcast", *Twitter*, 24 de octubre de 2023. Disponible en: https://zip.lu/YneJ

1070 CIS, *Estudio sobre audiencias de medios de comunicación social*, nº 3421, 2023. Disponible en: https://zip.lu/32jLo

por su alcance y su perfil juvenil, para difundir tanto las convocatorias de huelga como las distintas campañas accesorias (publicidad, financiación, boicot, etc.).

c) Los influencers

Los *influencers* también son una herramienta que permite publicitar las acciones sindicales relacionadas con huelgas o acciones sindicales. El término *influencer* se usa para "aludir a personas con conocimiento, prestigio y presencia en determinados ámbitos en los que sus opiniones pueden influir en el comportamiento de otras muchas personas"[1071]. Sin embargo, es necesario realizar una diferenciación conceptual entre *influencer*, líder de opinión o prescriptor y famoso. Un *influencer* suele conocer el tema del que habla y se le reconoce cierta experiencia y conocimiento del mismo, mientras que un famoso no tiene por qué ser un especialista en el producto que comenta o anuncia. De esta forma, destacamos como cualidades que debe tener un *influencer* "ser un modelo a seguir, buen comunicador, debe actuar de modo constante, poseer una escucha activa (responder a los seguidores)". Es fundamental identificar el perfil de *influencer* de acuerdo al producto o la marca.

A su vez, la consolidación de las plataformas de redes sociales ha permitido la emergencia de nuevos prescriptores de consumo como las microcelebridades, figuras cada vez más apreciadas por las marcas comerciales para conectar con el consumidor de un modo cercano y aparentemente espontáneo[1072].

Lo interesante de los *influencers* es la apariencia de neutralidad. Se trata de perfiles vistosos protagonizados por personas carismáticas con muchos seguidores, aparentemente imparciales, que transmiten cercanía y su contenido habitual no tiene nada que ver con política o sindicalismo o, si trata estos temas, no se vincula directamente a ninguna organización. La clave de la batalla de las ideas es intentar llegar a trabajadores que no sean militantes ni simpatizantes, in-

---

[1071] GÓMEZ NIETO, B., "El *influencer*: herramienta clave en el contexto digital de la publicidad engañosa", *methaodos.revista de ciencias sociales*, vol. 6, nº 1, 2018, p. 150.

[1072] *Ibidem*, p. 153.

cluso aquellos hostiles al sindicato. Por tanto, las marcas recurren a estos *influencers* o *microinfluencers* para utilizar el prestigio que han acumulado en sus canales de comunicación. Puede ser gente que se dedique al humor, a la cocina, *gamers*, divulgadores... Se trata, además, de un sector profesionalizado, porque las colaboraciones están especialmente bien pagadas para aquellos que consiguen más visitas y *likes* y las marcas se esfuerzan en generar simpatías y que utilicen sus productos.

Aunque el papel de los *influencers* se resuma en capital cultural al servicio del mercado, los sindicatos también pueden hacer uso de este recurso. De hecho, ya hay muchas experiencias con estos comunicadores digitales. Por ejemplo, CCCO subió a Youtube un vídeo protagonizado por una famosa *influencer*, que participa y presenta habitualmente programas de televisión, debatiendo con jóvenes sobre precariedad laboral: #NoEsLoQueHay Focus Group con Inés Hernand[1073]. Sin embargo, esta experiencia es un fracaso (el vídeo no llega a 150 reproducciones). Esto se debe a que Youtube es una red social en decadencia, especialmente entre los jóvenes, el vídeo es muy largo (casi media hora), apenas hubo difusión por el sindicato (sólo un *post* aislado en las cuentas de los jóvenes de CCOO) y no fue promocionado por la propia *influencer*.

A su vez, UGT ha impulsado lo que se ha popularizado en la prensa con el sobrenombre de "sindicato de *influencers*"[1074]. La Red de Creadores de Contenido[1075] es un proyecto sindical pionero en España y en Europa que tiene la vocación de visibilizar una actividad que se consume diariamente por millones de personas, pero cuyos protagonistas no están representados, ni pueden defenderse, ante las diferentes decisiones unilaterales de las redes sociales. El proyecto integra a YouTubers, TikTokers, Streamers, Instagramers o Tuiteros. Los creadores y creadoras de contenido en redes sociales exigen con-

---

1073 Jóvenes CCOO, "#NoEsLoQueHay Focus Group con Inés Hernand", *Youtube*, 16 de mayo de 2023. Disponible en: https://zip.lu/YdLK

1074 RUIZ COLL., M. A., "UGT crea un sindicato de 'influencers' para exigir a YouTube "condiciones dignas de trabajo", *El Español*, 24 de noviembre de 2021. Disponible en: https://zip.lu/YdNn

1075 UGT, "Nace la RED de CREADORES de CONTENIDO", *Youtube*, vídeo, 22 de noviembre de 2021. Disponible en: https://zip.lu/XNVq

diciones justas en la monetización y organización de las plataformas, "actualmente gobernadas con mano de hierro por los algoritmos de los gigantes tecnológicos".

Este grupo de creadores ha decidido organizarse dentro de UGT con varios objetivos: a) generar un debate a nivel estatal y Europeo para la regulación de las plataformas y mejorar las condiciones de trabajo de los creadores/as; b) acercar a este colectivo a la laboralidad vía convenios, negociación colectiva, para conquistar derechos laborales básicos; c) combatir la proliferación de los discursos de odio en redes sociales, que atentan contra la convivencia en democracia y los derechos humanos[1076].

Este proyecto es muy interesante por su impacto mediático y social. Además de aparecer en la prensa tradicional, el vídeo de presentación ha conseguido casi seis mil visualizaciones. Esta iniciativa rompe la imagen antigua y burocrática del sindicato. A su vez, la noticia de la creación de la organización es en sí misma publicidad para el sindicato, llega a un público joven (el de esos *influencers*) y ofrece la imagen de que el sindicato es flexible y se interesa por las nuevas realidades tecnológicas y productivas. En definitiva, proyecta una imagen de sindicato cercano a los jóvenes y a las novedades productivas. También es muy interesante porque promueve tanto la laboralización de los trabajadores digitales y de sus reivindicaciones como de sus seguidores, que siendo gente muy joven comienza a tener contacto con el mundo del trabajo y el sindicalismo. De hecho, UGT es un sindicato pionero con la primera reclamación judicial de la laboralidad de un *youtuber*[1077].

En definitiva, esta iniciativa es una forma cercana de dotar de legitimidad al trabajo sindical. A su vez, una de sus principales reivindicaciones conecta con uno de los logros de la llamada *ley ryder*: la transparencia de los algoritmos. La actividad económica de los creadores y las creadoras de contenido, en su mayoría autónomos, dependen de unas reglas algorítmicas cambiantes, arbitrarias y muy opacas. Esta demanda de transparencia algorítmica, que se visibiliza con *streamers*

1076 *Idem.*

1077 UGT, *UGT demanda a Google (Youtube) por despido improcedente de un creador de contenido (youtuber)*, 22 de noviembre de 2023. Disponible en: https://zip.lu/3aV28

y *youtubers*, es muy importante porque se extiende a otros sectores productivos en un momento de explosión de la inteligencia artificial.

d) La memética sindical

En último lugar, se debe incluir una referencia a la memética sindical. Debemos partir de un matiz, el recurso a los memes por parte de los sindicatos es absolutamente anecdótico, y sólo parece formar parte del repertorio comunicativo de las cuentas de las secciones juveniles de CCOO[1078] y UGT[1079]. No obstante, los memes ya se utilizan habitualmente por movimientos sociales, partidos políticos y algunas empresas. A su vez, su contenido es replicado por cuentas anónimas y *bots*. Este entramado es imprescindible para entender el funcionamiento de las redes sociales y la capacidad de viralización de su contenido. Como ya hemos visto, lo viral tiene la capacidad de llegar también a medios tradicionales y marcar la agenda social y política.

Un meme es un concepto acuñado por Richard Dawkins en *The selfish gene* (1976) construido por analogía al gen biológico, y se refiere a unidades mínimas de información cultural transferidas entre individuos y generaciones a través de procesos de replicación o transmisión[1080].

Un meme es una unidad de información cultural que se transmite de una persona a otra a través de la imitación, generalmente en la forma de imágenes, videos, frases o ideas, y se propaga rápidamente en la cultura, a menudo a través de plataformas en línea, como redes sociales. Los memes a menudo son humorísticos, satíricos o irónicos y se crean para expresar ideas, actitudes o sentimientos compartidos en la sociedad. Pueden ser una forma poderosa de comunicación y

---

1078 Jóvenes CCOO (@JovenesCCOO), "#PaquitaSalas también lo tiene claro ● ■ https://afiliate.ccoo.es", Tweet, 20 de septiembre de 2023. Disponible en: https://zip.lu/YdZQ

1079 RUGE (@rugetistas), "Si los y las becarias ya llevan toda la vida puteados encima llega ahora el BCE y les dice que no pidan ayuda al sindicato para conseguir un aumento de sueldo... https://ugtpoliticaseuropeas.com/acusan-al-bce-de-advertir-a-los-becarios-que-no-pidan-ayuda-al-sindicato-para-conseguir-un-aumento-de-sueldo", *Twitter*, 13 de octubre de 2023. Disponible en: https://zip.lu/Yngs

1080 DAWKINS, R., *The selfish gene*, Oxford, Oxford University Press, 2006, p. 190.

se han vuelto especialmente populares en la era de Internet y las redes sociales, donde se comparten y reinterpretan de manera masiva. Los memes pueden ser simples o altamente elaborados, y a menudo juegan con referencias culturales compartidas o imágenes populares para transmitir su mensaje[1081].

Los memes son una combinación de imágenes y textos que buscan darle un sentido humorístico a una situación de interés común. Son una forma de comunicación visual que utiliza imágenes, textos y símbolos, transmite un mensaje de manera humorística o irónica, y se han vuelto cada vez más populares en las redes sociales como una forma de denuncia y protesta[1082].

Los memes, debido a su formato simple y altamente reconocible, se han convertido en un eficaz medio informativo entre el público. Proporcionan una forma original y llamativa de contextualizar situaciones y a menudo expresan el descontento, fomentando la investigación de los temas a los que se refieren y la toma de posturas al respecto. Sin embargo, debido a su naturaleza no periodística, los memes pueden transmitir información sesgada, especialmente en el ámbito político. Los memes están dirigidos a un público joven interesado en el cambio social y utilizan recursos disponibles para expresar descontento y denunciar problemas a través de la sátira[1083].

Jurídicamente, podemos mencionar que la presencia de los memes en la jurisprudencia social es nula. Sólo consta una sentencia en un caso de despido por acoso, donde el trabajador había publicado en el estado de WhatsApp "frases que contienen mensajes dirigidos a dos superiores jerárquicos (la directora de recursos humanos y ex mujer del dueño y un directivo de la empresa hijo de ambos)". Esos videos, memes, publicaciones y fotogramas se consideraron "claramente ofensivos, habiendo hecho uso de su imagen para editar vi-

---

1081 OpenAI, *Prompt: "Define meme"*, *ChatGPT*, 23 de octubre de 2023.

1082 YEDRA CUBILLOS, A., "Caracterización de los memes como una nueva forma de ciberactivismo. Caso de estudio: publicaciones en el Instagram de @malvado.dr.tocino. Durante abril y mayo del 2021 en el marco del paro nacional colombiano", *Trabajo de Grado*, Universidad Autónoma de Occidente, 2023, p. 11.

1083 *Ibidem*, pp. 12-13.

deos y memes de contenido degradante para los mismos que implican un claro desprestigio tanto personal como profesional"[1084].

Lo interesante del fenómeno meme en este trabajo son sus potencialidades para el activismo político: (1) los memes canalizan la creatividad social; (2) la sencillez y atractivo de su construcción-difusión-reconstrucción que facilitan el trasvase entre las fases de pensar, decir y hacer, (3) su capacidad de acceso y compresión de miles de usuarios de todo el mundo (4) el carácter crítico y universal de los memes posibilita su viralidad; (5) la colaboración entre internautas desarrolla una nueva narrativa para el activismo político y (6) la innovación constante de sus lenguajes y formatos, aunque con un predominio del componente visual[1085].

Se destaca el predominio de contenidos críticos, satíricos e impactantes entre los memes gráficos con mayor repercusión y que aquellos tuits políticamente neutros —no adscritos a un partido o ideología concretos— favorecen una mayor propagación entre la comunidad usuaria[1086]. Esta aparente neutralidad de los contenidos constituye una de las claves de su viralidad, al recabar la adscripción de usuarios de ideología heterogénea así como de aquellos más reacios a significarse políticamente[1087].

Veamos algunos ejemplos de memes de contenido sindical y huelguístico:

1084 STSJ Madrid 20 de abril de 2022 (Rec. 22/2022)

1085 GUTIERREZ-RUBÍ, A., *Tecnopolítica: El uso y la concepción de las nuevas herramientas tecnológicas para la comunicación, la organización y la acción política colectivas*, Ideograma, 2014, p. 21 y ss. Disponible en: https://zip.lu/YpC7

1086 MARTÍNEZ ROLÁN, X., PIÑEIRO OTERO, T., "El uso de los memes en la conversación política 2.0. Una aproximación a una movilización efímera", *Prisma Social*, nº 18, 2017, p. 78.

1087 MARTÍNEZ-ROLÁN, X., PIÑEIRO-OTERO, T., "The use of memes in the discourse of political parties on Twitter: analyzing the 2015 State of the Nation Debate", *Communication & Society*, vol. 29, nº 1, 2016, pp. 145-160.

Imagen 1. Dos viñetas sobre "cómo hablar con la patronal" que promueven la organización de los trabajadores[1088].

COMO HABLAR CON LA PATRONAL

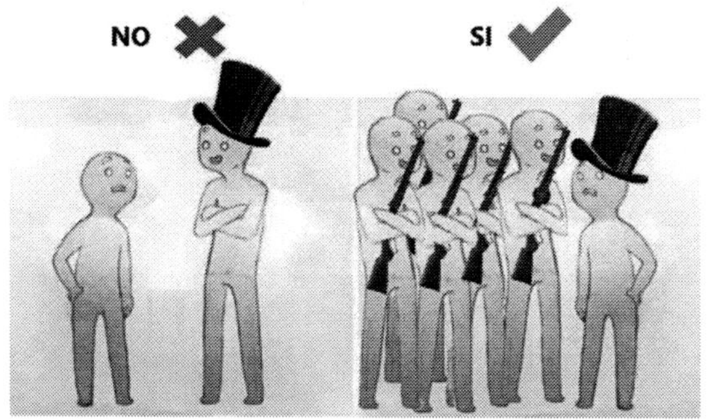

Imagen 2. Cuatro viñetas. Un empresario dice "necesitamos que nuestros empleados trabajen bien en equipo". Los trabajadores aparecen con una pancarta con la palabra "sindicato" y el empresario dice nervioso "¡No así!"[1089].

1088 Es difícil determinar la autoría de este meme. Está publicado en varias redes sociales, por muchas cuentas distintas y con diversas variantes en el dibujo (con y sin armas) y en el texto (cambiando el objeto de la protesta: cómo hablar con tu casero, con el mercado inmobiliario…). Parece que su origen es el meme de "How To Talk To Short People".

1089 BreadPanes (@BreadPanes), "New comic: BreadPanes 50: 'Teamwork'", *Twitter*, 16 de octubre de 2020. Disponible en: https://zip.lu/YnAK

Imagen 3. Montaje de apoyo a una huelga con imágenes de una película de Spiderman[1090].

Imagen 4. Montaje de apoyo a una huelga con imágenes de la película El Lobo de Wall Street[1091].

1090 Es difícil determinar la autoría de este meme, se utiliza mucho en internet para ironizar sobre "no hace falta que me convenzas" sobre algún tema de actualidad.

1091 Es difícil determinar la autoría de este meme, se utiliza mucho en internet para criticar la falta de imparcialidad.

Imagen 5. Dos imágenes del mismo chico anónimo. En la primera, para ir a trabajar, está en pijama, mientras en la segunda, para ir a la huelga con sus compañeros, está vestido con un traje elegante. Transmite la idea de que la huelga es más importante que el trabajo[1092].

De estos cinco ejemplos podemos sacar varias conclusiones. La plasticidad de los memes es asombrosa, ya que se presentan como plantillas o ideas comunes que permiten abordar de manera fácil y rápida cualquier tema de actualidad con ironía. Estos elementos de la cultura de Internet, conocidos por su simpleza absoluta, utilizan imágenes ampliamente reconocidas en las redes sociales. Basta con modificar el título o una frase para darles un nuevo sentido reivindicativo. Estos memes abarcan desde dibujos anónimos, recortes o adaptaciones de otros contenidos, hasta fotogramas de películas o series famosas. La clave de su éxito radica en que son un lenguaje por sí mismos, lo que permite la creación de nuevas composiciones o la adaptación de memes consolidados.

Es importante destacar que existe una amplia variedad de publicaciones diferentes que utilizan la misma imagen como base. Por ejemplo, no es exagerado decir que existen miles de post diferentes con

1092 Es difícil determinar la autoría de este meme, se utiliza mucho en internet sobre todo tipo de tema. Su objetivo es transmitir que el segundo evento, en este caso la huelga, es más importante que trabajar.

la imagen 5, pero variando el título. Además, los memes a menudo ignoran los derechos de autor, tanto del creador del meme, que ocasionalmente puede incluir marcas de agua en la imagen, como de las imágenes que protagonizan el meme. En realidad, muchos productos audiovisuales buscan convertirse en memes, ya que esto los coloca en el centro de la discusión social y los convierte en un icono pop y un elemento cultural de identificación social y humor. Los memes tienen el poder de hacer viral el contenido de las producciones audiovisuales que utilizan.

Finalmente, debemos volver a puntualizar que los memes se crean y comparten por los usuarios habituales de las redes sociales, no por los sindicatos. De hecho, es cuestionable si realmente podemos encuadrar la memética en una estrategia sindical cuando los sindicatos apenas participan en ella. En realidad, sí lo hacen porque se nutren de una red de cuentas afines, reales o *bots*, que replican sus *posts* o que difunden un discurso sindicalizado, en perfiles con imagen de neutralidad e independencia, que no se identifican con un sindicato. Ya se ha comentado que los usuarios de redes sociales valoran mucho esa apariencia de neutralidad.

En definitiva, el uso de memes aporta *engagement* y difusión, conexión emocional, sencillez y claridad, y posiciona a los sindicatos en temas de relevancia y actualidad atrayendo al público más joven. Sin embargo, presenta importantes riesgos, como una simplificación excesiva de los debates sociales y las reivindicaciones sindicales, una falta de seriedad por parte del sindicato, la pérdida del control del mensaje y las reacciones negativas derivadas del mismo, y la necesidad de una actualización constante, que exige altas dosis de recursos y creatividad. La virtud está en el equilibrio entre humor y seriedad.

Los sindicatos pueden y deben integrarse en la cultura memética, pero no sería oportuno intentar conseguir el protagonismo en un diálogo donde participa en igualdad de condiciones casi cualquier usuario. Lo interesante del meme es la espontaneidad y la cercanía y sería contraproducente que un sindicato abuse de ellos cuando se le presume rigor e institucionalidad.

Los sindicatos aún tienen mucho camino por recorrer en su adopción de las redes sociales en comparación con los movimientos sociales y los partidos políticos. La inmediatez y la interrelación de actores son fundamentales en estas plataformas. Plataformas en auge como TikTok no solo generan contenido propio, sino que también se nutren de otras redes que comparten su contenido. A su vez, lo viral en una plataforma se replica en otras. Además, la viralidad en las redes sociales tiene el poder de marcar la agenda y permite una producción de contenido rápida y económica, lo que ahorra recursos. Sin embargo, la creatividad del contenido previo y la originalidad son requisitos esenciales para aprovechar al máximo el potencial de estas redes.

Las experiencias comunicativas de los sindicatos tradicionales demuestran que son estructuras rígidas, poco permeables a cambios sociales relativos al lenguaje y al formato de la comunicación. Existe una voluntad de impulsar experiencias innovadoras, como los pódcast o la participación de *influencers* jóvenes, aunque su alcance parece limitado.

1.4. La huelga de hambre: una acción comunicativa extrema de los olvidados

Para finalizar este apartado se analiza una última modalidad de acción comunicativa vinculada con el espíritu sindical: la huelga de hambre. A diferencia de otros apartados de esta obra, esta acción no parte de un colectivo específico como el feminismo, el ecologismo o un grupo nacionalista. Su impulso suele provenir de un grupo social marginalizado, en circunstancias extremas de vulnerabilidad, que para visibilizar su reclamación pone en juego lo último que les queda: su propia vida. De esta forma, los principales protagonistas de huelgas de hambre son presos y migrantes en centros de internamiento de extranjeros (CIE)[1093].

En el orden social, hay muy pocos pronunciamientos que apenas mencionan de forma tangencial dos modalidades de huelgas de hambre: a) huelgas de hambre impulsadas individualmente como

---

1093 RAMAJO, J., "Liberadas dos personas inmigrantes que se habían declarado en huelga de hambre en el CIE de Algeciras", *eldiario.es*, 2 de abril de 2020. Disponible en: https://zip.lu/X5QI; Agencias, "Migrantes logran mejorar su atención en CIE tras huelga de hambre, según ONG", *La Vanguardia*, 2 de mayo de 2022. Disponible en: https://zip.lu/X5Qh

forma de protesta, o b) huelgas de hambre colectivas como mecanismo de presión integrado en una acción sindical más amplia, en general, una huelga.

Respecto a las protestas individuales, hay pronunciamientos sobre huelgas de hambre como forma de obtener atención mediática en caso de un policía por motivos de salud[1094], por impagos salariales[1095], como reacción a un despido en un servicio de ayuda al domicilio[1096] o ante una orden de traslado forzoso en Renfe[1097]. Los dos pronunciamientos más interesantes son un conflicto por una discriminación salarial de un penado, que terminó en despido calificado nulo[1098], y la extinción de una relación laboral especial de un penado[1099]. En ambos casos la huelga de hambre fue una forma extrema de reivindicación de derechos laborales para trabajadores que estaban cumpliendo una pena de prisión y, por ello, no podían ejercer plenamente los derechos colectivos de sindicación ni de huelga.

Por otro lado, las huelgas de hambre impulsadas colectivamente forman parte de una acción sindical más amplia, pudiendo coincidir con la convocatoria formal de una huelga. Hay precedentes como un trabajador que inició junto con tres compañeros más una huelga de hambre para solicitar la tasa de reposición que permitiría mantener siete puestos de trabajo de compañeros[1100], unos profesores de religión de Madrid de USO[1101], una huelga en Correos[1102], o quince trabajadores en el marco de una huelga convocada en la empresa por UGT y CCOO[1103].

En ambos supuestos, el objetivo de los trabajadores es obtener resonancia social para presionar al empleador en sus reivindicaciones laborales. No obstante, una huelga de hambre no es un recurso habitual debido al importante coste de la acción colectiva (Tarrow) que

---

1094 STSJ Granada 14 de enero de 2021 (Rec. 1016/2020).
1095 STSJ Murcia 5 de abril de 2017 (Rec. 867/2016).
1096 STSJ Murcia 5 de julio de 2017 (Rec. 359/2017).
1097 STS 11 de julio de 1988 (Rec. 84/1987).
1098 STSJ Castilla y León, Burgos, 28 de abril de 2021 (Rec. 153/2021).
1099 STSJ Cataluña de 2 de septiembre de 2009 (Rec. 2855/2009).
1100 STSJ Asturias 30 de noviembre de 2021 (Rec. 2405/2021).
1101 STS 18 de septiembre de 2001 (Rec. 193/2001).
1102 STSJ Cataluña 19 de julio de 2001 (Rec. 6447/2000).
1103 STSJ Murcia 11 de mayo de 1999 (Rec. 1567/1998).

supone. Los sindicatos tienen formas más eficaces de negociación y presión sin los graves riesgos que suponen las huelgas de hambre. Con la excepción de lo ya comentado para la relación de especial sujeción de los penados.

En este contexto, por una huelga de hambre entendemos la abstención completa de ingerir cualquier alimento excepto agua. La huelga de hambre puede definirse como "el instrumento reivindicativo utilizado por presos y detenidos, consistente en negarse a recibir alimentación suministrada por la institución carcelaria con el objetivo de protestar o reclamar la modificación de cualquier situación judicial o penitenciaria"[1104]. Esta definición integra tres elementos: 1) la negativa a ingerir alimentos; 2) el ámbito penitenciario; 3) y el carácter reivindicativo y político.

Se trata de un método reivindicativo de último recurso por el optan personas especialmente vulnerables, normalmente privadas de libertad, para cambiar una situación política, jurídica o administrativa que consideran injusta o perjudicial para sus intereses. La doctrina destaca que "es un método de lucha y presión que se ve con frecuencia en las cárceles y otros lugares de internamiento, donde es difícil que las reivindicaciones de los allí recluidos alcancen la resonancia que estos pretenden. Este es uno de los principales aspectos que caracterizan a este método de lucha: la necesidad de obtener resonancia social". También es importante recordar que es un método estrictamente pacífico: su única arma es su salud y la propia vida. Por ello, es un "método de lucha eficaz porque la presión ejercida por el huelguista coloca a la administración en el compromiso de ceder a la reivindicación de éste o ver como se amenazan progresivamente su salud y la vida"[1105].

La profesora Agra Romero destaca el fuerte componente político de las huelgas de hambre:

1104 CERVELLÓ DONDERIS, V. "La huelga de hambre penitenciaria: fundamento y límites de la alimentación forzosa", *Estudios Penales y Criminológicos*, vol. XIX, nº 95, 1996, pp. 53-164.

1105 GARCÍA GUERRERO, J., "La huelga de hambre en el ámbito penitenciario: aspectos éticos, deontológicos y legales", *Revista Española de Sanidad Penitenciaria*, vol. 15, 2013, p. 8.

> "El conflicto ante el que nos hallamos es un conflicto político que se plantea, sin embargo, como un conflicto entre libertad y vida a un doble nivel: el del huelguista y el de la institución penitenciaria. Con relación al primero, el preso, en ejercicio de su libertad utiliza como protesta la huelga de hambre, poniendo en riesgo aquello de lo que aún puede disponer libremente: su vida. No se trata de una actitud suicida. Es obvio que si su intención fuese la de suicidarse podría emplear otros medios más rápidos y efectivos para lograr dicho fin. Su protesta es política. La huelga de hambre como medio de lucha política, de resistencia pasiva es de todos conocida"[1106].

El propio Tribunal constitucional ha reconocido el "trasfondo ideológico que late en la huelga de hambre"[1107]. Jurídicamente, el debate sobre las huelgas de hambre se ha limitado a la sede penal (huelgas de hambre de presos, muchos por delitos de terrorismo, destacando el GRAPO) o administrativa (CIE), y se ha centrado en la alimentación forzosa de gente que está bajo cuidado y responsabilidad de la administración.

En definitiva, se trata de una acción muy mediática, pero cuyo uso se limita a situaciones extremas. Por ello, los sindicatos optan por acciones comunicativas donde la relación coste-beneficio sea más equilibrada.

2. EL BOICOT SINDICAL: UNA FORMA DE CONSUMO POLÍTICO

Históricamente, es cierto que la huelga es la más importante, pero no la única medida conflictiva que pueden adoptar y han adoptado los trabajadores. Así, "la huelga no se resuelve un acto, sino en un proceso continuado que constituye una serie de actos de relevancia jurídica. Alguno de estos actos se suele denominar de acompañamiento de la huelga"[1108]. Podemos pensar en tres grandes grupos de medidas conflictivas: "uno, el integrado por instrumentos típicos

---

[1106] AGRA ROMERO, M. X., "Sobre la huelga de hambre en prisión", *Jueces para la democracia*, nº 9, 1990, pp. 38-39.

[1107] SSTC 120/1990, de 27 de junio, 137/1990, de 19 de julio.

[1108] MONEREO PÉREZ, J. L., "Huelga y procedimientos de solución de conflictos", *Lex Social: Revista de Derechos Sociales*, vol. 14, nº 2, 2024, p. 66.

de presión muy cercanos a ella, pero que no implican la cesación en el trabajo, sino la alteración del proceso productivo (por ejemplo, trabajo lento, trabajo a reglamento, etc.); otro, por los que frecuentemente la acompañan, como los piquetes —para la expresión de reivindicaciones y para la información de las razones del conflicto— o la ocupación del centro de trabajo[1109] (encierros, concentraciones, asambleas, etc.); y finalmente, por aquéllos que presentan cierta autonomía respecto a ella, aunque tratan, igualmente, de hacer patente de forma directa e inmediata el enfrentamiento con el empresario (por ejemplo, el boicot de sus productos o servicios)"[1110].

Adicionalmente a estos tres grupos, que se refieren a las acciones adoptadas en el seno de la empresa, fuera de ella se pueden desarrollar múltiples medidas, tales como movilizaciones, manifestaciones, campañas informativas ante la opinión pública, concentraciones u ocupación de lugares de tránsito, cortes de tráfico, etc. Estos instrumentos no son específicamente laborales y se amparan en libertades públicas de carácter general, como los derechos de reunión, manifestación o expresión[1111]. En todo caso, "un rasgo común a todos ellos es la asistencia al trabajo, porque, desde el punto de vista de los trabajadores, la huelga es la única medida de conflicto colectivo en la que pueden cesar e inasistir a su puesto de trabajo"[1112]. A su vez, todas estas medidas de conflicto pueden utilizarse junto con la huelga, ya sea de forma simultánea, alternativa o sucesiva. En este apartado nos detendremos en el boicot.

La relación entre los boicots en el marco de huelgas y conflictos laborales y la reputación de las empresas es un tema de gran interés. Si bien tanto las huelgas como los boicots buscan ejercer presión sobre las empresas para obtener concesiones en las condiciones laborales o en sus políticas empresariales, es interesante destacar que, en ocasiones, un boicot bien dirigido puede ser más perjudicial para la empresa, porque pone en riesgo su imagen y reputación, que una huelga que detenga la producción durante un período limitado.

1109 V. GARCÍA-PERROTE ESCARTÍN, I., *La huelga con ocupación de lugar de trabajo*, Madrid, Akal, 1981.

1110 STSJ Galicia de 15 de octubre de 2008 (Rec. 3104/2008).

1111 STC 59/1990, de 29 marzo.

1112 *Idem*.

Esto se debe a dos importantes razones. Por un lado, las mejoras técnicas y productivas permiten recuperar rápidamente el volumen de producción en huelgas cortas. Por otro lado, la creciente importancia de la percepción pública y la responsabilidad social corporativa en la era de la información. Un boicot exitoso puede tener un impacto duradero en la percepción de la marca y en la relación de la empresa con sus clientes, inversores y la opinión pública en general, lo que plantea importantes consideraciones legales y estratégicas tanto para los sindicatos como para las empresas en la gestión de conflictos laborales. Por tanto, el boicot es una herramienta más al servicio de la acción sindical, cuya repercusión aumentará el perjuicio económico de la huelga mejorando su poder negociación, pero que exige la participación activa del conjunto de la ciudadanía.

En tanto el consumo político es un fenómeno por el que la ciudadanía elige realizar una compra o dejar de hacerla según valoraciones éticas y políticas[1113], el llamamiento de un sindicato o de un grupo de trabajadores a boicotear los productos de una determinada empresa en solidaridad con los trabajadores en huelga debe conceptualizarse como una forma de consumo político.

2.1. La libertad de expresión como soporte jurídico de un boicot en el marco de una huelga

El llamamiento para boicotear a una empresa o algunos de sus productos es una manifestación de la libertad de expresión. A su vez, la decisión de sumarse al mismo entra dentro de la esfera de la libertad ideológica o de conciencia de cada individuo. Como no hay doctrina del Tribunal Constitucional específica sobre boicots en contexto de huelgas, se analizará jurisprudencia sobre libertad de expresión en contextos de conflictividad sindical que consideramos aplicable de forma análoga. La cuestión es si en el contexto de una huelga son lícitas las manifestaciones contra la empresa hasta el punto de integrar un boicot promovido por un sindicato. Nuestra postura es que la libertad de expresión debe interpretarse forma expansiva en el marco de una huelga.

[1113] V. *supra* cap. I.1.4.2.

Está claro que el ejercicio de la actividad sindical comprenderá también cualquier otra forma lícita de actuación que los sindicatos consideren adecuada para el cumplimiento de los fines a los que están constitucionalmente llamados. Esto supone "la utilización como instrumento de acción sindical de los derechos a la libertad de expresión y a la libertad de información"[1114].

En este escenario, las acciones de comunicación sindical "deben ser valoradas en función de una doble finalidad: de un lado actúan como instrumento informativo, anunciando las movilizaciones a desarrollar en la medida en que habrían de tener, necesariamente, repercusión sobre los proveedores y los clientes; de otro exteriorizan la disputa laboral, ante la opinión pública en general y ante los sujetos más directamente relacionados con la empresa y con los trabajadores en particular, constituyéndose así como un instrumento más de la acción reivindicativa sindical"[1115]. Por tanto, la exteriorización de la disputa laboral debe ponderar los derechos fundamentales a la libertad de expresión y de información frente a la figura moral, reputación, consideración, imagen y prestigio de la empresa.

El Tribunal Constitucional ha recordado que "aunque con carácter general la titularidad de los derechos fundamentales y libertades públicas corresponde a las personas naturales, por derivar un buen número de ellos —*ex* art. 10.1 CE— de la dignidad de la persona y el desarrollo de su personalidad", se ha reconocido "también a las personas morales (públicas o privadas) ciertos derechos fundamentales y libertades públicas, como el derecho al honor. Y ello porque 'el derecho a la propia estimación o al buen nombre o reputación en que consiste' no es patrimonio exclusivo de las personas físicas"[1116]. Sin embargo, "al no ser el prestigio, la reputación o el buen nombre en la consideración ajena, términos exactamente identificables con el honor, le ha asignado «un nivel más débil de protección» del que

---

1114 SSTC 185/2003, de 27 de octubre; 198/2004, de 15 de noviembre; 281/2005, de 7 de noviembre; 108/2008, de 22 de septiembre.

1115 STC 198/2004, de 15 de noviembre.

1116 SSTC 79/2023, de 3 de julio; 139/1995, de 26 de septiembre; 214/1991, de 11 de noviembre, 183/1995, de 11 de diciembre, 79/2014, de 28 de mayo.

corresponde atribuir al derecho al honor de las personas físicas"[1117]. Por su parte, el Tribunal Supremo confirma que "el daño moral es así el infringido a la dignidad, a la estima moral y cabe en las personas jurídicas"[1118]. Por tanto, el prestigio empresarial es un bien jurídico objeto de protección, indemnizable si sufre daños morales, pero su salvaguarda reviste menor intensidad si se pondera ante la libertad de expresión.

A continuación, se analizan algunos ejemplos jurisprudenciales sobre libertad de expresión en contextos conflictivos. Los primeros se limitan a supuestos de publicidad o exteriorización del conflicto, sin que medie convocatoria de huelga ni llamada al boicot. En segundo lugar, se analiza una sentencia sobre una acción sostenida de presión sindical frente a la empresa, que incluyó una llamada al boicot, aunque no se llegó a convocar una huelga.

La jurisprudencia del TC sobre libertad de expresión en conflictos sindicales ha sufrido una evolución desde posiciones más restrictivas a planteamientos más permisivos[1119]. Así, en un primer estadio, se estima que la comunicación a padres y alumnos de una escuela de determinadas irregularidades y de la actuación de la empresa durante una huelga no está justificada, por cuanto que es desproporcionada y causa un desprestigio a la empresa[1120].

En casos posteriores, el TC mostrará una mayor permisividad. El punto de inflexión de este cambio de tendencia lo encontramos en un caso en el que la transmisión de información (en este caso, errónea) por parte de un trabajador a determinados medios de comunicación, relativa al número de horas extraordinarias efectuadas por una empresa de transporte (Metro), se estima legítima, especialmente por el interés público que dicha información tenía[1121]. En términos semejantes, la denuncia efectuada por el presidente del comité de una empresa concesionaria del servicio de transporte municipal,

---

1117 SSTC 20/2002, de 28 de enero; 89/2018, de 6 de septiembre; 118/2018, de 29 de octubre; 127/2018, de 26 de noviembre.

1118 SSTS de 19 de mayo de 2020 (Rec. 2911/2017); 5 de febrero de 2013 (Rec. 89/2012).

1119 STSJ Madrid de 21 de enero de 2022 (Rec. 782/2021).

1120 STC 120/1983, de 15 de diciembre.

1121 STC 4/1996, de 16 de enero.

aconsejando a la Administración la rescisión de la concesión, también se considera legítima[1122]. En otro asunto similar, el TC califica como injustificado el despido de un delegado sindical, motivado por una reunión no autorizada con los clientes de la empresa de enseñanza (padres de alumnos), divulgando la conflictividad laboral interna y criticándola[1123].

En la STC 89/2018, de 6 de septiembre, el TC también ampara la libertad de expresión de los sindicalistas[1124]. En virtud de lo acordado en una reunión del sindicato Intersindical Canaria, junto con otros miembros del comité de empresa de una empresa contratista en materia de seguridad y en el contexto de un clima de conflictividad laboral derivado de la queja por incumplimiento de los derechos laborales en materia salarial, en el curso de una sesión del pleno del Ayuntamiento de Las Palmas de Gran Canaria, un trabajador se levantó del asiento que ocupaba poniéndose una careta con la imagen de un conocido personaje ("El pequeño Nicolás") y exhibiendo una camiseta en cuyo anverso se podía leer el lema: «donde hay corrupto hay un corruptor. Tanto o más importante que el nombre del político corrupto, es conocer el de la empresa de seguridad corruptora», con una imagen impresa en la que se apreciaban dos personas que estaban entregándose dinero. Los representantes de los trabajadores, además de cuestionar la conducta del empleador, critican la gestión llevada a cabo por el Ayuntamiento, que pese a adjudicar la prestación del servicio en materia de seguridad individual y colectiva a la referida empresa, habría consentido en el impago de los salarios fijados en el convenio colectivo a los trabajadores de la contrata.

El TC tiene en cuenta que la protesta se realizó sin altercado alguno y sin que tan siquiera el pleno del Ayuntamiento sufriera interrupción (la irrupción en el pleno fue de forma silenciosa). Los miembros del comité de empresa se limitaron a colocarse las máscaras y a exhibir las camisetas durante un breve lapso de tiempo, "saliendo del local en el que se celebraba el pleno sin necesidad de ser desalojados, exteriorizando con su proceder, ante la entidad municipal adjudica-

---

1122 STC 1/1998, de 12 de enero.

1123 STC 227/2006, de 17 de julio.

1124 STC 89/2018, de 6 de septiembre. También las SSTC 118/2018, de 29 de octubre; 127/2018, de 26 de noviembre.

taria del servicio de seguridad, y por tanto a la que corresponsabilizaban de los incumplimientos laborales, la disputa laboral por el impago de los salarios fijados en el convenio colectivo. Esta actuación se integra sin dificultad en un contexto de grave conflictividad laboral, en una acción más de protesta que derivó en una convocatoria de huelga unos meses después"[1125].

El mensaje impreso en las camisetas, que atribuía a la empresa de seguridad la corrupción de la Administración en el contexto de un conflicto laboral, no tenía como objetivo principal difamar a la empresa, sino denunciar la pasividad y la actuación irregular de la Administración. La expresión utilizada, junto con el contexto, forma, lugar y propósito en que se presentó, no justifica ninguna censura, "atendido por una parte el nivel más débil de protección que debe asignarse al prestigio de la empresa y por otra, la amplia protección del derecho" a la libertad sindical y de expresión[1126].

En definitiva, el trabajador actuó en calidad de miembro del comité de empresa, en el ejercicio de la libertad de acción sindical, sin que por otra parte, atendida su significación, el contexto, forma, lugar y propósito en que se manifestó, pueda considerarse que excediera los límites constitucionalmente admisibles. Por ello, el TC concluye que "la conducta del recurrente se desarrolló dentro de los márgenes que delimitan el legítimo ejercicio de sus derechos fundamentales de libertad sindical (art. 28.1 CE) en relación con el derecho a la libertad de expresión (art. 20.1.a)"[1127].

Es especialmente interesante la STC 198/2004, de 15 de noviembre, que analiza el despido de un delegado sindical por distribuir anuncios en prensa y comunicados a clientes y proveedores de la empresa hotelera, criticándola incluso ante una federación sindical internacional, anunciando movilizaciones y haciendo un llamamiento al boicot. El TC falla que este despido lesiona sus derechos fundamentales a la libertad de información y de expresión en el ejercicio de su libertad sindical, especialmente, porque el demandante participó en acciones de comunicación que se refieren estrictamente al

1125 *Idem.*

1126 *Idem.*

1127 *Idem.*

contenido de las reivindicaciones sostenidas por los trabajadores en su conflicto con la empresa[1128].

De esta forma, el Tribunal Constitucional no considera estas acciones sindicales como un boicot sino que "nos encontramos ante una acción sostenida de presión sindical frente a la empresa, desarrollada a través de diferentes instrumentos de acción sindical y dirigida a lograr el cumplimiento por la empresa del convenio colectivo del sector, que en opinión de los trabajadores estaba siendo gravemente incumplido". "Lo que en puridad se realiza mediante ambas acciones de comunicación no es exclusivamente informar ni expresar una opinión; se trata más bien de exteriorizar el conflicto que estaban desarrollando los trabajadores frente a la empresa, y tal exteriorización implica tanto elementos de información como de opinión. Se informa, en primer término, de la existencia del conflicto y de las razones que lo motivan; pero con ello, inevitablemente, se expone también y ante todo la posición reivindicativa de los trabajadores sobre los temas objetos del conflicto, en la medida en que lo que se transmite no es una realidad unívoca sino el contenido de un litigio, con posiciones sin duda contrapuestas"[1129].

El TC tiene claro que ni el anuncio ni los comunicados en prensa transgreden los límites generales de la libertad de expresión. Ambos se centran exclusivamente en las demandas de los trabajadores en su conflicto laboral con la empresa, sin utilizar expresiones particularmente vejatorias o ofensivas. Aunque emplean un lenguaje duro y agresivo, esto es común en situaciones de tensión y conflicto laboral, y su dureza refleja la firmeza de las demandas. La libertad de expresión "no es sólo la manifestación de pensamientos e ideas, sino que comprende la crítica de la conducta de otro, aun cuando sea desabrida y pueda molestar, inquietar o disgustar a aquél contra quien se dirige"[1130].

En definitiva, estos actos de comunicación se realizaron en el marco del ejercicio de las funciones inherentes a su condición representativa sindical, y su contenido revestía un estricto interés laboral

---

[1128] STC 198/2004, de 15 de noviembre.

[1129] *Idem.*

[1130] *Idem.*

y sindical, por afectar a una materia directamente relacionada con los intereses de los trabajadores. Por tanto, "el alcance y contenido de los deberes de lealtad y buena fe contractuales deben ponderarse con las exigencias derivadas del ejercicio de los derechos de representación y defensa de los intereses de los trabajadores"[1131].

Además, "no puede tampoco desvincularse la valoración de las acciones de comunicación cuestionadas del contexto de conflicto en el que tienen lugar". El TC afirma que este contexto actúa como "como factor de relativización implícito de los efectos de las conductas analizadas". En efecto, "las críticas proferidas en el curso de un conflicto laboral deben valorarse desde la propia lógica del conflicto y desde la consideración de que, mientras subsista el mismo, los terceros serán plenamente conscientes de que tales críticas se integran en la situación de tensión propia de aquél. Ello es particularmente evidente cuando las críticas no afectan a la empresa en relación con su actividad empresarial, en cuanto productora o distribuidora de bienes o servicios, sino estrictamente en su condición de empleadora. Desde esta perspectiva las críticas no son normalmente interpretadas por la opinión pública en su sentido literal, sino como descalificaciones propias del conflicto"[1132].

En este contexto, los representantes sindicales "se limitan a informar de la existencia de las movilizaciones, de sus causas y de la responsabilidad que atribuyen a la empresa en el planteamiento del conflicto". Por ello, "los efectos negativos que estas advertencias pueden generar no serán nunca distintos a los que las propias movilizaciones en sí mismas consideradas, y cualquier acción informativa o de anuncio previo de las mismas, habrían de producir". Todo ello en un contexto en el que no consta "ningún daño real en su actividad en forma de salida anticipada de clientes, cancelación de reservas, descensos de ocupación en períodos posteriores o cualquier otro tipo de efecto negativo más o menos sostenido en el tiempo" ni tampoco "la existencia de ningún tipo de actuación violenta o coactiva"[1133].

[1131] *Idem.*

[1132] *Idem.*

[1133] *Idem.*

Por tanto, la comunicación sindical tiene un doble propósito: actuar como instrumento informativo y como un instrumento más de la acción reivindicativa sindical para la exteriorización de la disputa ante la opinión pública, clientes y proveedores. Esta publicidad o proyección exterior del conflicto forma parte del legítimo ejercicio de la libertad sindical y no transgrede la buena fe contractual, especialmente si se tiene en cuenta que “la función sindical representativa no se caracteriza por basarse en fórmulas de composición o de colaboración con la empresa, sino de autodefensa o autotutela en las que no cabe abogar por la existencia de un genérico deber de lealtad con un significado omnicomprensivo de sujeción del trabajador al interés empresarial”[1134].

La tutela reforzada de la libertad de expresión en contextos de conflictividad también se ha incorporado a los pronunciamientos de suplicación. El TSJ de Andalucía ha afirmado que “el uso de la palabra es un instrumento especialmente cualificado de la acción reivindicativa sindical”. Por tanto, deben considerarse “lícitas las expresiones manifestadas por el trabajador representante o adherido al sindicato, siempre que mantengan un mínimo de conexión con el conflicto, pues en su vertiente de contenido esencial del derecho de libertad sindical, el conflicto laboral es el espacio en el que la libertad de expresión encuentra su escenario privilegiado para desarrollarse, como instrumento informativo, de movilización, y de exteriorización del conflicto laboral ante la opinión pública y ante los sujetos más relacionados con la empresa y con sus trabajadores”[1135].

Por su parte, el TSJ de Cataluña considera que una trabajadora, “por su condición de miembro del comité de empresa y afiliada a un sindicato, en la circunstancia del ejercicio de un derecho fundamental como la libertad sindical y la huelga, goza de una protección reforzada de la libertad de expresión, que admite expresiones hirientes o molestas, incluso insultantes que, en otras circunstancias podrían no verse amparadas por dicha libertad”[1136].

1134 *Idem.*

1135 STSJ Andalucía, Sevilla, de 18 de abril de 2008 (Rec. 1261/2007)

1136 STSJ Cataluña de 24 de enero de 2023 (Rec. 4917/2022).

En definitiva, las libertades de información y de expresión, que gozan de una protección reforzada en el ejercicio de un derecho fundamental como la libertad sindical y la huelga, debe amparar los llamamientos a la solidaridad de la ciudadanía, incluyendo las llamadas al boicot de los productos de la empresa.

2.2. *La competencia desleal y las coacciones como límites externos de la acción sindical*

En cambio, las acciones comunicativas de un sindicato, incluyendo posibles boicots y acciones conexas, tienen su límite en la competencia desleal y en las coacciones. Podemos analizar ambos supuestos a partir de casos de la doctrina judicial.

En el primer escenario encontramos la sentencia del TSJ del País Vasco, de 29 de abril de 2014 (Rec. 677/2014), que analiza el caso de unos trabajadores que boicotean a la empresa ofreciendo gratis sus servicios durante una huelga. Los trabajadores se situaban en la entrada del centro de trabajo y se dirigían a cualquier cliente potencial que se acercara a la tienda, le informaban de que se encuentran en huelga y le solicitaban que no entrase a la tienda por este motivo. Para conseguir este objetivo, no dudaban en ofrecerle la posibilidad de que comprase la pieza en otros establecimientos o en cualquier tienda/taller y realizar ellos mismos la reparación, revisión o montaje[1137].

El tribunal considera que "no se trataba de un hecho aislado en el curso del paro, sino que obedecía a una actuación conjunta y continuada de los trabajadores huelguistas con la finalidad de perjudicar a la empresa"[1138].

Esta acción "supone un acto concreto de competencia desleal hacia su empresario, ya que realiza un trabajo propio no sólo de la misma actividad de éste sino que inicialmente el cliente se dirigía a dicho empresario para que éste la realizara". Es irrelevante si los trabajadores cobraron por el servicio, "ya que la competencia tiene lugar por el hecho de quitarle el cliente y no porque el trabajador se

---

1137 SSTSJ País Vasco, de 29 de abril de 2014 (Rec. 677/2014); de 20 de mayo de 2014 (Rec. 770/2014).

1138 STSJ País Vasco, de 20 de mayo de 2014 (Rec. 770/2014).

beneficie económicamente de ello, aunque no está de más advertir que podía haber un interés económico indirecto en ello, en tanto que con ese tipo de conducta se buscaba lograr que los clientes no acudieran a la empresa y así intentar doblegar la voluntad de ésta para que aceptara las reivindicaciones determinantes de la huelga en la que participaba"[1139].

El tribunal considera que la conducta es grave porque el objetivo de torcer la voluntad empresarial renuente a satisfacer sus demandas "no se buscaba por el cauce propio de la huelga (la presión que supone dejar de trabajar), sino por un medio ilegítimo como es el boicot a los servicios que daba la empresa". Además, "esa gravedad no se ve atenuada por el hecho de que surgiera en el fragor propio de la huelga y en orden a lograr unos objetivos legítimos, ya que el uso de ese medio de presión tiene sus límites, debiendo ganarse el 'combate' en buena lid, con las 'armas' que el ordenamiento jurídico contempla y no empleando medios coercitivos que, a diferencia de la huelga (en cuanto cese concertado en el trabajo), no son legítimos para tratar de obtener del empresario que satisfaga sus reivindicaciones, por muy justas que éstas sean"[1140].

Concluye que durante la huelga los trabajadores han realizado "concretas conductas incompatibles con el deber de buena fe que rige la relación laboral y subsiste durante esa singular situación de suspensión del contrato de trabajo, que impide tratar de ganarla mediante medios coercitivos diferentes a la presión propia del cese concertado en el trabajo de quienes se suman a ella"[1141]. Por tanto, el despido está justificado por este acto concreto de competencia desleal suficientemente grave.

No podemos sino discrepar de estos pronunciamientos que no ponderan adecuadamente la libertad sindical y el derecho de huelga de los trabajadores. El tribunal no toma en consideración la dilatada doctrina garantista del máximo intérprete de la constitución incluyendo referencias al "cauce propio de la huelga" como simplemente

---

1139 SSTSJ País Vasco, de 29 de abril de 2014 (Rec. 677/2014); de 20 de mayo de 2014 (Rec. 770/2014).

1140 *Idem.*

1141 *Idem.*

no trabajar, e ignora la difusión y exteriorización de la huelga que constituyen el contenido esencial del derecho.

De esta forma, un tercero, ajeno al contrato, tiene libertad de acudir o utilizar servicios de otra empresa no afectada por la huelga, incluso el empresario puede dirigir los clientes hacia otras empresas para que presten el mismo servicio y estos satisfagan sus necesidades (siempre que no medie concierto económico entre ambos). Si aceptaban los servicios de los huelguistas, los clientes, que eran informados de la huelga, lo hacían perfectamente conscientes de que se sumaban a un boicot y del daño que provocaban al empresario. Estos actuaban en un ejercicio de solidaridad en el marco de su libertad ideológica o de conciencia.

Este daño debe considerarse intrínseco a la huelga y soportable en el contexto de cualquier conflicto laboral. Si los trabajadores realizan las mismas tareas que en su puesto de trabajo, el mero hecho de secundar la huelga tendrá la misma repercusión que el boicot: la pérdida económica y de imagen por la no prestación del servicio. Si el trabajador secunda la huelga, difícilmente la empresa podrá esquivar ese daño salvo que recurra al esquirolaje. Esos servicios de los propios trabajadores no pueden integrarse en la competencia desleal porque no cobran por el servicio prestado y no constituyen ningún tipo de empresa competidora, sino que conforman, en palabras del Tribunal Constitucional, una acción comunicativa sindical para la exteriorización de la disputa ante la opinión pública, clientes y proveedores.

También está claro que en cualquier huelga los clientes acudirán a otra empresa equivalente, si es posible, para que les preste el servicio interrumpido por los huelguistas. Por tanto, insistimos en que el daño económico es intrínseco con el desarrollo de la huelga, y su contenido esencial exige al empresario soportarlo. Además, este pronunciamiento nos lleva al absurdo de pensar que una campaña de solidaridad y de boicot, por ejemplo, en el conflicto por el despido colectivo de Coca-Cola en Fuenlabrada, donde se llamaba a no comprar esa bebida[1142], y por tanto, se podría favorecer a la competencia

---

[1142] Los trabajadores afectados llegaron a publicar un libro contando su experiencia en la movilización: CocaCola en lucha, *Somos CocaCola en lucha: una autobiografía*

(Pepsi, etc.), sería lícita mientras el caso aquí estudiado, donde no consta que ninguna empresa de la competencia se haya visto beneficiada, se considere competencia desleal.

En el segundo escenario, la sentencia del TSJ de Galicia de 11 de febrero de 2022 (Rec. 5855/2021) analiza la condena de naturaleza penal y posterior despido de un librero de Vigo. Durante cuatro días, fuera de su horario laboral, un trabajador se apostó enfrente o al lado de la librería para la que trabajaba exhibiendo una pancarta con la leyenda "en esta librería no se respeta ni se paga a los trabajadores", utilizando además un silbato. Más adelante, durante tres días, ese mismo trabajador, acompañado de otros simpatizantes o afiliados al sindicato CGT, volvió a concentrarse en los aledaños de la librería, durante unas dos horas, repartiendo panfletos, profiriendo gritos y consignas contra la empresa e invitando a los viandantes a boicotear y no comprar en el comercio local ni a favorecerlo, con recomendación de otras alternativas comerciales de la competencia en grandes superficies y comercio por Internet y repitiendo que la librería no respetaba los derechos de los trabajadores[1143].

Por estos hechos, fue condenado por un delito leve de coacciones[1144] y, posteriormente, absuelto por la Audiencia Provincial[1145]. Tras conocer el fallo condenatorio de la sentencia penal recaída en primera instancia, el trabajador editó y publicó en su cuenta de Facebook un vídeo en el que, apareciendo la librería de fondo, denunciaba esa condena penal, tildándola de injusta, manifestando que "la gerencia machaca claramente al personal", y que "sigo intentando que se me pague lo que se me debe". Ese mismo vídeo "fue colgado en la cuenta que el sindicato CGT tiene abierta en la red social Facebook, con 4.152 reproducciones, generando una cascada de mensajes de apoyo al actor y de críticas contra la empresa"[1146].

La empresa le despidió por transgresión de la buena fe contractual y el TSJ de Galicia confirmó la procedencia del despido. En resumen, la tesis del tribunal es que "el trabajador, con su conducta,

---

colectiva, España, La oveja roja, 2016.

1143 STSJ Galicia de 11 de febrero de 2022 (Rec. 5855/2021).

1144 SJI, Vigo, nº 2, 16 de julio de 2020 (proc. 843/2019).

1145 SAP Pontevedra de 10 de diciembre de 2020 (Rec. 682/2020).

1146 STSJ Galicia de 11 de febrero de 2022 (Rec. 5855/2021).

ha provocado un grave daño a la imagen de la empresa, lesionando su posición competitiva, mediante una actuación, primero intimidatoria, y posteriormente dando publicidad en las redes sociales de un sindicato concreto, cuando lo correcto hubiera sido que el trabajador formulase sus quejas, en primer lugar y ante todo, frente a su propia empleadora"[1147].

La sentencia se basa en tres grandes bloques argumentales: 1) el daño al prestigio, valor o buen nombre de la empresa; 2) el medio de difusión y el contenido de la denuncia eran innecesarios y desproporcionados para reclamar públicamente sus derechos laborales, recurriendo primero a la coacción e intimidación y, a continuación, con publicidad en redes sociales; y 3) no constaba ningún tipo de reclamación al respecto.

Primero, el Tribunal consideró que el trabajador, con su conducta, causó un "evidente perjuicio", siendo merecedor de sanción, al tratarse de un ejercicio desviado de la libertad de expresión, y ha provocado un "grave daño a la imagen de la empresa, lesionando su posición competitiva". Considera que "el prestigio, valor o buen nombre de la empresa es un valor que se puede dañar o poner en peligro mediante manifestaciones del trabajador con repercusión fuera del estricto ámbito empresarial, afectando así a la propia entidad o a las personas que la dirigen o trabajan en ella, lo que impide una actuación como la del actor, que trasciende el ámbito de la empresa, dándoles trascendencia y publicidad, no solo a través de sus redes sociales, lo que implica claras repercusiones negativas para la empresa, con evidente vulneración de los deberes de buena fe, sin que puedan ampararse en el ejercicio de la sana crítica"[1148].

No obstante, no constan ni parece haberse practicado prueba alguna sobre daños efectivos, más allá de referencias genéricas al prestigio empresarial. El tribunal olvida que la empresa tiene el deber de soportar los perjuicios derivados de las reuniones, las manifestaciones o las diversas acciones en ejercicio de la libertad sindical porque se encuentran protegidas como derechos fundamentales que priman sobre la libertad de empresa.

[1147] *Idem*

[1148] *Idem.*

En segundo lugar, el tribunal consideró que con "la actitud del trabajador se transgredieron los límites del derecho a la libertad de expresión, ya que, de un lado, con sus manifestaciones el trabajador no se refirió estrictamente a cuestiones relativas al desarrollo de su relación laboral en el centro de trabajo, y, del otro, para expresar tales opiniones se utilizaron expresiones ultrajantes u ofensivas, impertinentes e innecesarias para el fin pretendido, poniendo en tela de juicio la probidad, ética, o prestigio profesional del empleador, a lo que debe añadirse el medio de difusión de las mismas, primero mediante una actuación claramente coactiva o intimidatoria, y segundo mediante publicidad en las redes sociales"[1149].

Esa actuación "se evidencia como innecesaria, desproporcionada, así como carente de anclaje alguno en el ejercicio del derecho a la libertad de expresión". En efecto, para reclamar sus derechos laborales no era necesario promover una concentración con el sindicato, repartir panfletos, gritar consignas, o emitir un vídeo en redes sociales, "ocasionando con ello una quiebra de la buena fe y confianza recíproca que debe presidir la relación entre empleador y trabajador. Por lo expuesto, puede concluirse que no se ha vulnerado el derecho a la libertad de expresión del recurrente, pues el medio de difusión y el contenido de la denuncia eran innecesarios y desproporcionados para reclamar públicamente sus derechos laborales". El tribunal afirma que "aquí se trata de opiniones personales, que han excedido el concreto ámbito de las relaciones entre particulares, al haber utilizado las redes sociales sindicales, además del hecho de la utilización de expresiones injuriosas", llamando al boicot y cuestionando incluso la sentencia penal[1150].

En realidad, una vez descartada la intervención penal, está claro que el ejercicio de los derechos de libertad de expresión, libertad sindical, reunión y manifestación son formas lícitas de presión al empleador, sin que quepa calificarlas como coacciones o intimidaciones cuando se ejercen de forma pacífica. De hecho, la huelga es una forma de coacción[1151] legal al empresario protegida como derecho fun-

---

1149 *Idem.*

1150 *Idem.*

1151 SÁNCHEZ MARTÍNEZ, M.O., *La huelga ante el derecho. Conflictos, valores y normas*, Madrid, Dykinson, 1997, p. 44.

damental, una medida de presión que coacciona su libertad de fijar las condiciones de trabajo. Aunque no estaba convocada una huelga, porque se trataba de un único trabajador afectado, está claro que se trataba de un conflicto sindical y su dimensión colectiva queda patente en la intervención del sindicato CGT. En los hechos probados de la sentencia penal se indica que "no constan fuerza, ni palabras ofensivas o amenazantes"[1152]. No está muy claro por qué el tribunal ignora la dimensión sindical del conflicto (por ejemplo, los vídeos se difunden en un canal sindical).

En último lugar, el tribunal censura que "el trabajador ha actuado atacando de manera desmedida a la empresa, sin que exista constancia de legítima reclamación alguna relativa a sus derechos laborales" porque "el medio de difusión y el contenido de la denuncia eran innecesarios y desproporcionados para reclamar públicamente sus derechos laborales, sin que conste ningún tipo de reclamación al respecto"[1153].

Esta idea roza lo exótico. El ejercicio de la acción sindical no exige una reclamación previa relativa a los derechos laborales porque la acción sindical es en sí misma una reclamación de derechos. Recurrir a ella como última opción, después de acudir a una negociación, mediación, arbitraje, o de interponer denuncia formal o una demanda en el juzgado es una cuestión que atañe a la estrategia sindical, sin que esta se pueda tutelar. Es importante reiterar aquí la idea del TC de que la actividad sindical no se caracteriza por basarse en fórmulas de composición o de colaboración con la empresa, sino de autodefensa o autotutela en las que no cabe abogar por la existencia de un genérico deber de lealtad con un significado omnicomprensivo de sujeción del trabajador al interés empresarial[1154], pues ello no es acorde con el sistema constitucional de relaciones laborales[1155]. En contraste con la doctrina del TC, esta sentencia se inserta en una

---

[1152] SAP Pontevedra de 10 de diciembre de 2020 (Rec. 682/2020)

[1153] STSJ Galicia de 11 de febrero de 2022 (Rec. 5855/2021)

[1154] SSTC 134/1994, de 9 de mayo; 213/2002, de 11 de noviembre; 198/2004, de 15 de noviembre.

[1155] SSTC 197/1998, de 13 de octubre; 57/1999, de 12 de abril; 20/2002, de 28 de enero; 198/2004, de 15 de noviembre; 79/2023, de 3 de julio; entre otras.

concepción contractual o iusprivatista de los derechos colectivos de los trabajadores.

Por tanto, no existe fundamento jurídico para esta exigencia *ad hoc* del TSJ, que nos llevaría al absurdo de concluir que sólo ante el fracaso de la vía judicial, que es a su vez lenta y costosa, cabe la acción colectiva. ¿Bastaría con una reclamación extrajudicial (un WhatsApp, un email, un burofax) o la interposición de la papeleta de conciliación? Está claro que la acción sindical colectiva busca presionar de forma más eficaz en conflictos que tienen la vía judicial o administrativa más dificultades (como cuestiones controvertidas o acciones caducadas).

De hecho, si estudiamos también la sentencia penal se comprende el asunto con más claridad. En los hechos probados se dice que "en determinado momento de su relación laboral, [el trabajador] renunció a exigir el pago de unas pagas extras que se le debían, con el compromiso de que las mismas se abonarían más adelante"[1156]. Debido a que dichas pagas no le han sido abonadas, comenzó las primeras protestas. Por tanto, la reivindicación tiene por objeto unos salarios prescritos y su única forma de articularla es la acción sindical frente a un compromiso incumplido.

En definitiva, no sólo el boicot es una acción sindical colectiva legítima, sino que en este asunto debería haberse amparado la libertad de expresión del trabajador, en coherencia con un contexto de un conflicto laboral coordinado con su sindicato y ante la imposibilidad de acudir a la jurisdicción social para poder cobrar lo que le correspondía.

3. LA REPERCUSIÓN DE LA INTELIGENCIA ARTIFICIAL EN LAS HUELGAS

La incorporación masiva de la robótica y la inteligencia artificial a la empresa (de todo tamaño y condición) está provocando una verdadera revolución (en sucesivas fases o versiones) que aún espera un desarrollo exponencial en los próximos años y que permitirá que

[1156] SAP Pontevedra de 10 de diciembre de 2020 (Rec. 682/2020).

casi todos los aspectos del trabajo (y aún de la vida) humana puedan ser controlados, verificados y, en consecuencia, interferidos. En este apartado, nos detendremos en el impacto de los algoritmos y la inteligencia artificial en los conflictos colectivos del trabajo y su uso al servicio de las huelgas.

3.1. Una aproximación conceptual a la inteligencia artificial

El Diccionario de la Real Academia Española de la Lengua define un algoritmo como el "conjunto ordenado y finito de operaciones que permite hallar la solución de un problema"[1157].

Un algoritmo es, por tanto, una tecnología intelectual que permite la sustitución de juicios intuitivos por una respuesta objetivada. Se trata de una receta, un conjunto de instrucciones matemáticas, una secuencia de tareas destinada a conseguir un cálculo o un resultado, los pasos que nos llevan a la solución de un problema. "La descripción de un algoritmo afecta a tres partes: entrada (datos), proceso (instrucciones) y salida (resultados). En este sentido, un algoritmo se puede comparar a una función matemática"[1158].

Mercader define un algoritmo como "formulaciones que analizan experiencias pasadas de las que sabemos qué resultado produjeron utilizando para ello grandes cantidades de datos (no «muestras»), de modo que por medio de lenguaje matemático y el uso de determinados «indicadores» («proxy»), se extraen predicciones, correlaciones o aproximaciones (no inferencias causales) a partir de las cuáles se identifica qué características o grupo de características han llevado a los mejores resultados para, sobre esta base, adoptar decisiones automáticas o humanas"[1159].

De esta forma, podemos identificar como rasgos caracterizadores de los sistemas de algoritmos y de la inteligencia artificial que son modelos de base matemática, basados en una lógica predictiva, alimentados por datos, que no interpretan el sentido de las cosas ni

---

1157 REAL ACADEMIA ESPAÑOLA, *Diccionario de la lengua española*, 23.ª ed., [versión 23.6 en línea]. Disponible en: https://dle.rae.es/algoritmo

1158 MERCADER UGUINA, J. R., *Algoritmos e inteligencia artificial en el derecho digital del trabajo*, Valencia, ed. Tirant lo Blanch, 2022, p. 28.

1159 *Ibidem*, pp. 18-19.

las contextualizan, creados por una pluralidad de fuentes y que, en general, son poco transparentes y altamente confidenciales para las empresas[1160].

Todolí distingue entre algoritmos productivos y algoritmos extractivos. Por una parte, la tecnología productiva o creadora de valor permitiría "automatizar tareas que antes realizan trabajadores, simplificando su trabajo o requiriendo menos tiempo para ejecutarlo". Es el caso de robots industriales o bases de datos informatizadas. Por otra parte, las tecnologías extractivas de valor son "aquellas que conceden un aumento del producto solamente a través de un mayor esfuerzo del trabajador". Estas tecnologías buscan incrementar el poder empresarial para "exprimir" al trabajador toda su energía mental y física, así como hacer recaer sobre él los costes y los riesgos. Por tanto, no crean más producto con el mismo *input*, que es la definición más elemental de productividad, sino que "la empresa obtendrá más rendimiento solamente a través de que el trabajador use más energía propia". Este esfuerzo extra supondrá un mayor coste para la sociedad traducido en accidentes de trabajo, peor salud física y mental, o un envejecimiento más rápido[1161].

El trabajo de Todolí 'lucha' contra la idea de que la tecnología es neutra, sino que su función es precisamente reducir el poder de negociación de los trabajadores y poder extraer parte de las ganancias que merecidamente deberían ir a estos por su trabajo. "Esto se hace mediante dos mecanismos. Por un lado, aumentando la información que la empresa tiene (monitorización, control, vigilancia) lo que le otorga mayor poder sobre el trabajador; de otro lado, la dirección algorítmica reduce la efectividad de las protecciones laborales (reglas antidiscriminación sindical, facilitando la externalización productiva, etc.) establecidas históricamente para reequilibrar el poder de negociación entre capital y trabajo. Con la tecnología se «sortean» esas regulaciones protectoras debilitando el poder de negociación de los trabajadores, hundiendo los salarios y, en general, precarizando el trabajo". Así, los algoritmos se utilizan con cuatro mecanismos:

1160 *Ibidem*, pp. 20-27.

1161 TODOLÍ SIGNES, A., *Algoritmos productivos y extractivos: cómo regular la digitalización para mejorar el empleo e incentivar la innovación*, Cizur Menor, ed. Thomson Reuters Aranzadi, 2023, pp. 22-23.

reducción de costes de selección, reducción de costes de vigilancia, el aumento de la subcontratación y la discriminación sindical sistemática[1162].

Los modelos algorítmicos, a pesar de su reputación de imparcialidad, no son objetivos, sino que reflejan los objetivos y la ideología de los programadores o una serie de juicios y opiniones que el algoritmo se limita a optimizar. Nuestros propios valores y deseos influyen en nuestras elecciones, desde los datos que elegimos recopilar hasta las preguntas que hacemos. Los modelos son opiniones incorporadas en las matemáticas[1163].

Efectivamente, vivimos la era del *big data* que se caracteriza por la triple V: el volumen, la variedad y la velocidad para procesar datos. Mercader habla de que un "aterrador potencial tecnológico genera justificadas incertidumbres a la hora de construir una economía basada en la libre circulación de los datos"[1164] y de un "remozado feudalismo virtual"[1165]. Entre otras ideas para afrontar la gestión algorítmica de las relaciones laborales, propone el robustecimiento del principio de proporcionalidad[1166].

Unido a la noción de algoritmo se suele encontrar la inteligencia artificial. Aunque los *chatbots* ChatGPT de OpenAI o Gemini de Google sean las experiencias de IA más de moda, esta tecnología tiene inmensas posibilidades y riesgos en las relaciones laborales. Un *chatbot* es un "módulo software cuya misión es interaccionar con personas de forma abierta y natural mediante conversaciones", lo que incluye también a los a veces denominados *voicebots* y los altavoces inteligentes (como Alexa o Siri)[1167].

1162 *Ibidem*, pp. 216-218.

1163 O'NEIL, C., *Weapons of Math Destruction: How Big Data Increases Inequality and Threatens Democracy*, New York, Crown, 2016, p. 21.

1164 MERCADER UGUINA, J. R., *Algoritmos e inteligencia…, op. cit.*, p. 23.

1165 *Ibidem*, p. 91.

1166 *Ibidem*, p. 165.

1167 MUÑOZ RUIZ, A. B., "Los sistemas automatizados de reconocimiento de emociones en el trabajo en el reglamento europeo de inteligencia artificial", *LABOS Revista de Derecho del Trabajo y Protección Social*, vol. 5, núm. extraordinario, 2024, pp. 83-98.

Recientemente, en la Unión Europea se ha aprobado un Reglamento de Inteligencia Artificial (RIA)[1168] que busca una definición única de la IA que pueda resistir el paso del tiempo. Así, entiende el sistema de inteligencia artificial como "un sistema basado en una máquina que está diseñado para funcionar con distintos niveles de autonomía y que puede mostrar capacidad de adaptación tras el despliegue, y que, para objetivos explícitos o implícitos, infiere de la información de entrada que recibe la manera de generar resultados de salida, como predicciones, contenidos, recomendaciones o decisiones, que pueden influir en entornos físicos o virtuales" (art. 3.1).

Sin embargo, Beltrán puntualiza que debemos tener muy presente qué es lo que, a fecha de hoy, la inteligencia artificial puede hacer y qué no. En realidad, todavía no se han desarrollado máquinas que piensen en ninguna interpretación suficientemente humana de la palabra inteligencia. Lo que habitualmente se denomina inteligencia artificial simplemente "simula el pensamiento humano en dominios de definición muy reducida, que únicamente cuentan con las estructuras causales más primitivas. En este ámbito podemos crear máquinas cuyo rendimiento supera incluso al humano, porque hablamos de dominios que recompensan lo único que los ordenadores saben hacer bien: computar". Por tanto, en realidad estamos ante una "explosión de la estadística computacional. Lejos de una inteligencia artificial general (o también denominada fuerte), con capacidad de llevar a cabo cualquier tarea cognitiva que pueden realizar los humanos, todo indica que sólo podremos alcanzar una inteligencia estrecha o débil (es decir, un saber experto en ámbitos específicos —sistema experto —)"[1169].

Frente a los riesgos de estas tecnologías (y la posible reacción *IA-ludita*), el Derecho del trabajo es la herramienta idónea para regular cómo poner fin a la extracción promoviendo la innovación, el desarrollo, el diseño y la calidad, esto es, competir en mejoras de la productividad y no en bajos costes y explotación de los trabajadores.

1168 Reglamento (UE) 2024/1689 del Parlamento Europeo y del Consejo, de 13 de junio de 2024, por el que se establecen normas armonizadas en materia de inteligencia artificial (Reglamento de Inteligencia Artificial).

1169 BELTRÁN DE HEREDIA RUIZ, I., *Inteligencia artificial y neuroderechos: la protección del yo inconsciente de la persona*, Cizur Menor, Aranzadi, 2023, p. 64.

El legislador español ya ha dado los primeros pasos en esta línea. Es un ejemplo de ello la llamada *Ley Rider*[1170] que introduce una nueva letra d) en el artículo 64.4 ET, incorporando entre los derechos de información de los representantes de los trabajadores el de conocer "los parámetros, reglas e instrucciones en los que se basan los algoritmos o sistemas de inteligencia artificial que afectan a la toma de decisiones que pueden incidir en las condiciones de trabajo, el acceso y mantenimiento del empleo, incluida la elaboración de perfiles". También comienzan a aparecer referencias en la negociación colectiva, como el derecho a no ser objeto de decisiones basadas única y exclusivamente en variables automatizadas o el derecho a la no discriminación en relación con las decisiones y procesos, cuando ambos estén basados únicamente en algoritmos, ambos previstos en el convenio colectivo del sector de la banca[1171].

Por su parte, en la Unión Europea, el Reglamento de Inteligencia Artificial considera sistemas de IA de alto riesgo los destinados a ser utilizados para tomar decisiones que afecten a la contratación o la selección de personas, a la determinación de las condiciones de trabajo, a la promoción o rescisión de relaciones contractuales, a la asignación de tareas o a supervisar y evaluar el rendimiento y el comportamiento de los trabajadores (art. 6 y anexo III RIA).

A continuación, se estudiarán distintas experiencias y posibilidades que permiten la gestión algorítmica y la inteligencia artificial al servicio de los sindicatos, específicamente, en el desarrollo de una huelga. Por una parte, se analizarán las oportunidades que ofrece la IA como herramienta sindical. Por otra, los riesgos de la IA en manos de la empresa para obstaculizar la actividad de los sindicatos se estudiarán en el capítulo siguiente.

1170 Ley 12/2021, de 28 de septiembre, por la que se modifica el texto refundido de la Ley del Estatuto de los Trabajadores, aprobado por el Real Decreto Legislativo 2/2015, de 23 de octubre, para garantizar los derechos laborales de las personas dedicadas al reparto en el ámbito de plataformas digitales.

1171 Artículo 80, Resolución de 17 de marzo de 2021, de la Dirección General de Trabajo, por la que se registra y publica el XXIV Convenio colectivo del sector de la banca.

3.2. El recurso a la inteligencia artificial para la acción sindical y la huelga

3.2.1. El papel de la IA en contextos conflictivos

a) Experiencias precedentes: las huelgas del metaverso

En el análisis del incipiente impacto de la inteligencia artificial en el mundo del trabajo y, concretamente, en los conflictos colectivos y las huelgas, es habitual referirse a "metatrabajadores"[1172], al "metaverso sindical"[1173] y a las huelgas de avatares[1174]. Surge la pregunta sobre si es necesario un Derecho del Trabajo para el metaverso.

Se plantean cuestiones sobre el papel de los sindicatos en la asesoría de los avatares, la utilización de las herramientas de *blockchain* para realizar elecciones sindicales o percibir la cuota sindical; utilizar el metaverso como mecanismo de comunicación y reunión; problemas como la representación (interna/externa del metaverso) de los *metaworkers* y la generación de una nueva conciencia de clase; la garantía de los derechos colectivos de las personas *metaworkers* que teletrabajan; y la posibilidad de huelgas y conflictos virtuales[1175].

En este escenario, se analiza la primera experiencia de huelga virtual o huelga en el metaverso en la plataforma Second Life, un mundo virtual en línea, creado en 2003, en el que los usuarios pueden configurar sus propios avatares y explorar un mundo virtual lleno de posibilidades. Los usuarios pueden crear sus propios negocios, comprar propiedades, jugar juegos, socializar con otros usuarios, e incluso trabajar.

En 2007, IBM y el sindicato italiano Rappresentanza Sindacale Unitaria (RSU) estaban negociando el convenio colectivo. RSU pidió un "pequeño aumento salarial" de 60 euros al año, además de "inversiones en salud y pensiones, derechos de información, etc.".

1172 SAGARDOY DE SIMÓN, I., "El metaverso y los derechos laborales", *El Confidencial*, 22 de febrero de 2022. Disponible en: https://zip.lu/3aajN

1173 MERCADER UGUINA, J. R., *Algoritmos e inteligencia…, op. cit.*, p. 48.

1174 ESTEBAN, P., "Y a los trabajadores en el metaverso… ¿qué ley les aplicamos?", *El País*, 20 de agosto de 2022. Disponible en: https://zip.lu/3aaps

1175 NOGUEIRA GUASTAVINO, M., "Metaverso y legislación aplicable al contrato de trabajo", *Revista de Trabajo y Seguridad Social. CEF*, nº 471, 2022, p. 29.

IBM respondió ofreciendo un aumento de 6 euros y cancelando el "beneficio por resultados productivos" de los trabajadores, una bonificación anual de 1.000 euros. RSU decidió organizar la primera huelga virtual, con la ayuda de Union Network International Global Union (UNI Global Union). UNI Global Union pidió a la comunidad de Second Life, así como a todos los trabajadores sindicalizados, que se unieran a la huelga el 27 de septiembre de 2007[1176].

Para convocar de forma exitosa la huelga, desarrollaron una importante labor comunicativa, tanto para difundir el conflicto como para explicar el funcionamiento de la plataforma y de la propia huelga virtual.

En su sitio web, ofrecieron un tutorial completo que cubría los conceptos básicos de Second Life. Las instrucciones también explicaban cómo obtener y equipar un "kit de huelga" personalizado creado para la ocasión, que incluía una camiseta para los avatares con el texto "*IBM is deaf to its employees demands*" ("IBM hace oídos sordos a las reivindicaciones de sus trabajadores") y carteles reivindicativos[1177]. Además de estas instrucciones escritas, UNI Global Union impartió cursos de formación en su casa dentro de Second Life, para aprender a utilizar este kit de huelga si la persona es nueva en Second Life[1178].

Los sindicatos habían previsto incluso un boicot virtual por parte de la empresa: "El Teletransporte no funcionará si hay demasiada gente al mismo tiempo, o si IBM ha cerrado sus islas para parar nuestra protesta". Se incluyó una "Nota importante sobre cibermatones": "Dado que esta es una protesta pública, como ocurre en todos los acontecimientos públicos, pueden aparecer algunos Avatares que sólo van a causar problemas (pueden ser tanto enviados por IBM como gente a la que no gustan los actos públicos o los sindicatos). Puede que insulten a otros Avatares, les ofrezcan animaciones que

---

1176 TAPIA, A., BLODGETT, B., "Building Policy that Crosses Virtual Borders: A Case Study of a Virtual Labor Strike with Real World Ramifications", *TPRC*, 2010. Disponible en: https://zip.lu/3d2Li

1177 En este video pueden verse imágenes de la protesta virtual: rsuibmvime, "IBM Virtual Strike in SECONDLIFE!", *Youtube*, 17 de febrero de 2008. Disponible en: https://zip.lu/3aau7

1178 CCOO, "Los trabajadores de IBM van a la huelga en Second Life", 7 de septiembre de 2007. Disponible en: https://zip.lu/3aavT

pueden dañar sus avatares o que no son apropiados para los actos de protesta"[1179].

Finalmente, la protesta contó 1.853 participantes de más de 30 países diferentes y se logró un acuerdo para restablecer el bono, junto con otras mejoras, después de amenazar con una huelga fuera de la red[1180].

En definitiva, esta "huelga de avatares" tuvo un impacto nulo, de hecho no se ha repetido una experiencia similar. En realidad, debemos encuadrar esta huelga virtual como una acción comunicativa de mediatización del conflicto sindical. El objetivo de los trabajadores, llamar la atención sobre sus reivindicaciones laborales, se cumplió plenamente porque la noticia sobre la primera huelga virtual del mundo apareció en prensa, incluso más allá de las fronteras de Italia, donde se estaba negociando el convenio colectivo. Sin embargo, para lograr el éxito en sus reivindicaciones fue necesario recurrir a la amenaza de una huelga "real" o tradicional.

b) *Huelgas contra la IA*

En general, la implantación de la inteligencia artificial supone un riesgo para los derechos de los trabajadores y los propios empleos. Por tanto, el papel de la inteligencia artificial será un foco de los futuros conflictos colectivos y huelgas. Las huelgas contra la inteligencia artificial pueden ser motivadas por diversos factores. Por ejemplo, los trabajadores pueden exigir, en el seno de la negociación colectiva, regular y limitar el uso de la IA en el lugar de trabajo. También pueden protestar contra despidos colectivos que se produzcan como resultado de la automatización de tareas. Además, las huelgas pueden ser motivadas por políticas de dirección y control que limiten la actividad sindical y los derechos laborales, como recurrir a la IA para monitorizar el trabajo de los empleados (control a través cámaras de videovigilancia, micrófonos, datos biométricos, GPS, aplicaciones móviles, etc.).

1179 CCOO, "27 de septiembre protesta de IBM en Second Life", 27 de septiembre de 2007. Disponible en: https://zip.lu/3aawf

1180 TAPIA, A., BLODGETT, B., "Building Policy...", *op. cit.*, p. 7.

La inteligencia artificial tendrá un importante papel en la destrucción de empleo en un futuro próximo, especialmente, en los sectores donde la digitalización tenga o pueda tener más protagonismo. Por lo pronto, algunas empresas ya están despidiendo al personal sustituible por un *chatbot*[1181] o por una IA, incluyendo labores creativas[1182] o traducciones[1183].

En este escenario, la regulación de la inteligencia artificial fue uno de los principales motivos de una importante huelga de guionistas y actores en EEUU[1184].

La huelga de guionistas, que tuvo lugar durante casi cinco meses entre mayo y septiembre de 2023, logró un acuerdo sobre el uso de la inteligencia artificial generativa (IAG). En este acuerdo se recoge que la IA no puede escribir ni reescribir material literario, y el material generado por IA no se considerará material fuente, lo que significa que el material generado por IA no puede utilizarse para socavar el crédito de un escritor o sus derechos. Un escritor puede optar por utilizar IA al realizar servicios de redacción, si la empresa da su consentimiento y siempre que el escritor siga las políticas aplicables de la empresa, pero la empresa no puede exigirle que utilice software de IA (por ejemplo, ChatGPT) al realizar servicios de redacción. La empresa debe revelar al escritor si algún material entregado al escritor ha sido generado por IA o incorpora material generado por IA[1185].

Por su parte, la huelga de actores, entre julio y noviembre de 2023, puso el foco en el uso de inteligencia artificial para escanear

---

1181 BBC News, "La compañía que reemplazó con IA al 90% de sus empleados de servicio al cliente", *bbc.com*, 13 de julio de 2023. Disponible en: https://zip.lu/ZmpY

1182 FORNER, G., "Domestika sustituye creatividad por inteligencia artificial con un ERE para casi la mitad de su plantilla", *El Salto*, 3 de abril de 2023. Disponible en: https://zip.lu/3agUp

1183 AGUILAR, R., "Duolingo ha decidido despedir a parte de sus traductores. Cree haber encontrado algo mejor: la IA", *Xataka*, 10 de enero de 2024. Disponible en: https://zip.lu/3ah8L

1184 GÓMEZ ABELLEIRA, F. J., "La regulación de la inteligencia artificial en el trabajo de guionistas de cine, televisión, teatro", *Blog El Foro de Labos*, 10 de octubre de 2023. Disponible en: https://zip.lu/ZmrQ

1185 WGA, *Memorandum of agreement for the 2023 WGA theatrical and television basic agreement*, 2023. Disponible en: https://zip.lu/3ah5z

los rostros de los actores para generar actuaciones digitalmente. Su objetivo era evitar que los productores usen inteligencia artificial para reemplazar a los actores.

El acuerdo al que llegaron para finalizar la huelga incluye un apartado dedicado a la inteligencia artificial en el que se establecen una serie de definiciones comunes sobre su aplicación en los rodajes y varias medidas para proteger los derechos de los trabajadores frente a esta tecnología. En un primer lugar, el convenio distingue entre tres tipos de usos de la IA en la creación de una obra: la réplica digital basada en el empleo, esto es, aquellas réplicas digitales en las el actor ha participado físicamente para su creación (por ejemplo, siendo escaneado) y que se utilizan para crear escenas en cuyo rodaje el actor no se ha involucrado; la réplica digital independiente, es decir, aquellas réplicas digitales que se han usado con material ya disponible previamente (por ejemplo, antiguas grabaciones) y que se emplean en escenas en cuyo rodaje el actor no se ha involucrado; y las alteraciones digitales que son modificaciones de escenas en cuyo rodaje el actor sí se ha involucrado. En todos estos casos a partir de ahora será necesario un consentimiento informado y firmado por el actor y la correspondiente retribución[1186].

Por otro lado, las protestas contra la implantación y desarrollo de IA no se limitan sólo a los trabajadores. Los usuarios de servicios y plataformas se pueden ver perjudicados por la IA. Podemos mencionar, fuera de la esfera laboral, la ya comentada *huelga virtual* de los usuarios del foro online Reddit, que convocaron una huelga para evitar que las multinacionales de inteligencia artificial usasen sus comentarios públicos para entrenarlas gratis. En definitiva, el papel de la automatización del trabajo afecta a una pluralidad de actores, incluyendo a trabajadores y usuarios del servicio. La respuesta de las organizaciones sindicales para negociar una implantación ordenada y garantista con los derechos de los trabajadores dará lugar a futuros conflictos donde la regulación de la IA será clave.

[1186] SAG-AFTRA, *Summary of 2023 Tentative Successor Agreement to the 2020 Producer-SAG-AFTRA Codified Basic Agreement ('Codified Basic Agreement') and 2020 SAG-AFTRA Television Agreement ('Television Agreement')*, 2023. Disponible en: https://zip.lu/3agY4

c) Huelgas en empresas de IA

En tercer lugar, podemos mencionar del papel de la IA en los conflictos colectivos de las empresas proveedoras o que desarrollen la propia inteligencia artificial. Sería el supuesto de huelgas en empresas como OpenAI, que desarrolla el famoso *chatbot* ChatGPT o DALL-E, la IA que genera imágenes a partir de textos. También de las grandes compañías tecnológicas que cuentan con su propia IA, como Microsoft Copilot o Gemini (antes Bard) de Google. Si, como ya se ha apuntado, las empresas con mayor implantación de la digitalización son las más susceptibles de emprender acciones hostiles para los derechos de los trabajadores, con mayor razón debemos apuntar hacia los arquitectos de las IAs.

No es difícil pensar que los actuales trabajadores de estas empresas corren el riesgo de perder sus puestos de trabajo si son fácilmente sustituibles por un algoritmo. También que, en contextos donde las empresas facturan importantes cantidades de dinero, reivindiquen redistribuir esos beneficios a través de mejores condiciones de trabajo, como mejores salarios, reducir jornadas y mejorar los descansos.

Es cuestión de tiempo que surjan conflictos sindicales en estas empresas. Por ejemplo, ya hay noticias que apuntan a la reestructuración de plantilla en Google que implicaría miles de despidos[1187].

3.2.2. La inteligencia artificial como herramienta sindical durante una huelga

a) Esfera interna y organizativa: el chatbot sindical

La inteligencia artificial supone una clara mejora en los recursos a disposición del sindicato, tanto a nivel organizativo como al servicio de sus militantes y afiliados, y puede ser una importante herramienta en el marco de una huelga. El poder sindical combina recursos y capacidad estratégica. De esta forma, el sindicato cuenta con recursos infraestructurales, esto es, los que permiten a los sindicatos llevar a

---

1187 FERNÁNDEZ, S., "Google estaría preparando una 'reestructuración' por la IA: puede acabar con el empleo de 30.000 personas", *La Vanguardia*, 29 de diciembre de 2023. Disponible en: https://zip.lu/3agRu

cabo su misión; recursos de solidaridad interna, que son los mecanismos en el lugar de trabajo que garantizan la cohesión colectiva y la vitalidad deliberativa; las redes de arraigo (o solidaridad externa), que se refieren al grado en que los sindicatos establecen vínculos horizontales y verticales con otros sindicatos y con grupos comunitarios y movimientos sociales; recursos narrativos, es decir, la gama de valores, entendimientos compartidos, historias e ideologías que agregan identidades e intereses y traducen e informan motivos; y la capacidad de reflexionar y aprender del pasado y difundir e intercambiar información para anticipar el cambio y actuar sobre él[1188].

Por una parte, la IA facilitará la labor organizativa y la comunicación del sindicato durante la huelga. La IA permitirá asignar tareas y recursos de manera eficiente, incluyendo la automatización de tareas administrativas, como preparar el escrito de preaviso de huelga. Será también una herramienta de soporte para recaudar fondos de resistencia durante la huelga, organizando campañas de donaciones en línea (*crowdfunding*), gestionando los pagos y analizando datos para identificar potenciales donantes. También permitirá mapear zonas muy amplias para organizar piquetes, facilitando decidir dónde se realiza el piquete y convocando allí a los trabajadores a partir de la base de datos del sindicato. Las herramientas de mapeo facilitarán incorporar y tratar mucha información y muy rápido, como datos de seguimiento del paro y posibles vulneraciones del derecho de huelga (sustitución de huelguistas, represalias, amenazas, intimidación o violencia).

La IA permitirá el análisis de datos complejos a partir de un volumen alto de información, por ejemplo, información económica de la empresa o del sector. Esta herramienta mejorará, por tanto, la eficiencia de la acción sindical porque aumentará el volumen de información disponible y también la capacidad de procesamiento de esa información. A su vez, la IA podrá supervisar la implantación de los acuerdos emanados de la negociación colectiva, tanto los convenios colectivos como los acuerdos de fin de huelga. También se

---

1188 LÉVESQUE, C., MURRAY, G., "Entender el poder sindical: recursos y capacidades para la renovación del poder sindical", en LÉVESQUE, C., MURRAY, G., DUFOUR, C., HEGE, A.: *Legitimidad y poder para la renovación sindical*, Manu Robles-Arangiz Institutua Fundazioa, 2011, p. 8.

podrá mejorar la comunicación sindical en un contexto de conflicto: la IA facilita elaborar, publicar y difundir la convocatoria de huelga y demás acciones conexas.

Por otra parte, la IA mejorará los servicios que los sindicatos ofrecen a sus militantes y afiliados. Esto incluirá desde actividades formativas hasta asesorías jurídico-laborales. Aunque en España todavía no haya avances en este ámbito, ya existe algún precedente internacional. Un sindicato australiano desarrolló un *chatbot* que respondía preguntas de los trabajadores sobre sus derechos. Las preguntas que no era capaz de responder se remitían a una persona, pero estas respuestas le permitían a la IA aprender para el futuro.

El sindicato australiano OUR desarrolló la IA después de una reflexión sobre las limitaciones de las redes sociales. En Facebook, la información relevante sobre las políticas de la empresa quedaba fácilmente "enterrada" bajo respuestas y opiniones erróneas. Además, la plataforma exigía que los trabajadores entregaran datos sensibles e importantes a Facebook y potencialmente a terceros. Lejos de ser propiedad de los trabajadores y estar controlada por ellos, la información en Facebook estaba sujeta a vigilancia y publicidad, no era portátil y era vulnerable a ser cerrada o modificada como consecuencia de cambios unilaterales de reglas y/o funcionalidad. Guiados por la idea de que el empoderamiento de los trabajadores surge de una combinación de acceso a información relevante y a una comunidad de trabajadores con una experiencia común en la navegación de políticas y relaciones de poder en un lugar de trabajo, el sindicato se propuso crear una aplicación, que esperaban que se convirtiera en un nuevo núcleo de organización en lugar de Facebook[1189].

El sindicato concebía el *chatbot* como el punto de partida, no con el objetivo final de tener una conversación con los trabajadores. Se trataba de una herramienta enmarcada en una estrategia sindical mucho más amplia: el *chatbot* era un mecanismo para mapear el lugar de trabajo, esto es, la recopilación sistemática de información estratégica sobre la ubicación de miembros y potenciales miembros, la

[1189] FLANAGAN, F., WALKER, M., "How can unions use Artificial Intelligence to build power? The use of AI chatbots for labour organising in the US and Australia", *New Technology, Work and Employment*, nº 36, 2021, p. 164.

identificación de activistas y delegados, así como problemas y quejas en torno a los que organizarse[1190].

Otra ventaja del *chatbot* que identificaron los sindicalistas fue que, en algunas circunstancias, la distancia interpersonal generada por el *bot* creaba un espacio donde compartir información sensible sobre el ambiente de trabajo que podría haber sido difícil en un contexto cara a cara con otra persona, por ejemplo, sobre situaciones de *bullying* y acoso sexual[1191].

Los *chatbots* o los asistentes virtuales permiten una conversación personal con el trabajador, a diferencia de la navegación individual en páginas web o *apps* que está estructurada por quien la diseña. El *chatbot* provee información particular en respuesta a las preguntas que se le formulan. Esta herramienta permite resolver consultas con respuestas rápidas y adecuadas a cada problema particular maximizando su eficiencia, reduciendo la necesidad de interacción humana y el tiempo[1192].

Los sindicatos en España podrían implantar un *chatbot* de soporte para las asesorías laborales. Este asistente virtual no debería limitarse sólo a responder dudas laborales, sino que podría admitir documentación personal como la nómina, el contrato, la carta de despido o el informe de bases de cotización de la seguridad social para responder preguntas muy específicas sobre el caso concreto del trabajador. Se podría preguntar qué convenio se aplica al trabajador, si está bien calculada la nómina, el finiquito o la indemnización por despido, cómo se retribuyen las horas extraordinarias, a cuántos días tiene derecho de vacaciones, si tiene derecho a prestación por desempleo o cuándo podrá jubilarse y la cuantía de la futura pensión. También cuestiones sobre discriminación o seguridad y salud laboral.

A su vez, esta herramienta podría aportar una valoración preliminar de la posible acción judicial que corresponda en cada caso y su viabilidad. Por ejemplo, si el trabajador no recibe una tercera paga extraordinaria prevista en el convenio colectivo, el *chatbot* podría informarle inmediatamente de que tiene derecho a ella, que tendrá

1190 *Ibidem*, p. 169.

1191 *Ibidem*, p. 167.

1192 *Ibidem*, p. 162-163.

que reclamarlo judicialmente, que es preceptivo interponer la papeleta de conciliación (art. 63 LRJS), que podrá reclamar el interés por mora del 10% (art. 29.3 ET), que el plazo de prescripción es de un año (art. 59 ET), que si la cuantía litigiosa no excede de 3.000 euros no procederá recurso y la sentencia de instancia será firme (art. 191 LRJS), etc. Además, si la IA puede acceder a la agenda de señalamientos del sindicato, podría incluso, en función del partido judicial donde corresponda, hacer una estimación sobre la duración del procedimiento (por ejemplo, indicar que, de promedio, en Madrid se señalan los juicios por despido cierto número de meses después de presentar la demanda).

En materia de huelga, existe una gran cantidad de usos potenciales de un *chatbot*. De hecho, es habitual que dentro de la campaña de publicidad de una huelga se elabore una lista de preguntas frecuentes[1193]. De esta forma, un asistente virtual podría proporcionar información sobre los motivos de la huelga, las concentraciones, manifestaciones o piquetes que se hayan convocado, los derechos de los huelguistas y los recursos que tienen disponibles, o cómo apoyar la huelga, a través de donaciones, firmando peticiones o difundiendo información sobre la huelga.

Por tanto, un trabajador podría preguntar directamente al *chatbot* si puede ejercer su derecho de huelga (es posible que surjan dudas en colectivos como los trabajadores de ETT, en situación administrativa irregular o en el empleo de hogar, los estudiantes, los becarios, los parados, los autónomos...), cómo se secunda una huelga, si tiene que avisar con antelación a la empresa, cuánto tiempo dura, si es obligatorio estar afiliado a un sindicato para sumarse, qué consecuencias negativas tiene, si supondrá ver reducidas las vacaciones o las pagas extras, qué hacer si la empresa le amenaza con represalias, si es obligatorio cumplir los servicios mínimos que impone la administración, etc. Incluso podría habilitarse la opción de adjuntar la nómina del trabajador para que el *chatbot* calcule la pérdida de salario por día de huelga. A su vez, toda la información obtenida a partir de

1193 Comisión 8M, *Preguntas frecuentes sobre la huelga laboral*, 4 de marzo de 2019. Disponible en: https://bitly.cx/YjesV

las preguntas que formulen los trabajadores permitirá optimizar los recursos para las siguientes movilizaciones.

Las organizaciones sindicales deben adaptarse a la automatización e integrar la inteligencia artificial en su actividad para seguir representando eficazmente los intereses de los trabajadores. Para ello, el futuro de los sindicatos en la era de la IA pasa por desarrollar la investigación e incorporar expertos en tecnología a sus plantillas, empoderar a los trabajadores de los sectores donde la automatización no reemplaza completamente el trabajo humano, defender un agenda de derechos digitales en torno a la salud, la seguridad y la privacidad de los empleados, unirse a consorcios de IA y a comités éticos sobre sus riesgos, negociar condiciones de jubilación dignas en sectores donde el trabajo humano seguramente será reemplazado y facilitar la recapacitación y la mejora de las habilidades[1194]. La adecuada respuesta sindical a la disrupción digital debe basarse en una confluencia virtuosa entre el abordaje de sus riesgos y el aprovechamiento de sus potencialidades.

b) Esfera externa y comunicativa: la IA generativa de cartelería sindical

La dimensión comunicativa de la acción sindical ya se ha comentado más arriba distinguiendo entre las acciones dirigidas a la esfera interna del sindicato, las acciones comunicativas de comparsa, las acciones comunicativas propias y originales, y las acciones que conformen un proyecto tractor o de arrastre. En este apartado, se reflexionará sobre cómo la IA permitirá mejorar exponencialmente la eficacia y la eficiencia de la estrategia comunicativa de los sindicatos, la actual y la que se espera de ellos en el futuro. La IA emerge como una herramienta más para movilizar a los trabajadores en acciones sindicales y huelgas.

Por una parte, un sindicato podría utilizar la IA para enviar notificaciones a los trabajadores, organizar y difundir eventos de recaudación de fondos y proporcionar asistencia a los trabajadores que parti-

1194 NISSIM, G., SIMON, T., "The future of labor unions in the age of automation and at the dawn of AI", *Technology in Society*, vol. 67, 2021.

cipen en la huelga. Esto podría ayudar a movilizar a los trabajadores y a garantizar el éxito de la huelga.

Actualmente, existen herramientas automatizadas que ya se usan de forma generalizada en redes sociales. Los programas de traducción permiten superar fácilmente la barrera que en ocasiones puede ser el idioma. De esta forma, un traductor automático facilitaría la cooperación sindical internacional, mejorando la comunicación con sindicatos de otros países, traduciendo tanto sus publicaciones como los trabajos de las federaciones sindicales internacionales. También permitiría llegar a trabajadores migrantes que hablan otras lenguas distintas al castellano y el inglés, cuyo uso es más común. De la importancia de ofrecer servicios en la lengua materna de los trabajadores es consciente la Inspección de Trabajo, que ofrece su formulario de denuncia en búlgaro, rumano y ucraniano.

A su vez, en las redes sociales, destacando TikTok, es habitual activar la subtitulación automática de vídeos. Esta herramienta garantiza la accesibilidad porque no todas las personas tendrán acceso completo al audio todo el tiempo, y los subtítulos permiten que el mensaje se reciba por cualquier usuario de la aplicación. La IA también permitirá generar automáticamente texto alternativo (*alt-text*), que consiste en una descripción escrita asociada a una imagen en páginas web, documentos digitales o redes sociales como Twitter. Este texto, que puede procesarse por lectores de pantalla, facilita el acceso a personas con discapacidad visual.

Por otro lado, los sindicatos pueden beneficiarse de los algoritmos de priorización de contenido de las redes sociales. Los algoritmos pueden utilizarse para dirigir los anuncios a los trabajadores objetivo, esto es, para identificar a los trabajadores que son más propensos a estar interesados en el sindicato o que están interesados en problemas conectados con las reivindicaciones sindicales teniendo en cuenta factores como la ubicación, el empleo, los intereses y el comportamiento en línea. De esta forma, los trabajadores que interesados en cuestiones como prevención de riesgos laborales o permisos de cuidados pueden ser identificados por el algoritmo como el público objetivo de la campaña sindical.

Además, esta información permite personalizar el contenido de los anuncios. Los algoritmos de las redes sociales pueden utilizarse para adaptar la publicidad para que sea más atractiva para los trabajadores objetivo. Esto puede hacerse valorando factores como la edad, el género, los intereses y las preferencias políticas. Finalmente, los algoritmos de las redes sociales permiten medir el impacto de los anuncios, como el número de personas que los ven, los clics que reciben y las conversiones que generan.

En este sentido, hay que destacar la importancia de una gestión solvente de las redes sociales y del diseño de una estrategia que incluya una dotación económica suficiente para financiar las distintas campañas. No se puede ignorar que las redes sociales están diseñadas para monetizarse, esto es, para captar fondos de la publicidad de empresas. Por tanto, los anuncios de pago garantizan una visibilidad que de otra forma sería muy complicado alcanzar. En el caso concreto de los anuncios de pago, los algoritmos se utilizan para determinar a quién se muestra el anuncio, valorando una serie de factores, como la ubicación, el empleo, los intereses y el comportamiento en línea del usuario. Los sindicatos pueden utilizar los anuncios de pago para difundir información sobre sus causas y movilizar a los trabajadores para que participen en la acción sindical, dirigir sus anuncios a los trabajadores objetivo y personalizar el contenido de los anuncios para que sea más relevante. Por ejemplo, pueden dirigir una campaña a jóvenes, a mujeres, a mayores, a la población de una determinada zona, a gente favorable a la huelga para movilizarlos o a gente hostil para convencerlos, etc.

Además, un sindicato podría utilizar los anuncios de pago para difundir información sobre una huelga que está llevando a cabo. El sindicato podría dirigir los anuncios a los trabajadores que sean empleados de la empresa o al sector donde se ha convocado la huelga, o personalizar el contenido de los anuncios para incluir información específica sobre el conflicto, como los motivos de la huelga y las reivindicaciones de los trabajadores. También se pueden difundir las llamadas a la solidaridad de la ciudadanía a través de campañas de recaudación de fondos (cajas de resistencia), el boicot a la empresa donde se celebra la huelga o destacar las reivindicaciones de mejorar el servicio que beneficiarían a los usuarios (por ejemplo, la reducción de listas de espera en la sanidad o el aumento de frecuencias en el transporte público).

Ya existen algunas experiencias de uso de la inteligencia artificial como herramienta sindical en una huelga para generar imágenes. Es un ejemplo de ello una larga huelga en Vitrasa, la empresa concesionaria del transporte público en autobús de la ciudad de Vigo, entre noviembre de 2023 y marzo de 2024. El comité de empresa, con representación de CIG, CCOO, UGT y USO, utilizó la IA para generar las imágenes de los carteles donde convocaban manifestaciones[1195]. Gracias a la IA pudieron generar carteles con referencias navideñas, criticando el gasto de la ciudad en luces de navidad, disfrazar al alcalde de payaso, o situar varios autobuses en medio de una gran manifestación[1196]. Sobre estas imágenes generadas por IA colocaban frases reivindicativas, la convocatoria de la manifestación y la firma del comité.

En este escenario, el uso de la IA para producir cartelería sindical no es una cuestión pacífica. El sindicato CGT, que convocó una huelga el 8 de marzo de 2023 en el sector de *telemarketing*, en el contexto de la negociación del convenio colectivo estatal de *contact center*, publicó un cartel llamando a la huelga generado por una inteligencia artificial. Sin embargo, poco después borró el post y pidió disculpas: "La imagen está generada por IA (inteligencia artificial). Os tenemos que pedir que no la compartáis. Los algoritmos de estas IAs están entrenadas con la obra de trabajadores artistas sin consentimiento ni compensación. Desde CGT queremos construir puentes con les trabajadores artistas y por ello queremos evitar el uso de las IAs para nuestra cartelería"[1197]. Por tanto, los propios sindicatos deben asumir la contradicción que supone recurrir a una IA que mejora la eficiencia de los procesos productivos a costa de los derechos de los traba-

---

1195 Vitraseiros (@vitraseiros), "Mañá día 35 de folga indefinida facemos un chamamento a todo aquel que queira un transporte público de calidade a que nos acompañen outro venres máis polas rúas da cidade", *Twitter*, 28 de diciembre de 2023. Disponible en: https://zip.lu/3b927

1196 Pueden consultarse estos carteles, extraídos de Twitter, aquí: https://bitly.cx/vv6dTk

1197 CGT (@CGT), "Está rondando este cartel y tenemos que avisar de algo. La imagen está generada por IA (inteligencia artificial). Os tenemos que pedir que no la compartáis. Los algoritmos de estas IAs están entrenadas con la obra de trabajadores artistas sin consentimiento ni compensación", *Twitter*, 2 de marzo de 2023. Disponible en: https://zip.lu/3bahJ

jadores. En realidad, el auténtico freno a la implantación de la IA en la actividad sindical será la conciencia ética del propio sindicato, en principio reacio a sustituir puestos de trabajo a través de la IA.

En definitiva, el sindicato debe rediseñar los procesos internos, hasta ahora basados en la implantación territorial y el contacto diario entre compañeras y compañeros de trabajo, conformando la IA una herramienta imprescindible. Es importante que los sindicatos se doten de "estrategias sectoriales y mediatización de conflictos para conseguir ampliar la base del diálogo social y obtener una mayor acumulación de fuerzas". Así, el sindicato debe ampliar sus reivindicaciones hacia un control de la IA que respete los derechos de los trabajadores o la protección de datos personales, desarrollando una agenda tecnológica de derechos laborales de la era digital[1198].

4. CONCLUSIONES

En algunos sectores, por su propia naturaleza, será más sencillo, menos costoso y más eficaz una campaña mediática impulsada por las redes sociales que la simple paralización de la actividad productiva a través de una huelga tradicional. Por tanto, la dimensión comunicativa de los conflictos colectivos cobra un especial protagonismo. La acción sindical muta y la huelga se integra en un repertorio de acciones mucho más amplio.

Por una parte, los derechos fundamentales inespecíficos de contenido laboral (reunión, manifestación, libertad de expresión e información, libertad ideológica) amparan la difusión de la huelga y medidas de presión accesorias (llamadas a la solidaridad y al boicot). El límite es la competencia desleal y las coacciones. Debe puntualizarse que la competencia desleal debe efectivamente favorecer a una empresa competidora y las coacciones exigen violencia e intimidación. En el delito de coacciones debe exigirse además un plus adicional de intensidad a las fórmulas de presión ambiental o social. Las reunio-

---

[1198] GARCÍA GARCÍA, A., "La introducción de las nuevas tecnologías en la organización de la empresa: apuntes sobre la inteligencia artificial y la acción colectiva", en SANGUINETI RAYMOND, W. (Dir.): *Nuevas tecnologías, derechos humanos y negociación colectiva*, Valencia, Tirant lo Blanch, 2023, pp. 71-72.

nes y manifestaciones, la pegada de carteles o el reparto de panfletos en la entrada de un establecimiento son fórmulas leves de presión ambiental socialmente admisibles que no son encuadrables en la noción ilícita de intimidación, que exige el temor racional de sufrir un mal inminente y grave en su persona o bienes.

Por otra parte, los sindicatos aún tienen mucho camino por recorrer en su adopción de las redes sociales en comparación con los movimientos sociales y los partidos políticos. La inmediatez y la interrelación de actores son fundamentales en estas plataformas. La viralidad en las redes sociales tiene el poder de marcar la agenda y permite una producción de contenido rápida y económica, lo que ahorra recursos. Sin embargo, la creatividad del contenido previo y la originalidad son requisitos esenciales para aprovechar al máximo el potencial de estas redes. Las experiencias comunicativas de los sindicatos tradicionales demuestran que son estructuras rígidas, poco permeables a cambios sociales relativos al lenguaje y al formato de la comunicación. Existe una voluntad de impulsar experiencias innovadoras, como podcast o relacionarse con *influencers* jóvenes, aunque su alcance parece limitado. Es imprescindible que los sindicatos apuesten por una presencia innovadora en redes sociales que supere su actual falta de iniciativa.

Además, el desarrollo de la inteligencia artificial al servicio de la actividad sindical todavía se conjuga en futuro. De esta forma, la IA facilitará la labor organizativa y comunicativa del sindicato. La IA permitirá el análisis de datos complejos a partir de un volumen alto de información y podría supervisar la implantación de los acuerdos emanados de la negociación colectiva, tanto los convenios como los acuerdos de fin de huelga. También se podrá mejorar la comunicación sindical en un contexto de conflicto desarrollando una IA que facilitase elaborar, publicar y difundir la convocatoria de huelga y demás acciones conexas, como la recogida de fondos o la comunicación en redes sociales. Así, la IA podrá erigirse como una herramienta más para movilizar a los trabajadores en acciones sindicales y huelgas, generando contenido que difundir en las redes sociales.

Por lo pronto, se identifican potenciales usos como un *chatbot* sindical, herramientas de subtitulación automatizada y texto alternativo, priorización de contenido y segmentación del público objetivo en redes sociales, y la generación por IA de cartelería sindical. La adecuada respuesta sindical a la disrupción digital debe basarse en una confluencia virtuosa entre el abordaje de sus riesgos y el aprovechamiento de sus potencialidades.

Esta cuestión está pendiente de abordar por los sindicatos, que son entes burocráticos y poco permeables a los cambios. El auténtico freno a la implantación de la inteligencia artificial en la actividad sindical será la conciencia ética del propio sindicato, en principio reacio a sustituir puestos de trabajo a través de la IA. En este escenario, se corre el riesgo de caer en un IAludismo. En realidad, los luditas, artesanos textiles que destruían telares durante la primera revolución industrial, no tenían miedo a las máquinas, sino a un futuro laboral en el que el humano quedara fuera de juego. Por tanto, el problema no es de la tecnología, sino el reparto de la riqueza que genera y cómo redistribuirla. El sindicalismo de la cuarta revolución industrial debe ampliar sus reivindicaciones hacia un control de la IA que respete los derechos de los trabajadores y la protección de datos personales, desarrollando una agenda tecnológica de derechos laborales de la era digital.

Capítulo IV

LA REACCIÓN EMPRESARIAL FRENTE A LA HUELGA

1. LA EVOLUCIÓN DE LAS FORMAS DE REACCIÓN EMPRESARIAL ANTE UNA HUELGA

Si hay una palabra que defina el presente del mundo del trabajo es la aceleración. Todo cambia y todo lo hace demasiado deprisa. Podríamos hablar incluso de mutación[1199] de las relaciones del trabajo fruto de lo que se ha denominado revolución digital o tecnológica o, directamente, disrupción digital, esto es, la destrucción creativa que representa la idea de que los sistemas progresan creando nuevas estructuras destruyendo las existentes[1200].

El punto de partida de este capítulo es la relación entre los empresarios y el conflicto laboral, lo que Sanguineti Raymond analiza, de forma sintética, como un fenómeno que evoluciona del cierre [patronal] a la defensa de la producción[1201].

Es evidente que las reacciones de las empresas ante las huelgas siempre han tenido carácter defensivo, pero la estrategia ha ido variando, adaptándose a los cambios del modelo productivo del país. Mientras los trabajadores necesitan los instrumentos de conflicto colectivo, específicamente la huelga, para defender sus intereses, la posición preeminente de los empresarios les dispensa de esa necesidad y, por ello, una medida ofensiva, como el cierre patronal, está vedado. Su posición pasiva en el conflicto contrasta con su rol activo

1199 SAGARDOY BENGOECHEA, J. A., "La mutación de las relaciones laborales en el marco de las nuevas tecnologías", *Revista Cuenta y Razón*, nº 116, 2000, pp. 52-56.

1200 MERCADER UGUINA, J. R., *El futuro del trabajo en la era de la digitalización y la robótica*, Valencia, ed. Tirant lo Blanch, 2017, pp. 29-30.

1201 SANGUINETI RAYMOND, W., *Los empresarios y el conflicto laboral (del cierre a la defensa de la producción)*, Valencia, ed. Tirant lo Blanch, 2006.

como sujetos económicos. En definitiva, es lo que la doctrina denomina "geometría variable"[1202].

Así, en las últimas décadas la doctrina ha advertido una "radical transformación"[1203] o una "profunda mutación"[1204] de las estrategias empresariales como respuesta a los conflictos.

En primer lugar, podemos identificar la tradicional respuesta pasiva de los empresarios ante el paro: el desgaste. Así, se produce un *forcejeo*[1205] entre quienes pierden su salario y quienes pierden fuerza productiva, resolviéndose el conflicto a favor de quien aguante más. No obstante, la resistencia empresarial meramente pasiva no tiene actualmente recorrido porque "apelar al desgaste, confiando en que termine por dar al traste con la resolución de los huelguistas, deja así de convertirse en una estrategia adecuada siendo la única forma de plantar cara a la medida de presión el intentar que la falta del trabajo afecte lo menos posible a los compromisos y la imagen de la empresa"[1206].

Por otro lado, debemos destacar un abandono casi completo del cierre patronal como estrategia ofensiva de las empresas para presionar a los trabajadores. En las últimas dos décadas, apenas se han realizado 70 cierres patronales. De hecho, en las estadísticas oficiales del Ministerio de Trabajo no consta ninguno desde 2013[1207].

Tal vez con una reciente excepción: durante una manifestación de riders, promovida por la empresa Glovo, para mostrar rechazo a la llamada ley rider[1208], Glovo canceló el servicio en la zona de las ma-

---

1202 *Ibidem*, p. 21.

1203 *Idem*.

1204 SANGUINETI RAYMOND, W., "La tutela sustancial del derecho de huelga en las estructuras empresariales complejas", *Revista de Derecho Social*, nº 74, 2016, p. 12.

1205 OJEDA AVILÉS, A., *Derecho sindical*, Madrid, ed. Tecnos, 2003, p. 603.

1206 SANGUINETI RAYMOND, W., "La tutela sustancial…", *op. cit.*

1207 Instituto Nacional de Estadística y Ministerio de Trabajo, *Estadística de Huelgas y Cierres Patronales (2000-2024)*.

1208 Ley 12/2021, de 28 de septiembre, por la que se modifica el texto refundido de la Ley del Estatuto de los Trabajadores, aprobado por el Real Decreto Legislativo 2/2015, de 23 de octubre, para garantizar los derechos laborales de las personas dedicadas al reparto en el ámbito de plataformas digitales.

nifestaciones para evitar "afectaciones operativas"[1209], lo que podría calificarse de cierre patronal.

El desuso del *lock-out* está vinculado al prestigio y a la imagen de las empresas, que en un mercado altamente competitivo es un pilar fundamental para atraer y mantener clientes. De esta forma, el recurso a técnicas ofensivas, aunque muy eficaces para sus intereses, se deja a un lado para evitar valoraciones sociales negativas. El componente de reputación empresarial es esencial para entender los conflictos colectivos del siglo XXI.

También existen multitud de fórmulas reactivas más o menos agresivas para impedir las huelgas o neutralizar sus efectos. Aunque no son objeto de este estudio, podemos mencionar desde las listas negras de huelguistas, los seguros antihuelgas, distintas formas de intimidación (cartas, reuniones), instalación de cámaras, toma de fotografías, pasando por distintas limitaciones a los representantes de los trabajadores (de acceso al centro de trabajo, de difusión de la convocatoria), entre otras[1210].

Otras fórmulas que buscan minimizar o anular el impacto de la huelga, como la anticipación de trabajos, la reorganización de la producción, el desvío de la producción a otros centros o a otras empresas o el recurso a instrumentos tecnológicos pueden estudiarse dentro de la figura del esquirolaje.

Por tanto, surge un renovado interés empresarial por el recurso a herramientas destinadas al mantenimiento de la producción. Para ello, se usan o adaptan, en clave conflictiva, la mayoría de las facultades de las que dispone el empresario en virtud del ejercicio del poder de dirección. Estos poderes se han visto notablemente potenciados debido a dos fenómenos clave: "el alto grado de tecnificación de los procesos productivos, que hace posible que en algunos sectores un número cada vez más amplio de tareas puedan realizarse automáticamente o contando con muy poco personal, siempre que

---

1209 DE LA FUENTE, A., "El cierre de Glovo durante la manifestación de los 'riders' podría suponer sanciones para la empresa", en *publico.es*, 3 de marzo de 2021. Disponible en: https://zip.lu/33D9N

1210 SANGUINETI RAYMOND, W., *Los empresarios y el conflicto laboral…*, *op. cit.*, pp. 41 y ss.

sean programadas para ello; y el auge de las formas reticulares de colaboración entre empresas, que permite que los pedidos que dejarán de ser satisfechos puedan ser desviados hacia colaboradores externos para su atención"[1211]. Así, el impacto de las TIC y la descentralización productiva, dos fenómenos "de auge irrefrenable"[1212], son los ingredientes de un "cóctel molotov" que impactan en la "precaria y obsoleta regulación que el derecho de huelga"[1213].

En este escenario, frente a la técnica tradicional de no responder a la huelga, las empresas han reorientado sus tácticas hacia el mantenimiento a toda costa de la producción en un contexto en el que, para los trabajadores huelguistas, gana importancia el aspecto de exhibición pública del conflicto ante la dificultad que, en muchas ocasiones, reviste paralizar la producción de forma exitosa[1214].

Está claro que el mantenimiento de la producción o la prestación del servicio en términos de normalidad supone que "la existencia del conflicto y su efecto inherente de alteración o paralización del servicio es un acontecimiento frente al cual se reacciona negando la realidad, manteniendo frente a la misma un espejismo, la fingida continuidad y regularidad del servicio, lo que significa que el conflicto no ha tenido ninguna relevancia práctica"[1215].

Además, "las fórmulas de reacción empresarial más que a paliar la incidencia económica de la huelga, se dirigen, en la mayoría de los casos, a neutralizar la repercusión pública de la huelga"[1216]. Esta práctica no es admisible porque privar de repercusión apreciable a la huelga vulnera este derecho fundamental, "sustrayéndole su virtualidad de medio de presión y de inequívoca exteriorización de los efec-

---

[1211] GRAU PINEDA, C., *Los difusos contornos de la prohibición de esquirolaje*, Valencia, ed. Tirant Lo Blanch, 2021, pp. 28-29.

[1212] *Ibidem*, p. 76.

[1213] *Ibidem*, p. 30.

[1214] PÉREZ REY, J., "El Tribunal Constitucional ante el esquirolaje tecnológico (o que la huelga no impida ver el fútbol)", *Revista de Derecho Social*, nº 77, 2017, p. 152.

[1215] BAYLOS GRAU, A., "Continuidad de la producción o del servicio y facultades empresariales en casos de huelga", en BAYLOS GRAU, A. (Coord.): *Estudios sobre la huelga*, Albacete, Bomarzo, 2005, pp. 89-110.

[1216] GRAU PINEDA, C., *Los difusos contornos…*, *op. cit.*, p. 54.

tos del paro laboral efectivamente producido mediante la exigencia de una apariencia de la normalidad del servicio"[1217].

En este contexto, el contenido esencial del derecho fundamental de huelga incluye la prohibición del esquirolaje como resultado de ponderar un justo equilibrio entre el derecho de huelga y la libertad de empresa. En realidad, el debate de fondo cuestiona cómo incorporar la eficacia del derecho de huelga a su contenido esencial como forma de garantizar el conflicto colectivo (que no su éxito). La clave es cómo dibujar los contornos de la eficacia del derecho de huelga y del éxito de la protesta. Lo primero está garantizado en nuestra constitución, mientras lo segundo no es más que una posibilidad que exige como presupuesto que se cumpla lo primero. Nos preguntamos, entonces, si nuestro ordenamiento exige al empresario abstenerse de realizar prácticas que limiten, restrinjan o, incluso, dejen sin efectos prácticos las huelgas, en una especie de colaboración con los huelguistas. Y si es así, en qué términos se desarrolla esta exigencia.

En definitiva, si la empresa gozara de absoluta libertad para adoptar cuantas medidas técnicas y organizativas considerara oportunas o convenientes para contrarrestar el ejercicio del derecho de huelga, su efectividad como medida de presión quedaría seriamente comprometida y su consideración constitucional como derecho fundamental no sería más que una "hipócrita falacia"[1218] porque su contenido estaría vacío.

Se trata, en resumen, de "la siempre espinosa cuestión de si el empresario ha de soportar estoicamente la huelga, sin poder reaccionar en modo alguno frente a la misma acometiendo actuaciones de defensa"[1219], o de ponderar hasta qué punto el equilibrio justo entre el daño ocasionado por la huelga y el interés defendido por los trabajadores huelguistas en virtud del "sacrificio mutuo"[1220]. De lo contra-

---

1217 STC 183/2006, de 19 de junio.

1218 GARCÍA NINET, I., GARCÍA VIÑA, J., "Algunas consideraciones acerca del esquirolaje interno y externo, así como sobre ciertas medidas empresariales (algunas curiosas) para reducir los efectos de la huelga", *Aranzadi Social*, nº5, 1997, pp. 645 y ss.

1219 TASCÓN LÓPEZ, R., *El esquirolaje tecnológico*, Cizur Menor, ed. Thomson Reuters Aranzadi, 2018, p. 46.

1220 STC 11/1981, de 8 de abril.

rio, el derecho de huelga "corre el riesgo de sucumbir en manos de las nuevas posibilidades de esquivar sus consecuencias abiertas por los procesos de descentralización productiva y de tecnificación de los procesos de producción, sin que los remedios previstos hasta el momento se encuentren en condiciones de impedirlo"[1221].

En este capítulo estudiaremos en profundidad el esquirolaje, diferenciando entre lo que la doctrina entiende tradicionalmente como esquirolaje típico, esto es, el esquirolaje externo y el esquirolaje interno, y fórmulas nuevas de esquirolaje atípico[1222], el esquirolaje organizativo y tecnológico. Precisamente en este estudio pondremos el foco en los dos últimos, que constituyen un renovado reto para la doctrina iuslaboralista, a la espera de una ley de huelga que nunca llega.

2. LAS MODALIDADES TRADICIONALES DE ESQUIROLAJE

2.1. El concepto de esquirolaje

El esquirol es aquella persona que, o bien no se adhiere a una huelga, o bien se presta a ocupar el puesto dejado por un trabajador huelguista[1223]. Etimológicamente, proviene del catalán, *esquirol*, que significa ardilla, y de la localidad barcelonesa *L'Esquirol*. Este término, de carácter despectivo, tiene su origen en la gran cantidad de obreros de esta localidad que, en 1852, fueron empleados para sustituir a los trabajadores que estaban en huelga en una fábrica textil de Manlleu, una población próxima. También se piensa que su origen se remonta al proceso de formación de asociacionismo obrero catalán y es anterior a la propia idea de huelga como instrumento de lucha[1224].

Un esquirol es una expresión claramente despreciativa, donde destaca la nota de traición a la colectividad, y que se traduce como

---

1221 GRAU PINEDA, C., *Los difusos contornos…*, *op. cit.*, p. 75.

1222 GRAU PINEDA, C., *Los difusos contornos…*, *op. cit.*

1223 REAL ACADEMIA ESPAÑOLA, *Diccionario de la lengua española*, 23.ª ed., [versión 23.6 en línea]. Disponible en: https://dle.rae.es/esquirol

1224 VALLE MUÑOZ, F. A., *La sustitución de trabajadores huelguistas: el tratamiento jurídico-laboral del esquirolaje*, Barcelona, ed. Atelier, 2019, p. 16.

"rompehuelgas" en la mayoría de los países del mundo. En los países de habla inglesa se habla de *strikebreaking*, en Portugal *fura-greves* y en Alemania de *streikbrecher*. En Italia lo llaman *crumiro*, de igual manera que en el español de Argentina, Chile y Uruguay[1225]. En Francia es habitual hablar de *briseur de grève* (rompedor de huelgas) o de *jaune* (en español, amarillo, en referencia a los sindicatos amarillos). De forma peyorativa, en inglés se suele utilizar *scab* (costra), *blackleg* o *knobstick*.

El legislador español no utiliza el término esquirolaje, pero prohíbe expresamente la sustitución de huelguistas en el art. 6.5 RDLRT: "En tanto dure la huelga, el empresario no podrá sustituir a los huelguistas por trabajadores que no estuviesen vinculados a la empresa al tiempo de ser comunicada la misma, salvo caso de incumplimiento de las obligaciones contenidas en el apartado número siete de este artículo". Aunque el RDLRT es de 1977, el Decreto-Ley de 22 de mayo de 1975 sobre regulación de los conflictos colectivos en el trabajo tenía una redacción idéntica. Por lo tanto, en España está prohibido el esquirolaje desde 1975.

En consecuencia, la doctrina científica[1226] ha venido diferenciando entre trabajador no huelguista y esquirol. El primero sería el trabajador de la empresa que, estando convocado a la huelga, decide no secundarla y acude a su puesto de trabajo. El legislador ampara al trabajador no huelguista: "se respetará la libertad de trabajo de aquellos trabajadores que no quisieran sumarse a la huelga" (art. 6.4 RDLRT). El segundo, el esquirol, es el trabajador que, sin relación laboral con la empresa, sustituye la actividad laboral de otro trabajador que sí secunda la huelga y se ausenta de su puesto de trabajo. Se trata de una conducta empresarial expresamente prohibida (art. 6.5 RDLRT).

Esta prohibición se extiende al Real Decreto Legislativo 5/2000, de 4 de agosto, por el que se aprueba el texto refundido de la Ley sobre Infracciones y Sanciones en el Orden Social (LISOS) y a la Ley 14/1994, de 1 de junio, por la que se regulan las empresas de trabajo temporal (LETT). La LISOS califica como infracción muy grave: "los

---

1225 *Idem*.

1226 SANTANA GÓMEZ, A., *El régimen jurídico de los trabajadores no huelguistas*, Madrid, ed. Civitas, 1993, p. 30 y ss.

actos del empresario lesivos del derecho de huelga de los trabajadores consistentes en la sustitución de los trabajadores en huelga por otros no vinculados al centro de trabajo al tiempo de su ejercicio, salvo en los casos justificados por el ordenamiento" (art. 8.10). La LETT señala que "las empresas no podrán celebrar contratos de puesta a disposición en los siguientes casos: a) Para sustituir a trabajadores en huelga en la empresa usuaria" (art. 8.a).

De estos preceptos se desprende que la contratación de nuevos trabajadores para cubrir puestos de trabajo de los huelguistas supone una vulneración del derecho de huelga y, como tal, el esquirolaje está prohibido en nuestro ordenamiento jurídico[1227]. La finalidad última de estos preceptos es evitar las conductas empresariales que puedan desvirtuar, eliminar, reducir o neutralizar el sentido, el alcance y la eficacia del derecho de huelga[1228].

A continuación, se estudiarán en profundidad las dos grandes categorías en las que se puede clasificar el esquirolaje: el esquirolaje prohibido y el esquirolaje permitido. Dentro del prohibido, se incluirá el esquirolaje externo e interno, dejando para un apartado específico el nuevo esquirolaje tecnológico y organizativo. Por otro lado, el esquirolaje estaría permitido o sería legítimo en caso de incumplimiento de servicios mínimos y de los servicios de seguridad y mantenimiento[1229]. Luego, se analizarán las formas de tutela del derecho de huelga ante lesiones causadas por el esquirolaje empresarial.

2.2. La clasificación tradicional del esquirolaje prohibido

2.2.1. Esquirolaje externo

El esquirolaje externo es un fenómeno que consiste en la sustitución de trabajadores huelguistas por otros que no pertenecen a la plantilla. Entre las diversas conductas empresariales que lo componen, podemos destacar: la contratación directa de trabajadores para sustituir a los huelguistas (esquirolaje externo directo) y la uti-

---

1227 VALLE MUÑOZ, F. A., *La sustitución de...*, *op. cit.*, p. 18.

1228 GARCÍA NINET, I., GARCÍA VIÑA, J., "Algunas consideraciones...", *op. cit.*, p. 645 y ss.

1229 VALLE MUÑOZ, F. A., *La sustitución de...*, *op. cit.*, pp. 18-19.

lización de empresas de trabajo temporal. Algún autor incluye aquí el recurso a la contratación y subcontratación mercantil con otras empresas para minimizar los efectos de la huelga calificándolo como esquirolaje externo indirecto[1230], pero en esta obra se analizarán en un apartado específico[1231].

a) La contratación directa de trabajadores

En el ordenamiento jurídico español, no hay debate doctrinal acerca de la licitud de contratar externamente a trabajadores para sustituir a aquellos que secundan la huelga por dos razones. Por una parte, está claro que el esquirolaje vacía de contenido la huelga, privándola de eficacia. Por otra, está legalmente prohibido: "en tanto dure la huelga, el empresario no podrá sustituir a los huelguistas por trabajadores que no estuviesen vinculados a la empresa al tiempo de ser comunicada la misma, salvo caso de incumplimiento de las obligaciones contenidas en el apartado número siete de este artículo" (art. 6.5 RDLRT). De esta forma, la huelga supone una clara limitación a la libertad empresarial de contratación porque, para garantizar su efectividad, el empresario no podrá contratar directamente a trabajadores con la finalidad de sustituir a los huelguistas[1232].

Sin embargo, la contratación de nuevos trabajadores no vulnera el derecho de huelga cuando "la empresa ofrece una justificación objetiva, suficiente y proporcional"[1233] que carezca de propósito lesivo. Se trata del supuesto de contrataciones que no tienen por objeto limitar el derecho de huelga, no influyendo en la convocatoria, en el desarrollo ni en los efectos de la huelga.

Por lo tanto, no constituye una contratación laboral prohibida la motivada por una causa organizativa ajena al conflicto, por ejemplo, el caso de las contrataciones previstas con anterioridad a la convo-

---

1230 *Ibidem*, pp. 31-67.

1231 V. *infra* apartado 3 de este capítulo.

1232 GOERLICH PESET, J. M., *Los efectos de la huelga*, Valencia, ed. Tirant lo Blanch, 1994, p. 96 y ss.

1233 VALLE MUÑOZ, F. A., *La sustitución de...*, *op. cit.*, p. 34.

catoria de huelga[1234], los nuevos trabajadores que no sustituyen en sentido estricto a los huelguistas porque desempeñan funciones distintas o accesorias[1235] o la sustitución de trabajadores en IT, vacaciones u otras ausencias justificadas[1236]. En estos casos, se entiende que la contratación de trabajadores carece de un ánimo lesivo por parte del empresario[1237] orientado a limitar el derecho a huelga.

Finalmente, existe debate sobre la contratación de trabajadores de refuerzo en momentos previos o posteriores de la huelga. Partiendo de que cualquier contratación laboral para reforzar la plantilla exige que todos los trabajadores presten servicios al completo, lo que no sucede en supuestos de huelga, cualquier contratación durante la huelga podría vulnerar este derecho fundamental[1238]. Respecto a contrataciones previas o posteriores a la huelga, se debe valorar si compensan el trabajo dejado de prestarse durante el paro, es decir, si se ha producido una sustitución efectiva de las funciones de los trabajadores huelguistas por otros de nueva contratación. El Tribunal Constitucional ha señalado que no vulnera el derecho de huelga la contratación de trabajadores con funciones distintas o accesorias[1239].

El riesgo para la huelga es que la empresa utilice a trabajadores contratados para otros fines para sustituir a los trabajadores huelguistas, vulnerando el derecho fundamental a la huelga y a la libertad sindical de los convocantes[1240]. Por ello, la huelga "recibe el más alto nivel de protección que nuestro ordenamiento jurídico otorga a cualquier derecho y se coloca muy por encima del derecho del empresario a usar su poder de dirección"[1241].

1234 STSJ de Canarias 259/2014, de 5 de mayo (Rec. 642/2013), sobre contrataciones temporales para reforzar la plantilla de Correos antes de un proceso electoral previsto con anterioridad a la huelga.

1235 STC 66/2002, de 21 de marzo.

1236 STSJ de Andalucía 1760/2010, de 30 de septiembre (Rec. 867/2010); STSJ de Andalucía 2063/2010, de 4 de noviembre (Rec. 1124/2010); STSJ de Canarias 434/1998, de 5 de junio (Rec. 320/1998).

1237 SALA FRANCO, T., "Los mecanismos de defensa empresariales frente a la huelga", *Actualidad laboral*, nº 5, 2014, p. 4 y ss.

1238 VALLE MUÑOZ, F. A., *La sustitución de…*, *op. cit.*, p. 39.

1239 STC 66/2002, de 21 de marzo.

1240 STSJ Cataluña 4098/2000, de 4 de octubre (Rec. 7957/2000); STSJ Galicia 4386/2012, de 30 de julio (Rec. 2903/2012).

1241 VALLE MUÑOZ, F. A., *La sustitución de…*, *op. cit.*, p. 37.

b) Las empresas de trabajo temporal

Respecto a las Empresas de Trabajo Temporal (ETT), la Ley 14/1994, de 1 de junio, por la que se regulan las empresas de trabajo temporal establece que: "Las empresas no podrán celebrar contratos de puesta a disposición en los siguientes casos: a) Para sustituir a trabajadores en huelga en la empresa usuaria" (art. 8.a). Además, esta conducta está tipificada como infracción muy grave en la LISOS: "Los actos del empresario lesivos del derecho de huelga, consistentes en la sustitución de trabajadores en huelga por otros puestos a su disposición por una empresa de trabajo temporal" (art. 19.3.a y 19.ter.3.a).

Aunque no está previsto expresamente, también se podría sancionar a la ETT. En virtud del art. 18.2.c LISOS, constituye una infracción grave "formalizar contratos de puesta a disposición para supuestos distintos de los previstos en el apartado 2 del artículo 6 de la Ley por la que se regulan las empresas de trabajo temporal". Podemos entender que la sustitución de trabajadores huelguistas es un supuesto prohibido y ajeno al art. 6.2. LETT. Por lo tanto, procederá también una sanción por infracción grave.

Esta prohibición se extiende a la prestación transnacional de servicios. De esta forma, la Ley 45/1999, de 29 de noviembre, sobre el desplazamiento de trabajadores en el marco de una prestación de servicios transnacional establece que las empresas de trabajo temporal "deberán cumplir las condiciones que establece la Ley 14/1994, de 1 de junio, por la que se regulan las empresas de trabajo temporal, para la cesión de trabajadores a empresas usuarias" (art. 3.2). Estas condiciones de la LETT afectan también a la prohibición de esquirolaje: en 2021 se incluyó una nueva infracción en el ámbito transnacional idéntica a la prevista para ETT (art. 19.ter.3.a[1242] LISOS).

Parece claro que, al igual que en el supuesto anterior, son lícitas las contrataciones totalmente ajenas a la huelga.

1242 Añadido por art. 13.4 del Real Decreto-ley 7/2021, de 27 de abril, que introduce nuevas normas y sanciones sobre empresas de trabajo temporal establecidas en otros Estados miembros de la Unión Europea.

En este contexto, se vulnera el derecho a huelga cuando la empresa usuaria realiza contratos de puesta a disposición con una ETT para mantener la producción reducida por una huelga durante las horas flexibles por encima de la jornada ordinaria de trabajo[1243].

Otro supuesto es el recurso a una ETT para sustituir a un trabajador no huelguista de la empresa usuaria, al que la empresa ha destinado a cubrir funciones del trabajador huelguista (movilidad funcional). Aunque esta situación no se incluye expresamente en la prohibición del art. 8.a LETT, debemos acudir a una interpretación amplia del precepto[1244] y a la prohibición del esquirolaje interno, que se analizará más adelante, para rechazar la licitud de esta práctica.

La doctrina[1245] considera prohibida la sustitución de trabajadores huelguistas cuando un trabajador cedido por una ETT a una empresa usuaria decide participar en una huelga motivada por un conflicto entre la empresa usuaria y sus trabajadores, en solidaridad con los mismos, o por un conflicto directo entre la empresa usuaria y los trabajadores a ella cedidos por la ETT. También cabe el caso contrario: la sustitución de un trabajador puesto a disposición por una ETT a una empresa usuaria y que participa en una huelga motivada por un conflicto con la ETT. Sin embargo, en el último supuesto la doctrina no es unánime y algunos autores entienden que no se aplica la prohibición[1246].

En último lugar, en caso de incumplimiento de servicios de seguridad y mantenimiento o de los servicios mínimos, en empresas que prestan servicios esenciales para la comunidad, concurre una excepción a la prohibición legal del esquirolaje y, por tanto, sustituir a trabajadores huelguistas es una conducta lícita. No obstante, un sector de la doctrina discrepa de la licitud de esta práctica por no estar expresamente recogida en el art. 8.a LETT[1247].

1243 STSJ del País Vasco 1464/2007, de 15 de mayo (Rec. 746/2007).

1244 VALLE MUÑOZ, F. A., *La sustitución de…, op. cit.*, p. 43.

1245 *Ibidem*, pp. 43 y ss.

1246 RAMÍREZ MARTÍNEZ, J., "Sustitución de huelguistas en supuestos de contratas y de empresas de trabajo temporal", *Actualidad Laboral*, nº 6, 2014, p. 1 y ss.

1247 CHACARTEGUI JÁVEGA, C., *Empresas de trabajo temporal y contrato de trabajo*, Valencia, Tirant lo Blanch, 2000, pp. 176 y ss.

c) La orientación empresarial a los clientes o usuarios del servicio

Finalmente, debemos precisar que la huelga, como derecho fundamental fruto de un contrato entre trabajador y empresario, no incluye en su contenido el poder exigir a un tercero, ajeno al contrato, que se vea limitado en su ámbito de libertades y derechos. Está claro que el ejercicio del derecho de huelga en determinados servicios y actividades "puede ocasionar, y de hecho ocasiona, importantes perjuicios a los ciudadanos, a los usuarios de aquellos servicios, que son terceros que se ven involucrados en el conflicto sin que en su mano esté resolverlo"[1248].

El derecho de huelga no impone el deber de colaboración del empresario ni tampoco el deber de colaboración pasivo de los clientes o usuarios del servicio. Un tercero ajeno al conflicto tiene libertad de acudir o utilizar servicios de otra empresa no afectada por el paro laboral. Por lo tanto, el empresario puede dirigir los clientes hacia otras empresas para que presten el mismo servicio y estos satisfagan sus necesidades. No obstante, se vulnera el derecho de huelga si la empresa cuyos trabajadores están en huelga codecide con otras empresas la realización de los trabajos o se beneficia de ello, esto es, si percibe una compensación económica por remitir los clientes a otra empresa o colabora en la realización de cualquier tipo de conducta que impida o disminuya los efectos de la huelga.

2.2.2. Esquirolaje interno

El esquirolaje interno se manifiesta cuando el empresario se excede en sus facultades de dirección y control (*ius variandi*) movilizando a trabajadores, del mismo o de otros centros de trabajo, con el objeto de sustituir a los trabajadores huelguistas, ya sea previa orden empresarial, por iniciativa de los propios trabajadores o por acuerdo con el empresario.

[1248] GARCÍA-PERROTE ESCARTÍN, I., "El alcance constitucional del derecho de huelga", en CASAS BAAMONDE, M. E., CRUZ VILLALÓN J., DURÁN LÓPEZ, F. (coords.): *Las transformaciones del derecho del trabajo en el marco de la Constitución española: estudios en homenaje al profesor Miguel Rodríguez-Piñero y Bravo-Ferrer*, Madrid, La Ley, 2006, p. 333.

a) Trabajadores de la misma empresa

El art. 6.5 RDLRT sólo prohíbe la sustitución por trabajadores "que no estuviesen vinculados a la empresa" en el momento de la comunicación de la huelga. Así, una interpretación literal y simplista de la norma, *contrario sensu,* permitiría el esquirolaje interno. Aunque esta es la primera interpretación jurisprudencial[1249], el Tribunal Constitucional admite un recurso de amparo y, finalmente, rechaza la licitud del esquirolaje interno[1250].

En este sentido, sentencia del Tribunal Constitucional 123/1992, de 28 de septiembre, ha interpretado de forma extensiva la prohibición de esquirolaje del art. 6.5 RDLRT. De esta forma, la ausencia de previsión legal no puede entenderse como permisión, es decir, la sustitución interna de trabajadores huelguistas también puede constituir un ejercicio abusivo de las facultades del empresario y producir un vaciamiento del contenido esencial del derecho de huelga. Por lo tanto, tampoco cabe recurrir a las facultades de movilidad funcional y geográfica para sustituir a trabajadores huelguistas por otros que no secundaron la huelga.

De esta forma, el Tribunal Constitucional señala que la preeminencia del derecho de huelga, que es un derecho fundamental, sobre la libertad de empresa produce, durante su ejercicio, "el efecto de reducir y en cierto modo anestesiar, paralizar o mantener en una vida vegetativa, latente, otros derechos que en situaciones de normalidad pueden y deben desplegar toda su capacidad potencial. Tal sucede con la potestad directiva del empresario, regulada en el art. 20 del Estatuto de los Trabajadores, de la cual son emanación las facultades que le permiten una movilidad del personal, ascensional e incluso peyorativa en su dimensión vertical y temporal"[1251] . Este ejercicio del poder de dirección propio de la relación laboral se ca-

---

1249 Sentencia del Tribunal Central de Trabajo de 13 de diciembre de 1988 (RTCT 613/1988).

1250 SSTC 123/1992, de 28 de septiembre; 33/2011, de 28 de marzo.

1251 STC 123/1992, de 28 de septiembre.

racteriza por cuatro rasgos esenciales: la centralidad, la inmediatez, la intensidad y el carácter personal[1252].

En definitiva, "la sustitución interna constituye el ejercicio abusivo de un derecho que en principio corresponde al empresario, el *ius variandi*, con una posibilidad de novación contractual, desde el momento en que su potestad de dirección se maneja con fines distintos a los previstos en el ordenamiento jurídico y en una situación conflictiva, no como medida objetivamente necesaria para la buena marcha de la empresa, sino para desactivar la presión producida por el paro en el trabajo. En tal sentido, atenta al recíproco deber de lealtad y buena fe que perdura durante la huelga"[1253].

Si el derecho de huelga supone la suspensión en la prestación de servicios por parte de los huelguistas, como medida de presión para obtener un resultado determinado, y la sustitución interna de los trabajadores huelguistas anula la eficacia de este derecho fundamental, por lo tanto, la práctica empresarial por la que se sustituye de forma interna de los trabajadores huelguistas es ilícita porque con ella se anula el efecto limitador de la huelga en la esfera de libertad del empresario, vaciando de contenido el derecho de huelga[1254].

Sin embargo, el Tribunal Constitucional "no especifica si la licitud de la decisión empresarial depende de la intensidad del paro, de la importancia de la modificación de funciones, del número de huelguistas llamado a sustituir, de la cualificación profesional de los huelguistas sustituidos, o de otros factores productivos añadidos a la huelga"[1255]. Lo relevante será la intención empresarial: si el objetivo es anular o reducir los efectos de la huelga, la conducta del empresario será ilícita.

Más adelante, la sentencia del Tribunal Constitucional 33/2011, de 28 de marzo, se concluye que "la sustitución interna de huelguistas durante la medida de conflicto constituye un ejercicio abusivo

---

1252 SANGUINETI RAYMOND, W., "El poder de dirección ante el cambio económico y productivo y la emergencia de la inteligencia artificial", *Trabajo y Derecho*, nº 109, 2024.

1253 STC 123/1992, de 28 de septiembre.

1254 ALZAGA RUIZ, I., "La sustitución interna de los trabajadores huelguistas: un supuesto de vulneración del derecho de huelga", *Aranzadi social*, nº 2, 2002.

1255 VALLE MUÑOZ, F. A., *La sustitución de…*, *op. cit.*, p. 80-81.

del *ius variandi* empresarial, derecho que, con los límites legalmente previstos, corresponde al empresario en otras situaciones. Pero en un contexto de huelga legítima el referido *ius variandi* no puede alcanzar a la sustitución del trabajo que debían haber desempeñado los huelguistas por parte de quien en situaciones ordinarias no tiene asignadas tales funciones; ya que, en tal caso, quedaría anulada o aminorada la presión ejercida legítimamente por los huelguistas a través de la paralización del trabajo"[1256].

Así, la regla general por la cual el empresario no puede imponer a los trabajadores no huelguistas la realización de las tareas que corresponden a los que secundaron la convocatoria, ni los trabajadores que libremente decidieron no secundarla pueden sustituir el trabajo de sus compañeros, admite dos excepciones: el aseguramiento de determinados servicios mínimos esenciales para la comunidad (art. 10 RDLRT) y los servicios de seguridad y de mantenimiento en la empresa (art. 6.7 RDLRT).

Frente a la STC 123/1992, donde lo relevante era la intención empresarial, en la STC 33/2011 se pone el foco en el resultado lesivo. Por tanto, la responsabilidad empresarial, en relación con el ejercicio de derechos fundamentales de los trabajadores, no se limita a las consecuencias de la propia conducta, sino que puede abarcar las derivadas de actuaciones de terceros que de él dependan, en tanto intervengan o interactúen con él "en conexión directa con la relación laboral"[1257]. Está claro que "de poco servirían las prohibiciones, garantías y tutelas establecidas en la Constitución y en legislación laboral en relación con las actuaciones empresariales lesivas del derecho de huelga, si se admitiera que éstas no alcanzan al empresario cuando la restricción del derecho nace de sus mandos directivos"[1258].

En definitiva, "en tanto resulte probado que las funciones de los huelguistas han sido desarrolladas por quienes tenían asignadas otras diferentes en la misma empresa, debe concluirse que se ha lesionado el referido derecho"[1259]. La sustitución se reputa ilícita tanto

[1256] STC 33/2011, de 28 de marzo.
[1257] STC 250/2007, de 17 de diciembre.
[1258] STC 33/2011, de 28 de marzo.
[1259] *Idem.*

si se produce con trabajadores del mismo nivel y calificación como con trabajadores de distinta categoría profesional (por ejemplo, la directora de una sucursal bancaria[1260] o el editor de un programa de televisión[1261]). También si la sustitución tiene carácter parcial.

Ahora bien, el Tribunal Supremo[1262] considera que no se vulnera el derecho de huelga cuando las tareas no están reservadas a unos trabajadores en particular, sino que son efectuadas de forma indiferente por todos los trabajadores.

Finalmente, se debe precisar que la prohibición de movilidad funcional se refiere al periodo de huelga, sin que se pueda extender a periodos posteriores. De esta forma, no vulnera el derecho de huelga destinar trabajadores a tareas distintas (por ejemplo, la reparación de una máquina[1263]) una vez que finalizó la huelga.

b) Trabajadores de otro centro de trabajo

Respecto a la sustitución de huelguistas por trabajadores de otro centro de trabajo, a pesar de no estar expresamente prohibido en el art. 6.5 RDLRT, ello se desprende de la redacción del art. 8.10 LISOS, que califica como infracción muy grave los actos del empresario consistentes en la sustitución de los trabajadores en huelga *por otros no vinculados al centro de trabajo* al tiempo de su ejercicio. Mientras el RDLRT prohíbe la sustitución de trabajadores no vinculados a la *empresa*, la LISOS tipifica como infracción la sustitución de trabajadores no vinculados al *centro de trabajo*, ampliando así el ámbito de la prohibición a la movilidad de trabajadores entre distintos centros de trabajo de una misma empresa (con independencia de la localización del centro de trabajo y de la categoría profesional), aun cuando su vinculación fuese previa a la huelga[1264].

Así lo ha confirmado la jurisprudencia del Tribunal Supremo, por ejemplo, en supuestos de tripulantes de barco[1265] y, más recien-

1260 STS de 18 de marzo de 2016 (Rec. 78/2015).

1261 STS de 13 de enero de 2020 (Rec. 138/2018).

1262 STS de 11 de julio de 1995 (Rec. 919/1995).

1263 STSJ de Castilla-La Mancha 728/2011, de 5 de julio (Rec. 610/2011).

1264 VALLE MUÑOZ, F. A., *La sustitución de…*, *op. cit.*, p. 19.

1265 SSTS de 23 de octubre de 1989 y de 24 de octubre de 1989.

temente, de desplazamiento de trabajadores de unas sucursales bancarias a otras[1266] o para restar fuerza en la negociación de un despido colectivo[1267]. Todas ellas son conductas antisindicales y vulneran el derecho de huelga.

c) *Medidas de flexibilidad laboral: modificación de jornada y horas extraordinarias*

Dentro de su poder de dirección, el empresario puede vulnerar el derecho de huelga a través de las facultades de modificar o distribuir de forma irregular la jornada[1268], de alterar los turnos de trabajo[1269], de prolongar la jornada[1270], o de solicitar la realización de horas extraordinarias[1271] a los trabajadores no huelguistas, con el objetivo de minimizar los efectos provocados por la huelga[1272]. Podemos denominar a estas prácticas esquirolaje interno indirecto o impropio.

Existe debate sobre si, una vez desconvocada la huelga, se puede considerar esquirolaje interno la alteración del calendario laboral[1273] para recuperar la actividad que no se ha producido durante la huelga. De esta forma, el empresario podría intensificar la producción en los días justo anteriores a la huelga, en previsión de la disminución que supondrá esta, o recuperarla en los días posteriores a la huelga aumentando la producción[1274].

1266 STS de 18 de marzo de 2016 (Rec. 78/2015).

1267 STS de 20 de julio de 2016 (Rec. 22/2016).

1268 STSJ de Aragón de 16 de mayo de 2014 (Rec. 235/2014); STSJ de Asturias de 28 de mayo de 2019 (Rec. 2592/2018).

1269 STSJ de Andalucía, Sevilla, de 5 de julio de 2022 (Rec. 6/2022); STSJ de Navarra de 27 de febrero de 2015 (Rec. 26/2015); STSJ de País Vasco de 23 de abril de 2013 (Rec. 4/2013); STSJ de Galicia de 17 de diciembre de 2011 (Rec. 3526/2010).

1270 STSJ de Galicia de 19 de mayo de 2017 (Rec. 597/2017).

1271 STSJ Andalucía, Sevilla, de 21 de diciembre de 2022 (Rec. 3857/2022); STSJ de Navarra de 27 de febrero de 2015 (Rec. 26/2015).

1272 VALLE MUÑOZ, F. A., *La sustitución de..., op. cit.*, p. 95.

1273 CARRIZOSA PRIETO, E., "La alteración empresarial del calendario laboral como medida lesiva del derecho de huelga", *Aranzadi Social*, nº 11, 2012.

1274 TOSCANI GIMÉNEZ, D., "La prohibición de esquirolaje durante la huelga con especial mención al esquirolaje tecnológico", *Trabajo y Derecho*, nº 30, 2017.

En la doctrina judicial hay pronunciamientos dispares: se estima, por un lado, que la prohibición empresarial de esquirolaje limita su eficacia al día de la huelga[1275]; por otro, que activar mecanismos de flexibilidad horaria el día anterior y el día posterior al paro lesiona este derecho[1276]. No obstante, la diferencia entre estos supuestos es que en el primer caso el tiempo transcurrido es mayor que en el segundo.

En definitiva, habrá de analizarse el caso concreto para determinar si existe conexión entre la conducta empresarial (modificar horario, jornada, turnos, etc.) y el efecto de vaciar de contenido del derecho de huelga. Por tanto, si las horas extraordinarias contratadas lo fueron con un fin ajeno a la huelga, si no ha existido una ampliación irregular de jornada en los trabajadores, o si el cambio de turno es automático para aquellos trabajadores que no respetaron el descanso preceptivo, no concurren indicios de que la finalidad de la empresa fuese paliar los efectos de la huelga[1277].

d) *La iniciativa de trabajadores no huelguistas o el acuerdo con el empresario*

A continuación, se analizan dos supuestos problemáticos: cuando existe un acuerdo entre los trabajadores no huelguistas y el empresario para sustituir a quienes sí secundan la huelga y cuando los trabajadores no huelguistas deciden, por iniciativa propia y sin que medie orden del empresario, sustituir a los que no acuden a su puesto de trabajo[1278].

La razón puede ser que quieran trabajar para percibir el salario o que mantengan discrepancias con el motivo real de la huelga (el esquirolaje en el sentido más coloquial). Los trabajadores tienen derecho a no adherirse a la huelga (contenido negativo del derecho de huelga), amparados en el art. 6.4 RDLRT y en la libertad profesional

---

1275 STSJ de Aragón de 20 de febrero de 2012 (Rec. 46/2012); STSJ de Castilla-La Mancha de 5 de julio de 2011 (Rec. 610/2011).

1276 STSJ del País Vasco de 13 de noviembre 2018 (Rec. 2001/2018).

1277 STSJ Navarra de 17 de mayo de 2018 (Rec. 148/2018).

1278 VALLE MUÑOZ, F. A., *La sustitución de...*, *op. cit.*, p. 99 y ss.

y personal[1279]. El derecho de huelga es un derecho-libertad de titularidad individual, aunque se exige su ejercicio colectivo, pero no es un deber, es decir, cada trabajador decide sumarse o no al paro. Sin embargo, esta libertad no incluye la facultad de sustituir al trabajador huelguista.

En el primer supuesto, el acuerdo entre empresario y trabajadores no huelguistas perjudica al ejercicio del derecho de huelga ("la empresa procedió a sustituir en los puestos de trabajo de los huelguistas a los trabajadores fijos de la misma, los cuales los cubrieron voluntariamente"[1280]).

En este pronunciamiento se da una tensión dialéctica entre dos sectores. Por una parte, "entre una interpretación literal y otra finalista de las normas, que a su vez refleja algo más profundo, la distonía de la libertad de empresa y la protección del trabajador. Una y otra perspectivas están en el umbral de la Constitución, que califica como 'social' al Estado de Derecho en ella diseñado y sitúa la libertad en el lugar preeminente de los principios que la conforman". El TC afirma entonces que "conviene saber como premisa mayor qué sea la huelga y cual su función social, aspectos ambos que constituyen con otros el sustrato y a la vez la justificación de su consideración como derecho fundamental", que es básicamente una "paralización parcial o total del proceso productivo [que] se convierte así en un instrumento de presión respecto de la empresa, para equilibrar en situaciones límite las fuerzas en oposición, cuya desigualdad real es notoria. La finalidad última de tal arma que se pone en manos de la clase trabajadora es el mejoramiento de la defensa de sus intereses"[1281].

La regulación de la huelga en España recoge una vieja interdicción tradicional y repudia la figura del "esquirol", expresión peyorativa nacida para aludir al obrero que se presta a realizar el trabajo abandonado por un huelguista. El recurso a la potestad directiva del empresario, en contextos de movilidad funcional o geográfica, está diseñada para "situaciones corrientes o excepcionales, incluso como medidas de emergencia, pero siempre en un contexto de normali-

---

1279 *Ibidem*, p. 99.

1280 STC 123/1992, de 28 de septiembre.

1281 *Idem*.

dad con un desarrollo pacifico de la relación laboral, al margen de cualquier conflicto. Por ello puede afirmarse que están en la fisiología de esa relación jurídica, no en su patología. La existencia de tales normas que, en principio, parecen configurar el reverso del rechazo de la sustitución externa en caso de huelga, ratificando positivamente el resultado de la interpretación a contrario sensu, tampoco ofrecen una solución inequívoca, para cuyo hallazgo se hace necesaria la ponderación de los intereses en pugna a la luz de los principios constitucionales respectivos"[1282].

En el segundo supuesto, el propio TC argumenta que es inverosímil que una decisión de tal envergadura, sustituir a los trabajadores huelguistas para mantener la actividad empresarial, se llevara a cabo, no sólo voluntariamente, sino también con el desconocimiento o sin la aprobación de la empresa. Por lo tanto, "el consentimiento empresarial tácito, o la omisión de toda reacción o prevención que impidiera que el acto de sustitución llegara a producirse, vulneró el art. 28.2 CE, al privar a la huelga seguida por los recurrentes de su plena efectividad como medio de presión colectiva"[1283].

De esta forma, la STC 33/2011 va más allá de la STC 123/1992, que simplemente "anestesiaba" el poder de dirección del empresario, imponiendo un efectivo deber de control de quienes están a su cargo para vigilar e impedir conductas que limiten la eficacia del derecho de huelga[1284].

Sin embargo, debemos matizar esta cuestión porque allí donde no se pueda probar que la empresa ejerciera de manera efectiva ninguna potestad de dirección, porque el trabajador actúa a iniciativa propia, de forma puntual, sin continuidad y sin que la empresa diera instrucción, indicaciones o sugerencias[1285], no se podrá apreciar una sustitución ilícita ni, por tanto, una lesión del derecho de huelga. Esta tesis se ha confirmado recientemente por el Tribunal Supremo, que afirma que la empresa vulnera el derecho de huelga cuando determinados trabajadores, responsables de área, sustituyen a los huel-

1282 *Idem.*

1283 STC 33/2011, de 28 de marzo.

1284 VALLE MUÑOZ, F. A., *La sustitución de…*, *op. cit.*, p. 103.

1285 STSJ de Navarra de 5 de mayo de 2016 (Rec. 147/2016); STSJ de Navarra de 23 de junio de 2015 (Rec. 238/2015).

guistas realizando sus funciones, sin haber recibido órdenes ni instrucciones de la empresa en tal sentido[1286].

e) Sujetos que no son trabajadores: el propio empresario

La prohibición del art. 6.5 RDLRT se limita a la sustitución de trabajadores huelguistas por otros *trabajadores*. En este contexto, surge la duda sobre la sustitución del huelguista por quienes no son trabajadores, en el sentido del art. 1.1. ET, incluido el propio empresario.

Aquí, la doctrina está dividida. Alguna jurisprudencia de la Sala de lo Contencioso[1287] (entonces era la competente para impugnar sanciones) ha interpretado en sentido estricto la referencia a *trabajadores* del RDLRT. De esta forma, el empresario no tiene la obligación de colaborar con los huelguistas y puede utilizar todos los medios legales a su alcance, incluido asumir él mismo parte del trabajo o acudir a personas de su entorno, como familiares y amigos (art. 1.3, apartados d y e ET).

Otra parte de la doctrina[1288] cree que un análisis en profundidad de este asunto lleva a entender que la decisión obedece a la rigidez del derecho sancionador (art. 9 y 25 CE). Por ello, valoran que efectivamente se ha lesionado el derecho de huelga y que una hipotética acción de tutela de derechos fundamentales ante el orden social de la Jurisdicción habría prosperado. No obstante, es una cuestión con muy poca incidencia práctica.

2.3. El esquirolaje lícito o permitido

2.3.1. La cuestión de la legitimidad del esquirolaje

Existe un debate permanente en la doctrina científica sobre la legitimidad de mantener la producción sustituyendo a los trabajadores

---

[1286] SSTS 5 de mayo de 2021 (Rec. 4976/2018); 5 de mayo de 2021 (Rec. 4984/2018); 6 de octubre de 2021 (Rec. 4983/2018).

[1287] STS, Sala de lo Contencioso-Administrativo, de 18 de septiembre de 1997 (Rec. 12078/1991).

[1288] TASCÓN LÓPEZ, R., *El esquirolaje tecnológico*, *op. cit.*, p. 51.

huelguistas[1289], esto es, sobre prácticas de esquirolaje que podemos denominar lícitas o permitidas.

El sector pro-empresa entiende que, ante una huelga, la empresa no tiene por qué permanecer paralizada y puede seguir funcionando dentro de la anormalidad, siendo legítima la sustitución de trabajadores huelguistas.

De esta forma, defienden que no existe una prohibición absoluta de resistencia empresarial, es decir, no hay un deber de colaboración con los huelguistas. Reflexionan que la literalidad de la norma se refiere sólo a la prohibición de esquirolaje externo y que, si la voluntad del legislador así fuese, se habría incluido también el interno. Por ello, el propio RDLRT regula el cierre patronal lícito para el caso de que "el volumen de inasistencia o irregularidades en el trabajo impidieran gravemente el proceso normal de producción" (art. 12.1.c), esto es, una obligación implícita de continuar la producción ante una huelga.

En tanto no existe un principio de igualdad de armas (el empresario tiene prohibido el cierre patronal ofensivo), se critica que un amparo excesivo del derecho de huelga desarme completamente al empresario. Se argumenta que "el derecho de libre iniciativa económica justifica plenamente los fenómenos de sustitución, no cabiendo en este caso ningún tipo de enfrentamiento con el derecho a huelga"[1290]. Incluso se compara con la obtención de subsidios o fondos[1291] por parte de los trabajadores para mitigar la pérdida de salario durante la huelga (las cajas de resistencia).

Además, las prácticas empresariales con el objetivo de mantener la producción durante una huelga, también acudiendo a recursos tecnológicos sin intervención humana, estarían legitimadas, tanto por el derecho a la libertad de empresa, en su vertiente de ejercicio de actividades empresariales lícitas, como por la defensa de la pro-

---

1289 VALLE MUÑOZ, F. A., *La sustitución de…, op. cit.*, p. 23 y ss.

1290 SANTANA GÓMEZ, A., *El régimen jurídico de…, op. cit.*, p. 187.

1291 DIEGUEZ CUERVO, G., "Sustitución interna de huelguistas (comentario a la Sentencia 123/1992, de 28 de septiembre del Tribunal Constitucional)", *Revista Española de Derecho del Trabajo*, nº 58, 1993, pp. 213 y ss.

ductividad que el artículo 38 CE encarga expresamente a los poderes públicos[1292].

El otro sector doctrinal se opone y argumenta que, si el legislador hubiese querido permitir mecanismos empresariales defensivos (como los servicios mínimos), los habría regulado expresamente. Se impone, por tanto, una interpretación extensiva de la prohibición de sustitución de huelguistas.

Ante dos derechos constitucionales en conflicto (la libertad de empresa y el derecho de huelga[1293]), se protege especialmente la huelga como un derecho fundamental. De esta forma, "el criterio de interpretación debe ser el de la mayor amplitud posible del derecho y la restricción del límite a lo necesario"[1294]. No podemos admitir el recurso a "potestades directivas concebidas y protegidas por el ordenamiento jurídico para un contexto de normalidad, pero no para una situación de conflicto"[1295], ya que la libertad de empresa no incorpora a su contenido "facultades reaccionales" frente al paro colectivo[1296]. Aunque el ordenamiento jurídico no exige al empresario que potencie o amplifique la huelga, sí que les impone la obligación de sufrir los efectos negativos de la misma, al ser ésta un mecanismo de presión para la mejora de los derechos de los trabajadores[1297].

Así, debemos señalar que no existe un esquirolaje permitido o legítimo. El derecho de huelga prohíbe el esquirolaje, pero, ante concretas conductas abusivas de los huelguistas, como no respetar

---

1292 STS de 5 de diciembre de 2012 (Rec. 265/2011). Voto particular que formula D. Antonio Martin Valverde al que se adhieren D. Jose Manuel López García de la Serrana y D. Jesus Souto Prieto.

1293 Sobre los límites que el derecho de huelga plantea a la libertad de empresa v. GARCÍA-PERROTE ESCARTÍN, I., "Derecho de huelga y libertad de empresa", *Revista jurídica de Castilla y León*, nº 5, 2005, pp. 13-54.

1294 VALLE MUÑOZ, F. A., *La sustitución de..., op. cit.*, p. 28.

1295 BAYLOS GRAU, A., "Continuidad de la producción o del servicio y facultades empresariales en casos de huelga", en AA.VV. *Estudios sobre la huelga*, Albacete, Ed. Bomarzo, 2005, pp. 97 y ss.

1296 PÉREZ REY, J., "Tertulias, reportajes de actualidad y esquirolaje tecnológico en la huelga general (a propósito de la STS de 11 de junio de 2012)", *Revista de Derecho Social*, nº 59, 2012, p. 206.

1297 GORDO GONZÁLEZ, L., "El contenido esencial del derecho a la huelga: la prohibición de esquirolaje interno", *Aranzadi Social*, nº 3, 2012, pp. 16 y ss.

los servicios mínimos o los servicios de seguridad y mantenimiento, la protección y garantías del derecho de huelga decaen.

El ordenamiento jurídico legitima al empresario para, en caso de incumplimiento de los servicios mínimos y de los servicios de seguridad y mantenimiento, contratar trabajadores externos, movilizar a los trabajadores de su propia plantilla, recurrir a ETT, a la subcontratación mercantil, o incluso utilizar las nuevas tecnologías derivadas de la disrupción digital para continuar con la actividad productiva[1298].

Por lo tanto, el derecho laboral español sólo permite el esquirolaje en tres supuestos: 1) en caso de incumplimiento de los servicios de seguridad y mantenimiento; 2) en caso de incumplimiento de servicios mínimos; y 3) en caso de huelgas ilegales, abusivas o ilícitas.

2.3.2. El esquirolaje ante el incumplimiento de servicios de seguridad y mantenimiento

El art. 6.5 del RDLRT establece que, en tanto dure la huelga, el empresario no podrá sustituir a los huelguistas por trabajadores que no estuviesen vinculados a la empresa al tiempo de ser comunicada la misma, *salvo caso de incumplimiento de las obligaciones contenidas en el apartado número siete de este artículo.*

Así, el art. 6.7 RDLRT dice que "el Comité de huelga habrá de garantizar durante la misma la prestación de los *servicios necesarios para la seguridad* de las personas y de las cosas, *mantenimiento* de los locales, maquinaria, instalaciones, materias primas y cualquier otra atención que fuese precisa para la ulterior reanudación de las tareas de la empresa. Corresponde al empresario la designación de los trabajadores que deban efectuar dichos servicios".

Por otro lado, la LISOS califica como infracción muy grave "los actos del empresario lesivos del derecho de huelga de los trabajadores consistentes en la sustitución de los trabajadores en huelga por otros no vinculados al centro de trabajo al tiempo de su ejercicio, *salvo en los casos justificados por el ordenamiento*" (art. 8.10).

[1298] VALLE MUÑOZ, F. A., *La sustitución de…*, *op. cit.*, p. 21.

De esta forma, la ley permite la sustitución de trabajadores huelguistas cuando se incumplan los servicios de seguridad y mantenimiento.

El Tribunal Constitucional tuvo ocasión de estudiar la constitucionalidad del RDLRT en la sentencia 11/1981, de 8 de abril. Ahí reflexiona que, durante una huelga, "deben adoptarse medidas de seguridad de las personas, en los casos en que tales medidas sean necesarias, y medidas de mantenimiento y preservación de los locales, de la maquinaria, de las instalaciones o materias primas, con el fin de que el trabajo pueda reanudarse sin dificultad tan pronto como se ponga fin a la huelga". Esto se debe a que la huelga, como derecho de hacer presión sobre el empresario, no debe amparar daños o deterioros en los bienes de capital.

De tal forma, "las medidas de seguridad corresponden a la potestad del empresario, no tanto en atención a su condición de propietario de los bienes, sino en atención a su propia condición de empresario, y, en virtud de ello, como consecuencia de las facultades de policía de que en el seno de la empresa está investido. La ejecución de las medidas de seguridad compete a los propios trabajadores, y es éste uno de los sacrificios que el ejercicio responsable del derecho de huelga les impone, pues es claro que la huelga es un derecho que no puede ejercitarse sin contrapartida"[1299].

Además, el tribunal analiza a quién la corresponde la designación de los trabajadores concretos que deben efectuar estos servicios y declara inconstitucional el inciso: "Corresponde al empresario la designación de los trabajadores que deban efectuar dichos servicios" (art. 6.7 RDLRT). Por lo tanto, establece que la adopción de las medidas de seguridad no es facultad exclusiva del empresario, sino que también "participa el comité de huelga, que es quien las garantiza, con la inevitable secuela de que la huelga en que el comité no preste esta participación podrá ser considerada como ilícita por abusiva"[1300].

En conclusión, se exige un acuerdo entre el empresario y el comité de huelga. En caso de falta de acuerdo, debe someterse la cuestión a un juez del orden social o a otros métodos de resolución extrajudi-

1299 STC 11/1981, de 8 de abril.

1300 *Idem.*

cial de conflictos (mediación o arbitraje) y el empresario podrá designar unilateralmente a los trabajadores sin perjuicio de la posterior revisión judicial[1301].

En cuanto al esquirolaje, el empresario puede sustituir a trabajadores huelguistas cuando el comité de huelga no colabore para adoptar las medidas de seguridad y mantenimiento y estas no se respeten. Puede acudir tanto al esquirolaje interno como al externo. En sentido contrario, se vulnera el derecho de huelga cuando se sustituyen a trabajadores huelguistas bajo el pretexto de asegurar la seguridad de personas y bienes.

2.3.3. El esquirolaje ante el incumplimiento de servicios mínimos

El mayor límite del derecho de huelga está recogido en la propia Constitución, que impone las "garantías precisas para asegurar el mantenimiento de los servicios esenciales de la comunidad". La doctrina del Tribunal Constitucional concluye que "el artículo 28 de la Constitución es muy claro en el sentido de que la Ley ha de establecer las garantías precisas para asegurar, en caso de huelga, el mantenimiento de los servicios esenciales de la comunidad. Esta idea se reitera en el artículo 37, cuando dicho precepto alude al derecho de adoptar medidas de conflicto colectivo". Ambos preceptos se refieren a la necesidad de adoptar las garantías precisas para asegurar el funcionamiento de los servicios esenciales de la comunidad. Así, "el derecho de los trabajadores de defender sus intereses mediante la utilización de un instrumento de presión en el proceso de producción de bienes o servicios cede cuando con ello se ocasiona o se puede ocasionar un mal más grave que el que los huelguistas experimentarían si su reivindicación o pretensión no tuviera éxito. Es claro que ocurre así cuando se impide o se obstaculiza gravemente el funcionamiento de lo que la Constitución llama servicios esenciales de la comunidad"[1302].

1301 CRUZ VILLALÓN, J., "La ausencia de acuerdo en la designación de los servicios de seguridad y mantenimiento durante el desarrollo de la huelga", *Revista Española de Derecho del Trabajo*, nº 23, 1985, p. 435 y ss.

1302 STC 11/1981, de 8 de abril.

Cuando se celebra una huelga en los servicios esenciales de la comunidad, por ejemplo, en el sistema sanitario, el afectado no es sólo el empresario, sino los ciudadanos usuarios del servicio, ajenos al conflicto laboral y, por ello, incapaces de atender las demandas de los trabajadores.

Ni la Constitución ni el RDLRT precisan cuáles son los servicios esenciales (lo hacía el Proyecto de Ley Orgánica de Huelga de 1993, nunca aprobado). En 1981, el TC consideró adecuado que el Tribunal vaya haciendo los correspondientes pronunciamientos respecto de cada uno de los supuestos especiales que se pueden plantear en el futuro a través de los correspondientes recursos de amparo[1303]. Así, ha ido pronunciándose sobre servicios que procuran la satisfacción de bienes constitucionalmente protegidos como la libre circulación, la salud, la información, la seguridad... No obstante, no todo servicio público es servicio esencial, de igual forma que puede haber servicios esenciales prestados por empresas privadas.

Aunque el art. 6.5 RDLRT no contempla la posibilidad de sustituir a trabajadores en caso de incumplimiento de servicios mínimos, cómo sí lo hace respecto de los servicios de seguridad y mantenimiento, así lo ha defendido la doctrina del Tribunal Constitucional.

El TC establece que la regla general de prohibición del esquirolaje, tanto interno como externo, admite dos excepciones, "conectadas a las previsiones legales sobre el aseguramiento de determinados servicios mínimos esenciales para la comunidad (art. 10 del Real Decreto-ley 17/1977), y a las previsiones sobre los servicios de seguridad y de mantenimiento en la empresa (art. 6.7 del Real Decreto-ley 17/1977). En estos dos supuestos, si los trabajadores designados para el mantenimiento de los referidos servicios se negaran o se resistieran a prestarlos, quedaría justificada su sustitución a tales efectos"[1304].

En tanto para calificar una conducta empresarial como esquirolaje, lo relevante es la efectiva lesión del derecho de huelga, en el supuesto de trabajadores asignados a servicios mínimos, estos no tendrían la consideración de huelguistas, ni su sustitución lesionaría el derecho de huelga porque se limitaría a garantizar la prestación de

1303 *Idem.*

1304 STC 33/2011, de 28 de marzo.

un servicio esencial para la comunidad cuya continuidad impone la Constitución.

No obstante, la doctrina judicial ha entendido que lesiona el derecho de huelga reforzar los servicios mínimos, por ejemplo, con la subcontratación con empresas externas[1305].

2.3.4. El esquirolaje en una huelga ilegal, abusiva o ilícita

En primer lugar, debemos distinguir entre huelga ilegal y huelga ilícita. El ordenamiento jurídico no protege las huelgas ilegales, pudiendo ser causa de despido o, incluso, delito.

Así, la huelga es ilegal: "a) Cuando se inicie o se sostenga por motivos políticos o con cualquier otra finalidad ajena al interés profesional de los trabajadores afectados. b) Cuando sea de solidaridad o apoyo, salvo que afecte directamente al interés profesional de quienes la promuevan o sostengan. c) Cuando tenga por objeto alterar, dentro de su período de vigencia, lo pactado en un Convenio Colectivo o lo establecido por laudo. d) Cuando se produzca contraviniendo lo dispuesto en el presente Real Decreto-ley, o lo expresamente pactado en Convenio Colectivo para la solución de conflictos" (art. 10 RDLRT).

Respecto a la licitud, el art. 7 del RDLRT establece que la huelga deberá realizarse sin ocupación por los mismos del centro de trabajo o de cualquiera de sus dependencias. Además, especifica que se considerarán ilícitas o abusivas "las huelgas rotatorias, las efectuadas por los trabajadores que presten servicios en sectores estratégicos con la finalidad de interrumpir el proceso productivo, las de celo o reglamento y, en general, cualquier forma de alteración colectiva en el régimen de trabajo distinta a la huelga" (art. 7.2 RDLRT).

Sin embargo, el Tribunal Constitucional[1306] ha precisado que el carácter abusivo constituye una presunción *iuris tantum* de ilicitud, que no cabe aplicar automáticamente. La calificación de una huelga como legal, ilegal, abusiva, lícita o ilícita corresponde al orden social,

---

1305 STSJ de Madrid 1105/2011, de 22 de diciembre (Rec. 5742/2011).

1306 STC 11/1981, de 8 de abril.

una vez producida la huelga, no antes, al resolver las reclamaciones de los trabajadores a las sanciones empresariales[1307].

Tanto la jurisprudencia[1308] como la doctrina judicial[1309] han entendido que, ante una huelga calificada como ilegal, ilícita o abusiva, el empresario puede sustituir a trabajadores huelguistas.

El problema es la práctica inaplicabilidad de esta previsión. En tanto la calificación jurídica de la legalidad de una huelga se produce después de la propia huelga, la empresa asume un altísimo riesgo de incurrir en esquirolaje por entender, sin tener capacidad para ello, que la huelga es ilegal y que, por tanto, tiene restaurado el *ius variandi* que le permite sustituir a trabajadores huelguistas.

Es un problema similar al de los servicios mínimos abusivos. No podemos aceptar que los trabajadores disfruten de un derecho de resistencia de los servicios mínimos cuando sean abusivos porque sólo se declaran abusivos después de la huelga. Los trabajadores no pueden calificar por sí mismos la abusividad de los servicios mínimos y actuar según su criterio porque vaciarían de contenido la garantía de continuidad de los servicios esenciales.

2.4. La tutela del derecho de huelga ante el esquirolaje

La tutela del derecho de huelga frente al esquirolaje puede generar responsabilidades de carácter sancionador, esto es, la responsabilidad administrativa y la responsabilidad penal, y de carácter resarcitorio, es decir, la indemnización por daños y perjuicios.

La tutela sancionadora es la menos atractiva para el trabajador o el sindicato perjudicado, ya que no restituye el derecho de huelga lesionado ni tampoco se resarcen daños y perjuicios, limitándose a imponer una sanción al sujeto infractor. Su interés radica en la función de prevención, es decir, el carácter disuasorio frente a futuras conductas ilícitas. La diferencia entre la responsabilidad administra-

---

1307 VALLE MUÑOZ, F. A., *La sustitución de…*, *op. cit.*, p. 162.

1308 STS de 8 de junio de 2011 (Rec. 144/2010)

1309 STSJ de Madrid 775/2015, de 16 de noviembre (Rec. 663/2015).

tiva y penal es la gravedad de la conducta[1310], en virtud del principio de *ultima ratio* del derecho penal.

2.4.1. La responsabilidad penal

El art. 315 del Código Penal señala que: "1. Serán castigados con las penas de prisión de seis meses a dos años o multa de seis a doce meses los que, mediante engaño o abuso de situación de necesidad, impidieren o limitaren el ejercicio de la libertad sindical o el derecho de huelga. 2. Si las conductas reseñadas en el apartado anterior se llevaren a cabo con coacciones serán castigadas con la pena de prisión de un año y nueve meses hasta tres años o con la pena de multa de dieciocho meses a veinticuatro meses".

Se trata de un tipo penal impropio, que abarca conductas constitutivas de acción y omisión, pero siempre de carácter doloso ("mediante engaño o abuso")[1311]. No cabe la versión imprudente. El bien jurídico protegido del artículo 315.1 del vigente Código Penal es la libertad sindical y el derecho de huelga, que se entiende como una especificación de la libertad sindical de los trabajadores, pero no el derecho a adoptar otras medidas de conflicto colectivo diferentes a la huelga.

Señala la escasa doctrina judicial sobre este tema que la acción típica consiste en impedir o limitar el ejercicio de la libertad sindical o el derecho de huelga, que ha de suponer una aminoración o recorte de la libertad o derechos reconocidos legalmente. Sin embargo, estos límites y obstáculos "no pueden consistir en simples dificultades fácilmente salvables, pues desde el momento en que se equiparan penológicamente al impedimento, han de representar serias barreras al ejercicio de los mismos, debiendo afectar al contenido esencial de alguno de estos dos derechos, con reconocimiento constitucional"[1312].

De esta forma, por «limitar» se entiende el obstaculizar, poner rémoras, impedimentos o perturbarlo; pero la limitación ha de ser de

---

1310 SIRVENT HERNÁNDEZ, N., "La vulneración empresarial del derecho de huelga y responsabilidad por daños y perjuicios", *Temas laborales*, nº 128, 2015, p. 156.

1311 *Ibidem*, p. 157.

1312 SAP de las Islas Baleares 70/2017, de 23 de marzo (Rec. 178/2016); SAP de Lugo 110/2002, de 25 de mayo (Rec. 43/2002).

cierta entidad por la idoneidad del instrumento, dejando al margen cualquier otra conducta que no suponga un riesgo tan importante para el bien jurídico tutelado. Por «impedir» debe entenderse coartar de modo definitivo y permanente el ejercicio de derecho, negarlo por completo[1313].

Ahora bien, para afirmar la existencia del delito previsto en el artículo 315.1 CP no basta con la realización de un acto que impida o limite el ejercicio de la libertad sindical o del derecho a la huelga, sino que se precisa que tal acción se ejecute mediante unos determinados medios comisivos, es decir, mediante engaño o abuso de una situación de necesidad, medios comisivos que han de ser previos o simultáneos al ejercicio del acto que impida o limite tales derechos, y nunca posterior.

Por tanto, no todo ataque a los derechos fundamentales protegidos en el art. 28 CE es necesariamente un delito, pues puede ser que el legislador pensara tipificar sólo los hechos más graves, relegando al ámbito de la jurisdicción social aquellos otros supuestos menos graves.

Se exigen dos elementos subjetivos del tipo delictivo adicionales: engaño o abuso de situación de necesidad. Así, "el significado común de engaño designa la acción y efecto de hacer creer a alguien, con palabras o de cualquier otro modo, algo que no es verdad. Por abuso de situación de necesidad puede entenderse cualquier clase de aprovechamiento o de hacer un uso indebido o excesivo de su especial posición de fuerza en el ámbito de las relaciones laborales, en relación con causas económicas, familiares, de edad, salud, ignorancia, o cualquier otra. Por tanto, el abuso de situación de necesidad no puede entenderse en sentido genérico, como aquélla derivada de la misma desigualdad existente entre trabajadores y empleadores en el mercado laboral"[1314].

Respecto al abuso de situación de necesidad, si la situación de necesidad típicamente relevante fuera inherente a la propia relación laboral, carecería de sentido la previsión del engaño como conducta específica. Por ello, si el juicio de desvalor penal que expresa el pri-

1313 *Idem.*

1314 *Idem.*

mero equipara el abuso de situación de necesidad a la utilización de un engaño, parece que aquélla deba expresar algo más la que mera desigualdad intrínseca a las relaciones entre el que ofrece el trabajo y quien lo demanda.

De esta forma, la doctrina científica[1315] ha criticado la imprecisión y la indeterminación de la conducta típica, quedando un margen demasiado amplio a la discrecionalidad judicial en la valoración e interpretación de la misma. Partiendo de una reflexión acerca del desvalor de estas conductas y del principio de intervención mínima del Derecho Penal en una sociedad democrática, sancionando sólo los comportamientos mas graves y cuando sea imprescindible, se ha planteado la represión penal únicamente de los atentados a la libertad sindical mas graves y más frecuentes, que deberían describirse en el tipo[1316].

En este contexto, la doctrina judicial[1317] ha valorado un supuesto donde el empresario se negó a recibir la notificación de la convocatoria de una huelga, despidió a varios trabajadores, cuyos despidos fueron calificados como nulos, sustituyó a estos trabajadores contratando a otros nuevos (esquirolaje externo) y, finalmente, elaboró un documento de desconvocatoria acordado en una asamblea que no se celebró, obligando a los nuevos trabajadores a firmar el acta de la supuesta asamblea y presentándolo ante la autoridad laboral. La Audiencia Provincial de Lugo califica esta secuencia de hechos como un delito permanente en el que todos y cada uno de los actos son necesarios para conseguir la finalidad delictiva.

Así, aprecia engaño porque el empresario buscaba justificar su conducta impeditiva de la huelga con una inexistente asamblea de desconvocatoria, totalmente irregular. No podían desconvocar la huelga quienes no la estaban siguiendo y habían sido contratados para reemplazar a los huelguistas. Estos no eran conscientes del alcance pretendido por el empresario, suscribiendo el documento siguiendo sus indicaciones y no por su libre y consciente iniciativa. Además, los

---

1315 NAVARRO CARDOSO, C., *Delitos contra los derechos de los trabajadores*, Valencia, ed. Tirant lo Blanch, 1998.

1316 LASCURAÍN SÁNCHEZ, J. A., "Los delitos contra los derechos de los trabajadores: lo que sobra y to que falta", *ADPCP*, Vol. LVII, 2004, pp. 33-34.

1317 SAP de Lugo 110/2002, de 25 de mayo (Rec. 43/2002).

despidos de los trabajadores fueron nulos, es decir, un "ardid ineficaz y fraudulento" que el empresario intentó para desincentivar la huelga[1318].

Finalmente, debemos precisar la posibilidad de solicitar y obtener una indemnización por los daños y perjuicios derivados del delito, en virtud del art. 116.1 CP: "Toda persona criminalmente responsable de un delito lo es también civilmente si del hecho se derivaren daños o perjuicios".

En definitiva, los elementos configuradores de este tipo delictivo han limitado su aplicación, hasta el punto de que no existen apenas pronunciamientos de los tribunales ordinarios y ninguno de los tribunales superiores ni del TS. Una visión optimista nos llevaría a pensar que los empresarios no realizan conductas tan lesivas para los derechos de los trabajadores como para recibir el reproche penal. Otra más pesimista, y probablemente más cercana a la realidad, argumentaría que la dificultad probatoria de esos abusos imposibilite sentencias condenatorias y desincentive a los trabajadores y sindicatos de accionar la vía penal. La ITSS, que goza de presunción de veracidad en sus actuaciones, o la responsabilidad civil, son formas de tutela más accesibles.

2.4.2. La responsabilidad administrativa

Respecto al derecho administrativo sancionador, ya se ha mencionado que el art. 8.10 LISOS califica como infracción muy grave "los actos del empresario lesivos del derecho de huelga de los trabajadores consistentes en la sustitución de los trabajadores en huelga por otros no vinculados al centro de trabajo al tiempo de su ejercicio, salvo en los casos justificados por el ordenamiento". También son infracciones muy graves "los actos del empresario lesivos del derecho de huelga, consistentes en la sustitución de trabajadores en huelga por otros puestos a su disposición por una empresa de trabajo temporal" (arts. 19.3.a y 19.ter.3.a LISOS).

Se exige que "para que pueda apreciarse la conducta sancionadora debe constar no solamente el hecho de determinadas contratacio-

1318 *Idem.*

nes", sino también "su relación o conexión con el trabajo desempeñado por los posibles huelguistas en cuanto a funciones desempeñadas y en cuanto a coincidencia con el tiempo en el que se desarrolla la huelga"[1319].

La doctrina de los Tribunales Superiores de Justicia[1320] limita la sanción a la sustitución de trabajadores por trabajadores de otros centros de trabajo. Por lo tanto, no sería sancionable el esquirolaje interno con trabajadores del mismo centro. Aunque se trata, efectivamente, de una práctica inconstitucional, en virtud del principio de tipicidad (art. 25 CE), no se puede sancionar una conducta que no esté expresamente regulada como infracción. Mientras que la prohibición del esquirolaje, en general, puede interpretarse de forma amplia, incluyendo el esquirolaje interno en contra de la literalidad del 6.5 RDLRT, no se puede ampliar el alcance del derecho sancionador. Esta interpretación garantiza el principio de legalidad y la seguridad jurídica (art. 9.3 CE). Se trata, por tanto, de "un exceso sancionador imponer una sanción por una conducta que no encuentra encaje legal en las previsiones del apartado 10 del art. 8 de la Ley de Infracciones y Sanciones en el Orden Social"[1321].

Por otro lado, se exige que el sujeto activo sea empresario, y que lesione el derecho de huelga de los trabajadores, sin circunscribir los sujetos pasivos de la conducta típica a los trabajadores con los que mantenga relación laboral. Se entiende que "el art. 8.10 LISOS cuando define al sujeto activo como empresario, y la conducta como vulneración del derecho de huelga de los trabajadores, abarca no sólo los actos lesivos del derecho de huelga de los trabajadores propios, sino también de otros trabajadores". Por tanto, esta concepción "no sólo no es una interpretación extensiva, sino que resulta respetuosa con la doctrina establecida por el TC". De esta forma, "los actos del empresario lesivos del derecho de huelga de los trabajadores no tienen por qué limitarse a los que el mismo emplea, sino que abarca a los de otras empresas con las que mantiene una relación de grupo

---

1319 STSJ Madrid de 19 de noviembre de 2020 (Rec. 481/2020).

1320 STSJ de Aragón 102/2015, Sala de lo Contencioso, de 26 de febrero de 2015 (Rec. 67/2012).

1321 SJS Pamplona 13 de junio de 2014 (Rec. 629/2013).

mercantil u otra vinculación especial"[1322], incluyendo de esta forma el esquirolaje organizativo o comercial.

A su vez, no se exige una sustitución física de los trabajadores porque "el ataque al derecho fundamental puede realizarse a través de medios diferentes, en este caso, acudiendo a la producción existente, mediante el suministro del producto desde otro centro de trabajo de la empresa"[1323].

Las sanciones por las infracciones muy graves arriba señaladas podrán imponerse en los grados de mínimo, medio y máximo, atendiendo como circunstancias que puedan agravar o atenuar la graduación a la negligencia e intencionalidad del sujeto infractor, fraude o connivencia, incumplimiento de las advertencias previas y requerimientos de la Inspección, cifra de negocios de la empresa, número de trabajadores o de beneficiarios afectados en su caso, perjuicio causado y cantidad defraudada (art. 39 LISOS). La cuantía de las sanciones será, en su grado mínimo, de 7.501 a 30.000 euros; en su grado medio de 30.001 a 120.005 euros; y en su grado máximo de 120.006 euros a 225.018 euros (art. 40.1 LISOS). En la doctrina judicial se encuentran precedentes de confirmación de sanciones por esquirolaje de 6.251€[1324], de 50.000€[1325] y de 30.000€[1326].

Igualmente hay sentencias sobre revocación de sanciones. Por un lado, se anuló una sanción por la designación, como apoyo por volumen de negocios, para sustituir a una trabajadora en IT el día anterior y el mismo de la huelga: "que la empresa cubra una baja de una trabajadora de una sucursal coincidiendo con que el resto de compañeros decidan el día de la huelga ejercitar su derecho no supone esquirolaje si no se acredita que la trabajadora sustituta efectúa labores inherentes a los huelguistas y no a las inherentes al apoyo por existir trabajador de incapacidad temporal. Esto es, la existencia de huelga no conlleve a la paralización de cobertura o apoyo de pues-

---

1322 STSJ Cataluña de 8 de mayo de 2018 (Rec. 2755/2018).

1323 STSJ Baleares de 18 de junio de 2018 (Rec. 202/2018).

1324 SJS de Toledo de 4 de octubre de 2021 (Rec. 69/2021); STSJ Canarias de 12 de mayo de 2016 (Rec. 167/2012).

1325 STSJ de Asturias de 7 de diciembre de 2016 (Rec. 2074/2016); STSJ Baleares de 18 de junio de 2018 (Rec. 202/2018).

1326 STSJ Cataluña de 8 de mayo de 2018 (Rec. 2755/2018).

tos de trabajadores en situación de incapacidad temporal"[1327], que es una forma ordinaria de organización usada en la empresa.

También se revocó una sanción por contrataciones a través de ETT en una huelga parcial, debido a que la resolución no indicaba la relación entre funciones desempeñadas y coincidencia horaria con los paros parciales. En efecto, "algunos trabajadores han sido contratados para diversos días, parte de los cuales eran días de paro pero otros no; alguno prestó servicios en días en que no había huelga; y otros, en días en que sí había huelga pero solo uno o dos días y en definitiva, un gran número de días de huelga no resultan cubiertos por estos contratos"[1328].

2.4.3. La responsabilidad civil

La tutela especialmente reforzada que caracteriza los derechos fundamentales implica, en caso de apreciarse una violación del derecho a la libertad sindical o de huelga, el restablecimiento de la víctima en la integridad de su derecho y la reposición en su derecho, lo que comprende la reparación íntegra de las consecuencias jurídicas o fácticas de la actuación lesiva. Esto incluye el resarcimiento de los perjuicios económicos efectivamente producidos, normalmente a través de indemnizaciones que "se convierten en instrumento necesario para cumplir con la teleología que subyace del texto constitucional"[1329]. Cuando el TC afirma que la Constitución protege los derechos fundamentales "no en sentido teórico e ideal, sino como derechos reales y efectivos"[1330], rechaza que la protección jurisdiccional de los derechos y libertades se convierta en un "acto meramente ritual o simbólico"[1331].

1327 STSJ de Andalucía, Málaga, de 26 de mayo de 2016 (Rec. 442/2016).

1328 STSJ Madrid de 19 de noviembre de 2020 (Rec. 481/2020).

1329 MERCADER UGUINA, J. R., "Dereitos fundamentais, indemnización por danos morais e prudente arbitrio do xulgador na súa determinación: unha tormenta perfecta", *Revista Galega de Dereito Social*, nº 15, 2022, p. 11.

1330 SSTC 176/1988, de 4 de octubre; 186/2001, de 17 de septiembre; 247/2006, de 24 de julio.

1331 SSTC 12/1994, de 17 de enero; 186/2001, de 17 de septiembre; 247/2006, de 24 de julio; 300/2006, de 23 de octubre.

El trabajador huelguista o el sindicato convocante de una huelga que considere lesionado el derecho fundamental de huelga por el esquirolaje empresarial podrá interponer una demanda a través del proceso de tutela de los derechos fundamentales y libertades públicas regulado en los art. 177-184 LRJS. No es descartable que la reclamación pueda plantearse en un proceso ordinario o en la modalidad procesal que corresponda cuando la huelga haya dado lugar a un despido, una movilidad funcional o geográfica o una modificación sustancial de las condiciones de trabajo, haciendo uso desviado del poder organizativo empresarial[1332].

El proceso de tutela de derechos fundamentales es preferente y sumario, de cognición limitada, donde la carga de la prueba corresponde al demandado: "En aquellos procesos en que de las alegaciones de la parte actora se deduzca la existencia de indicios fundados de [...] vulneración de un derecho fundamental o libertad pública, corresponderá al demandado la aportación de una justificación objetiva y razonable, suficientemente probada, de las medidas adoptadas y de su proporcionalidad" (art. 96.1 LRJS).

En tanto la restitución *in natura* resulta imposible por la propia naturaleza del daño o porque la sentencia llegará meses después de la jornada de huelga, la indemnización juega un papel primordial y acabará convirtiéndose en la única vía reparadora posible frente a la lesión producida. Además, esta indemnización será compatible con cualquier otra forma de reparación a la que tenga derecho el trabajador (readmisión en caso de despido, retorno al lugar original de trabajo en un traslado...)[1333].

La noción de daño indemnizable integra tanto los daños de carácter material o patrimonial como los de naturaleza moral. Respecto a los materiales, comprende tanto el daño emergente como el lucro cesante (por ejemplo, el salario dejado de percibir la jornada de huelga). En tanto se puede ver lesionado el derecho a la libertad sindical, parte del daño podrán ser gastos de los sindicatos, así como el daño moral (desprestigio, mala imagen). También cabe valorar que la pérdida de presión de la huelga debida al esquirolaje haya

1332 SIRVENT HERNÁNDEZ, N., "La vulneración empresarial...", *op. cit.*, p. 157.

1333 *Ibidem*, p. 162.

perjudicado los intereses de los trabajadores, por ejemplo, firmando un peor convenio.

Debemos partir de una noción de daño moral donde "la indemnización por daños morales, derivada de la vulneración de un derecho fundamental, se dirige a compensar el sufrimiento, dolor, incertidumbre, angustia, ansiedad… que la citada vulneración haya podido producir a la trabajadora"[1334]. En relación con los daños morales existe "un maltrato, un daño psicológico, una angustia que, con independencia de otras consecuencias que puedan depender de las condiciones personales del sujeto afectado, se da siempre, sin que sea factible a veces aportar prueba concreta del perjuicio sufrido y de su cuantificación monetaria, dada su índole"[1335].

Por una parte, la LRJS exige que se exprese la cuantía de la indemnización pedida en la demanda. La parte actora debe especificar de forma adecuada los diversos daños y perjuicios y "deberá establecer las circunstancias relevantes para la determinación de la indemnización solicitada, incluyendo la gravedad, duración y consecuencias del daño, o las bases de cálculo de los perjuicios estimados para el trabajador" (art 179.3 LRJS). Consecuentemente, la sentencia debe declarar la existencia de vulneración del derecho fundamental y pronunciarse sobre la cuantía de la indemnización (art. 183 LRJS).

Por otra parte, en el caso de los daños morales unidos a la vulneración del derecho fundamental, se exime al demandante de la obligación de efectuar tal especificación "cuando resulte difícil su estimación detallada" (art. 179.3 LRJS). Así, se impone al tribunal la obligación de pronunciarse "sobre la cuantía del daño, determinándolo prudencialmente cuando la prueba de su importe exacto resulte demasiado difícil o costosa, para resarcir suficientemente a la víctima y restablecer a ésta, en la medida de lo posible, en la integridad de su situación anterior a la lesión, así como para contribuir a la finalidad de prevenir el daño" (art. 183.2 LRJS). Por tanto, la función de esta indemnización es triple: resarcitoria, restitutoria y preventiva.

En este escenario, la remisión al juez para la valoración del daño moral "vuela otro de los puentes que tradicionalmente alejan el ré-

---

1334 STS 19 de mayo 2020 (Rec. 2911/2017).

1335 STC 247/2006, de 24 de julio.

gimen resarcitorio laboral del modelo civil"[1336] y rompe uno de los "particularismos" del Derecho del Trabajo: la técnica de "tasación"[1337] o "tarificación" de las responsabilidades empresariales[1338].

La jurisprudencia respecto a la indemnización por daño moral en el contexto de vulneración de derechos fundamentales ha evolucionado en las últimas décadas en lo que la doctrina ha calificado como "viaje de ida y vuelta"[1339]. En un primer momento, el Tribunal Supremo[1340] se pronunció a favor de la automaticidad. Sin embargo, más adelante rectificó su jurisprudencia exigiendo que, "en primer lugar, el demandante alegue adecuadamente en su demanda las bases y elementos clave de la indemnización que reclama, que justifiquen suficientemente que la misma corresponde ser aplicada al supuesto concreto de que se trate, y dando las pertinentes razones que avalen y respalden dicha decisión; y en segundo lugar, que queden acreditados, cuando menos, indicios o puntos de apoyo suficientes en los que se pueda asentar una condena de tal clase"[1341].

Por consiguiente, el demandante debía alegar qué concretos daños y perjuicios se le han ocasionado, así como las circunstancias susceptibles de modular la cuantía de la indemnización, como la gravedad, la duración o los daños producidos. La doctrina proponía circunstancias tales como la afectación de otros derechos fundamentales, además de la huelga, el número de trabajadores perjudicados, la trascendencia de la huelga, el carácter público o privado del suje-

---

1336 MERCADER UGUINA, J. R., "Dereitos fundamentais, indemnización...", *op. cit.*, p. 15.

1337 *Ibidem*, p. 13.

1338 MOLINA NAVARRETE, C, *Indemnizaciones disuasorias, nueva garantía de efectividad de la tutela social: entre retórica judicial y prácticas innovadoras*, Albacete, Bomarzo, 2019, p. 11.

1339 MERCADER UGUINA, J. R., "Dereitos fundamentais, indemnización...", *op. cit.*, p. 25; MERCADER UGUINA, J. R., "La Ley de infracciones y sanciones como «baremo»: funciones y disfunciones en la determinación de los daños morales derivados de la vulneración de derechos fundamentales", *Trabajo y Derecho*, nº 112, 2024.

1340 STS de 9 de junio de 1993 (Rec. 3856/1992); STS 8 de mayo de 1995 (Rec. 1319/94).

1341 STS de 22 de julio de 1996 (Rec. 3780/1995); STS de 12 de mayo de 2010 (Rec. 2191/2009)

to infractor o incluso la actitud del empresario durante el concreto conflicto[1342].

En el contexto específico del esquirolaje tecnológico, se podría valorar el nivel de alteración del proceso productivo a través de la tecnología, así como la posible capacidad negociadora de la empresa sobre servicios mínimos y de seguridad y mantenimiento, y el rastro de visibilidad que la huelga haya conservado en atención a su seguimiento (si la empresa ha conseguido o no mantener la normalidad productiva, borrando todo rastro del conflicto)[1343].

Finalmente, el TS asume la idea de que toda vulneración de un derecho fundamental lleva inseparablemente unida la existencia de un daño moral que debe ser indemnizado sin necesidad de que se acredite un específico perjuicio, dado que este se presume. La jurisprudencia más reciente establece que "los daños morales resultan indisolublemente unidos a la vulneración del derecho fundamental y, al ser especialmente difícil su estimación detallada, deben flexibilizarse las exigencias normales para la determinación de la indemnización". De esta forma, "la indemnización de daños morales abre la vía a la posibilidad de que sea el órgano judicial el que establezca prudencialmente su cuantía, sin que pueda exigirse al reclamante la aportación de bases más exactas y precisas para su determinación"[1344].

Mercader apunta que "el retorno a la automaticidad quedó definitivamente certificado"[1345] con la aprobación de la Ley 15/2022, de 12 de julio, integral para la igualdad de trato y la no discriminación, que en su artículo 27 prevé que "la persona física o jurídica que cause discriminación por alguno de los motivos previstos en el apartado 1 del artículo 2 de esta ley reparará el daño causado proporcionando una indemnización y restituyendo a la víctima a la situación anterior al incidente discriminatorio, cuando sea posible. Acreditada la discriminación se presumirá la existencia de daño moral, que se valorará atendiendo a las circunstancias del caso, a la concurrencia o interacción de varias causas de discriminación previstas en la ley y a la

---

1342 VALLE MUÑOZ, F. A., *La sustitución de…*, *op. cit.*, p. 174.

1343 TASCÓN LÓPEZ, R., *El esquirolaje tecnológico*, *op. cit.*, p. 111.

1344 STS de 5 de octubre de 2017 (Rec. 2497/2015).

1345 MERCADER UGUINA, J. R., "Dereitos fundamentais, indemnización…", *op. cit.*, p. 31.

gravedad de la lesión efectivamente producida, para lo que se tendrá en cuenta, en su caso, la difusión o audiencia del medio a través del que se haya producido".

Una vez admitida la presunción del daño moral con ocasión de la vulneración de derechos fundamentales, surge la duda sobre cómo cuantificar este daño moral para fijar la correspondiente indemnización. A pesar de que la doctrina advierte de que estamos en un tiempo en el que el modelo de indemnizaciones tasadas se observa con desconfianza[1346], el criterio más extendido para cuantificar los daños morales derivados de la vulneración del derecho a la libertad sindical y de huelga, cuya validez ha sido ratificada por el Tribunal Constitucional[1347] y el Tribunal Supremo[1348], es utilizar el "baremo de la LISOS"[1349], esto es, tomar como referencia el criterio orientador de las sanciones pecuniarias previsto en la LISOS. Por ejemplo, en materia de esquirolaje se puede recurrir al art. 8.10 LISOS, que sanciona con entre 7.501€ y 225.018 € las infracciones muy graves.

Con todo, la doctrina judicial no ha sido unánime y algunos pronunciamientos rechazan este criterio porque "no estamos ante un sistema de indemnizaciones punitivas, de tipo anglosajón, sino puramente restauratorias del derecho o bien jurídico perdido"[1350] mientras otros tribunales destacan que la indemnización tiene "una función de compensación, amén de ser realmente *punitive damages* o daños punitivos"[1351]. La doctrina se refiere como "daños punitivos escondidos"[1352] a aquel supuesto en el que "no se reputa explícitamente el carácter punitivo de una parte de la indemnización pero esta se calcula más sobre la base del reproche de la conducta del

---

1346 *Ibidem*, p. 14.

1347 STC 247/2006, de 24 de julio.

1348 Entre otras, la STS de 5 de febrero de 2013 (Rec. 89/2012); STS de 11 de febrero de 2015 (Rec. 95/2014).

1349 MERCADER UGUINA, J. R., "Dereitos fundamentais, indemnización...", *op. cit.*, p. 34.

1350 STSJ de Castilla y León de 17 de julio de 2013 (Rec. 1143/2013).

1351 SSTSJ Andalucía, Sevilla, de 21 de diciembre de 2022 (Rec. 3857/2022); 18 de noviembre de 2021 (Rec. 3733/2021); entre otras muchas.

1352 MERCADER UGUINA, J. R., "Dereitos fundamentais, indemnización...", *op. cit.*, p. 42.

responsable que sobre la verdadera entidad del daño padecido por la víctima"[1353].

Algún pronunciamiento defiende que la "finalidad de prevenir el daño" conforme al art. 183.2 LRJS incluye "el componente indemnizatorio de daño punitivo"[1354]. En este caso, la indemnización monetaria no resarce a la víctima de los daños sufridos, sino que la compensa: "no nos encontramos ante una indemnización con la función clásica de resarcimiento patrimonial por equivalente, sino que debemos alterarla y concluir que la indemnización de daños y perjuicios, además de su función resarcitoria, también tiene una función compensatoria"[1355]. El daño es un hecho ya consumado y no es posible restablecer al titular en su derecho de huelga porque durante un determinado tiempo no habrá podido ejercerlo. Esta ilícita privación del ejercicio de un derecho fundamental debe ser compensada mediante una indemnización, como ocurre en todos los supuestos de daños morales que se caracterizan por ser irreparables *in natura* al recaer sobre derechos no patrimoniales.

En coherencia con esta función de compensación, "la indemnización no puede ser simbólica pues, precisamente debe cumplir con la finalidad de compensar al sujeto afectado por el sufrimiento causado; va dirigida a la protección del derecho lesionado a través de una medida de carácter satisfactorio"[1356]. Consideran que se trata de una "indemnización punitiva en base al principio de prevención".

En cualquier caso, el Tribunal Supremo ha destacado que, "con la utilización de los elementos que ofrece la cuantificación de las sanciones de la LISOS, no estamos haciendo una aplicación sistemática y directa de la misma, sino que nos ceñimos a la razonabilidad que algunas de esas cifras ofrecen para la solución del caso, atendida

---

1353 LLAMAS POMBO, E., "De nuevo sobre el llamado daño moral. Algunos apuntes para la reflexión", en SANTOS MORÓN, M. J., MERCADER UGUINA, J. R., DEL OLMO GARCÍA, P. (Dirs.): *Nuevos retos del Derecho de Daños en Iberoamérica*, Valencia, Tirant lo Blanch, 2020, p. 29.

1354 SSTSJ Cataluña de 14 de abril de 2022 (Rec. 7144/2021); de 20 de mayo de 2019 (Rec. 671/2019).

1355 SSTSJ Andalucía, Sevilla, de 21 de diciembre de 2022 (Rec. 3857/2022); 18 de noviembre de 2021 (Rec. 3733/2021); entre otras muchas.

1356 *Idem*.

a la gravedad de la vulneración del derecho fundamental"[1357]. Por tanto, las cuantías previstas en la LISOS han de aceptarse como válidas, "sin que sea aceptable rebajar el importe por debajo del referido baremo"[1358], operando como un "mínimo de derecho necesario"[1359].

De esta forma, la más reciente doctrina del TS se ha alejado del objetivo propiamente resarcitorio, para situarse en un plano que no descuida el aspecto preventivo que ha de corresponder a la indemnización por daño moral:

> "en multitud de ocasiones el recurso a la utilización de los elementos que ofrece la cuantificación de las sanciones de la LISOS no resulta, por sí mismo, suficiente para cumplir con relativa precisión la doble función de resarcir el daño y de servir de elemento disuasorio para impedir futuras vulneraciones del derecho fundamental. Ello es debido a que la horquilla de la cuantificación de las sanciones en la LISOS para un mismo tipo de falta (leve, grave, muy grave) resulta ser excesivamente amplia [...] Por ello, el recurso a las sanciones de la LISOS debe ir acompañado de una valoración de las circunstancias concurrentes en el caso concreto. Aspectos tales como la antigüedad del trabajador en la empresa, la persistencia temporal de la vulneración del derecho fundamental, la intensidad del quebrantamiento del derecho, las consecuencias que se provoquen en la situación personal o social del trabajador o del sujeto titular del derecho infringido, la posible reincidencia en conductas vulneradoras, el carácter pluriofensivo de la lesión, el contexto en el que se haya podido producir la conducta o una actitud tendente a impedir la defensa y protección del derecho transgredido, entre otros que puedan valorarse atendidas las circunstancias de cada caso, deben constituir elementos a tener en cuenta en orden a la cuantificación de la indemnización"[1360].

Específicamente, en materia de huelga, el Tribunal Supremo ha referido unos parámetros indemnizatorios en caso de vulneración de este derecho fundamental: "a) La gravedad de la conducta de las demandadas, consistente en la vulneración de los derechos de libertad sindical y de huelga de los trabajadores; b) La intensidad de

---

1357 STS de 20 de abril 2022 (Rec. 2391/2019).

1358 STS de 6 de junio de 2023 (Rec. 4538/2019).

1359 LOUSADA AROCHENA, J. F., "La cuantificación de la indemnización por vulneración de derechos fundamentales en el proceso laboral: la cuantía mínima del baremo LISOS como derecho necesario", *Revista de Jurisprudencia Laboral*, nº 6, 2023, p. 7.

1360 STS de 20 de abril 2022 (Rec. 2391/2019).

la misma, valorando la afectación a la producción; c) La reiteración de la conducta; d) El número de trabajadores afectados; e) El efecto que produjo que supuso que, posibilidad de ejercicio y visibilidad de la huelga; f) El descrédito y pérdida de confianza que ha originado en el sindicato convocante de la huelga"[1361]. En cuestiones de libertad sindical y huelga la pérdida de credibilidad del sindicato es un elemento clave.

En definitiva, debemos señalar que esta indemnización tiene una triple función prevista en la ley: por un lado, la función resarcitoria, es decir, busca reparar el daño causado; por otro, la restitutoria, esto es, busca restablecer a la víctima en la integridad de su situación anterior a la lesión; y, en último lugar, la función preventiva, que se traduce en disuadir posibles lesiones del derecho de huelga, así como la reincidencia en la lesión. Aquí surge un debate sobre si el aspecto preventivo incluye un elemento disuasorio que exija que la indemnización resulte ejemplarizante frente al infractor, pero también frente a terceros[1362].

En este escenario, la doctrina científica[1363] critica que los criterios judiciales que se están aplicando no garantizan ninguna de las funciones de esta indemnización. Respecto a la función reparadora, a la hora de cuantificar los daños no se toman en consideración la totalidad de los producidos ni todos los criterios de valoración aplicables (por ejemplo, la pérdida de oportunidad), no reparando la totalidad del daño. Respecto a la función ejemplarizante, las indemnizaciones que fijan los tribunales no aprecian incrementos sustanciosos que disuadan a las empresas frente a futuras conductas antisindicales.

Sin embargo, no es pacífico el papel ejemplarizante de las indemnizaciones por vulneración de derechos fundamentales. El efecto disuasorio real que persigue la indemnización por daños punitivos es una medida sancionadora que va más allá de la reparación íntegra de los perjuicios efectivamente sufridos. Desdentado advierte que "se confunde la función de reparación con la función represiva, abrien-

---

1361 STS de 11 febrero 2015 (Rec. 95/2014); seguida por la STS de 13 de abril de 2023 (Rec. 217/2021) y la STSJ Cataluña de 14 de abril de 2022 (Rec. 7144/2021), entre otras.

1362 SIRVENT HERNÁNDEZ, N., "La vulneración empresarial...", *op. cit.*, p. 173.

1363 *Ibidem*, p. 174; VALLE MUÑOZ, F. A., *La sustitución de...*, *op. cit.*, p. 183.

do la puerta de las indemnizaciones punitivas en concurrencia con el régimen de sanciones penales y administrativas, con el consiguiente riesgo de infracción del principio «*non bis in idem*»" y Mercader que "se transforma la lógica del juez en la del inspector de trabajo"[1364].

Está claro que la cuestión de la indemnización por vulneración de derechos fundamentales "no ha tenido la uniformidad que sería deseable"[1365] y que la "elaboración de criterios ha sido complicada, desordenada y caótica"[1366]. En un análisis cuantitativo de los criterios usados por el Tribunal Supremo y por la doctrina judicial con el objetivo de conocer qué parámetros de cálculo son los más usados por los tribunales, a cuáles le dan más importancia y cómo cuantifican concretamente cada uno de esos parámetros para determinar la indemnización de daños morales, Todolí concluye la insuficiencia de la motivación y una importante aleatoriedad en la cuantificación de la indemnización[1367].

En este escenario, el profesor Todolí propone una interesante fórmula de cálculo de la indemnización basada en los parámetros señalados por el Tribunal Supremo y la propia LISOS con la finalidad de objetivar el cálculo y reducir la inseguridad jurídica que puede servir para aumentar la predictibilidad de la indemnización y fundamentar las peticiones de una concreta indemnización por daños morales en la demanda. Su propuesta incluye un tope mínimo y máximo vinculado con la LISOS, una indemnización estándar de seis meses de salario, que se debe abonar por cada derecho fundamental vulnerado, y varios agravantes: de antigüedad para trabajadores con poca o mucha antigüedad; si no existe otra forma de reparación patrimonial; si la cifra de negocio de la empresa supera el millón de euros; si la lesión duró un periodo de tiempo; o si hay reiteración en la conducta de la empresa. Además, incluye la consecuencia de la conducta co-

---

1364 MERCADER UGUINA, J. R., "Dereitos fundamentais, indemnización...", *op. cit.*, p. 36; MERCADER UGUINA, J. R., "La Ley de infracciones...", *op. cit.*

1365 SSTS de 5 de octubre de 2017 (Rec. 2497/2015); de 19 de diciembre de 2017 (Rec. 624/2016).

1366 TODOLÍ SIGNES, A., "Criterios para el cálculo de la indemnización por vulneración de derechos fundamentales. Una revisión sistemática de sentencias y una propuesta de baremo", *LABOS Revista de Derecho del Trabajo y Protección Social*, vol. 5, nº 2, 2024, p. 55.

1367 *Ibidem*, pp. 77-78.

mo criterio modulador de la indemnización: si la consecuencia de la conducta ha sido inocua o casi inocua para la persona trabajadora, la indemnización se reducirá un 50% hasta el tope mínimo; mientras que si la consecuencia es grave o muy grave deberá incrementarse la indemnización un 100% o un 300%, respectivamente[1368].

3. LA SUSTITUCIÓN DE TRABAJADORES EN EL SENO DE PROCESOS DE DESCENTRALIZACIÓN PRODUCTIVA: EL ESQUIROLAJE ORGANIZATIVO

3.1. El esquirolaje organizativo: un concepto dúctil

Como ya se ha dicho, coloquialmente el esquirol es aquella persona que, o bien no se adhiere a una huelga, o bien se presta a ocupar el puesto dejado por un trabajador huelguista[1369]. En Derecho comparado se utiliza el concepto de 'rompehuelgas'. El legislador español no utiliza el término esquirolaje, pero prohíbe "sustituir a los huelguistas por trabajadores que no estuviesen vinculados a la empresa al tiempo de ser comunicada la misma" (art. 6.5 RDLRT). De esta forma, la concepción tradicional del esquirolaje exige que se realice una sustitución de carácter personal, esto es, contratando a trabajadores para reemplazar a los huelguistas o recurriendo al *ius variandi* para movilizar a trabajadores de la propia empresa, en lo que se conoce como esquirolaje externo e interno, respectivamente.

Hoy en día, el fenómeno de descentralización productiva ha incentivado prácticas lesivas del derecho fundamental de huelga por parte de otros sujetos que, aunque carecen formalmente del rol de empleador, no son completamente ajenos al marco de obligaciones que derivan de la relación laboral y pueden desarrollar una conducta que, de facto, lesione o deje sin efecto el ejercicio del derecho de huelga. En otras palabras, "la triangularidad en las relaciones contractuales termina generando otras triangularidades predicables, en

---

1368 *Ibidem*, pp. 81-83.

1369 REAL ACADEMIA ESPAÑOLA, *Diccionario de la lengua española*, 23.ª ed., [versión 23.6 en línea]. <https://dle.rae.es/esquirol> [20 de mayo, 2023].

este caso, respecto de los potenciales vulneradores —voluntarios o no— del derecho fundamental de huelga"[1370].

Precisamente, "la última fase de la reconstrucción jurisprudencial de la garantía de efectividad del derecho de huelga está representada por el alargamiento de su espacio natural de incidencia, marcado por el empresario que da empleo a los huelguistas y la organización productiva a él asociada, hacia aquellos con los que mantiene vínculos de cooperación de suficiente intensidad como para considerar que su actividad productiva constituye un componente de un proceso productivo integrado de mayor dimensión"[1371]. A su vez, este proceso no está exento de riesgos porque "las consecuencias de esta proyección de los efectos de la huelga más allá de su espacio natural de impacto, hacia empresarios distintos de aquel que da empleo a los huelguistas pueden ser exorbitantes en bastantes casos"[1372].

En este contexto, podemos definir el esquirolaje organizativo como las prácticas empresariales de reacción a una huelga, desarrolladas en el seno de procesos de descentralización productiva, que consisten en recurrir a fórmulas de subcontratación de toda o parte de su actividad productiva a otra empresa o en trasladar la producción a otras empresas del mismo grupo de empresas, lesionando la libertad sindical y el derecho de huelga. La idea del esquirolaje organizativo pivota sobre medidas antihuelga dirigidas al mantenimiento de la producción en estructuras empresariales complejas, triangulares o reticulares.

Aquí surgen dudas sobre la incardinación de este fenómeno en la figura del esquirolaje porque no se produce una sustitución personal, o al menos, no se realiza de la forma tradicional, como tampoco ocurre en el llamado esquirolaje tecnológico[1373].

1370 GRAU PINEDA, C., "Sobre el impacto de la huelga en las contratas o del por qué la regulación española del derecho de huelga no responde a las necesidades de las relaciones laborales del siglo XXI", *Revista de Estudios Jurídico Laborales y de Seguridad Social (REJLSS),* nº 4, 2022, p. 214.

1371 SANGUINETI RAYMOND, W., "La tutela sustancial...", *op. cit.*, p. 28.

1372 SANGUINETI RAYMOND, W., "La garantía extracontractual del derecho de huelga una reconstrucción sistemática", *Revista de Derecho Social,* nº 90, 2020, p. 17.

1373 TASCÓN LÓPEZ, R., *El esquirolaje tecnológico, op. cit.*

También debemos destacar la pluralidad nominativa de este fenómeno que es muy reciente. No existe consenso en la doctrina sobre cómo denominar la sustitución de trabajadores huelguistas en el contexto de procesos de descentralización productiva. La doctrina ha optado por calificarlo como esquirolaje decidido por un tercero[1374], esquirolaje impropio o indirecto[1375], esquirolaje organizativo[1376], esquirolaje comercial o mercantil[1377], o, incluso, esquirolaje reticular, al producirse en el ámbito de las llamadas empresas en red[1378]. Se habla también de un modelo de "huelga triangular mercantil"[1379].

Esta nueva forma de esquirolaje organizativo, mercantil o comercial "se caracteriza por la proyección del derecho de huelga en empresarios ajenos al conflicto (terceros empresarios distintos del principal pero relacionados con éste a través de compromisos comerciales) y lo que se plantea es la licitud o no de las medidas que éstos pueden decidir para resistir a las consecuencias negativas que para ellos se derivan de la huelga en la empresa principal y a la inversa"[1380].

En este contexto, varios autores[1381] diferencian dos supuestos dentro del esquirolaje organizativo: la sustitución de huelguistas en el marco de un grupo de empresas y la sustitución de huelguistas en el marco de una contrata/subcontrata. En nuestra opinión, ambas son expresiones del mismo fenómeno, la reacción a las huelgas en el

---

1374 SANGUINETI RAYMOND, W., "El derecho de huelga en los grupos…", *op. cit.*

1375 MOLINA NAVARRETE, C., "Despido colectivo y derecho de huelga: la invención judicial del esquirolaje interno indirecto", *Revista de Trabajo y Seguridad Social CEF*, nº 388, 2015, p. 192.

1376 DESDENTADO BONETE, A., "Reflexiones sobre el caso Coca Cola Iberian Partners", en *Derecho de las Relaciones Laborales*, nº4, 2015, pp. 421-434.

1377 *Idem*; GRAU PINEDA, C., "A nuevos tiempos, nuevas amenazas sobre el derecho de huelga del absoluto desbordamiento de la prohibición de esquirolaje y del nuevo esquirolaje comercial o mercantil", *Estudios Latinoamericanos de Relaciones Laborales y Protección Social*, nº 5, 2018.

1378 GONZÁLEZ-POSADA MARTÍNEZ, E., "Despido colectivo en el grupo Coca Cola: grupo de empresas y vulneración del derecho de huelga", *Derecho de las Relaciones Laborales*, nº 4, 2015.

1379 LAHERA FORTEZA, J., "Hacia un nuevo modelo de huelga triangular mercantil (SSTS 3 de Octubre, Rec. 1147/2017 y Rec. 3365/2016)", *Revista Derecho de las Relaciones Laborales*, nº 3, 2019, pp. 307-311.

1380 GRAU PINEDA, C., *Los difusos contornos…*, *op. cit.*, p. 133.

1381 VALLE MUÑOZ, F. A., *La sustitución de…*, *op. cit.*, pp. 46 y ss.; GRAU PINEDA, C., *Los difusos contornos…*, *op. cit.*, pp. 141 y ss.

seno de estructuras empresariales complejas. Por ello, optamos por un enfoque cronológico en este estudio. La clave será el concepto de "especial vinculación" empresarial desarrollado por el Tribunal Supremo.

A priori, podemos ordenar varias modalidades de esquirolaje organizativo. Por un lado, debemos precisar que cabe recurrir legítimamente a la descentralización productiva durante una huelga ante un incumplimiento de los servicios mínimos, o de los servicios de seguridad y mantenimiento, o ante una huelga ilícita. Básicamente los supuestos del esquirolaje lícito o permitido[1382]. Por otro lado, hay casos en los que la contrata se celebra con el único propósito de eludir los efectos de la huelga convocada en la empresa principal. Tanto el inicio del conflicto como la convocatoria de huelga coincidirían pues con la suscripción de la contrata. Por ello, algún autor[1383] ha estudiado el esquirolaje organizativo como una modalidad de esquirolaje externo indirecto o impropio, porque se asemeja al recurso a las ETT, que está expresamente prohibido.

Existe una "zona gris", intermedia entre los dos extremos anteriores, donde podemos distinguir dos supuestos, en función de si huelga se desarrolla en la empresa principal o en la empresa contratista. En el primer caso, "la contrata no se celebra con el propósito de eludir los efectos de la huelga convocada, pero se manifiesta *a posteriori* un conflicto colectivo que deriva en huelga en la empresa principal y ésta aprovecha para sustituir trabajadores huelguistas con personal de la contrata"[1384]. En el segundo, la contrata tampoco se celebra con el propósito de anular el impacto de la huelga, sin embargo, "se manifiesta *a posteriori* un conflicto colectivo que deriva en huelga en la empresa contratista y que, ante la imposibilidad de poder cumplir con los compromisos pactados, comunica tal circunstancia a la principal que procede a la revocación de la contrata por incumplimiento contractual"[1385]. En este supuesto, la empresa principal podría asumir la carga de trabajo reducida por la huelga con sus propios trabajadores o celebrar un nuevo contrato mercantil para

---

1382 V. *supra* 2.3.

1383 VALLE MUÑOZ, F. A., *La sustitución de...*, *op. cit.*, pp. 46 y ss.

1384 GRAU PINEDA, C., "Sobre el impacto de la huelga...", *op. cit.*, p. 216.

1385 *Ibidem*, p. 217.

que los trabajadores de otra empresa sustituyeran a los huelguistas, vulnerando su derecho de huelga.

Respecto a los grupos de empresa, existen dos prácticas típicas de esquirolaje: "cuando las empresas del grupo asumen con sus propios trabajadores parte o la totalidad del trabajo que habitualmente realiza una de ellas y cuyos trabajadores se han declarado en huelga; y cuando la empresa cuyos trabajadores se han declarado en huelga, subcontrata con otras empresas externas al grupo, parte o totalidad de su actividad productiva"[1386]. El primer supuesto sería la sentencia del caso *Coca Cola* y el segundo la de *Pressprint*, que analizaremos en profundidad más adelante.

En este escenario, tanto la doctrina como la jurisprudencia han recurrido a una concepción dúctil del esquirolaje, que permite interpretar el derecho de huelga reconocido en el art. 28.2 de la Constitución Española de acuerdo con los cambios tanto en el modelo productivo y tecnológico como en las formas empresariales de reacción al paro. Es dúctil aquello maleable, aquello que es capaz de cambiar y transformar su forma por presión sin llegar a romperse. En este caso, estamos ante el fenómeno de la "elasticidad de la prohibición de esquirolaje"[1387].

La ausencia de una ley que desarrolle el derecho fundamental de huelga y permita su adaptación a las realidades propias de la tercera década del siglo XXI exige un esfuerzo interpretativo que ensanche las concepciones tradicionales de la huelga. Si algo ha demostrado la Constitución Española es una solidez que posibilita que una redacción de 1978 pueda interpretarse de acuerdo con los cánones sociales y culturales del presente y con la mirada puesta en el futuro. En este sentido, el TC ha afirmado que "la Constitución es un árbol vivo que a través de una interpretación evolutiva se acomoda a las realidades de la vida moderna como medio para asegurar su propia relevancia y legitimidad". En caso contrario, se corre el riesgo de convertirla en "letra muerta"[1388].

1386 VALLE MUÑOZ, F. A., *La sustitución de…*, *op. cit.*, pp. 58-59.

1387 DESDENTADO BONETE, A., "Reflexiones sobre el caso Coca Cola…", *op. cit.*, p. 429.

1388 SSTC 198/2012, de 6 de noviembre; 19/2023, de 22 de marzo; 44/2023, de 9 de mayo.

3.2. Los cinco escalones hasta la prohibición del esquirolaje organizativo

La huelga, tal y como la entendemos hoy, es el resultado de varias décadas de doctrina constitucional que Sanguineti Raymond[1389] representa como cinco grandes pasos o escalones en la construcción jurisprudencial de un concepto fuerte o instrumental del derecho de huelga.

En primer lugar, la STC 11/1981, de 8 de abril, supuso el reconocimiento del carácter instrumental del derecho de huelga y su aptitud para limitar otros derechos del empresario. Más adelante, la STC 123/1992, de 28 de septiembre, afirma el "deber del empresario de soportar, tolerar o no neutralizar los efectos del ejercicio del derecho de huelga" junto con la capacidad de la huelga de "anestesiar, paralizar o mantener en una vida vegetativa, latente, otros derechos que en situaciones de normalidad pueden y deben desplegar toda su capacidad potencial"[1390], refiriéndose a la potestad directiva del empresario, que es una manifestación del derecho a la libertad de empresa. También se pronuncia en este sentido la STC 33/2011, de 28 de abril.

El tercer escalón, que cierra lo que Sanguineti Raymond[1391] denomina anillo interior de protección del derecho de huelga, lo conforman las sentencias del Tribunal Supremo de 25 de enero de 2010 y 5 de diciembre de 2012, que analizan lo que la doctrina ha denominado, no sin cierto debate, esquirolaje organizativo y tecnológico, respectivamente. Este anillo interior supone que la jurisprudencia ha extendido "el ámbito objetivo de protección del derecho de huelga, pero manteniéndolo dentro de los contornos de la relación trabajador-empresario desde el punto de vista subjetivo"[1392].

[1389] SANGUINETI RAYMOND, W., "El derecho de huelga en los grupos y redes empresariales: la construcción de la doctrina del Tribunal Supremo", *Trabajo y Derecho*, nº 49, 2019.

[1390] STC 123/1992, de 28 de septiembre.

[1391] SANGUINETI RAYMOND, W., "El derecho de huelga...", *op. cit.*

[1392] *Idem.*

El anillo exterior, de nuevo siguiendo a Sanguineti Raymond[1393], rompe con la consideración de que los empresarios que mantienen vínculos societarios y/o contractuales con el destinatario original de la huelga son terceros, a los que los que "no deben imponerse más gravámenes o molestias que los necesarios", en los términos de la STC 11/1981. De esta forma, el anillo interior afecta al empresario frente al cual se ejerce el derecho de huelga mientras que el anillo externo está integrado por aquellos otros que mantienen con él relaciones de cooperación relevantes[1394].

Así, el Tribunal Constitucional sube el cuarto escalón cuando sentencia proyectar la tutela del derecho de huelga hacia el empresario principal en los procesos de subcontratación a través de la STC 75/2010, de 19 de octubre, ante la amenaza de la "práctica eliminación del derecho de huelga en el ámbito de estas relaciones"[1395].

Finalmente, el Tribunal Supremo cierra el anillo exterior y sube el quinto y último peldaño de esta escalera de protección del derecho de huelga del profesor Sanguineti Raymond[1396]. Así, se proyecta el deber de soportar o no neutralizar los efectos del ejercicio del derecho de huelga hacia las fórmulas de cooperación interempresarial en las sentencias de 11 de febrero y 20 de abril de 2015, y más recientemente, de 3 de octubre de 2018 y 8 de noviembre de 2023, en sentido positivo; junto con la sentencia de 16 de noviembre de 2016, en sentido negativo.

3.3. Evolución jurisprudencial del esquirolaje organizativo

A continuación, se realizará un repaso de la jurisprudencia que ha estudiado específicamente casos que cimientan la construcción del concepto doctrinal de esquirolaje organizativo.

1393 *Idem.*

1394 SANGUINETI RAYMOND, W., "La tutela sustancial del derecho de huelga en las estructuras empresariales complejas", *Revista de Derecho Social*, nº 74, 2016, p. 14.

1395 STC 75/2010, de 19 de octubre.

1396 SANGUINETI RAYMOND, W., "El derecho de huelga...", *op. cit.*

3.3.1. Caso Samoa

Como se explicaba más arriba, el Tribunal Constitucional subió el cuarto escalón de protección del derecho de huelga cuando proyectó su tutela hacia el empresario principal en los procesos de subcontratación en la STC 75/2010, de 19 de octubre (y posteriores sentencias), ante la amenaza de la "práctica eliminación del derecho de huelga en el ámbito de estas relaciones"[1397]. De esta forma, el Tribunal Constitucional rompe la tradicional consideración de la huelga como una consecuencia derivada del contrato de trabajo y que sólo afecta a las partes contratantes, proyectando los efectos de la huelga en terceros, en principio ajenos a la relación laboral donde surge el conflicto, pero vinculados por relaciones mercantiles con el empresario. Así, deja atrás su afirmación de que a los terceros "no deben imponerse más gravámenes o molestias que aquéllos que sean necesarios"[1398].

De hecho, tradicionalmente, las peticiones de los huelguistas se dirigen al empresario, pero en los procesos de subcontratación las demandas de los trabajadores también afectan, o incluso interpelan directamente, al empresario principal del proceso de subcontratación. Por ello, el TC realiza una necesaria y progresista interpretación del derecho de huelga y de los límites de la conducta del empresario.

El conocido como caso Samoa[1399] resuelve un conflicto protagonizado por Unigel S.L. y Samoa S.A., dos empresas vinculadas por un contrato de arrendamiento de servicios, por el cual la primera destinaba a un total de 24 trabajadores para que prestasen sus servicios en el centro de trabajo de la segunda. Los trabajadores de Unigel convocaron una huelga como instrumento de presión para conseguir equiparar su salario al de los trabajadores de Samoa, donde venían prestando sus servicios. El éxito de la huelga obliga a que la empresa Unigel solicite de Samoa un incremento en el precio de los servicios contratados. Para evitar un aumento del coste de los servicios que le prestaba Unigel, Samoa decidió resolver la contrata con Unigel y, como consecuencia de tal rescisión, la empresa Unigel comunicó a

[1397] STC 75/2010, de 19 de octubre.

[1398] STC 11/1981, de 8 de abril.

[1399] STC 75/2010, de 19 de octubre.

sus trabajadores la extinción del contrato de trabajo dado el fin de la contrata.

El TC concluye en su sentencia que el despido ha sido consecuencia del legítimo ejercicio del derecho de huelga por parte de los trabajadores, reconociendo a su vez que este despido se ha ocasionado, no tanto por la actitud del titular de la relación laboral, sino por la del receptor de dicho trabajo, con el cual los trabajadores no mantenían ninguna relación contractual. En definitiva, se trata de determinar si "las garantías que la Constitución ofrece a los trabajadores en el ejercicio de sus derechos fundamentales se mantienen o desaparecen en los supuestos de subcontratación laboral"[1400].

La solución otorgada por el TC, sostenida por la mayoría de 6 magistrados frente a 5 discrepantes, parte del reconocimiento de "la fragmentación de la posición empresarial en la relación de trabajo en dos sujetos", en primer lugar, "el que asume la posición de empresario directo del trabajador, contratando con éste la prestación de sus servicios" y, en segundo lugar, "el que efectivamente recibe éstos, de una manera mediata y merced a un contrato mercantil", lo que el propio tribunal califica como la "esencia misma de los procesos de subcontratación". Y continúa el TC diciendo que, si en la práctica "no pudiese otorgarse tutela jurisdiccional ante vulneraciones de derechos fundamentales en supuestos como éste, se originaría una gravísima limitación de las garantías de los derechos fundamentales de los trabajadores en el marco de procesos de descentralización empresarial, cuando no directamente a su completa eliminación, lo que resulta constitucionalmente inaceptable"[1401].

A pesar de que la interpretación de los órganos jurisdiccionales de instancia fue estrictamente literal de la legislación ordinaria[1402], que únicamente establece que la empresa principal asuma la responsabilidad patrimonial solidaria por deudas salariales y de seguridad social de la contratista (art. 42 ET), el TC establece en su sentencia

---

1400 ESCRIBANO GUTIÉRREZ, J., "El derecho de huelga en el marco de la descentralización empresarial", *Temas Laborales*, nº 110, 2011, p. 205.

1401 STC 75/2010, de 19 de octubre.

1402 FERNÁNDEZ LÓPEZ, M. F., "Derechos fundamentales del trabajador en empresas complejas: ahora el derecho de huelga", *Revista de Derecho Social*, nº 52, 2010.

que “cuando de la tutela de los derechos fundamentales se trata, este Tribunal ha de garantizar dicha tutela sin que puedan existir espacios inmunes a la vigencia de los derechos fundamentales”. De este modo, “no sería admisible que en los procesos de descentralización productiva los trabajadores carecieran de los instrumentos de garantía y tutela de sus derechos fundamentales con que cuentan en los supuestos de actividad no descentralizada, ante actuaciones empresariales lesivas de los mismos”[1403].

Esta asunción por el TC de funciones propias del legislador ha sido una de las críticas realizadas en los votos particulares, en la medida en que no existe en nuestro ordenamiento jurídico vía hábil para extender en este supuesto la responsabilidad del contratista al empresario principal, así como la problemática ejecución de la sentencia, que el TC resuelve trasladando su ejecución al juez *a quo*. El primer voto particular critica que “resulta claro que el esfuerzo argumental […] para garantizar la tutela de los derechos fundamentales de los trabajadores en esas situaciones de subcontratas de servicios, tanto respecto del empresario principal, como del contratista, supone una creación del ordenamiento jurídico de esas situaciones al margen del ordenamiento vigente, cuya constitucionalidad no se pone en cuestión. Lo que cuenta ‘para el legislador’, por lo visto no debe contar para este Tribunal”[1404].

No obstante estas críticas, la decisión mayoritaria del Tribunal tuvo un carácter progresista y una óptica expansiva del derecho de huelga, sentando una doctrina que extiende la tutela del derecho fundamental de huelga a la empresa principal participante de estas relaciones triangulares, y conformando así el *círculo exterior* de protección del derecho de huelga.

3.3.2. Caso Pressprint

Después de décadas rechazando extender la protección del derecho de huelga a los terceros ajenos a la relación laboral, el Tribunal

---

1403 STC 75/2010, de 19 de octubre.

1404 STC 75/2010, de 19 de octubre. Voto particular que formula el Magistrado don Guillermo Jiménez Sánchez, al que se adhieren los Magistrados don Jorge Rodríguez-Zapata Pérez y don Ramón Rodríguez Arribas.

Supremo asume como propia la doctrina de la STC 75/2010 y posteriores en su primera sentencia donde estudia el fenómeno de la huelga en el seno de los grupos de empresa. La STS de 11 de febrero de 2015 (Rec. 95/2014), conocida como caso Pressprint o Grupo Prisa, revoca la SAN 153/2013, de 29 de julio, e interpreta de forma expansiva la prohibición de esquirolaje[1405].

El supuesto de hecho de este asunto es la descentralización productiva efectuada en el Diario El País S.L. Así, Pressprint S.L. es una mercantil que opera como entidad independiente, pero participada al 100% por Diario El País e integrada a su vez en Grupo Prisa, siendo la encargada de imprimir los periódicos propiedad de Grupo Prisa (los diarios El País, AS y Cinco Días, entre otros). De este modo, el Diario El País S.L. está constituida como una mercantil carente de actividad y sin ningún trabajador en su plantilla, controlando a varias sociedades del Grupo PRISA, entre las que se encuentra Pressprint: "la relación de Diario El País con esas otras empresas del grupo constituye un supuesto de *externalización total*, en el sentido de que Diario El País lleva a cabo su actividad como 'empresario mercantil' sin ser 'empresario laboral', pues toda su actividad se desarrolla a través de distintos contratos mercantiles con empresas que, a su vez, controla"[1406].

A consecuencia de la tramitación de un despido colectivo, los trabajadores de Pressprint convocaron una huelga durante varios días en diciembre de 2012 con el objetivo de paralizar la impresión y posterior comercialización de los periódicos anteriormente citados. Sin embargo, estos periódicos se imprimieron y se distribuyeron en el mercado con normalidad, ya que Grupo Prisa recurrió a empresas externas al grupo a las que contrató para la actividad de impresión dejada de realizar por Pressprint como consecuencia de la huelga. La representación de los trabajadores presentó una denuncia ante la

---

1405 GOERLICH PESET, J. M., "Ejercicio del derecho de huelga en el contexto de la descentralización productiva", en AAVV. *Descentralización productiva, nuevas formas de trabajo y organización empresarial*, Madrid, ed. Cinca, 2018, pp. 175-201.

1406 BASTERRA HERNÁNDEZ, M. "El derecho a la huelga y la garantía de indemnidad del trabajador frente a la empresa principal de una contrata: entre el Tribunal Constitucional y la anomia", *Revista Internacional y Comparada de Relaciones Laborales y Derecho del Empleo*, vol. 6, núm. 2, 2018, p. 210.

Inspección de Trabajo, que levantó acta de infracción, y una demanda por vulneración del derecho de huelga.

La sentencia del TS asume la doctrina Samoa elaborada por el TC en su sentencia 75/2010, de 19 de octubre, y concluye que "la conducta de las empresas editoras demandadas ha vulnerado los derechos de libertad sindical y de huelga de los trabajadores de Pressprint"[1407]. Aunque dichas entidades mercantiles no mantienen relación laboral directa con los trabajadores huelguistas, "la actuación de dichas empresas, consistente en contratar con las empresas IMPRINTSA, INDUGRAF, BEPSA, PRINTOLID, E IMPRENTA NORTE la impresión de sus publicaciones durante los días en que los trabajadores de Pressprint estuvieron de huelga, ha incidido seriamente en los efectos y repercusión de la huelga"[1408].

De hecho, el Tribunal Supremo hace hincapié en la repercusión social de la huelga, que es una cuestión especialmente relevante cuando la huelga se produce en un sector como el de los medios de comunicación: "A pesar de la huelga, durante dichos días los diarios salieron con normalidad, provocando la contratación de otras empresas para la impresión de los diarios un vaciamiento del contenido del derecho de huelga, o una aminoración de la presión asociada a su ejercicio". Por tanto, "ninguna duda cabe de que el hecho de la normal aparición durante los días de huelga de los diarios editados por las demandadas priva de repercusión apreciable a la huelga, arrebatándole su finalidad de medio de presión y de exteriorización de los efectos de la huelga al presentar una apariencia de normalidad contraria al derecho de huelga. En efecto, además de ser un medio de presión de los trabajadores para la defensa de sus intereses legítimos, la huelga tiene una vertiente externa, a saber, la de exteriorización de los efectos que produce, haciendo visible a los ciudadanos la perturbación que provoca"[1409].

Además, el Tribunal Supremo valora la intensidad en la relación entre las empresas, que no se reduce a lo meramente mercantil, en la medida en que se integran en un mismo grupo de empresas, el Gru-

---

[1407] STS de 11 de febrero de 2015 (Rec. 95/2014).

[1408] *Idem.*

[1409] *Idem.*

po Prisa. Precisamente recuerda que "en tiempos no muy lejanos, las empresas demandadas no constituían empresas independientes con personalidad jurídica propia y distinta de las demás, sino una sola empresa 'DIARIO EL PAÍS SL', que llevaba a cabo la edición y explotación del Diario El País, así como la prestación de servicios auxiliares de Internet y prensa, la impresión de periódicos y su comercialización publicitaria"[1410].

También recuerda que ambas empresas conformaban una única persona jurídica ya que "el nacimiento de EDICIONES EL PAÍS SL y PRESSPRINT SL obedecen a un fenómeno de descentralización o externalización productiva, la realización por PRESSPRINT SL de la impresión de los periódicos no es sino la ejecución de parte del ciclo productivo de las empresas editoras, ahora externalizado"[1411].

De esta forma, el Tribunal Supremo sienta la doctrina sobre la especial vinculación entre la empresa contratista y la empresa principal para extender la tutela del derecho de huelga en el seno de los fenómenos de descentralización productiva cuando afirma que existe "una especial vinculación entre los trabajadores huelguistas que prestan sus servicios en la empresa contratista [...] y las empresas principales [...] ya que están vinculados directamente a la actividad productiva de dichas empresas por ser las destinatarias últimas de su actividad laboral. Por dicho motivo la efectividad de sus derechos fundamentales, entre ellos el derecho de huelga, puede verse afectado por la actuación de los empresarios principales". De esta forma, los trabajadores "habrán de ser protegidos frente a estas posibles actuaciones vulneradoras del derecho de huelga, ya que en caso contrario se produciría una situación de desamparo de los trabajadores"[1412].

En contra de la postura adoptada por el Tribunal Supremo, avalada por la doctrina progresista, algunos autores critican la extensión del deber de soportar la huelga a terceros, que se ven privados de adoptar medidas para reducir los efectos nocivos de la huelga en su esfera patrimonial, pudiendo "«desarmar» de forma completa al em-

---

1410 *Idem.*

1411 *Idem.*

1412 *Idem.*

presario, impidiéndole incluso reacciones legítimas de defensa de su organización productiva"[1413].

En definitiva, la novedad de esta jurisprudencia es que contempla la proyección de la funcionalidad y extensión del derecho de huelga en términos de ciclo productivo y no de sujeto empleador, determinando a partir de ello la existencia o no de una conexión funcional entre los procesos productivos de las organizaciones implicadas, y a su vez, si tal conexión puede detectarse de suficiente intensidad como para justificarla[1414].

3.3.3. Caso Coca-Cola

El Tribunal Supremo confirma la doctrina de la especial vinculación en su sentencia de 20 de abril de 2015 (Rec. 354/2014), en la que concluye que Coca-Cola Iberian Partners (CCIP) lesionó el derecho de huelga de los trabajadores de su planta en Fuenlabrada.

El supuesto de hecho del caso Coca-Cola se produce durante la negociación de un despido colectivo. En este contexto, los trabajadores de algunas plantas embotelladoras de CCIP se declararon en huelga, por lo que CCIP se valió de otras empresas del mismo grupo para suplir la falta de producción de los trabajadores en huelga.

Así, se produjo una vulneración del derecho de huelga que "incidió de manera directa y frontal en el proceso de negociación del despido colectivo, hasta el punto de que la minimización o eliminación de los efectos nocivos que el desabastecimiento de productos había de producir con ocasión de esa huelga privó a su vez de cualquier eficacia o fuerza a la posición que en la mesa pudieran tener los representantes de los trabajadores durante el periodo de consultas"[1415]. Por tanto, se quiebra el equilibrio en la negociación del periodo de consultas, privando a los trabajadores que los efectos de la huelga pudieran tener en ese proceso.

1413 DESDENTADO BONETE, "¿Una nueva dimensión del derecho de huelga? Más allá de la existencia de una lesión imputable y más allá del grupo de empresas. El caso Pressprint", *Revista de Jurisprudencia Lefebvre El Derecho*, nº 2, 2016.

1414 SANGUINETI RAYMOND, W. "El derecho de huelga en la encrucijada…" *op. cit.*, p. 15.

1415 *Idem.*

De esta forma, la vulneración del derecho de huelga se produjo a través de la "indirecta modalidad de utilización del trabajo de otros empleados para suplir la ausencia de producción en la embotelladora en huelga. Desde la perspectiva que rige en toda la tramitación del despido colectivo, esa conducta sería imputable al grupo laboral CCIP constituido por los demandados en este proceso, y desde luego con ella se intentó eliminar, minimizar o paliar el efecto de la huelga, lo que constituye, como se ha dicho una vulneración de ese derecho constitucional"[1416]. Con esta sentencia, el TS casa y anula el fallo de la SAN de 12 de junio de 2014, confirmando la nulidad del ERE decretado por CCIP, y que afectaba a 1.190 trabajadores, por vulneración del derecho de huelga durante el período de consultas.

No obstante, este pronunciamiento cuenta con la discrepancia de cuatro magistrados, que defienden en su voto particular, que la doctrina ha calificado como "preocupante"[1417], que "esa violación del derecho de huelga no existió y no pudo fundar la declaración de nulidad, máxime cuando no fue la causa del despido colectivo, pues la norma solo impone la nulidad cuando el despido viola el derecho fundamental y no cuando esa violación se ha producido en momentos anteriores", criticando la incoherencia y las contradicciones internas de la sentencia. También se considera que la sentencia es "constitucionalmente desproporcionada y conduce a situaciones ilógicas que suponen la violación del principio de igualdad de partes en la negociación y a que se discrimine de forma peyorativa a una de ellas"[1418].

También una parte de la doctrina ha criticado la argumentación de la mayoría de la Sala de lo Social del Tribunal Supremo, advirtien-

---

1416 STS de 20 de abril de 2015 (Rec. 354/2014).

1417 ROJO TORRECILLA, E., "Despidos colectivos. Coca Cola Iberian Partners ante el Tribunal Supremo. Vulneración del derecho de huelga. Obligatoriedad de consignación de salarios para recurrir un despido nulo. Notas a la sentencia de 20 de abril (y recordatorio de la importante sentencia de la AN de 12 de junio de 2014) (y II)", *El Blog de Eduardo Rojo*, 19 de mayo de 2015. Disponible en: http://zip.lu/JYpY

1418 STS de 20 de abril de 2015 (Rec. 354/2014). Voto particular que formulan los Magistrados D. José Manuel López García de la Serrana y D. José Luis Gilolmo López, y al que se adhieren los Magistrados Doña María Milagros Calvo Ibarlucea y D. Jesús Souto Prieto.

do que no estamos ante un supuesto de esquirolaje, ya que "la esencia del esquirolaje es, o más bien era, la sustitución de los huelguistas, pues esa vía de protección del derecho de huelga no puede consistir en que el empresario no pueda realizar las actividades productivas y de otra índole que no estén afectadas por la huelga"[1419]. Siguiendo con este razonamiento, lo que existe en este caso es una simple "realización del suministro a los clientes desde otros lugares" sin alterarse los niveles de producción y, por consiguiente, sin sustituirse a los trabajadores por otros o por máquinas.

Sin embargo, esta tesis parte de un concepto del derecho de huelga claramente restrictivo, que ignora la doctrina más flexible y progresista sobre la prohibición del esquirolaje (por ejemplo, la STC 123/1992) que hasta ahora han venido consolidando el TC y el TS. Esta postura se inspira en un principio de igualdad de armas que no existe en nuestro ordenamiento. Además, se ignora completamente el componente social de la huelga y la necesidad de cierta eficacia de la misma como única forma de garantizar la efectividad de este derecho fundamental.

Precisamente sobre el componente social de la huelga escribe el abogado de CCOO que defendió a los trabajadores cuando afirma que: "el protagonismo de los trabajadores de Fuenlabrada secundando masivamente la huelga y toda la movilización inherente a la misma ha sido el factor decisión en la declaración de nulidad del despido colectivo que afecta a ellos y a otros de otras embotelladoras"[1420]. Se refiere a la movilización en torno al colectivo de trabajadores despedidos y sus familias, denominado "Coca-Cola en lucha".

Por ello, es importante defender una interpretación finalista y garantista de los derechos de los trabajadores en el marco del periodo de consultas de un despido colectivo: "una interpretación que no sólo se ajusta al texto frío de la norma, la celebración del período de consultas, sino también, y es importante destacarlo, a la finalidad que

---

[1419] DESDENTADO BONETE, A., "Reflexiones sobre el caso Coca Cola Iberian Partners", *Derecho de las Relaciones Laborales*, nº4, 2015, pp. 421-434.

[1420] LILLO, E., "Sobre la sentencia del Tribunal Supremo sobre el asunto Coca Cola", *Blog de José Luis López Bulla*, 15 de mayo de 2015. Disponible en: http://zip.lu/JYpA

la normativa le otorga"[1421]. Y es que si se priva a los trabajadores de la huelga como instrumento de presión, permitiendo al empresario mantener inalterada la producción recurriendo a otras fábricas del grupo, se quiebra cualquier equilibrio en la negociación en favor de la empresa.

3.3.4. Caso Altrad

El siguiente escalón en la construcción de la doctrina jurisprudencial en materia de huelgas en el seno de procesos de descentralización productiva fue la STS de 16 de noviembre de 2016 (Rec. 59/2016). Aunque, en principio, pudiera parecer un paso atrás en la tutela del derecho de huelga, porque estima que no se vulneró el derecho de los huelguistas, en realidad, consolida la doctrina de los casos anteriores. Simplemente, considera que es inaplicable a este supuesto concreto.

En esta ocasión, el Tribunal Supremo enmendó a la Audiencia Nacional (SAN 30 de noviembre de 2015, Rec. 278/15) al rechazar que se hubiese vulnerado el derecho de huelga, al contrario de lo que determinó la propia AN en su pronunciamiento previo sobre el caso, y ni tan siquiera hizo mención alguna a la doctrina establecida por el TC a partir de su sentencia 75/2010, algo que venían haciendo todas las sentencias en los supuestos de huelga en grupos de empresas.

En primer lugar, el Tribunal Supremo confirma la doctrina de la especial vinculación construida en los anteriores casos de Pressprint y Coca-cola.

Así, los "actos vulneradores del derecho de huelga pueden ser realizados por terceros empresarios distintos del titular de la empresa o centro de trabajo en cuyo ámbito se produce la huelga, si tales empresarios tienen una especial vinculación aquel, como sucede en

---

[1421] ROJO TORRECILLA, E., "Despidos colectivos. Coca Cola Iberian Partners ante el Tribunal Supremo. Vulneración del derecho de huelga. Obligatoriedad de consignación de salarios para recurrir un despido nulo. Notas a la sentencia de 20 de abril (y recordatorio de la importante sentencia de la AN de 12 de junio de 2014) (I)", *El Blog de Eduardo Rojo*, 19 de mayo de 2015. Disponible en: https://zip.lu/JYpY

nuestro caso, en el que la demandada presta servicios para los mismos, y tal vulneración se produce mediante los actos del empresario principal que acude a contratar los servicios de una nueva empresa contratista para realizar los trabajos que debían ser desarrollados por los trabajadores que ejercen su derecho a la huelga". Además, "cuando la vulneración tiene como efecto, neutralizar el legítimo derecho a la huelga como medio de presión en la negociación propia de un periodo de consultas vicia la medida que se adopte de nulidad"[1422].

No obstante, el TS interpreta los hechos en sentido opuesto a la AN. Considera que, dada esa realidad fáctica, no puede aplicarse la doctrina establecida en las sentencias de Pressprint y Coca-Cola, "pues no existe una vinculación que justifique hacer responder a Altrad Rodisola de una conducta en la que no ha participado y en la que no ha podido intervenir para tomar la decisión. La condición de clientes de Dow y Basell tampoco determinan ninguna vinculación especial que pueda condicionar la decisión de dichas empresas clientes de contratar trabajos con otras empresas de la competencia durante la huelga y tampoco las referidas empresas clientes forman un grupo de empresas con Altrad"[1423].

Así, el TS concluye que "la actuación de la demandada Altrad consistió únicamente en comunicar a todos sus clientes que no podía realizar los trabajos comprometidos con ellas durante la realización de la huelga por sus trabajadores. No tiene vinculación con sus clientes que le permita codecidir con ellas la realización de esos trabajos por terceras empresas de la competencia, ni estaba en condiciones de impedir que sus clientes las contratasen con terceros, ni tampoco se benefició de ello, porque no realizó ni cobró tales trabajos, y sin que tampoco conste que hubiese colaborado en su realización [...], por lo que no puede imputarse a la demandada Altrad una conducta que haya impedido o disminuido los efectos de la huelga, o menoscabado la posición negociadora de los RLT"[1424].

Finalmente, el TS critica la argumentación de la Audiencia Nacional porque "la apreciación que hace la sentencia recurrida sobre

---

1422 STS de 16 de noviembre de 2016 (Rec. 59/2016).

1423 *Idem.*

1424 *Idem.*

la supuesta vinculación de Altrad con sus empresas clientes es tan amplia que conduciría a consecuencias totalmente exorbitantes respecto de una adecuada protección del derecho de huelga, pues si se impidiese a los destinatarios de los trabajos, que no lo tengan prohibido por contrato, contratar con otras, llegaríamos a sostener [...] que los consumidores habituales de un comercio no pudieran comprar en otro, en caso de huelga en el primero, o que, la empresa que tenga que realizar determinados trabajos no pudiera recurrir a otra empresa de servicios"[1425].

De este modo, la doctrina científica más crítica con las sentencias de Pressprint y Coca-Cola defiende que, con esta sentencia, la huelga vuelve al contrato laboral, siendo la huelga "un instrumento que se ejerce en el marco del contrato de trabajo como una medida de presión sobre el empresario", por lo que su "efecto lesivo no puede multiplicarse fuera del contrato de trabajo"[1426].

Por otro lado, otra parte de la doctrina científica defiende que la doctrina del TC debería haber prevalecido. Así, "de poco servirían las prohibiciones, garantías y tutelas establecidas en la legislación laboral en relación con las actuaciones empresariales lesivas del derecho de huelga si se admitiera que éstas alcancen únicamente al contratista, empresario directo en la relación laboral, y no al empresario principal, que es sobre quien habrán de recaer en última instancia los efectos económicos lesivos de la huelga y quien, por tanto, podrá estar igual o más interesado que el contratista en combatirla"[1427]. Una doctrina que esta sentencia ni siquiera menciona.

La doctrina progresista es especialmente dura, mostrando su "preocupación"[1428] por la sentencia y llegando a calificarla de 'despropósito': "admitir que una conducta tan grosera para desactivar

---

1425 *Idem.*

1426 DESDENTADO BONETE, A., "Ecos de Samoa: sobre la expansión del derecho de huelga fuera del contrato de trabajo. El caso Altrad", *Revista de información laboral*, nº 2, 2017, pp. 151-172.

1427 STC 75/2010, de 19 de octubre.

1428 ROJO TORRECILLA, E., "Conviene recordar que es mejor leer, analizar, estudiar, y en su caso criticar, una sentencia, que quedarse en los titulares periodísticos (y mucho más si eres jurista). Una nota a propósito de la sentencia del TS de 16 de noviembre de 2016 (caso Altrad Rodisola SAU)", *El Blog de Eduardo Rojo*, 21 de marzo de 2017. Disponible en: http://zip.lu/JYqa

una huelga, como el esquirolaje externo, sea realizada por la empresa principal, por la única razón de no ser la empleadora de su grupo empresarial es un auténtico despropósito, contrario a la doctrina del TC, que afecta al contenido esencial del derecho de huelga, privándola de toda efectividad"[1429].

Una postura doctrinal intermedia defiende la jurisprudencia del Tribunal Supremo en los asuntos de Pressprint y Coca-Cola, pero señala que en el conflicto con Altrad no se verificó el efecto neutralizador del esquirolaje sobre la huelga. Así, la actividad de Altrad quedó totalmente interrumpida, de modo que, a pesar del uso de terceros contratistas por parte de sus clientes, la huelga fue plenamente efectiva. De hecho, "si la huelga hubiera persistido en el tiempo, no es improbable que los clientes hubieran decidido extinguir sus respectivas contratas (en cuyo caso, si Altrad se viera forzada a despedir a parte de su plantilla por este motivo es claro que la doctrina de la STC 75/2010 sería plenamente aplicable)"[1430].

3.3.5. Caso Indra y Vodafone

El denominado caso Indra y Vodafone, analizado en la STS de 13 de julio de 2017 (Rec. 25/2017), es un asunto complejo que, en realidad, entremezcla el esquirolaje organizativo y el tecnológico. Indra, una empresa que presta diversos servicios tanto al sector público como al privado, suscribió con ONO (actualmente absorbida por Vodafone) un contrato de prestación de servicios telefónicos para atención a clientes y resolución de averías. Vodafone también tiene suscritos contratos similares con otras empresas auxiliares, distribuyendo entre ellas las necesidades mediante una aplicación informática. Desde enero de 2016, Vodafone disminuyó el caudal de servicios requeridos a Indra, basándose en la escasa calidad de los prestados. Durante los siguientes meses, Vodafone comunicó a Indra la extinción de tres contratos mercantiles de prestación de servicios e Indra

---

1429 PRECIADO DOMÈNECH, C. H., "Huelgas y subcontratas. El caso Altrad Rodisola", *rojoynegro.info*, 15 de marzo de 2017. Disponible en: https://bit.ly/3po8HWf

1430 BELTRÁN DE HEREDIA, I., "Huelga, contratas y esquirolaje externo: caso Altrad", *Una mirada crítica a las relaciones laborales*, 15 de marzo de 2017. Disponible en: http://zip.lu/JYow

extinguió tres bloques de contratos de trabajo para obra o servicio determinados (34 en febrero, 38 en mayo y 72 en junio). Finalmente, el 31 de mayo de 2016 CCOO convocó una huelga tendente a evitar el despido colectivo, extendiéndose durante numerosos días de junio y julio, tanto en el centro de trabajo de Madrid cuanto en los otros afectados por el despido colectivo. El 9 de junio de 2016 Indra inició un procedimiento de despido colectivo como consecuencia de haber perdido varios contratos de prestación de servicios, llegando a un acuerdo con los representantes de los trabajadores[1431].

En este contexto, se discute si vulneró el derecho de huelga un sistema automático de Vodafone que, a través de un algoritmo, distribuye las llamadas entre distintas contratistas en función de la carga de trabajo, establecido de manera general en respuesta a los picos de demanda y que operaba con carácter previo a la huelga en Indra.

La sentencia recurrida de la Audiencia Nacional[1432] declaró ajustado a Derecho el despido y desestimó su nulidad por vulneración del derecho de huelga porque las empresas clientes venían reduciendo progresivamente los servicios de la empresa desde el mes de enero con base en la pérdida de calidad del servicio y porque la reducción producida no fue relevante. Por su parte, el TS[1433] señala que ni queda acreditado que las empresas activasen estrategia o tecnología específica para boicotear la huelga, ni resulta viable la comparación con supuestos de esquirolaje organizativo en los grupos empresariales, como el caso de Coca Cola. Se descarta, por tanto, que haya vulneración del derecho de huelga cuando, en un supuesto de subcontratación, la empresa principal, contratante del servicio de telefonía (atención de llamadas telefónicas y resolución de averías), utiliza, como es habitual, un dispositivo automático para redistribuir entre los demás contratistas del servicio los requerimientos de llamadas cuando se producen picos de demanda.

El Tribunal Supremo[1434] argumenta, citando la STC 17/2017, de 17 de febrero, que "ni la Constitución ni la jurisprudencia constitu-

---

1431 STS de 13 de julio de 2017 (Rec. 25/2017).

1432 SAN de 24 de octubre de 2016 (Rec. 231/2016).

1433 STS de 13 de julio de 2017 (Rec. 25/2017).

1434 *Idem.*

cional obligan a los restantes trabajadores a contribuir al éxito de la reivindicación, pues debe respetarse la libertad de trabajo de aquellos trabajadores que no quisieran sumarse a la huelga; ni obligan al empresario a reducir la actividad empresarial más allá de lo que sea una consecuencia lógica del seguimiento de la huelga por los trabajadores afectados". Además, el uso por los trabajadores que no secundan el paro de los medios técnicos de los que dispone la empresa no vulnera el derecho de huelga siempre que aquéllos no realicen funciones que son ajenas a su cargo para sustituir a los huelguistas. "La protección constitucional del derecho a la huelga impone limitaciones al empresario, pero no le obliga — ni a él ni a los empleados que deciden ejercer su derecho a trabajar— a contribuir al éxito de la protesta".

En este asunto la doctrina llama la atención sobre que "sorprende comprobar cómo el TS incurre en el error injustificable de confundir el éxito de la reivindicación/protesta con la eficacia del derecho, lo que, una vez más, no hace sino confirmar la urgente necesidad de poner fin por la vía regulatoria de controversias que, como ésta, nos alejan de la tan ansiada seguridad jurídica en esta materia"[1435].

La doctrina[1436] advierte que, aunque no se reconozca la concurrencia de esquirolaje organizativo, sí que hay elementos que no permiten la generalización de una interpretación jurisprudencial como en el caso Altrad. Se trata de supuestos que afrontan la subcontratación de bienes o servicios entre empresas independientes entre sí que carecen de otro vínculo previo. Por tanto, no aprecia la "especial vinculación", que sí concurre en el asunto Pressprint, ni ningún otro tipo de circunstancia que obligara a la empresa principal a respetar la huelga. En fin, el TS destaca que el sistema automatizado operaba con anterioridad a la huelga que se estaba desarrollando en la contrata, permitiendo a la empresa principal desentenderse del conflicto en la empresa contratista.

1435 GRAU PINEDA, C., *Los difusos contornos…*, *op. cit.*, p. 129.

1436 *Idem.*

3.3.6. Casos ABC de Sevilla y Grupo Zeta

Las dudas sobre la postura del Tribunal Supremo respecto de las huelgas en el seno de procesos de descentralización productiva quedan disipadas con dos sentencias sobre asuntos idénticos de 3 de octubre de 2018: casos ABC de Sevilla (Rec. 1147/2017) y Grupo Zeta (Rec. 3365/2016).

En ambos casos, los hechos probados están protagonizados por empresas que se encargaban de la impresión, por un lado, de los diarios ABC y ABC de Sevilla, pertenecientes al grupo ABC de Sevilla y, por otro lado, del Periódico de Catalunya, entre otros, perteneciente al Grupo Zeta, en régimen de subcontratación. En estas empresas, los trabajadores convocaron una huelga y, como respuesta al paro, la empresa principal ABC de Sevilla y Grupo Zeta contrataron con terceras empresas la impresión de sus periódicos, para evitar así los efectos de la huelga y garantizar que los diarios pudiesen salir al mercado con normalidad.

El Tribunal Supremo confirma la doctrina que desarrolló en el caso Pressprint, que de hecho es un supuesto idéntico. De esta forma, el TS entiende necesario proyectar la tutela del derecho de huelga más allá del contrato laboral, extendiendo la obligación de soportar los efectos del ejercicio del derecho fundamental por parte de los trabajadores hacia las empresas principales de los grupos y redes empresariales.

Así, el TS afirma que "cada empresa responde frente a sus propios trabajadores, pero sí existe una obligación conjunta de respeto de los derechos de los trabajadores, singularmente de los colectivos". Además "pesa sobre el grupo que funciona como una organización productiva y/o comercial, cuanto menos, el deber de respeto y no injerencia en el derecho fundamental que ejerza cualquier colectivo de trabajadores de empresas pertenecientes al grupo; deber que enlaza sin dificultad de las indudables ventajas productivas y de todo orden que se desprenden de este tipo de vinculación grupal"[1437].

[1437] STS 3 de octubre de 2018 (Rec. 1147/2017).

En ambas sentencias, el TS determina la existencia de una doble vinculación[1438], tanto funcional como orgánica, entre las empresas afectadas, ya que todas ellas pertenecen a un mismo grupo empresarial cuyo ciclo productivo es fruto de la actuación coordinada de todas ellas. Es por ello por lo que la premisa de la que parte el tribunal para extender la proyección del derecho de huelga no es la existencia de un mero grupo empresarial, actividad lícita y reconocida constitucionalmente, sino en la "dinámica de funcionamiento coordinado"[1439] que se crea entre las sociedades que componen el grupo empresarial en tanto en cuanto sirven a un mismo proceso productivo.

En este sentido, el Tribunal Supremo insiste de nuevo en el impacto social de la huelga, en que la voluntad de los trabajadores era la exteriorización del conflicto, de forma que los diarios no llegasen a publicarse. Así, la intención de los trabajadores "era presionar a su empresa, entendiendo como fundamental la evitación de que las publicaciones pudieran aparecer con normalidad", para y de este modo, "trasladar a la opinión pública su visión del conflicto existente". De ahí que, el hecho de que la empresa principal contratara con terceras empresas la impresión de los periódicos "vació de contenido, en parte, el derecho fundamental a la huelga privándole de la repercusión externa de la misma a través de una puntual modificación de los procesos productivos imperante en el grupo empresarial"[1440].

En definitiva, el Tribunal Supremo ha construido, a través de los pronunciamientos estudiados, una sólida doctrina que limita las facultades empresariales para minimizar o anular los efectos de una huelga en el seno de grupos de empresa o de procesos de subcontratación. De esta forma, se apoya en el concepto jurisprudencial de "especial vinculación" entre las empresas del grupo.

Por ello, recuerda el TS que no se aplica a "supuestos de subcontratación de bienes o servicios que (pertenecientes o no a la propia actividad de la principal) se producen entre empresas independien-

1438 SANGUINETI RAYMOND, W., "El derecho de huelga en los grupos y redes empresariales...", *op. cit.*, p. 14.

1439 STS 3 de octubre de 2018 (Rec. 1147/2017).

1440 *Idem.*

tes entre sí que carecen de otro vínculo previo —salvo el contrato mercantil de subcontratación—. Son casos en los que el fenómeno de la descentralización productiva se produce libremente en el mercado y no en el seno de un grupo de sociedades"[1441]. Se refiere aquí a los asuntos estudiados por el Tribunal Supremos en sus sentencias de 16 de noviembre de 2016 (caso Altrad), de 23 de enero de 2017 (caso de subcontratistas de telefónica) y de 13 de julio de 2017 (caso Indra y Vodafone), en los que no apreció lesión del derecho de huelga.

Finalmente, es importante mencionar, como apunta la doctrina[1442], que, ante el anuncio de la empresa de recurrir en amparo ante el Tribunal Constitucional, será interesante conocer si el TC corrige su doctrina sentada en la STC 75/2010 o la confirma.

En definitiva, se debe indicar que la jurisprudencia posterior del Tribunal Supremo ha confirmado su doctrina en supuestos de descentralización productiva. Por tanto, "cabe la posibilidad de encontrarnos ante supuestos de vulneración del derecho de huelga que se desarrollan en el seno de las distintas sociedades de un grupo de empresa. Así, aunque sólo alguna de las sociedades del grupo mantenga relación laboral directa con los/as trabajadores/as huelguistas, cabe que la actuación de las empresas incida de forma relevante en los efectos y la repercusión de la huelga". Por tanto, el TS da especial relevancia a "la interrelación entre las empresas, no sólo en su actividad en general, sino en particular y de modo esencial, en el desarrollo de la huelga"[1443].

1441 *Idem.*

1442 ROJO TORRECILLA, E., "La protección del derecho constitucional de huelga en empresas del mismo grupo mercantil. Notas a dos importantes sentencias del TS de 3 de octubre de 2018 que confirman la doctrina sentada en la de 5 de febrero de 2015", en *El blog de Eduardo Rojo*, 15 de noviembre de 2018. Disponible en: http://zip.lu/LNPc; BELTRÁN DE HEREDIA, I., "Huelga en una sociedad de un grupo de empresas y esquirolaje ilícito a través de contrata externa al grupo", *Una mirada crítica a las relaciones laborales*, 11 de diciembre de 2018. Disponible en: http://zip.lu/JYoG

1443 STS 3 de febrero de 2021 (Rec. 36/2019).

3.3.7. Caso Kalise: el último pronunciamiento

Recientemente, el Tribunal Supremo ha tenido ocasión de analizar en su sentencia de 8 de noviembre de 2023 (Rec. 204/2021) un conflicto donde se recogen elementos de esquirolaje interno y organizativo. La doctrina enmarca esta sentencia dentro de una jurisprudencia con "un enfoque garantista que parte de la función conformadora de la Constitución del contenido esencial del derecho fundamental de huelga"[1444].

En el proceso de negociación de un nuevo convenio colectivo para el Grupo Kalise SA en el ámbito de la comunidad autónoma de Canarias, se convocó una huelga. Entre otras cuestiones, la sentencia recoge que, durante la huelga de agosto-septiembre de 2019, la empresa llevó a cabo 9 contratos temporales de trabajo de personal para cobertura de vacaciones o enfermedad, debidamente identificados en cada contrato, y todos ellos previstos antes del inicio de la huelga. Además, la empresa cubrió rutas de "yogur" de algunos huelguistas con personal de superior categoría profesional a la de los repartidores o preventas. La empresa también contrató con la mercantil Logística Marrero el reparto de yogures en septiembre de 2019, durante la huelga. La ruta del "Puerto" fue cubierta por el chófer de Logística Marrero y sólo en Fuerteventura y Tenerife, en algunas rutas, se subcontrató reparto mediante empresa externa en fecha anterior a la huelga. La empresa ordenó que no se permitiera la entrada en la misma a los representantes legales de los trabajadores ni al Comité de huelga y sólo fue posible la entrada a instancia de la ITSS[1445].

De estos hechos se desprende la posible comisión de actos ilícitos de sustitución de trabajadores huelguistas en su modalidad externa, interna y organizativa o comercial. En primer lugar, se debe descartar el esquirolaje externo porque los contratos temporales estaban justificados por la cobertura de vacaciones o enfermedad y estaban previstos antes de la huelga. En cambio, determinadas tareas de reparto de algunos huelguistas fueron asumidas por personal de supe-

---

[1444] MONEREO PÉREZ, J. L., "Derechos de huelga y libertad sindical. Esquirolaje interno y externo. Indemnización por daño moral asociado a la vulneración", *Revista de Jurisprudencia Laboral*, nº 1, 2024.

[1445] STS 8 de noviembre de 2023 (Rec. 204/2021).

rior categoría profesional constituyendo esta conducta una práctica de esquirolaje interno que merece reprobación[1446].

La cuestión más interesante de la sentencia es el reproche por haber externalizado alguna ruta de reparto para neutralizar los efectos de la huelga.

El Tribunal Supremo recuerda su jurisprudencia sobre huelga en contexto de subcontratación de bienes o servicios (pertenecientes o no a la propia actividad de la principal) cuando se produce entre empresas independientes entre sí que carecen de otro vínculo previo —salvo el contrato mercantil de subcontratación—. En los casos de Altrad[1447] o de Telefónica[1448] no se apreciaba vulneración del derecho de huelga porque "el fenómeno de la descentralización productiva se producía libremente en el mercado y no en el seno de un grupo de sociedades. Esta característica es clave para que las resoluciones examinadas entiendan que las relaciones interempresariales se limitan a la vertiente estrictamente mercantil, y no están condicionadas, en modo alguno, por estrategias conjuntas de producción, comerciales o de otro tipo. En esas condiciones, no existiendo ninguna especial vinculación, ni ningún otro tipo de circunstancia que a la empresa principal le obligara a respetar la huelga y, consecuentemente, a no contratar con otros las obras que ya tenía contratadas, su actuación encargando las tareas a un tercero, se rechaza la vulneración del derecho de huelga"[1449]. Por tanto, el Tribunal Supremo mantiene plenamente vigente la doctrina de la especial vinculación que desarrolló a partir del caso Pressprint.

En la huelga del grupo Kalise, el tribunal concluye que una parte de la actividad que habitualmente realiza el personal propio de la empresa ha sido encomendada a una empresa contratista: "no hay, propiamente y como en los casos más arriba expuestos, una parcela del proceso productivo que se externaliza sino que son aspectos puntuales del mismo (ciertas rutas de reparto) los que se han encomendado a un tercero sujeto y sólo por el tiempo de la huelga"[1450].

1446 *Idem.*

1447 STS de 16 de noviembre de 2016 (Rec. 59/2016).

1448 STS de 23 de enero de 2017 (Rec. 60/2016).

1449 STS de 8 de noviembre de 2023 (Rec. 204/2021).

1450 *Idem.*

En definitiva, además de las prácticas de esquirolaje interno consistentes en sustituir a trabajadores huelguistas por otros de nivel superior, se ha constatado que Kalise contrató con una empresa de logística el reparto de yogures durante la huelga y que "se trata del fenómeno usualmente identificado como esquirolaje externo y que no merece siempre la misma respuesta jurídica. Asimismo, queda constancia de que la empresa impidió la entrada a los representantes legales de los trabajadores y al Comité de huelga, cesando esa negativa tras la intervención de la ITSS. Se trata de un fenómeno de obstrucción al desarrollo de la huelga convocada"[1451] . Es evidente que la empresa activó medidas con el objeto de limitar el derecho de huelga para neutralizar el efecto propio y esencial del ejercicio de aquel derecho fundamental como es la paralización de la actividad. Además de la declaración de vulneración del derecho de huelga, se confirma la condena una indemnización por daño moral de 25.000€.

En este asunto llama la atención que el tribunal denomina a esta práctica esquirolaje externo sin especial discusión conceptual. Como ya se ha visto, existen dos supuestos dentro del esquirolaje organizativo: la sustitución de huelguistas en el marco de un grupo de empresas y la sustitución de huelguistas en el marco de una contrata/subcontrata. En este segundo grupo, la contrata puede celebrarse con el único propósito de eludir los efectos de la huelga convocada en la empresa principal, como es este caso. Por ello, algún autor[1452] ha sistematizado lo que aquí llamamos el esquirolaje organizativo como una modalidad de esquirolaje externo indirecto o impropio, porque se asemeja a la sustitución de huelguistas a través de las ETT. Con independencia de las discusiones doctrinales, está claro que celebrar una contrata con el objetivo de sustituir total o parcialmente la actividad de los trabajadores huelguistas de la empresa principal es una práctica de esquirolaje y está prohibida.

1451 *Idem.*

1452 VALLE MUÑOZ, F. A., *La sustitución de…*, *op. cit.*, pp. 46 y ss.

3.4. La doctrina crítica sobre la naturaleza del esquirolaje organizativo

En la discusión sobre la naturaleza del esquirolaje organizativo la doctrina está dividida. Por un lado, se valora la trascendencia de esta jurisprudencia, que constituye un salto evolutivo, de signo garantista, en una jurisprudencia social sobre las relaciones entre el poder de dirección y el derecho de huelga[1453]. Por otro, se cuestiona esta doctrina porque legitima una especie de obligación negativa del empresario de abstenerse de cualquier conducta que pueda perturbar el éxito de la huelga, limitando cualquier posibilidad de reacción empresarial[1454]. Este argumento es utilizado también por los defensores de la tesis permisiva del esquirolaje tecnológico.

En resumen, en el marco de las relaciones laborales en régimen de subcontratación, vulnera el derecho de huelga de los trabajadores "cualquier actuación que pueda desarrollar la empresa principal, a la que la contrata sirve, con la finalidad de impedir, coartar o sancionar el legítimo ejercicio de dicho derecho, al socaire de su invocada ajenidad a la relación laboral entre las partes"[1455]. La huelga es un derecho de resultado que pretende la paralización de la producción, esto es, "supone la interrupción del servicio del conjunto de empresas que son receptoras, en última instancia, de la plusvalía del trabajo de los trabajadores, con independencia de cuáles sean los vínculos jurídicos que le unen con los trabajadores"[1456]. Ante conductas empresariales lesivas de derechos fundamentales, no se puede admitir que en un contexto de descentralización productiva los trabajadores estén privados de los instrumentos de protección de estos derechos con los que sí cuentan en los supuestos de actividad no descentralizada[1457].

En este contexto, la jurisprudencia[1458] entiende que todas las empresas del grupo forman parte del ciclo productivo del resto, pudiendo existir una especial vinculación entre los trabajadores huelguistas

---

1453 MOLINA NAVARRETE, C., "Despido colectivo...", *op. cit.*

1454 DESDENTADO BONETE, A., "Reflexiones sobre el caso Coca Cola...", *op. cit.*

1455 STC 75/2010, de 19 de octubre.

1456 ESCRIBANO GUTIÉRREZ, J., "El derecho de huelga...", *op. cit.*, p. 197.

1457 STC 75/2010, de 19 de octubre.

1458 STS de 11 de febrero de 2015 (Rec. 95/2014).

que prestan servicios en la empresa contratista y la principal, que es la destinataria última de la actividad laboral.

De esta forma, la continuidad de la actividad productiva normal, que en los casos que hemos estudiado se tradujo en la impresión de un periódico, repercute en este derecho fundamental y vacía su contenido esencial, "arrebatándole su finalidad como medio de presión y de exteriorización de los efectos de la propia huelga, haciendo visible a los ciudadanos la perturbación que provoca, al presentar una apariencia de normalidad contraria al derecho de huelga"[1459].

En la doctrina científica existen dos tesis contrapuestas. Por un lado, las tesis conservadoras consideran que no es admisible extender la responsabilidad de la vulneración del derecho de huelga más allá de aquellos que poseen la consideración de empresarios laborales en sentido estricto. Es decir, salvo que entre el perjudicado y el que impide el ejercicio del derecho de huelga no existe previamente un contrato laboral, no se puede dar dicha responsabilidad. Como consecuencia de tal posicionamiento inicial, termina considerando que el parecer mayoritario del pleno del TC es "manifiestamente voluntarista, sin apoyo en norma legal alguna"[1460].

Además, este sector de la doctrina científica critica la aplicación de la STC 75/2010 porque "no estamos ante una lesión activa del derecho de huelga, sino ante un debate sobre el alcance del deber de soportar la huelga sin adoptar medidas para reducir sus efectos en la esfera patrimonial"[1461]. Asimismo, se desarmaría de forma completa al empresario, imposibilitando la defensa de su organización productiva a través de reacciones legítimas. De esta forma, parte de la doctrina defiende la capacidad reactiva del empresario ante una huelga.

Por otro lado, el sector progresista de la doctrina es muy crítico con esta postura y considera que la externalización actúa como "un arma arrojadiza" a disposición de la empresa afectada por la huelga, esto es, como "un arma antihuelga"[1462]. De tal manera, estamos ante

---

1459 *Idem.*

1460 STC 75/2010, de 19 de octubre. Voto particular que formula el Magistrado don Guillermo Jiménez Sánchez, al que se adhieren los Magistrados don Jorge Rodríguez-Zapata Pérez y don Ramón Rodríguez Arribas.

1461 DESDENTADO BONETE, A., "¿Una nueva dimensión del derecho…", *op. cit.*

1462 GOERLICH PESET, J. M., "Ejercicio del derecho de huelga…", *op. cit.*, p. 12.

"la consecuencia de un concepto legal de empresario (art. 1.2 ET) incapaz de afrontar la enorme complejidad que las nuevas relaciones de producción" y que se basa en "argumentaciones neoliberales" siendo suficiente "decidir no contratar directamente a los trabajadores, sino suscribir contratos mercantiles, para quedar inmune de un ordenamiento jurídico lastrado por la carga de los derechos fundamentales de huelga y libertad sindical"[1463].

Ante tal situación sólo caben dos soluciones: o bien, considerar inmune a las vías de protección del derecho de huelga a todos aquellos sujetos que no formen parte de los contratantes laborales; o, por el contrario, aceptar la extensión de tal responsabilidad más allá de este reducido núcleo[1464].

De esta forma, se propone "positivizar de forma clara y contundente en el ordenamiento jurídico la prohibición de cualquier práctica tendente a desactivar la presión huelguística en el nuevo escenario productivo posfordista. De tal forma que el avance de la descentralización productiva y la convergencia tecnológica no actúe en detrimento de los derechos fundamentales de las personas trabajadoras"[1465].

En definitiva, defienden que "la externalización productiva no puede ser una grieta por la que se diluya la protección de los derechos fundamentales del trabajador"[1466]. Y es que una de las grandes ventajas de los procesos de subcontratación es la reducción de costes. El debate de fondo en este conflicto es sobre permitir que una empresa puede ahorrarse los costes que supone el ejercicio de derechos fundamentales colectivos de los trabajadores, esto es, si se permite anular el efecto de una huelga simplemente contratando con otra empresa. Nuestra postura debe ser la contraria: las máximas garantías en la tutela de los derechos fundamentales de los trabajadores.

En conclusión, todo indica que se ha abierto paso la necesidad de una nueva tutela del derecho de huelga que comprenda aten-

---

1463 ESCRIBANO GUTIÉRREZ, J., "El derecho de huelga…", *op. cit.*, p. 203.

1464 *Ibídem*, p. 205.

1465 RUIZ SAURA, J. E., "El alcance del derecho de huelga en contextos de externalización productiva", *Lan harremanak: Revista de relaciones laborales*, nº 47, 2022, p. 220.

1466 BASTERRA HERNÁNDEZ, M. "El derecho a la huelga…", *op. cit.*, p. 219.

tados y lesiones que provienen, cada vez más, de frentes variados y diversos, no siempre conocidos. Está claro que se está aprovechando la descentralización productiva como arma antihuelga que permite evadir la protección constitucional de derechos fundamentales como la huelga o la libertad sindical, lo que no solo es preocupante sino buena muestra de las constantes amenazas que se ciernen sobre los derechos fundamentales colectivos consagrados en nuestro texto constitucional. Por ello, la doctrina advierte que "la perentoriedad de la actuación del legislador referida al derecho de huelga, pero también a la externalización productiva, es ya incuestionable y urgente, aunque nada augure ser optimistas en el medio plazo al respecto"[1467].

4. EL ESQUIROLAJE TECNOLÓGICO

4.1. Delimitación conceptual del esquirolaje tecnológico

El esquirolaje tecnológico consiste en la utilización por parte del empresario de los medios técnicos que tiene a su disposición para continuar con su actividad productiva durante el desarrollo de una huelga. Estudiando el esquirolaje, parece más correcto poner el foco en la sustitución del trabajador. Así, el esquirolaje tecnológico sería la situación en la que el empresario sustituye el trabajo de los huelguistas a través de alguna clase de mecanismo tecnológico[1468].

1467 GRAU PINEDA, C., "Sobre el impacto de la huelga…", *op. cit.*, p. 228.

1468 TASCÓN LÓPEZ, R., *El esquirolaje tecnológico, op. cit.*, p. 62; VALLE MUÑOZ, F. A., *La sustitución de…, op. cit.*, p. 111; GRAU PINEDA, C., *Los difusos contornos…, op. cit.*; TODOLI SIGNES, A., "El esquirolaje tecnológico como método de defensa ante una huelga", *Actualidad Laboral*, nº 7-8, 2014, p. 2 y ss; TALENS VISCONTI, E.E., "Esquirolaje tecnológico: Interrogantes abiertos", *Aranzadi Social*, nº 5, 2013; PÉREZ REY, J., "El Tribunal Constitucional ante el esquirolaje tecnológico (o que la huelga no impida ver el fútbol)", *Revista de Derecho Social*, nº 77, 2017; PÉREZ REY, J. "El esquirolaje tecnológico: un importante cambio de rumbo de la doctrina del Tribunal Supremo (STS de 5 de diciembre de 2012)", *Revista de Derecho Social*, nº 61, 2013; PÉREZ REY, J., "Tertulias, reportajes de actualidad y esquirolaje tecnológico en la huelga general (a propósito de la STS de 11 de junio de 2012)", *Revista de Derecho Social*, nº 59, 2012; GRAU PINEDA, C., "El impacto de las nuevas tecnologías en el derecho de huelga: a propósito de la sustitución de huelguistas por medios tecnológicos", *Nueva Revista Española de Derecho del Trabajo*, nº 206, 2018; TOSCANI GIMÉNEZ, D., "La prohibición

En el mismo sentido lo entiende la jurisprudencia: "la sustitución de medios humanos por medios mecánicos o automáticos durante la huelga"[1469]. A pesar de esto, existen diversos problemas para una delimitación conceptual precisa.

En primer lugar, no podemos ignorar la ausencia de previsión legal. El art. 6.5 RDLRT prohíbe sustituir a los trabajadores huelguistas por otros trabajadores, sin embargo, la norma no contempla nada semejante a la "sustitución técnica", "esquirolaje virtual"[1470] o "esquirolaje tecnológico". Por ello, algún autor habla de un "salto al vacío"[1471].

Tampoco puede pasar desapercibida la relación que mantiene con el esquirolaje interno, dado que el empresario no utiliza recursos externos a la empresa, sino que hace uso de medios técnicos que se encuentran a su alcance[1472].

A pesar de ello, no estamos ante el mismo tipo de sustitución. Tradicionalmente, el esquirolaje, tanto interno como externo, busca sustituir a los huelguistas, es decir, colocar a otro trabajador en su lugar. Sin embargo, el esquirolaje tecnológico les sustituye por cosas (herramientas, equipos o instrumentos tecnológicos[1473]). Las dos sustituciones se amparan en el *ius variandi* empresarial, pero la segunda es una decisión técnica de carácter menos intenso[1474].

---

de esquirolaje durante la huelga con especial mención al esquirolaje tecnológico", *Trabajo y Derecho*, nº 30, 2017; CORDERO GORDILLO, V., "La sustitución de los trabajadores huelguistas por medios tecnológicos", *Lex Social*, vol. 9, nº 1, 2019; LÓPEZ LLUCH, M.I., "El derecho de huelga: nueva doctrina sobre el "esquirolaje tecnológico" en la Sentencia del Tribunal Supremo de fecha 5 de diciembre de 2012", *Revista doctrinal Aranzadi Social*, nº 5, 2013; BAYLOS GRAU, A., "Sobre la pérdida de la función y eficacia de la huelga, especialmente en los sectores de la información y de la telecomunicación. A propósito de las consecuencias de la huelga general de 20 de junio de 2002", *Revista General de Derecho del Trabajo y de la Seguridad Social*, nº 5, 2004.

1469 STS de 5 de diciembre de 2012 (Rec. 265/2011).

1470 En los términos de MERCADER UGUINA, J. R, *Lecciones de Derecho del Trabajo*, Valencia, ed. Tirant lo Blanch, 2022, p. 897.

1471 PÉREZ REY, J., "El esquirolaje tecnológico…", *op. cit.*, p. 166.

1472 TASCÓN LÓPEZ, R., *El esquirolaje tecnológico*, *op. cit.*, p. 112.

1473 *Ibidem*, p. 62.

1474 STC 17/2017, de 2 de febrero.

Para entender este fenómeno hay que partir del "alto nivel de tecnificación existente en ciertos sectores productivos, que permite a la empresa reducir al mínimo la necesidad de emplear mano de obra durante el proceso de producción, pudiendo incluso llegar a suprimirse íntegramente, tal vez de forma temporal, la participación de los trabajadores en el mismo"[1475]. También el auge de las formas reticulares de colaboración entre empresas, que permite que los pedidos no satisfechos durante la huelga puedan ser desviados hacia colaboradores externos para su atención[1476].

El derecho fundamental de huelga queda sujeto a importantes restricciones tecnológicas: "la relativa independencia, en determinados sectores industriales y de servicios, del funcionamiento del proceso productivo respecto del trabajo de una parte significativa de la plantilla, permite que muy pocos trabajadores puedan poner en marcha la producción con independencia de la mayoría de la plantilla de la empresa"[1477]. Así, durante la huelga, la empresa tiene plena capacidad para sustituir trabajadores por medios automáticos[1478].

En este contexto, el mantenimiento durante la huelga de la producción o parte de ella a través de medios tecnológicos, no operados en ese momento por trabajador alguno, arrebata al paro "su capacidad para repercutir negativamente en la actividad empresarial e, incluso, priva a la huelga de su eficacia simbólica o mediática, lo que en las sociedades contemporáneas es tanto como condenarla al ostracismo o a la inexistencia"[1479].

Para que pueda producirse una práctica empresarial de esquirolaje tecnológico, se exige necesariamente que la empresa disponga de estos medios. La doctrina científica diferencia la situación en tres tipos de empresas[1480]: aquellas que emplean mano de obra en situaciones normales y habituales, esto es, cuando no hay conflictos sociales, y no medios tecnológicos, aunque el estado de la tecnología lo

---

1475 TORRENTE GARI, S., "El derecho de huelga y las innovaciones tecnológicas", *Revista Española de Derecho del Trabajo*, nº 102, 2000, p. 447 y ss.

1476 GRAU PINEDA, C., "El impacto de...", *op. cit.*

1477 MERCADER UGUINA, J. R., *El futuro del trabajo...*, *op. cit.*, p. 179.

1478 LÓPEZ LLUCH, M. I., "El derecho de huelga...", *op. cit.*

1479 PÉREZ REY, J., "El esquirolaje tecnológico...", *op. cit.*, p. 164.

1480 TOSCANI GIMÉNEZ, D., "La prohibición de esquirolaje...", *op. cit.*, p. 86.

permitiera; aquellas que combinan medios tecnológicos con mano de obra, que incluso puede ser necesaria para el uso de los medios tecnológicos; y aquellas otras que no la emplean, es decir, que están plenamente automatizadas o mecanizadas.

En las primeras, durante una huelga, será posible sustituir mano de obra por medios tecnológicos que no se emplean habitualmente y, por lo tanto, quedaría prohibido. En las que combinan medios automatizados y mano de obra, que puede ser necesaria para el uso de los propios medios mecanizados, será necesario que hayan suficientes trabajadores no huelguistas especializados, esto es, cuyas funciones habituales sea el manejo de dicha tecnología, para el uso de la misma durante la huelga, sin que haya que cambiar las funciones habituales de los trabajadores no huelguistas para la utilización de los medios, lo cual ya estaría prohibido por el esquirolaje interno. No obstante, las actividades plenamente automatizadas sólo se podrán limitar por la fijación de los servicios mínimos, previa declaración como servicio esencial, pero no por la pretensión de prohibir la actividad bajo el pretexto de que es un supuesto de esquirolaje, ya que no es así, porque no hay sustitución de trabajadores[1481].

De acuerdo con la mayoría de los pronunciamientos judiciales sobre este tema, el sector audiovisual, concretamente la radiotelevisión, es el principal escenario de conflictos relativos al esquirolaje tecnológico. En este sector, la capacidad técnica del empresario podría por completo neutralizar las consecuencias del conflicto, evitando no sólo el perjuicio productivo, sino también la visibilidad de la huelga[1482].

Aquí, debemos diferenciar entre conductas habituales o normales, que no constreñirían el derecho de huelga, como la emisión en forma automática de publicidad entre los servicios informativos o la emisión de un capítulo de serie previamente grabado y que pueda reproducirse por medios automáticos; y conductas que supongan la ocupación integral o total la parrilla, o la grabación de algún programa especial o gala para el día de huelga, dando apariencia de normalidad y vaciando de contenido la huelga. Así, el uso de programación

---

1481 *Idem.*

1482 PÉREZ REY, J., "El esquirolaje tecnológico...", *op. cit.*, p. 172.

automática pregrabada hará que la huelga sea imperceptible, minimizando su eficacia[1483].

La doctrina científica[1484] reflexiona sobre los problemas derivados de la huelga en el sector de los medios de comunicación. Así, las libertades de información y expresión pueden constituir límites para el derecho de huelga cuando se califican como servicios esenciales para la comunidad. Además, las emisiones radiotelevisivas y la distribución de la prensa suelen usarse como termómetro del seguimiento de la huelga, especialmente en los paros que desbordan el ámbito estrictamente profesional. No podemos ignorar que este sector tiene medios técnicos suficientes para permitir de forma relativamente sencilla dar continuidad a las emisiones y a los contenidos durante la jornada de huelga sin necesidad de recurrir a trabajadores, evitando que el paro de la plantilla se traduzca en una interrupción de la producción.

Además del mundo audiovisual, existen otros sectores cuya capacidad tecnológica y automatización de los procesos productivos pueden dar lugar a formas de sustitución de trabajadores por medios tecnológicos: empresas de telecomunicaciones, el sector bancario o algunas cadenas de montaje. Estos sectores "pueden sostener su actividad productiva durante la huelga sin la más mínima participación de los trabajadores, tan sólo programando sus sistemas con antelación para que, de forma automatizada y con total precisión en el tiempo, puedan ponerse en funcionamiento mientras se mantiene la huelga, reduciendo o anulando los efectos del paro"[1485].

4.2. Clasificación del esquirolaje tecnológico

Sobre la sustitución de trabajadores reflexiona el voto particular de la STS de 5 de diciembre de 2012[1486]:

1483 TALENS VISCONTI, E. E., "Esquirolaje tecnológico: Interrogantes abiertos", *Aranzadi Social*, nº 5, 2013, p. 190.

1484 PÉREZ REY, J, "Tertulias, reportajes…", *op. cit.*, p. 205.

1485 VALLE MUÑOZ, F. A., *La sustitución de…*, *op. cit.*, p. 114.

1486 STS de 5 de diciembre de 2012 (Rec. 265/2011). Voto particular formulado por D. Aurelio Desdentado Bonete, al que se adhieren Dª Maria Milagros Calvo Ibarlucea y D. Jose Luis Gilolmo López.

"el problema del esquirolaje tecnológico es más complejo, porque en él habría que distinguir al menos dos situaciones: 1ª) la utilización de medios ya existentes en la empresa para el mantenimiento de determinadas actividades automatizadas sin sustitución de los huelguistas y sin empleo de trabajadores afectados a los servicios mínimos cuando esas actividades no tienen ese carácter; 2ª) la utilización de esos medios para sustituir a los huelguistas, con dos variantes: (a) el empleo para esa finalidad de medios ya existentes en la empresa y (b) la adquisición de esos medios para hacer frente a los problemas planteados por la huelga".

Así, sólo en el segundo supuesto podríamos hablar de esquirolaje, que a su vez la doctrina científica[1487] clasifica en, al menos, cinco modalidades.

En primer lugar, el esquirolaje tecnológico externo sería aquel consistente en la sustitución de los trabajadores huelguistas por medios técnicos de los que no disponía la empresa al tiempo de convocatoria de la huelga y que son adquiridos (por compra, arrendamiento o cualquier título jurídico temporal o definitivo) precisamente para contrarrestar los efectos de la falta de actividad derivada de la medida de conflicto colectivo[1488]. Esta práctica empresarial busca específicamente vaciar de contenido del derecho de huelga.

En segundo lugar, el esquirolaje tecnológico interno utiliza aquellos medios técnicos con los que la empresa ya cuenta al tiempo de la convocatoria de la huelga para sustituir a los trabajadores huelguistas, así como mantener la producción o responder a problemas derivados del propio paro, pero intensificando su uso o ampliando sus potencialidades para paliar la falta de actividad derivada de la huelga[1489].

A su vez, podemos clasificar este supuesto dos categorías. Por un lado, que la sustitución de los huelguistas se desarrolle mediante la utilización de medios técnicos ya existentes en la empresa y conforme a los procedimientos también habituales empleados en el seno de la organización productiva. Sería el supuesto de las sentencias del TS de 11 de junio y 5 de diciembre de 2012. Este supuesto es problemático porque no hay una sustitución real de los trabajadores, sino

1487 TASCÓN LÓPEZ, R., *El esquirolaje tecnológico*, *op. cit.*, p. 64 y ss.

1488 *Ibidem*, p. 64; PÉREZ REY, J., "El esquirolaje tecnológico...", *op. cit.*, p. 174.

1489 *Idem*.

un intento empresarial de mantener la producción a través de los medios habituales, lo que, evidentemente, es lesivo para el objetivo de la huelga, que es paralizar la producción.

Por otro lado, la utilización de medios técnicos ya existentes en la empresa para sustituir a los huelguistas, pero que se usan conforme a procedimientos distintos a los habituales en la empresa y adaptados precisamente a la situación provocada por el paro obrero. Aquí está claro el vaciamiento del derecho de huelga. Es el supuesto de la STC 17/2017, de 2 de febrero.

En tercer lugar, una suerte de esquirolaje mixto, que incluye elementos del esquirolaje tradicional (la sustitución de huelguistas por otros trabajadores) y del tecnológico (la sustitución por medios técnicos)[1490]. Es frecuente que el esquirolaje tecnológico se acumule al esquirolaje interno, en tanto el uso de los medios técnicos exige que algún trabajador los active, maneje o programe para que suplan el esfuerzo de los huelguistas. Habría que acreditar la existencia y actuación de ese trabajador para entender lesionado el derecho de huelga[1491]. En todo caso, si así se probase, el esquirolaje interno constituye en sí mismo una lesión del derecho de huelga, porque "aun cuando ambos se encuentran entrelazados en su origen y desarrollo, mantienen sustantividad propia"[1492].

En cuarto lugar, el supuesto de esquirolaje automático[1493], es decir, la sustitución tecnológica de huelguistas que se lleve a cabo sin la participación de ningún trabajador ni la expresa actuación empresarial, sólo mediante algoritmos o protocolos preestablecidos que operan de forma automática en determinados supuestos, que incluso pueden no tener nada que ver con la huelga (pueden estar instalados y programados mucho antes de la huelga y tener funciones ajenas al

---

1490 TASCÓN LÓPEZ, R., *El esquirolaje tecnológico, op. cit.*, p. 65.

1491 STS de 5 de diciembre de 2012 (Rec. 265/2011). Voto particular formulado por D. Aurelio Desdentado Bonete, al que se adhieren Dª. Maria Milagros Calvo Ibarlucea y D. Jose Luis Gilolmo López.

1492 STC 17/2017, de 2 de febrero. Voto particular formulado por D. Fernando Valdés Dal-Ré, al que se adhieren Dª. Adela Asua Batarrita y D. Juan Antonio Xiol Ríos.

1493 TASCÓN LÓPEZ, R., *El esquirolaje tecnológico, op. cit.*, p. 66.

conflicto). Más adelante nos detendremos específicamente en esta cuestión.

Aquí también hay que valorar la posibilidad de que estos medios técnicos exijan supervisión de trabajadores y, por ello, incurran también en esquirolaje interno. Un ejemplo sería el metro sin conductor, esto es, que el vehículo se mueva de manera autónoma, pero con un supervisor que se asegura de que la tecnología funcione[1494]. En este caso, tendríamos que valorar si el supervisor es necesario por razones de seguridad, porque de ser así y estar en huelga, la máquina no podrá funcionar[1495].

Finalmente, en quinto lugar, a través del esquirolaje previo o diferido la empresa encarga en un momento anterior de la huelga, aunque temporalmente cercano, a determinados trabajadores que adopten las medidas técnicas oportunas dirigidas a que los medios de producción estén en las condiciones más apropiadas para, el día de la huelga, mantener el nivel de producción más cercano a la normalidad posible[1496].

El supuesto estudiado por la jurisprudencia es la grabación de programas o galas televisivas de larga duración con objeto de ser emitidas el día de la huelga. Podría aplicarse también a la grabación de lecciones para visionarlas por los alumnos, ya sea el día de huelga o días posteriores, tanto en centros de enseñanza no universitaria como universitaria donde las plataformas de aula global (Moodle) están muy extendidas[1497]. En realidad, "recuperar clases no impartidas" o "ponerse al día"[1498], son formas de esquirolaje diferido.

Además, podríamos pensar en el supuesto de un esquirolaje posterior, esto es, que la empresa refuerce la actividad mediante medios técnicos en los días posteriores a la huelga para recuperar la producción perdida durante el paro. Mientras el primero parece una clara lesión del derecho de huelga, este último supuesto ha sido aceptado. El hecho de que la tecnología "permita realizar el trabajo previo/

1494 GRAU PINEDA, C., "El impacto de...", *op. cit.*

1495 TODOLÍ SIGNES, A., "El esquirolaje tecnológico...", *op. cit.*

1496 TASCÓN LÓPEZ, R., *El esquirolaje tecnológico, op. cit.*, p. 67.

1497 TODOLÍ SIGNES, A., "El esquirolaje tecnológico...", *op. cit.*

1498 GRAU PINEDA, C., *Los difusos contornos..., op. cit.*, p. 101.

posterior para luego ser utilizado durante la jornada de huelga (o después) es una clara acción proactiva por parte del empresario para reducir el impacto de la huelga en términos de eficacia y disminuir con ello su función como medio de presión colectiva"[1499].

En definitiva, "la cuestión jurídica relativa al esquirolaje tecnológico está aún lejos de ser resuelta de forma acabada o concluyente. En primer lugar, porque es de suponer que habrá supuestos nuevos (y en otros sectores distintos al audiovisual) que exigirán una mayor exegesis de la situación. En segundo término, porque el propio concepto está aún por aquilatar y sus consecuencias jurídicas por determinar con la precisión que una cuestión tan compleja y relevante de cara al futuro requiere"[1500].

4.3. La evolución jurisprudencial de la figura del esquirolaje tecnológico

La doctrina científica diferencia tres etapas de la jurisprudencia respecto al esquirolaje tecnológico[1501]. Esta evolución jurisprudencial podría representarse por una curva cóncava, porque el mayor nivel de protección, las tesis prohibitivas del esquirolaje, se halla en el punto intermedio de dos periodos dominados por las tesis permisivas[1502].

4.3.1. La primera etapa: sexenio de permisión (1999-2005)

Las primeras sentencias del Tribunal Supremo que analizan el esquirolaje a través de medios técnicos concluyen, de forma intermitente pero constante, que la sustitución de trabajadores por medios tecnológicos que la empresa usa habitualmente es lícita. Así, se per-

---

1499 *Ibidem*, p. 102.

1500 TASCÓN LÓPEZ, R., *El esquirolaje tecnológico*, *op. cit.*, pp. 61-62.

1501 TASCÓN LÓPEZ, R., *El esquirolaje tecnológico*, *op. cit.*, p. 70 y ss; VALLE MUÑOZ, F. A., *La sustitución de...*, *op. cit.*, p. 116 y ss.

1502 VALLE MUÑOZ, F. A., "La sustitución tecnológica de trabajadores huelguistas", *IUSLABOR*, nº 3, 2018, pp. 187-215.

mite "una cierta capacidad beligerante del empresario respecto de la huelga"[1503].

En el supuesto de la STS de 16 de marzo de 1998[1504], durante una huelga de los trabajadores de Canal Sur Satélite, que se emite desde el Centro de Producción de Málaga, la empresa demandada procedió a desviar la señal del Satélite a una unidad móvil situada en la localidad de Carmona (Sevilla), emitiendo desde ésta la programación. El Tribunal entiende el derecho de huelga "quedaría vacío de contenido, si durante el periodo de huelga, se pudieran emitir y mantener, no sólo informativos, sino también al resto de la programación habitual". Es la única resolución que entiende vulnerado el derecho en este primer periodo.

En sentido contrario encontramos la STS de 27 de septiembre de 1999[1505]. Aquí, para la retransmisión de los partidos de fútbol cuya exclusiva ostentan las televisiones autonómicas lo habitual es que se realice con las cámaras y medios técnicos de la entidad en cuyo ámbito territorial se juega el encuentro, en este caso, TV3 en Cataluña. Sin embargo, estando en huelga sus trabajadores, la Federación de Organismos de Radio y Televisión Autonómicos (FORTA) decide contratar con una empresa privada la retransmisión del partido. En estas condiciones se emite el partido de fútbol cuya señal llega automáticamente a los estudios de TV3 y se pone en antena sin intervención de personal alguno, al estar ya preprogramada la emisión con anterioridad al día de la huelga. El partido se emite sin comentarios y sin inclusión de los títulos, anuncios publicitarios, escenas animadas o cualquier otro grafismo de los habitualmente utilizados durante la emisión de partidos de fútbol por TV3[1506].

En este conflicto se desestiman las pretensiones sindicales y no se aprecia vulneración del derecho de huelga (art. 28.2 CE) ni esquirolaje porque no se sustituyó a los trabajadores huelguistas por otros

---

1503 PÉREZ REY, J, "Tertulias, reportajes...", *op. cit.*, p. 205; PÉREZ REY, J, "El esquirolaje tecnológico..." *op. cit.*, p. 167.

1504 Rec. 1884/1997.

1505 Rec. 1825/1998.

1506 MARTÍN JIMÉNEZ, R., "Sustitución virtual de trabajadores en huelga (comentario a la STS 4ª 27 de septiembre de 1999)", *Relaciones Laborales*, nº 1, 2000, pp. 797-802.

(art. 6.5 RDLRT). La retransmisión del encuentro por una empresa distinta se contrató por el resto de las televisiones autonómicas no afectadas por la huelga, por lo que no hay sustitución. Además, la emisión en TV3 es automática, sin intervención de trabajador alguno.

Se llega a afirmar que "la huelga en litigio sí consiguió alterar de forma importante y muy relevante el ordinario proceso productivo en cuanto obligó a la retransmisión sin comentarios ni sonido alguno el partido de fútbol, lo que obviamente permitió alcanzar en gran parte la finalidad perseguida por los trabajadores en cuanto la opinión pública pudo perfectamente conocer la existencia de la huelga y se logró en cierta forma el triunfo de la misma al forzar tan anómala retransmisión televisiva de un acontecimiento de esta relevancia social"[1507].

De esta forma, el Tribunal Supremo "opta por una interpretación literal y formalista del término sustitución, dentro del cual no parece posible enmarcar la suplantación, aún parcial, de trabajadores por máquinas"[1508].

Más adelante, en la sentencia del TS de 4 de julio de 2000 defiende que tampoco vulnera el derecho fundamental que Catalunya Radio utilice medios técnicos para programar en su sistema informático, antes de una huelga, la música a emitir durante el mismo, lo que hizo posible mantener la emisión, de manera totalmente automatizada, de programación musical sin intervención de ningún trabajador. Argumenta el alto tribunal que durante la huelga "no se impone el deber o la obligación de colaboración con los huelguistas en el logro de sus propósitos. [...] Este derecho garantiza el que los huelguistas puedan realizar los paros sin ser sancionados por ello. No asegura su éxito, ni en el logro de los objetivos pretendidos, ni en el de conseguir el cese total de la actividad empresarial"[1509].

Aquí, la doctrina científica es muy crítica: "el objeto de la huelga no es tanto el conseguir una masiva afluencia, sino el de ejercer presión sobre el empresario para la consecución de un fin legítimo. Cla-

1507 STS de 27 de septiembre de 1999 (Rec. 1825/1998).

1508 VALLE MUÑOZ, F. A., *La sustitución de...*, *op. cit.*, p. 117.

1509 STS de 4 de julio de 2000 (Rec. 75/2000).

ro está, que un seguimiento mayoritario de la huelga va a contribuir en mayor medida a la consecución del objetivo buscado. Pero los perjuicios económicos o la presión social no lograrían todo su efecto, por mucho que la huelga sea secundada por todos los trabajadores, si el empresario la contrarresta utilizando medidas automáticas"[1510]. Se considera este pronunciamiento como una "involución democrática que erosiona y desvirtúa el alcance y el sentido de este derecho fundamental"[1511].

Respecto al esquirolaje tecnológico, el TS concluye que "no hay precepto alguno que prohíba al empresario usar los medios técnicos de los que habitualmente dispone en la empresa, para atenuar las consecuencias de la huelga"[1512]. Este pronunciamiento defiende que "no estamos ante un poder empresarial sobre los trabajadores sino ante unas facultades que el empresario tiene en exclusiva para organizar el proceso productivo y los instrumentos técnicos para ponerlo en práctica"[1513]. Se insiste en la libertad de disposición técnica del proceso productivo por parte del empresario, con independencia de sus consecuencias.

En la STS 9 de diciembre de 2003[1514], en el contexto de una huelga en la Televisión de Cataluña, el TS falla que no lesiona el derecho fundamental de huelga ocupar la programación ajena al cumplimiento de los servicios mínimos con "material propagandístico, ya enlatado con anterioridad, y para cuya emisión solo se precisa pulsar un botón". En la STS de 15 de abril de 2005[1515], aunque no es estrictamente esquirolaje tecnológico, pero comparte la argumentación, el TS concluyó que el derecho de huelga no se vacía de su contenido esencial si se acude a los colaboradores externos habituales para llevar a cabo los servicios mínimos establecidos en la difusión de los informativos.

Por tanto, en este periodo, la Sala de lo Social del Tribunal Supremo mantiene una línea doctrinal pacífica que "permite la utilización

1510 TALENS VISCONTI, E. E., "Esquirolaje tecnológico…", *op. cit.*, p. 181.

1511 BAYLOS GRAU, A., "Pérdida de la función…", *op. cit.*

1512 STS de 4 de julio de 2000 (Rec. 75/2000).

1513 VALLE MUÑOZ, F. A., *La sustitución de…*, *op. cit.*, p. 119.

1514 STS de 9 de diciembre de 2003 (Rec. 41/2003).

1515 STS de 15 de abril de 2005 (Rec. 133/2004).

de los medios técnicos propios de la empresa para dar continuidad a la actividad empresarial, sin hacer distinción entre su uso para garantizar los servicios esenciales (mayormente informativos) o para toda la programación". Así pues, en esta primera doctrina, el esquirolaje tecnológico no lesiona el derecho fundamental de huelga, tanto si el servicio que sustituye entra dentro de los servicios mínimos como si ocupa otras programaciones no esenciales[1516].

4.3.2. La segunda etapa: sexenio de prohibición (2006-2012)

Esta segunda etapa se caracteriza por la jurisprudencia más avanzada en materia de protección del derecho fundamental de huelga frente al esquirolaje tecnológico, el pico de la curva de protección que mencionábamos más arriba, donde destacan la STC 183/2006, de 19 de junio, y la STS de 5 de diciembre de 2012, no exenta de votos particulares.

a) La STC 183/2006, de 19 de junio

El primer cambio de tendencia en la doctrina constitucional se produce por varias sentencias[1517] prácticamente idénticas dictadas el 19 de junio de 2006, respondiendo a los recursos de amparo de los sindicatos CCOO y UGT, sobre la constitucionalidad de los servicios mínimos en radios y televisiones durante la huelga del 20 de junio de 2002, regulados por RD 531/2002.

El Tribunal Constitucional calificó como nulos, por lesionar el derecho de huelga, los servicios mínimos que preveían la emisión, dentro de los horarios habituales de difusión, de una programación previamente grabada y la producción y emisión de la normal programación informativa[1518].

La sentencia argumenta la consolidada doctrina sobre los límites de un derecho fundamental, donde la interpretación debe ser la mayor amplitud posible del derecho y la restricción del límite a lo

---

1516 TALENS VISCONTI, E. E., "Esquirolaje tecnológico...", *op. cit.*, p. 180.

1517 STC 183/2006, 184/2006, 191/2006 y 193/2006, de 19 de junio.

1518 STC 183/2006, de 19 de junio.

necesario[1519]. "El derecho de huelga no es un derecho ilimitado y la salvaguarda del derecho a comunicar y recibir información veraz por cualquier medio de difusión (art. 20.1 d. CE) puede operar como límite de aquel derecho a la hora de definir los servicios esenciales y los servicios mínimos en relación con una huelga concreta. Sin embargo, no toda la programación de televisión tiene que ver con este derecho constitucional, existiendo una gran porción de espacio de puro entretenimiento"[1520].

Así, el Tribunal concluye que "mediante la calificación como servicio mínimo de la emisión, dentro de los horarios habituales de difusión, de una programación previamente grabada, se persigue la no interrupción del servicio de la radiodifusión sonora y de la televisión, con lo que se priva de repercusión apreciable a la huelga, sustrayéndole su virtualidad de medio de presión y de inequívoca exteriorización de los efectos del paro laboral efectivamente producido mediante la exigencia de una apariencia de normalidad del servicio contraria al derecho de huelga"[1521].

Además, "se trataría en todo caso de una información que obviamente puede ser emitida con posterioridad a la jornada de huelga, en esta ocasión de veinticuatro horas, sin menoscabo alguno del derecho a comunicar o recibir información, al estar desprovista ésta, por su propia condición de pregrabada, de la actualidad e inmediatez necesarias que pudieran justificar en principio la restricción del derecho de huelga. En otras palabras, la oportunidad del ejercicio del derecho a comunicar y recibir información durante la jornada de huelga respecto a una programación previamente grabada de posible contenido o interés informativo supone una restricción del derecho de huelga que, por la propia característica de la información que se quiere emitir, no encuentra justificación en la preservación del derecho a comunicar y recibir información"[1522].

[1519] SSTC 159/1986, de 16 de diciembre; 23/1988, de 22 de febrero; 254/1988, de 21 de diciembre; 113/1989, de 22 de junio; 20/1990, de 15 de febrero; 3/1997, de 14 de febrero; 88/2003, de 19 de mayo; 195/2003, de 27 de octubre; 281/2005, de 7 de noviembre; y 110/2006, de 3 de abril.

[1520] STC 183/2006, de 19 de junio.

[1521] *Idem.*

[1522] *Idem.*

De esta forma, resulta evidente que la huelga tiene como objetivo la interrupción de servicios y, por tanto, la imposición de una programación continuada anula la eficacia de este derecho fundamental. Fruto de esta doctrina constitucional, el Tribunal Supremo consideró lesionado el derecho de huelga en otros supuestos donde se fijaron servicios mínimos abusivos, en conflictos en la radio y la televisión, que intentaban así mantener programación habitual[1523].

b) El giro del Tribunal Supremo en 2012. La STS de 11 de junio de 2012: tesis permisiva y voto particular prohibitivo

La admisión de la sustitución de huelguistas por los medios técnicos de la empresa cambió de forma significativa en el año 2012. En apenas medio año y en dos supuestos idénticos[1524], el Tribunal Supremo dio un giro copernicano a su doctrina, con votos particulares en ambas sentencias, para pasar de aceptar de forma generosa el esquirolaje tecnológico a considerarlo como un comportamiento potencialmente lesivo del derecho fundamental de huelga[1525].

En el primer supuesto, se consideró lícita la emisión durante la jornada de huelga del 29 de junio de 2010 en la televisión vasca EUSKAL TELEBISTA, de forma automática y sin intervención humana, de publicidad y otros contenidos comerciales programados (teletienda). El TS sostiene que el conflicto es diferente de la STC 183/2006, porque no se ha considerado un servicio esencial esta publicidad, sino que simplemente se ha procedido a la emisión de la misma, sin que para ello se haya recurrido a trabajadores, es decir, de forma automática.

El alto tribunal rechaza que se vulnere el derecho de huelga porque "lo que veda la doctrina del Tribunal Constitucional mencionada es que se califique como servicio esencial y que, por tanto, pueda ser atendida por trabajadores asignados a estos servicios (por ejemplo, en labores de control, conexión o supervisión) la gestión de una pro-

---

1523 STS de 17 de julio de 2009 (Rec. 161/2007); STS de 24 de febrero de 2010 (Rec. 1425/2008); STS de 8 de abril de 2010 (Rec. 4151/2007).

1524 STS de 11 de junio de 2012 (Rec. 110/2011); STS de 5 de diciembre de 2012 (Rec. 265/2011).

1525 TASCÓN LÓPEZ, R., *El esquirolaje tecnológico*, *op. cit.*, p. 71.

gramación pregrabada que no tiene valor informativo alguno y que, sin embargo, al emitirse, creando la imagen de una continuidad del servicio, puede perjudicar los objetivos de la huelga"[1526].

De esta forma defiende que, como la actividad no se puede calificar como servicio esencial, esta pueda realizarse por la empresa: "la actividad podrá realizarse, como cualquier otra, siempre que no se asignen a ella trabajadores encargados de los servicios mínimos, es decir, si se realiza con personal no huelguista y sin utilizar personal incluido en la prohibición de sustitución del art. 6.5 del Real Decreto-Ley 17/1977, o si se realiza de forma totalmente automática"[1527].

En contra de esta postura se formula un voto particular que critica "una ponderación inadecuada del alcance de los dos derechos constitucionales en presencia: el derecho fundamental de huelga consagrado en el artículo 28.2 CE que, por su ubicación en la Sección 1ª del Capítulo II, debe considerarse prevalente, y la libertad de empresa que se reconoce en el artículo 38 CE, ubicado en la Sección 2ª de dicho Capítulo II. En virtud de esa ponderación inadecuada, el derecho de huelga puede llegar a constreñirse hasta extremos que le hagan prácticamente ineficaz en su ejercicio, al amparo de una protección ilimitada de la libertad empresarial"[1528].

La sentencia razona que el derecho de huelga "sólo se vulnera si los trabajadores asignados a la prestación de servicios mínimos se utilizan para cumplir servicios no esenciales, pero no si los servicios no esenciales se ejecutan por trabajadores no huelguistas o por medios automáticos". Sin embargo, el voto particular advierte que, con tal planteamiento,

> "quedaría legitimada una actuación empresarial en la que, en lugar de emitir solamente publicidad —como en el supuesto de autos— se emitieran también todos los programas de entretenimiento —películas, concursos, reportajes, etc.— que constituyen el mayor porcentaje de la parrilla de programas de cualquier televisión y que están, en su inmensa mayoría pregrabados. Si a ello le añadimos la emisión en directo de

1526 STS de 11 de junio de 2012 (Rec. 110/2011).

1527 *Idem.*

1528 STS de 11 de junio de 2012 (Rec. 110/2011). Voto particular que formula D. Manuel Ramón Alarcón Caracuel.

> los informativos —que siempre estará justificada por el debido respeto al derecho de comunicación e información y así se habrá establecido en la correspondiente norma de servicios mínimos— el resultado práctico no puede ser más evidente: la realización de una huelga en este tipo de empresas puede llegar a tener una trascendencia social prácticamente nula y, consiguientemente, el ejercicio de ese derecho puede quedar casi vaciado de contenido real, especialmente en un tipo de huelgas —como las del caso de autos— en las que no se trata de infligir un daño económico al empresario —que, probablemente, tampoco se le produciría si se le permite emitir publicidad— sino de hacer visible una protesta contra determinadas medidas gubernamentales que afectan al conjunto de la clase trabajadora"[1529].

Aunque no se cuestionen los servicios mínimos, resulta útil la aplicación la STC 183/2006 porque la automatización empresarial de la programación produjo el mismo efecto que el TC quiso evitar. En ambos casos se busca "sustraer virtualidad a la huelga como medio de presión" y la "posibilidad de limitar los efectos prácticos del ejercicio del derecho de huelga debe ser interpretada restrictivamente, haciendo prevalecer el criterio de la máxima efectividad del derecho fundamental en juego"[1530].

Finalmente, incide en dos tesis de la STC 123/1992 que hubieran debido utilizarse para resolver el problema del esquirolaje tecnológico en un sentido contrario al criterio de la mayoría: que "la legitimidad de una actuación limitadora de un derecho fundamental como es la huelga no puede derivarse de una interpretación *sensu contrario* de un precepto legal y que tampoco puede amparase en el ejercicio de potestades directivas que, en definitiva, derivan del principio de libertad de empresa, y que están concebidas y protegidas por el ordenamiento jurídico para 'un contexto de normalidad' pero no para una situación de conflicto"[1531].

1529 *Idem.*

1530 *Idem.*

1531 *Idem.*

c) La tesis prohibitiva de la STS de 5 de diciembre de 2012 y sus votos particulares permisivos

El segundo supuesto se produjo en el marco de la huelga general en Euskadi del 27 de enero de 2011. Al igual que en la sentencia anterior, la televisión pública vasca EITB emitió el día de la huelga publicidad ordinaria y teletienda de manera continuada entre los programas que consideró servicios esenciales. Dicha publicidad se hallaba preprogramada y su emisión se produjo de manera completamente automática, sin intervención humana directa[1532].

Esta sentencia, en su FD 3º, acoge íntegramente los argumentos del voto particular de la STS de 11 de junio de 2012 ya analizados y constituye el máximo exponente de la prohibición del esquirolaje tecnológico[1533], modificando la doctrina sentada en anteriores sentencias[1534].

Así, en su sentencia de 5 de diciembre de 2012, el Tribunal Supremo establece, con carácter general y con una actitud entre lo pedagógico y lo *quasi* legislativo[1535], la nueva doctrina aplicable al esquirolaje tecnológico: "no sólo en el supuesto de que se utilicen medios humanos (trabajadores asignados a la prestación de servicios mínimos) para la realización de actividades que exceden de los servicios decretados como esenciales se lesiona el derecho de huelga, sino que también se lesiona este derecho cuando una empresa del sector de radiodifusión sonora y televisión emite programación o publicidad por medios automáticos, en el caso de que dicha actividad empresarial, aún cuando sea mediante la utilización de medios mecánicos o tecnológicos, priva materialmente a los trabajadores de su derecho fundamental, vaciando su contenido esencial"[1536].

De esta forma, la sentencia rechaza el uso de las facultades empresariales de dirección y control, aún amparadas en la libertad de

---

1532 STS de 5 de diciembre de 2012 (Rec. 265/2011).

1533 VALLE MUÑOZ, F. A., *La sustitución de..., op. cit.*, p. 127.

1534 Entre otras, SSTS de 4 de julio de 2000 (rec. 75/2000); 9 de diciembre de 2003 (rec. 41/2003), 15 de abril de 2005 (rec. 133/2004), y 11 de junio de 2012 (rec. 110/2011).

1535 TASCÓN LÓPEZ, R., *El esquirolaje tecnológico, op. cit.*, p. 75.

1536 STS de 5 de diciembre de 2012 (Rec. 265/2011).

empresa, para limitar la eficacia del derecho fundamental de huelga. Así, "la propia naturaleza de este derecho y también del de libertad de empresa no incorpora a su contenido facultades de reacción frente al paro"[1537].

Frente al argumento jerárquico, según el cual priman los derechos reconocidos en la sección 1ª del capítulo II del título I de la Constitución (arts. 14-29), el TS se decanta por un criterio de delimitación positiva, esto es, por una precisa delimitación del contenido de los derechos y el alcance de su reconocimiento constitucional. Así, "la huelga incorpora a su contenido la capacidad de incidir restrictivamente en las facultades empresariales y que, a su vez, la libertad de empresa no ampara la capacidad del empresario de reaccionar contra el ejercicio de un derecho fundamental, en este caso el previsto en el art. 28.2 CE"[1538].

Esta concepción más avanzada de la huelga, que asoma ahora a la doctrina del TS, confluye con los juicios doctrinales más especializados que vienen considerando que el art. 28.2 CE incorpora a su contenido esencial la preservación de su eficacia para interrumpir la actividad productiva[1539].

La doctrina científica analiza los dos requisitos que el TS exige para apreciar una situación de esquirolaje tecnológico. Por un lado, la doctrina sólo incluye la huelga en empresas del sector de la radiodifusión sonora y Televisión. Por otro, "para que el recurso empresarial a los instrumentos técnicos durante la huelga pueda considerarse incompatible con ésta es necesario que consiga privar materialmente a los trabajadores de su derecho fundamental, vaciando su contenido esencial"[1540].

Esto es, la lesión del derecho no es automática, debe valorarse si se produjo un vaciamiento del contenido del derecho, o una desactivación o aminoración de la presión asociada a su ejercicio. Para valorar la vulneración del derecho de huelga hay dos posibles criterios: la

---

1537 *Idem.*

1538 PÉREZ REY, J., "El esquirolaje tecnológico...", *op. cit.*, p. 172.

1539 BAYLOS GRAU, A., "Continuidad de la producción o del servicio y facultades empresariales en caso de huelga", en *Ibid.* (Coord.), *Estudios sobre la huelga*, Bomarzo, Albacete, 2005, p. 97.

1540 PÉREZ REY, J., "El esquirolaje tecnológico...", *op. cit.*, p. 173.

voluntad del empresario de reducir sus efectos (criterio subjetivo) o los efectos que produzca su actuación, independientemente de si este era el objeto principal del empresario o no (criterio objetivo)[1541]. La jurisprudencia parece optar por el segundo.

En contra de esta nueva doctrina, se plantean dos votos particulares, que defienden mantener la tesis permisiva del esquirolaje tecnológico, argumentada en la STS de 11 de junio de 2011, entre otras. De hecho, el impulsor del primer voto particular, Desdentado Bonete, fue el ponente de la referida sentencia de junio.

El primer voto particular[1542] argumenta que excede la garantía del art. 6.5 RDLRT entender que vulnera el derecho de huelga la emisión de programas grabados con anterioridad. Esta argumentación se fundamenta en una interpretación literal, y un poco simplista, del concepto sustitución del art. 6.5 RDLRT. De tal forma, considera necesaria una sustitución de los huelguistas por otros trabajadores, en el sentido que la define el diccionario de la RAE: "poner a una persona o cosa en lugar de otra". De igual forma, un esquirol es aquel que "se presta a realizar el trabajo abandonado por un huelguista".

Por lo tanto, la sustitución exige, primero, "que el trabajo desempeñado por un trabajador huelguista se reemplace sin causa habilitante para ello y, en segundo lugar, que ese reemplazo o sustitución se realice en el supuesto normal recurriendo a un trabajador contratado '*ex novo*' o asignado de forma irregular a la tarea del huelguista. Sin sustitución no opera la garantía y no hay sustitución cuando el trabajo sigue realizándose por los mismos trabajadores que no se unen a la huelga o cuando la actividad productiva, que se realizaba de forma automática sin intervención del trabajo humano continúa desarrollándose de la misma forma y, por tanto, sin necesidad de reemplazo de la fuerza de trabajo para mantener su continuidad durante la huelga, es decir, cuando no hay huelguistas que hayan sido sustituidos"[1543].

1541 TODOLI SIGNES, A., "El esquirolaje tecnológico…", *op. cit.*

1542 STS de 5 de diciembre de 2012 (Rec. 265/2011). Voto particular formulado por D. Aurelio Desdentado Bonete, al que se adhieren Dª. Maria Milagros Calvo Ibarlucea y D. Jose Luis Gilolmo López.

1543 *Idem.*

En el caso concreto que analiza el TS, no hay discusión sobre que la actividad productiva continúa a través de procesos automáticos sin intervención de trabajadores. "Si bien es cierto que algún trabajador al menos tendrá que hacer funcionar estos medios tecnológicos, o al menos vigilar y controlar su funcionamiento, pero este trabajador hipotético no tiene por qué existir, o de existir, no tiene por qué proceder de los trabajadores designados para cumplir los servicios mínimos o del esquirolaje tradicional, externo o interno"[1544].

Así, se excede el ámbito de esta garantía y el propio contenido esencial del derecho fundamental cuando se defiende que la lesión del derecho de huelga se produce también en supuestos de actividades empresariales que recurran a la utilización de medios mecánicos y tecnológicos, con independencia de que "no conste ni la sustitución de huelguistas por esos medios automáticos, ni que tales medios se hayan incorporado a la empresa con la finalidad específica de hacer frente a la huelga"[1545].

La única justificación de la sentencia para considerar lesionado el derecho de huelga es que a través de estos medios "se consigue ofrecer una apariencia de normalidad con lo que la realización de la huelga en este tipo de empresas puede llegar una transcendencia social prácticamente nula y consiguientemente el ejercicio de ese derecho puede quedar prácticamente vaciado de contenido real". Pero, de esta forma, "la garantía ya no afecta a la sustitución de los huelguistas, sino al resultado de la huelga, convirtiéndose en una garantía del éxito de ésta, para lo que se impone al empresario una obligación de colaborar a ese resultado, absteniéndose de realizar su actividad por medios que no se ha acreditado que supongan sustitución alguna de los huelguistas"[1546].

El voto particular es muy crítico con esta tesis. Así, defiende que la Constitución sólo garantiza el derecho a cesar temporalmente en el trabajo como medida de presión, no el resultado de la huelga. El derecho de huelga "no comprende la obligación de que el empresario se abstenga de realizar una actividad productiva que puede compro-

---

1544 *Idem.*

1545 *Idem.*

1546 *Idem.*

meter el logro de los objetivos de la huelga, cuando esa actividad se realiza sin sustitución de los huelguistas"[1547].

De tal forma, este voto particular considera que el problema del esquirolaje tecnológico es más complejo, porque en él habría que distinguir al menos dos situaciones: "1ª) la utilización de medios ya existentes en la empresa para el mantenimiento de determinadas actividades automatizadas sin sustitución de los huelguistas y sin empleo de trabajadores afectados a los servicios mínimos cuando esas actividades no tienen ese carácter; 2ª) la utilización de esos medios para sustituir a los huelguistas, con dos variantes: (a) el empleo para esa finalidad de medios ya existentes en la empresa y (b) la adquisición de esos medios para hacer frente a los problemas planteados por la huelga. Solo en esta segunda situación cabría plantear el problema de la compatibilidad con el derecho de huelga y su extensión por vía analógica a partir del art. 6.5 del Real Decreto-Ley 17/1977"[1548].

El segundo voto particular[1549] critica que la sentencia busca sentar doctrina para futuros casos hipotéticos de medios de comunicación que decidiesen insertar publicidad durante la huelga, distintos al supuesto del recurso, que estima. No obstante, la misma crítica puede hacérsele al propio voto particular que "intenta una construcción teórica sobre los límites del derecho de huelga que rebata la tesis de la mayoría y siente así las bases para un posible nuevo cambio de criterio por el TS cuando haya nuevos miembros"[1550].

Comienza criticando la operación hermenéutica, una analogía, que efectúa la sentencia para concluir que puede constituir una lesión del derecho de huelga en las empresas de comunicación no sólo la sustitución de los trabajadores huelguistas por otros trabajadores, prohibido por el art. 6.5 RDLRT, sino "también la emisión de pro-

---

1547 *Idem.*

1548 *Idem.*

1549 STS de 5 de diciembre de 2012 (Rec. 265/2011). Voto particular que formula D. Antonio Martin Valverde al que se adhieren D. Jose Manuel López García de la Serrana y D. Jesus Souto Prieto.

1550 ROJO TORRECILLA, E., "La protección del derecho fundamental de huelga reforzada por el Tribunal Supremo. La prohibición del esquirolaje tecnológico. Notas a la sentencia de 5 de diciembre de 2012", *El blog de Eduardo Rojo*, [en línea], 13 de marzo de 2013.

gramas pregrabados en cuya inserción no haya habido intervención alguna de trabajadores en huelga"[1551].

En primer lugar, no existe laguna legal porque el principio de libertad de empresa y el derecho del empresario a adoptar medidas de conflicto colectivo, regulado en el art. 37 CE, limitan las restricciones de la libertad de acción del empresario en conflictos establecidas en ley. Y, en segundo lugar, "no hay identidad de razón entre la prohibición de la sustitución de trabajadores huelguistas y la prohibición de emisión de programas pregrabados, porque la primera se refiere al mismo factor de producción que la huelga ("capital humano"), mientras que la segunda pone en juego un factor o medio de producción netamente distinto ("capital físico y tecnológico"), de libre disposición por parte de la empresa"[1552]. La tesis es clara: la huelga se refiere al trabajo de personas y no al funcionamiento de máquinas propiedad del empresario y a su disposición.

Por otra parte, la propia STC 11/1981 concluye que el derecho de huelga es un derecho individual de los trabajadores huelguistas. No se puede exigir al resto de trabajadores que se sumen ni al empresario que colabore por inacción u omisión. De esta forma, "la huelga es un derecho instrumental y no un derecho absoluto, que ha de convivir en el ordenamiento de los conflictos colectivos de trabajo con el derecho del empresario a adoptar medidas efectivas de conflicto colectivo"[1553].

No cabe duda de que "las medidas de conflicto colectivo del empresario están restringidas o limitadas por el legislador, que ha dispuesto la desigualdad de armas en este ámbito particular de la competición entre las fuerzas productivas". No obstante, "los actos empresariales de mantenimiento de la producción sin intervención humana están legitimados, tanto por el derecho a la libertad de empresa en su vertiente de ejercicio de actividades empresariales lícitas, como por la defensa de la productividad que el artículo 38 CE en-

---

1551 STS de 5 de diciembre de 2012 (Rec. 265/2011). Voto particular que formula D. Antonio Martin Valverde al que se adhieren D. Jose Manuel López García de la Serrana y D. Jesus Souto Prieto.

1552 *Idem.*

1553 *Idem.*

carga expresamente a los poderes públicos, incluidos los organismos jurisdiccionales"[1554].

Este voto particular rechaza primar el derecho de huelga, por su ubicación dentro de los "derechos y libertades" constitucionales (sección 1ª del capítulo II CE), respecto de otros derechos o intereses, como el derecho al trabajo, o la libertad de los no huelguistas, o el interés de los empresarios y de la economía en general en "la defensa de la productividad" (art. 38 CE)[1555].

Considera que esta argumentación es errónea: "aunque el artículo 53 CE otorgue al derecho de huelga la protección jurisdiccional reforzada, al igual que al resto de los derechos reconocidos en la sección 2ª del capítulo II del Título I de la Constitución, los intereses jurídicos protegidos de los huelguistas no tienen mayor consideración o dignidad 'sustantiva' que los de los demás afectados (trabajadores no huelguistas, empresarios, usuarios de servicios públicos, etcétera), sino que las especiales características del ejercicio de la huelga han aconsejado una protección jurisdiccional dotada de la mayor eficacia procesal posible"[1556].

Además, rechaza la supuesta la fragilidad o vulnerabilidad del ejercicio del derecho de huelga. Cree que "en las huelgas político-económicas de 'protesta' puede y suele ser más frágil o vulnerable el ejercicio de la libertad de trabajo o el ejercicio de los derechos de los ciudadanos afectados por las alteraciones derivadas de la huelga, derechos cuyo reconocimiento y protección constan también expresamente en la Constitución y en la normativa legal del derecho de huelga"[1557].

De la sentencia se desprende que los derechos a compaginar o armonizar son únicamente el derecho de huelga y la libertad de empresa, cuando, en realidad, también debe incluirse el derecho constitucional "de trabajadores y empresarios" a "adoptar medidas de conflicto colectivo", dentro de las cuales se encuentran todas aquellas que no hayan sido limitadas o excluidas por "la ley que regule el

---

1554 *Idem.*

1555 *Idem.*

1556 *Idem.*

1557 *Idem.*

ejercicio de este derecho" (art. 37.2 CE). De esta forma, rechaza que la prohibición del esquirolaje deba entenderse como una limitación a las medidas de conflicto colectivo del empresario[1558].

En definitiva, el voto particular legitima la utilización de recursos materiales y tecnológicos como reacción del empresario a la huelga, con el objetivo de mantener una actividad que el ordenamiento jurídico no le obliga a interrumpir para colaborar con los huelguistas. El *ius variandi* empresarial está limitado respecto a la sustitución de trabajadores, pero no para intentar continuar la producción con normalidad.

Una parte de la doctrina ha sido muy crítica con esta postura y argumenta que los conflictos colectivos no se rigen por las reglas de la paridad de armas entre trabajadores y empresarios y que la CE no atribuye facultades, dentro del genérico derecho de los empresarios a adoptar medidas de conflicto colectivo, destinadas a desactivar o atemperar las consecuencias del lícito ejercicio de un derecho fundamental como la huelga[1559]. Así, califica esta presunta inversión de las posiciones de debilidad y fortaleza en el caso de huelga general como una "veleidad interpretativa trufada de prejuicios ideológicos"[1560].

Con independencia de estos votos particulares, la doctrina judicial ha acogido la nueva jurisprudencia del Tribunal Supremo, declarando vulnerado el derecho de huelga en supuestos como la emisión de una programación previamente grabada, aún sin intervención de trabajadores[1561], o la utilización de medios tecnológicos para maquetar de forma automática un periódico[1562].

4.3.3. La tercera etapa: el retorno a la permisión. STC 17/2017, de 2 de febrero

Cuando parecía que la cuestión del esquirolaje tecnológico estaba zanjada, en el sentido de que estaba prohibido, el Tribunal Constitu-

---

1558 *Idem.*

1559 PÉREZ REY, J., "El esquirolaje tecnológico…", *op. cit.*, p. 174.

1560 *Ibidem*, p. 175.

1561 STSJ de Madrid de 2 de marzo de 2011 (Rec. 3200/2010).

1562 STSJ de Extremadura de 29 de abril de 2014 (Rec. 99/2014).

cional da un paso atrás[1563]. De esta forma, la curva con la que veníamos representando la protección del derecho de huelga se hunde con la nueva doctrina del TC permisiva del esquirolaje tecnológico. Así, la empresa puede utilizar medios automáticos preexistentes no habituales y sin intervención humana, incluso recurriendo a trabajadores no huelguistas para gestionarlos. La postura permisiva del TC "cuestiona toda la construcción jurisprudencial de la Sala de lo Social del Tribunal Supremo sobre la protección del derecho constitucional ante la utilización de las posibilidades ofrecidas por la tecnología para desvirtuar su alcance efectivo"[1564].

El día 29 de septiembre de 2010 tuvo lugar una huelga general en España, convocada contra la reforma laboral del gobierno socialista. Ese día, Telemadrid sólo emitió un programa: un partido de la *Champions League.* A diferencia de lo que ocurre en supuestos de normalidad productiva, se utilizó un canal técnico distinto del rutinario porque este último era inoperable al estar todos los trabajadores que lo atendían en huelga. En concreto, la señal se envió desde los controles centrales a un departamento distinto del habitual (grafismo en lugar de continuidad), en el que se incorporó la "mosca" de la cadena gracias a la actuación del responsable de ese departamento, usándose también para la emisión un codificador que en circunstancias normales se usa exclusivamente como reserva, pero que en el caso se debió utilizar como canal principal ante la ausencia de los trabajadores del departamento que atendía el otro codificador[1565].

Parece claro que la cadena alteró profundamente el proceso técnico de retransmisión del partido de fútbol, que además fue la única emisión durante la huelga, para poder aprovechar el trabajo de los escasos trabajadores que no secundaron el paro. Se usaron los medios técnicos en los sí había trabajadores (controles centrales, departamento de grafismo, comunicación con la empresa que activa

---

1563 ROJO TORRECILLA, E., "Tecnología y derecho de huelga. Paso atrás del Tribunal Constitucional en la protección de un derecho constitucional fundamental. Notas críticas a la sentencia de 2 de febrero de 2017 (con voto particular discrepante de dos magistrados y una magistrada)", *El blog de Eduardo Rojo,* 19 de febrero de 2017.

1564 *Idem.*

1565 STC 17/2017, de 2 de febrero.

los codificadores y cabina de locución, que tuvo que ser abierta por un vigilante de seguridad, seguramente ajeno a la plantilla de la empresa) y se circunvalaron aquellos otros, los habituales, en los que la huelga había tenido un seguimiento total[1566].

La doctrina científica ha criticado que el Tribunal no haya valorado que, a efectos prácticos, un paro seguido de forma masiva por los trabajadores de la empresa (apenas constan en el relato de los hechos cuatro personas trabajando) no impidió la retransmisión de un evento de tanta transcendencia social como un partido de la Champions League. Es evidente que el alcance real de la huelga fue reducido de forma desproporcionada por la actuación de la empresa y que el daño que la actuación empresarial produjo en el ejercicio del derecho abarcó tanto su faceta externa, de exteriorización del conflicto, como la interna de paralización de la actividad[1567].

El Tribunal Constitucional analiza en esta sentencia "si la utilización de medios técnicos de los que dispone la empresa, pero que no utiliza con carácter habitual, constituye una vulneración del derecho de huelga y puede asimilarse a los supuestos de esquirolaje o sustitución de los trabajadores huelguistas". En este sentido, el propio tribunal recuerda que "no existe en los ordenamientos de nuestro entorno ninguna previsión que ampare una lectura del derecho de huelga que abarque lo que aquí se pretende"[1568].

Así, la fundamentación del TC se articula a partir de dos bloques argumentativos. Por un lado, los límites del esquirolaje interno y, por otro, el uso de medios técnicos no habituales para cubrir a los huelguistas (el esquirolaje tecnológico).

Primero, el TC señala que "la empresa utilizó medios técnicos de los que disponía, de uso no habitual, para retransmitir el partido de Champions el día de la huelga, y para ello se sirvió de trabajadores no huelguistas que siguieron realizando las funciones propias de su categoría". Por ello, matiza que no nos encontramos ante un supuesto en el que la empresa haya contratado a otros trabajadores para realizar las funciones de los huelguistas (esquirolaje externo), ni en el que el

1566 PÉREZ REY, J., "El Tribunal Constitucional...", *op. cit.*, p. 157.

1567 *Ibidem*, p. 158.

1568 STC 17/2017, de 2 de febrero.

empresario haya modificado las funciones que vienen realizando los no huelguistas (esquirolaje interno). Rechaza, por tanto, que se esté haciendo uso del *ius variandi* empresarial[1569].

El tribunal llega a esta conclusión porque acepta de forma acrítica el valor de hecho probado de la afirmación que hace el Juzgado de lo Social nº4 de Madrid en su sentencia, conforme a la cual "los trabajadores que no secundaron la huelga y que colaboraron en la emisión del partido no llevaron a cabo funciones distintas de las que vienen desarrollando anteriormente"[1570].

Continúa argumentando que el poder de organización y dirección, amparado en libertad del empresario, queda restringido por el ejercicio del derecho de huelga, pero "no hay precepto alguno que, durante este ejercicio, prohíba al empresario usar los medios técnicos de los que habitualmente dispone en la empresa para mantener su actividad"[1571].

El mantenimiento de la actividad productiva durante la huelga, si "de una parte es consustancial al ejercicio del derecho de huelga de los huelguistas, de otra es instrumental al del derecho al trabajo de los no huelguistas"[1572]. Aquí, se trata de una actividad que "es inherente a la lesividad del ejercicio de la huelga e instrumental al ejercicio del derecho al trabajo de aquellos trabajadores que han decidido no sumarse a la misma"[1573].

En definitiva, el Tribunal Constitucional concluye que "exigir al empresario que no utilice medios técnicos con los que cuenta en la empresa supone imponerle una conducta de colaboración en la huelga no prevista legalmente. La utilización de medios ya existentes en la empresa es compatible con el derecho de huelga y no puede extenderse, por vía analógica, a este supuesto la prohibición prevista en el art. 6.5 del RDLRT, que se refiere al empleo de los recursos humanos en la empresa, pero no a la utilización de sus recursos materiales y tecnológicos"[1574].

[1569] *Idem.*

[1570] *Idem.*

[1571] *Idem.*

[1572] STC 11/1981, de 8 de abril.

[1573] STC 17/2017, de 2 de febrero.

[1574] *Idem.*

Así, ni la Constitución ni la jurisprudencia del Tribunal Constitucional "obligan a los restantes trabajadores a contribuir al éxito de la reivindicación, pues debe respetarse la libertad de trabajo de aquellos trabajadores que no quisieran sumarse a la huelga, ni obligan al empresario a reducir la actividad empresarial más allá de lo que sea una consecuencia lógica del seguimiento de la huelga por los trabajadores afectados"[1575].

No se puede imponer a una empresa que no utilice sus medios técnicos habituales o que se abstenenga de continuar la actividad productiva ordinaria porque pueda perjudicar el logro de los objetivos de la huelga, de los que no es responsable. Por ello, "lo que garantiza la Constitución es el derecho a realizar la huelga, no el resultado o el éxito de la misma. Sería desproporcionado exigir al empresario que colabore por inacción u omisión al éxito de la huelga, imponiéndose el deber o la obligación de colaboración con los huelguistas en el logro de sus propósitos"[1576].

Además, "la utilización por parte de los trabajadores no huelguistas de los medios técnicos de los que dispone la empresa del modo en que lo han hecho en el supuesto enjuiciado, sin realizar funciones de una categoría distinta, ha permitido hacer efectiva la libertad de trabajo que les reconoce el art. 6.4 del RDLRT y la jurisprudencia constitucional"[1577].

De esta forma, el TC concluye que no se ha lesionado el derecho de huelga. "El empresario, en el ejercicio de su poder de organización, ha hecho un ejercicio regular de sus funciones. La emisión del partido fue posible porque en la empresa existían medios técnicos que permitían hacerlo y porque varios trabajadores no secundaron la huelga. Los medios técnicos ya existían —no fueron adquiridos expresamente para hacer frente a los efectos de la huelga— y los trabajadores que no secundaron la huelga no realizaron funciones distintas a las que les corresponden"[1578].

1575 *Idem.*

1576 *Idem.*

1577 *Idem.*

1578 *Idem.*

Como puede apreciarse, el Tribunal Constitucional recurre a los mismos argumentos que ha ido utilizando la jurisprudencia del TS para rechazar la prohibición del esquirolaje tecnológico, enmarcada en las tesis permisivas de esta nueva forma de esquirolaje. Así, se argumenta la ausencia de prohibición, que no se sustituye a trabajadores y que no existe un deber colaboración del empresario con la huelga.

Frente a esta tesis, se formula un voto particular que "atesora una robustez de tal entidad que resultan difícil de comprender los motivos por los que no ha prevalecido"[1579]. Comienza criticando que los criterios utilizados en la sentencia resultan notoriamente incompletos, reduciendo la solución constitucional a un debate fáctico y sobre lo fáctico. Un "fetichismo"[1580] con los hechos probados que conduce a la mayoría del TC a descartar el esquirolaje.

Esto se debe a que el TC no cuestiona la narración de hechos probados de la resolución de instancia, impidiendo realizar un auténtico juicio de constitucionalidad a la práctica empresarial lesiva del derecho de huelga, un derecho que "se insertó y formó parte de ese pacto de mediados del siglo XX y aún vigente, entre Estado y sociedad, y cuyo legado acaso más relevante fue la construcción de la noción de Estado social y democrático de Derecho que, en su mismo pórtico, hace suya nuestra Constitución"[1581].

Llega a decir que "si la función de este Tribunal hubiera de limitarse a confirmar las resoluciones dictadas por los órganos judiciales, el proceso constitucional de amparo carecería del menor alcance"[1582].

Es cierto que el control constitucional debe realizarse sin entrar a conocer los hechos que dieron lugar al proceso, de acuerdo con el art. 44.1 b) LOTC. Sin embargo, nada impide "alcanzar una interpretación propia del relato fáctico conforme a los derechos y valores constitucionales en presencia" ni impide una valoración discrepante,

---

1579 BELTRÁN DE HEREDIA RUIZ, I., "Huelga y esquirolaje interno y técnico: un paso atrás a la luz de la STC 2/2/17", *Revista de Derecho vLex*, nº 154, 2017.

1580 PÉREZ REY, J, "El tribunal constitucional...", *op. cit.*, p. 159.

1581 STC 17/2017, de 2 de febrero. Voto particular que formula el D. Fernando Valdés Dal-Ré, al que se adhieren Dª. Adela Asua Batarrita y D. Juan Antonio Xiol Ríos.

1582 *Idem.*

sin que "suponga una revisión de la valoración de la prueba hecha por el juzgador, función privativa suya, sino una interpretación nuestra de ese relato a la luz de los valores constitucionales", siendo esta interpretación doctrina consolidada[1583]. Así, la imposibilidad legal y material de alterar los hechos "no puede conducir a que el Tribunal Constitucional abdique de su función de protección del derecho fundamental"[1584].

De esta forma, el juicio de constitucionalidad que debe realizar el TC avala interpretar unos hechos como plenamente acreditativos de la lesión, si así fuera deducible, con independencia de las valoraciones del proceso en instancia respecto de los mismos elementos fácticos sobre el derecho fundamental presuntamente violado. "No hacer esta tarea, renunciar a interpretar los hechos como proceda *ex constitutione*, es abdicar del control de constitucionalidad que nos compete"[1585].

En definitiva, el voto particular cree que la Sentencia interpreta los hechos de esa forma con la expresa voluntad de impedir la "reconstrucción de los elementos fácticos con vistas a defender la lesión denunciada". Así, la afirmación judicial de que "los trabajadores que no realizaban la huelga ese día y que colaboraron en la emisión del partido, no llevaron a cabo funciones distintas de las que vienen desarrollando habitualmente" es una proposición aparentemente fáctica, pero totalmente incompatible con la doctrina de las SSTC 123/1992 y 33/2011 al proyectar en el juicio del art. 28.2 CE los propios hechos probados[1586].

El voto particular critica elusiones de las SSTC 123/1992 y 33/2011 decisivas en el juicio de constitucionalidad donde el TC considera ilícitas las medidas empresariales que, para paliar o minimizar los

1583 Entre otras muchas, en las SSTC 224/1999, de 13 de diciembre; 136/2001, de 18 de junio; 17/2003, de 30 de enero; 171/2003, de 29 de septiembre; 188/2004, de 2 de noviembre; 41/2006, de 13 de febrero; 68/2008, de 23 de junio; o 183/2015, de 10 de septiembre.

1584 STC 17/2017, de 2 de febrero. Voto particular que formula el D. Fernando Valdés Dal-Ré, al que se adhieren Dª. Adela Asua Batarrita y D. Juan Antonio Xiol Ríos.

1585 *Idem*.

1586 *Idem*.

efectos del paro laboral, encomiendan la realización de funciones propias de huelguistas a trabajadores no huelguistas de un nivel profesional superior.

Se censura que la sentencia adolece una "inaceptable simplificación de los hechos". La retransmisión del partido de fútbol el día de huelga "se articuló e instrumentó mediante la actividad laboral de un trabajador no huelguista" con una categoría profesional superior a la de los trabajadores que sí secundaron el paro. "O por enunciar la idea en el lenguaje de las SSTC 123/1992 y 33/2011, eludido u ocultado por la presente Sentencia, la sustitución de los trabajadores en huelga se efectuó por otros de superior nivel profesional, medida ésta que tacha de irregular e ilícita la sustitución interna y, por lo mismo, lesiona el constitucional derecho de huelga"[1587].

El voto particular denuncia "la deriva hacia una jurisprudencia constitucional cada vez más indiferente con la efectividad de los derechos fundamentales". De esta forma, muestra su preocupación por la doctrina constitucional sobre derechos fundamentales que ampara al empresario cuando recurre a las nuevas tecnologías. "No es de recibo que la doctrina sobre los derechos fundamentales se muestre del todo insensible y ajena a los cambios tecnológicos, como si en nada estuviera comprometida la Constitución"[1588].

Así señala que "las renovadas fuentes de incidencia empresarial en la efectividad de los derechos fundamentales, al amparo de los nuevos medios técnicos a los que recurre para hacer más penetrante su actuación limitativa e impeditiva de la tutela constitucional, requieren respuestas constitucionales también nuevas, que garanticen la protección de los derechos más esenciales de los trabajadores en un grado asimilable al que ofreció nuestra jurisprudencia en el pasado, cuando dichos medios tecnológicos carecían del desarrollo y de la potencialidad restrictiva con los que ahora cuentan"[1589].

Y concluye: "más que una nueva oportunidad perdida, advierto en estos pronunciamientos la repetida confirmación de interpretacio-

1587 *Idem.*

1588 *Idem.*

1589 *Idem.*

nes que eligen la reducción progresiva de la tutela que el contratante débil en la relación laboral precisa de la norma fundamental"[1590].

4.3.4. El último pronunciamiento jurisprudencial sobre esquirolaje tecnológico: el empleo de trenes dobles en el Metro de Sevilla

A pesar de la contundencia del voto particular a la STC 17/2017, la jurisprudencia ordinaria posterior a la nueva doctrina del TC admite el esquirolaje tecnológico. Recientemente, la sentencia del TSJ de Andalucía, Sevilla, de 24 de abril de 2024 (rec. 958/2024) ha discutido si la decisión empresarial del Metro de Sevilla de utilizar trenes dobles en lugar de trenes simples en determinados recorridos, en modificación del cuadrante inicialmente previsto por la empresa, disponiendo la empresa que varios de los conductores en servicios mínimos circulasen con trenes dobles y no simples, constituye, como resolvía la sentencia de instancia, una vulneración del derecho de huelga del sindicato, incardinable en el esquirolaje tecnológico.

El pronunciamiento de instancia argumenta que "ninguna duda cabe de que esta modificación de la disposición de los trenes de metro obedece a la finalidad de minimizar el impacto de la huelga sobre el servicio de transporte de viajeros". Aunque "no es un hecho en absoluto extraño o anómalo que se produzcan modificaciones en el cuadrante provisional de trenes, por razones organizativas o necesidades del servicio que no fueran conocidas a la fecha de su elaboración", en este caso "la empresa no ha acreditado que ninguna de las modificaciones realizadas responda a causa objetiva u organizativa alguna ajena a la huelga, por lo que debe entenderse que la asignación de trenes dobles de metro a días de servicio que sólo preveían trenes simples no pretendía sino concentrar el mayor número de pasajeros posible en los trenes que conducían los trabajadores en servicios mínimos, minimizando así el impacto de la huelga". En este escenario, "lo que se reprocha al empresario no es que no haya colaborado con la huelga, sino que haya desplegado una conducta activa haciendo

---

1590 *Idem.*

uso de medios técnicos no previstos ni ordinarios, con la deliberada intención de reducir los efectos de la huelga"[1591].

Sin embargo, el Tribunal Superior de Justicia de Andalucía hace suya la fundamentación de la STC 17/2017 y justifica que no hay precepto alguno que, durante este ejercicio del derecho de huelga, "prohíba al empresario usar los medios técnicos de los que habitualmente dispone en la empresa para mantener su actividad". Por tanto, "exigir al empresario que no utilice medios técnicos con los que cuenta en la empresa supone imponer al empresario una conducta de colaboración en la huelga no prevista legalmente". Ni la Constitución ni la jurisprudencia constitucional "obligan a los restantes trabajadores a contribuir al éxito de la reivindicación, pues debe respetarse la libertad de trabajo de aquellos trabajadores que no quisieran sumarse a la huelga, ni obligan al empresario a reducir la actividad empresarial más allá de lo que sea una consecuencia lógica del seguimiento de la huelga por los trabajadores afectados"[1592].

En conclusión, "el empleo de trenes dobles estaba expresamente previsto en el cuadrante provisional de la empresa demandada en los días señalados, luego se trata de un medio técnico habitual de los que se dispone en la empresa para mantener su actividad, luego ningún esquirolaje tecnológico cabe apreciar pues, como han resuelto tanto el Tribunal Constitucional como el Tribunal Supremo, la efectividad del ejercicio del derecho de huelga no demanda del empresario una conducta dirigida a no utilizar los medios técnicos con los que cuenta en la empresa o a abstenerse de realizar una actividad productiva que pueda comprometer el logro de los objetivos de la huelga, al igual que no obliga a los restantes trabajadores a contribuir al éxito de la protesta, y ello porque lo que garantiza la Constitución es el derecho a realizar la huelga, no el resultado o el éxito de la misma"[1593].

[1591] SJS nº 6 de Sevilla, de 2 de octubre de 2023 (Rec. 27/2019).

[1592] STSJ de Andalucía, Sevilla, de 24 de abril de 2024 (Rec. 958/2024).

[1593] *Idem.*

4.3.5. Análisis crítico de la doctrina constitucional del esquirolaje tecnológico

La doctrina científica ha criticado de forma casi unánime la nueva doctrina permisiva del Tribunal Constitucional. Los reproches no son nuevos porque, cuando el Tribunal Supremo mantenía posiciones y argumentos muy similares, muchos autores pensaban que otra interpretación, de carácter prohibitivo, sería más respetuosa con el contenido esencial del derecho fundamental de huelga.

Así, se ha calificado como "una involución democrática que erosiona y desvirtúa el alcance y el sentido de este derecho fundamental"[1594] encuadrar la huelga en el marco de "un discurso de igualdad de armas, permitiendo una cierta capacidad beligerante del empresario respecto de la huelga"[1595].

Se critica que en la sentencia se muestra una visión demasiado simplista y resultante de una relectura excesivamente automática, literal y, en el peor de los escenarios, selectiva y valorativa, de lo realmente acontecido. Así, da la sensación de que el TC ha restringido su propia competencia, limitándose a una comprensión muy básica, algo caduca y en cierto modo sesgada del alcance de las prácticas empresariales y de las opciones de reacción ante la alteración del trabajo que en verdad supone una huelga. En definitiva, la argumentación del TC es empobrecedora y parece desconocedora de la realidad social, tecnológica y empresarial del presente[1596].

El Tribunal Constitucional "da una respuesta del siglo XIX a un problema del siglo XXI, no muy sensible a la nueva perspectiva que tiene el ejercicio de los derechos fundamentales ante el avance imparable y despiadado de las nuevas tecnologías"[1597]. Hoy en día, "los

---

1594 BAYLOS GRAU, A., "Pérdida de la función...", *op. cit.*, p. 2.

1595 PÉREZ REY, J, "Tertulias, reportajes...", *op. cit.*, p. 205; PÉREZ REY, J, "El esquirolaje tecnológico..." *op. cit.*, p. 167.

1596 MARTÍNEZ MORENO, C., "El ser o no ser de la huelga, el fútbol y el esquirolaje. A propósito de la STC 17/2017, de 2 de febrero, caso Telemadrid", *Derecho de las Relaciones Laborales*, nº 9, 2017.

1597 SANZ PÉREZ, A. L., "El poco conocido caso de las máquinas que impidieron hacer huelga", *Aranzadi Doctrinal*, nº 8, 2017.

trabajadores se encuentran en permanente conflicto con la tecnología y están perdiendo"[1598].

De esta forma, la interpretación del derecho fundamental de huelga que hace el TC reduce su contenido esencial a una mera cuestión de legalidad. Esto impide que podamos "hablar de la existencia de una doctrina constitucional capaz de condicionar los pronunciamientos judiciales posteriores a ella"[1599]. Estos pronunciamientos están siempre estrechamente vinculados a las circunstancias del caso concreto que deben resolver y, por consiguiente, no pueden leerse sin más como doctrina constitucional de aplicación general[1600].

En consecuencia, las críticas hacia el Tribunal Constitucional van más allá del concreto asunto del esquirolaje tecnológico. En el tribunal conviven dos almas. Por un lado, un alma progresista, que durante décadas fue desarrollando derechos fundamentales y, por ejemplo, extendió la prohibición del esquirolaje externo al interno, a pesar de que el RDLRT sólo menciona al primero. Por otro lado, recientemente, el Tribunal Constitucional ha seguido una línea con vocación claramente restrictiva y limitadora de los derechos constitucionales laborales[1601], en asuntos como la reforma laboral de 2012[1602], conflictos entre el poder de vigilancia empresarial y los derechos de los trabajadores y trabajadoras[1603] o el despido por absentismo[1604].

Esta situación es denunciada por algunos magistrados del propio Tribunal Constitucional cuando hablan de "la deriva hacia una jurisprudencia constitucional cada vez más indiferente con la efectividad de los derechos fundamentales", de "interpretaciones que eligen la reducción progresiva de la tutela que el contratante débil en la rela-

---

1598 AGUILAR DEL CASTILLO, "El uso de la tecnología y el derecho de huelga: realidades en conflicto", *Labour & Law Issues*, Vol. 4, nº 1, 2018, p. 27.

1599 *Ibidem*, p. 28-29.

1600 PÉREZ DE LOS COBOS Y ORIHUEL, F., "Insuficiencias de la actual regulación jurisprudencial del derecho de huelga", *Actualidad Laboral*, nº 5, 2014, p. 18.

1601 TASCÓN LÓPEZ, R., *El esquirolaje tecnológico, op. cit.*, p. 86.

1602 SSTC 119/2014, de 16 de julio, y 8/2015, de 22 de enero, entre otras.

1603 SSTC 241/2012, de 17 de diciembre; 170/2013, de 7 de octubre; 39/2016, de 3 de marzo.

1604 STC 118/2019, de 16 de octubre.

ción laboral precisa de la norma fundamental"[1605], de una criticable línea de pronunciamientos "limitativos e insensibles con el patrimonio jurídico de los trabajadores"[1606] o de una "senda preocupante de retroceso en la protección de los derechos fundamentales de las personas que prestan un trabajo asalariado. Una senda que revela una orientación que tiende a vaciar de contenido sustantivo un modelo constitucional de relaciones laborales acorde con el Estado social y democrático de Derecho (art. 1.1 CE)"[1607].

El Magistrado del TSJ de Cataluña, Preciado Domenech[1608], es especialmente duro. Afirma que "cualquiera que conozca la realidad laboral y tenga una mínima cultura de respeto a los Derechos Fundamentales, no puede quedar indiferente ante esta nueva doctrina, que en realidad nos devuelve a algo muy viejo. La ventaja tecnológica como medio empresarial de desactivación de los medios legítimos de protesta de los trabajadores".

Así, advierte de las consecuencias "demoledoras" de esta doctrina. "Nos hallamos ante la culminación de una criticable desconstrucción de los derechos fundamentales en el trabajo que se aleja de la consideración de la dignidad humana en el ámbito laboral y que confiere en este ámbito a las empresas poderes cuasi jurisdiccionales, pues deciden sobre los derechos fundamentales de los trabajadores al pretendido amparo del derecho a la libertad de empresa, que este TC se ha encargado de hipertrofiar hasta límites ciertamente preocupantes"[1609].

De esta forma, nos encontramos en un "escenario de pérdida de la dignidad de las personas trabajadoras frente a las nuevas tecnologías, que no sólo no ha sido frenado —como debería— por quien se

---

[1605] STC 17/2017, de 2 de febrero. Voto particular que formula el D. Fernando Valdés Dal-Ré, al que se adhieren Dª. Adela Asua Batarrita y D. Juan Antonio Xiol Ríos.

[1606] STC 118/2019, de 16 de octubre. Voto particular que formula el D. Fernando Valdés Dal-Ré, al que se adhiere D. Cándido Conde-Pumpido Tourón.

[1607] STC 39/2016, de 3 de marzo. Voto particular que formula D. Fernando Valdés Dal-Ré, al que se adhiere la Magistrada doña Adela Asua Batarrita.

[1608] PRECIADO DOMENECH, C. H., "El esquirolaje tecnológico o esperando a Asimov", *Blog SinPermiso*, 22 de febrero de 2017. Disponible en: https://zip.lu/35p6r

[1609] *Idem.*

supone es el máximo garante de los Derechos Fundamentales, sino que podemos concluir que este TC está fomentando la utilización de las TIC por las empresas en detrimento de los derechos de las personas"[1610].

También se denuncia que parece que "la Sala esté más preocupada por la protección de los poderes empresariales de dirección y organización de la actividad productiva, y su menor limitación posible, que por la protección de un derecho que tiene el máximo amparo constitucional"[1611]. El supremo intérprete de la Constitución parece "haber mudado de orientación o verse influida por preocupaciones distintas, puesto que este, sin atreverse a abjurar de forma explícita de sus tesis iniciales, seguramente debido a su arraigo y solvencia, viene adoptando puntos de vista que las rectifican, incluso sustancialmente, en la práctica"[1612],

La doctrina científica reprende que "en las últimas decisiones del TC elementos capitales de la autonomía colectiva como la negociación colectiva o el propio derecho de huelga no salen precisamente bien parados de las consideraciones del Alto Tribunal, muy propenso a la exaltación de la libertad de empresa en demérito de los derechos sindicales y laborales en general". No es, de esta forma, sorprendente que el TC opte por una postura permisiva del esquirolaje tecnológico y restrictiva del derecho de huelga, suponiendo un retroceso respecto de las posiciones de la propia Sala de lo Social del TS. Además, "la lectura de la huelga que hace la STC 17/2017 es profundamente inquietante sobre todo en relación con un supuesto 'derecho al trabajo de los no huelguistas' y, no en menor medida, por el uso selectivo y deformado de su propia jurisprudencia anterior"[1613].

Esta sentencia ilustra la última etapa de tratamiento involutivo de los derechos colectivos y puede dinamitar el derecho de huelga, además en un momento en el que, pese a la tan proclamada recuperación económica, la precariedad y las malas condiciones laborales parecen haberse cronificado y seguir un muy preocupante ritmo

---

1610 *Idem.*

1611 ROJO TORRECILLA, E., "Tecnología y derecho...", *op. cit.*

1612 SANGUINETI RAYMOND, W., "¿El derecho de huelga en entredicho?", *Revista Trabajo y Derecho*, nº 28, 2017.

1613 PÉREZ REY, J., "El tribunal constitucional...", *op. cit.*, p. 156.

creciente. Esta posición es sumamente peligrosa para el derecho de huelga, que es el instrumento básico de los trabajadores para la defensa de sus derechos laborales. El resultado es debilitar este derecho fundamental hasta hacerlo inefectivo[1614].

Se advierte que los votos particulares son una muestra más de que "de nuevo la voz más autorizada para sentar doctrina en materia de derechos fundamentales aparece dividida, pudiendo dar la sensación de que el alcance de los derechos y libertades básicos es algo lábil y contingente, que puede quedar al albur de factores seguramente ajenos al razonamiento jurídico y a la propia dogmática constitucional". Además, "empezamos a acostumbrarnos de forma harto peligrosa a que los pronunciamientos sobre asuntos de la máxima trascendencia de nuestros supremos órganos jurisdiccional y constitucional se acompañen de votos particulares, en ocasiones de tanta o mayor repercusión para el abordaje del problema de que se trate que el corpus principal de la resolución, ofreciendo un panorama de inseguridad e incertidumbre nada aconsejable e impropio de un Estado de Derecho con un correcto funcionamiento institucional"[1615].

La desconfianza en el tribunal llega al punto de que se recomienda a los sindicatos, en el diseño de una defensa jurídica estratégica de los derechos de los trabajadores, que esquiven el TC porque "su composición actual no garantiza un análisis adecuado de la dimensión constitucional de los derechos fundamentales laborales y, lo que es peor, pone en riesgo la propia doctrina constitucional elaborada por este mismo órgano en las últimas décadas"[1616]. Así, "es preferible perder un caso que abrir la puerta a una doctrina constitucional que reduzca de manera intensa las garantías de ejercicio de un derecho que pertenece a la capacidad autónoma de los trabajadores"[1617]. A fin de cuentas, por su composición conservadora el Tribunal Constitu-

---

1614 MIÑARRO YANINI, M., "Según el Tribunal Constitucional 'si es tecnológico, no es esquirolaje': retos del derecho de huelga en la sociedad del trabajo digitalizado y externalizado", *Estudios financieros. Revista de trabajo y seguridad social*, nº 429, 2018, p. 218.

1615 MARTÍNEZ MORENO, C., "El ser o no ser...", *op. cit.*, pp. 894-902.

1616 PÉREZ REY, J., "El tribunal constitucional...", *op. cit.*, p. 157.

1617 BAYLOS GRAU, A., "¿Se opone el derecho al trabajo al derecho de huelga? Una argumentación falsa", *Blog Según Antonio Baylos*, 24 de abril de 2017. Disponible en: https://zip.lu/IaVd

cional está profundamente implicado en la defensa de los intereses de clase de los detentadores de los medios de producción[1618].

En el concreto asunto de TeleMadrid, deberíamos aplicar la consolidada doctrina del esquirolaje interno, ya bien desarrollada por la propia jurisprudencia constitucional. Así, hubiera sido suficiente su aplicación íntegra para dar respuesta el conflicto y hacerlo en una dirección favorable al derecho de huelga. En lugar de esto, se aplica de forma selectiva la sólida doctrina del Tribunal Constitucional. En realidad, este asunto se debería calificar más como un supuesto de esquirolaje interno inverso que de un esquirolaje tecnológico[1619]. A fin de cuentas, la doctrina ya ha señalado que el llamado esquirolaje organizativo, comercial o tecnológico podría incluirse en el propio esquirolaje interno[1620].

Con todo, conviene señalar una visión más optimista sobre la doctrina permisiva del TC, que advierte que no existe una única forma de esquirolaje tecnológico. Podemos entender que el Tribunal Constitucional permite sólo la vertiente interna del esquirolaje tecnológico, es decir, aquella actividad empresarial dirigida a mantener la producción durante la huelga utilizando los medios técnicos que ya existen en la empresa, aun cuando se les pueda reordenar conforme a la potestad organizativa empresarial[1621]. De esta forma, el TC no se pronuncia sobre el esquirolaje tecnológico externo. Por ello, sería coherente plantear que es contrario a la Constitución el uso de medios técnicos adquiridos expresamente para contrarrestar los efectos de una huelga[1622].

1618 ESCRIBANO GUTIÉRREZ, J., "Derecho de huelga, *Ius Variandi* y esquirolaje tecnológico", *Temas Laborales*, nº 139, 2017, p. 228.

1619 PÉREZ REY, J., "El tribunal constitucional…", *op. cit.*, p. 166.

1620 MARTÍNEZ MORENO, C., "El ser o no ser de la huelga, el fútbol y el esquirolaje. A propósito de la STC 17/2017, de 2 de febrero, caso Telemadrid", *Derecho de las Relaciones Laborales*, nº 9, 2017.

1621 TASCÓN LÓPEZ, R., *El esquirolaje tecnológico*, *op. cit.*, p. 88.

1622 PÉREZ REY, J., "El tribunal constitucional…", *op. cit.*, p. 163.

4.4. El futuro del esquirolaje tecnológico: ¿hacia una cuarta etapa?

4.4.1. El esquirolaje algorítmico

Las modalidades de esquirolaje tecnológico analizadas hasta ahora incluyen cierta intervención humana. Sin embargo, ya es posible el mantenimiento de la producción a través de medios técnicos automatizados como forma de limitar o suprimir el impacto de la huelga. Sería el supuesto de lo que podríamos llamar esquirolaje tecnológico automático[1623] o algorítmico[1624], es decir, la sustitución tecnológica de huelguistas que se lleve a cabo sin la participación de ningún trabajador ni la expresa actuación empresarial, sólo mediante algoritmos o protocolos preestablecidos que operan de forma automática en determinados supuestos, que incluso pueden no tener nada que ver con la huelga (pueden estar instalados y programados mucho antes de la huelga y tener funciones ajenas al conflicto).

Por ejemplo, un algoritmo detecta la reducción de productividad en un departamento o unidad porque están en huelga y, de forma automática, el propio sistema redistribuye las tareas hacia otras unidades productivas disponibles. De facto, sustituyen el trabajo de los huelguistas interrumpido durante el paro porque los algoritmos no van a la huelga.

La doctrina ya ha advertido de "la pérdida de eficacia de las huelgas en las empresas de plataforma, la prescindibilidad y fácil sustituibilidad de las personas trabajadoras, la pérdida de conciencia de la clase obrera, que si en el pasado los obreros podían paralizar la producción y ello causaba la parálisis del sistema, no ocurre exactamente lo mismo con las empresas basadas en la gestión algorítmica"[1625].

En este escenario, "la incorporación (cada vez más frecuente) de los algoritmos de gestión laboral destinados a verificar la normalidad

---

[1623] TASCÓN LÓPEZ, R., *El esquirolaje tecnológico, op. cit.*, p. 66.

[1624] TASCÓN LÓPEZ, R., "El ejercicio del derecho de huelga frente a los algoritmos de gestión laboral: peligros reales y potenciales", *Digitalización, recuperación y reformas laborales: Comunicaciones del XXXII Congreso Anual de la Asociación Española de Derecho del Trabajo y de la Seguridad Social*, 2022, p. 1351.

[1625] ESTEVE SEGARRA, A., "Desafíos de las relaciones colectivas de trabajo en las empresas de plataforma", *LABOS Revista de Derecho del Trabajo y Protección Social*, vol. 3, nº 3, 2022, p. 59.

del desarrollo de las relaciones laborales puedan llegar a considerar como anomalías las lógicas faltas de actividad derivadas, precisamente, del desarrollo de una huelga en la organización productiva. En este sentido, no es descabellado pensar que, de forma automática, el algoritmo de aplicación prevea la implementación de medidas (acaso no pensadas específicamente para la situación de conflicto colectivo, pero que cobran especial relieve y significación en dicho ámbito) que traten de corregir la situación y recuperar la normalidad productiva, provocando lo que podría ser considerado como una especie ("esquirolaje algorítimo"), especialmente sutil e insidiosa, de ese género que (en terminología que ha ganado fortuna, por más que presente algunas imprecisiones y ambigüedades) se ha venido a denominar como 'esquirolaje tecnológico'"[1626].

Ya tenemos varios precedentes similares en la jurisprudencia, que mezclan elementos de esquirolaje interno, organizativo y tecnológico. Como ya se indicó respecto al esquirolaje tecnológico, podemos clasificar el supuesto de un esquirolaje algorítmico o automatizado en dos categorías: externo e interno, en función de si el software algorítmico se adquiere con motivo de la huelga o se recurre a uno preexistente. A su vez, es posible que estos medios técnicos ya existentes en la empresa se utilicen conforme a los procedimientos habituales o conforme a procedimientos distintos a los habituales y adaptados precisamente para minimizar el impacto de la huelga.

Por un lado, en el marco de una huelga en una contrata dedicada a la atención telefónica al cliente y resolución de averías (Indra), se debate si vulneró el derecho de huelga un sistema automático de la empresa principal (Vodafone) que, a través de un algoritmo, distribuye las llamadas entre distintas contratistas en función de la carga de trabajo, establecido de manera general en respuesta a los picos de demanda y que operaba con carácter previo a la huelga que se desarrollaba en la empresa contratista. Finalmente, el TS[1627] señala que no queda acreditado que las empresas activasen estrategia o tecnología específica para boicotear la huelga. Se descarta, por tanto, que haya vulneración del derecho de huelga cuando, en un supuesto

---

1626 TASCÓN LÓPEZ, R., "El ejercicio del derecho...", *op. cit.*, p. 1351.
1627 STS de 13 de julio de 2017 (Rec. 25/2017).

de subcontratación, la empresa principal, contratante del servicio de telefonía (atención de llamadas telefónicas y resolución de averías), utiliza, como es habitual, un dispositivo automático para redistribuir entre los demás contratistas del servicio los requerimientos de llamadas cuando se producen picos de demanda.

El Tribunal Supremo[1628] argumenta, citando la STC 17/2017, de 17 de febrero, que "ni la Constitución ni la jurisprudencia constitucional obligan a los restantes trabajadores a contribuir al éxito de la reivindicación, pues debe respetarse la libertad de trabajo de aquellos trabajadores que no quisieran sumarse a la huelga; ni obligan al empresario a reducir la actividad empresarial más allá de lo que sea una consecuencia lógica del seguimiento de la huelga por los trabajadores afectados". Además, el uso por los trabajadores que no secundan el paro de los medios técnicos de los que dispone la empresa no vulnera el derecho de huelga siempre que aquéllos no realicen funciones que son ajenas a su cargo para sustituir a los huelguistas. "La protección constitucional del derecho a la huelga impone limitaciones al empresario, pero no le obliga —ni a él ni a los empleados que deciden ejercer su derecho a trabajar— a contribuir al éxito de la protesta".

Por otro lado, en 2014, en una huelga en Atento, proveedor para la prestación del servicio de atención de llamadas de clientes de Telefónica, la empresa recurrió a modificaciones informáticas que las empresas operan para que, de forma automática, se produzca el salto de llamadas de una a otra empresa o centro de atención de llamadas, es decir, de la que está en huelga a la que no está. De esta forma, los trabajadores de la empresa principal, Telefónica, asumieron la actividad que los trabajadores de la subcontratista realizaban de manera habitual, acreditándose la interconexión entre las empresas con motivo de la huelga, asumiendo las llamadas sin que existiera una situación de desbordamiento, lo que permite presumir la existencia de voluntad conjunta empresarial para reducir los efectos de la huelga[1629]. Este supuesto, que contiene elementos similares al anterior, sí se confirmó la vulneración del derecho fundamental de huelga.

[1628] *Idem.*

[1629] ATS de 8 de septiembre de 2020 (Rec. 2895/2019).

La doctrina ha criticado que "si ya es descorazonador asumir la sustitución temporal de una contrata por otra en el contexto de una huelga, en el marco de la actividad ordinaria de la propia empresa resulta directamente inadmisible. Desde luego, varios son los argumentos jurídicos que podrían llevar a una solución conforme a la cual una práctica consistente en que el algoritmo implemente medidas que traten de recuperar la normalidad productiva perdida por la huelga deba ser considerada como lesiva del derecho fundamental consagrado en el art. 28.2 CE"[1630].

En definitiva, "las posibilidades de automatizar la producción en determinados sectores también empujan de forma decisiva a una cierta inmunización de la producción frente al paro laboral y a la reconducción de éste hacia aspectos más exteriores relacionados con la comunicación y expresión. En este panorama, que constituye una realidad en aumento, y que permite mantener la producción por cauces automatizados sin intervención de trabajo humano, el interrogante que se abre es el de si la concepción tradicional de la huelga debe hacerse cargo del nuevo escenario que ante ella se abre, lo que fuerza a considerar qué papel desempeña en la estructura del derecho su capacidad para afectar a la producción empresarial y, en no menor medida, si el conflicto puede ser combatido desde otras prerrogativas constitucionales y en especial desde la que tiene que ver con el reconocimiento de la libertad de empresa"[1631].

Sin duda el papel de la inteligencia artificial será una relevante herramienta al servicio de la empresa para anular la eficacia de las huelgas y, especialmente, en los sectores donde la digitalización tenga más presencia. De hecho, algunas empresas ya están despidiendo al personal sustituible por una IA o un *chatbot*[1632] y la regulación de la inteligencia artificial fue uno de los principales motivos de una importante huelga de guionistas y actores en EEUU[1633]. Está claro que

---

1630 TASCÓN LÓPEZ, R., "El ejercicio del derecho…", *op. cit.*, p. 1354.

1631 PÉREZ REY, J., "El Tribunal Constitucional…", *op. cit.*, p. 152.

1632 BBC News, "La compañía que reemplazó con IA al 90% de sus empleados de servicio al cliente", *bbc.com,* 13 de julio de 2023. Disponible en: https://zip.lu/ZmpY

1633 GÓMEZ ABELLEIRA, F. J., "La regulación de la inteligencia artificial en el trabajo de guionistas de cine, televisión, teatro", *Blog El Foro de Labos,* 10 de octubre

estas herramientas permitirían, o al menos facilitarían, mantener la actividad productiva durante una huelga. Más adelante nos detendremos en los riesgos de la inteligencia artificial para el derecho de huelga.

4.4.2. El posible alcance de la regulación del esquirolaje tecnológico y las huelgas de robots

En este apartado se reflexiona sobre una respuesta que proteja el derecho de huelga en el futuro. Se debate entre dos posibles fuentes normativas para la prohibición del esquirolaje tecnológico. Por una parte, podemos acudir a una interpretación finalista, extensiva o analógica del art. 6.5 RDLRT. Aunque esta norma impide la contratación de personas (trabajadores) mientras el esquirolaje tecnológico se refiere a cosas (compraventa, arrendamiento o cualquier otro contrato), los dos supuestos guardan muchas similitudes y se puede apreciar la identidad de razón que exige la analogía[1634]. En ambos casos lo que se prohíbe es que el empresario actúe de manera activa y beligerante contra la eficacia de la huelga como medio de presión, más allá de las acciones permitidas por la propia ley[1635]. Por otra parte, cabe incluirlo directamente en el contenido esencial del derecho de huelga (art. 28.2 CE).

Esta cuestión es relevante porque determina las facultades que posee el legislador para permitir o prohibir la sustitución de huelguistas por medios tecnológicos. Así, en el primer caso, el legislador tendría libertad para modificar el precepto en un sentido permisivo o prohibitivo, mientras, en el segundo, cualquier intento de permisión debería calificarse como inconstitucional, porque vacía de contenido el derecho fundamental de huelga[1636].

Para dar respuesta al esquirolaje a través de medios tecnológicos u organizativos, primero debemos valorar el argumento jerárquico. Según este razonamiento, "el derecho fundamental de huelga reconocido en el artículo 28.2 CE, por su ubicación en la Sección 1ª del

---

de 2023. Disponible en: https://zip.lu/ZmrQ

1634 TASCÓN LÓPEZ, R., *El esquirolaje tecnológico, op. cit.*, p. 92.

1635 TODOLÍ SIGNES, A., "El esquirolaje tecnológico…", *op. cit.*

1636 *Idem.*

Capítulo II, debe considerarse prevalente sobre la libertad de empresa que se reconoce en el artículo 38 CE, ubicado en la Sección 2ª de dicho Capítulo II"[1637]. Sin embargo, una interpretación de la Constitución en sentido progresista defiende "la no preeminencia de unos derechos, libertades y principios constitucionales sobre otros"[1638], siendo fundamentales todos los derechos enumerados en el Capítulo Segundo del Título I de la CE.

Frente al razonamiento jerárquico, debemos optar por un criterio de delimitación positiva, esto es, por una precisa delimitación del contenido de los derechos y el alcance de su reconocimiento constitucional. Así, "el contenido esencial del derecho de huelga no incorpora solamente la posibilidad de incumplir transitoriamente el contrato de trabajo, sino que también incluye el derecho a limitar la libertad del empresario. No cabe, por tanto, recurrir a prerrogativas empresariales amparadas en la libertad de empresa para impedir la eficacia del derecho de huelga. Se trata de incorporar al contenido esencial del derecho de huelga la preservación de su eficacia para interrumpir la actividad productiva"[1639].

Una tercera alternativa es entender la práctica empresarial del esquirolaje tecnológico dentro del derecho genérico de conflicto colectivo del art. 37.2 CE reconocido a los empresarios. Desde esta perspectiva, a las medidas empresariales dirigidas a contrarrestar los efectos de la huelga le serían aplicables los límites previstos para el cierre patronal. Así, frente al esquirolaje y dentro de las medidas empresariales de conflicto colectivo, no se incorpora en ningún caso la posibilidad de atenuar las consecuencias de la huelga[1640].

Para entender el conflicto del esquirolaje es imprescindible valorar el papel reactivo del empresario. Tradicionalmente, la actitud de los empresarios frente a los conflictos del trabajo se limitaba a la resistencia pasiva y el desgaste, salvo la puesta en práctica de algún cierre patronal, que buscaba frenar las acciones de conflicto ilícitas o a reducir las consecuencias de las huelgas más nocivas. Hoy, los

---

1637 PÉREZ REY, J, "Tertulias, reportajes...", *op. cit.*, p. 205 y ss.

1638 MARTÍNEZ MORENO, C., "El ser o no ser...", *op. cit.*

1639 PÉREZ REY, J, "Tertulias, reportajes...", *op. cit.*, p. 205 y ss.

1640 *Idem.*

empresarios ven como única respuesta efectiva frente a la huelga no paralizar la producción y tratar de seguir atendiendo los pedidos a pesar de ella[1641]. En este contexto, las experiencias de esquirolaje, especialmente en sus modalidades más nuevas (subcontratación, grupos de empresa, medios tecnológicos), cobran protagonismo.

De esta forma, nuestra regulación legal de la huelga no sólo es fruto de un tiempo histórico ajeno a la CE, sino que también obedece a un escenario productivo claramente superado[1642]. Así, algún autor ha propuesto directamente dejar de hablar de esquirolaje tecnológico y de la sustitución de mano de obra por medios tecnológicos y "simplemente prohibir la utilización de medios tecnológicos que no requieren de mano de obra durante una huelga más allá de los establecidos en los servicios mínimo, por vulnerar el contenido esencial del derecho de huelga, ya que priva a los trabajadores materialmente del ejercicio de su derecho a la huelga"[1643].

El problema que nos encontramos es que "el esquirolaje tecnológico es un concepto demasiado amplio, que soporta mal una valoración unitaria para pronunciarse, apriorísticamente, sobre si tal conducta es lesiva o no del derecho fundamental de huelga"[1644]. En un mundo donde las realidades informáticas avanzan a un ritmo vertiginoso, deberíamos cuestionarnos "si resultaría realmente conveniente una regulación a nivel legislativo puntual y detallada en esta esfera. Máxime teniendo en cuenta que podría quedar obsoleta a poco de promulgarse porque los avances de la tecnología parecen no tener límites: lo que ayer era ciencia ficción hoy es realidad"[1645].

En este contexto, "no parece posible efectuar un juicio unitario y apriorístico sobre si el esquirolaje tecnológico interno vulnera el derecho de huelga, sino que resulta más apropiado valorar en cada caso concreto cuál ha sido el comportamiento empresarial de utilización de medios tecnológicos para suplir el esfuerzo de los huelguistas

---

1641 SANGUINETI RAYMOND, W., "El derecho de huelga en la encrucijada del cambio tecnológico y productivo", *Trabajo y Derecho*, nº 14, 2016, p. 12.

1642 PÉREZ REY, J, "Tertulias, reportajes…", *op. cit.*, p. 196.

1643 TOSCANI GIMÉNEZ, D., "La prohibición de esquirolaje…", *op. cit.*, p. 86.

1644 TASCÓN LÓPEZ, R., *El esquirolaje tecnológico, op. cit.*, p. 89.

1645 SÁNCHEZ-RODAS NAVARRO, C., "Poderes directivos y nuevas tecnologías", *Temas Laborales*, nº 138, 2017, p. 170.

y ponderar si tal actitud vacía de contenido el derecho de huelga o constituye una actividad razonable"[1646].

En último lugar, la doctrina ha planteado la posibilidad de regular legalmente las huelgas de robots, "modernizando la tradición social y liberal que otorga importancia a este derecho fundamental de autonomía colectiva"[1647]. ¿Se debe obligar a la empresa a 'apagar' el algoritmo durante una huelga?

En este escenario, se "debería tener en cuenta la enorme incidencia de la tecnología y de los procesos automatizados en las huelgas, regulando esta cuestión. La paralización de la actividad productiva con fines reivindicativos es la principal herramienta de los trabajadores, a través de sus sindicatos y representantes, en un sistema de autonomía colectiva. Si la utilización habitual y ordinaria de la tecnología, y de la automatización de la producción con escaso personal, tiene cada vez más capacidad de frustrar los propósitos de las huelgas, manteniendo la actividad o minimizando en exceso los daños, se puede plantear políticamente —sin que exista como he expuesto una exigencia constitucional— regular restricciones de uso a las empresas durante los paros productivos"[1648].

Este planteamiento choca con la postura del Tribunal Constitucional, que rechaza exigir al empresario que no utilice medios técnicos con los que cuenta en la empresa porque supone imponer al empresario una conducta de colaboración en la huelga no prevista legalmente. Por tanto, la utilización de medios ya existentes en la empresa es compatible con el derecho de huelga y no puede extenderse, por vía analógica, a este supuesto la prohibición prevista en el art. 6.5 RDLRT. Aunque la empresa tiene que soportar inevitablemente un daño como consecuencia de la huelga derivado de la interrupción de la actividad en que la misma consiste, sería desproporcionado exigir al empresario que colabore por inacción u omisión al éxito de la huelga. El derecho de huelga aparece configurado como una

---

1646 TASCÓN LÓPEZ, R., *El esquirolaje tecnológico, op. cit.*, p. 89.

1647 LAHERA FORTEZA, J., "El refuerzo constitucional de la prohibición legal de sustitución de huelguistas", en MONEREO PÉREZ, J. L. (Dir.): *Homenaje a Fernando Valdés Dal-Ré: Revista de Derecho de la Seguridad Social y Revista Crítica de Derecho del Trabajo*, Laborum, 2023, p. 307.

1648 *Idem.*

presión legal al empresario que debe soportar las consecuencias naturales de su ejercicio por parte de los trabajadores que se abstienen de trabajar, pero no se impone el deber o la obligación de colaboración con los huelguistas en el logro de sus propósitos[1649]. Mantener esta doctrina impediría incluso una intervención legislativa en la materia que permitiese, de acuerdo con un espíritu garantista con los derechos fundamentales, una adaptación del derecho de huelga a la robotización y a la gestión algorítmica de la empresa.

En realidad, algún autor ha defendido que "no se trataría tampoco de instalar un deber legal de colaboración de la empresa con los huelguistas como de regular restricciones de la tecnología acordes con un ejercicio efectivo de este derecho fundamental". De esta forma, se propone

> "contemplar la huelga de tecnología —o la huelga de robots— en una convocatoria lícita de paro que incluyera personas y máquinas. Se trataría de admitir convocatorias a personas y máquinas donde el porcentaje de seguimiento de la huelga por huelguistas determinaría el porcentaje de paro de la tecnología. Por ejemplo, si hay un seguimiento del 70 por 100 tendría que parar un 70 por 100 de la tecnología habitual y ordinaria de la empresa, si es de un 20 por 100 el mismo porcentaje, y todo ello respetando, por supuesto, los servicios de seguridad o servicios mínimos impuestos. La cobertura legal de lo que aquí denomino huelga de robots revitalizaría la efectividad de la huelga en el contexto tecnológico presente y futuro"[1650].

Por tanto, siendo razonable rechazar una interpretación extensiva del RDLRT, no se debe admitir que el contenido esencial del derecho de huelga reconocido en la Constitución rechace la 'colaboración' con los huelguistas, sino todo lo contrario: debe concretarse en una actitud empresarial proactiva, que garantice la eficacia real del derecho fundamental y remueva los obstáculos que impidan o dificulten su plenitud, siguiendo el mandato del art. 9.2 CE. La cuestión que aquí interesa es si la garantía de la plenitud del derecho de huelga exige su desarrollo legal o existen actualmente herramientas suficientes. Nuestra postura defiende la segunda opción: una interpretación integrada de los artículos 28.2 y 9.2 CE impondrían a la

---

1649 STC 17/2017, de 2 de febrero.

1650 LAHERA FORTEZA, J., "El refuerzo constitucional...", *op. cit.*, p. 307.

empresa la configuración de sus dispositivos tecnológicos para que no limiten o impidan la eficacia del derecho fundamental de huelga. No se trata de apagar el algoritmo, sino de que respete los derechos fundamentales de los trabajadores.

Si acudimos a una perspectiva más general y mirando al futuro, es posible que la tensión entre eficacia y límites del derecho de huelga cuestione la huelga como la mejor arma en manos de los trabajadores. Especialmente, en el actual contexto de desorientación y de deslegitimación del sindicato como sujeto colectivo típico, en un marco de precariedad y de individualización de las relaciones laborales, junto con la pérdida de la conciencia de pertenecer a una misma clase social, la clase trabajadora. Por ello, la doctrina se ha referido a la huelga como un derecho "acorralado"[1651].

Finalmente, debemos terminar este análisis del esquirolaje tecnológico y su evolución en la jurisprudencia precisando que hay muchas dudas y pocas certezas. La cuestión está abierta y esto se debe a la alternancia, durante las dos últimas décadas, de las tesis prohibitivas y permisivas del esquirolaje tecnológico[1652].

En este escenario, es probable que surjan nuevos conflictos, que podamos calificar con mayor o menor precisión como esquirolaje tecnológico, y que esta sucesión de pronunciamientos contradictorios, todos ellos cargados de argumentos sólidos, continúe. Tal vez, entremos en una cuarta etapa y la curva de protección del derecho de huelga vuelva a alzarse prohibiendo el esquirolaje tecnológico. Incluso es posible que la jurisprudencia salte fuera del sector audiovisual, como el pronunciamiento ya comentado sobre los trenes dobles del Metro de Sevilla[1653].

En cambio, ahora tenemos motivos para el optimismo. La nueva composición en el Tribunal Constitucional a partir de 2023 abre camino a una década de doctrina progresista que deshaga los pasos atrás en cuestiones sensibles en materia laboral, como la reforma

---

1651 GONZÁLEZ ORTEGA, S., "El derecho de huelga: un derecho fundamental acorralado", *Estudios financieros. Revista de trabajo y seguridad social*, nº 418, 2018, pp. 17-42.

1652 VALLE MUÑOZ, F. A., "La sustitución tecnológica...", *op. cit.*

1653 V. *supra* 4.3.4.

laboral de 2012[1654], la videovigilancia del trabajador[1655], la licitud de la prueba en el despido[1656] o la huelga[1657]. Por lo pronto, la actual mayoría está dando un gran impulso a materias pendientes vinculadas a derechos como la igualdad[1658], la eutanasia[1659], la libertad sindical[1660], la educación[1661] o el aborto[1662]. El futuro es, por tanto, esperanzador.

Debemos volver, como Sostiene Pereira, a frecuentar el futuro[1663]. Sin futuro, el presente no sirve para nada, es como si no existiese (Saramago[1664]).

5. LOS RIESGOS DE LA INTELIGENCIA ARTIFICIAL PARA LA HUELGA

En este apartado se estudiarán distintas prácticas empresariales que buscan obstaculizar la actividad sindical y las huelgas más allá de la sustitución de huelguistas. En primer lugar, se analizarán los algoritmos antisindicales programados para impedir la acción sindical antes de que se produzca. En segundo lugar, la discriminación algorítmica, a través de la IA predictiva y de las represalias por ejercer el derecho de huelga. A continuación, las prácticas empresariales para minimizar el impacto de la huelga a través de la estrategia comunicativa. Finalmente, se mencionará la posible automatización de los servicios mínimos y el impacto climático de la IA.

1654 STC 8/2015, de 22 de enero.

1655 STC 39/2016, de 3 de marzo.

1656 STC 119/2022, de 29 de septiembre.

1657 STC 17/2017, de 2 de febrero.

1658 STC 18/2023, de 21 de marzo.

1659 STC 19/2023, de 22 de marzo.

1660 STC 22/2023, de 27 de marzo.

1661 STC 34/2023, de 18 de abril (recurrente VOX); STC 49/2023, de 10 de mayo de 2023 (recurrente PP).

1662 STC 44/2023, de 09 de mayo.

1663 TABUCCHI, A., *Sostiene Pereira*, Barcelona, Anagrama, 1995.

1664 SARAMAGO, J., *Ensayo sobre la ceguera*, Madrid, Alfaguara, 1996, p. 189.

5.1. Prácticas antisindicales y antihuelga: la represión potenciada por IA

En primer lugar, podemos identificar una serie de prácticas antisindicales, de control y represión de sindicalistas y huelguistas, que buscan disuadir la convocatoria de huelgas o la participación de trabajadores en las mismas.

Estas actuaciones empresariales de obstrucción de la actividad sindical, en realidad, son acciones antihuelga tradicionales[1665], pero potenciadas por el recurso a la inteligencia artificial. Podemos mencionar la elaboración de listas negras de sindicalistas, tomar imágenes de los trabajadores en huelga, monitorizar chats o conversaciones de los trabajadores, tanto en el centro de trabajo como en redes sociales, etc. También se pueden incluir técnicas más incisivas como utilizar cámaras para generar mapas de calor y otras formas de visualización de datos que indiquen dónde se están celebrando reuniones espontáneas de trabajadores que supongan un riesgo de sindicalización.

Por una parte, las listas negras impiden el acceso a las empresas del sector a los trabajadores significados por su combatividad, mientras las listas blancas mencionan, por el contrario, a los trabajadores 'de confianza', en ocasiones reclutados por sindicatos conservadores o amarillos[1666]. De esta forma, el empresario se hace eco de una relación circulante de activistas sindicales, verbal o raramente escrita, rechazando su solicitud de admisión, o admitiéndola bajo ciertas condiciones discriminatorias. No obstante, "la informatización de la empresa da lugar a que, excepcionalmente, aparezcan listas negras difundidas por correo electrónico" o incluso en bases de datos. De ilicitud indudable, las dificultades de esas prácticas se plantean a la hora de probar su existencia, ya que "la relación de causalidad entre la lista negra y el rechazo de un candidato por el empleador no puede demostrarse fácilmente"[1667].

Estas conductas empresariales constituyen no sólo graves vulneraciones del derecho a la libertad sindical y de huelga, sino también

---

1665 VALDEOLIVAS GARCÍA, Y., *Antisindicalidad y relaciones de trabajo: un estudio de la conducta antisindical en la empresa*, Madrid, Civitas, 1994.

1666 OJEDA AVILÉS, A., *Derecho sindical*, Madrid, ed. Tecnos, 2003, p. 474.

1667 *Ibidem*, p. 160.

del derecho fundamental a la protección de datos. Es importante recordar que la afiliación sindical se integra dentro de las categorías especiales de datos cuyo tratamiento está prohibido salvo las excepciones previstas en el propio reglamento (art. 9 RGPD).

El considerando 71 del RGPD prevé que: "el responsable del tratamiento debe utilizar procedimientos matemáticos o estadísticos adecuados para la elaboración de perfiles, aplicar medidas técnicas y organizativas apropiadas para garantizar, en particular, que se corrigen los factores que introducen inexactitudes en los datos personales y se reduce al máximo el riesgo de error, asegurar los datos personales de forma que se tengan en cuenta los posibles riesgos para los intereses y derechos del interesado y se impidan, entre otras cosas, efectos discriminatorios en las personas físicas por motivos de raza u origen étnico, opiniones políticas, religión o creencias, afiliación sindical, condición genética o estado de salud u orientación sexual, o que den lugar a medidas que produzcan tal efecto. Las decisiones automatizadas y la elaboración de perfiles sobre la base de categorías particulares de datos personales únicamente deben permitirse en condiciones específicas".

Respecto a la toma de imágenes y la grabación en vídeo de los participantes en un piquete informativo a las puertas de la empresa, la consolidada doctrina del Tribunal Constitucional los considera conductas indirectas de obstaculización o de creación de impedimentos que lesionen seriamente el contenido de los derechos a la libertad sindical y de huelga: "la filmación entrañó una disuasión u obstaculización del libre ejercicio del derecho de huelga, reduciendo su efectividad, pues, no cabe minusvalorar los efectos disuasorios que puede producir en el ánimo de quienes pacíficamente forman parte de un piquete informativo el hecho de ser ininterrumpidamente filmados, sin mediar explicación alguna de este proceder —es decir, sin que los afectados puedan conocer los motivos de la medida adoptada—, sin que se acepte su ofrecimiento de identificación y, sobre todo, sin saber qué uso van a hacer de la filmación las fuerzas de seguridad y qué tipo de controles van a existir sobre la misma. Es más, esos efectos disuasorios pueden producirse también sobre los ciudadanos a los que se dirige la información de los piquetes, con la consiguiente enervación, cuando menos parcial, de los efectos de extensión y publicidad de la huelga perseguidos por quienes ejercen ese derecho constitucional"[1668]. Por tanto, aunque la filmación no produjo una ablación total del derecho de huelga, sino una simple restricción de su ejercicio, debe regir el criterio interpretativo de *favor libertatis*.

En el contexto global de la disrupción digital, una empresa podría recurrir a la IA para crear un sistema de reconocimiento facial para identificar a los trabajadores que acudan a reuniones previas a la huelga, que repartan panfletos informativos o participen en los propios piquetes. Además, un empleador podría utilizar la IA para rastrear la actividad en línea de los trabajadores, lo que podría utilizarse para identificar a los líderes del sindicato o del comité de empresa que promueven la huelga. La IA permitiría analizar los datos de los trabajadores, como su ubicación, sus comunicaciones y su actividad *online*. Esto podría utilizarse para identificar a los trabajadores que sean propensos a participar en una huelga, a partir de los datos sobre *post, likes* o consumo en red, y para tomar medidas para disuadirlos o tomar represalias contra ellos.

Un informe de Amnistía Internacional[1669] denuncia que Amazon utiliza tecnologías indebidamente para vigilar y recopilar datos de sus trabajadores y trabajadoras con el objetivo, entre otros, de socavar su derecho a organizarse. Por ejemplo, en septiembre de 2020, se publicaron en prensa detalles de documentos internos de Amazon que demostraban que la empresa había estado vigilando y analizando en secreto grupos privados de repartidores de Amazon Flex en Facebook para, entre otras cosas, detectar planes de huelga o protesta[1670].

La federación sindical internacional UNI Global Union también denuncia el intrusivo y omnipresente sistema de vigilancia de los trabajadores de Amazon. Estas formas y esta intensidad de control, que incluyen el "control ideológico", hacen que la guía lleve como título

---

1668 STC 37/1998 de 17 de febrero.

1669 Amnistía Internacional, *¡Amazon, dejen sindicarse a sus trabajadores y trabajadoras! ¡El respeto de los derechos laborales no es opcional!*, noviembre 2020, p. 12. Disponible en: https://acortar.link/fnhOuB

1670 GURLEY, L., COX, J. "Inside Amazon's Secret Program to Spy On Workers' Private Facebook Groups", Vice, 2 de septiembre de 2020. Disponible en: https://zip.lu/39XcT

"Panóptico de Amazon"[1671]. Por una parte, el dispositivo de hardware Panorama, de Amazon Web Services (AWS), añade capacidades de aprendizaje automático a las cámaras estándar conectadas al protocolo de Internet (IP). Panorama se utiliza para analizar vídeos dentro de la red existente de una empresa, en tiempo real, sin que los datos salgan nunca de las instalaciones. De esta forma, "los trabajadores de Amazon pueden ser fácilmente vigilados por actividades 'inusuales' como inclinarse para hablar en privado o distribuir panfletos y otros materiales de sindicalización"[1672]. Por otra parte, Amazon introdujo una nueva tecnología de vigilancia en sus lugares de trabajo para mantener a los trabajadores bajo control, la Consola Operativa GeoSPatial (SPOC), que genera mapas de "calor" y otros tipos de visualización de datos que ponen de relieve los lugares de trabajo problemáticos, como los que presentan riesgo de actividad sindical[1673].

Además, los avances tecnológicos permiten a las empresas utilizar cámaras, micrófonos, chips en las botas o dispositivos como pulseras, relojes, brazaletes o anillos, que recogen datos biométricos, como la respiración, la frecuencia cardiaca, la transpiración, los cambios en la piel o la postura corporal, para reconocer y analizar emociones y el estado de ánimo del trabajador[1674].

El conjunto de tecnologías de vigilancia ya desarrollados, o que se están desarrollando, ha aumentado hasta abarcar todas las facetas del proceso productivo. La gran cantidad de datos que una empresa puede recopilar sobre sus trabajadores, sus índices de productividad, ubicación, hábitos de conducir, opiniones y estado de salud, entre otros, proporcionan a la empresa una cantidad de información sin precedentes que puede utilizar para neutralizar los intentos de los trabajadores de sindicalizarse para mejorar sus condiciones de trabajo. "Es imposible exagerar la amenaza que estas tácticas suponen

---

1671 DELFANTI, A., RADOVAC, L., WALKER, T., *Panóptico de Amazon. Guía para trabajadores, encargados de sindicalización y responsables políticos*, UNI Global Union, 2021. Disponible en: https://acortar.link/Noe680

1672 *Ibidem*, p. 9.

1673 *Ibidem*, p. 12.

1674 MUÑOZ RUIZ, A. B., *Biometría y sistemas automatizados de reconocimiento de emociones: implicaciones jurídico-laborales*, Valencia, ed. Tirant lo Blanch, 2023.

para los trabajadores y el movimiento sindical del siglo XXI"[1675]. En realidad, se trata de la actualización de la empresa panóptica, de la que hablaba Mercader[1676] hace dos décadas, a las novedades técnicas del presente. Vivimos en la era del capitalismo de la vigilancia[1677].

5.2. IA predictiva: Minority Report y virus sindical

Minority Report[1678], una película dirigida por Spielberg en 2002, se desarrolla en el Washington DC del año 2054 donde la policía utiliza tecnología psíquica para arrestar y enjuiciar a los asesinos antes de que cometan un crimen. El futuro se puede predecir y los culpables son detenidos por la unidad de élite Precrime antes de que puedan delinquir. Hoy, treinta años antes del futuro distópico donde se ambienta la película, el desarrollo de la IA permite predecir lo que Todolí ha denominado la "contaminación con el virus sindical"[1679].

En el apartado anterior se comentaban prácticas antisindicales que, en realidad, se limitan a actualizar con la innovación técnica las medidas de conflicto colectivo de los empresarios. La gran novedad de la IA es permitir anticiparse a la sindicalización a través de algoritmos predictivos. Esto se traducirá en no contratar a quien muestre estos intereses o en despedir al que comience a mostrarlos durante el desarrollo de la relación laboral.

El algoritmo es capaz de identificar al proto-sindicalista, esto es, aquel que el algoritmo predice que tiene tendencia hacia las ideas favorables a la sindicalización, en función de a quién sigue, sus visitas, sus *clicks* y sus *me gusta* en redes sociales. A diferencia del apartado anterior, donde el algoritmo busca actividades sindicales como reuniones de trabajadores o compartir documentos en el centro de trabajo, aquí se analizan datos completamente ajenos al trabajo, lo

---

1675 DELFANTI, A., RADOVAC, L., WALKER, T., *Panóptico de Amazon, op. cit.*, p. 15.

1676 MERCADER UGUINA, J. R., "Derechos fundamentales de los trabajadores y nuevas tecnologías ¿hacia una empresa panóptica?", *Relaciones laborales: Revista crítica de teoría y práctica*, nº 1, 2001, pp. 665-686.

1677 ZUBOFF, S., *La era del capitalismo de la vigilancia*, Barcelona, Paidós, 2020.

1678 Aparecen referencias a Minority Report tanto en MERCADER UGUINA, J. R., *Algoritmos e inteligencia artificial…, op. cit.*, p. 99; como en BELTRÁN DE HEREDIA RUIZ, I., *Inteligencia artificial…, op. cit.*, p. 80.

1679 TODOLÍ SIGNES, A., *Algoritmos productivos…, op. cit.*, p. 195.

que Beltrán llama "el yo inconsciente"[1680]. Si la "magia"[1681] de los algoritmos es predecir comportamientos y optimizar decisiones, este "poder" puede ser usado para reducir la capacidad de negociación de los propios trabajadores.

Una de las formas de dirección algorítmica consiste en reducir el poder de negociación de los trabajadores a través de una programación discriminatoria del algoritmo[1682]. Los algoritmos son capaces de detectar y prever quiénes pueden ser futuros líderes sindicales o encabezar huelgas para no contratarlas o despedirles antes de que se inicie ninguna reivindicación. El despido de líderes sindicales ante la primera muestra de activismo sindical o reivindicativo es un mecanismo habitual de conflicto colectivo empresarial. Aunque existan normas que protegen frente a la discriminación sindical, los algoritmos tienen la capacidad de predecir la reivindicación colectiva incluso antes de los primeros "actos preparatorios".

De esta forma, "sin iniciar ningún acto, que con nuestra legislación pueda considerarse «indicio» para activar las protecciones antidiscriminación, es probable que el algoritmo conozca estas intenciones y despida automatizadamente al trabajador o más probablemente nunca llegue a contratarlo. En efecto, mientras que las garantías frente al despido de una persona sindicada están bien arraigadas en nuestra legislación, mucho menos desarrollada se encuentra la legislación y la jurisprudencia contra la no contratación de personas que en el futuro pudieran convertirse en sindicalistas o en iniciadores de una huelga. Sin embargo, el objetivo antisindical y el daño para la sociedad es el mismo"[1683].

Está claro que "una persona no decide afiliarse a un sindicato o a otro sin un bagaje previo, ni presentarse a unas elecciones sindicales o iniciar una reivindicación salarial colectiva sin una trayectoria previa que deja rastro electrónico y mucho menos organiza una huelga sin poseer un tipo de personalidad concreto, marcado y fácil de descubrir para un algoritmo"[1684]. Por ejemplo, leer determinados

1680 BELTRÁN DE HEREDIA RUIZ, I., *Inteligencia artificial…*, *op.cit.*, p. 195.

1681 TODOLÍ SIGNES, A., *Algoritmos productivos…*, *op. cit.*, p. 51.

1682 *Idem.*

1683 *Ibidem*, pp. 52-53.

1684 *Idem.*

periódicos, escuchar un tipo de música o dar me gusta a ciertas publicaciones puede tener correlación con una mayor probabilidad de estar sindicado.

La amenaza de estas prácticas empresariales no sólo alcanza al trabajador afectado, sino que suponen un riesgo para la clase trabajadora en su conjunto. El obstáculo sistemático para contratar a los trabajadores que muestran interés por defender los intereses colectivos provocará que el resto queden "huérfanos". "Para un algoritmo, descubrir las inclinaciones individualistas o colectivas de una persona no parece tarea difícil, por lo que, si estos sistemas se generalizan como forma de selección de personal, todos los trabajadores sufrirán las consecuencias". Aunque en el pasado las empresas ya intentaban no contratar o despedir a los "agitadores", "la diferencia es que los algoritmos son mucho mejores en este trabajo, además de más baratos, lo que permite que se usen de forma sistemática convirtiendo el fenómeno en cualitativamente distinto a lo que existía antes"[1685].

Sólo con la dirección, que es un dato que aparece en la mayoría de los currículums, un algoritmo podría estar discriminando por ideología política o posibilidades de sindicalización futura. La empresa podría configurar específicamente los algoritmos de selección "para no contratar sindicalistas, personas con tendencias de izquierdas, personas que puedan convertirse en líderes en defensa de intereses colectivos de los trabajadores. Una función que no siempre sería sencilla de descubrir dado que el algoritmo hallaría estas características, no porque se le facilitara esa información directamente, sino a través del análisis de datos en redes sociales, aficiones que tenga, locales que frecuente, películas que le gusten, periódicos que lea o los amigos que tenga"[1686].

Esto incluye información personal y familiar sin relación directa con el trabajo:

> "Tener amigos sindicalistas probablemente implica que existe una mayor probabilidad de que atesores, al menos, simpatías hacia los sindicatos lo que, junto con otros factores puede convertirse en una «señal de alerta» para el algoritmo. También es posible que se obtenga esta predicción

---

1685 *Idem.*

1686 *Ibidem*, p. 65.

> de «posible sindicalista» que impida su contratación de otra información aparentemente neutra a ojos del no experto como pueda ser, ser el pequeño en una familia con varios hermanos o tener un amplio rango de intereses diversos. Es decir, el algoritmo puede usar estas y muchas otras características que el ser humano no podría correlacionar para predecir las posibilidades de sindicación, o de participación en una huelga, para rechazar su contratación"[1687].

En este contexto, la reciente aprobación de la Directiva 2024/2831 del Parlamento Europeo y del Consejo, de 23 de octubre de 2024, relativa a la mejora de las condiciones laborales en el trabajo en plataformas (DTPD) incluye una serie de limitaciones al tratamiento de datos personales mediante sistemas automatizados de seguimiento o sistemas automatizados de toma de decisiones. Así, las plataformas digitales de trabajo no podrán, mediante sistemas automatizados de seguimiento ni sistemas automatizados de toma de decisiones, tratar datos personales para predecir el ejercicio de los derechos fundamentales, incluyendo la libertad de asociación, el derecho de negociación y acción colectivas, o el derecho a la información y consulta (art. 7.1.d), ni tratar datos personales para inferir la afiliación sindical (art. 7.1.e). Esta prohibición de procesar los datos se aplica no solo a todas las personas que presten servicios en las plataformas, con independencia de que sean asalariados o autónomos, sino también a aquellos potenciales prestadores de servicios que se encuentren en proceso de contratación o de selección[1688].

En cualquier caso, el riesgo para los derechos de los trabajadores es enorme porque es difícil por no decir imposible detectar estas discriminaciones algorítmicas. El oscurantismo sobre la arquitectura del algoritmo configura lo que algún autor ha denominado *black box society*[1689]. Además, no se puede escapar a su control porque "incluso no tener redes sociales puede ser un criterio para descartar candidatos al entender el algoritmo que no dispone de suficiente informa-

---

[1687] *Idem.*

[1688] TODOLÍ SÍGNES, A., "La regulación de la inteligencia artificial en la Directiva de trabajo en plataformas digitales", *LABOS Revista de Derecho del Trabajo y Protección Social*, vol. 5, núm. extraordinario, 2024, pp. 36-37.

[1689] PASQUALE, F., *The Black Box Society: The Secret Algorithms That Control Money and Information*, Cambridge, Harvard University Press, 2015.

ción para realizar un perfil del candidato"[1690]. De igual manera que los consumidores no adquieren productos si no tienen reseñas positivas que les den confianza, aparece una nueva exigencia de construir una huella digital *limpia y libre de amenazas* para el mercado laboral.

Históricamente, las empresas han recurrido a indicadores indirectos para intentar alejarse de potenciales sindicalistas. Sería el supuesto donde se excluye a trabajadores "con algún tipo de experiencia laboral previa, para evitar que estuviesen ya sindicados o «contaminados» con tendencias sindicales". La empresa está dispuesta a sacrificar algo de eficiencia, dado que un trabajador con experiencia es más productivo que uno sin experiencia, a cambio de poder exprimir más al resto de trabajadores si no se sindican[1691]. Es decir, "se antepone la exclusión de posibles sindicalistas antes que contratar a los más preparados y con mayor experiencia para el puesto, algo que puede ocurrir, sobre todo, en trabajos que requieran poca cualificación y un proceso rápido de aprendizaje en el puesto de trabajo. La diferencia con los algoritmos es que los indicadores usados para alcanzar el mismo objetivo serán mucho más ajustados, más eficientes, más baratos y más difíciles de descubrir, lo que puede permitir su uso sistemático por todas las empresas conforme se vayan perfeccionando"[1692].

En definitiva, que las empresas utilicen los algoritmos para "husmear en el inconsciente de los trabajadores"[1693], para dirigir o predecir su conducta, y así poder reducir su capacidad de negociación "no es ciencia ficción, sino el trabajo diario de los algoritmos"[1694].

5.3. La discriminación algorítmica indirecta: la huelga como anomalía del servicio

A diferencia de los apartados anteriores, donde los algoritmos se diseñan específicamente para anular la capacidad de acción del sindicato, la discriminación puede aparentar un carácter indirecto y la actuación algorítmica simular ser accidental. En este epígrafe se ana-

---

1690 TODOLÍ SIGNES, A., *Algoritmos productivos...*, *op. cit.*, p. 40.
1691 *Ibidem*, p. 195.
1692 *Ibidem*, p. 65.
1693 BELTRÁN DE HEREDIA RUIZ, I., *Inteligencia artificial...*, *op. cit.*, p. 138.
1694 TODOLÍ SIGNES, A., *Algoritmos productivos...*, *op. cit.*, p. 52.

lizará cómo la automatización puede penalizar al huelguista constituyendo una represalia por ejercer su derecho fundamental pudiendo calificarse como una discriminación indirecta[1695].

En este contexto, una discriminación indirecta se produce cuando una disposición, criterio o práctica aparentemente neutros ocasiona o puede ocasionar a una o varias personas una desventaja particular con respecto a otras por razón de haber participado en una huelga. De esta forma, si la gestión de un algoritmo automatizado, aunque aparentemente sea neutro y opere de la manera habitual, perjudica a los trabajadores que ejercen su derecho fundamental de huelga, la conclusión obligada será que se produce una discriminación algorítmica indirecta.

La doctrina[1696] y la jurisprudencia, en este caso del Tribunal Ordinario de Bolonia, han tenido la oportunidad de analizar un supuesto de discriminación algorítmica por ejercer el derecho de huelga. "Frank" era el algoritmo empleado por la empresa Deliveroo para calificar a sus repartidores y repartidoras a efectos de reservar sesiones de trabajo. El sistema privilegiaba el acceso a las posibilidades de trabajo en función de un ranking reputacional organizado por puntos que, en cambio, obstaculizaba la participación del *rider* en acciones de lucha sindical[1697].

En concreto, el modelo organizativo de la plataforma basado en la reputación digital privilegiaba o prefería al *rider* completamente disponible durante las sesiones reservadas en las que pretendía efectuar la actividad de reparto. Y, por el contrario, el sistema penalizaba a quien habiendo reservado una sesión de trabajo la cancelaba posteriormente, sin tener en cuenta si esto se debía a motivos de salud, de asistencia a familiares o por su adhesión a iniciativas sindicales

---

1695 CORDERO GORDILLO, V., "Decisiones empresariales automatizadas y extinción del contrato de trabajo: ¿puede despedir un algoritmo?", *Digitalización, recuperación y reformas laborales: Comunicaciones del XXXII Congreso Anual de la Asociación Española de Derecho del Trabajo y de la Seguridad Social*, 2022, pp. 1233-1250.

1696 FERNÁNDEZ SÁNCHEZ, S., "Frank, el algoritmo consciente de Deliveroo. Comentario a la Sentencia del Tribunal de Bolonia 2949/2020, de 31 de diciembre", *Estudios financieros. Revista de trabajo y seguridad social CEF*, nº 457, 2021, pp. 179-193.

1697 Sentencia del Tribunal Ordinario de Bolonia, sección laboral, de 31 de diciembre de 2020 (Rec. 2949/2019). Disponible en: https://zip.lu/39Wdj

de huelga; todos motivos jurídicamente protegidos. De este modo, los *riders* con mejor puntuación en el ranking podían acceder a la plataforma para reservar sesiones de trabajo antes que aquellos con menos puntos debido a los motivos anteriores, reduciendo así sus posibilidades de trabajo[1698].

En la sentencia también se hace referencia al preaviso de la cancelación (24 horas), así como a la obligación por parte del *rider* de entrar en el sistema y "logarse" en los primeros 15 minutos de la sesión para evitar una valoración negativa del algoritmo. La magistrada concluye incompatibles ambas obligaciones con el derecho de huelga haciendo referencia a la legitimidad de la huelga espontánea y que la obligación de preaviso en la cancelación de las sesiones de trabajo reservadas puede considerarse, como mínimo, un obstáculo al ejercicio del derecho de huelga[1699].

La sentencia del Tribunal de Bolonia estima que en este supuesto existe una discriminación indirecta pues el sistema algorítmico ocasiona una desventaja particular sobre las personas que ejercen su derecho de huelga. Aquí el tribunal recurre a la doctrina del TJUE, en la Sentencia de 17 de octubre de 1983 (asunto C-109/88, *Danfoss*), en la que consideró que la falta de transparencia de un sistema retributivo hace recaer sobre la empresa la carga de probar que su política de retribuciones no es discriminatoria, cuando un número relativamente importante de trabajadoras haya demostrado que su retribución media es inferior a la de sus compañeros de sexo masculino[1700].

En definitiva, el modelo de valoración de los *riders* adoptado por la plataforma nace de una "elección consciente" de la empresa que "conscientemente e insensiblemente ha ignorado o no desea tomar en consideración las diferentes razones que podrían justificar la cancelación de la reserva por parte de la persona repartidora. La discriminación radica justo en esta ceguera consciente del algoritmo"[1701]. Esta ceguera o indiferencia de la plataforma es una elección de la misma, "ya que es ciega cuando quiere, porque cuando lo desea pue-

---

1698 *Idem.*

1699 *Idem.*

1700 *Idem.*

1701 FERNÁNDEZ SÁNCHEZ, S., "Frank, el algoritmo…", *op. cit.*, p. 189.

de quitarse la venda de los ojos y decidir no penalizar a la persona repartidora que no respeta las sesiones de trabajo reservadas como consecuencia de un accidente de trabajo o de problemas con el sistema operativo"[1702].

Por tanto, el carácter opaco de un algoritmo no impide apreciar sus efectos discriminatorios. Está claro que la tecnología no es neutra, sino que está programada por la empresa, que es la responsable de garantizar el respeto de los derechos fundamentales en el entorno productivo que controla. Todavía no existen pronunciamientos en España sobre discriminación algorítmica o represalias producidas por sistemas automatizados que perciben la huelga como una anomalía del servicio. Es cuestión de tiempo.

5.4. Comunicación antisindical y censura en redes sociales

En muy raras ocasiones forman piquetes los empresarios para apoyar una posición conflictiva (quizá en el transporte y el comercio), pero ello no impide una intensa labor en los medios de comunicación y especialmente hacia los trabajadores (cartas personales) y las autoridades públicas. A las campañas informativas y disuasorias, Ojeda añadía otra práctica consistente en el denominado "auditorio cautivo": el empresario reúne a sus empleados y les dirige una alocución conminatoria o disuasoria[1703].

Es una muestra de ello el reciente pronunciamiento del Tribunal Supremo, donde ha concluido que una reunión telemática voluntaria, convocada para promover la visión de una empresa de reparto que defiende el trabajo autónomo en el sector de los *riders,* no supone una ilícita injerencia en la actividad sindical, sino la mera y legítima defensa de los intereses empresariales conforme al modelo de actividad que promueve la empresa. Aunque se incluya una clara crítica al proceso de diálogo social abierto entre los sindicatos mayoritarios y las organizaciones empresariales y la empresa anime a los asistentes a contactar con colectivos de *riders* favorables el trabajo autónomo, "esas manifestaciones de la empresa no traspasan en nin-

---

1702 *Ibidem*, p. 190.

1703 OJEDA AVILÉS, A., *Derecho sindical, op. cit.*, p. 474.

gún caso los límites del legítimo ejercicio del derecho a la libertad de expresión, en fomento y defensa del modelo que propugna para el desempeño de su actividad en el marco de un sistema de libertad de mercado"[1704].

Está claro que hoy en día la comunicación digital es el vehículo idóneo para este tipo de prácticas. Es tan sencillo como convocar una reunión virtual o el envío masivo de correos electrónicos a la plantilla.

Por ejemplo, en el contexto de una huelga en una conocida aerolínea irlandesa, la empresa envió varios correos electrónicos a trabajadores de varios países buscando voluntarios, esto es, haciendo un llamamiento para esquiroles. La empresa cuestionaba la legitimidad de la huelga, amenazaba con un descuento salarial superior al que correspondería, y se presumía el carácter coactivo y violento de los piquetes, indicando que la empresa garantizaría la seguridad de los trabajadores no huelguistas. En este comunicado, se incluyeron apreciaciones que introducen sospechas sobre la legitimidad y ejercicio de la convocatoria que pueden interpretarse como un intento empresarial de intervenir en el derecho fundamental: bien que "la huelga está pensada para causar innecesarios problemas a los pasajeros", bien que "si estas huelgas siguen adelante puede haber intentos de los huelguistas y sus sindicatos de intimidar y amenazar a gente que desee continuar con sus deberes asignados normalmente"[1705].

Por otro lado, ya se ha comentado la importancia de la comunicación en la actividad política y sindical en el capítulo I y las redes sociales conforman perfectamente los tres elementos que teorizaba Castells: el *agenda setting*, la *prioritization* y el *framing*[1706]. La automatización de estas fórmulas de comunicación a través de la IA y los algoritmos aumentan exponencialmente los riesgos de estos procesos. La clave es quién está detrás de ella, quién la programa y siguiendo qué intereses, que raramente coincidirán con los de la clase trabajadora. Por una parte, el conflicto sindical en las redes sociales se desarrolla en un espacio fuera del control del empleador pero, a su vez, priva-

---

1704 STS de 6 de marzo de 2024 (Rec. 288/2021).

1705 STS de 13 de abril de 2023 (Rec. 217/2021).

1706 V. *supra* cap. I.1.4.

do, propiedad de una empresa, donde el control público-estatal es muy débil.

En primer lugar, debemos destacar que el principal riesgo de las redes sociales es la censura, ya se ejerza directa o indirectamente, a través de un algoritmo que prioriza el contenido. El formato de cada red social es diferente y cambiante, de forma que es complicado estar al día de qué se enseña y a quién, qué estrategias son mejores para posicionarse, y los propios *influencers* tienen dificultades para que su contenido se difunda a sus seguidores. Es habitual recurrir a la autocensura porque determinados términos se penalizan, como insultos o amenazas, incluyendo la palabra "matar"; los motivos políticos, como la palabra "Palestina"; o sociales, como la palabra "suicidio". En su lugar, se pueden escribir palabras similares que el algoritmo aún no reconoce: "m1r1r", "palest*na" o "*unalive*" (en español: novivo). ¿Cómo se pueden posicionar en redes las reivindicaciones sindicales? ¿Qué haría el algoritmo de TikTok ante vídeos sobre huelgas o conflictos laborales? No hay una respuesta clara.

En estos sistemas de clasificación y recomendación el papel de la inteligencia artificial es importante y cobra relevancia la regulación de la Unión Europea, que acaba de aprobar su reglamento de IA[1707]. Es relevante también el Reglamento de Servicios Digitales[1708], que prevé la rápida retirada de los contenidos notificados, o el bloqueo del acceso a ellos, en particular en el caso de la incitación ilegal al odio o la ciberviolencia. El reglamento define "contenido ilícito" como "la información, sea cual sea su forma, que sea de por sí ilícita en virtud del Derecho aplicable, como los delitos de incitación al odio o los contenidos terroristas y los contenidos discriminatorios ilícitos, o que las normas aplicables consideren ilícita por estar relacionada con actividades ilícitas. Ejemplos de ello son el intercambio de imágenes que representen abusos sexuales de menores, el intercambio ilícito no consentido de imágenes privadas, el acoso en línea, la ven-

---

1707 Reglamento (UE) 2024/1689 del Parlamento Europeo y del Consejo, de 13 de junio de 2024, por el que se establecen normas armonizadas en materia de inteligencia artificial (Reglamento de Inteligencia Artificial).

1708 Reglamento (UE) 2022/2065 del Parlamento Europeo y del Consejo, de 19 de octubre de 2022, relativo a un mercado único de servicios digitales y por el que se modifica la Directiva 2000/31/CE.

ta de productos no conformes o falsificados, la venta de productos o la prestación de servicios que infrinjan el Derecho en materia de protección de los consumidores, el uso no autorizado de material protegido por derechos de autor, la oferta ilegal de servicios de alojamiento o la venta ilegal de animales vivos" (considerando 12). En cualquier caso, la valoración no judicial de la licitud de publicaciones en internet es un serio riesgo para la libertad de expresión.

En el contexto de conflictos colectivos, las redes sociales pueden utilizarse para disuadir el apoyo a la huelga. Los algoritmos pueden programarse para mostrar en redes sociales contenido negativo hacia la huelga a los trabajadores que son propensos a apoyarla a través de la priorización de contenido hostil. Esto podría desalentar a los trabajadores de participar en la huelga o incluso llevarlos a oponerse a ella. Los algoritmos muestran información con fuerte carga emocional, que nos enfada, que nos emociona, que nos alarma. Las redes sociales son el terreno ideal para la proliferación de bulos e información falsa o manipulada. Por tanto, la priorización y el posicionamiento en la agenda de elementos negativos del conflicto, ensalzando la postura de la patronal, es un riesgo enorme para las huelgas del futuro. Las redes sociales no son terreno neutral.

El recurso a la inteligencia artificial podría permitir identificar a los usuarios que han visitado sitios web de sindicatos o que han compartido contenido favorable a la huelga. Luego, la empresa podría utilizar los algoritmos de las redes sociales para mostrarles contenido negativo hacia la huelga, como artículos de noticias críticos de la huelga o mensajes de trabajadores que se oponen a la huelga.

En segundo lugar, el proceso de disuasión de la huelga incluye tanto a los propios trabajadores llamados a la huelga como a los ciudadanos que podrían solidarizarse con ella. Los algoritmos pueden utilizarse para difundir información errónea o sesgada sobre una huelga manipulando a la opinión pública.

En este escenario, es habitual desplegar una estrategia de mediatización del conflicto para deslegitimar a los huelguistas, tanto en medios de comunicación tradicional como en redes sociales. Siguiendo con el ejemplo de la aerolínea, ya se ha comentado que Ryanair entregó un millón y medio de firmas ante la Comisión Europea para "hacer un llamamiento a Ursula Von Der Leyen para que proteja los vuelos de pasajeros españoles y mantenga abierto el espacio aéreo de la UE durante las huelgas de controladores aéreos"[1709]. A su vez, los titulares en prensa que ya hemos comentado, como "Los trabajadores en huelga no tienen derecho a fastidiarte las Navidades"[1710] o como "¿Qué puede hacer un pasajero para que una huelga no le arruine las vacaciones?"[1711], buscan activar marcos mentales negativos (*framing*) que favorecen el discurso empresarial y ponen a la opinión pública contra los trabajadores. Las empresas dedican muchos esfuerzos y recursos en criminalizar a los huelguistas.

Actualmente las principales redes sociales utilizan sus algoritmos para censurar contenido que consideran perjudicial o dañino, como conductas violentas, autolesiones, suicidios o agresiones sexuales. Sin embargo, esto supone un enorme riesgo para la libertad de expresión. Por ejemplo, para estos *softwares* es complicado distinguir un vídeo donde una persona promueve o lleva a cabo el acto del suicidio de un vídeo donde se exige mejorar la cobertura pública de la salud mental ante el aumento de casos de suicidios en población joven. La cuestión que aquí interesa es qué hará el algoritmo de priorización de las redes sociales ante vídeos sobre huelgas o conflictos laborales y el riesgo que esto supone para los derechos fundamentales de los trabajadores.

5.5. La gestión automatizada de los servicios mínimos y de los servicios de seguridad y mantenimiento

Otra cuestión que exige nuestra atención son los avances en la automatización de la gestión de los servicios mínimos y de los servicios de seguridad y mantenimiento. ¿Puede un algoritmo o una inteligencia artificial decidir los servicios mínimos durante una huelga y comunicárselos directamente a los trabajadores que deben realizarlos?

1709 Ryanair, "PROTECT PASSENGERS - KEEP EU SKIES OPEN PETITION - SIGN TODAY!". Disponible en: https://zip.lu/Xw4Q

1710 MUÑOZ, R., ALONSO, N. S., "Los trabajadores en huelga no tienen derecho a fastidiarte las Navidades", *El País*, 22 de diciembre de 2017. Disponible en: https://zip.lu/Ynke

1711 ABRIL PHILLIPS, A., "¿Qué puede hacer un pasajero para que una huelga no le arruine las vacaciones?", *La Vanguardia*, 29 de agosto de 2019. Disponible en: https://zip.lu/Xw3F

Por el momento, los precedentes jurisprudenciales españoles se limitan a valorar la idoneidad de la comunicación de servicios mínimos por medios electrónicos y la posible afectación al derecho a la protección de datos y a la desconexión digital. Existe un grupo de sentencias[1712] que resuelven el caso que versa sobre el envío, por la aplicación *WhatsApp*, de comunicaciones para el cumplimiento de los servicios mínimos por la empresa a trabajadores designados en el marco de un ejercicio del derecho a huelga. Para estas resoluciones, no se vulnera el derecho a la desconexión digital puesto que es un medio de comunicación habitual, en ese caso, entre los trabajadores y el empresario, y los actores no aportaron ningún elemento o indicio añadido que pudieran servir para construir un panorama indiciario fuerte de lesión del derecho fundamental.

Lo que está encima de la mesa es un paso más allá, es decir, acercarse a la gestión automatizada integral: la inteligencia artificial podría, en un futuro no muy lejano, no sólo gestionar la asignación y la comunicación a los trabajadores responsables de los servicios mínimos, sino también decidir por sí misma el volumen de los servicios mínimos, adoptando el papel que el legislador asigna a la autoridad gobernativa competente.

Aunque es la administración pública quien acuerda los servicios mínimos, habitualmente esto se limita a fijar un determinado volumen de prestación del servicio, expresado en un porcentaje, un número de trabajadores o determinados puestos de trabajo relevantes que deben mantenerse operativos (jefe, coordinador, director…). Luego, cada administración o empresa prestadora del servicio esencial debe adaptar su actividad productiva de acuerdo con estos servicios mínimos.

La IA puede realizar ambas tareas. Por un lado, un algoritmo puede ponderar, de acuerdo con los parámetros que se le indiquen, para cada conflicto concreto, qué volumen del servicio debe prestarse para garantizar el mantenimiento de los servicios esenciales de la comu-

---

1712 SSTSJ de Asturias de 12 abril 2022 (Rec. 429/2022), de 29 de marzo de 2022 (Rec. 410/2022, 374/2022, 252/2022, 322/2022); de 22 de marzo de 2022 (Rec. 264/2022, 253/2022, 350/2022; 96/2022; 221/2022); 8 de marzo de 2022 (Rec. 42/2022).

nidad. Por otro lado, una IA puede aplicar estos servicios mínimos en cada unidad productiva y determinar qué concreto trabajador tiene asignados estos servicios mínimos y comunicárselo. Todo ello sin intervención humana y en un tiempo muy breve.

Por ejemplo, el Ministerio de Transportes puede recurrir a una IA para determinar qué porcentaje de frecuencias de transporte de ferrocarril deben mantenerse durante una huelga. Por su parte, una IA de Renfe podrá cancelar determinados viajes y fijar otros como servicios mínimos y asignar a estos un trabajador que, por tanto, no podrá ejercer su derecho de huelga y así habrá de comunicársele. La cuestión que tenemos por delante es que, en un futuro no tan lejano, una IA y un algoritmo podrá realizar esta actividad de forma completamente automatizada y en muy poco tiempo.

Ambas tareas, por supuesto, podrán ser objeto de control judicial. La determinación de un cierto volumen de actividad como servicio mínimo podrá ser abusiva, por su resultado (servicios mínimos del 100%) o porque se base en parámetros e indicadores que se alejen del mantenimiento del servicio hacia condiciones de funcionamiento habitual. Puede ocurrir que, debido a la crónica falta de profesionales en atención primaria, para garantizar un servicio esencial crítico como es la sanidad, el algoritmo fije de forma recurrente un 100% de prestación del servicio. Esta decisión podrá ser recurrida, siguiendo el cauce habitual.

Por cierto, sobre esta cuestión existe una reivindicación sindical histórica para la atribución al orden jurisdiccional social de la competencia para impugnar servicios mínimos. De esta forma, no es competente el orden judicial social sino el contencioso-administrativo para valorar la corrección de la actuación administrativa fijando los servicios mínimos durante una huelga y declarar si son abusivos y atentatorios contra el derecho fundamental de huelga, a efectos de ordenar la variación de su contenido u ordenar el cese de las medidas adoptadas gubernativamente y fijar una posible indemnización[1713]. Debemos distinguir un primer supuesto donde la competencia para conocer el litigio sobre la impugnación de los servicios mínimos impuestos por la autoridad gubernativa competente corresponde al or-

---

1713 STS de 12 de marzo de 1997 (Rec. 3182/1996).

den jurisdiccional contencioso-administrativo, del cuestionamiento de un comportamiento empresarial, relacionado con la ejecución de los servicios mínimos, donde el conocimiento del litigio corresponde a la jurisdicción social[1714].

Sobre esto, debemos hacer una precisión: la gestión automatizada no aporta seguridad jurídica, sino que simplemente reduce los recursos necesarios para esta actividad, básicamente, tiempo y personal. De fondo, los criterios en virtud de los cuáles se decide el alcance del mantenimiento de los servicios esenciales mantienen un elevado grado de discrecionalidad, deben ponderarse para cada caso concreto y la última palabra la tendrán jueces que, de momento, son personas físicas. Veremos si esto algún día cambia.

5.6. Impacto climático y huella ecológica

En último lugar, debemos hacer un breve apunte sobre el impacto climático de la inteligencia artificial y su huella ecológica[1715]. En general, debemos mencionar tres elementos donde la IA tiene especial repercusión: el consumo de energía, el consumo de agua y las emisiones de CO2. Por ejemplo, se ha estimado que entrenar GPT-3 de OpenAI emite un nivel de CO2 similar a conducir un coche hasta la Luna y volver[1716].

Efectivamente, el traslado de gran parte de nuestra actividad a las redes desde hace años implica más impacto energético: más consumo de minerales para *hardware*, más energía para hacer funcionar las redes y equipos, más agua para refrigerar los centros de datos y más emisiones de carbono en todo el proceso[1717]. En este contexto, han aparecido diversos movimientos sociales de denuncia del impacto medioambiental de la IA. Por ejemplo, *Tu nube seca mi río* es un

1714 STS de 16 febrero de 2023 (Rec. 7222/2020).

1715 GONZALO, M., "El impacto climático de la IA y su huella ecológica", *Newtral*, 6 de septiembre de 2023. Disponible en: https://zip.lu/39XGL

1716 QUACH, K., "AI me to the Moon… Carbon footprint for 'training GPT-3' same as driving to our natural satellite and back", *The Register*, 4 de noviembre de 2020. Disponible en: https://zip.lu/39XGo

1717 OECD, "Measuring the environmental impacts of artificial intelligence compute and applications: The AI footprint", *OECD Digital Economy Papers*, nº 341, 2022. Disponible en: https://doi.org/10.1787/7babf571-en

proyecto social para visibilizar el impacto de los centros de datos en los recursos hídricos en España[1718].

El impacto climático de la IA, junto con las reivindicaciones ecologistas sobre la emergencia climática, generan una gran preocupación. Los datos empíricos[1719] muestran que los españoles consideran el cambio climático y el calentamiento global el primer problema global dentro de diez años (13,6%), por delante de las guerras (12,9%), la falta de alimentos, escasez o desabastecimiento (12,2%) y la pobreza o las desigualdades sociales (9,3%). Destaca especialmente en la mitad más joven de la población, superando el 16% en las personas entre 18 y 44 años. Ya se ha comentado la relación entre el ecologismo como movimiento social y los sindicatos y su posible relación con los conflictos colectivos y una posible huelga por motivos climáticos.

6. UNA LEY DE HUELGA PARA LA TERCERA DÉCADA DEL SIGLO XXI

6.1. El debate sobre la regulación de la huelga ante los nuevos retos tecnológicos de la empresa digital

La principal amenaza para el derecho de huelga que aparece en la jurisprudencia es el esquirolaje tecnológico y organizativo. De la misma forma que existe casi unanimidad en la doctrina científica criticando la opinión del TC sobre el esquirolaje tecnológico, también hay unanimidad reprochando que, cuarenta años después, España sigue sin aprobar una Ley Orgánica de Huelga. Así, la mayoría de los autores creen que muchos conflictos en el marco de la huelga desaparecerían con un desarrollo legal de este derecho fundamental, entre ellos, el esquirolaje a través de medios tecnológicos y digitales. El propio Tribunal Constitucional ha criticado "la falta de la inexcusable Ley postconstitucional"[1720].

1718 Más información en https://tunubesecamirio.com/

1719 CIS, *Encuesta sobre tendencias sociales (III)*, nº 3424, 2023. Disponible en: https://zip.lu/33uVD

1720 STC 183/2006, de 19 de junio.

El Proyecto de Ley Orgánica de Huelga y de Medidas de Conflicto Colectivo que se tramitó entre 1992 y 1993, nunca aprobado, establecía que: "En tanto dure la huelga, los trabajadores que participen en ella no podrán ser sustituidos por otros trabajadores no vinculados a la empresa en la fecha de declaración de la huelga" (art. 27.2). Además, "en el supuesto de incumplimiento de las prestaciones o servicios mínimos, el empresario o la autoridad administrativa responsable del servicio podrá sustituir a los huelguistas por otros trabajadores en la medida necesaria para asegurar el mantenimiento de los servicios esenciales de la comunidad" (art. 22.2)[1721].

Como se puede observar, este proyecto regulaba el esquirolaje en los mismos términos que el RDLRT de 1977. Ni siquiera se hacía referencia en el primer texto al esquirolaje interno, porque el primer pronunciamiento del TC prohibiéndolo (STC 123/1992) coincide con su tramitación parlamentaria, y, por ello, se incluye finalmente en el trámite de enmiendas[1722]. De hecho, la redacción de la regulación del esquirolaje interno fue calificada como contradictoria, ca-

---

1721 Boletín Oficial de las Cortes Generales (BOCG), Congreso de los Diputados, nº 87-1, de 1 de junio de 1992, pp. 1-12.

1722 Se incluye el esquirolaje interno por la enmienda 152, del Grupo Parlamentario Socialista (BOCG, Congreso, nº 87-11, de 12 de noviembre de 1992, pp. 71-72). Y así consta en el renombrado artículo 18, apartado 3, del texto aprobado por el pleno del Congreso: "Las facultades empresariales respecto de la movilidad funcional o geográfica de los trabajadores no podrán ser utilizadas con el objeto de limitar o impedir el ejercicio del derecho de huelga" (BOCG, Congreso, nº 87-15, de 12 de febrero de 1993, p. 140). Por otro lado, los artículos 21, 22 y 25 se refunden por la enmienda 148, también del Grupo Parlamentario Socialista (BOCG, Congreso, nº 87-11, de 12 de noviembre de 1992, p. 70), en el siguiente artículo 16: "En el caso de que se convoque una huelga en una actividad comprendida en el artículo 11 de esta Ley sin someterse a las garantías para el mantenimiento de los servicios esenciales o en cualquier otro supuesto de incumplimiento de las prestaciones o servicios mínimos, la Autoridad Gubernativa podrá adoptar las medidas necesarias para el cumplimiento de lo dispuesto en este Capítulo. Si se mantuviese el incumplimiento, la propia Autoridad con la finalidad de evitar daños irreparables, podrá disponer la utilización de otros medios sustitutorios para la efectiva prestación de los servicios correspondientes" (BOCG, Congreso, nº 87-15, de 12 de febrero de 1993, p. 139). Estos preceptos no son modificados en su tramitación parlamentaria en el Senado (BOCG, Senado, Serie 11, número 109 (f), de 29 de marzo de 1993, pp. 49-63).

balística y barroca[1723]. Obviamente, en esa época ni se planteaba el legislador la existencia de un esquirolaje tecnológico.

La doctrina ha propuesto aprobar una Ley Orgánica de Huelga, por ejemplo, con el siguiente precepto: "Durante la huelga, el empresario no podrá sustituir a los huelguistas por trabajadores que no estuviesen vinculados a la empresa al tiempo de ser comunicada la misma. Tampoco podrá el empresario celebrar, con esa finalidad, un contrato de puesta a disposición con una Empresa de Trabajo Temporal, ni podrá sustituir a los huelguistas con trabajadores de otras categorías profesionales del mismo centro"[1724].

Sin embargo, esta redacción corre el riesgo de no abarcar completamente el esquirolaje interno porque es posible que trabajadores dentro de la misma categoría profesional tengan asignadas tareas distintas y, por tanto, su sustitución también debería estar prohibida. El proyecto de Ley Orgánica de Huelga utilizaba una fórmula más amplia: "Las facultades empresariales respecto de la movilidad funcional o geográfica de los trabajadores no podrán ser utilizadas con el objeto de limitar o impedir el ejercicio del derecho de huelga"[1725].

Para incluir el esquirolaje tecnológico bastaría con añadir que "las facultades empresariales de dirección y control no podrán ser utilizadas con el objeto de limitar o impedir el ejercicio del derecho de huelga, así como los medios técnicos que, de manera automática y sin intervención de las personas, puedan emplearse para mantener una normal actividad productiva o servicio", o alguna redacción similar.

No obstante, la cuestión a resolver ahora es qué incentivos tiene el legislador para hacerlo y, para ello, debemos analizar el papel de los actores políticos y sociales que le influyen: patronal, sindicatos y partidos políticos. Lo cierto es que, como se verá a continuación, en los últimos treinta años apenas han cambiado los argumentos a favor y en contra de una Ley de Huelga.

1723 ALONSO OLEA, M., "A propósito del proyecto caducado de la Ley de Huelga", *Anales de la Real Academia de Ciencias Morales y Políticas*, nº 70, 1993, p. 425.

1724 QUINTANILLA NAVARRO, R. Y., "El derecho de huelga en la doctrina del Tribunal Constitucional: propuestas para una Ley Orgánica", *Revista del Ministerio de Trabajo e Inmigración*, nº 73, 2008, p. 73.

1725 BOCG, Congreso, nº 87-15, de 12 de febrero de 1993, p. 140.

6.2. *Tesis partidarias de una ley de huelga: empresarios y patronales*

Primero, debemos matizar que dentro de las tesis partidarias de la regulación legal de la huelga se incluyen desde posturas progresistas, que entienden que "cabe una ley promocional del derecho de huelga, que refuerce el ejercicio de la misma como instrumento de avance en el camino de la igualdad real y no meramente formal, que proclama el artículo 9.2 CE; hasta posturas que conciben la huelga como un hecho negativo en sí mismo y que pretenden que su regulación se convierta más bien en un instrumento normativo de protección al no huelguista, que no de los que ejercitan tal derecho"[1726]. No obstante, la propia doctrina ya era bastante escéptica en 1989 en cuanto al carácter progresista de esa hipotética regulación. Nada invita a ser más optimistas ahora.

Así, el primer argumento de quienes defienden regular la huelga se limita a la técnica jurídica: el legislador debe cumplir la reserva de ley orgánica para regular el derecho de huelga, como establece el art. 81 CE. También permitiría corregir la insatisfactoria situación normativa que deriva de la aplicación del RDLRT, por ejemplo, adaptando los servicios de seguridad y mantenimiento a la doctrina de la STC 11/1981. Otro argumento, algo ingenuo y optimista, defiende que "la nueva normativa permitiría una regulación del derecho de huelga de carácter más progresista que la actualmente contenida en el RDLRT, y que al mismo tiempo abriría amplios espacios para la autonomía colectiva, de forma que permitiera la autorregulación o la regulación negociada del ejercicio del derecho, fijando sanciones por la violación de las mismas, y en su caso prever soluciones a aplicar cuando no existieren tales normas"[1727].

Las organizaciones empresariales y patronales consideran necesario desarrollar el 28.2 CE porque "deben prevalecer los intereses de la sociedad en su conjunto, no pudiendo ser sacrificados ni sometidos a riesgo por el interés de los huelguistas". Por ello, se debe garantizar y proteger "el derecho al trabajo de aquellos trabajadores que

---

1726 ROJO TORRECILLA, E., "Balance de diez años de desarrollo del derecho constitucional de huelga y perspectivas de futuro", *Revista de Estudios Políticos*, nº 66, 1989, p. 225.

1727 *Ibidem*, pp. 226-228.

no deseen secundar el conflicto, así como garantizar que las decisiones sean tomadas en votación secreta, y proteger las personas y los bienes durante el ejercicio de la huelga". También se debe reglamentar de forma clara "la calificación por los tribunales de las huelgas ilegales, abusivas e ilícitas, a los efectos de exigir responsabilidades" correspondientes[1728].

Efectivamente, durante los últimos treinta años estas propuestas de la patronal se han mantenido vigentes y florecen en época de conflictos sociales, precisamente cuando más se recurre a las huelgas. En 2014, coincidiendo con un pico de conflictividad[1729], la CEOE proponía una ley de huelga que prohíba toda información sobre la huelga desde 24 horas antes del inicio de la misma para evitar situaciones de coacción e incluso de violencia; que las huelgas se convoquen sólo si la mayoría de los trabajadores afectados así lo deciden en una votación secreta; que establezca con carácter permanente servicios mínimos en determinadas actividades y ser negociados cuando no haya conflictividad; que delimite las responsabilidades administrativas, civiles, laborales, penales o de cualquier orden que pudieran derivarse de huelgas ilegales y las indemnizaciones que pudieran surgir; y que la valoración de la legalidad o ilegalidad de una huelga se efectúe antes de su inicio[1730].

La patronal Foment del Treball en Cataluña coincidía en estas propuestas y añadía regular las acciones de los piquetes, "impidiendo de facto que se incurra en coacciones, intimidaciones, amenazas y actos de violencia"[1731].

La respuesta a estas peticiones patronales, y en el contexto de una huelga de limpieza en Madrid, el Presidente del Gobierno, Mariano Rajoy, encargó al Ministerio de Empleo y Seguridad Social un estu-

---

1728 *Ibidem*, p. 229.

1729 En 2013 hubo 992 huelgas en España (Estadística de Huelgas y Cierres Patronales, Ministerio de Trabajo y Economía Social).

1730 "CEOE pide una ley de huelga que prohíba toda información sobre el paro un día antes", *eldiario.es*, 11 de junio de 2014. Disponible en: https://bit.ly/2YP4jEA

1731 "Fomento del Trabajo pide una Ley de huelga que permita declarar ilegal un paro antes de su inicio", *Europa Press*, 23 de febrero de 2016. Disponible en: https://bit.ly/2xO3S29

dio sobre una ley de servicios mínimos[1732]. No obstante, no se llegó a aprobar ningún anteproyecto de ley orgánica ni trascendieron más detalles.

6.3. Tesis contrarias a una ley de huelga: los sindicatos

Por otro lado, los sindicatos rechazan la necesidad de una ley reguladora de este derecho fundamental, defendiendo que ya está regulado, que existe una práctica sindical consolidada sobre su ejercicio y que la nueva ley reduciría los ámbitos de licitud del conflicto. La huelga es un "derecho imprescindible para la defensa de los intereses de los trabajadores, adquirido a lo largo de muchas luchas durante toda la historia, y que sólo deberá ser regulado de la forma y manera que éstos y sus organizaciones lo consideren oportuno"[1733]. Los sindicatos creen que "su desarrollo a través de la regulación legislativa clásica vanifica y vacía de contenido y de funcionalidad al derecho de huelga, estableciendo, al socaire de esta heterorregulación, justamente su contrario, el deber fundamental de producir, de no dejar de trabajar, donde la huelga sea una excepción lo menos incisiva posible"[1734].

Los sindicatos ven innecesaria una ley de huelga porque consideran suficiente el RDLRT y la jurisprudencia del TC, desde la STC 11/1981 que corrige algunos preceptos del RDLRT, pasando por la doctrina sobre servicios esenciales, hasta la prohibición del esquirolaje interno (SSTC 123/1992 y 33/2011). Además, denuncian que el objetivo último del gobierno sería dotar de legitimidad a las prácticas restrictivas contrarias al derecho de huelga y que se manifiestan, por ejemplo, a través de los decretos de servicios mínimos, en muchas ocasiones abusivos.

La oposición sindical a una nueva legislación de huelga se explicaba "porque se sospechaba (y motivos no le faltaban) que la regu-

---

1732 "Rajoy encarga a Empleo que estudie 'una ley de servicios mínimos, para que se cumplan'", *rtve.es*, 21 de noviembre de 2013. Disponible en: https://bit.ly/2ANbvH6

1733 ROJO TORRECILLA, E., "Balance de…", *op. cit.*, p. 230.

1734 BAYLOS GRAU, A., *Derecho de huelga y servicios esenciales*, Madrid, ed. Tecnos, 1987, p. 170.

lación legal no iría encaminada precisamente a proteger el derecho sino más bien a restringirlo". Está claro que "cada vez que se hablaba (y reclamaba) una nueva regulación legal de la huelga lo era para contener y evitar supuestos o reales 'desmanes' que su ejercicio producía"[1735].

Su preocupación por la restricción del derecho de huelga se ve confirmada por la última reforma legal relacionada con la huelga, que sancionaba con pena de prisión a los piquetes, el nuevo, y ya derogado, art. 315.3 CP: "quienes actuando en grupo o individualmente, pero de acuerdo con otros, coaccionen a otras personas a iniciar o continuar una huelga, serán castigados con la pena de prisión de un año y nueve meses hasta tres años o con la pena de multa de dieciocho meses a veinticuatro meses".

Así, CCOO denunciaba que "la Ley Mordaza convierte la huelga en delito" y que "los poderes públicos, a través del Ministerio Fiscal, están castigando a más de 200 sindicalistas, sancionados y/o procesados con peticiones de penas de prisión". Consideran que se trata de un ataque planificado que "pretende desanimar y meter miedo a la gente para que no participe en las huelgas, y, en consecuencia, debilitar a los sindicatos"[1736]. Por su parte, UGT habla de represión y asedio de derechos fundamentales[1737]. En el mismo sentido se pronuncian sindicatos como la CIG[1738], LAB o ELA[1739].

La CNT valoraba que el "endurecimiento coordinado de las leyes de seguridad ciudadana, seguridad privada, aborto, y código penal y la anunciada nueva ley de servicios mínimos o la ley de procesamiento penal, promoviendo el colaboracionismo ciudadano con el

---

1735 GARCÍA-PERROTE ESCARTÍN, I., *El proyecto de ley orgánica de huelga de 1993: la huelga en los servicios esenciales de la comunidad como telón de fondo*, Santander, Universidad de Cantabria, 1993, p. 33.

1736 CCOO, "La Huelga NO es Delito, La Ley Mordaza CONVIERTE la huelga en DELITO", *Cuestiones. Revista de Análisis Sindical*, nº 8, 2015.

1737 UGT, Resolución del 2º Comité Confederal sobre Derecho de Huelga y la Ley "Mordaza", 2017. Disponible en: https://zip.lu/Z4iC

1738 CIG, "O PP impón un estado policial coa aprobación das reformas da Lei de Seguridade Cidadá e do Código Penal", *cig.gal*, 2015. Disponible en: https://bit.ly/2YNlQNh

1739 ELA, "La "Ley mordaza" quiere acallar y criminalizar la protesta social", *ela.eus*, Disponible en: https://bit.ly/3bhrMkh

orwelliano 'concepto integral de seguridad pública', supone de facto laminar los derechos de manifestación, libre expresión, huelga, información y libertad sexual"[1740].

De esta forma, los sindicatos desconfían en los poderes del Estado. Por ello, quieren ser soberanos para ejercitar el derecho de huelga en sus términos, y defienden que, si su utilización fuera abusiva, ya se encargaría el orden jurisdiccional social de exigir las responsabilidades precisas. Asumen que el control judicial *ex post* es ineficaz, porque la huelga habría acabado meses antes de una sentencia firme y que una regulación que acelere el proceso permitiría una tutela efectiva del derecho de huelga ante lesiones del mismo por parte de empresarios, pero también corregir abusos sindicales. Parece que los sindicatos ven demasiado arriesgado lo segundo o desconfían de lo primero.

En definitiva, los sindicatos siempre han optado por la autorregulación[1741] porque creen, en fin, que la mejor ley de huelga es la que no existe.

6.4. El papel decisivo de los partidos políticos

Por mandato del art. 81 CE, la huelga es una materia objeto de ley orgánica y está excluida de la capacidad legislativa del Gobierno (decretos ley y decretos legislativos). Por tanto, corresponde a las Cortes Generales en exclusiva la decisión política de aprobar una ley que regule el derecho de huelga, o no hacerlo.

La composición del Congreso de los Diputados en la XV legislatura (2023) da cuenta de 9 grupos parlamentarios, incluyendo el grupo mixto, conformados por al menos 11 partidos, federaciones, coaliciones o agrupaciones de electores que obtuvieron representación en las últimas elecciones generales[1742]. A su vez, Sumar es una

---

1740 CNT, "La libertad no se legisla, se conquista #sinmiedo", *cnt.es*, 2014. Disponible en: https://bit.ly/3dsOW8I

1741 ROJO TORRECILLA, E., "Balance de...", *op. cit.*, p. 231; BAYLOS GRAU, A., *Derecho de huelga...*, *op. cit.*, p. 170.

1742 Resolución de 30 de agosto de 2023, de la Presidencia de la Junta Electoral Central, por la que se publica el resumen de los resultados de las elecciones al Congreso de los Diputados y al Senado convocadas por Real Decreto 400/2023,

coalición de 20 partidos, aunque sólo tienen representación parlamentaria ocho. De esta forma, en una cámara fragmentada (aunque en menor medida que en la XIV legislatura porque no tienen representación Ciudadanos, CUP, Partido Regionalista de Cantabria, Nueva Canarias y Teruel Existe), la última palabra sobre una hipotética ley de huelga corresponde a los partidos políticos que articulen una mayoría suficiente.

A continuación, se analiza, a través del estudio de sus programas electorales, la postura de los partidos políticos con grupo parlamentario propio con respecto a regular la huelga. Como resultado de este estudio, se representa de forma gráfica qué partidos promueven reformas legales en materia de huelga, para cada proceso electoral, en el ANEXO I.

Por parte de la derecha y extrema derecha, el Partido Popular/ Alianza Popular propuso legislar sobre la huelga en 1977 ("El derecho de huelga será reconocido, y regulado"), 1979, 1982, 1989 y 1993. La última vez que un programa electoral del Partido Popular mencionó la huelga fue en 1993 (manteniendo la misma propuesta del programa de 1989):

> "Una política decididamente favorable al diálogo y la concertación social reducirá de forma sensible los conflictos laborales y las huelgas; pero, como marca nuestra Constitución, también los ciudadanos tienen derecho a que se respeten 'los servicios esenciales a la comunidad' en caso de conflicto. Cumpliendo el mandato constitucional, se elaborará una Ley de Huelga que garantice a la comunidad el mantenimiento de los citados servicios esenciales"[1743].
>
> "El Gobierno del PP enviará a las Cortes los siguientes textos legislativos: [...] 3. Un proyecto de ley regulador del derecho de huelga equivalente en su contenido a la legislación en vigor en los países de la Europa Comunitaria"[1744].

---

de 29 de mayo, y celebradas el 23 de julio de 2023, conforme a las actas de escrutinio general y de proclamación de electos remitidas por las correspondientes Juntas Electorales Provinciales y por las Juntas Electorales de Ceuta y de Melilla.

1743 PARTIDO POPULAR. *AHORA. Programa de gobierno para todos*, 1993, p. 17. Recuperado de: https://bit.ly/2ZuL7MK

1744 *Ibidem*, p. 112.

En el caso de VOX, sus propuestas son las más concretas respecto a la regulación de la huelga. También son las más restrictivas, coincidentes con los intereses patronales:

> "España necesita una Ley de Huelga moderna. El régimen legal vigente ha mostrado su inadecuación para que el ejercicio de ese derecho colectivo se realice sin lesionar los derechos y libertades del resto de ciudadanos. Desde esta perspectiva, los criterios para una reforma de la vigente normativa deberían ser los siguientes: a) La legalidad de la convocatoria de una huelga exigirá el voto mayoritario y secreto de los trabajadores del sector, industria o empresa en la que se pretende iniciar el conflicto colectivo. b) Los trabajadores que no desean sumarse a la huelga han de poder trabajar si así lo desean y han de establecerse las garantías para que lo hagan. c) La actividad de los piquetes informativos ha de realizarse exclusivamente dentro de su centro de trabajo y el comité convocante de la huelga responderá ante los tribunales de los daños físicos o materiales causados durante el desarrollo del conflicto colectivo"[1745].

En 2023, VOX incluye en su programa garantizar "efectivamente el derecho al trabajo prohibiendo las acciones coactivas en las huelgas políticas"[1746]. Esta propuesta buscaría recuperar la criminalización de los piquetes del derogado art. 315.3 CP.

Por parte de la izquierda, el PSOE sólo menciona la huelga cuando plantea derogar el art. 315.3 CP que califica como un "un intento por parte de la derecha de disuadir a los ciudadanos de ejercer su derecho a la huelga y, en consecuencia, su libertad sindical"[1747] en sus programas de 2015, 2016 y 2019 (a). En 1993 fue la última vez que propuso una ley de huelga:

> "[...] favorecer la reducción de la conflictividad laboral mediante la regulación del ejercicio del derecho a huelga. En la legislatura anterior, el PSOE y los sindicatos más representativos alcanzaron un amplio acuerdo acerca de una norma orgánica reguladora del derecho de huelga. El texto acordado corresponsabiliza a los agentes sociales en la racionalización

---

1745 VOX, *Propuesta de VOX de reducción de gasto superfluo para recuperar la clase media trabajadora y apoyar a las familias*, abril 2019, p. 59 (en el enlace p. 137). Disponible en: https://zip.lu/32jF3

1746 VOX, *Un programa para lo que importa. Programa electoral para las Elecciones Generales del 23J de 2023*, 2023, p. 22. Disponible en: http://zip.lu/KWhp

1747 PSOE. *Programa electoral PSOE. Elecciones generales 2019*, 2019, p. 176. Recuperado de: https://bit.ly/2ZsaFtN

de los conflictos, armoniza el ejercicio del derecho de huelga con otros derechos y bienes constitucionalmente protegidos y preserva los derechos de los ciudadanos en situaciones de huelga que afecte a servicios esenciales"[1748].

En 2015 y 2016, PODEMOS plantea reforzar "las garantías para ejercer el derecho de huelga bajo el principio de autotutela, un objetivo que se conseguirá mediante la eliminación en el Código Penal de los tipos específicos relacionados con el ejercicio de este derecho. Con ello, regularemos un sistema de garantías para las personas que decidan participar en una huelga"[1749].

Su socio de coalición, Izquierda Unida, es el único partido que menciona el esquirolaje de todos los programas estudiados, refiriéndose incluso al tecnológico. De esta forma, en el proceso electoral de 2019 propuso la "prohibición del recurso a esquiroles, incluidos los tecnológicos, para desvirtuar la Huelga"[1750]. Aquí se recogen sus propuestas sobre huelga:

> "Potenciar del principio de autonomía colectiva en la configuración del derecho de huelga y en consecuencia restar la presencia gubernativa en la determinación del derecho a la Huelga. – Fijar Servicios Mínimos por organismos paritarios entre las empresas afectadas y los sindicatos y trabajadores, teniendo como referencia los derechos reconocidos por la OIT. Clarificar el concepto de servicios esenciales para la comunidad de forma restrictiva y con estricto respecto al derecho fundamental a la Huelga. – Dotar de mecanismos procesales y recursos materiales para la resolución de todos los conflictos derivados de la Huelga a la Jurisdicción Social (Principio de Unidad de Jurisdicción). – Potenciar la dimensión colectiva de los titulares del derecho (Sindicatos). – Eliminación de las causas de ilegalidad del derecho fundamental de la Huelga y desligar la ilegalidad o ilicitud de la Huelga como causa de despido disciplinario. – Prohibición del recurso a esquiroles, incluidos los tecnológicos, para desvirtuar la Huelga. – Reforzar mecanismos de protección de los tra-

---

1748 PSOE. *El programa de la mayoría*, 1993, p. 20. Recuperado de: https://bit.ly/2zXoc1I

1749 PODEMOS, *QUEREMOS, SABEMOS, PODEMOS. Un programa para cambiar nuestro país. Elecciones generales 20 de diciembre de 2015*, 2015, p. 63. Recuperado de: https://bit.ly/3cVzcLr

1750 Izquierda Unida, *Programa para un país que lucha. Programa para un país con futuro. Programa de IU para las elecciones generales 28A 2019*, 2019, p. 40. Recuperado de: https://bit.ly/3gdQDZM

bajadores antes, durante y después de la materialización de la Huelga. Prohibición de medidas de movilidad geográfica y sustancial durante la celebración de una Huelga".

En las elecciones de 2023, IU concurría dentro de la coalición SUMAR y eliminó sus propuestas en materia de huelga. El programa se limitaba a mencionar de forma genérica el derecho de huelga en un contexto en el que "las transformaciones tecnológicas nos presentan nuevos retos y la obligación de adaptarnos a las grandes transiciones digital y ambiental", y "los derechos fundamentales han de ser preservados también en los lugares de trabajo". IU proponía:

> "Resignificar el artículo 35.2 de la Constitución aprobando un Estatuto del Trabajo para este siglo XXI en el que se fortalezcan los derechos de las personas que trabajan como una eficaz forma de profundizar en la democracia en nuestro país. Incluiremos en el mismo: Derechos de ejercicio colectivo como la sindicación o la huelga, el derecho de reunión y de asamblea en los lugares de trabajo y fuera de ellos, el derecho de información, consulta y participación en la empresa y el derecho de los sindicatos a la participación en la gestión y en el gobierno de la empresa a través de las fórmulas que se establezcan legalmente"[1751].

A pesar del paso atrás de 2023, el programa electoral de Izquierda Unida en 2019 es el que más interés ha mostrado en regular el derecho de huelga, con muchas propuestas concretas que buscaban mejorar la eficacia de este derecho fundamental e incorporar la dimensión tecnológica. Sin embargo, IU es un partido minoritario, integrado en las coaliciones Unidas Podemos y luego en Sumar, con una representación en torno a los cinco diputados. Aunque miembros del partido tuvieron responsabilidades ministeriales[1752], IU carece de incidencia en la agenda legislativa del país en materia de huelga. Por su parte, Sumar no incluye referencias a la huelga en su programa[1753].

1751 Izquierda Unida, *Aportación de Izquierda Unida al programa de las elecciones generales*, 2023. Disponible en: https://zip.lu/YBZk

1752 Alberto Garzón, coordinador federal de Izquierda Unida (2016-2024), fue Ministro de Consumo entre 2020 y 2023, y, desde 2023, Sira Rego es Ministra de Juventud e Infancia.

1753 SUMAR, *Un programa para ti. Elecciones generales 23 de junio de 2023*, 2023. Disponible en: https://zip.lu/Ws9V

Finalmente, no podemos olvidar el acuerdo programático entre el PSOE y Unidas Podemos para formar el primer gobierno de coalición en España desde la II República. Ahí se pacta derogar el art. 315.3 CP y no se incluye ninguna referencia al derecho de huelga[1754]. Tampoco se incluye en el acuerdo de coalición entre PSOE y Sumar[1755].

En general, puede apreciarse el nulo interés de los partidos políticos por regular el derecho de huelga, seguramente debido al desgaste político que supone abordar un tema tan complejo donde patronal y sindicatos tienen posturas muy alejadas. Además, la conflictividad social se ha reducido en los últimos años y la ciudadanía no percibe las huelgas como un problema.

Así, las propuestas para aprobar una ley de huelga se remontan a la transición y desaparecen a partir de los años 90 después del fracaso del Proyecto de Ley Orgánica de Huelga de 1993. En los últimos años, la huelga volvió a los programas electorales de las fuerzas políticas de izquierda como el PSOE o ERC, pero limitándose proponer la derogación del art. 315.3 CP introducido por la Ley Orgánica 1/2015, de 30 de marzo, que criminaliza los piquetes y recibió una gran crítica social y sindical. No consta que ningún partido haya presentado una proposición de ley sobre la huelga, más allá de la derogación del 315.3 CP[1756], o de recuperar el delito del 315.3 CP por parte de VOX[1757].

1754 PSOE y UNIDAS PODEMOS, *COALICIÓN PROGRESISTA. Un nuevo acuerdo para España*, 2019, p. 31. Recuperado de: https://bit.ly/3gflTaY

1755 PSOE y SUMAR, *España avanza. Una nueva coalición de gobierno progresista*, 2023. Disponible en: https://zip.lu/YC4o

1756 Proposición de Ley Orgánica de derogación del artículo 315 apartado 3 del Código Penal, presentada por el Grupo Parlamentario Socialista (BOCG, Congreso, nº 112-1, 18 de septiembre de 2020, pp. 1-2). Proposición de Ley Orgánica de modificación de la Ley Orgánica 10/1995, de 23 de noviembre, del Código Penal, presentada por el Grupo Parlamentario Confederal de Unidas Podemos-En Comú Podem-Galicia en Común (BOCG, Congreso, nº 50-1, 7 de febrero de 2020, pp. 1-4). Proposición de Ley Orgánica por la que se modifica la Ley Orgánica 10/1985, de 23 de noviembre, del Código Penal, para la despenalización del derecho de huelga, presentada por el Grupo Parlamentario de Esquerra Republicana (BOCG, Congreso, nº 110-1, 31 de marzo de 2017, pp. 1-2).

1757 Proposición de Ley Orgánica para la protección de los derechos constitucionales de los trabajadores, presentada por el Grupo Parlamentario VOX (BOCG,

Finalmente, este precepto fue derogado por la Ley Orgánica 5/2021, de 22 de abril, de derogación del artículo 315 apartado 3 del Código Penal, con los votos a favor del PSOE, UP, ERC, JxCAT, EH Bildu, Más País, Compromís, BNG, CUP, Teruel Existe y Nueva Canarias; la abstención del PNV, PRC y CC; y el voto en contra del PP, VOX y Cs[1758]. En la exposición de motivos se justificaba esta norma en marco del "proceso constante y sistemático de desmantelamiento de las libertades y especialmente de aquellas que afectan a la manifestación pública del desacuerdo con las políticas económicas del Gobierno" y del "entramado de leyes que asfixian la capacidad de reacción, protesta o resistencia de la ciudadanía y de las organizaciones sindicales". Este delito buscaba "disuadir a los ciudadanos de ejercer su derecho a la huelga y, en consecuencia, su libertad sindical".

En definitiva, las pocas propuestas genéricas incluidas en los distintos programas electorales carecen de la concreción y precisión que un análisis jurídico requiere, a excepción de Izquierda Unida, un partido minoritario y, por tanto, sin capacidad de hacer prosperar un proyecto legislativo en la materia, y de VOX, que propone una votación como requisito para convocar una huelga, un requerimiento claramente inconstitucional a la luz de la STC 11/1981.

Por lo tanto, una vez analizada la postura de la patronal, los sindicatos y los partidos políticos, podemos concluir que la opinión de los distintos actores apenas ha variado en las últimas décadas. No hay interés ni urgencia por regular la huelga a través de una ley. Los distintos actores, con la excepción de Izquierda Unida y VOX, parecen impermeables a los cambios tecnológicos y sociales y no promueven reformas que den respuesta a conflictos como las nuevas formas de esquirolaje, ya sea tecnológico, organizativo o algorítmico, ni tienen voluntad de regular las protestas de las personas trabajadoras autónomas. Así, cobra todavía más relevancia la jurisprudencia y doctrina analizada a lo largo de este trabajo: porque ni el legislador ni los ac-

---

Congreso, nº 340-1, 14 de abril de 2023, pp. 1-7).

1758 Congreso de los Diputados, Votación de conjunto de la Proposición de Ley Orgánica de derogación del artículo 315 apartado 3 del Código Penal, por tener la misma carácter orgánico, Sesión 82, Votación 18, 11 de marzo de 2021. Disponible en: http://zip.lu/FmJV

tores sociales se plantean abordar estos conflictos. La última palabra, como en 1981, la tiene el Tribunal Constitucional.

6.5. Propuestas articuladas para la regulación legal del esquirolaje

En este apartado, se apuntarán algunas ideas sobre cómo afrontar una regulación legal del derecho de huelga en el contexto social, económico y tecnológico de la tercera década del siglo XXI a partir de preceptos articulados de la experiencia internacional y de aportaciones doctrinales.

6.5.1. La prohibición de sustituir a los huelguistas de Portugal

En una revisión de la normativa de otros países europeos, predomina la clásica anomia legislativa en materia de huelga. Sin embargo, llama la atención la moderna concepción del esquirolaje del Código de Trabajo portugués (Ley 7/2009), que prevé incluso supuestos de lo que aquí llamamos esquirolaje organizativo.

En el artículo 535 se regula la "Prohibición de sustituir a los huelguistas":

> "1 - El empleador no podrá, durante la huelga, sustituir a los huelguistas con personas que, a la fecha del aviso previo, no se encontraban trabajando en el respectivo establecimiento o servicio ni podrá, a partir de esa fecha, admitir trabajadores con ese fin.
>
> 2 - La tarea realizada por un trabajador en huelga no puede ser realizada, durante este período, por una empresa contratada a tal efecto, salvo en el caso de incumplimiento de los servicios mínimos necesarios para satisfacer las necesidades sociales esenciales o la seguridad y mantenimiento de equipos e instalaciones y en la medida más estricta necesaria para proporcionar estos servicios.
>
> 3 - La infracción de lo dispuesto en los apartados anteriores constituye una infracción muy grave"[1759].

[1759] Traducción propia. Original (portugués): "Artigo 535.º. Proibição de substituição de grevistas. 1 - O empregador não pode, durante a greve, substituir os grevistas por pessoas que, à data do aviso prévio, não trabalhavam no respectivo estabelecimento ou serviço nem pode, desde essa data, admitir trabalhadores para aquele fim. 2 - A tarefa a cargo de trabalhador em greve não pode, durante esta, ser realizada por empresa contratada para esse fim, salvo em caso de incumprimento dos serviços mínimos necessários à satisfação das necessidades so-

Esta normativa es muy interesante porque en su apartado segundo pone el foco no en la sustitución personal sino en el trabajo objeto de la sustitución. Frente a la regulación preconstitucional española que prohíbe al empresario "sustituir a los huelguistas por trabajadores", la ley portuguesa apunta a la "tarea realizada por un trabajador en huelga". España prohíbe la sustitución personal frente a Portugal que prohíbe también la prestación de las tareas del huelguista por una empresa contratada a tal efecto, con la excepción de las necesidades sociales esenciales o inevitables (*impreteríveis*).

Sería interesante incorporar al derecho español la idea de la sustitución de la tarea o prestación de servicios porque permitiría expandir la noción de prohibición del esquirolaje desde la sustitución personal hacia el mantenimiento de la producción por medios tecnológicos u organizativos.

6.5.2. Propuestas de la doctrina

Respecto a la doctrina, ya se han citado muchos autores que estudian el derecho de huelga y critican la ausencia del desarrollo legal que mandata la Constitución. En esta línea, destacan algunos expertos en esquirolaje tecnológico que hacen atractivas y oportunas propuestas de regulación que merecen ser tenidas en cuenta en el contexto de una hipotética (aunque improbable) Ley Orgánica de Huelga. Tascón[1760] propone el siguiente precepto:

> "Art. xxx.– 1. Durante el desarrollo de una huelga, la empresa podrá utilizar los elementos tecnológicos existentes en la organización al tiempo de convocarse la misma, siempre y cuando existan suficientes trabajadores que no la hayan secundado para poder utilizarlos de forma segura y que tengan entre sus funciones habituales las de utilizarlos, manejarlos o programarlos.

---

ciais impreteríveis ou à segurança e manutenção de equipamento e instalações e na estrita medida necessária à prestação desses serviços. 3 - Constitui contra-ordenação muito grave a violação do disposto nos números anteriores".

1760 TASCÓN LÓPEZ, R., "Propuesta de regulación para el esquirolaje tecnológico en el contexto de una hipotética Ley Orgánica de Huelga", *Revista Documentación Laboral*, nº 121, 2020, p. 103.

Cualquier utilización que se haga de dichos medios tecnológicos que resulte distinta a los procedimientos habituales en la empresa tiene que estar justificada por criterios de proporcionalidad.

2. En ningún caso la empresa podrá comprar, arrendar o vincular de cualquier modo medios técnicos externos a la organización y dirigirlos a mantener a actividad productiva durante el desarrollo de la huelga.

3. Cuando la posibilidad de utilización de sistemas tecnológicos haga virtualmente ineficaz cualquier intento de huelga en una empresa o sector, el convenio colectivo, o, en su caso, el acuerdo *ad hoc* que se alcance entre las partes afectadas, establecerá limitaciones al uso de mecanismos tecnológicos como medida de reacción empresarial frente a la huelga".

Esta redacción parte de la diferenciación jurisprudencial entre la utilización de medios tecnológicos para sustituir a los huelguistas ya existentes en la empresa y la adquisición de esos medios específicamente para hacer frente a los problemas planteados por la huelga. La propuesta se limita a legislar el contenido de la doctrina del Tribunal Constitucional[1761]. Sin embargo, es interesante porque pivota sobre las ideas de proporcionalidad en el uso de medios tecnológicos previos a la huelga, la prohibición del mantenimiento de la actividad productiva durante el desarrollo de la huelga con medios adquiridos para tal fin, y la idea de eficacia de la huelga. Ya hemos visto que la eficacia de una huelga es un concepto en disputa y Tascón propone que su alcance se fije en la negociación colectiva.

7. CONCLUSIONES

A lo largo de este capítulo se ha estudiado un conflicto central en las relaciones entre empresarios y trabajadores que trasciende la concreta cuestión del esquirolaje: la capacidad de reacción de los empresarios ante una huelga. La correlación de fuerzas entre empresarios y trabajadores se ha desequilibrado en los últimos años. Así, en lugar de una resistencia pasiva a los huelguistas, esperando el desgaste, los empresarios buscan continuar la producción y, para ello, es esencial mantener el trabajo de los huelguistas sustituyéndolos. El empresario se siente fuerte y pasa a la ofensiva. Además, hoy en día,

---

1761 STC 17/2017, de 2 de febrero.

tiene de su lado la innovación tecnológica y, en frente, un modelo sindical anticuado.

Por un lado, el esquirolaje organizativo consiste en las prácticas empresariales de reacción a una huelga, desarrolladas en el seno de procesos de descentralización productiva, que recurren a fórmulas de subcontratación de toda o parte de su actividad productiva a otra empresa o que trasladan la producción a otras empresas del mismo grupo de empresas, lesionando la libertad sindical y el derecho de huelga. La idea del esquirolaje organizativo pivota sobre medidas antihuelga dirigidas al mantenimiento de la producción en estructuras empresariales complejas, triangulares o reticulares. A su vez, podemos diferenciar dos supuestos dentro del esquirolaje organizativo: la sustitución de huelguistas en el marco de un grupo de empresas y la sustitución de huelguistas en el marco de una contrata/subcontrata.

Por otro lado, el recurso a medios tecnológicos para mantener la producción es el más reciente pero no último conflicto en torno al derecho de huelga. El esquirolaje tecnológico es la sustitución de medios humanos por medios mecánicos o automáticos durante la huelga. Dentro de este concepto novedoso se pueden identificar cinco categorías: el esquirolaje tecnológico externo, interno, automático, mixto y previo o posterior. En las últimas dos décadas, se observa una evolución jurisprudencial sobre la sustitución por medio técnicos de los trabajadores huelguistas que podría representarse por una curva cóncava, porque el mayor nivel de protección, las tesis prohibitivas del esquirolaje, se halla en el punto intermedio de dos periodos dominados por las tesis permisivas.

En resumen, la tesis prohibitiva del esquirolaje tecnológico se estructura en tres grandes argumentos. El primero tiene carácter interpretativo: la permisión del esquirolaje tecnológico no debe asumirse sin más de una interpretación *sensu contrario*, basada en que el RDLRT no lo prohíbe. Por otro lado, por su ubicación sistemática, el derecho de huelga es un derecho fundamental que debe prevalecer sobre la libertad de empresa o la adopción de medidas de conflicto colectivo (art. 28.2 frente a los art. 38 y 37 CE). Además, el contenido esencial del derecho de huelga no se limita sólo en garantizar la interrupción en la prestación del trabajo asalariado, sino también en la consecución de una cierta eficacia. Los trabajadores deben asumir unos sacrificios con el objetivo de provocar ciertos perjuicios al empresario y, por ello, la huelga perdería su eficacia como tal si el empresario pudiera neutralizar dichos efectos mediante el recurso a medios tecnológicos.

Por otro lado, la tesis permisiva afirma que no hay amparo legal para prohibir que la empresa use los medios técnicos de los que dispone de forma habitual para mantener su actividad productiva durante una huelga. Esto es porque el empresario no tiene un deber u obligación de colaboración con el resultado de la huelga, especialmente cuando no se sustituye a huelguistas y sólo se utilizan los medios tecnológicos disponibles.

En este contexto, es imprescindible poner en valor la sólida capacidad argumental de la doctrina, claramente dividida en partidarios y detractores del esquirolaje tecnológico, porque, como ya se ha analizado, los actores políticos y sociales se muestran impermeables a los cambios tecnológicos y productivos y no tienen ninguna voluntad de regular el derecho de huelga para resolver legalmente este conflicto.

De esta forma, tal vez los futuros conflictos incluyan el componente tecnológico y, en ese supuesto, serán los tribunales quienes deberán ponderar la posible lesión del derecho de huelga si la empresa continúa produciendo o prestando servicios porque recurre a medios tecnológicos o automáticos. Tampoco podemos olvidar el carácter reticular de las estructuras empresariales complejas que, a través de la subcontratación de parte de sus servicios o de los grupos de empresas, pueden mantener la producción recurriendo a una nueva contrata o a otra empresa del grupo. Lo que se ha llamado esquirolaje comercial, mercantil u organizativo, en realidad, constituye modalidades perfectamente encuadrables en las tradicionales categorías de esquirolaje interno o externo. De hecho, el esquirolaje interno podría abarcar el esquirolaje tecnológico, en tanto constituye un ejercicio del *ius variandi* empresarial.

En principio, el Tribunal Constitucional es permisivo con el esquirolaje tecnológico interno, pero nada dice sobre el externo, modalidades mixtas, automáticas, o el esquirolaje previo o posterior. Es posible que en los próximos años aparezcan pronunciamientos sobre estas fórmulas de las que aún sabemos muy poco.

Tampoco debemos ignorar el sector que monopoliza los conflictos por esquirolaje tecnológico: los medios de comunicación. Esto se debe a dos elementos: la capacidad de sustituir a trabajadores huelguistas por medios tecnológicos debido al uso habitual de estos recursos y la importancia de exteriorizar el conflicto ante la dificultad, en muchas ocasiones, de paralizar la producción (servicios mínimos abusivos, debilidad de la sindicación, automatización). Hoy en día, las campañas mediáticas y en redes sociales son una parte esencial del conflicto sindical y, por ello, se hace imprescindible visibilizarlo para el logro de sus objetivos. Son ejemplo de ello que una televisión se vaya a negro o un periódico no pueda publicarse durante la huelga.

Adicionalmente, es clave destacar que la tecnología no es neutra y sus riesgos no se limitan a la idea del esquirolaje. La gestión a través de algoritmos e inteligencia artificial muestra como la digitalización dota a la empresa de herramientas que permiten mejorar la productividad a costa de los derechos de los trabajadores y mantener la producción durante una huelga. Lamentablemente, están más desarrollados los riesgos que supone la IA frente a sus potenciales oportunidades. Se identifican riesgos de esquirolaje algorítmico, discriminación algorítmica, prácticas antisindicales y comunicación antihuelga. A su vez, determinadas fases del conflicto colectivo, como la fijación de servicios mínimos serían fácilmente automatizadas. El despliegue de la inteligencia artificial abre la puerta a una escalada de conflictividad debido al riesgo de destrucción de empleo que supone.

A su vez, se advierte la problemática específica de la huelga en el teletrabajo. El riesgo de vulneración de derecho de huelga se producirá en mayor medida en sectores o empresas donde la digitalización y la difusión del teletrabajo estén generalizados. De esta forma, entraña una seria dificultad "el control del esquirolaje por parte de un teletrabajador que, siendo ajeno a la empresa o excediendo ilegalmente las funciones propias de su puesto, se preste a colaborar con la mercantil en detrimento de la huelga. No en vano, cabe recordar que este esquirolaje pude ocurrir en contextos en los que el trabajo online se lleve a cabo bajo un horario de trabajo flexible o no determinado"[1762]. Aunque se trataría de prácticas ilícitas, será muy difícil identificarlas y probarlas.

1762 RUIZ SAURA, J. E., "Huelga y nuevas tecnologías: la encrucijada de un derecho fundamental", *Temas Laborales*, nº 167, 2023, p. 201.

En última instancia, la clave que la jurisprudencia deberá responder es la hipotética eficacia del derecho de huelga como parte de su contenido esencial y el correspondiente estatuto obligacional del empresario durante la huelga. Esto es, si el empresario tiene un deber u obligación de colaboración con el resultado de la huelga, si el *ius variandi* anestesiado durante la huelga también lo está respecto de medios tecnológicos para evitar que el efecto de la huelga se limite o anule.

En este contexto, debemos superar la idea del principio de «proporcionalidad y sacrificios mutuos»[1763], que se enmarca en una concepción contractual o iusprivatista del derecho de huelga, alejada del modelo polivalente o dinámico de la Constitución. Se trata de un debate clásico en materia de huelga. La doctrina detrás de las sentencias permisivas con el esquirolaje tecnológico esconde, en realidad, un falso principio de igualdad de armas.

De esta forma, el objetivo último de la huelga, restablecer el equilibrio entre las partes con objeto de promover las condiciones para que la libertad y la igualdad de los individuos y grupos sociales sean reales y efectivas (art. 9.2 CE), impide la aplicación del principio de equilibrio o proporcionalidad en los daños. Desde esta perspectiva, considerar aplicable el mencionado principio supone privar de efectividad al derecho de huelga de los trabajadores[1764]. En este contexto, debemos recuperar la argumentación sindical de la STC 41/1984, de 21 de marzo: "Si tuviera que existir proporcionalidad entre los daños o los sacrificios de ambas partes nos encontraríamos frente a una lucha de igualdad de armas impidiendo que la huelga fuera un instrumento modificador de la correlación de fuerzas". En su lugar, proponían una concepción de proporcionalidad "no como proporcionalidad de sacrificios, sino como proporcionalidad en los medios utilizados para alcanzar el fin pretendido"[1765].

Así, tanto la ajenidad en los riesgos que define la relación laboral como la efectividad de los derechos fundamentales reconocidos en

---

[1763] STC 11/1981, de 8 de abril.

[1764] CARRIZOSA PRIETO, E., "El principio de proporcionalidad como mecanismo de control de las injerencias en el derecho de huelga", *Temas Laborales*, nº 77, 2004, p. 98.

[1765] STC 41/1984, de 21 de marzo.

la CE (art. 9.2) exigen invertir el argumento del ejercicio proporcional del derecho de huelga: los criterios de necesidad, idoneidad y proporcionalidad en sentido estricto deberán exigirse a la restricción del derecho de huelga, no al ejercicio de este derecho fundamental. Por tanto, el recurso a mecanismos tecnológicos y productivos para aminorar o anular la eficacia del derecho de huelga no se puede justificar ni en la igualdad de armas ni en los sacrificios mutuos, propios de una concepción contractual y patológica de la huelga ya superada, sino que debe censurarse al amparo de la necesaria eficacia que inspira la protección de los derechos fundamentales.

En último lugar, la cuestión que nos podemos plantear es si la noción misma del esquirolaje y su prohibición es instrumento suficiente para garantizar la eficacia del derecho fundamental de huelga. Concluimos, por tanto, con una idea instrumental del derecho del trabajo, como rama del derecho que busca proteger al trabajador reequilibrando la asimetría que define la relación laboral. Las prácticas de esquirolaje tecnológico que analiza la jurisprudencia son en realidad modalidades internas del esquirolaje tradicional adaptadas a la digitalización y el esquirolaje organizativo hace lo propio con las formas reticulares de organización empresarial. Como se ha dicho, este alargamiento del concepto esquirolaje es un "salto al vacío"[1766]. Sin embargo, en ambos escenarios, el esquirolaje mantiene su naturaleza de sustitución personal, esto es, el esquirol es una persona física. En cambio, lo que aquí hemos denominado esquirolaje automático, en el que no concurre ninguna intervención humana, difícilmente se encuadra en la noción de esquirolaje. La realidad social cambia y el estatuto jurídico de la huelga también debe hacerlo.

Si acudimos a una perspectiva más general y mirando al futuro, es posible que la tensión entre los límites y la eficacia de este derecho fundamental cuestione la huelga como la mejor arma en manos de los trabajadores. Especialmente, en el actual contexto de desorientación y de deslegitimación del sindicato como sujeto colectivo típico, de individualización de las relaciones laborales, en un marco de precariedad y de explosión de la inteligencia artificial, junto con la pérdida de la conciencia de pertenecer a una misma clase social, la

---

1766 PÉREZ REY, J., "El esquirolaje tecnológico...", *op. cit.*, p. 166.

clase trabajadora. Por ello, es acertado referirse a la huelga como un derecho "acorralado".

En este escenario se plantean dos alternativas para salvaguardar los derechos de los trabajadores: una revisión de la institución del esquirolaje adaptada a la empresa digital o superar ese marco, que reduce la reacción ante la huelga a la idea de sustitución, para fortalecer la eficacia del derecho de huelga. La eficacia del derecho fundamental debe configurarse como una garantía autónoma de su ejercicio. La empresa que integre la inteligencia artificial en su proceso productivo podrá fácilmente utilizarla como herramienta de reacción a las huelgas. Frente a ello, la huelga debe incorporar a su contenido esencial su plena eficacia material, anestesiando, efectivamente, la actividad productiva habitual del empresario, conforme una interpretación teleológica de la cláusula de efectividad de los valores de libertad e igualdad del art. 9.2 CE en el marco del Estado social que se constituye al amparo del art. 1 CE.

Esto permitiría superar el debate un poco estéril sobre la licitud de recurrir a medios técnicos para contrarrestar la huelga o si estos medios adquiridos con anterioridad se usan de forma habitual o estos se alteran para boicotear la huelga. La cuestión central es que la huelga lleva aparejada la paralización de la actividad productiva si los trabajadores la secundan y el empresario tiene el deber no de colaborar sino de respetar su ejercicio en condiciones reales y efectivas, debiendo remover los obstáculos que impidan o dificulten su plenitud.

En definitiva, el debate sobre las garantías y límites de la huelga constituye un conflicto consustancial al propio derecho del trabajo: ponderar los intereses de clase de los empresarios y de los trabajadores. *In dubio, pro operario.*

CONCLUSIONES

La huelga sigue siendo la mejor y más eficaz arma para la defensa de los intereses de la clase trabajadora. Se mantiene un número estable de huelgas en las últimas décadas, pero se reduce el número de participantes. Esto se debe al desmantelamiento del modelo productivo fabril que reunía a muchos trabajadores en el mismo centro de trabajo y al cuestionamiento de la legitimidad del sindicato tradicional, que es el principal impulsor de las huelgas.

Las huelgas se limitan a empresas o a sectores que tienen gran implantación sindical. Siguen funcionando las cajas de resistencia para sostener largos conflictos minimizando los costes de la acción colectiva. A su vez, los sindicatos mayoritarios buscan huelgas estratégicas o paros parciales para reducir estos costes. La huelga funciona mejor precisamente donde está más limitada. Por una parte, la capacidad de presión es más eficaz en los servicios públicos donde se imponen fuertes servicios mínimos, en ocasiones abusivos; por otra, las huelgas rotatorias, las huelgas estratégicas y las huelgas de celo o reglamento, que son las modalidades de huelga más eficaces, se presumen abusivas.

I. SOBRE LA DIMENSIÓN CULTURAL DE LA HUELGA

La huelga cambia: el conflicto colectivo se articula como una forma de presión para lograr reivindicaciones donde la huelga pierde protagonismo porque se recurre a herramientas distintas que reducen el coste de la acción colectiva. Aquí destaca el recurso a campañas mediáticas de visibilización y búsqueda de apoyo tanto presencialmente (piquetes, firmas, mesas informativas) como virtual (redes sociales). Hoy en día, debido a la mejora tecnológica que permite mantener o recuperar la producción durante una huelga, al impacto de las redes sociales y a la importancia de la noción de prestigio-marca y la RSE de las empresas, es más efectiva la presión social y mediática que una interrupción temporal y breve de la producción.

Los movimientos sociales no hacen huelgas porque las huelgas son herramientas de trabajadores y sindicatos. Sin embargo, los movimientos sociales pueden marcar la agenda e introducir sus reivindicaciones dentro de movilizaciones sindicales que, en cierto momento, sí recurren a la huelga. Un sindicato, en la arquitectura constitucional española, no es un simple grupo de interés, sino que conforma una institución básica del sistema político.

Las reivindicaciones postmaterialistas o ajenas a lo estrictamente laboral forman parte de las reivindicaciones de los sindicatos, pero no activan por sí mismas huelgas ni son el eje central de los conflictos, donde las condiciones de trabajo de naturaleza económica (salario, jornada, prevención de riesgos laborales) siguen siendo el principal elemento movilizador. En realidad, idea del *cleavage* materialista/postmaterialista es falso porque la huelga permite combinar ambos lados de la fractura. Aquí destaca la estrategia de CCOO: dotar de perspectiva de clase a las protestas de los movimientos sociales.

Respecto al contenido político de las huelgas, y sin perjuicio de que la política alcanza todas las esferas de la vida, la normativa nacional e internacional sólo prohíbe las huelgas estrictamente políticas. Por tanto, las huelgas sociopolíticas o mixtas son lícitas. En realidad, las huelgas estrictamente políticas no existen o, al menos, su prueba es virtualmente imposible porque superar el test de laboralidad de una huelga es tan sencillo como incorporar referencias sociales a huelgas que de facto se limitan a una comparsa de contenido extralaboral, como fue el caso de las huelgas en el marco del proceso independentista catalán. En cambio, tanto la huelga feminista como la huelga climática tenían un importante contenido laboral.

Por un lado, surgen propuestas feministas contactadas con el mundo del trabajo como el derecho al cuidado y la conciliación, o la reducción de jornada sin reducción de salario, que tiene un impacto enorme en el consumo, medio ambiente, salarios, ocio, descanso, salud mental… Se plantea que la huelga sólo tendrá alcance general cuando deviene feminista porque sólo así alcanza todos los espacios, tareas y formas de trabajo. Una huelga reducida al ámbito de la producción será ya siempre una 'huelga parcial'.

Por otro lado, es un error pensar en el ecologismo como un movimiento postmaterialista y que sus propuestas se limitan a acciones individuales de corte moral (alimentación vegetariana, reducir plásticos o el reciclaje). La cuestión ecologista supone asumir la premisa de que la crisis derivada de la emergencia climática es una realidad y la transición ecológica ya está en marcha, la cuestión es quién, cómo y hacia dónde se va a hacer esa transición y qué papel tienen los trabajadores en ella. Esto abarca el debate sobre el modelo productivo y el presente y el futuro del empleo: qué sectores promover (cuidados, salud, I+D+i, educación, sostenibilidad, economía circular...) y cuáles penalizar (armamento, automoción, turismo). También se discute el papel de los mecanismos de provisión social, por ejemplo, la respuesta a migraciones masivas derivadas de la crisis climática (fenómenos meteorológicos extremos, sequías, hambrunas...). La propuesta sindical es una transición dialogada con los agentes sociales, ya sea con los mecanismos tradicionales de la autonomía colectiva (diálogo social, mesas de negociación de convenios...) o impulsando otros nuevos (UGT proponía un delegado medioambiental). No sólo se trata de quién asume los costes de la transición y de cómo se distribuyen estos: es una cuestión de poder, de quién se sienta en el puente de mando de un barco del que depende el destino del planeta y de la humanidad misma. Es sólo cuestión de tiempo que los conflictos climáticos se recrudezcan y el movimiento social ecologista recurra a la plenitud de los instrumentos de acción colectiva a su disposición. Si la única huelga general en la última década en España fue la huelga feminista, la próxima puede ser la huelga climática.

Respecto al colectivo LGTBI, conforma un grupo muy diverso. De esta forma, podemos encontrar unos aspectos propios del grupo de interés y otros del movimiento social. En su vertiente más institucional, no debemos ignorar que sus reivindicaciones tienen un amplio contenido social, tanto en las condiciones de trabajo como en las políticas de empleo. Así, tienen en su haber importantes logros en materia legislativa y en políticas públicas de inclusión. Lógicamente, esta situación se ve favorecida por la sensibilidad política del gobierno. Si esta situación cambia, por ejemplo, por el acceso al poder de un gobierno de extrema derecha que derogue estos avances sociales, la estructura de oportunidades políticas favorecería una orientación más conflictiva del movimiento LGTBI. Hoy por hoy, está claro que no existe, y nada apunta a que vaya a existir, un sindicalismo autónomo LGTBI ni una acción sindical colectiva exclusivamente LGTBI.

Los sindicatos y los movimientos sociales transitan el mismo camino en sentidos opuestos: los sindicatos reivindican conflictos extralaborales, como la vivienda, y los movimientos sociales se preocupan por lo laboral. Se supera la concepción clásica de monopolio sindical, como grupo de interés preeminente para impulsar acciones colectivas y huelgas. Se utiliza el sindicato como instrumento para colmar demandas de otros movimientos sociales (se habla de "dar cobertura jurídica"). Sin embargo, se advierte del riesgo de una ponderación inadecuada de los derechos fundamentales de libertad de expresión, información, reunión, manifestación o libertad ideológica cuando sujetos que no son sindicatos protagonizan acciones sindicales, como se vio en los sindicatos de barrio.

Los valores postmaterialistas afectan al conflicto colectivo penetrando en sus organizaciones sindicales hegemónicas y constituyendo organizaciones autónomas. A su vez, estas organizaciones autónomas influenciarán o presionarán a los sindicatos. Es probable que compartan cuadros militantes. Los movimientos sociales que adoptan denominaciones y estrategias sindicales, incluso la huelga, necesitan un sindicato que de cobertura jurídica a sus acciones convocando una huelga. Su estrategia ha resultado exitosa en el movimiento feminista y nacionalista catalán, y de momento ha logrado algún fruto en el ecologismo. Por su parte, también podemos calificar como exitoso al movimiento LGTBI, aunque no se espera ninguna acción sindical autónoma y las que constan son irrelevantes, debido al éxito de hegemonización en otras luchas transversales y del sindicalismo tradicional y su impacto en políticas públicas.

En este contexto, se propone el concepto de la huelga pop como un fenómeno de los movimientos sociales de huelguización o popularización de las estrategias sindicales y huelguísticas, donde las acciones colectivas se califican como huelga no sólo por motivos reivindicativos, sino también culturales, como una marca de clase o estatus. Este concepto amplía la noción de huelga más allá de la paralización de la actividad laboral y la reivindicación estrictamente sindical. La huelga pop supera la concepción de huelga como repertorio de acción colectiva para convertirse también en un marco cultural de acción colectiva que promueve y dota de legitimidad a diversas formas de protesta y movilización social, haciendo uso de estrategias comunicativas, simbólicas y culturales. Se busca crear un impacto emocional y una identificación con las luchas sociales, haciendo que la huelga sea accesible y atractiva para una amplia audiencia, lo que la convierte en un poderoso mecanismo de acumulación de capital cultural y de promoción de ideas y proyectos políticos progresistas. Las acciones colectivas exitosas serán el resultado de una virtuosa integración tanto de la huelga laboral tradicional como de su dimensión cultural o pop.

II. SOBRE EL SINDICALISMO Y LA ACCIÓN COLECTIVA TRANSNACIONAL

La coordinación sindical supranacional no es una opción, sino la única forma de desarrollar acciones sindicales y huelgas efectivas en empresas multinacionales, que se caracterizan por la hostilidad hacia las huelgas y demás conflictos sindicales y que tienen grandes facilidades para practicar el esquirolaje transnacional. Es necesario apostar por la universalización del derecho de huelga como un instrumento esencial para la defensa de los intereses de los trabajadores en el contexto de una economía globalizada, lo que exige la eliminación de los obstáculos o trabas existentes para su ejercicio, sea en el plano nacional o transnacional.

Una huelga transnacional será una huelga que se lleva a cabo simultáneamente en varios países por parte de trabajadores que comparten una misma empresa o empleador transnacional. Es decir, es una forma de protesta colectiva de trabajadores de diferentes países que se unen para presionar a una misma empresa o empleador a través de la suspensión temporal de su prestación laboral en sus respectivos centros de trabajo. La huelga transnacional busca presionar a la empresa transnacional para que negocie y llegue a un acuerdo que satisfaga las demandas de los trabajadores en todos los países donde opera. También será una huelga transnacional aquella promovida por trabajadores que no comparten empresa o empleador, sino intereses comunes, ya sean los motivos del paro —incluyendo cuestiones extralaborales, como el feminismo—, la pertenencia al mismo sector, la solidaridad con trabajadores de otro país, o, en definitiva, la misma agenda reivindicativa.

Podemos clasificar la huelga transnacional en dos grandes modalidades, en función de la causa que motiva el conflicto y su desarrollo. En primer lugar, es una huelga de genuina solidaridad transnacional aquella medida de conflicto colectivo derivada de un conflicto laboral, en principio ajeno, que se desarrolla en otro u otros países, traduciéndose en un boicot a las actividades productivas o comerciales que tienen su origen en el país del que se deriva el conflicto. En segundo lugar, existen diferentes modalidades de huelga que se desarrollan de forma simultánea, paralela o coordinada en varios países: huelgas en empresas o grupos de empresas multinacionales, huelgas de sector o generales internacionales y huelgas político-sociales.

La gran ventaja de las huelgas político-sociales, como el paro internacional feminista o las huelgas climáticas, es que permiten una movilización global porque su causa excede el conflicto laboral concreto, que depende de ciclos económicos y de la realidad de cada específico modelo de relaciones laborales. Precisamente, lo que lastra una huelga general global es la falta de un conflicto laboral común y coincidente en el tiempo que obligue a los sindicatos de todo el mundo a coordinarse en un conflicto simultáneo. Por ejemplo, existe alguna experiencia como la campaña *Make Amazon Pay* que se promueven en torno al *Black Friday*. A su vez, es posible que las reivindicaciones excesivamente alejadas de lo laboral y vinculadas a valores postmaterialistas dificulten su seguimiento fuera del mundo occidental. Es habitual criticar el carácter eurocéntrico de estas protestas. El reto es, por tanto, que proyectos transversales como el feminismo junto a reivindicaciones materiales como la seguridad y salud el trabajo puedan llegar tanto a Europa como al sur global.

Hoy por hoy, existe cobertura jurídica internacional para los conflictos colectivos transnacionales, aunque sean precisas mejoras, como muestran diversos pronunciamientos, especialmente en el seno de la Unión Europea. Por tanto, los operadores jurídicos deben ponderar no sólo el derecho interno en materia de huelga, sino también su ordenación internacional, lo que permitirá abordar el fenómeno del esquirolaje transnacional en el seno de empresas multinacionales.

En el ámbito de la Unión Europea, la mejora más sencilla vendría dada por la reforma de las normas comunitarias en materia de competencia judicial y de legislación aplicable, para incorporar dentro de su ámbito de aplicación, de manera expresa, a los derechos laborales colectivos.

A su vez, se deben promover de los acuerdos marco globales, que reconocen los derechos colectivos a lo largo de toda la cadena global de valor, junto con el arbitraje internacional, son herramientas muy interesantes para la resolución autónoma de los conflictos. No obstante, los textos actuales de estos acuerdos carecen de precisión y de garantías para su efectividad. Las organizaciones sindicales internacionales critican que los arbitrajes son procesos costosos, largos y complejos, lo que demuestra que se necesita una forma mejor de resolver los conflictos laborales internacionales.

En materia de competencia judicial internacional y legislación aplicable, no se aprecian especiales problemas interpretativos para los órganos jurisdiccionales. El orden público del foro y la protección de la huelga en las instituciones internacionales de referencia laboral de las que son parte los estados miembros de la Unión Europea permiten a los órganos judiciales tanto conocer los asuntos sobre conflictos colectivos como aplicar la legislación internacional en materia de huelga.

III. SOBRE LA TRANSFORMACIÓN DEL MODELO CLÁSICO DE HUELGA

La huelga tradicional se sigue utilizando y los datos empíricos apuntan un ligero repunte de la conflictividad, pero debe adaptarse a los cambios productivos. En algunos sectores, por su propia naturaleza, será más sencillo, menos costoso y más eficaz una denuncia mediática impulsada por las redes sociales que la tradicional paralización de la actividad productiva.

Las acciones sindicales colectivas y las huelgas incorporan un importante elemento comunicativo. En este elemento comunicativo los medios de comunicación tienen un papel preeminente. Por ello, la publicidad y la difusión de las huelgas tiene una gran importancia, integrando el contenido esencial del derecho de huelga. La pedagogía es importante porque las grandes transformaciones que ensanchan las bases de derechos y libertades, la convivencia y la tolerancia, se producen en la vida y en el día a día de cada uno. Es necesaria la paciencia, persuasión y perseverancia.

Los derechos fundamentales inespecíficos de contenido laboral (reunión, manifestación, libertad de expresión e información, libertad ideológica) amparan la difusión de la huelga y medidas de presión accesorias (llamadas a la solidaridad y al boicot). El límite es la competencia desleal y las coacciones. Debe puntualizarse que la competencia desleal debe efectivamente favorecer a una empresa competidora y las coacciones exigen violencia e intimidación. En el delito de coacciones debe exigirse además un plus adicional de intensidad a fórmulas de presión ambiental o social, ya que reuniones, manifestaciones, carteles o panfletos en la entrada de un establecimiento son fórmulas leves de presión ambiental socialmente admisibles que no son encuadrables en la noción ilícita de intimidación, que exige el temor racional de sufrir un mal inminente y grave en su persona o bienes.

Podemos sistematizar la dimensión comunicativa de la acción sindical en cuatro niveles. El primero incluye las acciones comunicativas dirigidas a la esfera interna del sindicato y sin alcance más allá de afiliados, militantes y simpatizantes, esto es, la difusión de información, anuncios de eventos y reuniones, comunicación corporativa, gestión interna y transparencia. En segundo lugar, los sindicatos despliegan acciones comunicativas de comparsa, que se limitan a replicar contenido y/o formato de otros actores. En tercer lugar, los sindicatos impulsan acciones comunicativas propias, originales, con cierto grado de innovación y creatividad, y un pequeño margen de establecer la agenda social, política y/o legislativa. En cuarto lugar, podríamos pensar en un proyecto sindical tractor o de arrastre, esto es, que tiene un impacto significativo y que impulsa o "arrastra" el desarrollo de otras iniciativas relacionadas. Se trata de acciones comunicativas propias, originales, que pivotan en la innovación, la creatividad y la audacia para no sólo convertirse en virales, sino obligar al resto de actores a posicionarse sobre la acción, apoyando sus reivindicaciones o invirtiendo grandes esfuerzos en deslegitimarlas.

Los sindicatos aún tienen mucho camino por recorrer en su adopción de estrategias comunicativas en comparación con los movimientos sociales y los partidos políticos. La inmediatez y la interrelación de actores en las redes sociales son fundamentales en estas plataformas.

La viralidad en las redes sociales tiene el poder de marcar la agenda y permite una producción de contenido rápida y económica, lo que ahorra recursos. Sin embargo, la creatividad del contenido previo y la originalidad son requisitos esenciales para aprovechar al máximo el potencial de estas redes. Las experiencias comunicativas de los sindicatos tradicionales demuestran que son estructuras rígidas, poco permeables a cambios sociales relativos al lenguaje y al formato de la comunicación. Existe una voluntad de impulsar experiencias innovadoras, como podcast o relacionarse con *influencers* jóvenes, aunque su alcance parece limitado. Es imprescindible que los sindicatos apuesten por una presencia innovadora en redes sociales que supere su actual falta de iniciativa.

Por su parte, el desarrollo de la inteligencia artificial al servicio de la actividad sindical todavía se conjuga en futuro. Por una parte, la IA facilitará la labor organizativa y la comunicación del sindicato durante la huelga. La IA permitirá asignar tareas y recursos de manera eficiente, incluyendo la automatización de tareas administrativas, como preparar el escrito de preaviso de huelga. Será también una herramienta de soporte para recaudar fondos de resistencia durante la huelga, organizando campañas de donaciones en línea (crowdfunding), gestionando los pagos y analizando datos para identificar potenciales donantes. También permitirá mapear zonas muy amplias para organizar piquetes, facilitando decidir dónde se realiza el piquete y convocando allí a los trabajadores a partir de la base de datos del sindicato. Las herramientas de mapeo facilitarán incorporar y tratar mucha información y muy rápido, como datos de seguimiento del paro y posibles vulneraciones del derecho de huelga (sustitución de huelguistas, represalias, amenazas, intimidación o violencia).

La IA posibilitará el análisis de datos complejos a partir de un volumen alto de información, por ejemplo, información económica de la empresa o del sector. Esta herramienta mejorará, por tanto, la capacidad de acción sindical porque aumentará el volumen de información disponible y también la capacidad de procesamiento de esa información. A su vez, la IA podrá supervisar la implantación de los acuerdos emanados de la negociación colectiva, tanto los convenios como los acuerdos de fin de huelga. También se podrá mejorar la comunicación sindical en un contexto de conflicto: la IA facilita elaborar, publicar y difundir la convocatoria de huelga y demás acciones conexas.

Por otra parte, la IA mejorará los servicios que los sindicatos ofrecen a sus militantes y afiliados. Esto incluirá desde actividades formativas hasta asesorías jurídico-laborales. Aunque en España todavía no haya avances en este ámbito, ya existe algún precedente internacional. Un sindicato australiano desarrolló un *chatbot* que respondía preguntas de los trabajadores sobre sus derechos. Las preguntas que no era capaz de responder se remitían a una persona, pero estas respuestas le permitían a la IA aprender para el futuro. El desarrollo de un *chatbot* sindical permitiría a cualquier trabajador formular preguntas a un asistente virtual sobre sus derechos durante una huelga.

La IA también facilitará la difusión de la huelga, incluyendo el recurso a los algoritmos de priorización de contenido y de segmentación del público objetivo en redes sociales, las herramientas de subtitulación automática y la inteligencia artificial generativa de imágenes para crear carteles de manifestaciones y huelgas. Así, la IA podría erigirse como una herramienta más para movilizar a los trabajadores en acciones sindicales y huelgas. La adecuada respuesta sindical a la disrupción digital debe basarse en una confluencia virtuosa entre el abordaje de sus riesgos y el aprovechamiento de sus potencialidades.

Esta cuestión está pendiente de abordar por los sindicatos, que son entes burocráticos y poco permeables a los cambios. El auténtico freno a la implantación de la inteligencia artificial en la actividad sindical será la conciencia ética del propio sindicato, en principio reacio a sustituir puestos de trabajo a través de la IA. Frente al IAludismo, se debe poner el foco en el reparto de la riqueza que genera la IA y cómo redistribuirla. El sindicalismo de la cuarta revolución industrial debe ampliar sus reivindicaciones hacia un control de la IA que respete los derechos de los trabajadores y la protección de datos personales, desarrollando una agenda tecnológica de derechos laborales de la era digital.

IV. SOBRE LOS MECANISMOS DE EMPRESARIALES DE REACCIÓN A LA HUELGA

Frente a la técnica tradicional de no responder a la huelga y ante el abandono casi completo del cierre patronal como estrategia ofensiva, las empresas han reorientado sus tácticas hacia el mantenimiento de la producción a través del esquirolaje. El esquirolaje, esto es, la sustitución de los trabajadores huelguistas, está prohibido tanto en su modalidad externa, contratando a nuevos trabajadores que no pertenecen a la plantilla, como interna, recurriendo al poder de dirección y control del empresario (*ius variandi*) y a la movilidad funcional o geográfica. Sólo será lícito sustituir a los huelguistas en caso de incumplimiento de los servicios de seguridad y mantenimiento, en caso de incumplimiento de servicios mínimos y en caso de huelgas ilegales, abusivas o ilícitas.

Fuera de estos supuestos, la tutela del derecho de huelga frente al esquirolaje puede generar responsabilidades de carácter sancionador, esto es, la responsabilidad administrativa y la responsabilidad penal, y de carácter resarcitorio (y en cierta medida también preventivo/disuasorio), es decir, la indemnización por daños y perjuicios propia de la responsabilidad civil. Sólo se podrá ejercer de forma real el derecho de huelga si existe una arquitectura institucional que así lo garantice y un sistema eficaz de exigencia de responsabilidad a quien lesione este derecho fundamental.

En este contexto, aparecen nuevas modalidades de esquirolaje, como el esquirolaje organizativo que podemos definir como las prácticas empresariales de reacción a una huelga, desarrolladas en el seno de procesos de descentralización productiva, que consisten en recurrir a fórmulas de subcontratación de toda o parte de su actividad productiva a otra empresa o en trasladar la producción a otras empresas del mismo grupo de empresas, lesionando la libertad sindical y el derecho de huelga. La idea del esquirolaje organizativo pivota sobre medidas antihuelga dirigidas al mantenimiento de la producción en estructuras empresariales complejas, triangulares o reticulares. Para apreciar la concurrencia de esquirolaje, el Tribunal Supremo exige una especial vinculación entre las empresas del grupo o entre la empresa principal y la empresa contratista.

Por otra parte, el esquirolaje tecnológico consiste en la utilización por parte del empresario de los medios técnicos que tiene a su disposición para continuar con su actividad productiva durante el desarrollo de una huelga. Así, el esquirolaje tecnológico sería la situación en que el empresario sustituye el trabajo de los huelguistas a través de alguna clase de mecanismo tecnológico. Existen al menos cinco modalidades de esquirolaje tecnológico: externo, interno, automático, mixto y diferido. A su vez, podemos clasificar la modalidad interna en dos categorías: el recurso de medios técnicos ya existentes en la empresa conforme a los procedimientos habituales de uso, y la utilización de esos medios técnicos preexistentes pero conforme a procedimientos distintos a los habituales y adaptados para la huelga.

En último lugar, podemos definir esquirolaje transnacional como la práctica empresarial tendente a limitar o anular el impacto de una huelga con elemento transnacional sustituyendo el trabajo de los huelguistas con medios técnicos o humanos, que también se caracterizan por el elemento transnacional, destinados al mantenimiento de la actividad productiva en condiciones de normalidad. Por tanto, para construir una categoría específica de esquirolaje transnacional se exige un doble elemento transnacional: en el conflicto y en la reacción empresarial al conflicto, esto es, en la huelga y en el esquirolaje. De esta forma, el esquirolaje transnacional también se puede articular de varias modalidades, de forma similar al esquirolaje en una huelga nacional: modalidad externa, interna, organizativa y tecnológica. También es interesante apuntar el fenómeno del teletrabajo.

En este escenario, es imprescindible poner en valor la sólida capacidad argumental de la doctrina, claramente dividida en partidarios y detractores del esquirolaje tecnológico y organizativo, porque, como ya se ha analizado, los actores políticos y sociales se muestran impermeables a los cambios tecnológicos y productivos y no tienen ninguna voluntad de regular el derecho de huelga para resolver legalmente este conflicto. La pelota está en el tejado del Tribunal Constitucional.

En principio, el Tribunal Constitucional es permisivo con el esquirolaje tecnológico interno, pero nada dice sobre el externo, modalidades mixtas, automáticas, o el esquirolaje previo o posterior. Es posible que en los próximos años aparezcan pronunciamientos sobre estas fórmulas de las que aún sabemos muy poco.

Debemos prestar especial atención al sector que monopoliza los conflictos por esquirolaje tecnológico: los medios de comunicación. Esto se debe a dos elementos: la capacidad de sustituir a trabajadores huelguistas por medios tecnológicos debido al uso habitual de estos recursos y la importancia de exteriorizar el conflicto ante la dificultad, en muchas ocasiones, de paralizar la producción (servicios mínimos abusivos, debilidad de la sindicación, automatización). Hoy en día, las campañas mediáticas y en redes sociales son una parte esencial del conflicto sindical y, por ello, se hace imprescindible visibilizar el conflicto para el logro de sus objetivos. Son ejemplo de ello que una televisión se vaya a negro o un periódico no pueda publicarse durante la huelga. Esta publicidad, visibilización o exteriorización del conflicto integra el contenido esencial del derecho de huelga.

Nuestra propuesta es considerar la prohibición del esquirolaje a través de medios tecnológicos u organizativos directamente incluida en el contenido esencial del derecho de huelga (art. 28.2 CE). Esta cuestión es relevante porque determina las facultades que posee el legislador para permitir o prohibir la sustitución de huelguistas por medios tecnológicos. Así, en el supuesto de que la prohibición tuviese carácter legal, el legislador tendría libertad para modificar el precepto en un sentido permisivo o prohibitivo, mientras que, si forma parte del contenido esencial del derecho fundamental, cualquier intento de permisión debería calificarse como inconstitucional, por vaciar de contenido el derecho fundamental de huelga.

Adicionalmente, es clave destacar que la tecnología no es neutra y sus riesgos no se limitan a la idea del esquirolaje. La gestión a través de algoritmos e inteligencia artificial muestra como la digitalización dota a la empresa de herramientas que permiten mejorar la productividad a costa de los derechos de los trabajadores y mantener la producción durante una huelga. Lamentablemente, están más desarrollados los riesgos que supone la IA frente a sus potenciales oportunidades. Se identifican riesgos de esquirolaje algorítmico, discriminación algorítmica, prácticas antisindicales y comunicación antihuelga. A su vez, determinadas fases del conflicto colectivo, como la fijación de servicios mínimos serían fácilmente automatizadas. El despliegue de la inteligencia artificial abre la puerta a una escalada de conflictividad debido al riesgo de destrucción de empleo que supone.

V. SOBRE LA LEY DE HUELGA: UNA PROPUESTA DE FORMA LEGISLATIVA

En esta obra se defiende la tesis sindical de que la mejor ley de huelga es la que no existe, dotando así de protagonismo a la autonomía colectiva. Por tanto, no parece oportuno, en el actual contexto social y político, impulsar una reforma legal de gran calado sobre la huelga. Las propuestas de los distintos actores no han variado en las últimas décadas. A su vez, las iniciativas más solventes se limitan a incorporar como texto legal la doctrina consolidada del Tribunal Constitucional, por ejemplo, sobre huelgas políticas o de solidaridad, servicios mínimos o esquirolaje.

El Tribunal Constitucional ha reiterado en muchas ocasiones su concepción del contenido esencial del derecho de huelga, que incluye la prohibición del esquirolaje interno. Este contenido esencial debería incorporar el esquirolaje tecnológico y organizativo sin necesidad de ninguna reforma legal. Simplemente debe reconocerse por los operadores jurídicos, empezando por el TC que, en su nueva configuración, debería rectificar la STC 17/2017.

A pesar de que este trabajo se opone a una intervención legislativa en materia de huelga y se opta por promover la libertad de la autonomía colectiva, a lo largo de esta obra se han apuntado algunas reformas legislativas necesarias para dotar de eficacia al derecho fundamental de huelga.

En primer lugar, debemos descartar la intervención penal. El legislador, en su diseño más reciente de la política laboral, ha impulsado reformas penales para intentar disuadir determinados fraudes. Por ejemplo, en materia de falsos autónomos digitales, se creó un nuevo delito en el art. 311.2 CP introducido por la Ley Orgánica 14/2022, de 22 de diciembre, de transposición de directivas europeas y otras disposiciones para la adaptación de la legislación penal al ordenamiento de la Unión Europea, y reforma de los delitos contra la integridad moral, desórdenes públicos y contrabando de armas de doble uso: “Serán castigados con las penas de prisión de seis meses a seis años y multa de seis a doce meses: [...] los que impongan condiciones ilegales a sus trabajadores mediante su contratación bajo fórmulas ajenas al contrato de trabajo, o las mantengan en contra de requerimiento o sanción administrativa”. De esta forma, debería evitarse una reforma penal en materia de huelga, porque no sería adecuada, eficaz ni proporcional. Ya se ha visto que apenas existen delitos contra el derecho de huelga.

En segundo lugar, se indica de manera sistematizada lo que sí es necesario modificar o incorporar a la legislación laboral española, atendiendo a los déficits legislativos y a la jurisprudencia analizada. En esta hipotética reforma legislativa sobre acción colectiva, también se deberán modificar varias normas que son pilares básicos del sistema de relaciones laborales español. Se trata de cambios puntuales, de naturaleza técnica, pero que reforzarán la seguridad jurídica de todo el sistema.

a) Estatuto de los Trabajadores

Desde 1980, el artículo 81 del Estatuto de los Trabajadores sobre locales y tablón de anuncios establece que "en las empresas o centros de trabajo, siempre que sus características lo permitan, se pondrá a disposición de los delegados de personal o del comité de empresa un local adecuado en el que puedan desarrollar sus actividades y comunicarse con los trabajadores, así como uno o varios tablones de anuncios. La representación legal de los trabajadores de las empresas contratistas y subcontratistas que compartan de forma continuada centro de trabajo podrán hacer uso de dichos locales en los términos que acuerden con la empresa. Las posibles discrepancias se resolverán por la autoridad laboral, previo informe de la Inspección de Trabajo y Seguridad Social".

Se propone modificar este precepto para incluir el tablón virtual, de conformidad con la regulación que ya existe en el trabajo a distancia: "La empresa deberá suministrar a la representación legal de las personas trabajadoras los elementos precisos para el desarrollo de su actividad representativa, entre ellos, el acceso a las comunicaciones y direcciones electrónicas de uso en la empresa y la implantación del tablón virtual, cuando sea compatible con la forma de prestación del trabajo a distancia" (art. 19.2 Ley 10/2021, de 9 de julio, de trabajo a distancia).

b) Ley Orgánica de Libertad Sindical

Por su parte, la Ley Orgánica de Libertad Sindical prevé que "sin perjuicio de lo que se establezca mediante convenio colectivo, las Secciones Sindicales de los sindicatos más representativos y de los que tengan representación en los comités de empresa y en los órganos de representación que se establezcan en las Administraciones públicas o cuenten con delegados de personal, tendrán los siguientes derechos: a) Con la finalidad de facilitar la difusión de aquellos avisos que puedan interesar a los afiliados al sindicato y a los trabajadores en general, la empresa pondrá a su disposición un tablón de anuncios que deberá situarse en el centro de trabajo y en lugar donde se garantice un adecuado acceso al mismo de los trabajadores" (8.2.a LOLS). Se propone la misma modificación que en el apartado anterior.

c) Ley sobre Infracciones y Sanciones en el Orden Social

Se propone una modificación en materia de esquirolaje del art. 8.10 LISOS para incluir el esquirolaje interno por trabajadores del mismo centro de trabajo, que es un tema pendiente hace mucho tiempo (actualmente sólo se sanciona la sustitución de los trabajadores en huelga *por otros no vinculados al centro de trabajo*), y referencias al esquirolaje tecnológico, organizativo y diferido (adelantar/posponer trabajos). Esta exigencia se deriva del principio de legalidad y de tipicidad propio del derecho sancionador, ya que en materia sancionadora no bastan las interpretaciones flexibles del Tribunal Constitucional. Por tanto, es importante delimitar bien el tipo para incluir todas las posibles conductas ilícitas.

En una posible redacción, utilizando lenguaje inclusivo e incorporando el paro profesional reivindicativo, serían infracciones muy graves:

> "Los actos del empresario lesivos del derecho de huelga de las personas trabajadoras o del derecho al paro profesional reivindicativo de las personas trabajadoras autónomas. Salvo casos justificados en el ordenamiento, esta infracción incluye la sustitución de la prestación de servicios de carácter personal, ya sea externa o interna, incluyendo la movilidad funcional y geográfica, o el recurso a medios técnicos u organizativos, incluyendo la subcontratación de toda o parte de su actividad, dirigidos a mantener la actividad productiva y que hagan o puedan hacer virtualmente ineficaz la medida de conflicto".

A su vez, si se quiere agravar la infracción para potenciar su efecto disuasorio se puede añadir que "se considerará una infracción por cada una de las personas trabajadoras afectadas". El objetivo sería evitar que vulneraciones de derechos fundamentales colectivos se sancionen con el mínimo de 7.501€ de la LISOS que fijan muchos pronunciamientos aunque su perjuicio alcanza a sindicatos y a una pluralidad trabajadores. En grandes empresas esta cuantía resulta ridícula.

Sin embargo, esta previsión podría multiplicar de forma desproporcionada los efectos económicos de la sanción en empresas grandes con miles de trabajadores. Podría añadirse una cláusula de cierre que fije un límite máximo: "el montante total de la indemnización no podrá superar [en X veces] el límite máximo de la cuantía de las sanciones por una infracción muy grave o el X% del volumen de negocio total anual global del ejercicio financiero anterior, optándose por la de menor cuantía" (en términos similares a la normativa en materia de protección de datos, pero favoreciendo la opción de menor cuantía).

VI. SOBRE EL FUTURO DE LAS HUELGAS Y SOBRE LAS HUELGAS DEL FUTURO

La huelga es un derecho fundamental en riesgo si limitamos su estudio a una concepción como un repertorio de acción colectiva para sectores productivos que se caracterizan por tener centros de trabajo grandes, cercanos, homogéneos y sindicalizados. Así, la huelga parece un derecho acorralado. Efectivamente, los cambios en el entorno productivo han facilitado mantener la producción (esquirolaje), deslocalizarla a otros países para ahorrar costes (donde entra en juego la acción sindical transnacional) y promovido el trabajo por cuenta propia (especialmente en sectores tecnológicos o en actividades especializadas).

Sin embargo, no debe concebirse la huelga sólo como una acción colectiva, sino también como un marco cultural. Precisamente, la principal conclusión de esta obra es una comprensión de la huelga no como repertorio de acción colectiva sino como marco cultural que legitima la acción colectiva. Una comprensión que va más allá de la relación contractual laboral pero que mantiene a la clase trabajadora en el centro, y reivindica sus fórmulas de autoorganización (el sindicato) y de autotutela (la huelga).

En ocasiones, los operadores jurídicos realizan una inadecuada ponderación de derechos en los conflictos sociales. En distintos pronunciamientos sobre infracciones en materia de competencia, tanto nacionales como internacionales, competencia desleal en boicots o delitos de coacciones por acciones sindicales se aprecia una inadecuada ponderación del alcance del derecho de conflictos, incluyendo la libertad sindical, la huelga y otros derechos fundamentales inespecíficos, como la libertad de expresión, reunión y manifestación. Cuando los protagonistas son personas trabajadoras autónomas, no se toma en consideración su derecho a la actividad colectiva de defensa de sus intereses profesionales. Los operadores jurídicos deben asimilar que el derecho de conflictos integra dentro de su contenido esencial cierta presión o intimidación ambiental que debe soportarse. A su vez, un boicot es una acción colectiva legítima en el marco de un conflicto sindical. Su efectividad radica en la búsqueda de la solidaridad de terceros, en los efectos sobre la marca y el prestigio de la empresa, y el menor coste de la acción colectiva que supondría una huelga total indefinida. Se aprecia una tendencia a primar las libertades económicas frente a los derechos sociales.

Si acudimos a una perspectiva más general y mirando al futuro, es posible que la tensión entre los límites y la eficacia de este derecho fundamental cuestione la huelga como la mejor arma en manos de los trabajadores. Especialmente, en el actual contexto de desorientación y de deslegitimación del sindicato como sujeto colectivo típico, de individualización de las relaciones laborales, en un marco de precariedad y de explosión de la inteligencia artificial, junto con la pérdida de la conciencia de pertenecer a una misma clase social, la clase trabajadora. Por ello, es acertado referirse a la huelga como un derecho "acorralado".

En este escenario se plantean dos alternativas para salvaguardar los derechos de los trabajadores: una revisión de la institución del esquirolaje adaptada a la empresa digital o superar ese marco, que reduce la reacción ante la huelga a la idea de sustitución, para fortalecer la eficacia del derecho de huelga. Por tanto, la eficacia del derecho fundamental debe configurarse como una garantía autónoma de su ejercicio. La empresa que integre la inteligencia artificial en su proceso productivo podrá fácilmente utilizarla como herramienta de reacción a las huelgas. Frente a ello, la huelga debe incorporar a su contenido esencial su plena eficacia material, anestesiando, efectivamente, la actividad productiva habitual del empresario, conforme una interpretación teleológica de la cláusula de efectividad de los valores de libertad e igualdad del art. 9.2 CE, en el marco del Estado social que se constituye al amparo del art. 1 CE.

Esto permitiría superar el debate un poco estéril sobre la licitud de recurrir a medios técnicos para contrarrestar la huelga o si estos medios adquiridos con anterioridad se pueden usar de forma habitual o adaptarse para boicotear la huelga. La Constitución protege los derechos fundamentales no en sentido teórico e ideal, sino como derechos reales y efectivos, rechazando que la garantía jurisdiccional de los derechos y libertades se convierta en un acto meramente ritual o simbólico. La cuestión central es que la huelga lleva aparejada la paralización de la actividad productiva si los trabajadores la secundan y el empresario tiene el deber no de colaborar sino de respetar su ejercicio en condiciones reales y efectivas, debiendo remover los obstáculos que impidan o dificulten su plenitud.

Adicionalmente, la cuestión que nos podemos plantear es si la noción misma del esquirolaje y su prohibición es instrumento suficiente para garantizar la eficacia del derecho fundamental de huelga. Concluimos, por tanto, con una idea instrumental del Derecho del Trabajo, como rama del derecho que busca proteger al trabajador reequilibrando la asimetría que define la relación laboral. Las prácticas de esquirolaje tecnológico que analiza la jurisprudencia son en realidad modalidades internas del esquirolaje tradicional adaptadas a la digitalización y el esquirolaje organizativo hace lo propio con las formas reticulares de organización empresarial. Como se ha dicho, este alargamiento del concepto esquirolaje es un "salto al vacío". Sin embargo, en ambos escenarios, el esquirolaje mantiene su naturaleza de sustitución personal, esto es, el esquirol es una persona física. En cambio, lo que aquí hemos denominado esquirolaje automático o algorítmico, en el que no concurre ninguna intervención humana, difícilmente se encuadra en la noción de esquirolaje. La realidad social cambia y el estatuto jurídico de la huelga también debe hacerlo.

El contenido esencial del derecho de huelga debe integrar su eficacia material. Los derechos fundamentales exigen a los poderes públicos promover las condiciones para que su desarrollo se dé en condiciones reales y efectivas y remover los obstáculos que impidan o dificulten su plenitud (art. 9.2 CE). En última instancia, la clave que la jurisprudencia deberá responder es la hipotética eficacia del derecho de huelga como parte de su contenido esencial y el correspondiente estatuto obligacional del empresario durante la huelga. Esto es, si el empresario tiene un deber u obligación de colaboración con el resultado de la huelga, si el *ius variandi* anestesiado durante la huelga también lo está respecto de medios tecnológicos para evitar que el efecto de la huelga se limite o anule.

Debemos destacar la necesidad de superar la idea del principio de «proporcionalidad y sacrificios mutuos» (SSTC 11/1981, de 8 de abril; 41/1984, de 21 de marzo), que se enmarca en una concepción contractual o iusprivatista del derecho de huelga, derivada del principio contractual de la equivalencia de prestaciones y alejado alejada del modelo polivalente o dinámico de la Constitución. Se trata de un debate clásico en materia de huelga. La doctrina detrás de las sentencias permisivas con el esquirolaje tecnológico esconde, en realidad, un inexistente principio de igualdad de armas.

La finalidad última de la huelga, restablecer el equilibrio entre las partes con objeto de promover las condiciones para que la libertad y la igualdad de los individuos y grupos sociales sean reales y efectivas (art. 9.2 de la Constitución), impide la aplicación del principio de equilibrio o proporcionalidad en los daños. Desde esta perspectiva, considerar aplicable el mencionado principio supone privar de efectividad al derecho de huelga de los trabajadores. En este contexto, debemos recuperar la argumentación sindical de la STC 41/1984, de 21 de marzo: "Si tuviera que existir proporcionalidad entre los daños o los sacrificios de ambas partes nos encontraríamos frente a una lucha de igualdad de armas impidiendo que la huelga fuera un instrumento modificador de la correlación de fuerzas". En su lugar, proponían una concepción de proporcionalidad "no como proporcionalidad de sacrificios, sino como proporcionalidad en los medios utilizados para alcanzar el fin pretendido".

Esta idea debe rescatarse por dos motivos: 1) la ajenidad en los riesgos que define la relación laboral; 2) la efectividad de los derechos fundamentales reconocidos en la Constitución (art. 9.2). Por tanto, el argumento de la proporcionalidad debe invertirse: los criterios de necesidad, idoneidad y proporcionalidad en sentido estricto deberán exigirse a la restricción del derecho de huelga, no al ejercicio de este derecho fundamental. Así, recurrir a mecanismos tecnológicos y productivos para aminorar o anular la eficacia del derecho de huelga no se puede justificar ni en la igualdad de armas ni en los sacrificios mutuos, sino que debe censurarse al amparo de la necesaria eficacia que inspira la protección de los derechos fundamentales.

Defender esta tesis permite dar respuesta al debate sobre imponer una huelga a los robots u obligar a desactivar el algoritmo para garantizar la efectividad del derecho de huelga de los trabajadores. No se trata de imponer al empresario la colaboración con el éxito de la huelga, sino impedir que sus medios técnicos se programen para anular los derechos de los trabajadores. Por tanto, la eficacia del derecho fundamental de huelga debe concretarse en una actitud empresarial proactiva, que garantice la eficacia real del derecho fundamental y remueva los obstáculos que impidan o dificulten su plenitud, siguiendo el mandato del art. 9.2 CE.

En definitiva, ya existe soporte jurídico suficiente para responder a los conflictos colectivos en el escenario de la disrupción digital sin necesidad de aprobar una ley de huelga: cumplir el mandado del constituyente dotando a los derechos fundamentales de eficacia real y plena. Los responsables no sólo son los poderes públicos, sino también los propios ciudadanos y el resto de los operadores jurídicos, incluyendo a los jueces en la aplicación ordinaria de la ley.

El Tribunal Constitucional será una vez más el actor decisivo para el derecho de huelga. El TC es un órgano sometido a fortísimas presiones políticas, cuya renovación no opera con normalidad institucional y cuya sensibilidad mayoritaria cambió en la Nochevieja de 2022. Esta correlación de fuerzas favorable a sensibilidades progresistas se mantendrá, en principio, hasta 2031.

En definitiva, es una cuestión de voluntad política. La idea de voluntad política aparece de forma recurrente en este trabajo: es necesaria para impulsar cambios legislativos en materias sensibles, jugando gran importancia los movimientos sociales, sindicatos, patronal, ONG y medios de comunicación para orientarla (o presionarla, por ello estos grupos pueden integrarse en la noción de grupo de presión). La cuestión de la voluntad política alcanza también a los órganos superiores de la jurisdicción y al propio Tribunal Constitucional. Una de las sentencias claves de su concepción restrictiva de la huelga

(STC 17/2017) debería rectificarse por el TC en su nueva composición. Se trata de dar sentido a la idea de que la Constitución es un árbol vivo que a través de una interpretación evolutiva se acomoda a las realidades de la vida moderna como medio para asegurar su propia relevancia y legitimidad.

Las huelgas no ya del futuro, sino del presente, incluyen entre sus reivindicaciones propuestas feministas y sobre derechos LGTBI, preocupaciones sobre el papel de las grandes empresas multinacionales en la emergencia climática y la regulación de la inteligencia artificial generativa. No basta con limitarse a reconocer la diversidad de luchas, sino que hay que tratar de establecer una forma de articulación entre todas ellas. En este escenario, el sindicalismo de clase y la huelga tendrán un papel protagonista.

Los nuevos movimientos sociales han mostrado una incipiente capacidad de influir en conflictos colectivos, ya sea a través de una convocatoria autónoma, donde sólo el feminismo ha tenido cierto éxito, o de forma indirecta. La concienciación de la emergencia climática y las ideas ecologistas pueden promover huelgas climáticas o climatizar otras convocatorias más amplias, esto es, obligar a otros actores, como los sindicatos tradicionales, a asumir sus postulados tiñendo de verde sus acciones. El impacto contaminante de la IA se sumará a la lista de motivos para protestar contra su implantación.

La gestión algorítmica de las relaciones laborales y la inteligencia artificial son un riesgo para los derechos de los trabajadores y, específicamente, para la efectividad del derecho de huelga. Su implantación ya es una importante preocupación sindical y un foco de conflictividad social. Es probable que estas tensiones vayan en aumento, especialmente en sectores donde, por su naturaleza, exista un ecosistema favorable a la sustitución del trabajo humano por robots o inteligencias artificiales. La permisión y la falta de control sobre el uso de algoritmos para boicotear la acción sindical colectiva pone directamente en cuestión la supervivencia del derecho fundamental de huelga en los sectores con mayor implantación de la digitalización.

La ordenación satisfactoria de los conflictos colectivos laborales es un reto pendiente. Está claro que los retos son objetivos o empeños difíciles de llevar a cabo, y precisamente por ello constituyen estímulos y desafíos para quien los afronta. En este contexto de proliferación de medios técnicos y organizativos que facilitan el mantenimiento de la producción durante las huelgas, el impacto de la digitalización en la actividad sindical, la externalización a terceros países con sistemas de relaciones laborales con menor protección social, el cambio de modelo productivo donde destaca el trabajo autónomo, y los cambios sociales y culturales, la solución vendrá por la concienciación de los actores políticos implicados y un gran esfuerzo negociador de los agentes sociales. El presente del derecho de huelga exige, por tanto, audacia para que la huelga sea un arma cargada de futuro.

REFERENCIAS BIBLIOGRÁFICAS

ABAD, T. (coord.), GUTIÉRREZ, M. G., *Hacia centros de trabajo inclusivos. La discriminación de las personas trans y LGTBI en el ámbito laboral en España en 2023. Retos y soluciones.* Segunda edición, UGT, Área Confederal LGTBI, 2023. Disponible en: https://zip.lu/WS46

AGRA ROMERO, M. X., "Sobre la huelga de hambre en prisión", *Jueces para la democracia,* nº 9, 1990, pp. 38-39.

AGUILAR DEL CASTILLO, C., "El uso de la tecnología y el derecho de huelga: realidades en conflicto", *Labour & Law Issues,* vol. 4, nº 1, 2018.

ALAMEDA CASTILLO, M. T., "Un nuevo reto para el Derecho de conflictos: el paro profesional reivindicativo", *Revista de Derecho Social,* nº 84, 2018, pp. 171-192.

ALMANSA PASTOR, J. M., "La huelga laboral en España tras la modificación del artículo 222 del Código penal español", *Revista de Política Social,* nº 72, 1966, pp. 49-94.

ALMOND, G., VERBA, S., *The Civic Culture. Political Attitudes and Democracy in Five Nations,* Princeton, Princeton University Press, 1963.

ALONSO OLEA, M., "La regulación actual del derecho de huelga", *Civitas. Revista española de derecho del trabajo,* nº 7, 1981, pp. 277-304.

ALONSO OLEA, M., "A propósito del proyecto caducado de la Ley de Huelga", *Anales de la Real Academia de Ciencias Morales y Políticas,* nº 70, 1993, pp. 413-448.

ÁLVAREZ DEL CUVILLO, A., *Metodología y técnicas de investigación en el ámbito jurídico-laboral. Bases teóricas,* 2015. Recuperado de: https://zip.lu/3j4KJ

ÁLVAREZ DEL CUVILLO, A., "Reflexiones epistemológicas sobre la investigación académica en las disciplinas de Derecho positivo", *Revista Telemática de Filosofía del Derecho,* nº 21, 2018, pp. 77-133.

ALZAGA RUIZ, I., "La sustitución interna de los trabajadores huelguistas: un supuesto de vulneración del derecho de huelga", *Aranzadi social,* nº 2, 2002, pp. 2261-2266.

ANNER, M., "Labor control regimes and worker resistance in global supply chains", *Labor History,* vol. 56, nº 3, 2015.

ANZANO BERGUA, X., "Las huelgas del alquiler, una expresión por el Derecho a la vivienda", *UOC Ciudades. Blog del Máster oficial de Ciudad y Urbanismo,* 29 de noviembre de 2017. Disponible en: https://zip.lu/UraX

ANZANO BERGUA, X., "Sindicat de Llogaters i Llogateres. El inquilinato insumiso", *Working papers UOC,* 2018. Disponible en: http://hdl.handle.net/10609/91293

AUSTIN, J. L., *Cómo hacer cosas con palabras: Palabras y acciones,* Barcelona, Paidós, 1982.

BAKUNIN, M., *Escritos de filosofía política,* 1953, compilado y editado por G. P. Maximoff.

BALLESTER PASTOR, M. A., *El arbitraje laboral,* Madrid, ed. Ministerio de Trabajo y Seguridad Social, 1993.

BALLESTEROS RUIZ, D., "Ilegalidad y fraude en el ejercicio del derecho de huelga por el pseudosindicalismo de extrema derecha", *Net21,* nº 15, 2023.

BARNES, S. H., KAASE, M., *Political action: mass participation in five western democracies,* Beverly Hills, California, Sage Publications, 1979.

BARREIRO GONZÁLEZ, M. S., FERNÀNDEZ I ARAGONÈS, A., "Infrarrepresentación y distorsión de la identidad en los medios durante los conflictos laborales: El caso de la huelga de las trabajadoras de Bershka", *Sociología del Trabajo,* nº 95, 2019, pp. 105-123.

BARTOLINI, S., "Metodología de la investigación política", en PASQUINO, G, BARTOLINI, S., *et al.*: *Manual de ciencia política,* Madrid, Alianza Universal, 1994.

BASTERRA HERNÁNDEZ, M. "El derecho a la huelga y la garantía de indemnidad del trabajador frente a la empresa principal de una contrata: entre el Tribunal Constitucional y la anomia", *Revista Internacional y Comparada de Relaciones Laborales y Derecho del Empleo,* vol. 6, nº 2, 2018, pp. 203-220.

BAYLOS GRAU. A., "Sobre el derecho de huelga en los servicios esenciales de la comunidad", *Revista Española de Derecho del Trabajo,* nº 2, 1980, pp. 255-264.

BAYLOS GRAU, A., *Derecho de huelga y servicios esenciales,* Madrid, ed. Tecnos, 1987.

BAYLOS GRAU, A., "Sobre la pérdida de la función y eficacia de la huelga, especialmente en los sectores de la información y de la telecomunicación. A propósito de las consecuencias de la huelga general de 20 de junio de 2002", *Revista General de Derecho del Trabajo y de la Seguridad Social,* nº 5, 2004.

BAYLOS GRAU, A., "Continuidad de la producción o del servicio y facultades empresariales en casos de huelga", en BAYLOS GRAU, A. (Coord.): *Estudios sobre la huelga,* Albacete, Bomarzo, 2005, pp. 89-110.

BAYLOS GRAU, A., "Códigos de conducta y acuerdos-marco de empresas globales apuntes sobre su exigibilidad jurídica", *Lan harremanak: Revista de relaciones laborales,* nº 12, 2005, pp. 103-138.

BAYLOS GRAU, A., "Huelga y el ordenamiento comunitario", en el *Blog Según Antonio Baylos,* 17 de mayo de 2007. Disponible en: https://zip.lu/IFNp

BAYLOS GRAU, A., "El espacio supranacional de ejercicio del derecho de huelga y la restricción legal de sus capacidades de acción", *Revista de Derecho Social,* nº 41, 2008, pp. 123-143.

BAYLOS GRAU, A., "Un instrumento de regulación: empresas transnacionales y acuerdos marco globales", *Cuadernos de relaciones laborales,* vol. 27, 2009, pp. 107-146.

BAYLOS GRAU, A., "¿Se opone el derecho al trabajo al derecho de huelga? Una argumentación falsa", *Blog Según Antonio Baylos,* 24 de abril de 2017. Disponible en: https://zip.lu/IaVd

BAYLOS GRAU, A., "Derecho de huelga y medidas de conflicto", en AAVV, *Derecho Social de la Unión Europea. Aplicación del Tribunal de Justicia*, Francis Lefebvre, Madrid, 2018, pp. 1157-1179.

BAYLOS GRAU, A., "La huelga política no es ilegal", *Blog Según Antonio Baylos*, 14 de mayo de 2018. Disponible en: https://zip.lu/Wyui

BAYLOS GRAU, A., "La responsabilidad de las empresas transnacionales en los procesos de externalización. Las cláusulas sociales internacionales", en MONEREO PÉREZ, J. L. (Dir.): *La externalización productiva a través de la subcontratación empresarial*, Granada, Comares, 2018, pp. 115-132.

BAYLOS GRAU, A., "Replanteamientos y novedades en la regulación jurídica de la huelga", *Revista de Derecho Social*, nº 82, 2018, pp. 169-184.

BAYLOS GRAU, A., *Servicios esenciales, servicios mínimos y derecho de huelga*, Albacete, Bomarzo, 2018.

BAYLOS GRAU, A., "Sobre el uso ficticio del derecho de huelga", *Blog Según Antonio Baylos*, 14 de noviembre de 2023. Disponible en: https://zip.lu/36PrJ

BAYLOS GRAU, A., "Sistemas autónomos de resolución de conflictos y convocatoria de huelga general al margen", *Blog Según Antonio Baylos*, 21 de noviembre de 2023. Disponible en: https://zip.lu/36PBF

BECK, U., GIDDENS, A., LASH, S, *Modernización reflexiva. Política, tradición y estética en el orden social moderno*, Madrid, Alianza Universidad, 2001.

BELL, D., 1992. *El fin de las ideologías: sobre el agotamiento de las ideas políticas en los años cincuenta*, Madrid, Centro de Publicaciones, Ministerio de Trabajo y Seguridad Social, 1992.

BELLI, G., *El ojo de la mujer*, Madrid, Visor, 3ª ed., 1997.

BELTRÁN DE HEREDIA RUIZ, I., "Huelga y esquirolaje interno y técnico: un paso atrás a la luz de la STC 2/2/17", *Revista de Derecho vLex*, nº 154, 2017.

BELTRÁN DE HEREDIA RUIZ, I., "Huelga, contratas y esquirolaje externo: caso Altrad", *Una mirada crítica a las relaciones laborales*, 15 de marzo de 2017. Disponible en: http://zip.lu/JYow

BELTRÁN DE HEREDIA RUIZ, I., "Huelga general 8 de noviembre 2017 en el marco del «Procés»: no es una huelga política (STSJ Cataluña 2 de mayo 2018)", *Una mirada crítica a las relaciones laborales*, 7 de mayo de 2018. Disponible en: https://zip.lu/WyiV

BELTRÁN DE HEREDIA RUIZ, I., "Huelga en una sociedad de un grupo de empresas y esquirolaje ilícito a través de contrata externa al grupo", *Una mirada crítica a las relaciones laborales*, 11 de diciembre de 2018. Disponible en: http://zip.lu/JYoG

BELTRÁN DE HEREDIA RUIZ, I., "Huelga general 8 de noviembre 2017 en el marco del «Procés»: el TS ratifica que no fue una huelga política", *Una mirada crítica a las relaciones laborales*, 10 de febrero de 2020. Disponible en: https://zip.lu/Wyjr

BELTRÁN DE HEREDIA RUIZ, I., *Inteligencia artificial y neuroderechos: la protección del yo inconsciente de la persona*, Cizur Menor, ed. Aranzadi, 2023.

BENFORD, R. D., "You could be the hundredth monkey: collective action frames and vocabularies of motive within the nuclear disarmament movement", *The Sociological Quarterly*, vol. 34, nº 2, 1993, pp. 195-216.

BENNETT, W. L., "The uncivic culture: Communication, identity and the rise of lifestyle politics", *Political Science and Politics*, vol. 31, 1998, pp. 741-761.

BERNACIAK M., MARTA KAHANCOVÁ, M., *Innovative union practices in Central-Eastern Europe*, ETUI, Brussels, 2017.

BOBBIO, N., *Teoría general del Derecho*, Madrid, Debate, 1991.

BOURDIEU, P., *Sociología y cultura*, México, Grijalbo, 1990.

BOURDIEU, P., *Poder, Derecho y Clases Sociales*, España, Desclée de Brouwer, 2001.

BRADBURY, A., BRENNER, M., SLAUGHTER, J., *Secretos de un Organizador Exitoso*, Labor Notes (Ed.), 2016. Disponible en: https://zip.lu/XZmc

BREWER, M. B., "The social self: On being the same and different at the same time", *Personality and Social Psychology Bulletin*, nº 17, 1993, pp. 475-482.

BUTLER, J., "Actos performativos y constitución del género: un ensayo sobre fenomenología y teoría feminista", *Debate Feminista*, vol. 18, 1998, pp. 296-314.

BUTLER, J., *Cuerpos que importan. Sobre los limites materiales y discursivos del "sexo"*, Barcelona, Paidós, 2002.

BUTLER, J., *El género en disputa. El feminismo y la subversión de la identidad*, Barcelona, Paidós, 2007.

BUTLER, J., *La fuerza de la no violencia. La ética en lo político*, Barcelona, Paidós, 2021.

CABEZA PEREIRO, J., "El reconocimiento internacional y europeo del derecho de huelga", *Revista Española de Derecho del Trabajo*, nº 152, 2012, pp. 43-57.

CABEZA PEREIRO, J., "Derecho de la competencia, libertad de establecimiento y de-colectivización de las relaciones de trabajo", *Trabajo y Derecho*, nº 3, 2015, pp. 36-51.

CABRERA RODRÍGUEZ, J., "Derechos fundamentales y libertades económicas en el ordenamiento comunitario: la jurisprudencia Viking y Laval", *Revista Española de Derecho Constitucional*, nº 99, 2013, pp. 371-428.

CAIRÓS BARRETO, D. M., "Huelgas y conflictos colectivos transnacionales", en CAIRÓS BARRETO, D. M. (Dir.): *Los conflictos laborales de dimensión transnacional*, Cizur Menor, Aranzadi, 2022, pp. 89-128.

CAMACHO, M., *Charlas en la prisión. El movimiento obrero sindical*, Barcelona, ed. Laia, 1976.

CANDELA QUINTANILLA, R. M., LÓPEZ PIETSCH, P., MASEDA GARCÍA R., CARABAÑO RUBIANES I., *Las personas LGBT en el ámbito del empleo en España: hacia espacios de trabajo inclusivos con la orientación sexual e identidad y expresión de género*, Instituto de la Mujer y para la Igualdad de Oportunidades (ed.), 2017.

CARMONA, P., ALABAO, N., "El sindicalismo social y los Centros Sociales siguen siendo imprescindibles", *El Salto*, 3 de mayo de 2021. Disponible en: https://zip.lu/XZtG

CARMONA PASCUAL, P., *La democracia de propietarios: fondos de inversión, rentismo popular y la lucha por la vivienda*, Madrid, Traficantes de Sueños, 2022.

CARO MORENTE, J., "Nuevo sindicalismo estadounidense, la interseccionalidad en la clase", *El Salto,* 28 de febrero de 2023. Disponible en: https://zip.lu/WngS

CARO MORENTE, J., "La izquierda y el nuevo sindicalismo en Estados Unidos", *Nueva Sociedad,* nº 307, 2023, pp. 111-122.

CARRIL VÁZQUEZ, X. M., *Los fondos de resistencia en los conflictos laborales: un estudio de derecho español comparado,* Barcelona, Atelier, 2023.

CARRIZOSA PRIETO, E., "El principio de proporcionalidad como mecanismo de control de las injerencias en el derecho de huelga", *Temas Laborales,* nº 77, 2004, pp. 83-124.

CARRIZOSA PRIETO, E., "La alteración empresarial del calendario laboral como medida lesiva del derecho de huelga", *Aranzadi Social,* nº 11, 2012, pp. 81-87.

CASAS BAAMONDE, M. E., "Reflexión sobre las preocupaciones y corrientes metodológicas en el Derecho del Trabajo de la crisis", en AA. VV., *El Derecho del Trabajo y de la Seguridad Social ante la crisis económica,* I Jornadas de la Facultad de Derecho, Madrid, 1984.

CASAS BAAMONDE, M. E., "Las huelgas atípicas en el ordenamiento jurídico español (o huelgas marginadas del tipo de derecho, constitucional y legal, de huelga)", *Civitas. Revista Española de Derecho del Trabajo,* nº 24, 1985, pp. 509-534.

CASAS BAAMONDE, M. E., "Derecho de huelga y Constitución. ¿Nuevas perspectivas?", *Relaciones laborales: Revista crítica de teoría y práctica,* nº 1, 1994, pp. 44-53.

CASAS BAAMONDE, M. E., "25 años de jurisprudencia constitucional social: huelga en servicios esenciales y responsabilidad política", *Relaciones laborales: Revista crítica de teoría y práctica,* nº 2, 2010, pp. 681-710.

CASTELLS, M., "La Mediocracia", *El País,* 24 de enero de 1995. Disponible en: https://zip.lu/XwhA

CASTELLS, M., *La Era de la información. Economía, sociedad y cultura. El poder de la identidad,* Madrid, Alianza, Vol. II, 1998.

CASTELLS, M., "Internet y la sociedad red", Lección inaugural del programa de doctorado sobre la sociedad de la información y el conocimiento (UOC), 1999. Disponible en: https://zip.lu/XWnp

CASTELLS, M., *Comunicación y poder,* Madrid, Alianza Editorial, 2009.

CASTRO ARGÜELLES, Mª. A., "La legalidad de las huelgas generales en contextos de tensiones políticas. Comentario a la Sentencia del Tribunal Supremo de 15 de enero de 2020", *Revista General de Derecho del Trabajo y de la Seguridad Social,* nº 56, 2020.

CEA D'ANCONA, M. A., *Metodología cuantitativa: estrategias y técnicas de investigación social,* Madrid, Síntesis, 1996.

CEBRIÁN SALVAT, M. A., "Estrategia procesal y litigación internacional en la Unión Europea: distinción entre materia contractual y extracontractual", *Cuadernos de Derecho Transnacional,* vol. 6, nº 2, 2014, pp. 315-329.

CERVELLÓ DONDERIS, V. "La huelga de hambre penitenciaria: fundamento y límites de la alimentación forzosa", *Estudios Penales y Criminológicos*, vol. XIX, nº 95, 1996, pp. 53-164.

CHACARTEGUI JÁVEGA, C., *Empresas de trabajo temporal y contrato de trabajo*, Valencia, ed. Tirant lo Blanch, 2000.

CLOVER, J., *Riot. Strike. Riot: The new era of Uprisings*, London/New York, Verso, 2019.

CocaCola en lucha, *Somos CocaCola en lucha: una autobiografía colectiva*, España, La oveja roja, 2016.

CORDERO GORDILLO, V., "Decisiones empresariales automatizadas y extinción del contrato de trabajo: ¿puede despedir un algoritmo?", *Digitalización, recuperación y reformas laborales: Comunicaciones del XXXII Congreso Anual de la Asociación Española de Derecho del Trabajo y de la Seguridad Social*, 2022, pp. 1233-1250.

CORDERO GORDILLO, V., "La sustitución de los trabajadores huelguistas por medios tecnológicos", *Lex Social*, vol. 9, nº 1, 2019.

CORREA CARRASCO, M., "La eficacia jurídica del convenio colectivo como fuente (formal) del Derecho del Trabajo", *Revista Española de Derecho del Trabajo*, nº 88, 1998, pp. 225-252.

CORREA CARRASCO, M., *Acuerdos marco internacionales: de la responsabilidad social empresarial a la autonomía colectiva transnacional*, Valencia, Tirant lo Blanch, 2016.

CRUZ MARTÍNEZ, R., "Conflictividad social y acción colectiva: una lectura cultural", en RUIZ CARNICER, M. A., FRÍAS CORREDOR, C. (coord.): *Nuevas tendencias historiográficas e historia local en España: actas del II Congreso de Historia Local de Aragón (Huesca, 7 al 9 de julio de 1999)*, 2001, pp. 175-190.

CRUZ VILLALÓN, J., "La ausencia de acuerdo en la designación de los servicios de seguridad y mantenimiento durante el desarrollo de la huelga", *Revista Española de Derecho del Trabajo*, nº 23, 1985, pp. 435-448.

CRUZ VILLALÓN, J, "La metodología de la investigación en el Derecho del Trabajo", *Temas Laborales*, nº 132, 2016, pp. 73-121.

DAHL, R., *La democracia: una guía para los ciudadanos*, España, Taurus, 1999.

DAHRENDORF, R., *Las clases sociales y su conflicto en la sociedad industrial*, Madrid, RIALP, 1962.

DAHRENDORF, R., *Oportunidades vitales. Notas para una teoría social y política*, Madrid, Espasa-Calpe, 1983.

DAHRENDORF, R., *El conflicto social moderno: ensayo sobre la política de la libertad*, Madrid, Mondadori, 1990.

DAWKINS, R., *The selfish gene*, Oxford, Oxford University Press, 2006.

DE DIOS FERNÁNDEZ, E., "Domesticidad y familia: ambigüedad y contradicción en los modelos de feminidad en el franquismo", *Feminismo/s*, nº 23, 2014, pp. 23-46.

DE MIGUEL, A., *Neoliberalismo sexual: el mito de la libre elección*, 2ª edición, Madrid, Cátedra, 2016.

DEL REY GUANTER, S., "La libertad de establecimiento y la libre prestación de servicios y derechos sociales", en AAVV, *Derecho Social de la Unión Europea: Aplicación por el Tribunal de Justicia*, Francis Lefebvre, Madrid, 2018, pp. 557-578.

DELLA PORTA, D., "Las motivaciones individuales en las organizaciones políticas clandestinas". En: IBARRA, P., TEJERINA, B. (eds.): *Los movimientos sociales. Transformaciones políticas y cambio cultural*, Trotta, Madrid, 1998, pp. 219-242.

DELLA PORTA, D. Y DIANI, M., *Social movements, an introduction*, Oxford, England: Blackwell, 1999.

DESDENTADO BONETE, A., "«El traje nuevo del emperador»: sobre la legislación simbólica en el estatuto del trabajo autónomo", *Revista de Derecho Social*, nº 44, 2008, pp. 13-35.

DESDENTADO BONETE, A., "Reflexiones sobre el caso Coca Cola Iberian Partners. Un comentario a la sentencia de 12 de junio de 2014 de la Sala de lo Social de la Audiencia Nacional y a la Sentencia de 20 de abril de 2015 de la Sala de lo Social del Tribunal Supremo", *Derecho de las Relaciones Laborales*, nº 4, 2015, pp. 421-434.

DESDENTADO BONETE, A., "¿Una nueva dimensión del derecho de huelga? Más allá de la existencia de una lesión imputable y más allá del grupo de empresas. El caso Pressprint", *Revista de Jurisprudencia Lefebvre El Derecho*, nº 2, 2016.

DESDENTADO BONETE, A., "Ecos de Samoa: sobre la expansión del derecho de huelga fuera del contrato de trabajo. El caso Altrad", *Revista de Información Laboral*, nº 2, 2017, pp. 151-172.

DIANI, M., "Las redes de los movimientos: una perspectiva de análisis", en TEJERINA MONTAÑA, B., IBARRA GÜELL, P. (eds.): *Los movimientos sociales: transformaciones políticas y cambio cultural*, 1998, pp. 243-270.

DIEGUEZ CUERVO, G., "Sustitución interna de huelguistas (comentario a la Sentencia 123/1992, de 28 de septiembre del Tribunal Constitucional)", *Revista Española de Derecho del Trabajo*, nº 58, 1993, pp. 211-220.

DOMÍNGUEZ RUIZ, I. E., *Cuando muera Chueca: origen, evolución y final(es) de los espacios LGTBI*, Madrid/Barcelona, Egales, 2018.

DOMÍNGUEZ RUIZ, I. E., *Se vende diversidad. Orgullo, promoción y negocio en el World Pride*, Madrid/Barcelona, Egales, 2021.

DORSSEMENT, F. y VAN HOEK, A., "Collective action in Labour conflicts under the Rome II Regulation (part I)", *European Labour Law Journal*, Vol. 2, nº 1, 2011, pp. 48-118.

DURÁN LÓPEZ, F., *Derecho de huelga y legalización del conflicto de clases*, Sevilla, 1976.

DURÁN LÓPEZ, F., "Titularidad y contenido del derecho de huelga", *Relaciones laborales: Revista crítica de teoría y práctica*, nº 1, 1993, pp. 336-350.

DURÁN LÓPEZ, F., "El derecho de huelga en la doctrina del Tribunal Europeo de Derechos Humanos", *Temas Laborales*, 2018, nº 145, pp. 317-326.

EKMAN, J., AMNA, E., "Political Participation and Civic Engagement: Towars a New Tipology", *Human Affairs*, vol. 22, 2012, pp. 283-300.

ELSLNGER, P. K., "The Conditions of Protest Behavior in American Cities", *American Political Science Review*, nº 67, 1973, pp. 13-14.

EMANUELE, V., MARINO, B., ANGELUCCI, D., "The congealing of a new cleavage? The evolution of the demarcation bloc in Europe (1979-2019)", *Italian Political Science Review / Rivista Italiana Di Scienza Politica*, vol. 50, nº 3, 2020, pp. 314-333.

ENGELS, F., *La situación de la clase obrera en Inglaterra*, Madrid, Akal, 2020.

ENTMAN, R. M. "Cascading Activation: Contesting the White House's Frame After 9/11", *Political Communication*, vol. 20, nº 4, 2003, pp. 415-432.

ENTMAN, R. M, *Projections of Power: Framing News, Public Opinion, and U.S. Foreign Policy*, Chicago, University of Chicago Press, 2004.

ENTMAN, R. M., "Framing Bias: Media in the Distribution of Power", *Journal of Communication*, vol. 57, nº 1, 2007, pp. 163-173.

ERREJÓN GALVÁN, I., "Ernesto Laclau, el teórico de la hegemonía", *Nuevo Sur*, nº 0, 2014, pp. 137-140.

ESCRIBANO GUTIÉRREZ, J., "Derecho de huelga y libre prestación de servicios en el ámbito comunitario", *Temas Laborales*, nº 101, 2009, pp. 243-253.

ESCRIBANO GUTIÉRREZ, J., "El derecho de huelga en el marco de la descentralización empresarial", *Temas Laborales*, nº 110, 2011, pp. 195-206.

ESCRIBANO GUTIÉRREZ, J., "Derecho de huelga, *Ius Variandi* y esquirolaje tecnológico", *Temas Laborales*, nº 139, 2017, pp. 217-228.

ESCRIBANO GUTIÉRREZ, J., "Conflicto laboral y conflicto medioambiental: posibles confluencias", *Documentación Laboral*, nº 128, 2023, pp. 35-49.

ESTEVE SEGARRA, A., "Desafíos de las relaciones colectivas de trabajo en las empresas de plataforma", *LABOS Revista de Derecho del Trabajo y Protección Social*, vol. 3, nº 3, 2022, pp. 52-76.

FERNÁNDEZ, C., ROMAY, J., RODRÍGUEZ, M., SABUCEDO, J. M., "Redes sociales y marcos de acción colectiva", *Sociológica*, nº 4, 2001, pp. 37-58.

FERNÁNDEZ ARTIACH, P., "Los derechos laborales colectivos y las relaciones laborales transnacionales competencia judicial y ley aplicable", *Labos: Revista de Derecho del Trabajo y Protección Social*, Vol. 1, nº 1, 2020, pp. 17-36.

FERNÁNDEZ LÓPEZ, M. F., "Derechos fundamentales del trabajador en empresas complejas: ahora el derecho de huelga", *Revista de Derecho Social*, nº 52, 2010, pp. 149-162.

FERNÁNDEZ SÁNCHEZ, S., "Frank, el algoritmo consciente de Deliveroo. Comentario a la Sentencia del Tribunal de Bolonia 2949/2020, de 31 de diciembre", *Estudios financieros. Revista de trabajo y seguridad social CEF*, nº 457, 2021, pp. 179-193.

FLANAGAN, F., WALKER, M., "How can unions use Artificial Intelligence to build power? The use of AI chatbots for labour organising in the US and Australia", *New Technology, Work and Employment*, nº 36, 2021, pp. 159-176.

FOTINOPOULOU BASURKO, O., "Las relaciones colectivas de trabajo en el Derecho Internacional Privado", *Revista del Ministerio de Empleo y Seguridad Social*, Nº. 132, 2017, pp. 217-248.

FOTINOPOULOU BASURKO, O., *La determinación de la ley aplicable al contrato de trabajo internacional*, Pamplona, Ed. Thomson-Aranzadi, 2006.
FOTINOPOULOU BASURKO, O., "La responsabilidad del sindicato en huelgas transnacionales (Primera parte)", *Tribuna Social*, nº 238, 2010, pp. 46-57.
FUKUYAMA, F., *El fin de la historia y el último hombre*, Barcelona, Planeta, 1992.
GAGGI, M., NARDUZZI, E, *Pleno desempleo*, Madrid, Lengua de Trapo, 2007.
GAGO, V., *La potencia feminista. O el deseo de cambiarlo todo*, Madrid, Traficantes de Sueños, 2019.
GAMSON, W., "Political Discourse and Collective Action", en KLANDERMANS, B., HANSPETER KRIESI, H., TARROW, S. (eds.): *From Structure to Action: Comparing Social Movement Research Across Cultures, International Social Movement Research*, vol. 1, Greenwich, Conn., JAI, 1988, pp. 219-244.
GAMSON, W., *The Strategy of Social Protest*, 2nd ed, Belmont, Calif., Wadsworth, 1990.
GAMSON, W. A., *Talking Politics*, Cambridge, Cambridge University Press, 1992.
GARCÍA GARCÍA, A., "La introducción de las nuevas tecnologías en la organización de la empresa: apuntes sobre la inteligencia artificial y la acción colectiva", en SANGUINETI RAYMOND, W. (Dir.): *Nuevas tecnologías, derechos humanos y negociación colectiva*, Valencia, Tirant lo Blanch, 2023, pp. 52-78.
GARCÍA GUERRERO, J., "La huelga de hambre en el ámbito penitenciario: aspectos éticos, deontológicos y legales", *Revista Española de Sanidad Penitenciaria*, vol. 15, 2013, pp. 8-15.
GARCÍA MURCIA, J., "La protección del Estado y de los intereses de la comunidad frente al conflicto colectivo de trabajo: Del Código Penal de 1848 al de 1928", *Revista de Política Social*, nº 147, 1985, pp. 25-53.
GARCÍA MURCIA, J., "Dos nuevas Directivas de la Unión Europea en materia social: desplazamiento temporal de trabajadores y titulaciones profesionales", *Foro Nueva Época*, Vol. 21, nº 1, 2018, pp. 331-339.
GARCÍA-MUÑOZ ALHAMBRA, M. A., "El protocolo europeo para el progreso social. Vicisitudes y actualidad de una propuesta para fortalecer la dimensión social de la Unión Europea", *Revista de Derecho Social*, nº 86, 2019, pp. 221-248.
GARCÍA NINET, I., GARCÍA VIÑA, J., "Algunas consideraciones acerca del esquirolaje interno y externo, así como sobre ciertas medidas empresariales (algunas curiosas) para reducir los efectos de la huelga", *Aranzadi Social*, nº5, 1997, pp. 645-674.
GARCÍA-PERROTE ESCARTÍN, I., *La huelga con ocupación de lugar de trabajo*, Madrid, Akal, 1981.
GARCÍA-PERROTE ESCARTÍN, I., *El proyecto de ley orgánica de huelga de 1993: la huelga en los servicios esenciales de la comunidad como telón de fondo*, Santander, Universidad de Cantabria, 1993.
GARCÍA-PERROTE ESCARTÍN, I., "Derecho de huelga y libertad de empresa", *Revista jurídica de Castilla y León*, nº 5, 2005, pp. 13-54.
GARCÍA-PERROTE ESCARTÍN, I., "El alcance constitucional del derecho de huelga", en CASAS BAAMONDE, M. E., CRUZ VILLALÓN J., DURÁN LÓPEZ, F. (coords.): *Las transformaciones del derecho del trabajo en el marco de la*

Constitución española: estudios en homenaje al profesor Miguel Rodríguez-Piñero y Bravo-Ferrer, Madrid, La Ley, 2006, pp. 329-354.

GARCÍA-PERROTE ESCARTÍN, I., "Artículo 28.2. El derecho de huelga", en CASAS BAAMONDE, M. E., RODRÍGUEZ-PIÑERO Y BRAVO-FERRER, M. (dirs.): *Comentarios a la Constitución española, Conmemoración del XL aniversario de la Constitución*, Madrid, Fundación Wolters Kluwer, Boletín Oficial del Estado, Tribunal Constitucional y Ministerio de Justicia, Vol. 1, Tomo 1, 2018, pp. 1032-1074.

GARCÍA SALAS, A. I., "Distribución de información sindical y nuevas tecnologías el impacto de la STC 281/2005 y la evidencia de una normativa sindical insuficiente", *Revista de la Contratación Electrónica*, nº 103, 2009, pp. 3-45.

GARCÍA SALAS, A. I., *El ejercicio abusivo de la huelga*, Valencia, ed. Tirant lo Blanch, 2018.

GARDEÑES SANTIAGO, M., "Derecho imperativo y contrato internacional de trabajo", *Revista del Ministerio de Empleo y Seguridad Social*, nº 132, 2017, pp. 163-188.

GIMENO DÍAZ DE ATAURI, P., "Delimitación conceptual y propuestas en la relación entre huelga y contratas empresariales: Un análisis de jurisprudencia", en AAVV. *Descentralización productiva: nuevas formas de trabajo y organización empresarial*, ed. Cinca, Madrid, 2018.

GIMENO MORÁN, J., "El tablón de anuncios del siglo XXI: Sentencia del TS sobre el uso de una aplicación para la información sindical", *elderecho.com*, Lefebvre, 4 de octubre de 2023. Disponible en: https://zip.lu/YmwF

GOERLICH PESET, J. M., *Los efectos de la huelga*, Valencia, ed. Tirant lo Blanch, 1994.

GOERLICH PESET, J. M., "Ejercicio del derecho de huelga en el contexto de la descentralización productiva", en *AA.VV. Descentralización productiva, nuevas formas de trabajo y organización empresarial*, ed. Cinca, Madrid, 2018, pp. 175-201.

GOERLICH PESET, J. M., "Innovación, digitalización y relaciones colectivas de trabajo", *Revista de treball, economia i societat*, nº 92, 2019, pp. 1-26.

GOERLICH PESET, J. M., "Digitalización y derecho de huelga", *Temas Laborales*, nº 155, 2020, p. 93-108.

GOERLICH PESET, J. M., "Algunas tendencias del sistema de fuentes. Manifestaciones recientes en el ámbito jurídico-laboral", *Labos*, vol. 3, nº 1, 2022, pp. 4-19.

GOERLICH PESET, J. M., "Normas ómnibus, leyes transversales y sistema jurídico", *Labos*, vol. 4, nº Extra, 2023, pp. 3-14.

GOFFMAN, E., *Frame Analysis: An Essay on the Organization of Experience*, Cambridge, Harvard University Press, 1974.

GÓMEZ ABELLEIRA, F. J., "La regulación de la inteligencia artificial en el trabajo de guionistas de cine, televisión, teatro", *Blog El Foro de Labos*, 10 de octubre de 2023. Disponible en: https://zip.lu/ZmrQ

GÓMEZ NIETO, B., "El *influencer*: herramienta clave en el contexto digital de la publicidad engañosa", *methaodos.revista de ciencias sociales*, vol. 6, nº 1, 2018, pp. 149-156.

GOMPERTZ, W., *Pop Art*, Barcelona, Penguin Random House, 2022.

GONZÁLEZ ORTEGA, S., "El derecho de huelga: un derecho fundamental acorralado", *Estudios financieros. Revista de trabajo y seguridad social*, nº 418, 2018, pp. 17-42.

GONZÁLEZ ORTEGA, S., "Arbitrajes en huelgas con grave repercusión sobre la economía nacional", *Temas laborales*, nº 154, 2020, pp. 279-320.

GONZÁLEZ-POSADA MARTÍNEZ, E., "Despido colectivo en el grupo Coca Cola: grupo de empresas y vulneración del derecho de huelga", *Derecho de las Relaciones Laborales*, nº 4, 2015, pp. 412-420.

GORDO GONZÁLEZ, L., "El contenido esencial del derecho a la huelga: la prohibición de esquirolaje interno", *Aranzadi Social*, nº 3, 2012.

GRAMSCI, A., *Cuadernos de la cárcel*, Tomo 5, Cuaderno 19 (X), 1934-1935, México, Era/Benemérita, 1999.

GRAMSCI, A., *Para la reforma moral e intelectual*, Madrid, Catarata, 3ª ed., 2023.

GRAU PINEDA, C., "A nuevos tiempos, nuevas amenazas sobre el derecho de huelga del absoluto desbordamiento de la prohibición de esquirolaje y del nuevo esquirolaje comercial o mercantil", *Estudios Latinoamericanos de Relaciones Laborales y Protección Social*, nº 5, 2018, pp. 103-119.

GRAU PINEDA, C., "El impacto de las nuevas tecnologías en el derecho de huelga: a propósito de la sustitución de huelguistas por medios tecnológicos", *Nueva Revista Española de Derecho del Trabajo*, nº 206, 2018, pp. 99-124.

GRAU PINEDA, C., *Los difusos contornos de la prohibición de esquirolaje*, Valencia, ed. Tirant Lo Blanch, 2021.

GRAU PINEDA, C., "Sobre el impacto de la huelga en las contratas o del por qué la regulación española del derecho de huelga no responde a las necesidades de las relaciones laborales del siglo XXI", *Revista de Estudios Jurídico Laborales y de Seguridad Social (REJLSS)*, nº 4, 2022, pp. 208-230.

GRUPPI, L., *O conceito de hegemonia em Gramsci*, Rio de Janeiro, Graal, 1978.

GRZEBYK, P., "The right to strike as a fundamental right", en TER HAAR, B. AND KUN, A., *EU Collective Labour Law*, Edward Elgar Publishing, UK, 2021.

GUADAGNO, S., "The right to strike in Europe in the aftermath of Viking and Laval", *European Journal of Social Law*, nº 4, 2012, pp. 245-281.

GUAMÁN HERNÁNDEZ, A., "La sumisión del derecho de huelga a la libertad de establecimiento comunitaria: el caso Viking Line. Comentario a la STJCE de 11 de diciembre de 2007, Viking Line, C-438/05 (TJCE 2007, 357)", *Aranzadi social*, nº 5, 2007, pp. 1362-1372.

GUAMÁN HERNÁNDEZ, A., "De nuevo sobre la ley aplicable en los supuestos de desplazamiento temporal de trabajadores: el caso Laval", *Relaciones laborales: Revista crítica de teoría y práctica*, nº 2, 2008, pp. 187-212.

GUAMÁN HERNÁNDEZ, A., MORENO GONZÁLEZ, G., *Empresas Trasnacionales y Derechos Humanos. La necesidad de un Instrumento Vinculante*, Albacete, Bomarzo, 2018.

GUTIERREZ-RUBÍ, A., *Tecnopolítica: El uso y la concepción de las nuevas herramientas tecnológicas para la comunicación, la organización y la acción política colectivas,* Ideograma, 2014. Disponible en: https://zip.lu/YpC7

HAKIM, C., *Research design: strategies and choices in the design of social research,* London, Routledge, 1994.

IBARRA, P., TEJERINA, B., *Los movimientos sociales. Transformaciones políticas y cambio cultural,* Madrid, Trotta, 1998.

IBARRA, P., LETAMENDIA, F., "Movimientos sociales", en CAMINAL BADIA, M., TORRENS LLAMBRICH, X. (coords.): *Manual de ciencia política,* 5ª ed., Tecnos, Madrid, 2019, pp. 385-415.

INGLEHART, R., *El cambio cultural en las sociedades industriales avanzadas,* Madrid, CIS/Siglo XXI, 1991.

INGLEHART, R., *The Silent Revolution: Changing values and political styles among Western publics,* Princeton, Princeton University Press, 1977.

INGLEHART, R., *Modernización y posmodernización. El cambio cultural, económico y político en 43 sociedades,* Madrid, CIS, 1998.

JALIL NAJI, M., "Innovación sindical: las redes sociales como instrumento de organización y defensa colectiva", *Documentación Laboral,* nº 119, 2020, pp. 139-152.

JASPER, J. M., "Feeling - Thinking: Emotions as Central to Culture", En BAUMGARTEN, B., DAPHI, P., ULLRICH, P. (Eds.): *Conceptualizing Culture in Social Movement Research,* Palgrave Macmillan, 2014, pp. 22-44.

JASPER, J. M., "The Emotions of Protest: Affective and Reactive Emotions in and Around Social Movements", *Sociological Forum,* vol. 13, nº 3, 1998, 397-421.

JASPER, J. M., *The art moral of protest: culture, biography, and creativity in social movements,* University Chicago Press, 1997.

JASPER, J. M., *The Emotions of Protest,* University Chicago Press, 2018.

JOHNSTON, H., "A Methodology for Frame Analysis: From Discourse to Cognitive Schemata", En JOHNSTON, H., KLANDERMANS, B. (eds.): *Social Movements and Culture,* UCL Press, Londres, 1995.

JUÁREZ PÉREZ, P., "El conflicto de Ryanair: una lectura desde el Derecho internacional privado", *Cuadernos de Derecho Transnacional,* Vol. 11, nº 1, 2019, pp. 372-407.

KATZENSTEIN, M. F., "Feminism Within American Institutions: Unobtrusive Mobilization in the 1980s", *Signs,* nº 16, 1990, pp. 27-54.

KLANDERMANS, B., "The Formation and Mobilization of Consensus", en KLANDERMANS, B., KRIESI, H., TARROW, S. (eds.): *From Structure to Action: Comparing Social Movement Research Across Cultures. International Social Movement Research,* vol. I, Greenwich, Conn., JAI, 1988, pp. 173-196.

KLANDERMANS, B., "The Social Construction of Protest and Multiorganizational Fields", en MORRIS, A., MUELLER, C. M. (eds.): *Frontiers in Social Movement Theory,* New Haven y Londres, Yale University Press, 1992.

KLANDERMANS, B., SABUCEDO, J. M., DEWEERD, M. y COSTA, M.: "Injusticial and adversarial frames in a supranational political context: Farmer's protest in the Netherlands and Spain", En DELLA PORTA, D., KRIESI, H. Y

RUCHT, D. (eds.): *Social Movements in a globalizing world*, Londres, Macmillan, 1999.

KLANDERMANS, B., *The Social Psychology of Protest*, Oxford, Blackwell, 1997.

KRIESI, H., GRANDE, E., LACHAT, R., DOLEZAL, M., BORNSCHIER, S., FREY, T. "Globalization and the transformation of the national political space: Six European countries compared", *European Journal of Political Research*, vol. 45, 2006, pp. 921-956.

LACLAU, E., *La razón populista*, Madrid, Foro de cultura económica de España, 2005.

LAHERA FORTEZA, J., "Hacia un nuevo modelo de huelga triangular mercantil (SSTS 3 de Octubre, Rec. 1147/2017 y Rec. 3365/2016)", *Revista Derecho de las Relaciones Laborales*, nº 3, 2019, pp. 307-311.

LAHERA FORTEZA, J., "El refuerzo constitucional de la prohibición legal de sustitución de huelguistas", en MONEREO PÉREZ, J. L. (Dir.): *Homenaje a Fernando Valdés Dal-Ré: Revista de Derecho de la Seguridad Social y Revista Crítica de Derecho del Trabajo*, Laborum, 2023, pp. 303-307.

LAKOFF, G., *No pienses en un elefante. Lenguaje y debate público*, Barcelona, Península, 5ª ed., 2020.

LARAÑA RODRÍGUEZ-CABELLO, E., *La construcción de los movimientos sociales*, Madrid, Alianza, 1999.

LASCURAÍN SÁNCHEZ, J. A., "Los delitos contra los derechos de los trabajadores: lo que sobra y to que falta", *ADPCP*, Vol. LVII, 2004, pp. 19-52.

LÉVESQUE, C., MURRAY, G., "Entender el poder sindical: recursos y capacidades para la renovación del poder sindical", en LÉVESQUE, C., MURRAY, G., DUFOUR, C., HEGE, A.: *Legitimidad y poder para la renovación sindical*, Manu Robles-Arangiz Institutua Fundazioa, 2011.

LILLO, E., "Sobre la sentencia del Tribunal Supremo sobre el asunto Coca Cola", en el *Blog de José Luis López Bulla*, 15 de mayo de 2015. Disponible en: http://zip.lu/JYpA

LILY, S., *Adiós, Chueca. Memorias del gaypitalismo: la creación de la marca gay*, Madrid, Akal, 2016.

LIJPHART, A., "Comparative Politics and the Comparative Method", *The American Political Science Review*, vol. 65, nº 3, 1971, pp. 682-693.

LLAMAS POMBO, E., "De nuevo sobre el llamado daño moral. Algunos apuntes para la reflexión", en SANTOS MORÓN, M. J., MERCADER UGUINA, J. R., DEL OLMO GARCÍA, P. (Dirs.): *Nuevos retos del Derecho de Daños en Iberoamérica*, Valencia, Tirant lo Blanch, 2020, pp. 23-44.

LÓPEZ GANDÍA, J., "Huelgas ilegales y abusivas", *Revista del Instituto de Estudios Económicos*, nº 2-3, 2010.

LÓPEZ LLUCH, M. I., "El derecho de huelga: nueva doctrina sobre el "esquirolaje tecnológico" en la Sentencia del Tribunal Supremo de fecha 5 de diciembre de 2012", *Revista doctrinal Aranzadi Social*, nº 5, 2013, pp. 15-171.

LOREY, I., *State of insecurity. Government of the precarious*, London, Verso, 2015.

LOUSADA AROCHENA, J. F., "La cuantificación de la indemnización por vulneración de derechos fundamentales en el proceso laboral: la cuantía mínima del baremo LISOS como derecho necesario", *Revista de Jurisprudencia Laboral*, nº 6, 2023.

LOY, G., "La tendencia antisocial de la Unión Europea", *Boletín Mexicano de Derecho Comparado*, 2011, nº 131, pp. 625-656.

LUXEMBURGO, R., *Huelga de masas, partido y sindicato*, Madrid, Fundación Federico Engels, 2003.

MAIRA VIDAL, M. M., "Los acuerdos marco internacionales: sentando las bases de la negociación colectiva de ámbito supranacional", *Lan harremanak: Revista de relaciones laborales*, nº 30, 2014, pp. 137-162.

MAJOR, B., "From Social Inequality to Personal Entitlement: The Role of Social Comparision, Legitimacy Appraisals and Group Membership", *Advances in Experimental Social Psychology*, nº 26, 1994, pp. 293-355.

MANEIRO HERVELLA, V., "Los estudiantes en huelga: régimen jurídico del paro académico. Retos y oportunidades en la nueva Ley Orgánica del Sistema Universitario", *LABOS Revista de Derecho del Trabajo y Protección Social*, vol. 4, nº 2, pp. 146-175. Disponible en: https://doi.org/10.20318/labos.2023.7943

MANEIRO HERVELLA, V., "Esquirolaje y huelga en el ámbito transnacional: el caso Ryanair", *Trabajo y Derecho*, nº 108, 2023.

MANEIRO HERVELLA, V., *Los conflictos colectivos del trabajo frente al cambio tecnológico y social*, Tesis Doctoral, Universidad Carlos III de Madrid, 2024.

MARTÍN HUERTAS, M. A., "Las sentencias del TEDH relativas a partidos políticos y a sindicatos", *Revista Mexicana de Derecho Constitucional*, nº 23, 2010, pp. 85-120.

MARTÍN JIMÉNEZ, R., "Sustitución virtual de trabajadores en huelga (comentario a la STS 4ª 27 de septiembre de 1999)", *Relaciones Laborales*, nº 1, 2000, pp. 797-802.

MARTÍN VALVERDE, A., "Regulación de la huelga, libertad de huelga y derecho de huelga", en ALONSO OLEA, M. (Dir.): *Sindicatos y relaciones colectivas de trabajo*, Murcia, Colegio de Abogados de Murcia, 1978.

MARTÍN VALVERDE, A., "El derecho de huelga en la Constitución de 1978", *Revista de Política Social*, nº 121, 1979, pp. 232-233.

MARTÍNEZ MORENO, C., "El ser o no ser de la huelga, el fútbol y el esquirolaje. A propósito de la STC 17/2017, de 2 de febrero, caso Telemadrid", *Derecho de las Relaciones Laborales*, nº 9, 2017, pp. 894-902.

MARTÍNEZ-ROLÁN, X., PIÑEIRO-OTERO, T., "The use of memes in the discourse of political parties on Twitter: analyzing the 2015 State of the Nation Debate", *Communication & Society*, vol. 29, nº 1, 2016, pp. 145-160.

MARTÍNEZ ROLÁN, X., PIÑEIRO OTERO, T., "El uso de los memes en la conversación política 2.0. Una aproximación a una movilización efímera", *Prisma Social*, nº 18, 2017, pp. 55-84.

MATÍA PRIM, J., SALA FRANCO, T., VALDÉS DAL-RE, F., VIDA SORIA, J., *Huelga, cierre patronal y conflictos colectivos*, Madrid, Civitas, 1982.

MATÍA PRIM, J., *El abuso del derecho de huelga: ensayo sobre la regulación del derecho de huelga en el ordenamiento español*, Madrid, Consejo Económico y Social de España, 1996.

MCADAM, D., "Cultura y movimientos sociales", En: LARAÑA, E. Y GUSFIELD, J. (eds.): *Los nuevos movimientos sociales. De la ideología a la identidad*, Madrid, CIS, 1994, pp. 43-68.

MCCARTHY, J. D., y ZALD M. N., *Social Movements in an Organizational Society*, New Brunswick, 1987.

MCLUHAN, M., *Comprender los medios de comunicación. Las extensiones del ser humano*, Barcelona, Paidós, 1996.

MCLUHAN, M., *La aldea global*, Barcelona, Gedisa, 2002.

MEES, L., "¿Vino viejo en odres nuevos? continuidades y discontinuidades en la historia de los movimientos sociales", en IBARRA GÜELL, P., TEJERINA MONTAÑA, B., (eds.): *Los movimientos sociales: transformaciones políticas y cambio cultural*, 1998, pp. 291-320.

MELUCCI, A., "¿Qué hay de nuevo en los "nuevos movimientos sociales?", en LARAÑA, E. y GUSFIELD, J. (eds.): *Los nuevos movimientos sociales. De la ideología a la identidad*, CIS, Madrid, 1994, pp. 119-150.

MELUCCI, A., "The Process Collective Identity", En JONHSTON, H. Y KLANDERMANS, B. (Eds.): *Social Movements and Culture*, Londres, UCL Press, 1995.

MELUCCI, A., *Challenging Codes*, Cambridge, Cambridge University Press, 1996.

MENDOZA NAVAS, N, "La huelga y las acciones colectivas transnacionales en la jurisprudencia del Tribunal de Justicia de la Unión Europea y el Tribunal Europeo de Derechos Humanos", en FOTINOPOULOU BASURKO, O. (Dir.): *El derecho de huelga en el derecho internacional*, Valencia, Tirant Lo Blanch, 2016, pp. 121-159.

MERCADER UGUINA, J. R., "Algunas reflexiones sobre el modelo social de la Constitución española, 25 años después", *Cuadernos constitucionales de la Cátedra Fadrique Furió Ceriol*, nº 40, 2002, pp. 167-176.

MERCADER UGUINA, J. R., "Derechos fundamentales de los trabajadores y nuevas tecnologías ¿hacia una empresa panóptica?", *Relaciones laborales: Revista crítica de teoría y práctica*, nº 1, 2001, pp. 665-686.

MERCADER UGUINA, J. R., *El futuro del trabajo en la era de la digitalización y la robótica*, Valencia, ed. Tirant lo Blanch, 2017.

MERCADER UGUINA, J. R., "Derecho del Trabajo y Covid-19: tiempos inciertos", *Labos*, Vol. 1, nº 2, 2020, pp. 4-15.

MERCADER UGUINA, J. R., "Dereitos fundamentais, indemnización por danos morais e prudente arbitrio do xulgador na súa determinación: unha tormenta perfecta", *Revista Galega de Dereito Social*, nº 15, 2022, pp. 9-44.

MERCADER UGUINA, J. R., *Lecciones de Derecho del Trabajo*, 15ª ed., Valencia, Ed. Tirant lo Blanch, 2022.

MERCADER UGUINA, J. R., *Algoritmos e inteligencia artificial en el derecho digital del trabajo*, Valencia, ed. Tirant lo Blanch, 2022.

MERCADER UGUINA, J. R., "Disrupción digital y sistema de fuentes: una visión general", en MERCADER UGUINA, J. R., DE LA PUEBLA PINILLA, A. (Dirs.): *Cambio tecnológico y transformación de las fuentes laborales: Ley y convenio colectivo ante la disrupción digital*, Valencia, ed. Tirant lo Blanch, 2023, pp. 23-44.

MERCADER UGUINA, J. R., "La Ley de infracciones y sanciones como «baremo»: funciones y disfunciones en la determinación de los daños morales derivados de la vulneración de derechos fundamentales", *Trabajo y Derecho,* nº 112, 2024.

MICHELETTI, M., *Political Virtue and Shopping. Individuals, Consumerism, and Collective Action,* Palgrave, New York, 2003.

MICHELETTI, M., STOLLE, D., BERLIN, D., "Habits of Sustainable Citizenship: The Example of Political Consumerism", *Studies across Disciplines in the Humanities and Social Sciences,* Helsinki Collegium for Advanced Studies, Helsinki, 2012, pp. 141-163.

MIÑARRO YANINI, M., "Según el Tribunal Constitucional "si es tecnológico, no es esquirolaje": retos del derecho de huelga en la sociedad del trabajo digitalizado y externalizado", *Estudios financieros. Revista de trabajo y seguridad social,* nº 429, 2018, pp. 211-220.

MOLINA NAVARRETE, C., "Despido colectivo y derecho de huelga: la invención judicial del esquirolaje interno indirecto", *Revista de Trabajo y Seguridad Social CEF,* nº 388, 2015, pp. 189-195.

MOLINA NAVARRETE, C, *Indemnizaciones disuasorias, nueva garantía de efectividad de la tutela social: entre retórica judicial y prácticas innovadoras,* Albacete, Bomarzo, 2019.

MONEREO PÉREZ, J. L., "Las modalidades de huelga: la normalización jurídica de las llamadas huelgas anómalas (I y II)", *Revista Documentación Laboral,* nº 41-42, 1993-1994.

MONEREO PÉREZ, J. L., "Prólogo: la huelga en el sistema de relaciones laborales", en MONEREO PÉREZ, J. L. (Coord.) et al: *Derecho de huelga y conflictos colectivos. Estudio crítico de la doctrina jurídica,* Granada, Comares, 2002.

MONEREO PÉREZ, J. L., "La titularidad del derecho de huelga y sus manifestaciones anómalas, ilegales o abusivas propuestas de reforma", *Revista del Instituto de Estudios Económicos,* nº 2-3, 2010, pp. 167-236.

MONEREO PÉREZ, J. L., "Derechos de huelga y libertad sindical. Esquirolaje interno y externo. Indemnización por daño moral asociado a la vulneración", *Revista de Jurisprudencia Laboral,* nº 1, 2024.

MONEREO PÉREZ, J. L., "Huelga y procedimientos de solución de conflictos", *Lex Social: Revista de Derechos Sociales,* vol. 14, nº 2, 2024, pp. 1-123.

MONEREO PÉREZ, J. L. y ORTEGA LOZANO, P. G., *El derecho de huelga: configuración y régimen jurídico,* Cizur Menor, Aranzadi, 2019.

MONEREO PÉREZ, J. L. y ORTEGA LOZANO, P. G., "Las huelgas ilegales: especial referencia a la huelga político-social", *Lex Social: Revista De Derechos Sociales,* vol. 11, nº 2, 2021, pp. 353-399.

MONEREO PÉREZ, J. L., ORTEGA LOZANO, P. G., "El arbitraje obligatorio y la reanudación de la actividad laboral en el derecho fundamental a la huelga", *La Ley. Mediación y arbitraje,* nº 7, 2021.

MONTERO, J., "La huelga feminista del 8M: haciendo historia", *Economía feminista: visibilizar lo invisible, Dossieres Economistas Sin Fronteras,* nº 29, 2018, pp. 21-24.

MONTOYA MELGAR, A., "La Ley de Huelgas de 1909, cien años después", *Civitas. Revista Española de Derecho del Trabajo,* nº 145, 2010, pp. 5-13.

MONTOYA MELGAR, A., "Sobre el Derecho del Trabajo y su ciencia", *Revista Española de Derecho del Trabajo,* nº 58, 1993, pp. 173-188.

MORATO GARCÍA, R. M., "Presente y futuro de los mecanismos de solución de conflictos laborales transnacionales: especial referencia al arbitraje laboral internacional", en CAIRÓS BARRETO, D. M. (Dir.): *Los conflictos laborales de dimensión transnacional,* Cizur Menor, Aranzadi, 2022, pp. 189-229.

MUÑOZ RUIZ, A. B., *Biometría y sistemas automatizados de reconocimiento de emociones: implicaciones jurídico-laborales,* Valencia, ed. Tirant lo Blanch, 2023.

MUÑOZ RUIZ, A. B., "Los sistemas automatizados de reconocimiento de emociones en el trabajo en el reglamento europeo de inteligencia artificial", *LABOS Revista de Derecho del Trabajo y Protección Social,* vol. 5, núm. extraordinario, 2024, pp. 83-98.

MUROS POLO, A., "La terminación de la huelga por arbitraje obligatorio", *Revista Española de Derecho del Trabajo,* nº 228, 2020, pp. 191-216.

NAVARRO CARDOSO, C., *Delitos contra los derechos de los trabajadores,* Valencia, ed. Tirant lo Blanch, 1998.

NIETO ROJAS, P., *La representación de los trabajadores en la empresa: estructura, ámbito y función,* Tesis Doctoral, Universidad Carlos III de Madrid, 2015.

NIETO ROJAS, P., "Acceso a la intranet por secciones y comités. La necesaria relectura del tablón de anuncios como medio de acción sindical", *Blog El Foro de Labos,* 11 de noviembre de 2021. Disponible en: https://zip.lu/YoEI

NIETO ROJAS, P., "El uso de apps como medio de transmisión de información sindical", *Blog El Foro de Labos,* 24 de octubre de 2023. Disponible en: https://zip.lu/YoHS

NIETO ROJAS, P., "La disrupción digital y su impacto en los medios de acción sindical", en MERCADER UGUINA, J. R., DE LA PUEBLA PINILLA, A. (dirs.): *Cambio tecnológico y transformación de las fuentes laborales: Ley y convenio colectivo ante la disrupción digital,* Madrid, Tirant Lo Blanch, 2023, pp. 357-382.

NISSIM, G., SIMON, T., "The future of labor unions in the age of automation and at the dawn of AI", *Technology in Society,* vol. 67, 2021.

NOGUEIRA GUASTAVINO, M., "La huelga en el Derecho Internacional y su protección multinivel", en FOTINOPOULOU BASURKO, O. (coord.): *El derecho de huelga en el Derecho Internacional,* Valencia, Tirant lo Blanch, 2016, pp. 15-84.

NOGUEIRA GUASTAVINO, M., "Metaverso y legislación aplicable al contrato de trabajo", *Revista de Trabajo y Seguridad Social. CEF,* nº 471, 2022, pp. 17-53.

NOVO VÁZQUEZ, A., "«Consumocracia». El consumo político como forma de participación de la ciudadanía", *Política y Sociedad,* Vol. 51, nº 1, 2014, pp. 121-146.

O'NEIL, C., *Weapons of Math Destruction: How Big Data Increases Inequality and Threatens Democracy,* New York, Crown, 2016.

OJEDA AVILÉS, A., *Derecho Sindical,* 8º ed., Madrid, ed. Tecnos, 2003.

OJEDA AVILÉS, A., "Libertad de empresa, Constitución Española y Derecho del Trabajo: un enfoque global", en GARRIDO PÉREZ, E. (Coord.), *Constitución española y relaciones laborales ante el actual escenario social y económico*, XXXI Jornadas Universitarias Andaluzas de Derecho del Trabajo y Relaciones Laborales, Sevilla, 2013.

OJEDA AVILÉS, A., *Derecho Transnacional del Trabajo*, Valencia, ed. Tirant lo Blanch, 2013.

OJEDA AVILÉS, A., "Transnacionalidad, globalización e internacionalización. Tres enfoques distintos pero complementarios", *Trabajo y Derecho*, 2018, nº 43-44, pp. 15-31.

OLSON, M., *The Logic of Collective Action*, Cambridge, Harvard University Press, 1965.

PALOMEQUE LÓPEZ, M. C., "El sindicato como sujeto político", *Estudios de derecho del trabajo en memoria del profesor Gaspar Bayón Chacón*, 1980, pp. 551-576.

PALOMEQUE LÓPEZ, M. C, *Los derechos laborales en la Constitución española*, Madrid, Centro de Estudios Constitucionales, 1991.

PALOMEQUE LÓPEZ, M. C., "La versión 2001 de la reforma laboral permanente", *Revista de Derecho Social*, nº 15, 2001, pp. 9-34.

PALOMEQUE LÓPEZ, M. C., "Un nuevo arbitraje obligatorio para la huelga", *Trabajo y Derecho*, nº 36, 2017, pp. 9-12.

PALOMERA, J., "Los sindicatos de inquilinos e inquilinas y la lucha por la vivienda en el nuevo ciclo de financierización", *Papers. Gentrificació i dret a la ciutat* (castellano), nº 60, 2018, pp. 216-220.

PARKINSON, B., MANSTEAD, A.S.D., "Making Sense of Emotions in Stories and Social Life", *Cognition and Emotion*, nº 7, 1993, pp. 295-323.

PASQUALE, F., *The Black Box Society: The Secret Algorithms That Control Money and Information*, Cambridge, Harvard University Press, 2015.

PECES-BARBA, G., "El sentido del consenso", *La Constitución española de 1978: un estudio de derecho y política*, Valencia, Fernando Torres, 1981.

PÉREZ DE LOS COBOS Y ORIHUEL, F., "Insuficiencias de la actual regulación jurisprudencial del derecho de huelga", *Actualidad Laboral*, nº 5, 2014.

PÉREZ REY, J., "Tertulias, reportajes de actualidad y esquirolaje tecnológico en la huelga general (a propósito de la STS de 11 de junio de 2012)", *Revista de Derecho Social*, nº 59, 2012, pp. 195-210.

PÉREZ REY, J. "El esquirolaje tecnológico: un importante cambio de rumbo de la doctrina del Tribunal Supremo (STS de 5 de diciembre de 2012)", *Revista de Derecho Social*, nº 61, 2013, pp. 163-176.

PÉREZ REY, J., "El Tribunal Constitucional ante el esquirolaje tecnológico (o que la huelga no impida ver el fútbol)", *Revista de Derecho Social*, nº 77, 2017, pp. 151-168.

PIVEN, F. y CLOWARD, R., *Poor People's Movements*, Vintage, New York, 1977.

PLATZER, H. W., RÜB, S., "Los Acuerdos marco Internacionales, ¿Un instrumento para imponer los Derechos Humanos Sociales?", *Fundación Friedrich Ebert*, 2014.

POMA, A. y GRAVANTE, T., "Cómo estudiar la dimensión emocional en los movimientos sociales", *Campos en Ciencias Sociales*, vol. 10, nº 1, 2022.

PRECIADO DOMENECH, C. H., "El esquirolaje tecnológico o esperando a Asimov", *Blog SinPermiso*, 22 de febrero de 2017. Disponible en: https://zip.lu/35p6r

PRECIADO DOMÈNECH, C. H., "Huelgas y subcontratas. El caso Altrad Rodisola", *rojoynegro.info*, 15 de marzo de 2017. Disponible en: https://bit.ly/3po8HWf

QUINTANILLA NAVARRO, R. Y., "El derecho de huelga en la doctrina del Tribunal Constitucional: propuestas para una Ley Orgánica", *Revista del Ministerio de Trabajo e Inmigración*, nº 73, 2008, pp. 337-367.

RAMÍREZ MARTÍNEZ, J., "Sustitución de huelguistas en supuestos de contratas y de empresas de trabajo temporal", *Actualidad Laboral*, nº 6, 2014.

RAMONET, I., *Géopolitique du chaos*, Gallimard, Paris, 1999, pp. 7-8

RAMOS QUINTANA, M. I., "El derecho de huelga y su dimensión transnacional en la era de la globalización económica: Particular atención al derecho de la Unión Europea", en CAIRÓS BARRETO, D. M. (Dir.), *Las relaciones colectivas de trabajo en el nivel europeo e internacional: organización, acción sindical y negociación colectiva*, Cizur Menor, Aranzadi, 2021, pp. 221-245.

RAMOS QUINTANA, M. I., "El derecho de huelga y sus manifestaciones a nivel transnacional, ¿un derecho autónomo o condicionado a la negociación colectiva?", *Trabajo y Derecho*, nº 94, 2022.

RASCHKE, J., "Sobre el concepto de movimiento social", *Zona Abierta*, Volumen 69, 1994, pp. 121-134.

RASK JENSEN, H., "A Frame of Reference for Analyzing Political Consumption", *Paper for the International Seminar on Political Consumerism*, Stockholm, mayo-junio, 2001.

RIECHMANN, J., FERNÁNDEZ BUEY, F., *Redes que dan libertad. Introducción a los nuevos movimientos sociales*, Barcelona, Paidós, 1994.

RITCHIE, J., "Pinkwashing, Homonationalism, and Israel-Palestine: The Conceits of Queer Theory and the Politics of the Ordinary", *Antipode*, vol. 47, nº 3, 2014, pp. 616-634.

RODRÍGUEZ GONZÁLEZ, S., "La jurisprudencia del Tribunal de Justicia de la Unión Europea en materia de acciones colectivas supranacionales: perspectivas y evolución", en CAIRÓS BARRETO, D. M. (Dir.): *Los conflictos laborales de dimensión transnacional*, Cizur Menor, Aranzadi, 2022, pp. 155-187.

RODRÍGUEZ-PIÑERO BRAVO-FERRER, M., "Diálogo social, participación y negociación colectiva", *Relaciones Laborales*, nº 23, 1995, pp. 93-101.

RODRÍGUEZ-PIÑERO BRAVO-FERRER, M., "El caso Ruffert ¿una constitucionalización del *dumping* social?", *Relaciones Laborales*, nº 2, 2008, pp. 213-244.

RODRÍGUEZ-PIÑERO BRAVO-FERRER, M., "El derecho de huelga y el Convenio núm. 87 OIT sobre libertad sindical", *Derecho de las Relaciones Laborales*, nº 3, 2015, pp. 229-238.

ROJO TORRECILLA, E., "Balance de diez años de desarrollo del derecho constitucional de huelga y perspectivas de futuro", *Revista de Estudios Políticos*, nº 66, 1989, pp. 213-233.

ROJO TORRECILLA, E., "Las consecuencias jurídicas, y su impacto económico, de la jurisprudencia del TJUE (a propósito del caso Laval) (I)", *El Blog de Eduardo Rojo*, 15 de abril de 2010. Disponible en: http://zip.lu/IFTY

ROJO TORRECILLA, E., "La protección del derecho fundamental de huelga reforzada por el Tribunal Supremo. La prohibición del esquirolaje tecnológico. Notas a la sentencia de 5 de diciembre de 2012", *El blog de Eduardo Rojo*, 13 de marzo de 2013. Disponible en: http://zip.lu/LNPc

ROJO TORRECILLA, E., "Despidos colectivos. Coca Cola Iberian Partners ante el Tribunal Supremo. Vulneración del derecho de huelga. Obligatoriedad de consignación de salarios para recurrir un despido nulo. Notas a la sentencia de 20 de abril (y recordatorio de la importante sentencia de la AN de 12 de junio de 2014) (I)", en *El Blog de Eduardo Rojo*, 19 de mayo de 2015. Disponible en: http://zip.lu/JYpY

ROJO TORRECILLA, E., "Tecnología y derecho de huelga. Paso atrás del Tribunal Constitucional en la protección de un derecho constitucional fundamental. Notas críticas a la sentencia de 2 de febrero de 2017 (con voto particular discrepante de dos magistrados y una magistrada)", *El blog de Eduardo Rojo*, 19 de febrero de 2017.

ROJO TORRECILLA, E., "Conviene recordar que es mejor leer, analizar, estudiar, y en su caso criticar, una sentencia, que quedarse en los titulares periodísticos (y mucho más si eres jurista). Una nota a propósito de la sentencia del TS de 16 de noviembre de 2016 (caso Altrad Rodisola SAU)", *El Blog de Eduardo Rojo*, 21 de marzo de 2017. Disponible en: http://zip.lu/JYqa

ROJO TORRECILLA, E., "Sobre la legalidad de la huelga profesional-política ("mixta"). A propósito de la sentencia del TSJ de Cataluña de 2 de mayo de 2018 (caso huelga general 8.11.2017)", *El blog de Eduardo Rojo*, 10 de mayo de 2018. Disponible en: https://zip.lu/Wykp

ROJO TORRECILLA, E., "La protección del derecho constitucional de huelga en empresas del mismo grupo mercantil. Notas a dos importantes sentencias del TS de 3 de octubre de 2018 que confirman la doctrina sentada en la de 5 de febrero de 2015", en *El blog de Eduardo Rojo*, 15 de noviembre de 2018. Disponible en: http://zip.lu/JYqo

ROJO TORRECILLA, E., "Sobre la legalidad de la huelga profesional-política ('mixta'). La sentencia de 15 de enero de 2020 del TS confirma la del TSJ de Cataluña de 2 de mayo de 2018 (caso huelga general 8.11.2017)", *El Blog de Eduardo Rojo*, 11 de febrero de 2020. Disponible en: https://zip.lu/VWvo

ROJO TORRECILLA, E., "¿Puede prohibirse el derecho de huelga sin que quede afectado el de libertad sindical? Aceptación de esta tesis por el Tribunal Europeo de Derechos Humanos para todos los funcionarios públicos en Alemania (16 a favor, 1 voto particular radicalmente discrepante y 1 voto concurrente). Notas críticas a la importante sentencia de 14 de diciembre de 2023 (demanda núm. 59433/18 y otras)", *El Blog de Eduardo Rojo*, 21 de diciembre de 2023. Disponible en: https://zip.lu/36U9R

RUIZ SAURA, J. E., "El alcance del derecho de huelga en contextos de externalización productiva", *Lan harremanak: Revista de relaciones laborales*, nº 47, 2022, pp. 197-221.

RUIZ SAURA, J. E., "Huelga y nuevas tecnologías: la encrucijada de un derecho fundamental", *Temas Laborales*, nº 167, 2023, pp. 185-208.

RUIZ SAURA, J. E., "Reinventar el conflicto colectivo en las nuevas relaciones laborales del siglo XXI: el caso de las empresas de plataforma", *Lan harremanak: Revista de relaciones laborales*, nº 49, 2023, pp. 215-235.

SABUCEDO, J. M., GROSSI, J., FERNÁNDEZ, C., "Los movimientos sociales y la creación de un sentido común alternativo", en IBARRA, P., TEJERINA, B. (eds.): *Los movimientos sociales. Transformaciones políticas y cambio cultural*, Madrid, Trotta, 1998.

SABUCEDO, J. M., KLANDERMANS, B., RODRÍGUEZ, M., DE WEERD, M, "Pertenencia a organizaciones y legitimación de la acción colectiva", en APALATEGI, J. (ed.): *La anticipación de la sociedad. Psicología social de los movimientos sociales*, Valencia, Promolibro, 1999.

SAGARDOY BENGOECHEA, J. A., "La mutación de las relaciones laborales en el marco de las nuevas tecnologías", *Revista Cuenta y Razón*, nº 116, 2000, pp. 52-56.

SALA FRANCO, T. y LÓPEZ GARCÍA DE LA RIVA, I., *Los mecanismos empresariales de defensa frente a la huelga,* Valencia, ed. Tirant lo Blanch, 2013.

SALA FRANCO, T., "Los mecanismos de defensa empresariales frente a la huelga", *Actualidad laboral*, nº 5, 2014.

SALA FRANCO, T., *Derecho Sindical*, Valencia, Tirant lo Blanch, 2022.

SALCEDO BELTRÁN, C., "Protección multinivel, derecho de huelga de las fuerzas y cuerpos de seguridad y Carta Social Europea: Unión Federal de Policía contra España, reclamación colectiva nº 225/2023", *Briefs AEDTSS*, nº 46, 23 de junio de 2023. Disponible en: https://acortar.link/vUYQr9

SÁNCHEZ MARTÍNEZ, M.O., *La huelga ante el derecho. Conflictos, valores y normas*, Madrid, Dykinson, 1997.

SÁNCHEZ-RODAS NAVARRO, C., "Poderes directivos y nuevas tecnologías", *Temas Laborales*, nº 138, 2017, pp. 163-184.

SANGUINETI RAYMOND, W. Y SÁNCHEZ CASTILLO, M., "La decadencia del cierre patronal y el surgimiento de formas nuevas de resistencia frente a las huelgas", en SANGUINETI RAYMOND W. Y CABERO MORÁN, E., *Sindicalismo y Democracia,* Granada, Comares, 2017, pp. 669-687.

SANGUINETI RAYMOND, W., *Los empresarios y el conflicto laboral (del cierre a la defensa de la producción),* Valencia, ed. Tirant lo Blanch, 2006.

SANGUINETI RAYMOND, W., "El derecho de huelga en la encrucijada del cambio tecnológico y productivo", *Trabajo y Derecho*, nº 14, 2016, pp. 10-15.

SANGUINETI RAYMOND, W., "La tutela sustancial del derecho de huelga en las estructuras empresariales complejas", *Revista de Derecho Social*, nº 74, 2016, pp. 3-32.

SANGUINETI RAYMOND, W., "¿El derecho de huelga en entredicho?", *Trabajo y Derecho*, nº 28, 2017, pp. 11-15.

SANGUINETI RAYMOND, W., "El derecho de huelga en los grupos y redes empresariales: la construcción de la doctrina del Tribunal Supremo", *Trabajo y Derecho*, nº 49, 2019, pp. 11-15.

SANGUINETI RAYMOND, W., "El sindicato como sujeto político, cuatro décadas después", *Trabajo y Derecho*, nº 52, 2019, pp. 11-14.

SANGUINETI RAYMOND, W., "Las cadenas mundiales de producción y la construcción de un Derecho del Trabajo sin fronteras", *El futuro del trabajo: cien años de la OIT*, 2019, pp. 23-77.

SANGUINETI RAYMOND, W., "La garantía extracontractual del derecho de huelga una reconstrucción sistemática", *Revista de Derecho Social*, nº 90, 2020, pp. 15-46.

SANGUINETI RAYMOND, W., "La construcción de un nuevo derecho trasnacional del trabajo para las cadenas globales de valor", *Revista General de Derecho del Trabajo y de la Seguridad Social*, nº 61, 2022.

SANGUINETI RAYMOND, W., *Teoría del derecho transnacional del trabajo: la génesis de un estatuto para el trabajo global*, Cizur Menor, ed. Aranzadi Thomson Reuters, 2022.

SANGUINETI RAYMOND, W., "El poder de dirección ante el cambio económico y productivo y la emergencia de la inteligencia artificial", *Trabajo y Derecho*, nº 109, 2024.

SANTAMARÍA PASTOR, J. A., *Fundamentos de Derecho Administrativo*, Madrid, Ceura, 1991.

SANTANA GÓMEZ, A., *El régimen jurídico de los trabajadores no huelguistas*, Madrid, ed. Civitas, 1993.

SANTOS, B. S., *Una epistemología del sur: la reinvención del conocimiento y la emancipación social*, siglo XXI, Buenos Aires, 2015.

SANZ PÉREZ, A. L., "El poco conocido caso de las máquinas que impidieron hacer huelga", *Aranzadi Doctrinal*, nº 8, 2017.

SARAMAGO, J., *Ensayo sobre la ceguera*, Madrid, Alfaguara, 1996.

SARRIÓN ESTEVE, J., "Los conflictos entre libertades económicas y derechos fundamentales en la jurisprudencia del Tribunal de Justicia de la Unión Europea", *Derecho Público Europeo*, nº 81, 2011, pp. 379-412.

SARTORI, G., "Comparación y método comparativo", en SARTORI, G., MORLINO, L. (coords.): *La comparación en las ciencias sociales*, Madrid, Alianza, 1994, pp. 29-50.

SCHARPF, F. W., "The asymmetry of European integration, or why the EU cannot be a social market economy", *Socio-Economic Review*, nº 8, 2010, pp. 211-250.

SCHEUFELE, D. A., TEWKSBURY, D., "Framing, agenda setting, and priming: The evolution of three media effects models", *Journal of Communication*, vol. 57, nº 1, 2007, pp. 9-20.

SEMPERE NAVARRO, A. V., "Huelgas ilegales y huelgas abusivas", en SANGUINETI RAYMOND, W. y CABERO MORÁN, E. (Coords.): *Sindicalismo y De-*

mocracia. El Derecho Sindical Español del profesor Manuel Carlos Palomeque treinta años después (1986-2016), Granada, Comares, 2017, pp. 603-622.

SERVAIS, J. M., "Les normes de l'OIT au XXI siècle: légitimité et effectivité", en DAUGAREILH, I. (Dir.): *La responsabilitè sociale de l'entreprise, vecteur d'un droit de la mondialisation?,* Bruselas, Bruylant, 2017, pp. 433-460.

SERVAIS, J. M., "Derecho internacional del trabajo y resolución de conflictos laborales transnacionales", *Temas Laborales,* nº 144, 2018, pp. 13-26.

SIRVENT HERNÁNDEZ, N., "La vulneración empresarial del derecho de huelga y responsabilidad por daños y perjuicios", *Temas laborales,* nº 128, 2015, pp. 139-174.

SNOW, D. A., ROCHFORD, E. B., WORDEN, S. K., BENFORD, R. D., "Frame Alignment Processes, Micromobilization, and Movement Participation", *American Sociological Review,* vol. 51, nº 4, 1986.

SNOW, D., BENFORD, R., "Master Frames and Cycles of Protest", en MORRIS, A., MUELLER, C. M. (Eds.): *Frontiers in Social Movement Theory,* Yale University Press, New Haven, 1992.

SODARO, M., *Política y Ciencia Política: una introducción,* Madrid, McGraw-Hill, 2006.

SOLÍS DELGADILLO, D., "Hacia una definición del concepto grupo de interés", *Perfiles Latinoamericanos,* vol. 25, nº 50, pp. 83-101.

SOREL, G., *Reflexiones sobre la violencia,* Buenos Aires, La Pléyade, 1971.

SOUSA SANTOS, B., "Los nuevos movimientos sociales", *OSAL,* Septiembre, 2001, pp. 177-188.

SOUSA SANTOS, B., *Una epistemología del sur: la reinvención del conocimiento y la emancipación social,* Buenos Aires, siglo XXI, 2015.

STANDING, G., *El precariado: una nueva clase social,* Madrid, Pasado y Presente, 2013.

SUPIOT, A., "¿Cuál es la justicia social internacional para el siglo XXI?", *Laborem,* 2016, nº. 18.

TABUCCHI, A., *Sostiene Pereira,* Barcelona, Anagrama, 1995.

TALENS VISCONTI, E. E., "Esquirolaje tecnológico: Interrogantes abiertos", *Aranzadi Social,* nº 5, 2013.

TAPIA, A., BLODGETT, B., "Building Policy that Crosses Virtual Borders: A Case Study of a Virtual Labor Strike with Real World Ramifications", *TPRC,* 2010. Disponible en: https://zip.lu/3d2Li

TARROW, S., *El poder en movimiento. Los movimientos sociales, la acción colectiva y la política,* Madrid, Alianza, 1997.

TASCÓN LÓPEZ, R., *El esquirolaje tecnológico,* Cizur Menor, ed. Thomson Reuters Aranzadi, 2018.

TASCÓN LÓPEZ, R., "Propuesta de regulación para el esquirolaje tecnológico en el contexto de una hipotética Ley Orgánica de Huelga", *Revista Documentación Laboral,* nº 121, 2020, pp. 91-103.

TASCÓN LÓPEZ, R., "El ejercicio del derecho de huelga frente a los algoritmos de gestión laboral: peligros reales y potenciales", *Digitalización, recuperación y reformas laborales: Comunicaciones del XXXII Congreso Anual de la Asociación Española de Derecho del Trabajo y de la Seguridad Social*, 2022, pp. 1347-1360.

TILLY, C., *From Mobilization to Revolution*, Addison-Wesley Publishing Co., Reading, Massachusetts, 1978.

TILLY, C., *The Contentious French*, Harvard University Press, Cambridge, 1986.

TOBIASEN, M., *Political Consumers in Denmark Paper for the ECPR Joint Sessions*, Uppsala, Sweden, 2004.

TODOLÍ SIGNES, A., "El esquirolaje tecnológico como método de defensa ante una huelga", *Actualidad Laboral*, nº 7-8, 2014.

TODOLÍ SIGNES, A., HERNÁNDEZ-BEJARANO, M. (Dirs), *Trabajo en plataformas digitales: innovación, derecho y mercado*, Cizur Menor, ed. Thomson Reuters Aranzadi, 2018.

TODOLÍ SIGNES, A., *Algoritmos productivos y extractivos: cómo regular la digitalización para mejorar el empleo e incentivar la innovación*, Cizur Menor, ed. Thomson Reuters Aranzadi, 2023.

TODOLÍ SIGNES, A., "Criterios para el cálculo de la indemnización por vulneración de derechos fundamentales. Una revisión sistemática de sentencias y una propuesta de baremo", *LABOS Revista de Derecho del Trabajo y Protección Social*, vol. 5, nº 2, 2024, pp. 54-84.

TODOLÍ SÍGNES, A., "La regulación de la inteligencia artificial en la Directiva de trabajo en plataformas digitales", *LABOS Revista de Derecho del Trabajo y Protección Social*, vol. 5, núm. extraordinario, 2024, pp. 26-46.

TORCAL, M., MONTERO, J. R., TEORELL, J., "La participación política en España: modos y niveles en perspectiva comparada", *Revista de Estudios Políticos (nueva época)*, nº 132, Madrid, 2006, pp. 7-41.

TORRENTE GARI, S., "El derecho de huelga y las innovaciones tecnológicas", *Revista Española de Derecho del Trabajo*, nº 102, 2000, pp. 447-460.

TOSCANI GIMÉNEZ, D., "La prohibición de esquirolaje durante la huelga con especial mención al esquirolaje tecnológico", *Trabajo y Derecho*, nº 30, 2017, pp. 82-86.

TOURAINE, A., *La sociedad post-industrial*, Barcelona, Ariel, 1971.

TOURAINE, A., *Introducción a la sociología*, Barcelona, Ariel, 1974.

TOURAINE, A., *Los movimientos sociales*, Buenos Aires, Almagesto, 1991.

TOURAINE, A., *The Voice and the Eye*, Cambridge, Cambridge University Press, 1981.

TURNER, R. y KILLIAN, L., *Collective Behavior*, Englewoods Cliffs, Prentice Hall, 1957.

VADO GRAJALES, L. O., "Medios alternativos de resolución de conflictos", en CIENFUEGOS SALGADO, D., MACÍAS VÁZQUEZ, M. C. (coords.): *Estudios en homenaje a Marcia Muñoz de Alba Medrano. Estudios de derecho público y política, Instituto de Investigaciones Jurídicas*, UNAM, México, 2006, pp. 369-389.

VALDEOLIVAS GARCÍA, Y., *Antisindicalidad y relaciones de trabajo: un estudio de la conducta antisindical en la empresa*, Madrid, Civitas, 1994.

VALLE MUÑOZ, F. A., "La sustitución tecnológica de trabajadores huelguistas", *IUSLABOR*, nº 3, 2018, pp. 187-215.

VALLE MUÑOZ, F. A., *La sustitución de trabajadores huelguistas: el tratamiento jurídico-laboral del esquirolaje*, Barcelona, ed. Atelier, 2019.

VALLÉS, J. M., *Ciencia Política: una introducción*, Barcelona, Ariel, 2006.

VEGA LÓPEZ, J. J, "El arbitraje 'obligatorio' que pone fin a la huelga", *Temas Laborales*, nº 70, 2003, pp. 263-292.

VĖLYVYTĖ, V., "The Right to Strike in the European Union after Accession to the European Convention on Human Rights: Identifying Conflict and Achieving Coherence Get access Arrow", *Human Rights Law Review*, vol. 15, 2015, pp. 73-92.

VERBA, S., "El estudio de la ciencia política desde la cultura política", *Revista de Estudios Políticos*, nº 138, 1964, p. 5-52.

VIDAL LÓPEZ, P., "¿Puede la tecnología suplir a los trabajadores huelguistas? el 'esquirolaje' como mecanismo ilícito para neutralizar los efectos de la huelga", *Actualidad Jurídica Aranzadi*, nº 928, 2017.

VIVERO SERRANO, J. B., *La terminación de la huelga*, Valencia, ed. Tirant lo Blanch, 2007.

YEDRA CUBILLOS, A., "Caracterización de los memes como una nueva forma de ciberactivismo. Caso de estudio: publicaciones en el Instagram de @malvado.dr.tocino. Durante abril y mayo del 2021 en el marco del paro nacional colombiano", *Trabajo de Grado*, Universidad Autónoma de Occidente, 2023.

YIN, R., *Case Study Research: Design and Methods*, Thousand Oaks, CA, Sage Publications, 5ª ed., 2014.

ZAGREBELSKY, G., *El derecho dúctil. Ley, derechos, justicia*, Madrid, Trotta, 2018.

ZAHN, R., "The Viking and Laval Cases in the context of European enlargement", *Web Journal of Current Legal Issues*, nº 3, 2008.

ZUBOFF, S., *La era del capitalismo de la vigilancia*, Barcelona, Paidós, 2020.

ANEXO I

Relación de partidos políticos con grupo parlamentario propio que incluyen en sus programas electorales propuestas sobre la huelga por convocatoria electoral (1977-2023)

Elaboración propia a partir de los programas electorales disponibles Online[1767].

Año	PSOE	PP	VOX	Podemos/ Sumar[1768]	IU	ERC	Cs	JxCat[1769]	PNV	EH Bildu[1770]
2023	✗	✗	✓	✗	✓	✗	-	✗	✗	✗
2019 (nov)	✗	✗	✗	✗	✓	✓	✗	✗	✗	✗
2019 (abr)	✓	✗	✓	✗	✓	✓	✗	✗	✗	✗
2016	✓	✗		✓	✓	✗	✗	✗	✗	✗
2015	✓	✗		✓	✓	✗	✗	✗	✗	✗
2011	✗	✗			✗	✗		✓	✗	✗
2008	✗	✗			✗	✗		✗	✗	
2004	✗	✗			✗	✗		✗	✗	
2000	✗	✗			✗	✗				
1996	✗	✗			✗	✓				
1993	✓	✓			✓	✓				
1989	✓	✓			✓	✗				
1986	✓	✗			✗					
1982	✓	✓								
1979	✓	✓								
1977	✗	✓			✓					

1767 Nota metodológica. Los datos de Podemos, VOX, Cs y EH Bildu están completos y corresponden a todas las elecciones generales en las que estos partidos concurren y obtienen representación. Por el contrario, no son públicos online todos los programas electorales de IU/PCE, JxCAT/CiU, PNV ni ERC.

1768 Podemos en las elecciones generales de 2015, 2016, 2019 (abril) y 2019 (noviembre). Sumar en 2023.

1769 Entre otras denominaciones: Convergencia i Unió (1979-2011), Democracia i Llibertat (2015), Convergencia Democrática de Catalunya (2016), Junts per Catalunya (2019 y 2023).

1770 En 2011, Amaiur.